ROGER PEYREFITTE

Les Conquêtes d'Alexandre

ROGER PEYREFITTE

Les Conquêtes d'Alexandre

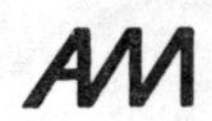

Albin Michel

IL A ÉTÉ TIRÉ DE CET OUVRAGE :

Trente-cinq exemplaires sur vergé blanc chiffon, filigrané,
des Papeteries Royales Van Gelder Zonen, de Hollande,
dont trente exemplaires numérotés de 1 *à* 30,
et cinq exemplaires, hors commerce, numérotés de I *à* V ;

quatre-vingts exemplaires sur vélin cuve pur fil de Rives
dont soixante-dix exemplaires numérotés de 31 *à* 100,
et dix exemplaires, hors commerce, numérotés de VI *à* XV ;

trois mille exemplaires sur vélin blanc supérieur « Capri » des Papeteries Chapelle Darblay,
reliés pleine toile numérotés de 101 *à* 3100.

IL A ÉTÉ TIRÉ ÉGALEMENT :

Dix exemplaires sur vergé blanc chiffon de Hollande,
numérotés de C. F. 1 à C. F. 10
réservés à la Librairie « Coulet et Faure ».

LE TOUT CONSTITUANT L'ÉDITION ORIGINALE

22, rue Huyghens, 75014 Paris.

ISBN 2-226-00878-0

Première partie

L'amour d'Alexandre pour sa mère était, comme l'amour d'Ephestion, une des bases de sa vie. Il n'avait pu que lui pardonner le meurtre horrible de la jeune Cléopâtre, dernière épouse de son père, et celui de la nourrissonne Europe, fruit de leurs amours légitimées. Pour se justifier en citant à Alexandre un trait de son histoire familiale du côté paternel, Olympias, sans lui reparler des crimes de la reine de Macédoine Eurydice, avait cité Alcmène, mère d'Hercule, qui arracha les yeux de la tête d'Eurysthée, persécuteur de son fils, lorsque Iolas la lui eut apportée. Alexandre songea aussi à Amestris, femme de Xerxès, non moins cruelle envers sa rivale, la femme de son beau-frère Maciste, à qui elle fit couper les mamelles, les narines, les oreilles, les lèvres et la langue, que l'on jeta aux chiens.

Du reste, pour son compte, il avait tenu à marquer tout de suite qu'il ne craignait pas de sceller son règne par le sang, mais comme vengeur de son père. La rencontre d'Olympias et d'Alexandre avec Pausanias qui avait ensuite assassiné Philippe, avait fait répandre le bruit qu'elle avait été l'instigatrice de ce meurtre et que lui-même n'y était pas étranger. C'est notamment ce que l'on avait dit à Athènes, où l'on avait prétendu qu'il avait tué la petite Europe de sa propre main. Aussi ne fut-il que plus impitoyable envers tous les suspects : on les mit à la torture pour dénoncer leurs complices, et nul ne prononça le nom d'Alexandre ni celui d'Olympias. Ils avouèrent qu'ils avaient été en contact avec des émissaires secrets de Darius Codoman, le nouveau roi des Perses. Alexandre assista à leurs interrogatoires, dissimulé par un rideau. Il les fit exécuter sur le tombeau de Philippe. Il n'épargna pas les deux princes de Lyncestide, frères d'Alexandre Lynceste, bien que celui-ci eût été le premier à le saluer du titre de roi et malgré le lien qu'il avait avec eux par Lyncéa, une des quarante-neuf princesses de Thespies, engrossées des œuvres d'Hercule. La conspiration avait visé à se défaire, non seulement de Philippe, mais de son fils. Alexandre attendait des nouvelles d'Hécatée, le chef de ses gardes, qui était à Ephèse et qui guettait une occasion pour supprimer Attale.

De même qu'il s'était montré implacable afin de venger son père, il n'avait pas oublié de célébrer pompeusement le service funèbre du neuvième jour après les funérailles. Il avait obligé sa mère à y participer pour effacer la trace de la joie outrageante qu'elle avait manifestée. Son demi-frère Arrhidée et lui vêtus de blanc, Olympias vêtue de noir, se réunirent, à Egées, pour commémorer Philippe par un sacrifice, et le trentième jour, à Pella, par un sacrifice et un repas auxquels furent conviés l'escadron des amis et les principaux personnages du royaume.

Il n'était pas plus question de donner Arrhidée en mariage à la fille du roi de Carie que de la demander pour Alexandre. Celui-ci avait d'autres projets et d'autres préoccupations. Dans le plus grand secret, il continuait ses préparatifs militaires pour mettre à la raison ses ennemis par un coup d'éclat.

Quatre mois après la mort de son père, quand la Grèce le croyait absorbé par les problèmes intérieurs et angoissé par les menaces du dehors, il fondit à l'improviste sur la Thessalie. De toutes les défections qui se succédaient chez les alliés de la Macédoine, celle-là, qui était la plus récente, l'avait le plus irrité. Les aristocrates de Larisse et de Pharsale, — Daoque, son parent en qualité de descendant d'Achille, Eudique, Cinéas, Simus et Thrasydée, — avaient été écartés par l'élément démocratique, selon le jeu de balance habituel qui suivait les événements. On avait même enlevé à Ménon, — l'oncle de Médius, le cher compagnon d'Alexandre, — le commandement de la cavalerie thessalienne. Autrement dit, tous les Etats, toutes les villes que Philippe avait subjugués pour asseoir son autorité unique comme futur chef de l'expédition des Grecs contre les Perses, avaient repris leur liberté : c'était signifier à son fils qu'il pouvait abandonner l'espoir d'être reconnu comme son successeur à cet égard, malgré les décisions solennelles du congrès de Corinthe.

Pour la première fois, il arborait à son casque le triple panache rouge de Philippe et, sur le carré pourpre de son étendard, un lion d'or était brodé, — le Lion du signe de sa naissance, le lion d'une de ses bagues et d'une des bagues d'Ephestion. Les boucliers de ses soldats avaient été peints d'un A, initiale qui remplaçait celle de son père. Son propre bouclier de bronze avait toujours un masque de Méduse, ainsi que l'ornement du poitrail de Bucéphale qui frémissait, en devinant que l'on repartait pour la guerre. Alexandre avait dit à Ephestion qu'il enviait Alcibiade d'avoir mis à son bouclier l'image de l'Amour ; mais cela ne lui semblait pas plus digne d'un combattant et d'un roi que les cercles d'or aux chevilles, parures de leur enfance. « L'Amour, c'est toi », avait-il ajouté. L'escadron des amis entourait les deux amis. Le nœud qui en unissait tous les couples et que n'avait pas détendu à l'égard de Mylléas le mariage d'Alexandre Lynceste, leur semblait plus fort en ce début de règne, si plein de promesses et de dangers. Alexandre leur avait donné le nom d'Alexandrins, pour montrer qu'ils formaient une grande famille dont il était le chef. C'est du reste ce que lui avait dit le Lynceste lui-même qui s'était incliné devant l'exécution de ses parents et qui avait déclaré n'avoir plus désormais d'autre parent qu'Alexandre.

Le roi emmenait les généraux de Philippe, avec Euryloque et Antipater, lieutenants de ses deux premières campagnes. Il avait été enchanté parce qu'ils lui avaient fait le sacrifice de leur barbe, afin d'avoir le menton glabre comme ses compagnons et comme lui. Anaxarque, fidèle à Alexandre, représentait la philosophie en armes. Aristote, ses disciples et ses mignons, étaient restés à Stagire. La régence avait été confiée au grave Léonidas : le jeune roi était heureux de décerner cet honneur à son plus ancien maître. Il s'excusa auprès de sa mère de ne pas l'avoir nommée régente et lui avoua que c'était pour l'empêcher d'exercer d'inutiles vengeances contre la famille de Cléopâtre.

Sachant que les troupes thessaliennes occupaient tous les défilés qui communiquaient avec la Macédoine, il voulut pénétrer en Thessalie par la vallée de Tempé où on l'attendait le moins : ce passage entre l'Olympe et l'Ossa, aux flancs inaccessibles, était si étroit que quelques hommes pouvaient en fermer l'accès, mieux qu'aux Thermopyles. Jadis, Xerxès, qui avait vu de son vaisseau l'embouchure si étroite du Pénée, en avait été frappé de stupeur et avait déclaré que, si la Thessalie était, comme on le lui disait, entourée de montagnes, il serait facile de l'inonder en obstruant cette issue. Alexandre, venant de Dium le long de la mer, atteignit Gonnus, clé de la Macédoine du côté de l'Olympe, sans que la marche de l'armée eût été décelée. Il traversa nuitamment le Pénée près de son embouchure, fit tailler des degrés sur les pentes de l'Ossa, et, cette montagne contournée, il envahit la plaine de Larisse alors qu'on le croyait toujours à Pella. Bucéphale et tous les chevaux de l'armée avaient grimpé comme des chèvres, ce qui rendait cet exploit encore plus extraordinaire, comme si les dieux avaient prêté des ailes à ces coursiers.

Durant ces travaux, Alexandre s'était amusé à dire qu'il foulait les traces de son ancêtre Hercule qui, dans cette même région, avait tué l'impie Cycnus, fils de Mars, victoire sculptée sur le trésor des Athéniens à Delphes et sur le temple de Thésée à Athènes. Cycnus, par haine pour Apollon, massacrait et dépouillait les pèlerins qui empruntaient la vallée du Tempé à destination de Delphes et il édifiait à son père un temple de leurs crânes. Hercule avait vengé Apollon, comme Philippe l'avait vengé ensuite contre les Phocidiens. Mais son successeur Alexandre avait un reproche à faire à Pindare : le poète disait que Cycnus avait fait un moment « tourner le dos à la force surhumaine d'Hercule ». Certes, c'est ce que prétendait une légende, mais elle attribuait ce succès passager à Mars qui défendait son fils. La fable ordinaire assurait, à l'inverse, qu'Hercule, non seulement avait mis le dieu en fuite, mais l'avait blessé, ainsi que l'avait fait Diomède au siège de Troie.

Alexandre avança en ami, plutôt qu'en roi offensé, à travers la plaine de Thessalie. L'épouvante répandue par sa célérité, autant que par son exploit, mit en fuite tous ses ennemis sans qu'il eût à combattre. Il laissa les démocrates thessaliens reprendre le chemin d'Athènes, tandis que les aristocrates se réinstallaient triomphalement. Ayant appris que Démosthène l'avait traité d'enfant, il chargea ces démocrates d'un message pour l'homme de Péanie : « Dites-lui que vous m'avez vu adolescent en Thessalie et que bientôt il me verra homme devant les murs d'Athènes. »

Son charme avait reconquis les Thessaliens, encore mieux que ne l'avait fait son armée. Il leur rappela qu'ils descendaient d'Hercule comme lui et se devaient d'être associés à sa fortune. Honteux de l'avoir trahi, ils renouvelèrent avec lui le pacte signé avec Philippe : il était nommé chef de la ligue thessalienne ; les tributs qui étaient promis, seraient payés ; les contingents seraient fournis. C'était le premier traité conclu depuis son règne. Il en exclut la formule traditionnelle que l'on ajoutait aux stipulations d'une alliance : « ... à moins d'empêchement des dieux ou des héros. » Cette clause ouvrait la voie à toutes les trahisons et à toutes les défections.

« Et maintenant, dit Alexandre à Ephestion en citant Sophocle, allons sur « le rivage de la — Vierge à l'arc d'or, — Là où sont les assemblées illustres des Grecs, — Près des Portes. » A Anthéla, qui était effectivement près des Thermopyles, se tenait la session d'automne de la confédération des peuples voisins. Alexandre y avait déjà envoyé Eumène comme son représentant pour mieux déguiser ses desseins sur la Thessalie. Désormais, il allait y apparaître à la tête de ses troupes. Afin de bien marquer sa prééminence, il venait d'envoyer comme nouvel ambassadeur Python de Byzance, chargé de prier les délégués de ne pas se séparer avant son arrivée : il parlait comme le maître de la Grèce, au nom des droits qui lui avaient été conférés d'avance à Corinthe et qu'il entendait faire confirmer.

Les délégués l'accueillirent anxieusement. Il sacrifia devant le temple de Cérès, au milieu d'eux et de ses officiers. La prêtresse était, comme la statue de la déesse, couronnée de pavots et d'épis. Ce lieu historique flattait le courage d'Alexandre et animait ses espérances : c'était la colline où les derniers des trois cents soldats de Léonidas, après la mort de leur chef, se défendirent contre les Perses. Alexandre lut l'épitaphe de Simonide et admira la gloire de ce jeune roi de Sparte dont le nom ne figurait même pas sur cette inscription, comme si l'on savait que l'on ne pourrait jamais l'oublier. Un autre tertre portait cette autre inscription, plus récente, pour l'ensemble des Péloponésiens : « Jadis, ici, contre trois millions luttèrent — Quatre mille du Péloponèse. » Ce laconisme n'allait pas sans une exagération manifeste pour le nombre des Mèdes qui étaient deux millions, de même que celui de tous les combattants grecs avait été plus de six mille. Un tombeau commémorait le devin Mégistias d'Acarnanie « que les Mèdes tuèrent après avoir franchi le Sperchius » et qui, « ayant connaissance de son destin, — Ne voulut pas abandonner les chefs de Sparte ». Cette inscription également était de Simonide. Alexandre vénéra le trophée élevé par Xerxès en ce même lieu et que les Grecs avaient respecté. Anaxarque fit remarquer qu'Hérodote ne l'avait pas mentionné, mais qu'Isocrate, dans une de ses lettres à Philippe, appelait à juste titre ce trophée un monument de plus du courage spartiate.

Le roi avait, aux Thermopyles, un souvenir en quelque sorte familial d'une tout autre espèce, qu'il voyait aussi pour la première fois : les sources chaudes où Hercule s'était baigné et qui avaient donné leur nom aux Portes. C'est Minerve ou, selon certains, Vulcain qui avait fait jaillir ces eaux pour revigorer le héros. Depuis lors, toutes les eaux thermales étaient consacrées à Hercule et appelées bains d'Hercule. Alexandre se baigna dans celles des Thermopyles, après avoir sacrifié au temple qu'avait là son ancêtre.

Ni Athènes ni Thèbes n'avaient envoyé de délégués. Alexandre montra sa clémence et son habileté en traitant avec amitié les députés d'Ambracie. Cette ville n'avait pas de délégué dans la confédération, où ne figuraient pas tous les Hellènes ; mais elle s'était empressée de mander des ambassadeurs, avec ses voisins les Dolopes, qui en étaient membres, pour fléchir Alexandre. Il déclara qu'elle avait prévenu ses intentions : il lui rendit les libertés qu'elle avait recouvrées et il ne rétablirait pas la garnison macédonienne. Les délégués présents renouvelèrent tous ses pouvoirs à Alexandre ; mais, comme l'assemblée n'était pas complète, il dit qu'il en convoquerait une autre immédiatement à Corinthe et dépêcha ses hérauts à travers toute la Grèce pour porter à chaque Etat son invitation. Même s'il parlait en maître et s'il se sentait le maître, il voulait donner la preuve publique qu'il l'était en réunissant un nouveau congrès dans la ville où son père avait été nommé général en chef, comme il y prétendait.

Si la défection des Thessaliens l'avait le plus irrité parce qu'ils avaient été les fidèles alliés de Philippe, celle des Thébains ne l'avait pas surpris, mais ne l'irritait pas moins. Ils avaient chassé la garnison macédonienne : à présent, c'est l'armée victorieuse à Chéronée qui s'avançait vers Thèbes, le long du Céphise béotien.

Alexandre avait revu Elatée où son père et Cléopâtre avaient coulé des jours heureux. Il revit ensuite le champ de bataille de Chéronée ; les Thébains avaient élevé un gigantesque lion de marbre sur l'emplacement du bûcher de leurs morts — le bûcher du bataillon sacré. Ils n'y avaient mis aucune épitaphe, la fortune n'ayant pas secondé leur valeur. Ce lieu, qui avait consacré la gloire de la Macédoine, causa à Alexandre la même émotion qu'à tous ses amis. Il fit suspendre des couronnes de laurier sur le tertre des morts macédoniens et jusque sur le lion des Thébains pour montrer qu'il honorait le courage.

Il sourit quand il apprit que Phénix et Prothyte, les chefs démocrates de Thèbes, venaient de déguerpir une fois de plus et que Timolaüs, Théogiton et Anémétas étaient rentrés sur leurs pas. Alexandre se donna le plaisir de camper à Oncheste, comme pour faire trembler Thèbes. Il sacrifia à Neptune, reçut les trois chefs aristocrates, leur dit qu'il pardonnait à leur ville à cause d'eux, et, sans vouloir y aller lui-même, y remit une garnison macédonienne. Malgré sa fougue, il se plaisait à fournir des preuves de sa modération et n'avait pas oublié le conseil de son père : qu'il y avait plusieurs manières de prendre une ville. Il avait la joie d'être assez intimidant pour se dispenser d'envoyer « un mulet chargé d'or » : aussi bien aurait-il été embarrassé pour le faire, attendu l'état de ses finances, auquel s'occupait de remédier le talent d'Harpale. En cours de route, il avait reçu une ambassade d'Orchomène et, à Oncheste, il en reçut une autre de Platée, lui exprimant toutes deux la reconnaissance de leurs villes qui étaient en train de se reconstruire, comme Philippe l'avait exigé après la victoire de Chéronée. Les Platéens lui dirent que la statue de son père, leur second fondateur, était sur la grand-place : elle y avait été érigée certainement de meilleur cœur que celle qu'il avait sur la place d'Athènes. Les Béotiens n'avaient pas eu le temps de se remettre à persécuter les Platéens ni les Orchoméniens.

Alexandre reçut également à Oncheste une ambassade d'Athènes. La crainte de son arrivée avait jeté l'épouvante dans la cité de Minerve qui, faute d'avoir envoyé des délégués à Anthéla, voulut se rattraper durant son séjour en Béotie. Démosthène, payant d'audace, s'était fait nommer parmi les membres de l'ambassade, peut-être sous le couvert des souvenirs d'Olympie. Toutefois, au milieu du Cithéron, il avait été saisi d'une peur panique et était retourné à Athènes, — « inutile dans la paix, inutile dans la guerre », avait dit Eschine. Si les calomnies des Athéniens n'avaient pas épargné Alexandre, il savait qu'il gardait chez eux des défenseurs de qualité. A un discours agressif prononcé par Démosthène contre lui au moment de son entrée en Béotie, le sage Phocion avait répliqué par le vers des compagnons d'Ulysse dans *le Cyclope* d'Euripide : « Malheureux, pourquoi donc veux-tu provoquer un homme violent ? » Il se pouvait aussi que Démosthène eût renoncé à voir Alexandre parce qu'un message de la Perse lui avait interdit de participer à une démarche de réconciliation. Ce pays souhaitait susciter une guerre en Grèce afin d'empêcher Alexandre de se rendre en Asie. Là encore Eschine avait vu juste, quand il reprochait à

Démosthène de n'avoir jamais assez de tout « l'or que le roi des Perses faisait affluer dans le gouffre de ses prodigalités », or qui était censé employé à restaurer les fameux murs d'Athènes, c'est-à-dire « élever une palissade et détruire quelques tombeaux ». Les Athéniens, pour apaiser Alexandre, lui votèrent deux couronnes d'or que Lycurgue, administrateur des finances, eut le chagrin de payer.

L'ambassade, à la tête de laquelle on avait placé Eschine, s'excusa auprès du roi pour le retard avec lequel les Athéniens lui portaient leurs compliments : ils le félicitaient de son accession au trône et lui annonçaient qu'on était en train d'élever sa statue à côté de celle de son père. Il répondit des paroles pleines de bienveillance qui les étonnèrent. Il ne réclama même pas la punition des excès de langage, dont on lui avait cité les auteurs, et dit seulement que la liberté de la parole devait avoir des limites dans un peuple civilisé. Il ajouta qu'il attendait une preuve de la bonne volonté des Athéniens par l'envoi immédiat de députés au congrès de Corinthe et pria les ambassadeurs de remercier Phocion.

Chargeant Euryloque et Amyntas de ramener en Macédoine le gros de l'armée, il descendit vers Thespies avec dix mille hommes pour s'embarquer à Créuse, petit port béotien où Philoxène lui amènerait des vaisseaux. L'amiral avait purgé les côtes macédoniennes des pirates étrusques et faisait voile vers le golfe Saronique pour gagner celui de Corinthe sur les glissières de l'Isthme. Alexandre n'envoya pas moins Python en ambassade à Rome demander que le retour de ces pirates fût prohibé de la manière la plus sévère.

Le Thespius, au bord duquel s'étendait la ville de Thespies, rappelait, comme le nom même de cette ville, ce roi, parfois nommé Thestius, dont quarante-neuf filles furent dépucelées et engrossées par Hercule en une seule nuit, la cinquantième s'étant rebellée et ayant été nommée par lui sa prêtresse. Hercule était revenu chez Thespius pour se faire purifier après avoir, dans l'accès de folie furieuse que lui inspira Junon, tué les enfants qu'il avait eus de Mégare, fille de Créon, roi de Thèbes. La plupart des Thespiades ou descendants d'Hercule par les filles de Thespius s'étaient retirés en Sardaigne sous la conduite d'Iolas après la mort du héros ; mais, s'il en avait subsisté très longtemps deux à Thèbes, où ils avaient été chefs du parti aristocratique, il y en avait sept encore à Thespies, qui occupaient les premières places dans la ville et portaient le nom de « chefs du peuple ». Alexandre les traita en parents d'un type nouveau, puisque chefs d'un gouvernement démocratique. Il eut le sentiment que leurs filles et leurs garçons étaient à sa disposition, comme avaient été à la disposition du héros les filles de Thespius, dont on lui raconta l'histoire autrement ; mais ce n'était pas sa coutume d'user de ces facilités.

Les Thespiens disaient, en effet, que les filles de ce roi n'avaient pas été dévirginées par Hercule en quelques heures, mais offertes successivement par leur père qui voulait avoir des enfants de lui : Thespius qui l'emmenait tous les jours à la chasse, incita chacune d'elles à rejoindre le héros durant la nuit à tour de rôle. Hercule croyait que c'était constamment la même, douée d'une virginité coriace ; mais Alexandre trouvait cette version injurieuse pour la sagacité de celui-ci. En tout cas, lorsqu'on lui dit que l'eau du Thespius passait pour favoriser la génération, il déclara qu'il n'en doutait pas d'après ce qu'avait fait son ancêtre qui cependant, selon une troisième version, n'avait pas dépucelé en une nuit, mais en sept, les quarante-neuf filles de son hôte.

Il sacrifia un taureau dans le temple fondé par Hercule. Thespies était une des très rares villes où il y eût un oracle de ce héros ; mais Alexandre ne le consulta pas.

Ce qui l'intéressait peut-être davantage, c'est qu'il y eût le culte de l'Amour. Seule, dit Anaxarque, la ville de Parium sur la Propontide et voisine de Lampsaque la cité de Priape, avait un culte semblable. Il ajouta que, dans l'île de Samos, on célébrait également des fêtes en l'honneur de ce dieu, appelées « Fêtes de la liberté », l'Amour étant considéré comme le grand libérateur. Alexandre parla de la statue du Contre-Amour qui était sur la citadelle d'Athènes et de l'autel de l'Amour élevé à l'entrée de l'Académie par Charmus, le mignon de Pisistrate. « Il est évident, dit-il, que l'Amour ou le Contre-Amour, dans ces endroits et dans les nombreux gymnases où il figure, tels que celui d'Elis, est le représentant de l'amour pédérastique. »

Les jeux de l'Amour, — gymniques, poétiques, musicaux et équestres, — avaient lieu tous les cinq ans. Alexandre fut ravi d'apprendre qu'ils avaient été fondés par Hercule. Mais bien que ce ne fût pas l'époque des jeux, il y avait presque autant de pèlerins à Thespies qu'à Delphes. Ils ne venaient pas pour consulter un oracle, mais pour admirer la statue de ce dieu, œuvre de Praxitèle, offerte par Phryné. Il était naturel que la plus grande courtisane de Thespies eût offert au dieu de Thespies une pareille statue. Alexandre n'avait pas oublié par quelle ruse Phryné avait appris de son amant Praxitèle que c'était celle de ses œuvres qu'il aimait le plus, avec le Satyre dédié par Midias dans la rue des Trépieds à Athènes. Même le Ganymède de Léocharès n'atteignait pas à ce degré de séduction. L'enduit rose que le peintre Nicias, ami du sculpteur, avait étendu sur la statue, ajoutait à l'illusion de la vie et au prestige de la jeunesse et de la beauté.

« C'est vraiment la statue de l'Amour, dit Alexandre, car on en est tout de suite amoureux. — Tu ne crois pas si bien dire, ô Alexandre, dit le prêtre : nous devons la surveiller, parce qu'elle inspire des désirs aux visiteurs. L'un d'eux s'est laissé enfermer dans le temple, et tu peux voir sur cette fesse la marque qu'il a laissée. — A-t-il payé son salaire ? demanda Alexandre qui se souvenait du jugement rendu à Delphes à propos d'une affaire semblable. — Naturellement, dit le prêtre, sinon nous l'aurions traîné devant les tribunaux. Ce n'est pas pour les violer qu'on élève des statues à l'Amour ; mais il faut pardonner à la faiblesse de l'enthousiaste qui s'est acquitté envers lui. Tu sais peut-être que son temple à Parium possède une statue de ce dieu, également sculptée par Praxitèle : elle a reçu le même outrage. » Anaxarque rappela ce qu'il avait déjà raconté : que la Vénus de Cnide avait subi d'un admirateur un assaut de même espèce. Le prêtre de l'Amour n'était pas un jeune garçon comme à Leuctres et Autolyque semblait le regretter, mais on ne l'avait pas moins choisi pour sa beauté.

Il montra l'image la plus ancienne de l'Amour : une simple pierre, identique à celle qui représentait les trois Grâces à Orchomène et Hercule à Hyette, cette petite ville de Béotie que l'on avait jadis visitée. Elle pouvait évoquer le dieu informe, tel qu'il avait existé dans le chaos dont parlait Hésiode et d'où l'Amour était issu le premier de tous les dieux et sous la puissance de qui étaient nés l'Air et le Jour.

Alexandre fit chanter par Thessalus l'hymne d'Orphée à l'Amour, tandis qu'on brûlait des aromates : « Je t'invoque, grand, saint, aimable, doux Amour, — Qui tiens l'arc, qui as des ailes, qui cours comme la flamme, qui marches vite, — Qui joues avec les dieux et avec les hommes mortels — Industrieux, à la double nature, ayant les clefs de tout, — De l'air et du ciel, de la mer, de la terre... »

Depuis qu'il était roi, Alexandre avait prié Thessalus d'apprendre par cœur ou d'emporter avec lui tous les hymnes d'Orphée : ce chanteur divin, dont Anaxarque lui avait rendu le goût et qui était cher à Olympias comme inventeur des mystères, serait ainsi le compagnon de ses voyages et de ses conquêtes. Il lui semblait qu'après avoir soumis les peuples par la persuasion ou par la force, il les retiendrait en sa puissance par le chant, par les arts et par l'amour.

« Récite-nous encore quelque chose », dit Ephestion à Thessalus. L'acteur réfléchit un moment, et déclama le chœur d'*Antigone :* « Amour, invincible dans la bataille, — Amour, toi qui te précipites au milieu des richesses, — Toi qui dors sur les tendres joues — D'une jeune fille, — Qui vas et viens sur la mer et dans les repaires des bêtes, — Et nul des immortels — Ne peut te fuir — Ni aucun des mortels éphémères, — Et celui dont tu t'empares, devient fou... »

Les deux amis s'étaient fait ainsi comme une nouvelle déclaration publique d'amour, à travers le langage immortel des poètes, devant la statue de l'Amour de Thespies.

Ils allumèrent chacun une torche en l'honneur du dieu pour compléter le sacrifice et lui offrirent des présents qui en relevaient l'importance : des roses en couronnes, une lyre, instrument des concours musicaux de Thespies, et des statuettes de bronze représentant les animaux avec lesquels le dieu aimait jouer, — un lion, un dauphin, une chèvre, un cheval, une colombe, un coq. Ils sourirent quand on leur dit qu'on offrait aussi une sphère, symbole des désirs amoureux provoqués par le derrière des deux sexes ou par les seins des femmes.

Il y avait, dans le temple de l'Amour, deux autres statues sculptées par Praxitèle, que lui-même avait données : une de Phryné, décemment vêtue, et une de Vénus. Un bronze qui représentait l'Amour bandant son arc, était une œuvre et un cadeau de Lysippe, jolie variante à sa statue du temple de Vénus aux Jardins à Athènes. Alexandre et Ephestion lui rendirent l'hommage qu'ils lui devaient.

La déesse de l'Amour avait un sanctuaire à Thespies avec l'épithète de Noire, comme au Cranéum de Corinthe et pour les mêmes raisons : on y célébrait ses mystères la nuit, l'Amour les éclairant seul de son flambeau.

En parlant de l'immense fortune que Phryné avait accumulée, le prêtre de l'Amour fit observer qu'elle ne demandait d'ordinaire à ses amants que cent drachmes, mais qu'elle avait tellement l'art de passer au crible ceux qui étaient riches, qu'on l'avait surnommée « le Crible ». A présent qu'elle avait trente ans, elle se tenait pour vieille et disait qu'à cause de sa célébrité, elle vendait plus cher sa « lie ».

Une antique statue de bronze de Jupiter Sauveur, chère aux Thespiens, avait une histoire qui ne pouvait qu'intéresser Ephestion et Alexandre. Un dragon désolant cette contrée, Jupiter ordonna aux habitants d'exposer au monstre chaque année un jeune homme tiré au sort. Il en périt ainsi plusieurs, dont les noms sont ignorés. Enfin, le sort étant tombé sur Cléostrate, son amant Ménestrate lui fit faire une cuirasse de bronze hérissée de pointes de fer et le jeune homme se livra au monstre. Il y périt, mais le monstre également. Ainsi les Thespiens élevèrent-ils cette statue à Jupiter Sauveur.

Dans un autre quartier de la ville, étaient un monument à Castor et Pollux et le magnifique théâtre où se faisaient les jeux. La place du marché était ornée d'une statue d'Hésiode, non loin d'un temple des Muses.

Ni les Muses ni l'Amour n'avaient diminué le courage des Thespiens, qui était attesté par l'histoire. Avec les Platéens, ils avaient été les seuls Béotiens à refuser à Xerxès l'hommage de la terre et de l'eau. Sept cents d'entre eux s'étaient fait tuer aux Thermopyles avec les Spartiates et les autres auxiliaires de Léonidas. Ils avaient combattu du côté des Grecs à Platée, alors que les Thébains étaient du côté des Perses. Comme Platée, leur ville avait été incendiée par Xerxès.

Près de Thespies, la ville d'Hédonacon possédait la source Liriope où le beau Narcisse devint amoureux de sa beauté, au point de se consumer de désir en se mirant. Il existait deux versions de cette fable. Dans la première, Narcisse avait une sœur jumelle qui lui ressemblait : ils avaient des cheveux aussi longs, s'habillaient souvent de même, chassaient ensemble. Il s'éprit d'elle, eut le malheur de la perdre et, dévoré de mélancolie, se contemplait dans cette fontaine où il croyait la voir. Dans la seconde version, il repoussait tous ceux qui le sollicitaient, et notamment un certain Aminius qui, désespéré, se tua d'un coup d'épée devant sa porte. L'Amour frappa alors Narcisse de sa vengeance en le rendant amoureux de sa propre image. Le jeune homme, devinant qu'il payait ainsi la mort d'Aminius, se tua à son tour et son sang fut changé en narcisse. Alexandre lui sacrifia, suivant la coutume des Thespiens qui voulaient faire honneur, en sa personne, à l'amour malheureux. C'était un peu comme l'histoire de Timagoras et Mélétus, commémorée par une statue et un autel sur la citadelle d'Athènes.

L'Hélicon dressait à l'horizon ses pentes rapides et verdoyantes : c'était la plus fertile de toutes les montagnes grecques. La source Hippocrène, que le sabot de Pégase avait fait jaillir sur le sommet, prouvait les rapports d'Hélicon avec les Muses. Et le rapport des chastes Muses avec Priape se prouvait par le fait qu'il y avait là une statue de ce dieu.

Thessalus conduisit Alexandre dans leur sanctuaire, au pied de cette montagne, sur les bords du Permesse, où était aussi un théâtre pour les jeux des Muses, que l'on célébrait tous les quatre ans. L'acteur y avait été naguère couronné. Le bois sacré était peuplé de statues : on y voyait entre autres Arion sur son dauphin, comme au cap Ténare, Thamyris aveugle continuant à jouer sur sa lyre cassée, Hésiode pinçant la cithare ; mais Anaxarque estima qu'on aurait dû le représenter plutôt avec une branche de laurier à la main, ainsi qu'il chantait. Quantité de trépieds étaient dédiés par les vainqueurs des jeux.

Dans le temple, les poèmes d'Hésiode étaient gravés sur des rouleaux de plomb. Thessalus rouvrit le débat qu'avaient eu dans le pays des Gètes Philippe et Alexandre au sujet de ce poète, peu goûté de celui-ci et dont on avait vu le tombeau à Orchomène. Il récita les vers du poète d'Ascra, localité voisine du Permesse, vers qu'Alexandre évoquait à Thespies : « Donc, avant tout, s'engendra le Chaos, — Puis la Terre aux larges flancs, assise, toujours sûre de tous, — Et le Tartare brumeux au fond du sol aux larges routes — Et l'Amour qui est le flambeau parmi les dieux immortels, — Qui relâche les membres et qui, dans les poitrines de tous les dieux et des hommes, — Dompte le cœur et la sage volonté. »

Alexandre fut ému d'entendre cette expression « l'Amour qui relâche les membres », car son père, victime indirecte de l'amour, la lui avait apprise, lors de cette discussion. « Souviens-toi, lui dit Ephestion, de ces belles paroles qu'Aristote a citées de Phérécyde de Syra, le disciple du sage Pittacus : « Jupiter (ou Saturne) prit la forme de l'Amour pour créer le monde. » — Tous ces grands esprits d'autrefois se ressemblaient », dit Alexandre.

Le Permesse n'était pas le seul fleuve du val des Muses : un autre, le Lamus, maintenant peu considérable et qui venait lui aussi de l'Hélicon, avait une glorieuse histoire : ce furent ses nymphes qui furent chargées de cacher et de nourrir Bacchus après sa naissance, pour le soustraire à la colère de Junon. Une d'elles, la Sidonienne Mystis, qui avait suivi Cadmus à la recherche de sa sœur Europe, fut la première à célébrer ses futurs mystères, grâce au génie religieux et érotique de son pays. C'est elle également qui la première alluma la nuit des torches de pin autour du jeune dieu. Elle lui fit des couronnes de lierre et de pampre ; elle en tressa autour d'une férule en y mettant au bout une pointe de fer qu'elle entoura de feuillage pour que Bacchus n'en fût pas blessé. Elle attacha des phallus de bronze sur la poitrine nue des premières bacchantes et une peau de faon sur leurs reins. Elle inventa la corbeille mystique, — ainsi appelée de son propre nom, — et la remplit de jouets en y ajoutant un phallus. Les herbes qui poussaient aux pentes de l'Hélicon, étaient si salutaires qu'elles rendaient inoffensif le venin des serpents. Anaxarque dit à Alexandre que son ancêtre Hercule, non seulement avait taillé sa massue au tronc d'un olivier sauvage de l'Hélicon, mais avait tué sur cette montagne un lion aussi redoutable que celui de Némée et avait eu pour aide son mignon de cette époque, le jeune Nérée, le plus beau des Grecs.

Dans le charmant petit théâtre des Muses, Thessalus déclama quelques vers du *Chrysippe* d'Euripide. C'était un hommage à l'histoire de Thèbes, puisque les malheurs de cette cité avaient commencé par l'enlèvement du jeune Chrysippe, fils de Pélops, par Laïus. Après le vers fameux qui répondait à toutes les objections contre la pédérastie, l'acteur récita ce bref passage : « Ce qui vient de la terre, retourne à la terre ; — Ce qui est d'origine céleste, remonte vers le ciel. — Rien ne meurt de ce qui naît... » C'était, comme le dit Anaxarque, un commentaire des théories d'Anaxagore relatives à la vie. Thessalus conclut par l'hymne d'Orphée aux Muses : « Filles de Mémoire et de Jupiter foudroyant, — Muses Piérides, — Qui donnez un grand renom et de l'éclat — Aux mortels que vous favorisez... » C'était une promesse pour la gloire d'Alexandre.

Quel que fût l'agrément de ces lieux, ils étaient, à cause des nombreuses sources, d'une extrême humidité qui y maintenait une légère brume. C'est sans doute ce qui leur avait valu la malédiction d'Hésiode, pourtant si respectueux de l'Hélicon. Il appelle Ascra « triste l'hiver, jamais agréable l'été ». Alexandre ne regrettait pas moins de n'avoir pas le loisir de monter jusqu'à la source Hippocrène, mais il n'aurait pas été question d'y aller sur Bucéphale qui n'avait pas d'ailes : il fallait enfourcher un âne, si l'on voulait gravir le sentier abrupt.

Après cette visite au val des Muses, Alexandre et ses troupes suivirent la vallée du Thespius et trouvèrent à Créuse les vaisseaux commandés pour les hommes et pour les chevaux. Désormais, c'était un A majuscule brodé d'or qui marquait le pavillon blanc des vaisseaux, à la place de l'initiale du nom de son père, comme on l'avait peint sur les boucliers de l'armée. Polyxène dit à Alexandre que la plupart des députés, soucieux de prouver leur zèle, étaient déjà à Corinthe et que nul ne songeait à lui contester le titre qu'il espérait. Il lui raconta, pour le divertir, que cela n'empêchait pas les orateurs athéniens de continuer leurs jactances au nom de la liberté. Phidippide, l'ami de la Macédoine, ayant proposé de décerner une couronne aux présidents de l'assemblée du peuple qui avaient fait voter des honneurs pour Alexandre, Hypéride l'attaqua pour illégalité. Ce vaillant commandant d'un des vaisseaux au siège de Byzance devait être du reste un démocrate d'une certaine espèce, car on disait que Démosthène, lui faisant une visite improvisée, l'avait trouvé en train de composer des mémoires contre lui-même Démosthène. « Tant que nous serons amis, avait dit Hypéride, ces mémoires resteront secrets, mais, si jamais tu deviens mon ennemi, ils te défendront de me nuire. » Comme ils recevaient tous deux l'or de la Perse, ces ardents patriotes savaient à quoi s'en tenir chacun sur le compte de l'autre.

En voguant vers Corinthe, Alexandre découvrait au loin les côtes de l'Achaïe. Il pensa à la ville de Pellène dont il avait vu, quand il était sur l'*Hercule,* les fêtes de Bacchus célébrées la nuit par d'innombrables flambeaux. A la considération des athlètes qui lui étaient chers, et notamment d'Aristonique, il s'était donné le malin plaisir d'encourager un athlète de cette ville, Chéron, plusieurs fois vainqueur aux jeux Olympiques, à saisir le pouvoir et à exercer la tyrannie. C'était une réponse indirecte aux discours d'Hypéride et de Démosthène.

Alexandre fut reçu au port de Léchéum par Dinarque et Démarète, ses amis de Corinthe, accompagnés de Cléotine d'Eumène, de plusieurs généraux macédoniens et de Denys de Syracuse. On le conduisit en triomphe au sénat, où il surprit tout le monde par sa douceur et sa séduction, alors que l'on s'était attendu aux arrogances de l'orgueil. Son succès fut aussi grand que dans la Thessalie et qu'à Anthéla. Il proposa un traité d'union stipulant que les villes grecques étaient libres et indépendantes, qu'on ne s'y permettrait pas d'en changer le gouvernement (il l'avait déjà changé partout où il en avait eu les moyens), qu'on ne pourrait ni y établir des tyrans (on laissait en place ceux qu'il avait établis), ni y rappeler les exilés (les seuls exilés, en dehors d'Athènes, étaient aujourd'hui les démocrates), etc. Avec les ruses héritées de son père, que Démosthène avait accusé jadis, à juste titre, d'avoir retardé la conclusion de la paix jusqu'à ce qu'il eût achevé ses conquêtes en Thrace, il ménageait les délégués et répliquait ainsi à ce que les Spartiates avaient répété pour s'abstenir de paraître : qu'il ne traitait pas les Etats sur un pied d'égalité et prétendait au fond les asservir. Il évoqua dans son discours la mémoire de son père dont le suprême honneur avait été d'être nommé chef des forces grecques par cette assemblée. En sollicitant aujourd'hui le même honneur, qui lui avait été déjà décerné par la confédération des peuples voisins, il souligna que l'assemblée de Corinthe avait voté une alliance offensive et défensive à perpétuité avec Philippe et ses descendants. Il conclut qu'il ferait en sorte de se montrer digne d'un tel père, dont la mort était imputable aux encouragements des ennemis de la Grèce.

Outre ses raisons personnelles d'être le champion des Grecs, il en allégua d'autres que les rhéteurs tels qu'Isocrate avaient négligées. Tous parlaient à l'envi de punir les outrages commis par Darius et par Xerxès, mais ils oubliaient ceux d'Artaxerxès Mnémon qui avait tué par trahison les généraux grecs auxquels Xénophon avait succédé pour ramener leurs troupes vers la Grèce. Il ne serait pas seulement le continuateur de Thémistocle et de Miltiade, mais le vengeur du Lacédémonien Cléarque, du Thessalien Ménon, grand-père de son ami Médius, et du Béotien Proxène. Il vengerait même Aristote du supplice de son disciple et mignon, le bel eunuque Hermias, tyran d'Assos et d'Atarné. Il était enfin le continuateur d'Agésilas qui, avec une poignée d'hommes, avait conquis une partie de l'Asie Mineure et avait été arrêté en pleine victoire par les troubles de sa patrie.

Le conseil unanime accepta les termes du traité qui, du reste, étaient rassurants pour tous. Le premier article déclarait, conformément aux paroles d'Alexandre : « Les Hellènes seront libres et autonomes. » Un autre article précisait : « Ceux qui détruiraient les gouvernements existant dans chaque Etat à l'époque où l'on échangera les serments pour la paix, seront considérés comme ennemis de la paix par tous. » Défense était faite aux émigrés de partir d'une des villes confédérées pour aller en attaquer une autre, sous peine de perdre le bénéfice du séjour dans la ville d'où ils seraient partis. Les confédérés auraient la mer libre, nul n'arrêterait et ne saisirait aucun de leurs navires : quiconque violerait cette défense, serait un ennemi pour la confédération. En remerciement de ces garanties contre l'absolutisme macédonien, tous les secours que les ambassadeurs d'Alexandre avaient demandés, furent votés. On lui promit, comme à son père, deux cent mille fantassins, que l'on recruterait au fur et à mesure des besoins de la campagne, et quinze mille cavaliers. On lui donna même plus de pouvoirs qu'on n'en avait accordé à Philippe : la formule habituelle des traités d'alliance déclarant que telle ville suivrait telle autre « où elle la conduirait » par terre et par mer, fut renouvelée à son endroit. Alexandre comptait bien prêter à cette clause plus d'extension qu'elle n'en aurait jamais eu entre des Grecs. « Les confédérés s'engagent à me suivre, dit Alexandre à Ephestion ; mais ils ne se doutent pas jusqu'où, avec l'aide des dieux, je les conduirai. » Maintenant, il lui semblait avoir vraiment en main le sceptre de Jupiter, le sceptre de Pélops et d'Agamemnon, qu'il avait touché à Chéronée.

L'éclat qu'il jetait sur son nom comme chef des Grecs contre les Perses, effaçait définitivement à ses yeux la honte de son ancêtre

Alexandre, allié de Xerxès, et envoyé même par lui aux Athéniens pour les inciter à se soumettre.

Parmi ceux qui entouraient Alexandre, étaient les chefs du parti aristocratique de Messène qui avait repris le pouvoir : Néon et Thrasyloque, les fils du défunt Philias, ancien tyran de cette ville. Le roi fut charmé de connaître Chéron, le nouveau tyran de Pellène en Achaïe, plusieurs fois vainqueur aux jeux Olympiques, d'une beauté remarquable et d'une intelligence qui était peu commune chez les gens de cette catégorie. A Sicyone, c'est aussi un ancien suppôt de Philippe, le maître d'escrime Epicharès, qui dirigeait maintenant la cité. A la faveur de son séjour à Corinthe, Alexandre avait voulu donner une preuve de la force de ses propres athlètes en faisant accomplir un exploit par l'un d'eux, le coureur Philonide. Celui-ci parcourut en neuf heures la distance de Sicyone à Elis, qui était de deux cent quarante kilomètres. Ainsi avait-il battu le fameux coureur athénien Phidippide, qui avait couvert en deux jours la distance, un tiers plus grande, d'Athènes à Lacédémone pour porter aux Spartiates la demande de secours de Miltiade après le débarquement des Perses. C'était la revanche d'Alexandre sur les jeux Olympiques.

Lorsque les chefs démocrates de Messénie, de Pellène et de Sicyone vinrent se plaindre à Alexandre des révolutions qui les avaient chassés et qui leur semblaient des manquements aux termes du traité, il leur répondit qu'il n'avait pas à intervenir dans les affaires intérieures des cités et qu'il leur offrait asile en Macédoine.

Ce qui lui plaisait autant que son prestige militaire, c'était celui qu'il devait à sa qualité d'ancien élève d'Aristote. Il se rendait compte que l'amitié portée à son père par un Eschine, même si elle n'était pas tout à fait désintéressée, ou par un Isocrate, avait contrebalancé jusqu'à un certain point les attaques d'un Démosthène qui présentait le roi de Macédoine comme un barbare. La finesse d'esprit que le goût des arts avait donnée à Philippe, avait contribué à son succès, non moins que la valeur et la chance de ses armes. Nul n'était plus capable qu'Alexandre d'utiliser de pareils moyens et de porter au faîte cette renommée. Bien que le trésor fût vide et qu'il vécût partout sur son crédit, il avait fait envoyer deux cent soixante-quinze mille drachmes à Xénocrate pour subvenir aux besoins de l'Académie de Platon. Un geste semblable suffisait à le distinguer du roi des Perses qui ne subventionnait que les armées de Sparte et la langue de Démosthène. Ainsi plaçait-il son début de règne sur l'autel de l'Amour, élevé par Charmus. Xénocrate, d'ailleurs, ne garda que trois mille drachmes et lui renvoya le reste.

Aristippe de Cyrène, le compagnon de Laïs, apporta au chef de la Grèce le tribut d'admiration du philosophe de la volupté. Alexandre lui raconta qu'il l'avait aperçu quelques années plus tôt à la fontaine Pirène Sa vie était tout autre chose qu'une vie de volupté, mais un des aiguillons de sa vie était aussi la volupté.

Il reçut également Pyrrhon d'Elis, que lui amenèrent Cléotime et Anaxarque. Ce jeune philosophe, qui avait déjà des disciples, avait fondé l'école du scepticisme. Il s'inspirait de Métrodore de Chio, dont Anaxarque avait été le disciple et qui, sans avoir donné ce nom à son école, avait professé les mêmes principes : sa doctrine allait plus loin que Socrate en décidant que « nous ne savons même pas que nous ne savons rien ». Alexandre était trop naturellement enthousiaste pour être sceptique, mais il comprenait l'intelligence de ceux qui, n'ayant pas les mêmes raisons que lui de croire à un certain nombre de choses, doutaient de tout. Aussi bien avait-il déjà un exemple avec Anaxarque de l'attrait que sa personne et son destin exerçaient sur des sceptiques.

« Tu crois tout de même à moi, dit-il à Pyrrhon. — La preuve, c'est que je suis venu, répondit le philosophe. — Eh bien, lui dit Alexandre, je t'attache à ma personne. Tu tiendras compagnie à Anaxarque, et cela prouvera à la postérité que tu as cru en moi. Tu écriras en mon honneur un poème de dix mille vers : chaque vers te sera payé une pièce d'or. Je te le promets d'autant plus qu'en ce moment je serais incapable de t'en donner une seule. Tu vois que je suis sceptique à ma façon. » Pyrrhon se mit à rire. « J'écrirai ce poème gratis, répondit-il, bien que cela doive me rendre parjure ; mais comme tu tiens plus des dieux que des hommes, tu me relèveras de mon serment. — Que veux-tu dire ? demanda Alexandre. — En qualité de sceptique, répondit Pyrrhon, j'ai juré à mes disciples que je n'écrirais jamais aucun ouvrage, puisque je ne crois à rien. C'est le portique des Sept Echos à Olympie qui m'a fait raisonner dans ce sens en me montrant que tout est aussi vain que l'écho ; l'agitation de notre vie est destinée à ne pas même en laisser un. Tu me parais l'une des exceptions à cette règle ; tu en seras peut-être la plus brillante : c'est pourquoi tu m'intéresses. Je veux te suivre jusqu'au septième écho. »

« Nous avons un autre point commun, continua-t-il : l'admiration pour Homère. Je suis prêt à disputer à toi ou à Ephestion le prix de la mémoire, car je sais par cœur plusieurs de ses chants. Mais ce qui m'intéresse peut-être le plus, c'est que tu me donnes la chance de pénétrer en Asie. Mon rêve est de connaître les brahmanes de l'Inde. Je suis sûr que tu iras jusque-là, car tu es le nouveau Bacchus. Tu y porteras la sagesse européenne, en échange de la sagesse orientale. — Et tu te prétends sceptique ? s'écria Alexandre. Je suis heureux d'avoir deviné que tu étais fait pour vivre auprès de moi. Périandre avait réuni à Corinthe le banquet des sept sages ; nous sommes déjà trois sages dans ce même lieu, puisque nous sommes trois amis d'Homère. Il est des admirations qui, non seulement excluent les hommes médiocres, mais servent de pierre de touche aux hommes supérieurs. — Tu sais, Alexandre, reprit Pyrrhon, que le banquet des sept sages se tint également à Sardes, chez le roi Alyatte, père de Crésus. C'est le signe de l'enrichissement que te devra l'humanité par cette expédition à laquelle le vulgaire n'aperçoit sans doute que des motifs d'ambition, de cupidité ou de politique et que tu pouvais seul mener à son terme, parce qu'il fallait avoir ton génie pour en mesurer l'étendue. » Alexandre demanda à Pyrrhon quels étaient d'après lui les plus beaux vers d'Homère. « Choix difficile et presque impossible, répondit le philosophe, mais tu ne t'étonneras pas que mon scepticisme trouve particulièrement son aliment dans ce vers : « Telle la race des feuilles, telle aussi celle des hommes. » — Oui, dit Alexandre. Toutefois, la suite est une leçon d'espérance : « Les feuilles, le vent les répand sur la terre, mais la forêt — Verdoyante les fait naître et l'heure du printemps arrive. » Nous partirons pour longtemps. Que deviendra ton école en ton absence ? — C'est la seule où les disciples peuvent se passer du maître, dit Pyrrhon : ils en savent autant que moi. Cependant, je céderai le flambeau à Nausiphane, parce ce qu'il est le plus charmant et parce qu'il est le plus jeune. Cela m'inspirera moins de regrets, si je suis trahi. » Alexandre fut enchanté de Pyrrhon et se félicita du flair qu'il avait eu de se l'attacher, avant même d'en connaître tous les mérites.

Anaxarque lui amena un autre philosophe, Onésicrite d'Astypalée, — l'une des Sporades, — ancien marin, comme Démade, et qui, étant allé chercher à Athènes ses deux fils, afin de les arracher à l'entourage de Diogène dont ils étaient devenus les disciples, s'était enrôlé, comme Cratès, dans les rangs de la sagesse cynique. « Viens-tu pour m'injurier ? lui demanda Alexandre. — Puisque tu as reçu Pyrrhon, répondit Onésicrite, il a pu t'apprendre le mépris des injures, si l'on peut t'apprendre quelque chose. — Cratès ne les méprise pas, il les recherche, dit Alexandre. — C'est toi que je recherche, dit Onésicrite, et pour les mêmes motifs que Pyrrhon : tu es la négation du scepticisme et tu es le contraire du cynisme ; mais par ta beauté fulgurante, par ta jeunesse éclatante, par ton intelligence olympienne, tu écrases tellement tout le reste des hommes, que tu sers à confirmer nos théories. Quelqu'un qui nie la beauté, doit vivre avec Vénus ; sinon, ce n'est qu'un pauvre homme. »

Alexandre n'ignorait pas que l'un de ses défauts était d'être sensible à la flatterie ; mais, quand elle était spirituelle, il ne se reprochait pas de se laisser séduire. Il dit à Anaxarque, en riant, que la dernière remarque d'Onésicrite pouvait être entachée de sophisme. « Tu sais le mot d'Hésiode, dit Onésicrite : « Vante un petit navire ; mais place tes marchandises sur un grand. » J'ai une autre raison de venir à toi : j'ai admiré beaucoup Xénophon, même quand je maniais la rame ; il a écrit la *Cyropédie,* je voudrais écrire l'*Alexandropédie.* — Me prends-tu encore pour un enfant, comme Démosthène ? dit Alexandre. — Certes non, dit Onésicrite, mais tu es à un âge où l'on peut recueillir, en vivant auprès de toi, parmi tes familiers, les histoires de ton enfance. Si personne ne s'en occupe dès à présent, ils les garderont jalousement pour eux-mêmes ou ne les apprécieront peut-être pas à leur valeur, parce qu'ils t'ont vu grandir de jour en jour... Et quelle taille tu as à présent, par Jupiter ! Il n'est pas étonnant que Dinocrate songe, m'a-t-on dit, à faire du mont Athos une statue colossale de toi. » Ce projet tenait au cœur de l'architecte macédonien depuis la première campagne d'Alexandre et il le lui avait soumis de nouveau après son accession au trône. « Laisse-moi d'abord conquérir le monde », avait répondu le roi. C'est ce qu'il répéta à Onésicrite. Il ajouta, à propos de l'*Alexandropédie,* qu'un de ses compagnons d'études, Marsyas de Pella, avait recueilli beaucoup de notes sur sa dernière année d'éducation avec Aristote.

Pour compléter ces entretiens philosophiques de Corinthe, Alexandre pria Onésicrite de lui amener Diogène, qui n'avait pas bougé de son tonneau du Cranéum. « C'est pour le coup que je serais insulté ! dit le philosophe. Diogène ne me pardonne pas de le quitter pour toi, bien qu'il sache que je n'ai que des intentions désintéressées. J'hésitais, je te l'avoue, et c'est l'exemple de Pyrrhon qui m'a entraîné, car il est le désintéressement même. Il est aussi pur que Diogène. Son seul désir, qui est le mien, est de savoir, — de savoir toujours davantage, bien que cela ne mène à rien. Or, ni Elis, ni Corinthe, ni même Athènes ne suffisent pour nous apprendre le monde, duquel Diogène se proclame citoyen. Il a voyagé, mais il s'est dégoûté des voyages et j'ai le droit de reprendre la rame, si c'est sur le vaisseau d'un amiral. En tout cas, n'attends pas que personne puisse t'amener Diogène comme tu le demandes : c'est à toi d'aller à lui, si tu veux le voir. — J'irai, dit Alexandre, amusé. Cela montrera que je suis philosophe. »

Accompagné d'Ephestion, d'Anaxarque, d'Aristandre, de Dinarque et de sa garde, il partit pour le Cranéum, dont le bois de cyprès était voisin de Cenchrées, le port de Corinthe sur le golfe Saronique. Le chemin traversait des vignes : dans les unes, on faisait les vendanges ; dans d'autres, on plantait. L'isthme où les jeux avaient été célébrés cette année, le sanctuaire de Neptune, le stade, le théâtre, rappelèrent à Alexandre son passage, au retour d'Olympie. A Cenchrées, on lui fit voir le temple de Diane où était une très vieille statue de bois, et celui de Vénus, dont la statue, très séduisante, était de marbre. A l'extrémité de la jetée, on apercevait un Neptune de bronze et, sur un autre point du port, un temple d'Esculape, puis un temple d'Isis. Alexandre, qui avait déjà offert des sacrifices à Vénus, protectrice de Corinthe et la sienne propre, se rendit au sanctuaire de la déesse de l'Egypte pour qu'elle lui fût favorable dans son expédition : ne devait-il pas être amené à conquérir ce pays dont les Cyrénéens lui avaient prédit, à Olympie, qu'il serait roi ? La visite d'aujourd'hui prenait l'aspect d'un présage. La déesse était, comme dans le temple du Pirée, avec le jeune Horus ; mais elle portait ici, sur son vêtement de marbre, une robe de lin noir, semée d'étoiles d'or. Les bains d'Hélène étaient une autre curiosité de Cenchrées : on donnait ce nom à une source d'eau brûlante qui tombait d'une roche dans la mer.

Au-delà, commençait le cimetière de Corinthe. Dinarque raconta que l'on violait les tombeaux pour y trouver les objets en bronze des premiers maîtres de cet art, ou des vases anciens en terre cuite, d'un travail non moins précieux. Des inscriptions vouaient aux dieux infernaux les violateurs, mais ne suffisaient pas à les écarter. Plus loin, était le gymnase du Cranéum et le grand bois de cyprès dont une partie était consacrée à Bellérophon, le héros de Corinthe ; dans l'autre, il y avait le temple de Vénus la Noire. C'est près de là qu'était le tonneau de Diogène.

Le contraste entre le chef de la Grèce, vêtu d'un manteau de pourpre et d'une courte cotte de mailles d'argent, et le chef de l'école cynique, à moitié nu, le sexe dressé dans sa souquenille déchirée, était encore plus saisissant en ce lieu solitaire. Diogène qui somnolait, ne rouvrit les yeux que lorsque Alexandre fut descendu de cheval, comme si le bruit de ces gens qui approchaient, n'était pas capable de troubler son repos. Une fois de plus, le vainqueur et le vaincu de Chéronée étaient face à face. Diogène ayant entrouvert les yeux sans rien dire, Alexandre déclara : « Tu ne me reconnais donc pas ? Je suis Alexandre, le roi Alexandre. — Et moi, dit le philosophe, je suis Diogène, Diogène le chien. Mais Vénus, comme toi, visite aussi les chiens, ajouta-t-il en montrant son phallus qui commençait pourtant à déraidir. Viens-tu me demander quelque chose ? » Le roi sourit. « C'est plutôt à moi de te demander ce que tu veux, répondit-il. — Ne me fais pas d'ombre, » dit le Cynique. Alexandre sourit encore, en admirant cette réponse, digne du personnage, et il s'écarta pour le laisser caresser par Apollon. Le Cynique n'eut pas toutefois l'impudeur de se caresser lui-même, comme il l'avait fait jadis à la fontaine Pirène devant les écoliers de Denys le Tyran.

En regardant ce visage hirsute, malpropre, cette barbe broussailleuse, ce front chauve et ridé, ces yeux, de nouveau fermés, ce masque d'un autre Socrate, aussi sage, mais plus rude, le chef des Grecs se sentait porté à l'indulgence et à la sympathie que lui avaient toujours inspirées les grands esprits. Diogène reprit le discours sur ce qu'Alexandre aurait pu lui demander. Peut-être tenait-il les yeux clos pour témoigner qu'il ne se souciait pas de contempler son illustre interlocuteur. « Les biens que je suis capable de te donner, ô Alexandre, dit-il, tu ne saurais ni les posséder ni les payer. » Cette fois, c'était vraiment un dialogue socratique qui s'amorçait. « Que sont ces biens ? dit Alexandre. — L'abandon de tous ceux que tu possèdes, mais que tu peux perdre et que tu es impatient d'agrandir ; la prise de possession de tous ceux que je possède et que personne ne saurait m'arracher : la pauvreté, la tranquillité, la tempérance, l'indifférence. Tu serais, en grand, en immense, ce que Cratès a été en petit, lorsqu'il a renoncé à sa richesse pour me suivre. Il n'est pas en ce moment à Corinthe, mais à Athènes, où il me représente. — Chacun a sa destinée, Diogène ; c'est ce que je t'ai déjà déclaré quand j'avais seize ans, dit le roi. — De tous les hommes que je connais, tu as le destin le moins enviable, dit le philosophe. — Mais enfin, lorsque j'aurai vaincu le grand roi, charge et honneur que l'on vient de me confier, ne serai-je pas plus grand que lui ? — Et ensuite ? dit le Cynique. Vous ressemblez à des enfants qui jouent au roi dépouillé. — Tu badines, ô Diogène. Quoi ! je ne serai pas le plus grand des mortels, après avoir soumis toute la terre ? Tu conviens déjà de ma grandeur. Que dis-je ? tu as parlé d'immensité. — Ton but est manqué d'avance, Alexandre, continua Diogène, car il est question, n'est-ce pas ? de vaincre tes ennemis ou les ennemis de la Grèce. Or, il t'en restera toujours un. — Qui donc ? s'écria Alexandre. — Toi-même. Ta folie tournera contre toi, car ceux à qui tu apporteras tant de maux, les appelleront sur ta tête. Souviens-toi bien de ce que je te dis : tu es le plus grand ennemi des Grecs, des Perses et de toi. » Alexandre, furieux de ces mots, frappa le sol de sa lance. « Cela t'irrite ? demanda Diogène qui ouvrit les yeux. Je suis le seul à qui tu ne puisses rien donner ni rien ôter, sauf le soleil que tu m'as rendu ; mais tu es pourtant le maître de m'ôter la vie. Ainsi tu t'emportes et tu serais capable de me transpercer, parce que tu es coléreux. Mais sache que je t'ai dit la vérité et qu'il n'y a que moi qui puisse te la dire. Tu veux jouer le rôle de roi et tu t'apprêtes à jouer le rôle de boucher. Un roi est le pasteur des peuples et non pas leur égorgeur. Que les Corinthiens t'aient accueilli en triomphe, prouve bien que la race des moutons est faite pour être égorgée. C'est là ton excuse, mais non celle des rhéteurs qui les excitent à aller se faire égorger au service de ton ambition, pour punir de vieilles injures, oubliées de tout le monde. »

« La nature, dit Alexandre, n'a pas formé seulement ces moutons dont tu parles et des chiens comme toi. Elle engendre des paons, fiers de leur beauté, des lions fiers de leur force, des aigles qui planent au haut des cieux. — Eh bien, plane, déploie ta force, fais la roue et envie mon bonheur », dit le Cynique. On en revenait à la question du bonheur, débattue avec Aristote. Malgré tout son amour pour la philosophie, Alexandre n'avait pas envie de la redébattre. Aussi bien, comme l'avait dit Aristote en d'autres termes, « ce qui convient à Jupiter et à son fils, ne convient ni à un bœuf ni à un chien ». « Tu m'as traité rudement, dit Alexandre au Cynique, et tu es cependant la seule personne en Grèce pour laquelle je me sois dérangé. — Tu me devrais plutôt des excuses, déclara Diogène, puisque, non content de t'apprêter à voler des villes, des provinces et des royaumes, tu m'as volé deux de mes disciples. Ne pouvais-tu te contenter d'Anaximène, ton premier maître, qui est retourné à Lampsaque, sa patrie ? — J'espère l'y voir, dit Alexandre ; mais je ne t'ai volé ni Anaximène ni Osicrite : l'un avait obéi à mon père et l'autre s'est donné à moi, comme il s'était donné à toi. — Etrange chose, dit le Cynique, que je passe ma vie à fournir des disciples au plus jeune et au plus séduisant des despotes ! Mais as-tu songé, quand tu me parles d'aller à Lampsaque, c'est-à-dire de marcher contre les Perses, que le vrai barbare, c'est toi ? Tu vas tuer des gens qui ne t'ont rien fait. Laisse aux successeurs d'Isocrate l'exploitation des souvenirs de Marathon et de Salamine. Les outrages des Perses ont été assez vengés. C'est donc l'ambition qui te pousse, comme c'était l'avidité qui poussait ton père, ainsi que je lui ai dit à Chéronée. Tu es trop naturellement généreux pour être avide d'argent ; mais tu es avide de gloire. Après tout, c'est de ton âge et de ton rang. »

Alexandre goûtait le charme de la voix de Diogène, autant que l'élégance de son style : c'étaient les deux qualités, l'une de sa nature, l'autre de son esprit, qui lui avaient attiré la plupart de ses disciples et qui lui avaient même valu, lorsqu'il avait été pris par des pirates et acheté par un riche Corinthien, d'être chargé de l'éducation de ses enfants. De même que ce charme et ce style contrastaient avec sa tenue, certains traits de sa philosophie ne semblaient pas moins contradictoires : par exemple, cet homme qui méprisait la société et qui s'en était banni, qui se moquait de tout, prônait la nécessité de l'ordre et des lois, sans lesquels, disait-il fermement, il ne peut y avoir de société. Alexandre ne le considérait donc pas comme tout à fait insociable et, quand il l'appelait « le chien », c'était le chien de Bacchus ou d'Orion. Pouvait-il oublier, du reste, qu'Antisthène, fondateur de la secte cynique, prétendait avoir pris Hercule pour modèle, — idée que s'était attribuée l'habitant du Cranéum dans sa conversation avec Alexandre près de la source d'Œdipe à Thèbes ?

En regagnant Corinthe, le roi commenta la réponse de Diogène qui n'avait eu rien d'autre à solliciter du chef de la Grèce que de ne pas lui faire d'ombre. Ces mots le plongeaient dans une admiration éperdue et il s'écria : « Si je n'étais Alexandre, je voudrais être Diogène. — Ce sentiment t'honore, dit Ephestion ; mais avoue que Diogène est un imbécile de ne pas vouloir être Alexandre. Tu es plus intelligent que lui, car tu imagines d'être à sa place. — En tout cas, dit Alexandre, si Xénophon partit pour l'expédition d'Asie avec l'accord de Socrate, je ne puis dire que je partirai avec la sympathie de Diogène. — Excuse-moi, reprit Ephestion : Socrate pria seulement Xénophon d'aller consulter l'oracle de Delphes ; mais Xénophon, habilement, posa la simple question à quel dieu il devait sacrifier. Et Socrate, après l'avoir blâmé de n'avoir pas demandé plutôt ce qui valait mieux pour lui, de partir ou de rester, se contenta de l'inviter à faire ce que le dieu avait ordonné. — Eh bien, dit Alexandre, moi aussi je veux avoir l'encouragement de l'oracle de Delphes. Tu sais que j'attendais pour le consulter une grande occasion : il ne saurait y en avoir de plus grande. »

Ce fut pour Alexandre un autre encouragement que de recevoir, avant son départ de Corinthe, une délégation des Grecs d'Asie. De même que Philippe avait reçu au congrès deux des principaux notables d'Ephèse, Prophyte et Hérophyte, un autre citoyen considérable de cette même ville, Délius, avait porté à Alexandre les vœux, non seulement d'Ephèse, mais de toutes les villes grecques d'Asie. Une telle ambassade ne pouvait que le flatter doublement, car Délius était un disciple de Platon. Cela prouvait, d'autre part, que les intrigues d'Attale, auxquelles la présence de Parménion mettait pourtant une sourdine, en attendant que la mission d'Hécatée fût remplie, n'avaient pas eu de résultat : Alexandre était considéré comme le chef de la Grèce même en Asie.

Il se rembarqua pour aller à Delphes. La prestesse avec laquelle il avait rétabli la situation, lui faisait désirer, comme la haute charge dont il venait d'être définitivement honoré, de remercier les dieux dans le plus grand sanctuaire de sa dépendance, et aussi de les interroger. La Phocide n'avait pas été intégrée à la Macédoine ; mais il était, comme successeur de son père, président des jeux Pythiens. Où serait-il dans deux ans, date de leur prochaine célébration ? Une fois entré en Asie, jusqu'où irait-il ? Peut-être célébrerait-il les jeux Pythiens à Sardes ou à Ecbatane, ces villes fabuleuses dont les Grecs parlaient depuis plusieurs générations. Il n'était pas sûr de ne pouvoir quitter avant longtemps ces contrées lointaines où il rêvait de se tailler un empire : l'empire d'Alexandre.

Cette visite à Delphes, qu'il accomplissait devant les Grecs attentifs, il ne se dissimulait pas qu'elle comportait un certain risque. Il le prenait, cependant, avec l'espoir et même la certitude de faire tourner à son avantage la réponse du dieu, quelle qu'elle fût. Il se fiait pour cela à sa fortune et à son esprit. Ce n'est pas qu'il attachât vraiment à un oracle le succès de son expédition ; mais il lui semblait que, si les dieux étaient justes, il méritait leur appui. Il les avait toujours vénérés, soir et matin, selon le précepte d'Hésiode, « afin qu'ils eussent pour lui une âme et un cœur favorables ». Il avait vengé son père, qui avait été leur vengeur. Il leur promettait de leur élever des temples après ses conquêtes : il en dressait déjà la liste avec Ephestion sur le pont du vaisseau qui venait de doubler le cap du temple de Junon : un à Delphes d'abord, qui porterait son nom ; un autre à Délos, car Apollon était leur dieu ; un à Dodone en l'honneur de Jupiter et d'Olympias et en souvenir de leur visite à ce sanctuaire ; un à Dium, consacré également à Jupiter ; un à Amphipolis pour Diane Taurique, la grande déesse des Macédoniens ; un à Cyrrha, dédié à Minerve, patronne de cette ville où était née la mère d'Ephestion. Alexandre comptait également en élever un autre à Minerve sur le site de Troie, quand il aurait conquis la Phrygie, comme il en était sûr.

Le vaisseau que ses deux cents rameurs, au son de la flûte et avec les cris rythmiques habituels, faisaient voguer telle une plume, longeait à présent, pour se diriger vers la côte de Béotie et le golfe de Crisa, cette partie du golfe corinthiaque, nommée la mer Alcyonienne.

On apercevait, au-delà du cap qui la limitait, les murailles de la citadelle d'Ægosthènes, ville de Mégaride, célèbre par son sanctuaire du devin Mélampe qui avait été dans son enfance l'un des nombreux mignons d'Apollon et dont le grave Léonidas avait parlé quand on avait bordé les côtes d'Argolide, en revenant d'Olympie. Anaxarque raconta des traits curieux concernant ce devin qui avait reçu le don de comprendre le langage des bêtes après que deux petits serpents qu'il éleva, lui eurent nettoyé les oreilles avec leurs langues ; Apollon l'instruisit ensuite des secrets de la médecine. Il avait un frère, Bias, à qui Nélée l'Argonaute, fondateur de Pylos, en Messénie, ne voulait accorder sa fille que s'il lui amenait deux bœufs de Phylaque, roi de Phtiotide. Mélampe prédit à son frère qu'il lui amènerait les bœufs, mais qu'il ferait d'abord un an de prison. Arrivé en Phtiotide, il les vola dans les pâturages du mont Othrys, fut rattrapé et emprisonné. Un homme et une femme étaient chargés de le servir : l'homme le traitait avec égards, la femme, très mal. L'année à peu près révolue, Mélampe entendit au-dessus de lui quelques vers disant que la poutre était presque rongée. Il demanda qu'on le transférât dans une autre chambre et fit prendre par l'homme la tête du lit, par la femme les pieds, pour qu'elle sortît la dernière. Au même instant, la poutre se rompit et tomba sur la femme, qu'elle tua. Etonné, Phylaque interrogea Mélampe qui lui apprit qu'il était devin et médecin et pour quelle raison il s'était fait emprisonner. Alors le roi lui promit de lui donner les bœufs, s'il trouvait le moyen de guérir son fils Iphiclus qui était impuissant. Mélampe sacrifia deux taureaux à Jupiter, les coupa en morceaux et invita les oiseaux à s'en repaître. Dans le nombre, se trouvait un vautour qui lui raconta que Phylaque châtrant un jour des béliers dans un champ à côté d'Iphiclus enfant, celui-ci irrita son père par une inconvenance : le roi le menaça avec son couteau ensanglanté, Iphiclus prit la fuite, Phylaque le poursuivit et, faute de l'atteindre, planta de rage la lame dans un chêne sacré où il l'oublia. Le chêne l'avait recouverte de son écorce. Telle était, d'après le vautour, la cause de l'impuissance d'Iphiclus : pour le guérir, il fallait extraire le couteau de l'arbre, en racler la rouille et lui en faire boire durant dix jours dans du vin. Mélampe exécuta ses prescriptions, rendit au jeune Iphiclus la vigueur de son membre et repartit pour l'Elide avec les bœufs de Phylaque.

Les conditions dans lesquelles il guérit plus tard les trois filles du roi d'Argos Proetus, n'étaient pas moins extraordinaires. Bacchus avait rendu folles les femmes d'Argos, y compris les filles du roi, Iphianasse, Iphione et Lysippé, qui s'étaient vantées d'être plus belles que Junon et qui avaient refusé d'être bacchantes. Elles erraient de tous côtés, en proie à une fureur, non seulement bachique, mais utérine. Mélampe s'offrit à les guérir, si Proetus lui donnait un tiers de son royaume et un autre tiers à Bias. Les trois filles du roi étaient devenues d'une telle impudicité qu'elles distillaient une liqueur blanche. Mélampe commença par lancer sur leurs traces, dans les montagnes, de robustes jeunes gens et les attira dans une grotte du mont Aroanius, entre l'Arcadie et l'Achaïe. Là, les jeunes gens, après les avoir satisfaites, dansèrent devant elles une danse sacrée qui les apaisa. Puis, Mélampe les fit descendre au bord de l'Anigrus, où il les purifia, et ce fleuve en avait conservé une mauvaise odeur. L'une des filles mourut, mais les deux autres, guéries, épousèrent Mélampe et Bias. Anaxarque dit que les prêtres de Mélampe se plaignaient qu'Hérodote eût raconté cette histoire imparfaitement : il avait omis de signaler, par exemple, — ce qui aurait expliqué la difficulté de guérir la race de Proetus, — que celui-ci se battait dans le ventre de sa mère, vouée à la démence, avec son frère Acrisius. Ils s'étaient plus tard disputé le royaume d'Argos et Acrisius avait été chassé.

On était à l'époque du solstice d'hiver où, selon tous les naturalistes, la mer se calme pour laisser les alcyons faire leurs petits. Alexandre et Ephestion avaient discuté jadis avec Aristote de la réalité de ce phénomène, dont le philosophe se portait garant et, pour la première fois qu'ils naviguaient à pareille époque, ils pouvaient le vérifier dans la mer Alcyonienne. Elle avait été fort agitée, en effet, quelques jours plus tôt, au point que Philoxène avait dû faire tirer à sec un certain nombre de navires qui risquaient de se heurter. Et l'on avait vu voler ces petits oiseaux gracieux au plumage vert, bleu ou rouge, qui chantaient d'une voix plaintive. Leur plainte rappelait leur origine : Alcyone, fille d'Eole, éprise de son époux Céyx, qui avait péri dans un naufrage près de Crisa, se jeta dans la mer et fut changée en alcyon. Les vaisseaux de Philoxène s'étaient mis en route, juste au début des quatorze jours, si bien dits alcyoniens. Alexandre ordonna de ralentir le vaisseau pour que l'on pêchât, avec la chaloupe, quelques-uns de ces nids flottant sur les eaux. Il put en admirer la perfection, digne des ciseleurs miniaturistes Callicrate et Myrmicide : le nid était formé par les arêtes du poisson appelé l'aiguille de mer, entrelacées avec des épines, comme les fils d'une toile ; le fond était large, mais l'ouverture si étroite que seul l'alcyon pouvait s'y glisser, et si bien orientée que l'eau de mer ne pouvait y pénétrer. C'est ce détail, certifié par Aristote, qui avait paru invraisemblable à Alexandre. De fait, même si l'on renversait le nid dans l'eau, l'intérieur restait sec.

Le pilote dit un autre fait, peut-être légendaire, relatif aux alcyons : quand on entendait chanter la femelle, c'était signe que l'on allait mourir bientôt. « On meurt également, dit Alexandre, lorsqu'on entend chanter les Sirènes ou l'Amour. — Et cependant, lui dit Ephestion, je ne suis pas mort pour t'avoir entendu chanter. » Quelques alcyons volaient autour du vaisseau, inquiets d'avoir vu enlever ces nids qu'ils avaient mis sept jours à faire avant le solstice et où ils allaient pondre pendant les sept jours qui suivaient. Mais ces oiseaux n'étaient pas la seule curiosité de la mer Alcyonienne : des dauphins nageaient autour du vaisseau, comme jadis autour de l'*Hercule* au cap Ténare. Alexandre évoqua ceux qui avaient guidé les Crétois de Cnossos pour les faire aborder aux rivages de Crisa, — « Crisa la divine » d'Homère.

On atterrit au port de Cirrha. La ville de Crisa, qui avait laissé son nom au golfe où était ce port, avait été détruite lors de la première guerre sacrée conduite par les Thessaliens, avec le concours de Solon d'Athènes et de Clisthène de Sicyone, contre les Criséens qui rançonnaient les pèlerins débarqués. Alexandre songeait aux jours déjà lointains où la plaine sacrée de Cirrha avait été occupée par les Amphissiens et où, Amphissa détruite, il s'était embarqué avec son père, après les jeux Pythiens et la victoire de Chéronée.

Il fit célébrer un sacrifice d'heureuse arrivée, au magnifique temple d'Apollon, de Diane et de Latone que possédait Cirrha. Les statues des trois divinités étaient de l'école d'Athènes. Puis, sur Bucéphale, il parcourut cette fameuse plaine sacrée que Philippe avait rendue au culte d'Apollon. Son arrivée, annoncée par son héraut Lichas, fut celle d'un triomphateur, comme elle l'avait été à Corinthe. Les sibylles, les prêtres, les prophètes, les sénateurs, vinrent au-devant de lui, ainsi qu'ils y étaient venus, à sa première visite ; mais, cette fois, il les visitait en roi.

S'apprêtant à interroger l'oracle, il pensait à son ancêtre Hercule, qui l'avait consulté après le meurtre de son mignon Iphitus, commis dans un accès de folie furieuse. Le fils d'Alcmène en avait reçu l'ordre de se vendre comme esclave et de servir en cette condition pendant trois ans. C'est alors qu'il partit pour la Lydie et qu'il fut l'esclave de la reine Omphale. Plus tard, il fit consulter l'oracle une seconde fois par Iolas pour demander à Apollon le moyen d'arracher la tunique de Nessus qui faisait tomber sa chair en pourriture. L'oracle répondit qu'il devait aller sur le mont Œta, élever un bûcher et laisser le soin du reste à Jupiter.

Malgré les honneurs qu'il recevait, Alexandre n'avait pas l'intention de séjourner à Delphes : il avait hâte de regagner Pella pour dompter les révoltes des barbares sur ses frontières septentrionales. Aussi, quand celle des trois pythies à laquelle il s'adressa pour consulter l'oracle, lui eut fait savoir que c'était un jour néfaste, il eut un mouvement d'impatience. « Excuse-moi d'insister, lui dit-il ; mais je suis le chef des Grecs qui partiront bientôt pour l'Asie et je m'estime au-dessus des méticulosités rituelles. Je te prie de monter sur le trépied pour me rendre la réponse du dieu sur le sort de mon expédition. — Nul ne commande aux immortels, » dit la sibylle. Sans se laisser intimider, Alexandre la prit solidement par le bras pour l'entraîner vers le temple. « Tu es invincible, mon fils », dit-elle. Le roi déclara aussitôt que ces mots lui suffisaient : pouvait-il souhaiter meilleur présage ? Anaxarque ne crut pas le vexer en lui racontant une histoire qu'il tenait d'Aristote à propos de la première guerre sacrée. Le tyran Philomèle, ne décidant pas la sibylle à prophétiser, employa la violence. Elle lui dit, pour toute réponse, qu'il était maître de faire ce qu'il voulait. Il s'autorisa de ces mots, d'abord pour étayer ses prétentions sur le temple, ensuite pour s'en approprier les trésors. Alexandre n'aurait pas été jusque-là. Comme ceux qui avaient obtenu un oracle de la sibylle, il mit une couronne de laurier garni de toutes ses baies.

Il célébra un sacrifice devant le temple, dont les travaux étaient à peu près finis. Dès son avènement, il avait envoyé au dieu un don important pour solliciter sa protection. En effet, grâce au Lynceste, si expert en finances, il avait trouvé tout de suite de grandes avances des banquiers. Elles étaient épuisées et l'on s'employait à les renouveler. L'inauguration du nouveau temple était prévue pour la prochaine Pythaïde, dans deux ans. Alexandre ne serait certainement pas à Delphes. En tout cas, il lui était permis d'augurer que sa gloire, plus encore que celle de l'athlète Callias, ancêtre d'Alcimidas d'Egine, vainqueur à la lutte des garçons aux jeux Néméens, brillerait, comme avait dit Pindare, « à l'heure du couchant, — Près de Castalie, — Par le rassemblement des Grâces. »

Son retour à Pella fut aussi glorieux que l'avait été un an plus tôt celui de son père. Toute la Grèce était rentrée dans l'ordre sans qu'il eût eu à combattre. Il pouvait être fier de l'avoir intimidée par sa hardiesse et sa résolution. On ne parlait plus du petit jeune homme, mais déjà d'un roi digne de ce nom.

Il reçut les bonnes nouvelles qu'il attendait d'Asie : Hécatée venait d'assassiner Attale. Peu de temps auparavant, celui-ci, voyant qu'il n'était pas le plus fort, avait envoyé à Alexandre une lettre de Démosthène qui l'encourageait dans sa rébellion et qui lui promettait le secours des Athéniens. Pour montrer son zèle, Attale avait détruit la ville de Gergis en Troade. Rien de tout cela n'avait fait modifier l'ordre donné à Hécatée, qui « lui planta sa lance dans le dos, — Entre les épaules, et la poussa à travers la poitrine ». Alexandre, en commentant la scène décrite brièvement par Hécatée, avait cité ces vers d'Homère et ajouté que c'était faire beaucoup d'honneur à un traître : Attale n'avait eu rien du « chef des Halizones, le grand Odius », tué ainsi par Agamemnon qui l'avait renversé de son char, durant la bataille. Le général Amyntas, complice de la tentative de révolte, avait pris la fuite chez le roi des Perses qui lui avait offert le commandement de ses mercenaires grecs. Mais il avait un fils, nommé Philippe, qui restait dévoué à Alexandre et qui maudissait une telle trahison.

Parménion avait maintenu les soldats dans le devoir, pris d'assaut la ville de Grynium en Eolide et réduit les habitants en esclavage : il ne l'avait pas saccagée par respect pour son célèbre temple-oracle d'Apollon. Il espérait que le sort infligé aux habitants détournerait les Grecs d'Asie d'obéir aux satrapes, car toutes les villes n'avaient pas imité Ephèse. Fort de ce succès, il assiégeait Pitane.

Olympias avait accueilli Alexandre par les mots de Pénélope à Télémaque : « Tu es revenu, douce lumière ! » Mais il se demandait ce qu'elle avait pu faire en son absence. Bien qu'il lui eût interdit, avant son départ, de poursuivre des vengeances sur la famille de la malheureuse Cléopâtre, il craignait que son gracieux accueil ne dissimulât des atrocités. Elle avait commis au moins quelques actes qu'il jugea d'abord sévèrement. Elle avait fait déterrer le cadavre de l'assassin Pausanias pour le brûler avec pompe, en avait rassemblé les cendres et lui avait élevé un tombeau à Egées, près de celui du roi. Puis, elle avait dédié à Apollon, sous le nom de Myrtale qu'elle avait porté dans son enfance, le poignard qui avait frappé Philippe et qu'elle avait réussi à retrouver : ainsi avait-elle mis à exécution le dessein auquel s'était opposé Alexandre. « On croirait, dit-il, que tu veux prouver à tout le monde que le meurtre de mon père est ton ouvrage. — Les méchants l'interpréteront de la sorte, répliqua Olympias ; mais ils n'auraient pas besoin de cela pour l'affirmer. Je pense que tu ne m'accuseras plus, quand tu sauras que j'ai consulté Aristote : il m'a dit qu'il y avait à Athènes des meurtres autorisés par les lois et que l'injure reçue par Pausanias pouvait rentrer dans ce cas. Certes, celui-ci devait tuer Attale et non pas Philippe ; mais Attale avait été soustrait à sa vindicte et Philippe était impardonnable à ses yeux de ne pas lui en accorder satisfaction, attendu la nature de leurs rapports. Aristote m'a dit aussi qu'à Athènes, le fait de prostituer un jeune homme ou une jeune fille pouvait donner lieu à une action pour prostitution et que le coupable risquait la peine de mort. Philippe a partagé avec Attale la responsabilité de la prostitution de Pausanias le soir du banquet. Mais il a payé en mourant et je considère que c'est honorer sa mémoire de conserver, non pas comme un trophée, mais comme un objet sacré, le poignard qui a versé son sang divin et de mettre le tombeau du meurtrier à côté de celui de la victime. » Alexandre fut tellement stupéfait de ce raisonnement de sa mère, quoique la sincérité lui en parût douteuse, qu'il ne discuta plus. Mais quand elle prétendit l'irriter contre des parents d'Alexandre Lynceste en lui rapportant des propos qu'ils étaient censés avoir tenus contre lui, il rétorqua : « C'est une chose très royale d'entendre dire du mal de soi en faisant du bien. »

Jusqu'à son départ, il avait gardé son ancienne chambre, qui lui était chère à cause d'Ephestion, comme celle de Miéza. Mais, depuis son retour, il occupait l'appartement de son père. Olympias le lui avait préparé, en retirant les souvenirs de Philippe et en déployant le faste qu'elle aimait. La chambre royale, de même que la grande salle et que la chambre d'Olympias, avait une fresque de Zeuxis dont le sujet avait peut-être donné à Philippe tant de goût pour Hésiode : le peintre y avait représenté des scènes de la vie des champs. Tapis, meubles précieux, objets d'or et d'argent formaient un splendide ensemble qu'Alexandre agrémenta en y faisant transporter la statue d'Ephestion.

Cléopâtre avait écrit à sa mère que, depuis son mariage avec Alexandre Molosse, les Athéniens consultaient moins volontiers l'oracle de Dodone et envoyaient maintenant de préférence leurs ambassades à celui de Jupiter Ammon. Ils avaient pourtant celui d'Apollon à Délos : c'était, en dehors du temple-oracle d'Esculape qui était à Athènes, le seul de leur allégeance. Il est vrai qu'ils devaient désormais à Philippe de posséder également le sanctuaire-oracle d'Amphiaraüs à Orope, puisqu'il avait détaché de la Béotie cette ville pour la leur donner. Mais il ne s'agissait là que d'un héros guérisseur.

Python était revenu de sa mission à Rome. Les consuls Lucius Furius et Caïus Ménius lui avaient donné les assurances que les pirates d'Antium ou Anzio et de la colonie romaine d'Etrurie seraient châtiés, s'ils opéraient de nouveau sur les côtes ou contre les vaisseaux marchands de la Macédoine. Alexandre fut flatté que son nom signifiât quelque chose auprès de gens qu'il ignorait. Python le rendit un peu plus modeste en lui racontant qu'il avait fait état, pour influencer les consuls, de la communauté des religions. « N'envoyez pas piller, leur avait-il dit, un pays d'où vous avez reçu vos dieux. » Les Romains, qui vénéraient l'oracle de Delphes, étaient sensibles au fait qu'Alexandre en fût le protecteur. Python avait offert un sacrifice, au nom du roi, dans les temples de Jupiter, de Junon et de Minerve qui étaient sur le Capitole, la principale colline de Rome. Il avait été étonné que les Romains sacrifiassent en se couvrant la tête avec leur robe, et encore plus que, faute du taureau blanc qu'il fallait pour Jupiter Capitolin, on lui en amenât un blanchi à la craie. Mais les Athéniens ne faisaient-ils pas de pareils tours ? Les Romains prétendaient que ces temples étaient les premières demeures de ces divinités après l'Olympe ; mais Python en avait trouvé la fabrique d'un art grossier, au prix de ceux qu'il avait vus en Grande Grèce, notamment à Posidonia ou Pæstum, en Lucanie, temples construits près du rivage. Mais il avait admiré quelques trésors au Capitole, où il y avait pourtant une statue de Jupiter Capitolin en argile, qu'on peignait régulièrement d'une couche de vermillon : des couronnes, des vignes en or massif, des vases murrhins, des blocs de cristal, une oie d'argent qui commémorait un troupeau d'oies consacrées à Junon dont les cris avaient signalé, une nuit, l'assaut que donnaient les Gaulois à la citadelle. « Les Gaulois ! s'écria Alexandre, ils auront certainement apporté la pédérastie aux Italiens. — Tu ne crois pas si bien dire, Alexandre, déclara Python. Comme j'étais poursuivi par des garçons qu'attirait mon aspect de riche étranger, je m'étonnai d'une telle licence et un sénateur s'excusa sur les Gaulois d'avoir appris aux Romains la pédérastie. Comme ceux-ci font porter aux enfants libres une petite boule au cou, — elle est en or pour les fils de nobles et contient des amulettes, — ils les distinguent par cet insigne des jeunes esclaves, avec qui l'on peut faire l'amour comme on veut. Mais je t'assure que les porteurs de boule ne sont pas moins hardis que ceux qui n'en portent pas. Il y a également des nuées de jeunes prostitués. Les Romains les appellent des « garçons de mérite ». »

Python reparla des oies du Capitole pour dire que le premier soin des magistrats nouvellement nommés, était de donner à bail la nourriture de ces oies, dont les ancêtres avaient sauvé la république. Au contraire, on clouait chaque année sur des croix ou l'on empalait un certain nombre de chiens pour les punir de ce que leurs ancêtres à eux avaient fait mauvaise garde. Python était passé entre une double haie de chiens empalés, près des temples de la Jeunesse et d'une divinité infernale. Aussi bien les Romains disaient-ils ne jamais prononcer le vrai nom des dieux de leur ville, ni même le vrai nom de Rome.

Un fait historique prouvait que Bacchus se manifestait aux Romains : au temps que Rome était encore un royaume, une captive de la reine Tanaquil, épouse de Tarquin l'Ancien, avait vu apparaître auprès du foyer un membre viril de cendres et elle s'était relevée enceinte, du coin où elle était assise. On avait considéré qu'elle avait été engrossée par le symbole de Bacchus.

Autre détail qui charma Alexandre : c'est par un nœud d'Hercule que les nouvelles épouses romaines attachaient le cordon de laine qui leur servait de ceinture et leur mari le défaisait sur le lit nuptial. Un trait curieux de ces femmes est qu'elles devaient baiser leurs parents sur la bouche quand elles les rencontraient, afin de leur prouver qu'elles n'avaient pas bu de vin. Cette république donnait le nom de « prolétaires » aux citoyens de la dernière classe, parce qu'ils avaient le rôle d'être prolifiques, c'est-à-dire de fournir le plus d'ouvriers et de soldats possible à la nation.

Aristote était arrivé de Stagire pour remettre à Alexandre son *Traité sur l'art de régner,* qu'il avait achevé. Avec celui que lui avait promis Xénocrate, le nouveau roi ne manquerait pas de conseils philosophiques. « J'ai écrit cet ouvrage avant que ton père fût dans la tombe, dit Aristote. Tu n'en as plus besoin, parce que tu possèdes déjà l'art de régner, et tu n'as pas eu besoin de moi pour l'art de vaincre. Ce traité te remémorera seulement nos entretiens particuliers de Miéza et une amitié qui ne finira qu'avec ma vie. » Alexandre embrassa son maître. Certainement qu'il connaissait toutes les leçons consignées dans ce livre ; mais il regardait comme la base même de sa gloire le fait de les avoir reçues.

Léocharès avait terminé le bas-relief de l'*Apothéose* d'Homère et les statues du monument de Philippe pour Olympie. Alexandre comptait inaugurer ce monument aux jeux, non pas de la prochaine olympiade, qui aurait lieu dans un an, mais de la suivante, ainsi que son père l'avait prévu. A ce moment, il serait le maître de l'Asie ou bien il y serait mort.

Il avait vu les belles monnaies gravées par Pyrgotèle et félicité l'artiste. Il lui avait commandé de ne représenter Hercule coiffé de la tête de lion, qu'imberbe. Jupiter ne pouvait changer, c'était le même que celui de Philippe ; Apollon aussi. L'avers figurait la tête de Minerve, coiffée du casque corinthien à triple aigrette et orné d'un serpent ou d'un griffon ; mais le graveur avait donné à la déesse, dont les cheveux réunis en torsade tombaient sur le cou, quelque chose d'Alexandre. Au revers, une Victoire, debout, tenait une couronne et une petite branche. A la place de la Victoire ou de la Minerve de Pella que l'on reproduisait quelquefois, Alexandre fit mettre la statue athénienne de Minerve combattante : elle symboliserait sa qualité de chef désigné de l'expédition des Grecs contre les Perses. Cette statue n'avait-elle pas été élevée par Phidias sur la citadelle d'Athènes en souvenir de la victoire de Marathon ? Dans le champ de certaines pièces, était un vase à boire, hommage à Bacchus, ou bien le foudre, symbole du monétaire de Pella.

Alexandre fit ciseler également par Pyrgotèle une coupe d'or destinée aux libations à Jupiter Sauveur, qui marquaient le milieu de ses repas : elle serait à deux anses, comme celle qu'Achille offrit à Nestor, après les jeux funèbres à la mémoire de Patrocle ; mais les anses seraient deux longues tiges, et deux colombes seraient posées sur chacune. On l'appellerait la coupe de Jupiter Sauveur. Soucieux que la beauté fût la caractéristique extérieure de son règne, Alexandre publia un décret interdisant à tout autre que Pyrgotèle de graver son visage, ainsi qu'à tout autre sculpteur que Lysippe de faire une de ses statues en bronze. Léocharès ne bénéficia pas d'un décret, mais demeurait le maître pour les statues de marbre. Apelle reçut le privilège pour les portraits.

Le peintre de Vénus était accablé de besogne. Tous les membres de l'escadron des amis, tous les principaux officiers, tous les enfants royaux, voulaient être peints par le peintre du roi.

Quant à Lysippe, il travaillait à la statue d'Alexandre et devait sculpter ensuite un groupe de lui et d'Ephestion côte à côte, sur le modèle du fameux groupe d'Harmodius et Aristogiton, sculpté par Critias. Lysippe, chargé de travail autant qu'Apelle, avait retenu pour un an la production de bronze d'Egine, préférable pour la qualité à celui de Délos.

Cependant, Alexandre avait trouvé indécent que Pella n'eût pas de théâtre, de stade et d'hippodrome, sous prétexte qu'Egées, l'ancienne capitale, en avait. Il chargea Dinocrate d'en dresser les plans et, pour faire quelque chose d'aussi somptueux qu'extraordinaire, avait imaginé de revêtir le théâtre de plaques de bronze. Quand Dinocrate lui représenta que cela étoufferait la voix des acteurs, il se rappela le mot d'Apelle sur ses conseils de peinture. Néanmoins, l'architecte déclara que ce que l'on pouvait faire, c'était de placer des vases de bronze autour de la scène pour amplifier la voix des interprètes et les sons de la musique.

Les visites d'Alexandre au gymnase de Pella lui inspirèrent un geste de munificence : se souvenant qu'Aristote avait raconté qu'une inscription d'un gymnase d'Athènes célébrait « la gloire immortelle » d'un citoyen qui avait donné pendant un an l'huile qu'on y employait, il la donna pour le même temps à tous les gymnases de la Macédoine.

Il ne voyait pas la nécessité, pour le moment, de faire agrandir ou décorer le palais royal ; mais il ne se borna pas à marquer le début de son règne par des travaux qui embelliraient la capitale : il fit poursuivre l'assainissement des régions marécageuses du Lydias et du Borborus. On lui avait cité une épigramme de Théocrite de Chio, disciple de Platon, qui vivait à Athènes et qui se moquait à la fois du Borborus, d'Aristote et de la statue d'Hermias à Delphes : « Ce tombeau vide a été élevé à l'eunuque Hermias, à l'esclave d'Eubule, — Par Aristote à la tête aussi vide, — Aristote que l'intempérance de ses goûts — Conduisit à préférer aux ombrages de l'Académie les fanges du Borborus. » « L'idiot ! s'écria Alexandre. Voilà bien la jalousie de ces philosophes les uns à l'égard des autres. Aristote a plus d'ombrages à Miéza que ce Théocrite à Athènes. Et l'intempérance de ses goûts, nous la partageons. » La sottise de cette pseudo-épitaphe fit décider Alexandre de mettre à la disposition d'Aristote, lorsque l'on partirait pour l'expédition, ce délicieux domaine où ils avaient passé des années si heureuses.

Il s'accordait un an pour préparer l'expédition d'Asie : au printemps, il irait soumettre les barbares, du Pont-Euxin à l'Adriatique. Leur révolte était purement locale et ne menaçait pas ses Etats proprement dits. Ses succès en Grèce avaient maintenu dans l'obéissance les Thraces des tribus Odomantes, Edones et Corpiles : les révoltés étaient ceux d'au-delà des monts. Il voulait les soumettre et avait imaginé un moyen de les empêcher de se révolter encore. Persuadé que leurs rois n'attendraient que son départ pour rallumer les hostilités, il se proposait de les emmener en Asie avec leurs meilleurs officiers, après les avoir vaincus. Ainsi laisserait-il son royaume pacifié à l'intérieur et tranquille sur toutes ses frontières. Son idée fut admirée du grave Léonidas et de ses conseillers militaires.

Les lettres d'Eschine et de Phrynon lui disaient qu'à Athènes, où la légèreté ordinaire avait repris le dessus, on le décrivait comme uniquement occupé de théâtre, de chasse, de musique et passant le reste de son temps à poser devant Lysippe, Léocharès et Apelle. Ces plaisanteries ne le touchaient pas, car il savait bien qu'on ne l'estimait pas moins redoutable. Certes, il chassait à perdre haleine dans les champs et sur les montagnes couvertes de neige ; il festoyait avec ses amis dans la grande salle de Pella ou dans celle de Miéza ; il frémissait toujours, quand Timothée ou Antégénide jouaient de la flûte ; mais il avait restauré les finances du royaume. Harpale continuait de faire preuve de ses capacités à cet égard et montrait qu'un descendant des princes d'Elymée pouvait en connaître plus que le trésorier Philoxène. Après avoir fait appel aux banquiers, il avait fondé une société par actions, sur le modèle des compagnies financières : elle recevait les fonds des particuliers et leur donnait à la place des tablettes représentant une partie du capital, majorée de gros intérêts et payable au bout de trois ans. On misait sur la réussite de l'expédition d'Asie, succès dont nul ne doutait, sauf peut-être les Athéniens, qui se réservaient ce plaisir de se moquer encore d'Alexandre.

Harpale avait également imaginé de réclamer aux Etats grecs, confédérés à Corinthe, un secours en argent plutôt qu'en soldats. Les soldats, il serait temps de faire appel à eux, lorsqu'on aurait subi les premières pertes en Asie. L'argent était nécessaire, non seulement pour préparer l'expédition, mais pour les travaux qu'Alexandre avait prescrits en Macédoine. Il ne se contentait plus d'embellir et d'assainir Pella : on agrandissait le port de Thermé, on prolongeait les routes.

La refonte de l'armée, qui était son œuvre personnelle, absorbait toute son attention. Il commença par modifier la tenue des soldats en leur faisant faire des demi-corselets qui leur couvraient uniquement le devant, pour leur ôter l'envie de fuir. En effet, cela les obligeait à combattre et à se défendre, puisqu'ils risquaient d'être blessés ou tués en tournant le dos. L'état-major de cette armée qu'Alexandre emmènerait à la conquête du monde, comprenait trente officiers, presque tous macédoniens ou thessaliens : c'était, légèrement augmenté, l'ancien bataillon ou escadron des amis. Sept gardes du corps, sortis de l'escadron, seraient placés à la tête de deux corps d'armée et en outre, à tour de rôle pendant un jour, prendraient le service auprès de la personne du roi, à moins qu'ils ne fussent chargés d'un commandement lointain. Deux corps d'élite, composant le meneur, l'un de cavalerie, l'autre d'infanterie, formaient la garde royale. Les enfants royaux complétaient la maison du roi. Alexandre dota les hommes du meneur d'un bouclier de bronze bordé d'argent, ce qui les fit nommer « boucliers d'argent ».

L'infanterie restait constituée par les compagnons à pied, mais était divisée en corps de mille hommes, subdivisés en pelotons de dix. Les porte-boucliers furent divisés et subdivisés de la même façon. Les contingents des villes et des Etats grecs, fournis à Alexandre en qualité de généralissime, lorsqu'ils n'avaient pas été rachetés par des contributions financières, seraient dirigés par leurs propres officiers. Ce serait l'armée des « fantassins alliés », mais placée sous le commandement supérieur d'un Macédonien, de même que les cinq mille mercenaires du Péloponèse, les archers crétois, les frondeurs acarnaniens, les Thraces lanceurs de javelots et les Agrianes.

La cavalerie du meneur comprenait douze cents hommes, répartis en escadrons de cent cinquante. Un de ses nouveaux officiers était Nicanor de Stagire, homonyme du fils cadet de Parménion et du mignon favori d'Aristote et qui était, du reste, apparenté à ce garçon. C'est le philosophe qui lui avait procuré cet honneur. Les cavaliers thessaliens suivraient Alexandre, comme ils avaient suivi Philippe en qualité de chef de la confédération thessalienne et, comme l'infanterie alliée, sous les ordres d'un Macédonien : le contingent de Pharsale était le plus considérable. Les autres cavaliers grecs seraient procurés par le Péloponèse, la Locride, la Phocide et Thespies, avec leurs officiers, toujours commandés par un Macédonien. Les cavaliers mercenaires venaient de certaines régions de la Thrace et les porte-lance, de Péonie.

Le recrutement fut assuré par différentes villes dont les unités gardaient le nom et que l'on appela des îles : l'île d'Amphipolis, l'île d'Apollonie, l'île d'Anthémonte... Celle de Pella était qualifiée seulement de royale.

Aux unités combattantes, s'ajoutaient l'administration du trésor, le train des équipages, le génie militaire, assigné aux Thraces, pour construire les ponts de bateaux et asseoir les camps. Le service des machines de guerre, ceux des approvisionnements, des ambulances et des dépêches étaient amplifiés et perfectionnés.

Pour toutes ces réformes, Alexandre avait profité, non seulement de son expérience, mais des conseils de ses amis : ils avaient vu, comme lui, avec l'œil de la jeunesse, les défauts d'une organisation, si remarquable d'ailleurs, mais immuable depuis près de vingt ans. C'est ainsi qu'il donna le pas à la cavalerie sur la phalange. Cela correspondait à son goût de la célérité. Alexandre pourvut également tous les cavaliers d'un bouclier, afin qu'ils pussent combattre à pied en sautant de cheval, comme les fantassins mêlés à la cavalerie. C'était se procurer le double avantage d'une cavalerie propre à l'attaque et à la poursuite, et d'une infanterie montée.

Au milieu de cette activité, Alexandre se plaisait à entretenir ses forces physiques même par des soins qui lui semblaient puérils. Philippe d'Acarnanie l'avait persuadé que, pour une existence désormais aussi précieuse à la Grèce qu'à la Macédoine, il devait boire chaque jour une décoction de trente grammes de mauve, afin d'être exempt de maladie. C'était un remède inspiré de Pythagore, qui regardait la feuille de mauve comme sacrée. Alexandre se souvenait que Dinarque, jadis, à Corinthe, lui avait déclaré prendre vingt grammes d'essence de mauve pour être bien portant et il n'oubliait pas que la graine de mauve attachée au bras guérit les maux vénériens. Ce n'est pas ce qu'il craignait ; mais ces trente grammes de mauve quotidiens lui paraissaient une arme de plus contre Darius.

Le printemps était déjà avancé, quand Alexandre résolut de soumettre tous ces rois et roitelets qui avaient secoué le joug de la Macédoine depuis la mort de son père et qui, dans son absence, auraient pu envahir le pays. Il commença par les Thraces. Il laissa le gouvernement du royaume à Antipater et, avec trente mille hommes et quelques milliers de cavaliers, arriva en six journées au pied du mont Hémus. Antigone qui l'accompagnait, fut aussi étonné qu'en Illyrie et en Thessalie de la rapidité imprimée par le roi à ses troupes. « Tu as renouvelé l'art militaire, lui dit-il. Philippe était un génie ; mais il opérait selon les données de la stratégie traditionnelle. C'est évidemment une chance irremplaçable que d'avoir du génie et vingt ans. »

Alexandre l'étonna encore en lui disant qu'il ne voulait emmener en Asie guère plus de soldats qu'il n'en avait en ce moment. Il ne tenait pas à partager l'orgueil qu'avait eu son père d'être le chef d'une armée de deux cent mille hommes. « Il faut entrer dans ces myriades orientales comme un bélier ou plutôt comme un lion, disait-il. Ce n'est pas le nombre qui importe, mais le courage. J'ai été modelé, non seulement par *l'Iliade,* mais par l'histoire des grands faits de la Grèce, tels que le combat des Thermopyles. Aujourd'hui, c'est moi qui règne sur les Thermopyles. C'est un encouragement et une leçon.. »

Il y avait aussi des Thermopyles à franchir au mont Hémus et les Thraces les occupaient. C'était la passe qu'on appelait de Sipka, dans la langue du pays. La route n'était pas située entre des pics très élevés, mais traversait la crête principale à la plus grande hauteur. Les abords en étaient donc faciles à défendre. Faute de pouvoir ébranler les rochers, l'ennemi avait traîné ses chariots au sommet et comptait les précipiter sur l'armée macédonienne quand elle serait engagée dans le défilé. La tactique était rudimentaire, mais pouvait être efficace. Alexandre sut la déjouer avec une habileté qui aurait fait honneur à un vieux capitaine : il ordonna aux soldats d'ouvrir leurs rangs à l'approche des chariots, ou, s'ils étaient surpris, de se coucher par terre, leurs boucliers étroitement serrés les uns contre les autres. Dès que les Thraces eurent lancé cette avalanche qui ne fit aucun mal, on monta à l'assaut. « Si nous le pouvons, cria-t-il à ses soldats, il faut les manger tout crus. » Ces mots de Xénophon lancés aux Dix Mille de sa retraite pour les exhorter à attaquer les Colques, barbares des montagnes de l'Arménie, avaient été relevés par Aristote comme une trouvaille de style, inspirée peut-être d'Achille qui aurait voulu avoir le courage de « manger crues les chairs d'Hector », meurtrier de Patrocle, et Alexandre avait retenu cette exhortation.

Quinze cents barbares furent tués, la fuite sauva le reste. Un grand nombre de femmes et d'enfants tomba aux mains des vainqueurs, avec des bagages assez riches pour le pays. Le butin humain fut confié à Philotas et à Lysanias, autre officier éprouvé, et mené vers Apollonie, sur la mer Noire, pour y être vendu. Alexandre les accompagna jusqu'à Philippopolis, d'où la garnison thrace avait précipitamment délogé.

Dans ces combats, il avait apprécié la valeur de Nicanor, le jeune officier recommandé par Aristote et dont le nom, à cause de sa beauté, rappelait l'aventure d'Autolyque à Miéza aux anciens membres du bataillon des amis, plus que ne le faisait le fils de Parménion. Alexandre fut amusé lorsqu'il s'aperçut qu'Autolyque, attiré par la puissance de l'homonymie, jointe au charme de ce Stagirite de vingt-cinq ans, demanda à Evagoras et à Alexandre la permission de le séduire. Le roi déclara que, bien que n'admettant pas l'infidélité, il laissait chaque couple régler à l'amiable ses affaires de cœur. Les principes qu'il avait inculqués à ses compagnons dans leur adolescence, ils avaient désormais à les juger en hommes et, pour sa part, il ne leur demandait que du courage. Ces premières rencontres avec l'ennemi lui avaient donné également de l'estime pour deux anciens officiers de son père, Méléagre et Philippe le bien nommé.

Il enchanta Anaxarque, quand il dit qu'il voulait aller sacrifier un bélier au célèbre oracle de Bacchus qui existait dans ces montagnes, sur une colline nommée le Zilmissus. Ce lieu était d'une sauvagerie magnifique, au milieu d'un grand bois, mais le temple, ovale, d'une certaine élégance. La statue, en revanche, était simplement une pierre entourée de lierre. Anaxarque dit que ce n'était pas une preuve du manque de sens artistique chez les Thraces, car une telle représentation de Bacchus, dont le culte est lié à celui des plantes et des arbres, était la plus ancienne. Il avait vu à Thèbes la statue de Bacchus Cadméen, qui n'était rien qu'un morceau de bois, revêtu de bronze. Au Zilmissus, c'est une prêtresse qui rendait les oracles, comme à Delphes, mais Alexandre jugea inutile de la consulter.

Il sacrifia à la manière des Besses, le peuple thrace de ces contrées, en répandant lui-même le vin sur l'autel. Comme on en versait une assez grande quantité, le feu qui brûlait, s'en trouvait presque toujours éteint. Cette fois, au contraire, la flamme s'élança vers le faîte du temple avec une telle force qu'elle avait l'air de l'embraser. Aristandre, aussi bien que la prêtresse, y vit le signe que la gloire d'Alexandre monterait jusqu'au ciel.

On apprit que, le même jour, un autre prodige avait eu lieu dans une région voisine où habitaient des Odryses, à Libèthres, sur le mont du même nom. Cette ville, homonyme de celle de Magnésie, était fameuse par le culte des Muses et Anaxarque y avait déjà fait allusion jadis. C'est là qu'Orphée était né. Le philosophe récita la fin de son poème *les Argonautiques :* « ... Je me dirigeai vers la Thrace neigeuse, — Vers le pays de Libèthres, vers ma terre natale, — Et je gagnai l'antre illustre où ma mère — M'engendra dans le lit du magnanime Œagre. » La statue d'Orphée, en bois de cyprès, s'était couverte de sueur et l'on se demandait ce que ce phénomène signifiait. Aristandre fournit immédiatement la réponse : les exploits du fils de Philippe feraient transpirer les poètes.

Alexandre eut envie d'aller jusqu'à Libèthres, qui n'était pas très éloignée. Ainsi constata-t-il lui-même le phénomène qu'on lui avait décrit. La statue d'Orphée était coiffée d'un bonnet de forme pointue. Aux abords de la ville, était le tombeau de ce chanteur divin, bien qu'il fût censé se trouver également en Piérie, près de Dium. Les Thraces assuraient que les Muses elles-mêmes avaient enseveli son corps à cet endroit, après que sa tête et sa lyre chantante eurent vogué vers Lesbos. Ils disaient qu'à Libèthres, les rossignols avaient une voix plus mélodieuse qu'ailleurs. Alexandre fit chanter par Thessalus l'hymne d'Orphée à Bacchus : « Ecoute-moi... — Brillant Jupiter, Bacchus, père de la mer, père de la terre, — Soleil, créateur de toutes choses, aux mille couleurs, à l'éclat d'or... » Ces rapprochements tendaient à l'idée d'un dieu unique, comme on en avait eu un exemple par le vers d'Orphée qu'Anaxarque avait récité devant le tombeau de Bacchus Zagreus à Delphes.

Langarus, le jeune roi des Agrianes de l'Hémus, avait respecté avec Alexandre les liens d'amitié et d'alliance qu'il avait eus avec Philippe : il s'était joint à la marche de l'armée macédonienne et la renforçait de quelques troupes. Sa nation avait surtout d'excellents archers. Langarus était le premier de ces rois qu'Alexandre espérait conduire en Asie. Sa présence, en tant que fidèle allié, atténuerait l'amour-propre des autres en leur faisant croire qu'ils n'étaient pas emmenés comme otages. Syrmus, le roi des Triballes qui avait concouru à la fondation de Nicopolis, n'avait pas imité Langarus. Persuadé qu'à vingt ans, le successeur de Philippe était peu de chose, il avait rejoint dans leur hostilité les Triballes libres, et chassé ou massacré les garnisons macédoniennes. Cependant, la déroute des Thraces du mont Hémus l'avait étonné et, quand il vit Alexandre envahir la plaine triballique, il ne l'attendit pas. Il courut se réfugier dans la plus grande des îles qui étaient à l'embouchure du Danube, celle du Pin, avec une partie de la population, — l'île même où Philippe et Alexandre avaient dédié la statue d'Hercule, lors de leur campagne dans cette région. Alexandre, informé que plusieurs milliers de Triballes occupaient une forêt de la plaine pour saisir le moment de l'attaquer, renouvela l'heureuse tactique qui avait permis à Philippe d'attirer les Athéniens et les Thébains à Chéronée. Il envoya des cavaliers et des troupes légères escarmoucher à la lisière de la forêt. Les Triballes ne manquèrent pas d'en sortir et de se mettre à poursuivre un ennemi qui se dérobait. La cavalerie et la phalange, apostées en un lieu propice, les assaillirent. Trois mille furent tués. Il y eut très peu de prisonniers : les fuyards s'étaient enfoncés dans l'épaisseur de la forêt.

Après les purifications, les sacrifices d'actions de grâces et une journée de repos, Alexandre réquisitionna quelques bâtiments de Byzance qui avaient remonté le Danube, s'y embarqua avec une partie de ses troupes et se dirigea vers l'île du Pin. Il avait cru s'en emparer aisément ; mais ses soldats étaient trop peu nombreux contre les nuées de Thraces et de Triballes qui en défendaient les côtes, escarpées et boisées.

Il abandonna ce siège difficile pour passer sur l'autre rive et vaincre les Gètes qui s'y étaient retirés. Leur camp était au-delà d'un immense champ de blé. Une ville sans fortifications s'apercevait dans le lointain, ce qui paraissait nouveau chez un peuple habituellement nomade. Alexandre regagna son armée, fit faire des outres avec des tentes de peau, les fit remplir de paille et, avec une multitude de canots de pêche saisis aux Triballes, transporta nuitamment quatre mille hommes de la phalange et quinze cents cavaliers. La phalange était commandée par Nicanor, le fils cadet de Parménion. Les blés étaient déjà assez hauts pour dissimuler les fantassins, qui avançaient à croupetons en écartant les épis avec leurs armes. Lorsqu'ils furent en terrain découvert, la cavalerie se montra pour les seconder. Les Gètes furent si effrayés de cette irruption qu'ils s'enfuirent vers leur ville, y chargèrent sur leurs chevaux autant de femmes et d'enfants qu'ils en purent emmener, et s'esquivèrent dans leur désert. Alexandre fit raser les maisons et donna à ses deux officiers, Méléagre et Philippe, le soin de conduire le butin à Istropolis. Il n'avait pas eu le plaisir de prendre vivant ou de tuer le successeur du roi Athéas ; mais, content de cette victoire, il sacrifia sur les bords du Danube au dieu du fleuve, à Jupiter Sauveur et à Hercule en leur élevant des autels. Il couronna de fleurs la statue de son ancêtre, en son nom et en mémoire de son père. Puis il établit son camp à l'emplacement de celui des Gètes, l'autre partie de l'armée restant sur l'autre rive. Ceux des soldats qui avaient connu les délices d'Istropolis, auraient aimé y retourner ; mais il ne voulut pas s'écarter davantage de sa route. Toutefois, afin de les distraire, il ordonna des jeux gymniques, comme ceux que son père avait fait célébrer après la victoire sur Athéas. Sa traversée du Danube continuait de stupéfier les peuples de ces régions : un seul conquérant, Darius, fils d'Hystaspe, avait franchi ce fleuve avant lui.

Alexandre avait envoyé partout des messagers, non pour réclamer, selon l'usage du roi des Perses, « la terre et l'eau », mais pour offrir seulement son alliance et son amitié. Toutes les tribus des rives de l'Ister acceptèrent cette façon courtoise qu'il avait de marquer sa venue sans tenter de les conquérir. Syrmus lui-même les imita et, pour montrer que désormais il ne s'imaginait plus le vaincre, il donna plus qu'on ne lui demandait, en apportant lui-même de riches présents.

Une nation des Celtes, les Scordisces, vint faire sa soumission au vainqueur des Gètes et des Triballes. Frappé par l'aspect imposant de leurs envoyés, il les traita avec égard. Dans la chaleur d'un festin, il leur demanda ce qu'ils redoutaient le plus au monde et se flattait d'entendre que c'était son courroux. Ces hommes répondirent qu'ils ne redoutaient rien, si ce n'est que le ciel ne leur tombât sur la tête. « Les Celtes sont fiers », dit Alexandre. Il fut charmé quand il eut appris qu'ils descendaient d'un fils d'Hercule nommé Celtus ou quelquefois Galatus, ce qui avait donné lieu à la race des Galates. Lorsque le héros ramena de Libye les bœufs de Géryon, ce qui fut l'un de ses derniers travaux, il passa d'Ibérie en Gaule, où il avait construit Alésia, puis en Italie, où il avait fondé Pompéi et Herculanum, de là en Sicile et gagna enfin Tirynthe. C'est au cours de son voyage en Espagne, c'est-à-dire en Ibérie, qu'il avait mis des colonnes comme limites entre l'océan et la mer, assez étroites pour empêcher que les énormes cétacés de l'océan ne pussent les franchir.

Anaxarque dit que, ces derniers temps, Aristote avait ajouté à son traité des *Coutumes barbares* des détails sur les Gaulois, dont il appréciait le gouvernement aristocratique. Le Stagirite confirmait qu'ils avaient l'aspect le plus effrayant de tous les Européens et disait qu'ils prenaient leurs repas assis sur de la paille. Les Scordisces déclarèrent que les Germains étaient une autre branche des Celtes.

Le nouveau but à atteindre était l'Illyrie. La révolte des Gètes et des Triballes n'avait touché que les intérêts politiques d'Alexandre ; mais celle de Glaucias, roi des Taulantiens, l'avait affecté à titre personnel. Après Bardyllis, roi des Illyriens, vaincu par Philippe, après Pleuratus, roi des Ardiens, vaincu par Alexandre, après les Pélagoniens, vaincus par Philippe, c'était le tour de Clitus, fils de Bardyllis, à se révolter et il s'était uni à Glaucias. Il régnait sur les Dessarètes, peuplade agriane, et avait même soulevé les Autariates, Illyriens de la région d'Apollonie Epirote, comme pour prouver qu'Alexandre ne lui faisait pas peur et qu'il était aussi fier que les Celtes. Quant à Glaucias, il prétendait, lui aussi, disputer l'Epire au beau-frère du roi de Macédoine, Alexandre Molosse, car sa nouvelle femme, Méroa, était issue des Eacides, comme Olympias. Ces querelles d'ambition au sein d'une même famille n'étaient pas pour étonner Alexandre.

Il continuait d'emmener le long du Danube le roi Langarus, dont il goûtait le caractère et dont le dévouement lui était précieux. Son royaume des Agrianes étant une sorte de clé de voûte de toute cette région, située au-delà de l'Orbèle et de l'Hémus, il pensait à se l'attacher par un autre lien que celui d'une alliance militaire, et lui avait promis la main de sa demi-sœur Cynna, fille de Philippe et de l'Illyrienne Audata.

Après avoir suivi le Danube, il se dirigea à l'ouest vers l'Erigon, affluent de l'Axius, et arriva chez les Dessarètes, au nord du mont Barnus, où était Pélium, la principale place forte du fils de Bardyllis, sur le fleuve Eorté. Pour empêcher les Autariates de venir à son secours, Langarus était allé à leur rencontre avec ses propres troupes et les avait déjà battus. Il lui restait à barrer le passage à Glaucias.

Clitus s'étant retiré sur les hauteurs, Alexandre commença le siège de la ville. Un certain nombre d'Illyriens étaient restés pour la défendre dans une position avancée et firent une sortie, comme s'ils cherchaient à en venir aux mains. En réalité, ils rejoignirent Clitus. On trouva, dans le lieu qu'ils avaient quitté, trois adolescents, trois vierges et trois brebis noires qu'ils avaient sacrifiés au dieu des combats. Alexandre s'indigna de ce trait de barbarie, bien digne de ce peuple. Il évoqua les neuf garçons et les neuf filles d'Amphipolis, enterrés vifs par les mages de l'armée de Xerxès, au passage du Strymon. Anaxarque lui rappela que ce genre de sacrifice avait été en usage même chez les Grecs.

Alexandre fit construire des machines pour battre les murailles et lancer des flèches, des pierres ou des projectiles enflammés. Le siège fut troublé par l'arrivée de Glaucias, qui avait échappé à Langarus. Alexandre avait donc affaire tout à coup à trois ennemis : ceux de la ville qu'il assiégeait, Clitus qui allait fondre du haut de ses montagnes et le roi des Taulantiens. Celui-ci était survenu pendant que Philotas, avec une partie des attelages, était allé fourrager. Les Taulantiens furent avertis qu'ils pouvaient porter un coup mortel à la cavalerie macédonienne en détruisant ce camp isolé. Ils se déplacèrent aussitôt, afin d'occuper les hauteurs qui allaient le leur permettre. Alexandre devina leurs intentions et vola au secours de Philotas. Il emmenait deux mille soldats et quatre cents cavaliers, le reste continuant le siège pour empêcher la jonction des assiégés avec Glaucias et avec Clitus.

S'il fut assez heureux pour arriver à temps et sauver Philotas, il n'en demeurait pas moins enfermé entre des montagnes couvertes d'ennemis et des défilés qu'ils rendaient impraticables. Le passage le plus commode, entre le fleuve et une montagne abrupte, était aussi étroit que celui de la vallée de Tempé : quatre hommes à peine y passaient de front. Alexandre apprécia l'utilité de l'entraînement auquel l'armée avait été soumise tout au long de l'hiver : il disposa sa phalange en carrés de cent vingt hommes, plaça deux cents cavaliers à chacune des ailes et recommanda d'exécuter en silence et avec promptitude les ordres qu'il donna. L'armée monta à l'assaut des hauteurs occupées par Glaucias en changeant plusieurs fois de direction, comme si elle allait attaquer les hauteurs occupées par Clitus. La rapidité des mouvements fut telle que chacun des chefs ennemis crut être menacé par une armée différente, les bois dissimulant la ruse. A un signal, les soldats, jusque-là silencieux, poussèrent de grands cris et frappèrent les boucliers avec leurs javelots. Effrayés, les Taulantiens s'enfuirent. Alexandre passa le fleuve en protégeant son arrière-garde, exposée du côté de Clitus, par les machines de guerre qui lapidaient les Illyriens. Il était sorti de cette situation difficile sans avoir perdu un seul homme. Il se sentait adoré de son armée qui avait une confiance absolue dans sa stratégie et qu'il savait si bien ménager.

Elle voyait, en revanche, qu'il ne se ménageait pas plus que son père ne l'avait fait. Toujours au premier rang, il avait eu cette fois deux anicroches : une pierre l'avait frappé à la tête, et un billot sur le cou, au passage du défilé. Ces deux blessures qui n'avaient pas provoqué d'effusion de sang, l'avaient étourdi ; mais Philippe d'Arcananie l'avait soigné d'un baume salutaire. « Les fils des dieux sont invulnérables », lui dit Ephestion pour le conforter, bien que cela semblât un peu ironique. « Par Jupiter, avait dit Alexandre, sais-tu que ces mots de Pindare doublent mon courage en m'inspirant une sorte de sécurité ? Cela prouve que tout est une affaire d'imagination, car je sais bien que Vénus et Mars furent blessés eux-mêmes devant Troie et que mes ancêtres Hercule et Achille sont morts cruellement. »

Trois jours plus tard, il apprend que Clitus et Glaucias, avant de se mettre à le poursuivre, campent dans un lieu défavorable et ont négligé toute précaution. Il repasse secrètement le fleuve en pleine nuit, tombe sur le camp à l'improviste, égorge la moitié des Illyriens et des Taulantiens, fait prisonniers la plupart des autres. Glaucias et Clitus, avec les hommes qui ont pu les suivre, mettent le feu à Pélium et disparaissent vers l'Adriatique.

Alexandre résolut de marcher sur Scodra, — la capitale rustique de Glaucias, où il avait jadis séjourné, — pour redescendre ensuite le long de la côte jusqu'en Epire, comme après sa campagne contre Pleuratus. Afin d'accorder quelque répit à ses troupes et d'achever de se remettre du choc qu'il avait subi, il s'arrêta à Skopi, ville bâtie sur les bords de l'Axius et capitale des Dardaniens. Ce peuple, qui se disait issu de Troade comme Dardanus, fils de Jupiter, était déjà l'allié de Philippe et le restait de son fils. Il n'était séparé de la Macédoine que par le mont Orbèle.

C'est là qu'Alexandre reçut deux messagers arrivant de routes différentes : l'un lui annonçait que Langarus était mort d'une brusque maladie, durant son retour de chez les Autariates ; l'autre, la révolte de Thèbes. Il pleura ce roi, son allié fidèle, dont les soldats lui restaient acquis et qui avait failli être son beau-frère. Aristandre célébra un sacrifice à la mémoire de Langarus, devant toutes les troupes. Puis Alexandre, indigné, leur annonça la trahison des Thébains. Elle avait pour cause le bruit fallacieux de sa mort, provoqué, non par ses deux récentes blessures que l'on n'avait pu connaître encore, mais par le long silence où il avait laissé Antipater depuis son départ d'Amphipolis. Un homme, probablement soudoyé par Démosthène, lequel ne pouvait plus invoquer les apparitions de Jupiter, affirmait avoir vu le roi percé de coups par les Triballes et il montrait les blessures qu'il rapportait du même combat. Lycurgue et Démosthène, toujours aux aguets, avaient poussé les exilés thébains à rentrer de nuit à Thèbes. Ceux-ci n'avaient pu s'emparer de la citadelle, occupée par les Macédoniens, mais ils en avaient massacré les officiers, qu'ils avaient surpris en ville, ainsi que Timolaüs, le chef aristocrate.

Conscients de leurs crimes et craignant d'ailleurs la vengeance d'Antipater, les Thébains dépêchèrent aussitôt des messagers, munis de rameaux de suppliants, pour demander secours aux Athéniens. Démosthène, ravi de cet exploit qui allait rallumer la guerre avec la Macédoine, excita la populace pour lui faire accomplir des actes irrémissibles : les statues de bronze élevées à Philippe et à Alexandre sur la place du marché, furent renversées et fondues en pots de chambre. Cependant, les Athéniens attendirent, avant de voter les secours aux Thébains, de voir comment les choses tourneraient. Les Arcadiens, les Argiens et les Eléens, chez qui également la nouvelle de la mort d'Alexandre avait rendu des forces au parti démocratique, promirent des secours. Seuls les Arcadiens en avaient expédié ; mais le nouveau chef démocrate, Astylus, les avait arrêtées à l'Isthme, pour attendre, lui aussi, la suite des événements.

Alexandre voulait tirer une vengeance éclatante de ces traîtres qu'étaient les Thébains. Son père les avait épargnés après la victoire de Chéronée, lui-même après la mort de son père ; mais, puisqu'ils étaient irréconciliables, il ne restait qu'à les détruire et le plus tôt possible. L'armée applaudit, quand il lui fit part de son intention. Elle se déclara prête à étonner de nouveau les Grecs par les marches forcées qu'il lui demandait en vue de déconcerter l'ennemi. Il avait déjà envoyé un courrier à Antipater pour lui fixer rendez-vous devant Thèbes, avec le reste des troupes macédoniennes : malgré la destruction du bataillon sacré, il savait que la lutte serait dure.

Franchissant les monts de Gandavie, il atteignit le lac Lychnitis, où il avait défait Pleuratus, suivit la route qu'il avait parcourue naguère après cette victoire, traversa l'Eordée et l'Elymée, les rochers du mont Tymphée et, sept jours après avoir quitté les Dessarètes, il arrivait près du Pénée, en Thessalie. Cette action fulgurante produisit le même effet que l'autre fois, en ajoutant la stupeur de le savoir vivant, alors qu'on le croyait enseveli chez les Triballes, où jadis son père avait été si dangereusement blessé. Six jours plus tard, il établissait son camp près de l'« illustre Oncheste », à quinze kilomètres de Thèbes. Il aimait ce temple-oracle de Neptune Cavalier, qui l'avait déjà protégé.

Pour rendre du cœur aux Thébains, les démocrates assuraient que ce n'était pas Alexandre qui commandait l'armée, mais l'autre Alexandre, petit-fils d'Ærope. Les Thébains avaient fait des travaux considérables pour aviser à leur défense. Ils avaient élevé des retranchements aux portes de la ville et entouré la citadelle de fossés et de palissades, afin de tenir prisonnière la garnison macédonienne. Ils semblaient s'employer à faire oublier avec quelle facilité ils avaient cédé, lors de l'alerte précédente, et se vantaient maintenant d'être le rempart de la Grèce contre la tyrannie macédonienne. Ils n'avaient cessé de se former par de continuels exercices.

Malgré son irritation, Alexandre leur laissa le temps de se convaincre qu'il était là et de se repentir. Il se rappelait le bataillon sacré, la jeunesse de son père à Thèbes, les odes de Pindare et surtout Hercule son ancêtre et Bacchus, le dieu de sa mère, nés dans cette cité. Il se rappelait aussi les leçons de son père qui évitait les batailles inutiles et utilisait la diplomatie ou le mulet chargé d'or, plus volontiers que la phalange. Ayant su, par des lettres d'Eschine et de Phrynon, que Démosthène avait reçu de Darius Codoman un million et demi de drachmes pour fomenter la guerre et empêcher l'expédition, somme que ce roi avait proposée au peuple athénien lui-même et que ce dernier eut la pudeur de refuser, il commença par acheter Astylus, le chef arcadien. Celui-ci ne s'était pas seulement arrêté à Corinthe pour attendre, mais pour mettre ses services au plus haut prix. On lui avait promis vingt-sept mille cinq cents drachmes, s'il s'emparait de la citadelle de Thèbes. Il en demandait quarante-sept mille cinq cents. Les Thébains ne purent faire cette somme, que Démosthène se garda bien de leur donner sur l'or du grand roi. Elle lui fut offerte au nom d'Alexandre par Dinarque et Démarète pour demeurer dans l'inaction. Démosthène empêcha du moins les autres peuples du Péloponèse de rester fidèles à l'alliance macédonienne ou d'y revenir et d'envoyer des troupes contre Thèbes. Malgré tout, cette ville, au bout du compte, n'en reçut de personne et dut se contenter des armes que lui fit passer Démosthène, « sur sa cassette », disait-il à la tribune.

Antipater était arrivé en même temps qu'Alexandre. Le roi, avec ses trente mille fantassins et ses trois mille cavaliers, dominait l'armée thébaine d'un tiers. C'est d'ailleurs cette supériorité qui le persuadait que Thèbes entrerait en composition. Au passage, il avait renforcé sa cavalerie à Larisse, où il avait naguère retrouvé son père et Denys le Jeune. Les Thessaliens lui apprirent que l'on appelait les degrés qu'il avait fait creuser sur l'Ossa pour pénétrer en Thessalie au début de son règne l'« échelle d'Alexandre ».

Il vit accourir les Phocidiens, les Thespiens, les Platéens et les Orchoméniens, qui lui fournirent quelques milliers d'hommes de plus, dont le courage était doublé par la perspective de se venger d'une ville qu'ils détestaient. Platée et Orchomène continuaient de se reconstruire et avaient déjà une certaine prospérité. La révolte de Thèbes était pour elles une nouvelle menace.

Alexandre n'avait pas consulté l'oracle de Neptune Onchestien, car le seul qui l'intéressât, était celui qu'il avait arraché à la sibylle de Delphes et qui lui promettait la victoire sur les Perses. Il aurait voulu ne pas en remporter une autre sur ces Grecs qu'il prétendait conduire avec lui, en Asie ; mais l'oracle de Delphes ne lui avait-il pas prédit aussi cette victoire, en lui prédisant l'autre ?

Cependant, ce n'était pas l'appréhension qu'avait eue son père à la veille de la bataille de Chéronée qui le tenait en suspens. Respectueux des dieux, il croyait aux augures que lui certifiait Aristandre et qui donnaient confiance à ses troupes. Quelques-uns de ses soldats avaient été punis d'une tentative sacrilège qui rappelait celle des soldats de Xerxès : ayant pénétré dans le temple des Cabires pour le piller, ils avaient été foudroyés durant un orage qui avait suivi.

Ce que racontaient des transfuges de Thèbes, encourageait Alexandre à espérer un repentir des Thébains. Pendant qu'il était aux bouches du Danube, un prodige s'était manifesté dans leur temple de Cérès : une toile d'araignée, que l'on n'avait pas touchée parce qu'elle s'était faite sur le visage de la statue de la déesse, était passée de la couleur blanche à la couleur noire. Ils avaient consulté l'oracle de Delphes, qui leur avait fait une réponse peu claire, puis leur propre oracle d'Apollon Isménien, qui s'exprima en ces termes ambigus : « La toile présage aux uns du malheur, aux autres du bonheur. » Depuis l'arrivée du roi, des phénomènes plus inquiétants s'étaient produits dans la ville : les statues élevées sur la place publique, s'étaient mises à transpirer, comme celle d'Orphée sur le mont Hémus, mais on disait que c'était de crainte pour le sort des Thébains ; celle de Minerve, qui était en bois, avait pris feu. Un long mugissement était sorti du lac Copaïs ; une écume sanglante avait couvert la fontaine Dircé ; des gens qui venaient de Delphes, racontaient avoir vu la même chose au plafond du trésor des Thébains. Aussi les devins étaient-ils unanimes à leur recommander la conclusion de la paix. Mais les deux chefs démagogues, Phénix et Prothyte, avaient appris de Démosthène l'art de flatter l'orgueil populaire : l'un parlait toujours de Marathon et de Salamine, alors que c'était pour entraîner les Athéniens du côté des Perses ; les deux Thébains parlaient de Leuctres et de Mantinée, mais évitaient de reparler de Chéronée.

Alexandre donna aux Thébains une dernière chance. Quittant Oncheste, il vint camper près du bois sacré d'Iolas, afin de leur montrer que le danger approchait, et il fit annoncer par son héraut qu'il leur pardonnerait, une fois de plus, s'ils lui livraient les deux chefs de la révolte. Les Thébains avaient peint en bleu le haut de leurs murailles, comme pour ressusciter l'épithète « au diadème bleu » que Pindare avait donnée jadis à leur ville. Maîtres de la situation, Phénix et Prothyte firent répondre, du haut d'une tour, qu'ils réclamaient en échange Antipater et Philotas. Alexandre lança un ultime avertissement : que tout Thébain qui se réfugierait dans son camp, serait traité en ami. Les Thébains répondirent que tout homme qui laisserait Alexandre pour se joindre à eux, serait le bienvenu et obtiendrait la reconnaissance du grand roi. Alexandre, outré, fit approcher les machines de guerre et prit ses dispositions pour l'attaque.

Maintenant que le bataillon sacré n'existait plus, il s'estimait le droit de traiter les Béotiens par le mépris. « Ne craignez plus ces gens-là à l'idée de leur ancienne gloire, dit-il à ses soldats, et souvenez-vous que vous les avez déjà battus. Peut-on redouter ces hommes que le poète Eubule, pourtant Athénien et qui devrait les ménager, qualifie, dans sa dernière comédie *les Mysiens,* de « mangeurs de fromage de chèvre — Toujours accroupis près des cabarets ? »

Puis, il immola une chèvre. Ayant appris que les rois de Sparte faisaient ce sacrifice avant la bataille, pour imiter Hercule qui sacrifiait une chèvre avant ses grandes actions, il avait prescrit à Aristandre d'effectuer le même sacrifice. Cet hommage particulier à Hercule était de circonstance sous les murs de la ville d'Hercule.

Dans les combats contre les Thraces et les Illyriens, il n'avait pas harangué ses troupes. Au regard des Thébains, deux fois traîtres, — envers lui et envers son père —, il y mit plus de forme. Quand la chèvre eut été immolée, il fit une courte harangue. Il dit que son ancêtre Hercule, défenseur de la loyauté, les guiderait à la victoire, et il termina en récitant comme présage de destruction les vers d'*Antigone :* « Rayon de soleil, la plus belle — Lumière qui ait jamais brillé — Pour Thèbes aux sept portes ! » Fidèle à son génie, il ne se contentait pas d'invoquer les dieux, mais aussi les poètes.

Malgré son peu de goût pour sacrifier des chevaux, il lui semblait difficile de combattre près d'Oncheste sans en avoir sacrifié un à Neptune, comme il l'avait fait au retour d'Athènes, après la bataille de Chéronée. A la réflexion, et pour complaire à Aristandre, il jugea même impossible de ne pas consulter son oracle, puisque jamais il n'avait combattu si près d'un sanctuaire de ce dieu. Ne pas le consulter, eût paru le dédaigner.

Lorsque Aristandre eut immolé un cheval, Alexandre alla interroger Neptune, représenté sur un trône, la main droite tendue et portant un petit dauphin, le trident appuyé sur ses genoux et sur son bras gauche. Pendant que le roi vénérait cette statue, le prophète respirait des fumigations de pin et de laurier et, la tête couverte, rapporta la réponse : « O roi, tu dois sacrifier le premier être que tu apercevras en sortant du temple et tu auras ainsi la victoire. »

Alexandre frémit et regrettait presque cette consultation qui allait l'obliger peut-être à sacrifier l'un de ses soldats. Il cherchait déjà comment il ruserait pour échapper à l'accomplissement, car il savait qu'il est permis d'interpréter les oracles. Le dieu ou le hasard firent justement déboucher du chemin un ânier sur les pas de son âne. Alexandre, bien que navré de faire mourir un innocent, se sentit excusé : après tout, se dit-il, cet homme est un Béotien, c'est-à-dire un ennemi. Mais tout Béotien qu'il était, l'homme ne manquait pas d'esprit : quand on lui eut expliqué de quoi il s'agissait, il fit observer que le premier être rencontré par le roi, n'était pas lui-même, mais son âne. Alexandre se souvint de Pélopidas qui, le jour de la bataille de Leuctres, un songe lui ayant ordonné de sacrifier une vierge rousse, immola une pouliche de cette couleur. Ainsi l'âne d'Oncheste fut-il sacrifié avant la bataille de Thèbes.

Alexandre divisa son armée en trois corps : l'un eut ordre d'attaquer les retranchements élevés aux portes de la ville, le second de tenir tête aux Thébains, et le troisième, commandé par Antipater, de se tenir en réserve pour attaquer la ville par l'endroit qui serait dégarni. Les Thébains placèrent sur les murs comme défenseurs les esclaves affranchis ou les étrangers demeurant à Thèbes, leur cavalerie à l'intérieur des retranchements et leurs troupes aux portes, tandis que dans les temples, vieillards, femmes et enfants invoquaient les dieux.

Une brusque sortie de la cavalerie thébaine coûta la vie à quelques-uns des Macédoniens qui assiégeaient les retranchements et l'armée thébaine tenta d'en profiter ; mais elle fut repoussée par les archers et les voltigeurs qu'envoya Alexandre. Il n'y eut pas d'autre engagement le premier jour et le roi temporisait encore, persuadé qu'avec un peu de patience, il obtiendrait la reddition. Mais Perdiccas, sans attendre son signal et peut-être pour avoir le mérite de l'initiative, força et enleva les défenses avancées des Thébains. Aussitôt, Alexandre détacha les hommes de trait et les Agrianes pour ne pas le laisser envelopper. Perdiccas, blessé d'une flèche à l'entrée du second retranchement, est reporté en arrière. La mêlée se concentre autour du temple d'Hercule, dont Alexandre implore l'aide tutélaire. Mais les Thébains, dont c'est aussi le dieu, se retournent en poussant de grands cris et mettent en fuite les Macédoniens. Eurybotas, chef des archers crétois d'Alexandre, est tué avec soixante-dix des siens. Le reste rétrograde en désordre vers le bataillon d'Alexandre. Aristonique, le joueur de balle qui combat parmi ses gardes, est tué aussi en s'interposant pour protéger le roi. Ces succès remplissent les Thébains d'une telle présomption qu'ils crient aux Macédoniens de s'avouer vaincus. Mais Alexandre fait donner la phalange, dont l'élan irrésistible repousse les ennemis dans leurs murs. Quand il ne crie pas pour le plaisir de décupler sa vigueur, c'est pour exciter ses soldats, leur rappeler qu'ils sont invincibles, qu'ils ont le destin de la Macédoine et de la Grèce dans leurs mains. Lorsqu'il voit son étendard élevé du haut des murailles par Antipater qui a pénétré dans la ville de l'autre côté, il proclame : « Thèbes est à nous ! »

Les Thébains s'étaient retirés, en effet, à l'intérieur de leurs murailles avec tant de précipitation qu'ils n'avaient pas eu le loisir de fermer les portes, et, tandis que certains d'entre eux luttaient encore aux avant-postes, la phalange avait pénétré dans la ville, était montée sur les remparts et annonçait une victoire qui semblait assurée, même si les combats se poursuivaient alentour. S'apercevant que leur cité était envahie, les cavaliers thébains y revinrent au galop, en même temps que les fantassins, dont ils écrasèrent un grand nombre sous les pieds de leurs chevaux. La garnison macédonienne de la Cadmée, devant cette confusion, fit une sortie et tomba sur les Thébains, dont la défaite était déjà consommée. Néanmoins, leur courage ne s'éteignit pas et ils se défendirent pied à pied, sans qu'aucun se jetât aux genoux du vainqueur pour demander grâce. Plusieurs se tuèrent de leurs propres mains ; d'autres, couverts de blessures, luttaient encore avec des fragments de piques. La dernière résistance eut lieu au temple d'Amphion. Mais enfin, la cavalerie et l'infanterie qui purent s'échapper, gagnèrent les montagnes.

Le massacre commença immédiatement. Thespiens, Platéens, Orchoméniens, Phocidiens, Thessaliens, ennemis héréditaires de Thèbes, assouvirent leur vengeance, plus que ne le faisaient les Macédoniens. Les Grecs étaient égorgés par les Grecs, des parents par les parents ; les vieillards n'étaient pas épargnés, les femmes et les enfants étaient livrés aux outrages. A l'approche de la nuit, les maisons furent pillées et leurs richesses apportées au camp d'Alexandre qui devait en faire la répartition. Avant de demander qui avait péri, et content, du reste, puisque Ephestion était sain et sauf, le roi soignait Bucéphale, dont le poitrail avait été labouré de flèches. Puis, on incinéra les cinq cents Macédoniens qui avaient trouvé la mort. Celle d'Aristonique, qui s'était sacrifié pour lui, affligea particulièrement Alexandre. Il décida qu'il élèverait à cet athlète une statue dans le sanctuaire de Delphes, avec une inscription qui témoignerait son dévouement. Les purifications faites et les sacrifices funèbres accomplis, il revint au bois sacré d'Iolas pour célébrer sa victoire.

Il s'était refusé à passer une nuit dans cette ville, abandonnée au pillage et jonchée de cadavres, et avait emmené les principaux chefs des alliés avec son escadron. En attendant le sacrifice solennel du lendemain, que l'on célébrerait dans la matinée, il fit, au crépuscule du soir, égorger un bœuf par Aristandre sur l'autel d'Hercule, près de la porte Electre. Il pensait aux vers de Pindare qu'il avait récités avec Ephestion en ce même lieu, lors de leur retour d'Athènes. Ce fut ensuite le festin de la victoire de Thèbes. Alexandre fut heureux de prouver qu'il gardait ce sang-froid qui avait manqué à son père après la victoire de Chéronée et que l'ivresse d'être vainqueur pouvait se passer de celle de Bacchus.

Son animosité contre Thèbes était calmée par un tel succès qui n'avait pas été acheté trop cher, et il penchait vers l'indulgence. Mais il fut effrayé de constater la haine inextinguible que Thèbes inspirait aux voisins de cette ville : ils demandaient tous qu'elle fût détruite et que ses habitants, si on ne les exterminait pas, fussent vendus comme esclaves. Pour ne pas être responsable d'une telle décision, Alexandre la remit au conseil qu'il réunirait le lendemain.

Un magnifique candélabre d'argent, dont la haute tige finissait en un plateau porté par des Amours et sur lequel on plaçait la lampe, était une des principales pièces du butin qu'il s'était octroyé. Mais il ne voulut pas s'emparer de deux statues remarquables, qu'on laissa là où elles étaient :

l'une, du sculpteur Aristonidas, montrant le roi de Thèbes Athamas frappé de fureur, lorsqu'il eut jeté contre un mur son fils Léarque (le sculpteur avait combiné le fer et le cuivre pour donner cette expression au visage); l'autre, un Hercule, également en fer, du sculpteur Alcon, — Alexandre estima qu'il ne fallait pas enlever le héros à sa ville natale. Des bijoux et de la vaisselle d'or et d'argent avaient été mis de côté pour Olympias et Cléopâtre, qu'il désirait associer à ce triomphe. Il garda également deux tableaux d'illustres peintres de Thèbes : le premier, d'Aristide, où un enfant, au milieu d'une ville saccagée, se traînait vers le sein de sa mère blessée et expirante; on devinait celle-ci préoccupée de la peur qu'il ne suçât le sang au lieu du lait. Cette espèce de vision prophétique du désastre des Thébains frappa Alexandre. Le second tableau était *le Rapt de Proserpine,* par Nicomaque, artiste qui avait accompli la prouesse de peindre en quelques jours une suite de tableaux que l'ancien tyran thébain Archistrate lui avait commandés dans ce délai, sous peine de sa vie.

Vénus, dont la statuette n'avait pas quitté sa tente, veillait sur Alexandre et sur Ephestion. Ils étaient dans le bois sacré où les amants juraient fidélité aux amants et, s'ils n'avaient pas besoin de prêter ce serment, ils ne pouvaient imaginer un lieu plus noble, après une victoire aussi complète, que celui où reposait le mignon d'Hercule.

La nouvelle de la chute de Thèbes, apportée à Athènes par des rescapés, interrompit les fêtes des grands mystères de Cérès, qui en étaient au septième de leurs dix jours. C'était ce jour-là que les éphèbes, couronnés de myrte, revêtus de la tunique courte, accompagnaient d'Athènes à Eleusis la statue de Bacchus enfant, qui tenait une torche à la main, avec le van sacré et ses jouets. L'hymne du dieu de la joie ne devait pas retentir, quand les Thébains étaient dans le deuil. La ville fut mise en état de siège, comme elle l'avait été après la défaite de Chéronée; le peuple des campagnes fut rappelé à l'intérieur des murs, où l'on amassait des vivres. Chacun attendait la venue d'Alexandre, avec plus d'effroi qu'on n'avait attendu jadis celle de Philippe ou quand Alexandre avait brusquement envahi la Thessalie pour venir jusqu'à Thèbes, au début de son règne.

Cependant, le roi ne voulait pas se contenter de consulter ses alliés, pour décider du sort de cette ville. Il déclara qu'en tant que chef de la Grèce, il assemblerait à cet effet la confédération des peuples voisins à Coronée, où la fédération béotienne tenait ses assises annuelles. Pendant les deux semaines qui précédèrent la décision d'Alexandre, les Thébains, dont les murailles étaient encerclées par l'armée macédonienne, vécurent dans une terreur qui aurait pu suffire à sa vengeance. Lorsque la confédération des peuples voisins fut réunie, un seul de ses membres, Cléadas, qui descendait pourtant d'une noble famille de Platée, eut le courage de plaider la cause thébaine : il déclara qu'Athènes et Thèbes étaient les deux yeux de la Grèce et que l'on ne devait crever aucun de ces yeux. Il évoqua les ombres d'Epaminondas et de Pélopidas, plaidant le salut de leur ville devant l'ombre de Philippe et devant Alexandre. Il dit que Thèbes ne s'était pas révoltée contre le roi, car elle l'avait cru mort d'après les mensonges de Démosthène, et qu'elle ne s'était donc révoltée que contre ses héritiers, que, quoi qu'elle eût fait, elle était cruellement punie, qu'enfin la perte de son armée et d'une partie de sa population méritait que l'on épargnât le reste, qu'il implorait la pitié d'Alexandre pour une ville qui avait donné le jour à des héros et même à des dieux. Naturellement, il parla d'Hercule, ancêtre de Philippe et d'Alexandre.

Celui-ci se rallia à l'unanimité des suffrages, à laquelle manqua l'unique voix de Cléadas : les alliés et les confédérés (les Lacédémoniens, trop heureux de venger le souvenir de Leuctres) déclarèrent que les Thébains s'étaient déjà mis au ban de la Grèce en prenant jadis le parti du grand roi. Ils arrêtèrent de raser Thèbes, sauf les temples, les bois sacrés et les statues des dieux, d'en partager tout le territoire, sauf les lieux consacrés, et de réduire en esclavage toute la population, sauf les prêtres, les prêtresses et ceux qui avaient été attachés à Philippe, à Alexandre ou à quelques Macédoniens par les liens de l'hospitalité. Les fugitifs seraient emprisonnés et vendus dans toute la Grèce et nulle part ils n'auraient d'asile. Obéissant à ce décret, Alexandre ordonna de détruire Thèbes. « Après tout, dit-il, mon ancêtre Achille a détruit Thèbes de Troade ; je détruirai Thèbes de Béotie. »

On incendia les quartiers où il n'y avait rien à préserver. Ainsi qu'aux jours de Lysandre, quand furent abattus les murs d'Athènes, cette dévastation fut accomplie au son des flûtes. Jamais encore, dans l'histoire de la Grèce, cité plus illustre n'avait été anéantie. Alexandre fit excepter de l'incendie, non seulement les temples, le tombeau d'Amphitryon et la maison d'Alcmène, qui étaient, du reste, des lieux consacrés, mais aussi la maison de Pindare. Il traitait à l'égal de ses ancêtres ou d'une divinité le poète qu'il aimait. Comme on lui fit observer qu'il n'y avait pas de statue de Pindare à Thèbes, mais une du chanteur Cléon qui avait été très célèbre et qui avait remporté le maximum de victoires dans les concours musicaux, il fit également excepter cette statue pour prouver qu'il respectait tous les arts. Furent de même épargnées les riches demeures des aristocrates, amis de la Macédoine, de même que celles où avaient habité les deux Thespiades, descendants d'Hercule. Il témoigna son humanité envers la sœur de Théagène, la sœur du général thébain mort à Chéronée. Elle avait été violée par un Thrace, chef de cavalerie, et l'avait tué ensuite à coups de pierres au fond d'un puits où elle lui avait dit qu'elle avait caché son trésor. Alexandre la fit libérer avec tous les siens. Il empêcha la destruction du lion de marbre élevé par les Thébains à Chéronée et que certains de ses alliés voulaient mettre en pièces. Mais, quand il regarda cette ville d'où montaient des gerbes de flammes, il eut un serrement de cœur. Il prononça les paroles d'Achille : « Que la discorde périsse chez les dieux et les hommes — Et la colère qui pousse le plus sage à s'irriter. »

Il détruisait la ville où était né son ancêtre Hercule ; mais Hercule avait-il eu toujours à se louer des Béotiens ? La légende prétendait que, pour punir les gens de la plaine, il avait bouché les issues du lac Copaïs et submergé ainsi plusieurs villes antiques que l'on voyait affleurer lorsque les eaux étaient basses.

Alexandre songeait aux vers de Pindare qu'il avait récités, au lendemain de la bataille de Chéronée, quand il aperçut Thèbes, du haut d'une colline, en revenant d'Athènes, — les vers à la gloire d'Hercule, « héros à la courte taille » comme lui. La nuit tombée, il fit venir Timothée et lui ordonna de jouer de la flûte, pendant qu'il chanterait l'*Hymne* de Pindare aux Thébains ; mais « Thèbes au diadème bleu » avait maintenant un diadème de flammes. Lorsqu'il eut fini, — il lui semblait qu'un hommage poétique rachetait toute chose — il ajouta avec une ironie cruelle, car le plaisir de la vengeance prenait le dessus : « Au moins suis-je en droit de dire, comme disait Pindare de lui-même : « L'illustre Thèbes n'a formé en moi — Ni un étranger ni un homme qui ignore les Muses. »

On n'avait trouvé dans la ville que deux millions quatre cent vingt mille drachmes : c'était la preuve que les Thébains, comme leurs émules les Spartiates, n'étaient pas riches. Il est vrai que les riches, partisans de la Macédoine, avaient été exilés. La vente des prisonniers produisit la même somme. Désormais Alexandre appliquait partout les principes de son père : il vendait les prisonniers. Il avait même ordonné qu'ils fussent conduits au marché avec des couronnes sur la tête, comme des victimes que l'on mène à l'autel.

Le dixième du butin fut envoyé à Delphes, en hommage à Apollon. Pour prix de leur alliance, Alexandre fit remise aux Thessaliens de cinq cent cinquante mille drachmes qu'ils avaient empruntées à Thèbes. La frappe de la monnaie béotienne, dont le symbole était un bouclier, aujourd'hui brisé, fut transportée à Orchomène. Alexandre permit aux Thébains d'incinérer leurs morts et si, pour le bûcher de son camp, le chant funèbre de Linus avait résonné comme d'habitude, il pouvait se dire que jamais ce chant ne se serait fait entendre plus pathétiquement que pour les morts et la ruine de cette ville : c'était la flûte thébaine, faite de l'os de la jambe du faon, qui modulait ce chant de deuil et c'était un musicien de Thèbes, Diodore, qui en avait augmenté les sons en la perçant de nombreux trous.

Ni la défaite des Athéniens en Sicile ni l'anéantissement de la flotte lacédémonienne à Ægos Potamos, ni la bataille de Leuctres et de Mantinée qui terminèrent la grandeur de Sparte, ni même la bataille de Chéronée n'avaient causé en Grèce une émotion pareille à celle que causa la destruction de Thèbes par le fer et par le feu. Les principaux orateurs d'Athènes, non seulement Démosthène, ses amis et Stratoclès, l'un des généraux de Chéronée, mais Eschine et Démade déplorèrent à la tribune le malheur des Thébains. Si les partisans de la Macédoine s'honorèrent par de tels discours, les Athéniens, n'écoutant que la voix de l'humanité, accueillirent, malgré le décret de Coronée, tous les Thébains qui leur demandaient refuge. Les Eléens avaient rappelé précipitamment leurs exilés, au nombre desquels était Cléotime. Les Acarnaniens et les Etoliens députèrent vers Alexandre pour se faire pardonner leur défection. Les Arcadiens condamnèrent à mort ceux qui leur avaient conseillé de secourir les Thébains. Les Mégariens firent rire Alexandre en lui annonçant qu'ils lui avaient décerné le droit de cité, car on avait coutume de se moquer des Mégariens, malgré leur école de philosophie et leur concours de baisers de garçons. La sibylle avait rendu un oracle fameux, disant que les Thessaliens avaient les meilleurs chevaux, les Spartiates les plus belles femmes, que les Arcadiens étaient les plus braves et les Argiens plus braves encore, mais que l'on ne faisait aucun cas des Mégariens. Ceux-ci affirmaient que l'oracle avait été déformé et que ces derniers mots ne concernaient pas les Mégariens, mais les habitants d'Egium en Achaïe. Alexandre accepta leur citoyenneté, quand ils lui précisèrent que seul jusqu'à ce jour Hercule l'avait obtenue. Les Lacédémoniens ne changèrent pas d'attitude envers lui ; mais, inépuisables dans leur soif de vengeance contre les Thébains, ils achetèrent trois cents d'entre eux comme esclaves et les égorgèrent sur les tombeaux des Spartiates qui avaient péri à la bataille de Leuctres. Alexandre ne fut informé de cet horrible sacrifice qu'après sa consommation. Lorsqu'il protesta au nom de l'humanité, les Lacédémoniens répondirent qu'il avait égorgé les complices du meurtre de son père sur le tombeau de celui-ci.

Au moins se croyait-il en droit de réclamer des Athéniens, à titre de victimes, ses principaux ennemis : les dix orateurs ou généraux démocrates qui, après avoir obtenu deux fois la rupture de l'alliance conclue avec Philippe, avaient dernièrement fait renverser et outrager ses statues et celles de son fils. Démosthène, Hypéride, Hégésippe, Lycurgue et le général Charès, le vaincu de Chéronée, furent mis en tête de sa liste, avec Charidème, l'ancien général du roi Cersoblepte, deux fois traître à la cause macédonienne, comme Thèbes. Phocion, qui avait toujours réprouvé les excès antimacédoniens, se donna le plaisir de prier ces patriotes qui, tel Démosthène, excitaient le peuple à prendre les armes et jetaient ensuite leurs boucliers, à imiter l'un de ces grands exemples historiques ou légendaires dont ils aimaient à se réclamer : il les comparait aux Hyacintides, les quatre jeunes vierges qui avaient été immolées conformément à un oracle, pour sauver Athènes d'une calamité publique au temps du roi Erechtée. (On les appelait ainsi, soit d'après le nom de leur père, soit d'après celui d'un village de l'Attique.) Mais Démosthène répliqua à la légende par une fable : il dit qu'en livrant leurs défenseurs, les Athéniens commettraient la même faute que les brebis à qui les loups avaient demandé, comme gage de leur amitié, la livraison de leurs chiens. Le loup, c'était Alexandre. Non content de cette fable, Démosthène avait ajouté : « De même que vous voyez les marchands de grains montrer à la ronde une tasse de grains et vendre ensuite tout leur grain sur ces échantillons, de même, en nous livrant, vous livrez en fait toute la ville. » Démade, que ses ennemis accusaient d'avoir reçu vingt-sept mille cinq cents drachmes de Démosthène, fit adopter la résolution de le déléguer, lui Démade, avec Eschine et quelques autres, pour convaincre Alexandre, si on n'arrivait pas à le fléchir, de laisser au peuple athénien le soin de châtier les coupables. L'ambassade devait également lui exprimer la joie des Athéniens pour son retour d'Illyrie et pour la dispersion des traîtres thébains. Elle ne demandait pas moins qu'Athènes conservât le privilège d'être un lieu d'asile en faveur de ces derniers.

Le roi s'était retiré de nouveau à Oncheste. Il offrit à Neptune un sacrifice d'action de grâces : la victime fut cette fois un taureau, en mémoire du dieu, qui avait pris cette forme pour couvrir la nymphe Ernée, fille d'Eole, devenue ainsi la mère du héros Béotus, fondateur de la Béotie.

Il reçut avec bienveillance Démade, Eschine et leurs collègues, qui avaient été déjà les ambassadeurs de la paix conclue avec son père après Chéronée ; mais il leur donna pour toute réponse une lettre réclamant de nouveau les dix Athéniens. Malgré sa sympathie pour Eschine, il se sentait peu enclin à satisfaire un de ses propres stipendiés et le trait qui lui avait été rapporté du vénal Démade, n'avait pas accru celle qu'il avait pour cet orateur.

Quand on eut l'idée de lui envoyer Phocion, il fut heureux de témoigner, au contraire, la considération que lui inspirait ce digne Athénien. Il l'estimait à cause de son caractère et parce que sa première femme avait été la sœur du sculpteur Céphisodote. Alexandre, bien différent de ceux qui tenaient les artistes pour de simples artisans, avait le culte des Muses à tous les degrés. Il accorda au général les grâces et les permissions sollicitées. Il ajouta cette flatterie à l'égard des Athéniens : qu'il les jugeait seuls dignes de commander aux autres, si la mort l'enlevait. Cependant, il transféra à la confédération des peuples voisins le procès du seul Démosthène, qui l'avait traité de « grand lion » à cause de sa cruauté, et il exigea l'exil de Charidème, qui alla s'installer chez Darius, comme Amyntas.

Alors, Démosthène fit partir en secret pour Oncheste son mignon Aristion de Platée. Ce garçon était un ami clandestin d'Autolyque qui le présenta à Ephestion pour intercéder auprès d'Alexandre. Le roi renonça au procès contre Démosthène : il ne pouvait pas récuser un ambassadeur si charmant et qui était Platéen.

S'il avait été forcé de détruire, Alexandre se piquait de construire. Tout en pressant la réédification d'Orchomène et de Platée, il disait déjà qu'il ne s'opposerait pas un jour à celle de Thèbes ; mais il n'avait pas oublié le projet qu'il avait conçu, en chevauchant naguère au bord du Copaïs, d'assainir cette région de la Béotie et de diminuer l'étendue de ce lac. Cratès, l'un de ses ingénieurs, homonyme du disciple thébain de Diogène, avait fait à Pella des travaux semblables et se trouvait en ce moment avec l'armée : Alexandre l'amena sur les hauteurs qui avoisinaient le lac pour examiner le moyen de creuser des galeries par où ces eaux stagnantes seraient dirigées vers des terres en contrebas et pourraient s'écouler. Cratès estima que ce serait possible dans la partie est, riche en défilés qui seraient autant de canaux de drainage. Comme il ne devait pas suivre l'armée en Asie, il reçut l'ordre de commencer tout de suite ces travaux qui laisseraient aux Béotiens la mémoire d'un Alexandre bienfaiteur, au-delà des ruines de Thèbes.

En repassant à Orchomène, il voulut sacrifier aux Grâces. Il songeait à la première des odes de Pindare consacrées aux vainqueurs des bords de l'Alphée et qui était un hymne aux Grâces, — à la grâce : « La grâce qui crée pour les hommes tout ce qui est doux comme le miel, — En leur apportant l'honneur, — Travaille souvent aussi à ce que l'incroyable — Soit croyable. » Alexandre aimait ces mots qui s'appliquaient à sa gloire et il les appliquait surtout d'avance à celle qu'il comptait obtenir.

Il avait été frappé d'une remarque du *Panégyrique* d'Isocrate disant que jadis les Grecs célébraient par des chants d'allégresse leurs victoires sur les barbares et par des pleurs leurs victoires sur d'autres Grecs. Cette observation ne lui était pas venue à l'esprit quand son père avait célébré à Dium la victoire de Chéronée ; mais elle ne l'empêchait pas aujourd'hui de vouloir célébrer dans cette ville, comme Philippe, sa victoire de Thèbes.

Au préalable, il avait encore une vengeance à accomplir : ce n'était pas à l'égard de Sparte qui ne s'était pas jointe même pour la forme aux félicitations de la Grèce, mais à l'égard de Leucade. Il ne s'étonnait pas que les Héraclides eussent marqué la même indifférence pour lui que pour son père, et il ne se souciait pas plus de les subjuguer que celui-ci ne s'en était soucié : la grande affaire demeurait l'expédition d'Asie. Toutefois, qu'un Etat secondaire osât le braver, lui semblait inadmissible pour son prestige dans le reste de la Grèce. Il en avait parlé à Phocion. Le général athénien le calma en le suppliant de ne plus faire la guerre aux Grecs. Alexandre promit de la faire cette fois en évitant de verser le sang.

Il se dirigea avec son armée vers Leucade à travers la Phocide, la Locride et l'Etolie, le long du chemin qu'il avait suivi avec son père après la guerre d'Amphissa. Lorsqu'il traversa l'Acarnanie pour gagner la côte, il évoqua à Strate le malheureux Nicolas, mort à Chéronée, et il visita les anciens princes de sa famille. Puis il commença le siège de Leucade.

Pour vaincre sans faire de victimes, il avait adopté cette tactique : obliger, de proche en proche, à se retirer vers Leucade les garnisons que les Leucadiens avaient dans diverses forteresses d'Etolie en vue de garantir leur sécurité — à Sollion, Palérus, Alyzie. Bien que l'île eût fait des provisions pour soutenir un long siège, elle fut bientôt surpeuplée par tous ces réfugiés et, consciente à la fois de son imprudence et de la fermeté de l'assiégeant, elle se soumit.

Ces campagnes chez les Barbares, en Béotie et en Etolie, avaient permis à Alexandre d'apprécier certains de ses officiers qui étaient sous ses ordres pour la première fois. Perdiccas et Cratère, membres maintenant de l'escadron des amis, avaient prouvé la même valeur que lorsqu'ils combattaient auprès de Philippe et aussi le dévouement qu'ils avaient pour Alexandre. Perdiccas avait conquis le jeune roi par sa fougue et son autorité, Cratère par la véritable adoration qu'il lui vouait. Elle n'était faite que de respect ; mais l'empire qu'elle lui avait donné sur Alexandre, causait quelque jalousie à Ephestion, qui se querellait parfois avec Cratère comme un amant soupçonneux. Celui qui était l'objet de la querelle, s'en amusait en disant : « Ephestion aime Alexandre et Cratère, le roi. » « Mais, ajouta-t-il à Ephestion, n'est-ce pas toi qui as la meilleure part ? » Cependant lorsque Ephestion cherchait à profiter de cette part-là pour exclure Cratère qui détenait l'autre, Alexandre le rabrouait affectueusement, voire, s'il le fallait, un peu superbement : « De quelle force te prévaux-tu donc pour vouloir me plier à toutes tes volontés, même contre un honnête officier dont tu n'as rien à craindre ? — Ce n'est pas seulement de ton corps que je suis jaloux, mais de ton âme, dit Ephestion. Il me semble que l'on t'enlève à moi, si je ne t'ai pas en entier. » Alexandre sourit et le traita de « petit enfant », comme disaient souvent les héros d'Homère, et il conclut : « Personne ne peut t'enlever Alexandre... que la Parque. »

Son retour à Pella fut triomphal. Les centaines de chars attelés de chevaux blancs, dont Ephestion et lui avaient rêvé pour leur retour d'Olympie quand ils avaient seize ans, étaient maintenant une réalité, due à de tout autres victoires. Alexandre pouvait être fier de ce qu'il avait accompli et dont Antipater le félicitait. « On se demande, lui dit ce dernier, comment en six mois tu as pu vaincre les Thraces, les Triballes, les Gètes, les Illyriens, les Thébains et les Leucadiens. — En ne perdant pas de temps », répondit Alexandre.

Il fit publier qu'il maintenait l'usage de son père d'élever, aux frais de l'Etat, les enfants des soldats tués en combattant, et d'exonérer d'impôts les pères et les mères de ces soldats. Olympias était folle de bonheur après avoir éprouvé bien des craintes. Alexandre lui donna les beaux bijoux pris à Thèbes. Il fut surpris qu'une femme aussi violente dans ses inimitiés se montrât quelque peu troublée par la destruction de cette ville. « Depuis que je l'ai su, dit-elle, je passe mon temps à offrir des sacrifices et des libations à Bacchus et à lui brûler de l'encens. Il faudra beaucoup d'encens pour lui faire oublier que tu as brûlé sa ville. » Alexandre, lui aussi, en ressentait parfois quelque regret, comme d'avoir laissé massacrer une partie de la population. Mais il apercevait une compensation dans sa clémence envers Leucade.

Auprès d'Olympias, vivait maintenant une courtisane de Chypre, Pantica, dont la reine s'était entichée. Elle l'avait connue dans sa jeunesse, puis les deux femmes s'étaient perdues de vue. Pantica avait écrit à Olympias, après la mort de Philippe, une lettre affectueuse à laquelle avait répondu une invitation à Pella. Elle y était arrivée pendant les dernières campagnes d'Alexandre. Sa beauté mûre et l'air d'intimité amoureuse qu'elle affectait avec Olympias, autant que les soins attentifs de la reine, semblaient confirmer à Alexandre les goûts de celle-ci. Praxidice, son esclave favorite, paraissait un peu triste ; mais elle avait d'autres raisons d'être évincée. Olympias avoua à son fils que la Chypriote avait été son initiatrice à des mystères nouveaux. Pantica était une adepte, comme elle, de ceux de Bacchus qui, à la différence de ceux de Cérès, n'étaient pas interdits aux courtisanes. Et elle avait appris à Olympias ceux de la Bonne déesse ou déesse syrienne, qui fleurissaient en Phénicie, — Chypre était une île phénicienne, — et qui commençaient à s'introduire au Pirée. Les hommes en étaient exclus de ces mystères ; les femmes, disait Olympias, « s'y embrassaient entre elles comme des hommes ». Toutefois, ajoutait-elle, il y avait aussi des mystères de la Bonne déesse pour les hommes, qui se traitaient entre eux comme des femmes. Alexandre sourit de voir sa mère raffoler de mystères ; mais il lui sut gré de ne pas avoir initié la jeune Thaïs qu'elle lui avait donnée pour concubine, et qu'il avait déjà partagée avec Ephestion, ainsi que jadis Campaspe. Lui non plus ne voulait pas de quelqu'un qui ne fût pas à lui en entier.

Il admira les bronzes que Lysippe avait fondus d'Ephestion, d'Olympias, de Ptolémée et de Médius, commandés avant la campagne du Danube, outre le sien en roi. Le sculpteur avait une fièvre de travail aussi merveilleuse que son œuvre : il disait qu'il ne se tiendrait pour content qu'après avoir fait mille statues. Son frère Lysistrate, qui avait inventé le procédé de les mouler, était venu prendre l'empreinte en argile de la dernière d'Alexandre, qui voulait en offrir des copies aux villes qui les réclamaient. « Tout le monde veut avoir mes fesses, dit Alexandre, comme tous les Athéniens veulent avoir celles d'Alcibiade. » Il faisait allusion à la statue de Mercure, dont le fils de Clinias avait été le modèle et qui, érigée sur la place du marché à Athènes, était moulée constamment par les sculpteurs. Il félicita Lysistrate d'avoir un autre procédé que d'enduire le bronze de poix et n'aurait pas autorisé un tel barbouillage de son effigie.

Parménion et Hécatée étaient revenus d'Asie Mineure. L'un avait dû lever le siège de Pitane et l'autre pensait avoir assez fait en assassinant Attale. Callas, le compagnon d'Alexandre, avait livré aux Perses un combat en Troade et les Macédoniens, inférieurs en nombre, avaient été contraints de se réfugier à Rhétée, sur l'Hellespont, là où était le tombeau d'Ajax. « Eh bien, dit Alexandre, je n'oublierai pas de faire un sacrifice à ce tombeau, quand nous aurons traversé l'Hellespont. » Il voyait bien que c'était à lui de reprendre énergiquement cette campagne ; la mort d'Attale avait désorienté les troupes.

Il eut le plaisir de rendre hommage à la mémoire d'Isocrate en montrant son intérêt pour l'un des disciples de cet orateur, disciple qui avait failli être son propre maître : Théopompe de Chio. Exilé de sa patrie comme fauteur du parti aristocratique, lorsque cette île était tombée au pouvoir d'Athènes, il y rentra sous la protection d'Alexandre, restaura triomphalement ce parti et en devint le chef. Sa correspondance avec Alexandre rappelait celle qu'Isocrate avait eue avec Philippe. Le roi ne tenait aucun compte des susceptibilités d'Aristote à propos de ce que Théopompe avait dit d'Hermias : si attentif qu'il fût à vénérer le Stagirite, il se croyait dispensé d'en épouser toutes les querelles.

Il réunit un conseil des généraux pour étudier le plan de l'expédition, fixée au printemps prochain. Parménion exposa la situation en Asie. Il avait soutenu avec Attale la révolte des Ephésiens ; mais, ayant été appelé en Troade par la suite des opérations, il avait laissé Prophyte et Hérophyte à leurs seules forces et ils avaient été battus par Memnon le Rhodien. Celui-ci avait installé une garnison perse dans la citadelle d'Ephèse et confié le pouvoir à une oligarchie, dirigée par Syrphax et son fils Pélagon. L'abeille des monnaies d'Ephèse était de nouveau prisonnière du rucher perse.

Darius, ne se fiant pas à l'innumérabilité de ses soldats, avait recruté en Grèce cinquante mille mercenaires et en avait donné le commandement à ce Memnon. Le Rhodien cherchait à s'emparer des villes grecques qui se déclaraient pour Alexandre et il menaçait toujours de porter la guerre en Macédoine pour l'empêcher d'aller en Asie. C'est lui qui avait obligé Parménion à lever le siège de Pitane et il avait pillé Cyzique, sur la Propontide. Charidème et d'autres généraux athéniens avaient, comme Amyntas, renforcé le parti de Darius en haine d'Alexandre ; mais le fils de Philippe n'était pas troublé par ces hommes qu'il avait vaincus à Chéronée. Les cinquante mille mercenaires grecs lui semblaient la seule armée véritable qu'il eût à trouver devant lui et, malgré la différence numérique, accrue par les multitudes asiatiques, il persistait dans son intention de n'avoir que trente-cinq mille hommes tout au plus, et dix mille cavaliers, bref, l'armée qui avait déjà fait ses preuves. Il disait qu'à la première défaite, les mercenaires de Darius passeraient de son côté. Parménion n'était pas éloigné de le supposer. Mais il fallut toute l'autorité acquise par

Alexandre pour faire accepter ses vues aux vieux officiers de son père qui avait toujours prôné au moins l'égalité des forces.

Antipater et Parménion lui dirent, avec quelque ménagement, qu'il se devait de s'assurer des héritiers avant de s'engager dans une si longue entreprise. Alexandre se récria : « J'aurais honte que le généralissime de la Grèce se retardât pour célébrer des noces et attendre des naissances d'enfants. » Nul n'osa insister. Ephestion souriait.

Pour marquer son retour, cet automne, il avait à cœur de célébrer à la fois son avènement, sa victoire, sa nomination de commandant en chef et l'aube de sa prochaine campagne : pour cela, il jugea plus pratique de ne pas aller à Dium, malgré l'idée qu'il en avait eue à Orchomène, et plus glorieux d'instituer des jeux nouveaux à Egées en l'honneur de Jupiter Olympien et des Muses. Aux épreuves équestres et gymniques, seraient joints des concours musicaux. Ces jeux contrebalanceraient les jeux funèbres qui avaient suivi la mort de Philippe.

Cléopâtre et le Molosse revinrent d'Epire pour cette occasion. Alexandre invita de même tous les rois qu'il comptait emmener et avec lesquels il avait renouvelé ou restauré les alliances contractées par son père : Cersoblepte, le successeur de Seuthès, le frère de Langarus, un fils de Bardyllis qui s'était séparé de Clitus, un prince gète et un prince triballe. Ses principaux officiers et une partie de l'armée furent également priés.

Aristandre et ses aides immolèrent cent bœufs sur l'autel de Jupiter et cent autres sur l'autel de Minerve. Le devin proclama que, de mémoire d'homme, on n'avait jamais vu de signes plus favorables : tous les foies étaient normaux et rutilants. Ces présages s'ajoutaient à ceux qui parvenaient du mont Hémus, où la statue d'Orphée continuait de suer à grosses gouttes. Alexandre avait fait déposer des couronnes sur le tombeau de Dium contenant les cendres d'Orphée.

La première tragédie qu'il fit représenter durant ces fêtes, fut *Iphigénie en Aulide*. Le sujet en était comme le prélude de l'expédition. En entendant les vers à l'honneur du Pélion, la montagne d'Achille, vers que les deux amis s'étaient récités lorsqu'ils en avaient aperçu les pentes à leur retour d'Olympie, Ephestion dit à Alexandre que bientôt ils seraient dans la patrie du « Dardanide, du Phrygien Ganymède, — Délices aimées du lit de Jupiter », évoqué dans ce passage.

Iphigénie en Tauride fit pendant à l'autre tragédie. Elle berça l'imagination d'Alexandre de ce rêve de conquérir au-delà même de l'Asie, dont il avait parlé avec son père devant Byzance. Il y trouvait une sorte d'exhortation magnifique à cette course suprême vers la gloire, qu'il commencerait au mois de mars.

Cette représentation lui rappelait aussi celle qui avait eu lieu à Istropolis après la campagne contre les Gètes et les Scythes. Tous les assistants applaudirent, lorsque le chef du chœur final leur adressa ces paroles, qui étaient un heureux présage pour les futurs guerriers : « Allez dans la félicité d'une destinée — Saine et sauve, en étant heureux... » et tous se levèrent quand il s'inclina vers Alexandre pour les deux derniers vers, où l'invocation du poète en faveur de couronnes théâtrales prenait un autre sens : « O très auguste Victoire, — Possède ma vie — Et ne cesse de me couronner. »

Alexandre avait confié à Aristonique, l'ancien musicien de son père, et à Timothée l'organisation de la partie musicale des fêtes, qui eut autant de succès que la partie dramatique. Il avait imaginé même des concours de danse, sous la direction des deux plus célèbres danseurs de la Grèce, Théodore et Chrysippe, qui étaient arrivés avec de charmants petits danseurs égyptiens et carthaginois.

Aux jeux gymniques, brillèrent les athlètes macédoniens. Cela fit un plaisir particulier à Alexandre qui avait encouragé tous les exercices et construit partout des gymnases. Beaucoup de jeunes athlètes étant incorporés, ces victoires lui paraissaient un bon augure de plus. Son coureur Phidonide demeurait imbattable. Dioxippe et Coragus restèrent invincibles à la lutte.

Les trois plus habiles escamoteurs grecs, Scymnus de Tarente, Philistide de Syracuse et Héraclite de Mytilène, contribuèrent à divertir les spectateurs. Ils excellaient par leurs tours d'adresse, avec des cerceaux, des anneaux, des gobelets et des animaux apprivoisés. Ils étaient maîtres dans l'art d'avaler des épées et faisaient d'incroyables sauts à la perche, poussés par leurs animaux. Ils imitaient le chant du rossignol en soufflant dans un chaume rempli d'eau et garni d'une baguette. Leurs chevaux dansaient debout sur les jambes de derrière et faisaient des gestes avec leurs jambes de devant, comme ceux des anciens Sybarites ; mais Alexandre n'aurait pas voulu voir Bucéphale se ridiculiser ainsi.

Une spectatrice venue d'Athènes et à laquelle il avait fait grand accueil, était la courtisane Phryné. Amie de Pantica, elle avait été invitée par la reine, qui semblait désormais la proie des grandes courtisanes. Phryné avait eu sous sa coupe la ravissante Thaïs, dont elle avait été la maîtresse de voluptés, tout en lui conservant ses pucelages. Elle avait offert sa fortune aux Thébains pour relever leur ville, ce qui eût réconcilié Thespies, sa ville natale, et la métropole de la Béotie. Cette offre prodigieuse attestait ce que lui avaient rapporté ses charmes et faisait d'elle l'émule de l'antique courtisane Rhodope, constructrice d'une des pyramides d'Egypte. La seule condition qu'elle exigeait, était que l'on gravât cette inscription sur les sept portes de Thèbes : « Alexandre m'a détruite, la courtisane Phryné m'a reconstruite. » Il y avait certes de l'orgueil dans ce parallèle, mais Alexandre était sensible à l'orgueil et n'aurait pas fait obstacle à ce projet, que les Thébains repoussèrent, pour ne pas subir la honte de voir leur ville réédifiée par une courtisane. Un Thébain était venu aux jeux d'Egées : Cratès le Cynique. « Pourquoi reconstruire Thèbes ? dit-il à Phryné. Il y aura certainement un second Alexandre pour la détruire. »

Une coucherie eut lieu dans l'entourage d'Alexandre, au cours de ces festivités. Cléopâtre avait été séduite par un des athlètes macédoniens qu'elle avait vu s'exercer nu lorsqu'elle était jeune fille, mais qu'elle n'avait pu voir cette fois puisqu'elle était mariée. L'ayant retrouvé, elle l'entraîna dans sa chambre au palais d'Egées, pendant que son mari chassait sur le mont Bermius avec Alexandre. Heureusement, la chose resta secrète pour le Molosse ; mais Olympias en fut instruite et blâma cet écart. Son fils était plus indulgent. « Il faut bien que ma sœur partage un peu les droits de la royauté, dit-il, tels qu'elle les a vu remplir par mon père. »

L'enthousiasme de ses troupes plaisait à Alexandre. Ephestion l'attribuait, une fois de plus, à son charme et à sa beauté. « Ajoutes-y le souvenir de nos victoires, dit le roi. Mais j'admire, comme Diogène, avec quelle facilité les hommes se laissent conduire à des entreprises où leur vie est en question. Pour nous, c'est tout naturel : nous sommes les chefs. Le seul fait d'avoir pris Homère pour guide, c'est-à-dire le plus grand poète qui aura jamais existé, — car nous savons bien que nul, dans aucune langue, ne pourra dépasser sa puissance et sa perfection —, suffirait à me mettre hors de pair parmi les conquérants. Mais tous ces braves hommes qui laisseront famille, bonheur, professions, pour me tenir compagnie de Pella aux Indes, me couronner à Memphis, à Babylone et à Persépolis, je ne puis m'empêcher de les trouver incompréhensibles. — C'est donc que tu te juges incompréhensible toi-même, dit Ephestion. Chacun de tes officiers et de tes soldats a pour sa part un désir de gloire, de changement, d'amour du danger, d'appât du pillage et de la débauche, base de toutes les guerres justes et injustes, de joie d'échapper à ses soucis de famille et d'argent, qui le jettent sans regret dans les plus folles aventures guerrières, avec d'autant plus d'inconscience qu'il est toujours persuadé de tuer les autres sans être tué. — Au fond, dit Alexandre, l'humanité appartient à un très petit nombre de gens : ceux qui ont l'art de lui donner une forme et de la mettre en marche. Elle naît immobile et amorphe et Zénon d'Elée n'avait pas tort de nier le mouvement. Les hommes ne sont rien d'autre que ces statues mécaniques que Dédale avait inventées ou ces automates fabriqués par Vulcain pour servir les dieux. Aristote justifie l'esclavage par l'absence de ces engins chez les hommes, mais ils existent et ce sont les hommes eux-mêmes ou du moins l'immense majorité d'entre eux. Les libres soldats qui vont me suivre, sont comme les esclaves qui se révoltèrent jadis en Attique, en Laconie et à Chio : ils suivaient leurs chefs en s'imaginant qu'ils étaient libres, alors qu'ils ne faisaient que changer de maîtres. Et les seconds étaient pires que les premiers. »

Alexandre qui, lui, était le maître de la Grèce, hésitait depuis quelque temps à avouer une petite infirmité qu'il avait crue passagère et dont il finit par s'entretenir avec Ephestion d'abord, puis avec Philippe d'Acarnanie : sa vue avait baissé. « Je fais peut-être trop l'amour, avait-il dit à Ephestion, et je vais devenir aussi myope que Denys de Syracuse. — Les excès d'amour ne font pas baisser la vue, mais tomber les cils, lui avait dit Ephestion. Et tes cils sont aussi fournis que tes sourcils. Denys avait certainement bien d'autres raisons d'être myope. »

Cependant, Alexandre aurait eu quelque répugnance à utiliser les remèdes de l'ancien tyran, bien qu'ils eussent paru salutaires, au moins d'une façon momentanée : les œufs durs écrasés sur les paupières et la giclée d'un lait de nourrice l'auraient même franchement dégoûté. Philippe lui prépara des liniments qui n'étaient peut-être pas plus ragoûtants, mais d'une composition qui en déguisait la nature : de la fiente de coq rouge ; de l'huile rosat dans laquelle a cuit un épervier ; la cendre des yeux de hibou ; la cendre de têtes et de queues de souris en pâte. Cela produisit quelque effet ; mais Alexandre demeurait agacé d'être devenu légèrement myope : il lui semblait que cela rendait contestable sa nature divine. Cependant, lorsque Philippe lui fit appliquer sur les yeux la cendre du cerveau d'un aigle, il affirma qu'il y voyait beaucoup mieux, peut-être parce que ce remède convenait mieux à son imagination : l'oiseau de Jupiter avait pu seul le guérir.

Les fêtes d'Egées ayant marqué la fin de l'automne, l'hiver s'employait aux derniers préparatifs sans qu'on relachât l'entraînement. Afin d'encourager les cadets par une marque spéciale de son intérêt, Alexandre demanda que certains d'entre eux fussent ses camilles pour le sacrifice solennel qu'il célébrerait à son départ, et il comptait en confier quelques-uns à Aristandre, qui suivaient l'armée durant toute l'expédition. L'un d'eux, particulièrement joli, Excipinus, fut remarqué par lui au cours d'un sacrifice ordinaire où il apprenait ses fonctions. Cet enfant, âgé de treize ans, portait un encensoir et, en y mettant de l'encens d'un geste un peu brusque, il fit tomber un charbon ardent sur son bras nu. Comme Alexandre le regardait, il ne broncha pas. La brûlure était si forte que l'odeur de la peau grillée se mêlait à celle de l'encens et du sacrifice auquel ce garçon avait l'air d'ajouter une contribution symbolique. Le roi avait eu d'abord un mouvement de pitié ; mais, voyant qu'Excipinus était capable de soutenir cette épreuve, il prolongea même la cérémonie. Le garçon resta immobile jusqu'à la fin, souffrant en silence avec le courage indomptable du jeune Spartiate qui, devant ses juges, se laissait labourer le ventre par les griffes du renard caché sous sa robe. Dès que les mots : « Vous pouvez vous retirer », eurent retenti, Alexandre étreignit le jeune garçon, qui était près de défaillir, lui donna un bracelet d'or et le confia à Philippe d'Acarnanie pour qu'il appliquât du chanvre cru sur la brûlure. « Comment pourrais-je ne pas conquérir le monde, dit le roi, en sachant quels soldats j'emmènerai et lesquels je me prépare ? »

Indépendamment des camilles, avait été constitué un corps de pages, avec de jeunes nobles de seize à vingt ans, presque tous d'une remarquable beauté. Ils avaient pour fonctions le service domestique du roi, l'entretien de ses armes et de ses chevaux et assuraient sa garde, à côté des gardes militaires. Comme eux, ils prêtaient serment de fidélité, selon l'exemple qu'Alexandre avait vu suivre jadis à Thèbes par les amants au tombeau d'Iolas : on célébrait un triple sacrifice ; une partie du sang des victimes était versée dans un bouclier noir et ils y trempaient les mains. Le serment, à l'ancien bataillon des amis, était moins farouche. Les pages avaient le privilège de s'asseoir à la table du roi. Il n'envisageait pas de les faire coucher avec lui, bien que ce fût l'espoir de chacun d'eux.

Il y avait un autre changement dans son service personnel. Le gentil Epaphos était devenu son intendant et Alexandre avait pris pour maître d'hôtel Démophon, qui avait été au service de son père. Une particularité physique de ce Macédonien donnait à Pyrrhon un argument de plus pour sa théorie de la relativité des sensations : il avait froid au soleil et chaud à l'ombre.

Au début de l'année nouvelle, Alexandre eut une étrange vision, dont il fit part à sa mère, à Ephestion et à Aristandre : un homme à longue barbe lui était apparu, qui portait une robe azurée, une ceinture, une mitre lamée d'or, où était inscrit un nom en caractères inintelligibles, et, sur la poitrine, une plaque d'or avec quatre rangées de trois pierres précieuses, gravées aussi d'étranges caractères. Alexandre avait gardé la mémoire précise de cet ornement, au point qu'il aurait pu le dessiner. Ce personnage lui avait prédit qu'il détruirait l'empire des Perses, parce qu'il vengerait aussi un peuple qui avait été longtemps captif chez les Perses et dont le dieu combattrait pour lui. Ephestion supposait qu'il s'agissait du grand-prêtre de Bélus, puisque les Perses avaient conquis Babylone ; Olympias, que c'était le grand-prêtre de Bacchus égyptien, nommé Osiris, et qu'Alexandre vengerait Nectanébo, dont beaucoup de partisans avaient longtemps été prisonniers des Perses ; Aristandre, que c'était le grand prêtre de quelque divinité phénicienne : la colère de Xerxès était tombée sur les Phéniciens, à qui il reprocha de ne pas s'être conduits vaillamment à Salamine.

Peu satisfait de ces explications hasardeuses, Alexandre se confia à Aristote qui l'éclaira de nouvelles lumières. Pour le Stagirite, les caractères que le roi avait aperçus, devaient être hébreux. Durant son séjour à Assos, en Asie Mineure, le philosophe, en compagnie d'un de ses disciples, Cléarque de Soles, ville de Cilicie, avait rencontré deux savants juifs, avec lesquels il avait parlé en grec et qui lui avaient donné connaissance des livres de Moïse, législateur de leur peuple. Aristote concluait qu'Alexandre irait à Jérusalem, ville sacrée des Juifs.

A la fin de l'hiver, Philoxène, qui gardait les fonctions de trésorier, montra ses comptes. Malgré les efforts d'Harpale, la situation financière n'était pas brillante à cause de toutes les dépenses que l'on avait assumées. Il restait à peine à Alexandre quatre cent quarante mille drachmes. Ses dettes personnelles montaient à près de cinq millions et celles de son père n'avaient pas été encore remboursées. Il continuait à ne vivre que sur le crédit. Sa politique consistait à donner confiance et à se poser déjà en vainqueur de la fabuleuse Asie. Ses lits aux pieds d'argent annonçaient ceux du grand roi, qui avait fait souvent de tels cadeaux à des Grecs qu'il voulait honorer. Ceux d'Alexandre furent aussi des cadeaux pour ses amis et il se dépouilla à peu près de tout avant son départ. L'un reçut des terres, l'autre une bourgade ou les droits de douane d'un port. A Ephestion, il n'avait besoin de rien offrir. Perdiccas refusa d'accepter un domaine. « Que te restera-t-il ? dit-il à Alexandre. — L'espérance, répondit le roi. — Eh bien, répondit Perdiccas, ce sera aussi mon lot. » Ephestion, qui était présent, charma Alexandre en lui citant les vers d'*Œdipe roi :* « O enfant de l'Espoir d'or, — Renommée immortelle ! »

Il n'était pas jaloux que d'autres de ses compagnons fussent aussi les courtisans de la déesse Espérance. Séleucus lui avait montré une bague où était gravée une ancre et qu'il avait reçue de sa mère Laodice, à l'occasion de son départ pour l'Asie. Elle lui avait révélé un mystère de sa naissance, ressemblant à celui de la naissance d'Alexandre : elle avait cru voir en songe Apollon partager sa couche et, pour prix de ses faveurs, lui offrir une bague dont la pierre portait l'image d'une ancre, qu'elle devait remettre au fils qui naîtrait d'elle. Ce serait le signe qu'il serait roi (1). Or, un anneau marqué de la même empreinte, fut trouvé le lendemain dans son lit et Séleucus, en venant au monde, avait une ancre dessinée sur sa cuisse. Il venait seulement de savoir ce que cela voulait dire, mais ne l'avait pas avoué à son père Antiochus. « Si tu as un débris de royaume à donner, dit-il après avoir raconté cette histoire à Alexandre, souviens-toi que je suis un peu ton parent, comme fils présumé d'Apollon. — Voilà pourquoi tu es beau, dit Alexandre. Tu es mon aîné de deux ans. L'aventure de ta mère avec Apollon a donc précédé celle de la mienne avec Jupiter... à moins que ta mère ne l'ait inventée pour expliquer cette ancre qui nous avait intrigués. — Laisse-moi mon illusion, dit Séleucus : tout ce qui me rapproche de toi, est tellement exaltant ! » Alexandre était trop sûr de l'affection de ce compagnon d'enfance pour imaginer qu'il s'attribuât un royaume à ses

(1) Il fut roi de Syrie, après la mort d'Alexandre, et fonda la dynastie des Séleucides.

dépens. Mais il pensait que l'espoir d'une haute destinée était une excitation de plus au dévouement et au courage.

Il fut aussi généreux envers les amis de son père auxquels il voulait témoigner sa reconnaissance des services qu'ils avaient rendus à un long règne. Il aurait eu honte, d'ailleurs, d'avoir été moins libéral à leur égard que Philippe ne l'avait été. Faute de pouvoir leur distribuer de l'argent comptant, il leur donna, comme aux amis personnels, de riches objets, des droits et des domaines. L'un d'eux, Pérille, qui avait toujours été plein d'attentions pour lui, demanda de quoi doter sa fille. Il ne cacha pas que, s'agissant d'une dot, des espèces étaient souhaitables. Le roi lui fit remettre deux cent soixante-quinze mille drachmes qui venaient d'être versées par des alliés. « J'en aurais assez de dix, déclara honnêtement Pérille. — Ce serait assez pour toi, mais pas pour moi », lui dit Alexandre.

Il eut pitié de Clisophe, le vieux parasite célèbre par sa dernière réponse à Philippe qui lui reprochait de demander sans cesse : « O roi, c'est que je n'ai pas de mémoire. » Alexandre lui assigna de quoi vivre une année de ses bons mots. Il prit les mêmes dispositions en faveur de Callias, l'ancien esclave public athénien, pourvoyeur des plaisirs de son père, qui ne pouvait regagner Athènes, d'où on l'avait chassé.

Ephestion aurait aimé qu'Alexandre copiât la cuirasse d'Agamemnon, qui avait « dix lignes d'émail bleu, — Douze d'or et vingt d'étain, — Des dragons d'émail bleu dressés jusqu'au cou ». Mais, en dépit de sa passion pour Homère, le roi jugea que cette parodie aurait fait rire les Athéniens. Ce peuple qu'il avait vaincu, mais qu'il n'avait pas conquis, lui servait souvent à mesurer ses actes. Il ne trouvait pas humiliant de chercher à mériter l'estime et à éviter le blâme ou les railleries de gens qu'il détestait, mais pour lesquels il continuait d'éprouver une certaine admiration.

Cependant, une épée à poignée d'argent, à la fois légère et puissante, qui lui fut envoyée par Pumiathon, roi de Citium, Idalie et Tamasse, villes de Chypre, lui fit un plaisir enivrant. (Cette île était divisée en plusieurs royaumes, formés par les principales villes grecques et reconnus par la Perse, moyennant un tribut). Ce cadeau l'assimilait, en effet, à Agamemnon, puisque la cuirasse du roi des rois en était un de Cinyre, son hôte à Chypre.

Pour honorer Pumiathon, Alexandre chargea le célèbre ciseleur chypriote Théophile d'orner son casque ; mais, réprouvant les métaux précieux pour ce qui était d'usage militaire, — en cela, l'épée à poignée d'argent lui suffisait, — il exigea que ce casque fût simplement de fer. Lui-même en fit le dessin. La calotte, doublée de cuir, enserrerait bien la nuque : deux serpents seraient ciselés sur les côtés et une triple aigrette surmonterait la longue crinière. Le roi ordonna à Pyrgotèle de le figurer à l'avenir coiffé de ce casque sur les monnaies où il ressemblait à Minerve. Théophile lui fabriqua un autre casque dont les ornements latéraux étaient deux branches de laurier et la crête, un aigle dont les ailes descendaient vers les épaules.

Sa cuirasse fut offerte par les Rhodiens : elle avait une magnifique tête de Méduse ciselée au centre, dont l'art laissait loin la Méduse de sa première cuirasse.

Comme cadeau non guerrier, Cersoblepte lui avait donné une corne d'un buffle de Péonie, aussi énorme que celui que son père avait tué et dont il avait conservé la dépouille. Pyrgotèle la perça et y mit un embout d'argent. Le son prodigieux s'entendait à près de quatre kilomètres. Alexandre s'amusait comme un enfant à le faire retentir : il y aurait, disait-il, de quoi effrayer les barbares et les persuader que c'était le cri même du dieu de la guerre, « pareil à celui que poussent neuf mille à dix mille humains ». Mais il savait que les Perses n'étaient pas des barbares : il avait réglé leur compte aux derniers barbares qu'il avait eu à combattre.

Il emporterait aussi une tunique brodée par sa mère de plumes d'oiseaux et d'une pomme de pin, symbole de Bacchus, avec la tête de ce dieu sur le cœur. Ce serait sa sauvegarde dans sa vie privée, comme la statuette de Vénus, qui le suivait partout désormais. Aux poèmes d'Homère, il joignit le grain de millet que lui avait donné Phrynon à Athènes et sur lequel le ciseleur Callicrate avait gravé l'un de ces chants. Cette fois, Périttas même, le chien favori d'Alexandre, accompagnerait son maître et Bucéphale. Puisqu'ils ne chasseraient plus de longtemps à travers le Bermius ou l'Orbèle, ils iraient tous trois ensemble à la découverte de pays nouveaux. Qui sait s'ils ne chasseraient pas le lion ?

Alexandre laisserait de nouveau à Antipater la garde du royaume avec Euryloque, douze mille hommes de pied et quinze cents chevaux. C'était lui laisser aussi le gouvernement de la Grèce. Pour autant qu'il aurait des loisirs, le régent voulait écrire l'histoire des guerres du roi Perdiccas en Illyrie : il collaborerait de la sorte à la gloire d'un ancêtre d'Alexandre. Son principal soin serait de faire des levées pour recruter les troupes en campagne. L'infanterie, sous les ordres de Parménion, comprenait trente mille Grecs. Alexandre se réjouissait d'avoir pu amalgamer cinq mille Thraces, Triballes et Illyriens et mille archers agrianes. Parmi les mercenaires, les archers crétois, commandés par leur capitaine Cléarque, successeur du valeureux Eurybatas, tué à Thèbes, intéressaient particulièrement le roi : c'étaient des couples, formés d'hommes de vingt-cinq à quarante-cinq ans avec des garçons de dix-huit à vingt ans.

Le goût de la jeunesse n'avait pas été seul à guider Alexandre dans le choix de ses Macédoniens : il avait fait une large place aux vieux soldats, artisans des grandes victoires de son père, y compris celle de Chéronée. Ils avaient, dès le début, reporté sur Alexandre l'attachement qu'ils avaient pour Philippe et composeraient le cadre solide de la nouvelle armée. Philotas était mis à la tête des cavaliers macédoniens. Callas, revenu de Rhétée, commanderait, avec Ménon, la cavalerie thessalienne; Erigius, un autre groupe, et Cassandre, l'arrière-garde. La plupart des membres de l'ancien escadron des amis étant nommés ainsi à des postes de responsabilité, Alexandre renouvela presque entièrement cet escadron. Il choisit de jeunes officiers, autant que possible jeunes et beaux, qui s'étaient distingués, soit contre les barbares, soit contre les Thébains. Pour être agréable à sa mère, il ajouta à l'escadron Clitus, fils de sa nourrice Hellanicée.

Il voyait au-delà des questions d'armée et d'armements : il voulait conduire avec lui un état-major de l'esprit. Son rêve aurait été d'avoir Aristote; mais le Stagirite, sollicité d'ouvrir une école de philosophie à Athènes et toujours retenu en Grèce par ses innombrables recherches, déclina cette invitation. Il dit à Alexandre que son neveu Callisthène le remplacerait et qu'aussi bien, avec Anaxarque, déjà compagnon des premières campagnes, et avec Pyrrhon et Onésicrite amenés de Corinthe, la philosophie serait bien représentée. « Je sais que beaucoup de ceux qui t'entourent, avait ajouté Aristote, prétendent écrire l'histoire de ta mémorable expédition; mais permets-moi de dire que tu auras aussi en Callisthène un véritable historien. Tu as apprécié comme il convient son *Histoire de la guerre de Phocide,* qui est en quelque sorte un monument à ton père : il ne lui reste qu'à dresser le monument, beaucoup plus grandiose, qui portera ta statue. Il a un autre titre à ton estime : c'est lui, tu le sais, qui a été mon collaborateur pour la recension des textes d'Homère. »

Afin de marquer immédiatement à Aristote le cas qu'il faisait de son neveu, Alexandre décida que l'on reconstruirait Olynthe, comme on avait rebâti Stagire. Les deux destructions de son père seraient réparées. Les Olynthiens dispersés, heureux de retrouver leur patrie, votèrent qu'une statue de bronze serait érigée à Callisthène, leur protecteur, dans le sanctuaire d'Olympie.

Peut-être Aristote s'était-il séparé plus facilement de son neveu parce qu'il avait désormais auprès de lui un nouveau disciple, auquel il attribuait autant de valeur qu'à Théophraste et à lui : Aristoxène de Tarente. Celui-ci était déjà l'auteur d'innombrables traités de toutes sortes, dignes de ceux du Stagirite. Il avait renouvelé l'étude de la musique par son livre *sur le Rythme* et ses *Eléments harmoniques.*

Le roi, épris de cet art, avait lu ce dernier ouvrage, dont une remarque d'un tout autre genre l'avait frappé : « Lorsque les Corinthiens en sont au dixième du mois, les Athéniens n'en sont qu'au cinquième, d'autres au huitième. » Réfléchissant à cette observation, Alexandre entendit unifier les calendriers grecs, comme Philippe avait réglé les discussions de frontières. N'y avait-il pas, en effet, outre les calendriers athénien et corinthien, l'argien, le lacédémonien, l'éléen, le corfiote, le delphien, le béotien, le thessalien, le crétois, l'éginète, le chypriote, l'ionien, l'éphésien, etc. ? En Macédoine, il y avait même deux calendriers, l'un qui était lunaire, l'autre où les noms des mois correspondaient aux douze signes du zodiaque. Alexandre chargea Python de Syracuse de tenter cette œuvre d'unification en faisant adopter, non pas l'un des deux calendriers macédoniens, mais celui d'Athènes, hommage à la prééminence littéraire et artistique de cette cité.

Il nomma à sa suite un autre philosophe et historien que lui recommandait Anaxarque, Hécatée d'Abdère, dont il lui avait déjà parlé à propos des Hyperboréens, et qui trouverait peut-être ce peuple fabuleux au bout de la route.

Callisthène, de son côté, fit désigner quatre autres personnages : un de ses collaborateurs d'Erythrées en Ionie, Diodote, un de ses amis d'Olynthe, Ephippe, et deux citoyens de Mytilène, Charès et Eschrion. Ce dernier, qui avait été passagèrement le mignon d'Aristote, était aussi poète et rivaliserait Pyrrhon, qui n'avait pas à cultiver seulement la Muse de la philosophie. Alexandre, sans déposséder de leurs droits ni Marsyas son premier historien depuis Miéza, ni Callisthène, ni un disciple d'Aristippe de Cyrène, Clitarque d'Etolie, autre philosophe devenu historien, n'interdit pas davantage à son demi-frère Ptolémée, non plus qu'à Médius et à Néarque, de décrire les hauts faits de l'expédition. Il le permit également à Aristobule, l'un de ses gardes, et à Cyrsèle de Pharsale, un de ses nombreux officiers. Mieux encore, Lysimaque d'Acarnanie avait sollicité de le suivre, aussi longtemps que sa santé le lui permettrait. Il se devait bien d'accompagner son ancien élève aux ruines de Troie, comme Phénix « cher à Jupiter » y avait accompagné son ancien élève Achille. Rien n'avait plus touché le roi que cette demande et il l'avait agréée. Il se rendait bien compte qu'il devenait le héros de la Grèce et regrettait que le vieil Isocrate fût mort avant d'avoir vu ce moment.

Autant Alexandre appréciait le nombre et la qualité de ses futurs historiens, autant il fut sensible à une précaution d'Aristandre. Celui-ci, conscient de son rôle dans une si longue campagne, avait dit à Alexandre qu'il ne voulait pas le laisser démuni d'un homme habile dans l'art des augures, si quelque malheur le privait de son devin attitré. Aussi lui avait-il demandé d'emmener Cléomante, le meilleur devin lacédémonien, qui était un de ses amis, formé à l'école des Iamides. Alexandre fut enchanté de jouer ce tour à ses brutaux parents, les rois de Sparte, en leur prenant ce personnage essentiel.

En plus des médecins ordinaires de l'armée, Alexandre aurait, comme toujours, son médecin habituel Philippe d'Acarnanie, mais il avait pensé que, dans ce domaine également, deux sûretés valaient mieux qu'une. Critobule, le médecin de son père était trop âgé et d'ailleurs Olympias tenait à le garder ; mais il recommanda à Alexandre un autre Asclépiade de Cos, nommé Critodème, un second, nommé Glaucias, et un troisième, descendant direct d'Hippocrate, appelé Hippocrate IV. Au lieu de choisir entre les trois, Alexandre décida de les emmener tous. Pour une si longue entreprise, Esculape était l'auxiliaire indispensable de Mars.

La philosophie, la poésie, l'histoire, la divination et la médecine ne seraient pas les seules compagnes de l'expédition. Alexandre ne négligeait pas les sciences exactes : Gorgus, qui avait été l'ingénieur des mines de son père, explorerait celles des pays conquis ; les deux arpenteurs Béton et Diognète mesureraient les distances parcourues et les porteraient sur des cartes. Deux géographes et navigateurs, Archias de Pella et Androsthène de Thasos, étaient parmi ses officiers. Un autre géographe, Archélaüs, aurait pour mission spéciale de décrire les pays que l'on parcourrait et d'en dresser, autant que possible, la carte, d'accord avec les arpenteurs. Enfin, pour observer les astres et les horizons lointains, on avait fait construire par Aristote de grands tubes, pareils à ceux qu'il avait à Miéza et qu'il gardait. Le roi voulait être à même, d'abord de délimiter son futur empire, d'en connaître les richesses minières et d'en améliorer le réseau routier, mais aussi de faire dresser éventuellement une nouvelle carte du ciel, d'après les pays où l'on se trouverait. Ctésias ayant écrit que le soleil, aux Indes, est dix fois plus gros qu'en Grèce, la lune permettrait peut-être d'y découvrir des étoiles.

Comme d'habitude, Thessalus, Néoptolème et d'autres comédiens et tragédiens donneraient à l'armée, dans ses moments de repos, le délassement des représentations dramatiques. Alexandre ne les avait pas embrigadés pour sa campagne contre les barbares ; mais il leur offrait d'avance, comme futurs décors, des palais, des villes ou des paysages prestigieux. Thessalus lui montra les coffres, entassés sur deux chariots, qui renfermaient les masques et les costumes. L'attirail était bien plus considérable que celui qu'il avait emporté pour la campagne contre les Mædes ou même que celui de Néoptolème dans les campagnes de Philippe. Il y avait les soixante-seize masques des rôles classiques, masculins et féminins : vingt-huit tragiques, quarante-quatre comiques et quatre satiriques, selon la règle de la profession, tous rangés côte à côte avec leurs faces terribles ou hilares, leurs cheveux de diverses couleurs, ou le crâne chauve. « Voilà un gage de nombreuses victoires, dit Alexandre à Thessalus en riant. Il faut que nous soyons dignes de tes espérances. » Ce n'est pas uniquement pour ses soldats que le roi imaginait de tels spectacles, mais pour les peuples qu'il aurait vaincus et auxquels il voulait montrer la beauté du théâtre grec. Les lettres l'avaient formé, les lettres scelleraient ses conquêtes.

Deuxième partie

Le départ était fixé au 22 mars. Alexandre avait choisi ce jour, d'accord avec Aristandre, parce que c'était le lever du Bélier et qu'il se représentait son expédition comme l'assaut d'un bélier, — le bélier de Bacchus et d'Ammon, — contre le troupeau des Perses. Il serait aussi un bélier qui aurait à abattre bien des murailles. L'équinoxe de printemps lui avait semblé en soi le présage le plus favorable : la veille, se couchait la queue du Lion qui était son signe et, le soir du 22, se levait, en même temps que le Bélier, l'étoile brillante de la Couronne, symbole de sa jeune royauté, qui allait à la conquête de tant de couronnes.

La veille de son départ, il éprouva une émotion qu'il n'avait jamais eue. L'idée lui traversa l'esprit que peut-être, même si son expédition avait le succès qu'il espérait et que tous les augures lui promettaient, il ne retournerait jamais à Pella. « Roi de l'Asie », comme il s'intitulait parfois avec Ephestion, reviendrait-il si commodément de Babylone, de Suse, d'Ecbatane, de Bactres ? Quand il s'était éloigné de Pella pour combattre les Mædes, les Illyriens ou les Gètes, il n'avait pas eu la moindre appréhension de ne pas revenir : ces campagnes n'étaient que des étapes vers le grand chemin qui le mènerait, comme Hercule, aux extrémités de la terre.

Il fit, en tenant Ephestion par la main, une visite du palais. Ils revirent ensemble les choses et les lieux qui leur étaient le plus chers : la chambre royale, avec la statue d'Ephestion, l'ancienne chambre d'Alexandre, l'appartement d'Olympias, avec le portrait de son fils à quinze ans, peint par Apelle. Au début du mois, ils avaient fait une semblable visite à Miéza pour revoir la salle d'études où ils avaient écouté Aristote pendant quatre ans au milieu de leurs camarades et la chambre où était la mosaïque d'Hercule et où était né leur amour.

Les adieux d'Alexandre à sa mère aussi furent émouvants, pour des motifs identiques : la retrouverait-il dans ce palais, même s'il y rentrait ? Comme elle aimait son fils, elle ne s'était pas offensée outre mesure qu'il ne l'eût pas nommée régente : il ne voulait pas livrer le royaume à ses humeurs et à ses favorites. Il lui laissait, avec Antipater pour Mentor, Eumène, qui aurait soin de la correspondance : celui-ci garderait le double de toutes les dépêches envoyées et l'original de toutes les dépêches reçues. Cette constitution d'archives n'avait jamais été régulière sous Philippe : il prétendait avoir sa correspondance dans sa tête. Alexandre avait accepté les amulettes dont sa mère l'avait chargé, comme aux campagnes précédentes, et mangé un grain de grenade, ce qui garantissait son retour. Mais il refusa le cuisinier des rites de Bacchus, qu'elle désirait lui donner. Il dit que ses devins lui suffisaient pour la cuisine des dieux.

Il prit également congé d'Aristote et du grave Léonidas, auxquels il devait les ornements de son esprit et son ardeur pour accomplir sa haute destinée. Il avait donné au philosophe une autre marque de sa reconnaissance en achetant le gymnase du Lycée à Athènes, où le Stagirite allait établir son école. Il mit, en outre, à sa disposition la maison de Miéza, comme il l'avait décidé pour répliquer aux jaloux Athéniens, en le laissant libre d'y installer sa famille et ses disciples, d'y travailler et d'y séjourner à loisir. « Si je ne reviens pas, ajouta-t-il, cette maison sera tienne. » Tous les assistants firent le geste de conjuration pour ces mots.

Après les sacrifices, l'armée se mit en marche. La flotte de Philoxène l'attendait, au lac Cercinite près d'Amphipolis. Toutes deux s'avanceraient ensuite vers l'Hellespont. Les troupes de terre serviraient de protection pour les troupes embarquées, la flotte longeant les côtes. Bien qu'elle comptât cent soixante navires et beaucoup de transports, elle était inférieure à celle des Perses qui dominaient la mer, grâce à leurs alliés chypriotes et phéniciens. Alexandre, en effet, bien qu'ami des rois grecs de Chypre, ne pouvait compter sur l'île entière, où se trouvaient des garnisons et des arsenaux perses. De plus, il n'avait obtenu qu'un faible concours des flottes grecques : la principale, celle des Athéniens, ne lui avait donné que vingt navires.

Il était loin des mille vaisseaux d'Agamemnon, que lui évoquait cette réunion de sa flotte au lac Cercinite. Mais il se plut à rappeler ces jours lointains où, « à Aulis, les navires des Achéens — S'étaient rassemblés pour porter le malheur aux Troyens. » « Prends garde, avait-il dit à Thaïs, Si les vents sont muets, je te sacrifierai sur l'autel en tant que vierge. — Je suis vierge chaque fois que tu me prends », lui avait-elle répliqué. La belle Athénienne était en litière, chantant et jouant de la cithare. L'armée l'avait déjà adoptée, comme une image vivante de Vénus. On aimait en elle les plaisirs du roi, de même qu'on les aimait en Ephestion.

Cette rencontre de l'armée et de la flotte fut un moment de grandeur et déjà de gloire pour leur chef. On sacrifia tour à tour à Jupiter, à Neptune, à Minerve et à Hercule sous son titre de Conducteur. Alexandre et ses officiers firent les libations avec des coupes d'or et d'argent. Préalablement, Aristandre avait purifié ces coupes avec du soufre et les avait lavées dans l'eau courante, comme Achille le faisait devant Troie avec la coupe réservée aux libations pour Jupiter. Puis, une partie des soldats s'embarqua sur les navires couronnés de feuillage, pendant que Timothée et ses musiciens jouaient de la flûte.

Devant le mont Pangée, Alexandre rappela à Parménion et à Ephestion, chevauchant à ses côtés, l'éblouissement que lui avaient causé, jeune régent, les coffres de l'arsenal de Pella pleins de philippes d'or. « Ces coffres, dit-il, je les laisse à peu près vides ; mais je compte sur le roi de Perse pour les remplir. » La caisse de l'armée, dont Harpale était l'administrateur, comptait au juste trois cent soixante-quinze mille drachmes, — exactement dix drachmes par homme. Pyrgotèle n'assurerait pas moins, pendant la campagne, la frappe des pièces de bronze ou d'argent destinées aux soldats, et des pièces d'or qui servaient à certains paiements et aux cadeaux. Ce serait à Darius d'en fournir le métal.

Parménion cita une expression proverbiale en Asie, selon laquelle le roi de Perse avait « trois cents millions pour oreiller et vingt millions pour tabouret ». « Il y a mieux, reprit Alexandre, ou plutôt il y a pis : nous n'avons que trente jours de vivres. N'est-ce pas magnifique pour aller conquérir le monde ? Avoue, Ephestion, que tu n'as pas tort de me nommer le fils de l'Espérance. » Le calcul d'Alexandre était que, bien avant trente jours, on serait sur le territoire de l'ennemi : dès lors, on n'avait plus besoin ni d'argent ni de vivres. Jusque-là, son cuisinier avait l'ordre de ne pas dépenser plus de cinq cents drachmes pour ses repas, où il traitait une cinquantaine de personnes. On lui avait dit que Darius avait, en campagne, deux à trois cents cuisiniers. La disproportion était la même pour le nombre des concubines : Darius en emmenait plus de trois cents, Alexandre n'avait que Thaïs. Là encore il était aussi loin du grand roi que sa flotte l'était de celle du roi des rois. Il ne comptait pas moins le surpasser en tout le reste.

Quand on arriva au Nestus, Alexandre fit le plaisir à Anaxarque d'en suivre le cours jusqu'à Abdère. Il était heureux de montrer aux habitants de la ville en quel honneur il tenait deux de leurs citoyens. Anaxarque et Hécatée y furent adulés presque autant que lui. Les Abdéritaines n'avaient plus la maladie étrange qui les avait affligées autrefois, — sans doute une vengeance de Vénus, — et qui les incitait à se promener toutes nues dans les rues. Anaxarque comparait cette étrange épidémie à celle qui avait frappé ensuite Athéniens et Athéniennes et qui les obligeait à se confesser les uns aux autres leurs turpitudes les plus secrètes.

Alexandre sacrifia devant le temple de Cybèle, où étaient conservés le cimeterre d'or et la tiare incrustée d'or que Xerxès avait donnés aux habitants d'Abdère comme présents d'hospitalité, à son retour d'Athènes. C'est chez eux qu'il avait, dit-il, « dénoué sa ceinture », parce qu'il s'y était senti en sécurité. Ces deux objets faisaient à Alexandre la même impression que le sceptre d'Agamemnon à Chéronée. Le sceptre de ce roi, il le tenait en fait désormais comme chef de la Grèce. Il lui sembla, en touchant ce cimeterre et cette tiare de Xerxès, digne entre tous de sa qualité de grand roi, tenir déjà le sceptre de l'Asie.

Anaxarque et Hécatée le conduisirent au tombeau de Démocrite, puis à celui d'Anacréon. Le poète cher à Alexandre n'avait, en réalité, à Abdère qu'un cénotaphe, car ses cendres avaient été offertes à sa ville natale de Téos, en Ionie.

Les traces du palais de Diomède, dans un endroit imprenable, aux abords de la ville, remémoraient à Alexandre son ancêtre Hercule. Comme la plaine alentour était au-dessous du niveau de la mer, on racontait, dit Anaxarque, que le héros, pour vaincre la cavalerie de Diomède, avait creusé un canal depuis le rivage en vue de submerger le terrain. Il fallait avoir soin de ne pas laisser les chevaux manger l'herbe qui poussait autour du lieu dit Borne de Diomède : ils devenaient furieux. Il y avait aussi à Abdère un temple de Jason, le héros de l'expédition des Argonautes, le conquérant de la toison d'or, le ravisseur de Médée. Ce temple avait été bâti par un ancien souverain du pays nommé Parménion, comme le général d'Alexandre.

Lorsqu'on s'éloigna de la ville, Anaxarque dit à Alexandre qu'il se permettait de lui appliquer les vers de Pindare, tirés de son deuxième péan pour les Abdéritains. « Il te convient, lui dit-il, puisque c'est une invocation au mignon de ton ancêtre Hercule, qui a donné son nom à ma cité natale : « A moi, Abdère, — Accorde la faveur d'accomplir les choses illustres des héros courageux — Et, par ta force, protège — L'armée qui combat à cheval — Dans une dernière guerre. » Cette guerre-là, ajouta Anaxarque, c'était justement une guerre contre les Perses qui opprimaient alors la Thrace ; mais la dernière, c'est toi qui la commences. »

Alexandre fut ému de revoir le lac de Bistonie, près duquel il avait remporté, à seize ans, sa première victoire, puis Alexandropolis, qu'il avait fondée en l'honneur de cette victoire et qui était peuplée et prospère. « Cette ville préfigure, dit-il, toutes celles que je compte bâtir le long de ma conquête et qui auront mon nom. » A Maronée, Anaxarque lui fit observer qu'il avait placé sa première expédition sous le patronage de Sabazius, le Bacchus thrace. Le roi salua, dans le temple de ce dieu, la statuette en or prise au prince des Mædes révoltés et qu'il y avait dédiée.

L'Hèbre franchi après le sacrifice d'une brebis, on dépassa le pays des Apsinthes et l'on descendit en Chersonèse de Thrace. L'armée s'arrêta à Cardia, la ville la plus considérable de cette région, à l'extrémité du golfe Mélas, et qui, patrie d'Eumène, était toujours restée fidèle à Philippe. Elle réserva le meilleur accueil à Alexandre qui sacrifia à Cérès, déesse du lieu. On lui raconta une histoire des Cardiens, pendant de celle que Cléotime avait racontée à propos des Sybarites. Un jeune Bisalte, nommé Onaris, vendu tout enfant à Cardia, puis devenu barbier, avait appris l'usage des Sybarites de faire danser les chevaux aux sons de la flûte durant les festins, comme on l'avait vu faire aux dernières festivités d'Egées. Un oracle avait prédit aux Cardiens qu'un jour les Bisaltes marcheraient contre eux et l'on en parlait beaucoup dans la boutique du barbier. Il revint secrètement chez les Bisaltes et leur promit la victoire sur les Cardiens, s'ils le nommaient leur général. Il fit acheter à Cardia une esclave joueuse de flûte pour apprendre aux Bisaltes les airs que l'on jouait aux chevaux et l'on marcha contre les Cardiens. Sitôt que les deux armées furent en présence, les Bisaltes jouèrent de la flûte et les chevaux des Cardiens se mirent à danser. La victoire promise par l'oracle fut obtenue grâce à ce stratagème. Cela prouvait, dit Hécatée, que les faits les plus extraordinaires n'étaient jamais arrivés une seule fois.

Alexandre, qui, dès l'étape d'Amphipolis, avait regretté de laisser Eumène à Pella, lui avait envoyé un messager pour le prier de rejoindre l'armée, où il jugeait d'ores et déjà que sa présence serait plus utile. C'est auprès de lui d'abord et non en Macédoine qu'il avait besoin d'un homme habitué à l'administration, tandis qu'Antipater avait le loisir d'en former un autre. Il n'avait pas tardé à s'en rendre compte. Le hasard fit qu'Eumène, chevauchant à bride abattue, parvint à Cardia lorsque le roi s'y trouvait encore. Leur rencontre n'aurait pu se faire en meilleur lieu. Les Cardiens furent les témoins des honneurs rendus par Alexandre à leur concitoyen, comme les Abdéritains pour Anaxarque et Hécatée. Eumène ne serait pas seulement administrateur, officier de cavalerie et même historien, rôle qu'Alexandre avait songé à lui attribuer dès sa première campagne, mais son secrétaire, après avoir été celui de Philippe.

On arriva sur l'Hellespont, à Sestos. Cette ville rappelait les amours de Héro et de Léandre, — la prêtresse de Vénus que son amant Léandre venait voir toutes les nuits à la nage, d'Abydos situé en face, tandis qu'elle tenait un flambeau allumé sur une tour afin de le guider. Il voulut braver une tempête et, la mer ayant rejeté son cadavre à Sestos, Héro se noya pour ne pas lui survivre. C'était une des belles histoires d'amour qui émouvaient Alexandre et Ephestion.

Un monument les intéressa : il commémorait un aigle qui, épris d'un jeune garçon avec qui il se plaisait à jouer, s'était jeté, à sa mort, sur son bûcher. Les murs lointains d'Abydos les faisaient penser à l'Abydénien

Paléphate, mignon d'Alcibiade, homonyme de celui d'Aristote, aussi bien qu'à Alcibiade lui-même et à son autre mignon Axioque qui s'y partagèrent les faveurs d'une courtisane locale et, plus tard, de la fille qu'ils en avaient eue. Le grave Léonidas avait conté cette histoire, pendant le retour d'Olympie.

Alexandre était heureux de constater que, bien que son père n'eût pu s'emparer de Byzance, les philippes avaient remplacé les dariques dans la Chersonèse de Thrace. Maintenant les alexandres remplaçaient les philippes.

Sestos et Abydos avaient été les deux têtes du pont de bateaux que Xerxès avait fait construire sur les deux kilomètres du détroit, comme son père Darius au Bosphore. Anaxarque décrivit la scène fameuse : les Phéniciens, chargés de la construction au nord, attachant leurs bateaux avec du lin ; les Egyptiens au sud, attachant les leurs avec des nœuds de papyrus, tandis que le grand roi rassemblait son immense armée dans la plaine d'Abydos ; les deux ponts détruits par Neptune ; Xerxès ordonnant de fouetter la mer trois cents fois et de la marquer au fer rouge pour la punir, d'y lancer des chaînes pour la réduire à son obéissance, de couper la tête aux constructeurs et de tirer des flèches contre le Soleil pour obscurcir l'éclat du dieu, qui avait failli à sa mission de sauvegarder la Perse. Puis, les ponts avaient été reconstruits et le grand roi s'y était avancé à la tête de son armée, après les avoir fait parfumer et joncher de tamaris. Alexandre voulait que sa traversée vers l'Asie fût à la fois aussi pompeuse et plus simple.

Il envoya une partie de ses troupes avec Parménion à Abydos et gagna Eléonte, à l'extrémité de la Chersonèse. Là était enterré Protésilas, ce chef des Thessaliens « qu'un Dardanien a tué, — Alors qu'il sortait d'un navire, le tout premier des Achéens ». Ce héros y avait un temple, un oracle et un bois sacré.

Eléonte accueillit Alexandre comme l'avaient fait les autres villes de cette côte. S'il avait continué le même chemin que l'autre fois, Périnthe, Byzance et Sélymbrie lui auraient ouvert aussi leurs portes. Pour ces colonies grecques, il n'était plus un conquérant, mais celui qui les débarrasserait à jamais du voisinage des Perses. Les attaques récentes de Memnon sur Cyzique avaient montré ce que ce voisinage risquait toujours de signifier. Le sort que Parménion avait infligé à Grynium, montrait encore mieux ce qui attendait les villes favorables à Darius.

Alexandre avait le sentiment de refaire dans ces régions une autre guerre de Troie, mais elle visait à la conquête de tous les royaumes dont cette ville était le symbole. Les chronologistes lui disaient qu'il était sur l'Hellespont juste mille ans après la chute de Troie. Aussi tenait-il, avant de franchir ce bras de mer, à honorer le héros « au grand cœur » qui, après avoir quitté sa jeune épouse le lendemain des noces, s'était sacrifié en abordant le premier sur la terre d'Asie : un oracle avait prédit la mort à celui qui se dévouerait ainsi et la victoire à ses compagnons.

Selon l'usage relatif au culte des héros, Alexandre dut attendre le soir. On creusa une fosse près de la tombe, du côté de l'occident, et c'est là qu'Aristandre fit couler le sang d'un chevreau, immolé sur un petit autel. L'hommage d'Alexandre aux mânes de Protésilas ne visait pas seulement le souvenir de la guerre de Troie : il était une réparation de ce qu'ils avaient souffert du satrape Astaÿcte, gouverneur de Sestos, qui avait dépouillé le temple de toutes ses offrandes, s'y était uni avec des femmes, avait fait labourer et ensemencer l'enclos sacré. Les Grecs, après la victoire du cap Mycale, le mirent en croix sur la colline qui dominait la ville de Madyte, voisine d'Eléonte, et lapidèrent son fils sous ses yeux.

Un phénomène caractérisait le bois d'ormes qui entourait le tombeau de Protésilas : les branches tournées vers Ilium perdaient leurs feuilles et les autres les conservaient. Le roi ne consulta pas l'oracle qui était en crédit, bien que n'étant que celui d'un héros. Il n'avait plus besoin de prédiction. Sur le rivage qu'il allait quitter, il fit élever des autels à Jupiter Protecteur du débarquement, à Minerve et à Hercule en leur demandant de protéger son débarquement, eux aussi.

Le lendemain, à la tête de cinquante navires, il passa le détroit des Dardanelles. Il cinglait vers le cap Sigée, pour aborder près de la ville homonyme, dite également Port des Achéens, parce qu'elle avait reçu la flotte d'Agamemnon, à l'embouchure du Scamandre et du Simoïs. Il gouverna le vaisseau royal, immola un taureau à Neptune au milieu de la traversée, fit des libations à ce dieu et aux néréides avec une coupe d'or et la jeta ensuite dans les flots. Il renouvela ainsi le geste de Xerxès qui avait voulu apaiser Neptune après avoir fait fustiger l'Hellespont.

Quand il aborda, son pilote Ménétius, dont le nom lui plaisait puisque c'était celui du père de Patrocle, lui ceignit le front d'une couronne d'or. Charès de Mytilène, arrivé de Sigée, d'autres Grecs et plusieurs indigènes, se précipitèrent pour le couronner de feuillage, ce qui lui fit une sorte de tiare. On ne voyait pas l'ombre d'un soldat perse. Alexandre lança un javelot sur le sol, en disant qu'avec l'aide des dieux il prenait possession de l'Asie.

Emu, il resta immobile un moment sur le rivage. Aristandre partageait la même émotion pour d'autres motifs : Telmesse, sa ville natale en Lycie, était sur cette côte qui commençait en Troade. Il avait le sentiment d'être le successeur de Calchas, « de beaucoup le meilleur des augures, — ... Qui avait conduit les vaisseaux des Achéens dans le port d'Ilium ».

Alexandre enfourcha Bucéphale, que venait de livrer un vaisseau.

Mais le noble cheval, déjà troublé peut-être par la traversée, se prit les pieds dans le câble qui avait tiré le vaisseau et tomba, entraînant son maître avec lui. Il se redressa aussitôt et hennit de fureur. Il frappa même le sol d'un coup de sabot, comme pour le punir de cette chute, à la manière de Xerxès faisant fouetter et marquer les flots. Alexandre s'était relevé aussi vite que son cheval, mais un peu froissé par le sable. Aristandre s'était précipité vers lui. « O roi, dit-il, ce présage est le plus certain de tous : il montre que la terre d'Asie est déjà tienne. » Le roi se mit à rire. « Je m'en suis aperçu », dit-il en se frottant les côtes. Et il sauta sur Bucéphale qui, cette fois, hennit de plaisir. Ephestion, qui ne répéta pas ce propos à Alexandre et fit le geste de la conjuration, avait entendu Cléomante dire à Aristandre : « Oui, il conquerra l'Asie, mais il n'en reviendra pas. »

Le roi s'avança vers le cap Sigée. Son héraut Lichas le précédait, tenant le caducée, pour attester que l'on était prêt à négocier autant qu'à combattre. L'Ida, qui barrait la route au sud, avait des prolongements jusqu'à ces parages. Alexandre contempla longuement cette montagne qui lui rappelait tant de choses : la rencontre de Vénus avec Anchise, en suite de quoi naquit Enée ; les trois déesses y soumettant à Pâris-Alexandre leurs charmes nus pour savoir à laquelle il donnerait la pomme d'or de la beauté ; l'enlèvement de Ganymède par Jupiter, car c'est là qu'on le situait d'habitude ; Jupiter allant sur le Gargare, « sommet de l'Ida élevé », après avoir interdit aux dieux de secourir les Grecs ou les Troyens, et s'y unissant à Junon, parmi « le lotus humide de rosée et le crocus et l'hyacinthe, — Dense et molle » ; enfin Cybèle, la Mère des dieux, surnommée Idéenne.

A Sigée, avait résidé jadis le tyran d'Athènes Hippias, lorsque Harmodius et Aristogiton, les deux amants, eurent tué son frère Hipparque, avec lequel il partageait la tyrannie. Il y avait battu monnaie, à l'empreinte de la chouette athénienne, avant d'aller mourir à Marathon, dans les rangs des Perses, qu'il avait excités contre sa patrie. Anaxarque rappelait les circonstances de sa mort, précédée d'un songe où il s'était vu coucher avec sa mère. Il en avait conjecturé qu'il s'emparerait de l'Attique. Mais, la veille de la bataille, il eut une quinte de toux et l'une de ses dents, ébranlée par l'âge, tomba au milieu du sable où il ne put la retrouver. Il comprit alors qu'il ne pourrait subjuguer cette terre et que ce petit os le précédait dans l'unique espace qu'il en occuperait. Alexandre sourit en écoutant cette histoire : il foulait la terre des Perses et il avait toutes ses dents, éblouissantes de blancheur.

Sur le cap, deux tertres attiraient ses yeux et lui faisaient battre le cœur, ainsi qu'à Ephestion : les tombeaux d'Achille et de Patrocle, ces héros qui les fascinaient depuis leur enfance. Alexandre était stupéfait de voir que son ancêtre avait aussi un temple et son émotion fut accrue alors d'une bouffée d'orgueil : personne ne lui avait dit que son ancêtre, en Troade, était l'objet d'un culte, auquel Patrocle et même Antiloque, son mignon, étaient associés. Cela ne lui semblait pas un hommage seulement à la vaillance et à la gloire, mais à l'amour. Toutefois, il écartait l'image d'Antiloque, comme il l'avait fait chez Cléotime pour la tragédie de Sophocle *Les Amants d'Achille.* Mais, s'il ne retenait que Patrocle, il voyait dans la présence de l'autre un témoignage de respect pour tout ce qu'avait aimé son ancêtre. Il murmura le début de *l'Iliade* qu'il avait chanté et fait chanter à son armée, en vue de la Troade, au cours de sa première campagne de régent : « Chante, déesse, la colère d'Achille, fils de Pélée... » Il eut un sourire quand il s'aperçut que Périttas l'avait suivi, comme pour témoigner que les chiens étaient présents dès le quatrième vers de ce poème, ainsi que les oiseaux, qui chantaient autour du temple. Si son chien jappait, si ces oiseaux chantaient, c'était en mémoire des guerriers qui, dans ces mêmes lieux, avaient été, à cause d'Achille, « la proie des chiens — Et de tous les oiseaux ».

Alexandre et Ephestion descendirent de leurs montures et se dépouillèrent de leurs vêtements. L'escorte s'était arrêtée pour les laisser marcher seuls vers ces monuments, suivis de leurs esclaves. A Thaïs, qui prétendait représenter Briséis, concubine d'Achille et de Patrocle, ils dirent que sa place n'était pas pour le moment avec eux. Ils lurent l'épigramme inscrite sur une plaque de marbre : « C'est la tombe d'Achille, briseur des rangs ennemis, que les Achéens jadis — Ont élevée, effroi pour les Troyens et pour ceux qui viendront. — Elle est près du rivage, afin que, par les gémissements de la mer, — Soit célébré l'enfant de la maritime Thétis. »

Une autre épigramme unissait les deux héros : « Vous deux, illustres par l'amitié et dans les armes, — Salut, fils d'Eaque, et toi, fils de Ménétius. »

Alexandre et Ephestion évoquèrent le trépied de bronze conquis par Diomède durant les jeux funèbres de Patrocle et qui était au temple de Delphes. Ils évoquèrent aussi l'étui d'or contenant deux boucles de leurs cheveux qu'ils avaient consacrées au temple d'Apollon Isménien à Thèbes, le lendemain de la victoire de Chéronée, et qui était l'image anticipée de l'urne dans laquelle, un jour, seraient leurs cendres, comme avaient été réunies celles d'Achille et de Patrocle.

Le roi se fit donner les fioles d'or que l'on avait remplies et les couronnes de fleurs que l'on avait préparées. Les deux amis répandirent sur les deux tertres l'huile, le lait et le miel et y déposèrent les couronnes. Chacun ayant une main appuyée sur l'épaule de l'autre, ils contemplaient ces rigoles blanches ou brillantes, ces fleurs printanières, qui ravivaient ces monuments et, en silence, ils s'abandonnaient à leurs sensations et à leurs pensées. Le soleil leur chauffait le dos, les parfums de la menthe, de la lavande et du thym les enveloppaient. Ces deux tertres étaient le symbole de tout ce qu'ils espéraient : laisser un nom lié à de grandes choses et à un grand sentiment. L'ombre des deux héros qu'ils avaient pris pour modèles, flottait sur eux. Leur nudité, proprement héroïque, les offrait de plus près à toutes ces impressions.

Enfin Alexandre appela ses compagnons, qui se déshabillèrent à leur tour, comme dans les funérailles antiques, se couronnèrent de fleurs et dansèrent, avec Ephestion et avec lui, autour des tombeaux. Thaïs se crut permis d'imiter leur tenue et de se joindre à leur danse. Ses petits seins qui ressemblaient à deux pommes de l'Ida, et entre lesquels dansaient également ses colliers, ses longs cheveux blonds qui flottaient sur ses reins, cambrés comme ceux de la Chasseresse, ses jolis pieds aux ongles teints de pourpre, ses poignets cerclés de bracelets, la grâce de ses mouvements, formaient un ravissant spectacle en l'honneur d'Achille et de Patrocle, d'Alexandre et d'Ephestion.

« Heureux Achille qui, vivant, eut un ami comme Patrocle et, mort, un chantre comme Homère ! dit ensuite Alexandre à Anaxarque. — Tu seras plus heureux qu'Achille, dit le philosophe, et pas seulement parce que tu conserveras Patrocle : Achille n'a conquis qu'une ville et tu vas conquérir le monde. — Peut-être, dit Alexandre ; mais, si j'ai beaucoup d'historiens et beaucoup de philosophes, il me manque un Homère. — Pyrrhon et Eschrion doivent composer sur toi des poèmes, dit Anaxarque. — C'est bien ce qui m'afflige », dit Alexandre. Il n'était pas dupe de sa générosité.

Thessalus et Néoptolème lui avaient ménagé une surprise pour cette visite au tombeau de son ancêtre : c'était de déclamer les passages les plus significatifs de toutes les tragédies grecques dont le nom d'Achille était le titre. Le roi fut touché de cet hommage, qui allait certainement lui apprendre l'existence d'œuvres ignorées de lui. On s'assit sur un tertre, à l'ombre des oliviers, et l'on entendit quelques dizaines de vers à la gloire du fils de Pélée, tirés de l'*Achille* d'Aristarque de Tégée, de l'*Achille* d'Iophon, le fils de Sophocle, de l'*Achille* de Cléophon, de l'*Achille* de Chérémon, de l'*Achille* de Carcinus, poète qui avait vécu à la cour de Denys le Jeune ; mais, ce qui étonna tout le monde, ce fut l'extrait de l'*Achille* de Diogène. On oubliait que le Cynique avait composé sept tragédies : à en juger par celle-là, elles ressemblaient plutôt à des drames satyriques, en ce qu'elles étaient pleines de licence. Il ne s'était pas privé de faire allusion, comme l'avait fait Eschyle dans *les Myrmidons,* à l'amour charnel qui unissait Achille et Patrocle. Alexandre, qui gardait un si bon souvenir de Diogène, fut heureux qu'on eût fait retentir certains de ses vers relatifs à Achille, sur cette terre d'Asie où ce philosophe était né : la Paphlagonie, dont Sinope était la ville principale, et qui était au bord de la mer Noire, se situait, vers l'est, au-delà de la Troade, de la Mysie et de la Bithynie. « Note la délicatesse de tes tragédiens, dit Ephestion : il manque à ce florilège sa plus belle fleur, *les Amants d'Achille ;* mais on n'a pas voulu te déplaire, malgré la présence du tombeau d'Antiloque. »

Après cet intermède de récitations tragiques, on se dirigea vers Troie. La plaine, qu'arrosaient d'un côté le Scamandre, et de l'autre le Simoïs, avant de confluer près de la mer, était coupée en deux par une longue arête de l'Ida. Alexandre constatait que ces fleuves, chargés de limon et qui formaient plusieurs atterrissements près du rivage, étaient aussi peu attrayants pour une baignade que ceux de la Macédoine ou de la Thessalie. Mais, s'il se souvenait que son ancêtre Hercule avait fait jaillir le Scamandre en creusant le sol pour étancher sa soif, et que Vénus avait donné le jour à Enée sur les bords du Simoïs, il ne s'étonnait pas, en voyant leurs eaux impétueuses et leurs fécondes alluvions, que le Scamandre eût été appelé un grand dieu comme l'Alphée, eût eu un temple et un grand prêtre et qu'Euripide nommât Troie « la terre du Simoïs ».

On suivait en ce moment le Scamandre et Alexandre redisait ces vers mystérieux qu'il aimait : « Le grand fleuve aux tourbillons profonds — Que les dieux appellent Xanthe, et les hommes Scamandre. » C'était le fleuve qui avait été appelé au conseil de l'Olympe, où, la guerre de Troie ayant fait éclater la discorde entre les immortels, Jupiter leur rendit la liberté d'y intervenir à leur gré. Le Scamandre, irrité par les cadavres des Troyens, avait lutté contre Achille.

Ces collines, couvertes d'énormes chênes que l'on aurait crus témoins de ce siège de dix ans, le plus fameux de l'histoire, ces remparts encore noircis par les flammes, ces tours écroulées, émouvaient Alexandre, plus que ne l'avaient ému les ruines de Thèbes, dont il était responsable. Il y avait, d'ailleurs, dans le voisinage, celles d'une autre Thèbes : son roi, Etion, avait été le père d'Andromaque et Andromaque, veuve d'Hector, ayant épousé Pyrrhus, fils d'Achille, fut reine des Molosses. Troie avait été chère au roi des dieux à cause de Ganymède, fils de Tros et de la nymphe Callirhoé, — selon une autre légende, fils de Laomédon, frère de Tros, tous deux petits-fils de Dardanus, qui était fils de Jupiter. Ce dernier lui-même l'avait déclaré à la jalouse Junon : « De toutes les villes qui, sous le soleil et le ciel étoilé, — Sont habitées par les hommes vivant sur la terre, — La sainte Ilium était estimée dans mon cœur. »

Alexandre frémit de joie lorsque, durant un bref arrêt, il vit Bucéphale brouter une branche de tamaris, comme les chevaux de *L'Iliade.* Mais il songeait également à la Troie primitive, bâtie pour Laomédon par Apollon et par Neptune et conquise par Hercule. Il renouait la tradition de ses deux illustres ancêtres en venant à Troie et n'avait même pas eu la peine de la conquérir. Mais, s'il n'avait pas à détruire une nouvelle Troie, comme Hercule avait détruit la première et Achille sapé la seconde, il jurait de la bâtir un jour.

On lui montra le tombeau d'Ilus, autre fils de Tros, auquel Troie devait le nom d'Ilium et qui avait eu ainsi l'honneur d'intituler *L'Iliade.* Les chênes qui entouraient ce tombeau, étaient d'une grosseur encore plus extraordinaire que ceux des ruines : elle rappelait les dimensions du platane de Delphes, planté par Agamemnon.

Alexandre était maintenant sur « le sommet sourcilleux de la belle colline » au bas de laquelle s'étaient déroulés tant de combats, même entre les dieux. Il avait plaisir à constater que le paysage n'avait pas changé depuis Homère. Il lui semblait voir Ulysse « liant des roseaux aux branches du tamaris feuillu », Achille « saisissant des mains le grand et bel ormeau ». Et ce chêne, au-delà des portes Scées, était peut-être celui au-delà duquel Hector n'avait osé s'avancer pour combattre le héros dont il descendait. Pins, hêtres, frênes, cornouillers, figuiers, autres arbres de *l'Iliade.*

Le roi franchit ensuite ces portes d'où Hélène, avec ses deux servantes, assistait au combat singulier de Ménélas, son premier époux, et de Pâris. Près des portes, les anciens du peuple, parlant « comme des cigales — Qui, posées dans un bois, sur un arbre, font entendre une voix de lis », aperçurent Hélène « et se disaient les uns aux autres : « Il ne faut pas s'irriter que les Troyens et les Achéens aux bonnes jambières — Souffrent depuis longtemps des maux pour une telle femme ; — Elle a tout à fait l'air d'une déesse immortelle. »

Du haut de ces remparts effondrés, avait été précipité le petit Astyanax, qui, sur les genoux de son père Hector, « n'avait mangé que de la moelle et la riche graisse des moutons ».

Ce n'était pas seulement les souvenirs d'Homère que la vue de ces lieux remettait dans l'esprit d'Alexandre. Il pensait aux *Troyennes* d'Euripide, où Andromaque et Hécube vivent cette scène, prisonnières des Grecs, devant Troie qui brûle : l'enfant que l'on va enlever, s'attache aux vêtements de sa mère, « comme un poussin qui se serait jeté sous ses ailes », et c'était le fils qu'elle avait destiné à être « un roi de l'Asie aux nombreuses moissons ». Ephestion sembla deviner à quoi rêvait Alexandre, car il se pencha pour lui dire les paroles d'Andromaque à son fils, dont les premières lui évoqueraient Olympias et dont les dernières s'appliquaient si bien à son odeur naturelle de violette : « O enfant, très chère étreinte de ta mère, — O douce odeur de ta peau !... »

Alexandre répondit par les vers du chœur à la gloire de Ganymède, auquel, dans leur adolescence, il comparait Ephestion : « C'est donc en vain, — O fils de Laomédon, — Que tu remplis les coupes de Jupiter, en officier splendide ; — La Troie où tu es né, est détruite par le feu. — Les rivages marins — Résonnent, comme du cri — D'un oiseau au-dessus de ses petits... — Tes bains, frais comme la rosée des gymnases, — Ne sont plus. Mais toi, tu nourris de grâce ton jeune visage — Près du trône de Jupiter. Et la lance de la Grèce — A saccagé la terre de Priam. » Ephestion poursuivit, d'une voix triomphale : « Amour, Amour — Qui vins jadis au palais de Dardanus, — T'occupant même du ciel, — Comme alors tu élevas grandement Troie, — Ayant noué cette alliance entre elle et les dieux ! » L'ami, l'aimé d'Alexandre conclut : « Il t'appartenait de refaire l'œuvre de l'Amour en décidant de reconstruire cette ville, dont l'histoire plane sur notre amour et notre éducation. » Lysimaque d'Acarnanie, leur ancien précepteur, fut troublé d'entendre ces mots : il avait préparé le terrain où avaient germé l'amour de la gloire et l'amour de l'amour.

Malgré l'incendie et la destruction, on devinait partout les places, les rues, les maisons, les cours, les chambres. Des puits profonds s'ouvraient. La vie apparaissait subitement sous la forme de lièvres et de lapins qui nichaient dans les ruines. Quelques habitants logeaient au haut de la citadelle, près du temple de Minerve, que les Grecs avaient épargné et qui avait été consolidé au cours des siècles. C'était le seul sanctuaire de Troie mentionné dans *l'Iliade*. Hécube s'y était rendue, pour offrir à la déesse un beau voile brodé par les Sidoniennes qu' « Alexandre pareil aux dieux » avait rapporté de ce voyage où il enleva Hélène. Les portes n'en furent pas ouvertes à Alexandre, fils de Philippe, par Théano, — « aux belles joues », comme Briséis — « que les Troyens avaient faite prêtresse de Minerve », mais par une de ses descendantes, d'un âge aussi vénérable que les sibylles de Delphes.

A l'entrée, était renversée une statue équestre d'Ariobarzane, fameux satrape de Phrygie qui avait régné, presque indépendant du grand roi, pendant vingt-six ans et qui était mort un an avant Philippe. Cléomante, le devin lacédémonien, et Aristandre proclamèrent aussitôt d'une seule voix que cette statue renversée était un nouveau présage favorable pour Alexandre et qu'il serait vainqueur dans un grand combat de cavalerie en Phrygie. La statue de Minerve était une copie du palladium tombé du ciel et qui avait été la sauvegarde de Troie jusqu'à ce que Diomède et Ulysse l'eussent ravi. Alexandre et Ephestion l'avaient vu sur la citadelle d'Athènes, dans le temple de Minerve Citadine et de Neptune Erechtée. Comme à Athènes, cette statue informe de Minerve-Pallas était enduite de craie. Deux lyres étaient suspendues sous le portique : celle de Pâris et celle d'Achille. La prêtresse proposa au roi la lyre de Pâris-Alexandre. « Ce ne fut qu'un instrument de plaisir, dit-il; je préférerais l'autre. — Elle a chanté la guerre et elle a chanté Patrocle, c'est-à-dire l'amour, dit la prêtresse. Mais la lyre de Pâris est aussi la lyre de Vénus. Lorsque Apollon célébra les premiers jeux de Delphes pour la mort de Python, Mercure et Vénus s'y disputèrent le prix de la lyre et c'est Vénus qui triompha. Elle fit cadeau ensuite de cet instrument à Pâris. — Eh bien, dit Alexandre, il n'est donc que plus juste que je te le laisse : j'aurais scrupule à prendre un instrument divin. Même celui de mon ancêtre doit rester ici. » La prêtresse, plus magnifique encore, lui donna une armure et un bouclier de bronze, doublés de six peaux de bœufs, consacrés par l'un des vainqueurs de Troie. « Voilà vraiment, dit-il, ce qu'Homère appelait « des armes illustres ». Le bouclier sera pour moi l'égide de Minerve, — de la Minerve de Troie. » En échange, il fit suspendre dans le temple une de ses armures et un de ses boucliers. Peuceste et son nouvel écuyer Arès furent chargés de porter devant lui l'armure et le bouclier qu'il venait de recevoir, nouveau signe de la conquête de l'Asie.

Comme il avait parlé de Cassandre, la prêtresse lui conta qu'Apollon avait d'abord inspiré l'art de la divination à Hélénus, frère de cette prophétesse, parce que ce jeune homme s'était livré à lui. Mais Cassandre, après avoir promis, elle aussi, de céder à ses désirs, se refusa : Apollon lui demanda au moins un baiser et, en l'embrassant, lui cracha dans la bouche. Les dons faits par un immortel étant irrévocables, elle conserva celui de prédire, mais perdit celui de persuader, ce qui causa la chute de Troie. Hélénus, au contraire, qui s'était retiré sur l'Ida, fut découvert par Ulysse et, ne voulant pas tromper les Grecs, leur avoua que la ville serait prise. Ainsi furent-ils encouragés et apprirent-ils même de lui le rôle que joueraient pour cela les flèches d'Hercule détenues par Philoctète.

Aristandre et Cléomante firent, devant le temple, un sacrifice à Minerve. Le rite d'Ilium était spécial : on attachait l'animal à un arbre, debout sur les pieds de derrière, pour l'immoler tourné vers la statue de la déesse. Alexandre ne renouvela pas son hécatombe d'Egées, parce que Xerxès avait sacrifié jadis dans ce même temple, à la veille de traverser l'Hellespont, mille bœufs qui ne lui avaient pas attiré les faveurs de la déesse. Il est vrai que le Scamandre avait été le premier fleuve, depuis que l'immense armée perse avait quitté Sardes, à ne pas avoir assez d'eau pour l'abreuver. Alexandre, afin d'apaiser les mânes de Priam, sacrifia ensuite sur l'autel de Jupiter Protecteur de la clôture, près duquel le vieux roi avait été tué par Néoptolème-Pyrrhus, alors qu'il s'y était réfugié en suppliant.

Alexandre regardait l'horizon où avait été le camp des Grecs. Anaxarque lui dit : « Sais-tu le problème que, selon la légende, Homère posa à Hésiode qui lui demandait de combien d'hommes se composait l'armée grecque au siège de Troie ? » Le poète d'Ascra répondit en vers, naturellement : « Il y avait sept foyers de feux vifs ; à chaque feu — Cinquante broches ; à chaque broche cinquante rôtis — Et trois fois trois cents Achéens à chaque rôti. » « Une de mes forces est de ne pas savoir compter, dit Alexandre ; mais cela me semble faire bien peu de rôtis et bien peu d'hommes. — Il s'agit évidemment de rôtis qui étaient des bœufs entiers, dit Anaxarque ; sans quoi les Achéens seraient morts de faim, car sept multiplié par cinquante, multiplié par neuf cents, fait trois cent quinze mille, ce qui est vraisemblable. — C'est un chiffre qui se rapproche plus du nombre de nos ennemis que de celui de nos forces, dit Alexandre ; mais je suis certain que ni le rôti ni le feu ni les broches ne nous manqueront. »

Il sourit et ajouta : « On ne pourra pas dire de moi ce que disait Stésichore à Hélène : « Non, tu n'es pas montée sur les navires aux beaux tillacs ! — Non, tu n'es pas allée sur la citadelle de Troie ! » — Troie n'est que le commencement », dit Anaxarque. L'allusion d'Alexandre, venue d'un passage du *Phèdre* de Platon, visait le fameux poète, natif d'Himère en Sicile, contemporain d'Alcée et de Sapho et que l'on avait égalé parfois à l'auteur de *l'Iliade :* ayant prétendu qu'Hélène, loin d'avoir été enlevée de vive force, s'était donnée à Pâris, Castor et Pollux le rendirent aveugle pour le punir de ce sacrilège envers leur sœur, que les dieux avaient placée dans l'île des bienheureux. Il ne recouvra la vue qu'après avoir composé sa *Palinodie,* où il affirmait qu'Hélène n'avait même jamais été à Troie.

Alexandre avait fait venir son campement pour passer la nuit sur la citadelle. Cet arrêt avec Ephestion lui semblait le prélude nécessaire à cette marche qui allait le conduire par toutes ces villes grecques, dont les noms le séduisaient, — Sardes, Milet, Ephèse, Halicarnasse... — vers les villes fabuleuses de l'Egypte et de la Perse. Tous ses philosophes et ses amis l'avaient rejoint sur cette colline où il lui paraissait être né. « Je tiens Homère, non pas seulement pour le prince des poètes, leur dit-il, mais pour le premier des philosophes, n'en déplaise à mon maître Aristote et à ses brillants émules qui sont ici. C'est à lui, autant qu'à Aristote, que je dois ma morale. Elle consiste d'abord pour moi à être courageux. Le vers d'Hector : « J'ai appris à être brave toujours », a marqué mon enfance. Il m'a éveillé à ce qu'il y a peut-être de plus beau dans la vie, en dehors de l'amour : l'enthousiasme, bien que le mot ne soit pas dans son œuvre, qui en est pourtant tout imprégnée. Il m'a appris la suprématie de la science en me montrant que Jupiter l'emporte sur son frère Neptune, non seulement parce qu'il est l'aîné, mais parce qu' « il sait plus de choses ». Si je me flatte d'être bouillant comme Achille, Homère m'a enseigné à tâcher d'être aussi sage qu'Ulysse pour plaire à Minerve et d'imiter également Patrocle qui « savait être doux pour tous ».

Le soleil se couchait sur la plage où reposaient Achille et Patrocle. Dans cette direction, se détachait l'île de Ténédos qui portait le nom de Ténès, un des mignons d'Apollon, sans compter le beau Théoxène de Ténédos, dernier amour de Pindare. Plus près, sur la côte de Troade, on voyait la petite ville de Chrysa où était le temple d'Apollon Sminthien, autrement dit des Rats : ce surnom était dû au fait que le dieu avait débarrassé la contrée d'une invasion de rongeurs. Achille avait tué Ténès involontairement, durant le sac de cette ville : il lui rendit ensuite les derniers devoirs ; mais, dans le temple d'Apollon, il n'était pas permis de prononcer le nom du fils de Pélée.

Jamais Alexandre n'avait pris un bain si exaltant : c'était à la fois le bain d'Achille et de Ganymède. L'eau que les esclaves avaient fait chauffer, venait du Scamandre. L'huile parfumée avec laquelle Athénophane, le nouveau masseur d'Alexandre, lui enduisit le corps, était des oliviers de Troie.

Le repas frugal comportait cependant des langoustes, pêchées au cap Sigée, — « les langoustes d'Achille », dit Alexandre, — et des fruits nouveaux, les oranges, dont la saveur sucrée le ravit : il les jugea préférables aux citrons, qu'il avait goûtés à Byzance, et encore plus dignes du jardin des Hespérides. On disait que ce fruit venait, non de Médie comme le citron, mais de l'Inde. Le vin était de Lemnos. Alexandre avait donné ordre à un bateau de la flotte d'en faire provision dans cette île, car c'était de là que les Grecs recevaient le leur pendant le siège de Troie. Thaïs était de ce souper, qu'elle animait de son esprit, de son charme et de ses talents. Elle ne jouait pas de la flûte comme les concubines vulgaires, parce que cela déformait les joues, mais elle pinçait agréablement plus que la cithare : la lyre, la harpe et la pandore, instrument à trois cordes. Sa voix de rossignol, rompue à toutes les gammes, — dorienne, ionienne, éolienne, lydienne, — et son expression ravissaient Alexandre, si amateur de musique et de chant. Elle ne le captivait pas moins par ses connaissances en belles-lettres. Elle était vraiment la courtisane parfaite et, de ce lieu auguste, il remerciait Olympias de la lui avoir procurée. Si elle eût été de trop pour le début de la visite aux tombeaux d'Achille et de Patrocle, elle ne l'avait pas été pour la danse et elle ne l'était pas sur la citadelle de Troie. Comme on parlait de Briséis, elle chanta, doucement, douloureusement, les vers que prononce, après la mort de Patrocle, cette fille enlevée à son père Brisès, roi de Lyrnesse en Troade : « Patrocle, le plus cher à mon cœur d'infortunée, — Je te laissai vivant, le jour que je sortis de la baraque, — Et maintenant je te trouve mort, toi, chef des peuples... » Thaïs ajouta ce commentaire : « Loin d'être infortunée, j'ai la fortune d'avoir pour moi seule Achille et Patrocle. L'un avait en outre Diomédée, fille de Phorbas, prince de Lesbos, et l'autre Iphis, prise à Scyros. — Il est d'ailleurs curieux, dit Alexandre, que celle-ci eût été le lot de Patrocle, alors qu'elle venait de l'île où mon ancêtre avait été élevé sous des habits de fille et avait engendré Néoptolème-Pyrrhus dans le sein de Deidamie. Qui sait si la jeune Iphis ne lui avait pas également accordé ses faveurs, ce qui eût été un lien de plus entre les deux héros ? — En somme, dit Ephestion, « le pur honneur des cuisses » et du reste, comme « les étroits baisers » se partageaient entre cinq personnes dans la fameuse baraque. — Mais l'Amour n'en couvrait que deux avec ses ailes », dit Alexandre.

Le roi fit chanter par Thessalus le début du chant sixième de *l'Iliade* où, après que Junon et Minerve sont descendues au secours des Grecs et que Minerve a fait blesser Mars, allié des Troyens, ceux-ci faiblissent à leur tour et Hector va à Troie prier sa mère d'intercéder auprès de Minerve, protectrice de leur cité. C'est Hélénus, en sa qualité de devin, qui lui donna ce conseil : « Hector, toi cependant, va vers la ville, et parle ensuite — A celle qui est ta mère et la mienne : qu'ayant conduit les matrones — Au temple de Minerve aux yeux pers, dans la ville haute, — Et ayant ouvert avec la clé les portes de la maison sainte, — Elle pose sur les genoux de Pallas aux beaux cheveux — Le voile qui lui aura paru le plus élégant et le plus grand — Dans la salle de son palais et le plus cher à elle-même. » Puis, ce fut le chant de la mort d'Hector, poursuivi trois fois autour de la cité par Achille, qui veut venger la mort de Patrocle. Avec assurance, Alexandre désigna le figuier « battu des vents » près duquel cette course avait commencé.

Le chant terminé, il fit un assaut de mémoire, avec Ephestion, Anaxarque, Callisthène, Pyrrhon et les anciens compagnons de Miéza, pour énumérer les épithètes données par Homère à cette ville où ils campaient. Il fallait distinguer les qualifications de Troie, — « large, aux larges rues, aux belles tours, aux portes élevées, aux mottes fertiles », — et les qualifications d'Ilium, — « bien bâtie, charmante, battue des vents, haute, située sur une hauteur, aux beaux chevaux », — les deux cités, qui n'en formaient d'ailleurs qu'une seule, se partageant les dénominations de « sainte » et « aux belles murailles ». En cette soirée, dans le lieu le plus émouvant de la Troade, Alexandre avait voulu oublier qu'il était le chef d'une expédition : il revivait sa joie de jeune garçon, épris de poésie et d'histoire. Mais c'est cette histoire et cette poésie qui l'avaient formé.

La nuit était tombée. On avait allumé des flambeaux. La lune était dans son plein. Anaxarque ravit Alexandre en lui disant que, d'après la *Petite Iliade,* c'était par une nuit semblable que Troie avait été prise : « Il était le milieu de la nuit et la lune se montrait, brillante. » Comme Alexandre regardait les étoiles, le philosophe ajouta que, selon Arctinus, auteur de *la Prise de Troie,* (un de ces poèmes dits cycliques, qui avaient continué ceux d'Homère), l'une des Pléiades s'était cachée dans le ciel pour ne pas voir la destruction de la ville : la Pléiade Electre, mère de Dardanus, qui avait été changée en l'une des étoiles de cette constellation. On disait qu'elle avait apporté le palladium à Troie, après que Jupiter l'eut rendue mère. Ainsi, durant la nuit où fut détruite la cité de Priam, les Pléiades n'avaient été que six au lieu d'être sept. Alexandre était enchanté de ce détail : cela, dit-il, permettait de situer la chute de Troie entre la fin de septembre et la mi-novembre, puisque les Pléiades apparaissent le 29 septembre et ont complètement disparu le 14 novembre.

L'hommage rendu à Homère avait assez duré. Le roi ne voulait pas se coucher avant d'avoir rendu hommage à Vénus. Il congédia tout son monde pour rester seul avec Ephestion. Faire l'amour sur les ruines de Troie, au milieu des buissons de myrte, c'était bien, pourtant, mieux que nulle part ailleurs, « la nuit ambroisienne » du divin poète.

Le lendemain, Alexandre annonça qu'il bâtirait, à proximité de la Troie qu'il entendait reconstruire, une ville maritime qui porterait son nom : Alexandrie de Troade, — la première Alexandrie de l'Asie. Il inspecta l'horizon pour chercher l'endroit, vers le sud-ouest, un peu au-dessous de l'île de Ténédos. Il ordonna à Dinarque de dresser les plans et aux magistrats de Sigée qui l'avaient accompagné, d'en assurer l'exécution après avoir fait prendre les augures. On y rassemblerait les habitants des villages épars dans la plaine. Aristandre ne put aller procéder lui-même à la cérémonie, pour fixer exactement l'endroit qui correspondrait à la volonté des dieux, unie à celle du roi, mais il indiqua à un devin de Sigée les rites à accomplir. Afin de marquer autrement qu'il était dans son nouveau royaume, Alexandre se coiffa du bonnet phrygien. Il fut imité par Ephestion et par tous ses amis.

On s'apprêtait à partir, lorsque Thaïs aperçut la fleur rouge d'un grenadier précoce. Comme elle savait qu'Alexandre mettait toujours, la nuit, des liniments sur ses paupières pour se fortifier la vue, elle l'entraîna vers cet arbuste et lui dit : « O mon roi, bien que tu aies le regard de l'aigle, tu as besoin de l'œil du lynx pour toutes les batailles qui se préparent. La fleur de grenadier t'y aidera. C'est un adjuvant infaillible que ma mère m'a révélé. — Olympias m'a déjà fait manger un grain de grenade pour garantir mon retour à Pella, dit Alexandre. — Il n'est pas question de ton retour, dit Thaïs, mais de ta marche en avant. » Elle le pria d'ôter son anneau et sa ceinture, de dénouer ses souliers, — car on devait faire cela soi-même, — de cueillir cette fleur avec le pouce et le petit doigt de la main gauche, de s'en frotter légèrement les yeux et de l'avaler sans la toucher avec les dents. « Tu auras la vue perçante toute l'année », lui dit-elle. La fleur du grenadier de Troie ne pouvait être pour Alexandre qu'un remède au moins égal à la cendre de cerveau d'aigle.

Alexandre avait honoré Achille et Homère : il lui restait en ces lieux à rendre les mêmes honneurs publics à Euripide. La veille, il avait donné ses instructions à Thessalus et à Néoptolème pour que fussent représentées *les Troyennes* devant toute l'armée. Les passages qu'il en avait récités avec Ephestion, avaient été un avant-goût de ce spectacle. Alexandre tenait à rappeler à ses soldats qu'il n'était pas un conquérant vulgaire et que la poésie était le préambule ou le couronnement de ses victoires. On écouta donc avec émotion ces vers qui ne pouvaient retentir plus magnifiquement nulle part ailleurs et qui ressuscitaient les grandeurs et les douleurs d'autrefois.

Les mots que Neptune, au début, adresse à la cité qu'il a bâtie, étaient toujours de circonstance : « ... Adieu, ville jadis heureuse, — Et rempart de pierres polies ! Si Minerve la fille de Jupiter, — Ne t'avait pas détruite, tu serais encore sur tes fondements. » Puis, c'est Minerve qui dit à Neptune : « ... Il s'agit de Troie, où nous marchons ; — Je viens vers ta puissance, pour la prendre en commun. » L'armée, comme chaque fois qu'il y avait, dans une tragédie, une allusion applicable à Alexandre, applaudit ces mots chaleureusement. Elle ne pouvait non plus ne pas saluer cette association des noms de Pâris et d'Alexandre, confondus comme chez

Homère : « ... L'aspect aigu d'un tison, Alexandre... » En revanche, elle fit le signe de la conjuration à la fin, lorsque Hélène déclare, en employant encore l'autre nom de Pâris : « Après qu'Alexandre, mort, fut allé dans les profondeurs de la terre... » Mais Alexandre ne pensait pas à sa mort : il était sûr qu'il aurait plus de vitalité que les autres, puisqu'il avait du sang d'un Olympien. Il pensait à Polyxène, fille de Priam, que le héraut Talthybius déclare « attachée au tombeau d'Achille », — ce tombeau que l'on apercevait au loin, — mais c'est la mort qui l'y avait attachée. Il ne pouvait qu'il ne fût bouleversé quand il entendait Andromaque se plaindre d'être donnée pour compagne au fils d'Achille, meurtrier des siens. Ses malédictions contre Hélène, dont « les très beaux yeux » ont causé tant de deuils et de ruines, le cri de cette mère infortunée, livrant Astyanax (« Allez ! emportez-le ! précipitez-le, si vous jugez bon de le précipiter ! — Repaissez-vous de ses chairs !... ») et les derniers gémissements d'Hécube, que l'on emmène captive « vers les vaisseaux grecs » : « Hélas ! demeure des dieux et ville chérie... — La cendre, pareille à une poussière ailée devant le ciel, — Me cachera la place de mes demeures. » Mais la postérité avait démenti, comme le prouvait cette représentation ici même, la prophétie du chœur : « Le nom de la terre sera inconnu. »

Pour illustrer une parole d'Hécube sur « les concours hippiques — Et les tirs à l'arc, jeux que les Phrygiens honorent », Alexandre fit disputer ces deux épreuves par les cavaliers thessaliens et les archers crétois, au pied de la citadelle.

On repartit. Les éclaireurs continuaient à ne signaler aucun détachement perse. C'était à croire qu'Alexandre était vraiment dans son nouveau royaume. L'armée de Parménion l'attendait à Arisbé, ville riveraine du Selléis, au-delà d'Abydos. Le roi fit pourtant infléchir la marche vers le sud jusqu'au Thymbrius, affluent du Scamandre, sur les bords duquel était la ville de Thymbré et son fameux temple d'Apollon Thymbréen. Il était sensible à l'image du plus jeune fils de Priam, Troïle, qui se tua là par accident avec la lance de son amant Achille. Thymbré avait aussi un temple de Jupiter Ammon où Alexandre sacrifia : c'était le premier sanctuaire de ce dieu dans lequel il pénétrait, depuis sa visite d'enfant à Aphytis en Chalcidique. D'autre part, le temple d'Apollon Thymbréen lui fournissait l'occasion de sacrifier encore aux mânes d'Achille. En effet, Polyxène, de laquelle le héros était épris, l'avait attiré devant cet édifice et il y reçut au talon, — « le seul endroit où il fût vulnérable », — une blessure mortelle d'une flèche de Pâris. Le glorieux ancêtre d'Alexandre était donc mort au même lieu où était mort le jeune Troïle.

On remonta vers le nord-ouest. On franchit de nouveau le Simoïs, puis le Rhésus, dont le nom évoquait le roi thrace, cher à Anaxarque et aussi à Alexandre à cause d'Euripide. C'est près de ce fleuve que ce roi avait établi son camp pour défendre Troie contre les Grecs. Le philosophe d'Abdère demanda le privilège de réciter les vers de *l'Iliade* relatifs à Rhésus, comme Thessalus avait récité, jadis, à Esymé, durant la campagne contre les Mèdes, quelques passages du *Rhésus* tragique : « Je vois les Thraces à l'occident, nouveaux venus, à l'extrémité des autres ; — Au milieu d'eux, Rhésus, leur roi, fils d'Eionée. — On lui voit les plus beaux et les plus grands chevaux, — Plus blancs que neige et semblables aux vents divins. — Son char est bien travaillé d'or et d'argent — Il est venu portant des armes d'or prodigieuses, — Merveille à voir... Elles paraissaient dignes, — Non pas des mortels, mais des dieux immortels. »

On se dirigea vers le cap Rhétée, voisin de la ville du même nom, où s'étaient réfugiés Callas et les soldats envoyés par Philippe. Rhétée occupait une éminence, au-dessus de la plage. Callas et ses soldats, qui étaient toujours dans la place, en dévalèrent pour saluer Alexandre comme roi. Cette rencontre avec ces troupes, qui avaient semblé l'attendre sur la terre d'Asie, lui parut encore un bon augure. Il vénéra le troisième tombeau élevé par les Grecs avant leur départ d'Ilium : celui d'Ajax. Ce héros, dont le père, Télamon, roi de Salamine, fut un ami d'Hercule et l'un des Argonautes, était en vaillance le rival d'Achille : c'est au pied de son tombeau que les armes du fils de Thétis et de Pélée, attribuées à Ulysse et dispersées dans la tempête, furent portées par la mer. Ajax était l'objet d'un culte, comme Protésilas, Achille, Patrocle et Antiloque : il avait également un temple, comme Achille et Protésilas. De même qu'il avait été touché par l'hommage rendu à son ancêtre, Alexandre l'était de cette fidélité d'un pays aux souvenirs qui l'enivraient lui-même et qui l'avaient conduit en ces lieux, plus que le désir de venger les Grecs. Il fit des libations au tombeau et Néoptolème déclama devant l'Hellespont quelques vers de l'*Ajax* de Sophocle : « Io ! — Détroits qui résonnez du bruit de la mer, — Antres marins et pâturages au bord des flots, — Longtemps, longtemps et sans répit, — Vous m'avez retenu près de Troie... »

Alexandre fut charmé de voir, près du tombeau d'Ajax, celui d'un de ces guerriers qu'avait admirés son enfance : le tombeau de Nérée, « le plus beau de tous les Danaens qui vinrent sous Ilium,— Après l'irréprochable fils de Pélée, » et qui, selon certaines légendes, avait été l'un des mignons d'Hercule. Il était un de ceux qui avaient été honorés d'un distique funéraire par Aristote. Alexandre pria Callisthène de faire graver ce distique sur le tombeau.

Un autre tombeau, celui de Rhésus, le roi thrace, fut une source d'émotion pour Anaxarque et même pour Hécatée, qui était plus réservé. Alexandre approuvait ce voisinage des vainqueurs et des vaincus dans la commémoration funéraire, ainsi qu'il l'avait approuvée en voyant, à Erythrées, près des trophées de Platée, le tombeau de Mardonius, élevé par un Grec d'Asie. On lui dit que, dans les environs, il y avait un oracle de

Sarpédon, le roi de Lycie, fils de Jupiter et de Laodamie, qui avait été l'un des valeureux défenseurs de Troie et tué par Patrocle.

L'étape suivante fut à Ophrynium, où était un bois sacré d'Hector. Alexandre le visita, en mémoire d'Andromaque, veuve de ce héros et de laquelle il descendait.

On passa ensuite par Dardanus, qui rappelait la race des Dardanides. Son fondateur, dont cette ville et le détroit des Dardanelles portaient le nom, était venu de Samothrace et avait appris aux habitants de la Troade les mystères de cette île. Alexandre y admira quelques statues de Ganymède qui était représenté soit avec l'aigle, comme celle de Léocharès à Pella, soit avec Jupiter lui-même, comme à Olympie. Le cap Dardanium, près de Dardanus, était le site, où, d'après les habitants de cette région, Jupiter avait enlevé Ganymède. Alexandre déposa une couronne de myrte sur l'autel que l'on y avait bâti.

A Abydos, première ville de la Mysie, le roi et Ephestion reparlèrent d'Alcibiade, d'Axioque et de Paléphate. Cette ville, célèbre par ses débauches, avait un temple de Vénus Courtisane. Les Abydiniens l'avaient construit en l'honneur d'une courtisane qui, par sa trahison, leur avait permis de reprendre leur ville, dont leurs ennemis s'étaient emparés. Le proverbe : « Il ne faut pas aborder sans précaution à Abydos », était une mise en garde pour les bonnes mœurs, comme le plus connu : « Il n'est pas permis à tout le monde d'aller à Corinthe. »

Près d'Abydos, était Astyra, dont les mines d'or avaient été célèbres : elles avaient fait la richesse de Troie. Alexandre envoya son ingénieur Gorgus les explorer.

A Arisbé, Parménion reçut Alexandre aux cris de joie de ses troupes. Il lui dit que, d'après des transfuges grecs, les satrapes, réunis avec Memnon dans la haute Phrygie, à Zélia, sur l'Esépus, avaient refusé d'appliquer le plan qu'il leur proposait de brûler villes, villages et récoltes, dans l'espoir, auquel il tenait, d'obliger Alexandre à repasser en Europe et de transporter la guerre en Macédoine. Ainsi avait opéré jadis Darius le Grand en brûlant toutes les villes de la Propontide afin d'empêcher une invasion des Scythes. Les satrapes de Darius Codoman ne furent pas du même avis. Ils protestèrent que c'était le conseil perfide d'un Grec qui voulait faire traîner la guerre en longueur pour s'enrichir sur la solde de ses hommes, alors qu'ils avaient ordre de s'emparer d'Alexandre au plus vite, de le fouetter, de le revêtir d'une robe de pourpre et de l'amener à Suse chargé de chaînes. Darius pensait de lui comme Démosthène avant la destruction de Thèbes. Le roi des Perses avait d'ailleurs été frappé par la soumission d'Athènes à Alexandre. Il avait écrit aux Athéniens une lettre pleine d'insolence pour leur dire que, puisqu'ils préféraient l'amitié du roi de Macédoine à la sienne, ils n'avaient plus à compter sur son or. Les troupes des satrapes, renforcées d'un contingent fourni par la ville de Zélia et par les mercenaires, étaient prêtes à s'avancer dans la vallée de l'Esépus vers le Granique, où ils voyaient une position favorable pour arrêter la marche des Macédoniens.

Toutes ces nouvelles s'inscrivaient dans l'esprit d'Alexandre avec la netteté d'un futur champ de bataille ; mais, pour le moment, ces lieux, dont il ignorait encore la nature, n'étaient que des noms. Cependant, le nom du Granique lui plaisait, parce qu'il était, comme ceux du Rhésus, de l'Esépus, du Scamandre et du Simoïs, dans Homère. C'était au début du douzième chant de *l'Iliade,* que l'on intitulait « Combat près des murs » : peut-être l'Iliade d'Alexandre commencerait-elle par un combat près du Granique.

Il sacrifia dans le temple de Diane. Arisbé était une des rares villes où il y eût un oracle de cette déesse, adjoint au sanctuaire. Si Arisbé était mentionnée dans *l'Iliade* pour ses « chevaux — Roux et grands », Percote, située un peu plus loin, et son fleuve, le Practius, y figuraient également. C'est là qu'Alexandre passa la nuit.

Il en sortit le lendemain à l'aube, avec l'armée tout entière, pour s'avancer vers Lampsaque. La plaine onduleuse, le long de l'Hellespont, était couverte de vignes et de vergers, la route bordée de peupliers et de platanes. Sur la droite, on distinguait les ruines de Gergis, la ville rasée par Attale et qui avait abrité la sibylle dite Phrygienne. Alexandre ne regretta pas d'avoir fait assassiner ce général en apprenant qu'il avait rasé même le temple d'Apollon. Il fit célébrer un sacrifice expiatoire. Dans les domaines, localités et villes que l'on traversait, tout pillage était interdit : les soldats, avait déclaré Alexandre, devaient respecter ces territoires dont il venait prendre possession. Le seul butin serait celui que l'on ferait sur les Perses. On ne perdait rien pour attendre. Mais il faudrait se passer de l'or d'Astyra ; Gorgus était revenu de sa mission : les mines étaient épuisées. Priam avait eu de bons ingénieurs.

Alexandre fut outré, lorsqu'il sut que Lampsaque se rangeait du côté des Perses et prétendait lui défendre de passer sur son territoire. C'était la première ville grecque qui refusât de se rallier à lui. Il en était d'autant plus irrité que son ancien précepteur Anaximène était citoyen de cette ville de Priape. Aussi fit-il serment de la raser en dépit du dieu, après l'avoir livrée au pillage. Ce serait une leçon pour les Grecs d'Asie, leçon que Parménion semblait ne pas leur avoir fait comprendre en vendant comme esclaves les habitants de Grynium. Lampsaque subirait le sort de Thèbes.

A mesure que l'on en approchait, on voyait partout dans les champs, au bord des routes et devant les maisons isolées, les images de son dieu. Ces statues étaient en bois de figuier. Le membre dressé était peint en rouge. Souvent des corbeilles de fruits y étaient suspendues ou des guirlandes le drapaient. Anaxarque rappelait à Alexandre l'étrange naissance de Priape : c'est Junon qui, jalouse des voluptés de Vénus et l'aidant à accoucher du fils que lui avait fait Bacchus, toucha le sexe de l'enfant pour le rendre monstrueux. Vénus, honteuse, l'abandonna à Lampsaque. Mais bientôt cette particularité du jeune dieu rendit éprises de lui toutes les femmes de la ville et les maris le chassèrent. Frappés ensuite de folie et de diverses maladies, ils durent le rappeler, pour obéir à un oracle de Dodone.

Si Alexandre n'avait besoin de personne, que parfois d'Ephestion, pour retrouver les souvenirs d'Homère dans les endroits où l'on passait, il avait chargé le jeune Excipinus, nommé son lecteur, de lui lire, au repos de chaque étape, les passages des *Helléniques* et de l'*Expédition* de Xénophon qui pouvaient s'y référer. Ainsi avait-il été frappé qu'Agésilas eût ravagé la Phrygie, brûlant et pillant, au cours de son hiver à Dascylium, en Mysie, dans le palais du satrape Pharnabaze, où étaient des choses magnifiques que le roi de Sparte dévasta. Cependant, le satrape lui avait pardonné. Cette réflexion ne diminuait pas la colère d'Alexandre contre les Lampsacènes, dont il savait maintenant la terreur parce qu'ils avaient espéré des secours qui leur manquaient. Ils avaient compté d'abord, en effet, sur ceux de Memnon ; puis sur ceux de Mithridate, gendre de Darius, le nouveau satrape de Phrygie ; ensuite sur ceux de Spithidrate, satrape de Lydie, auquel ils avaient envoyé plusieurs messagers ; enfin sur ceux de son frère Rhésace, satrape d'Ionie, et sur ceux d'Arsite, satrape de la Phrygie Hellespontiaque. Aucun de ces secours n'avait paru. Memnon, qui s'était si mal conduit, rappelait peu le « divin Memnon », roi d'Ethiopie, fils de l'Aurore. Mithridate et Spithidrate avaient des homonymes dans les deux livres de Xénophon. Agésilas, lorsqu'il combattait Pharnabaze, n'avait pas laissé de devenir amoureux du tout jeune fils de Spithidrate, qui avait nom Mégabate. Plus tard, Agésilas s'était rapproché de Pharnabaze et était devenu amoureux également du fils de ce dernier. Plus tard encore, à Sparte, il favorisa généreusement les amours de ce garçon qui s'y était réfugié et d'un jeune Athénien, lequel, grâce à sa protection, put concourir à Olympie dans la classe des enfants, bien que plus âgé, ce qui lui permit de vaincre.

On avait déjà apprécié le vin de Lampsaque, un des meilleurs d'Asie Mineure. Anaxarque demandait à Alexandre d'épargner la ville en faveur de ce vin, mais le roi demeurait impitoyable. Sa décision avait été publiée par ses hérauts et il prétendait ne pouvoir la révoquer. Quand, près des murailles de la ville, il aperçut Anaximène, que ses concitoyens lui dépêchaient couronné de bandelettes comme un suppliant, il fit vœu à Jupiter Olympien, à Apollon, à Minerve, à Hercule et à Priape d'accomplir le contraire de ce que son ancien maître lui demanderait. Le philosophe s'était précipité au-devant de lui assez vite pour que ce quintuple serment parvînt à ses oreilles. Il se jeta aux pieds de Bucéphale et dit au roi en levant les mains : « O Alexandre, je te demande, au nom des dieux, de raser jusqu'aux fondements cette ville qui ne voulait pas te recevoir, — ses désirs ont bien changé, — et d'en vendre comme esclaves tous les habitants. » Alexandre fut obligé de rire d'une telle promptitude d'esprit : Priape avait gagné. Il envoya Lichas et ses autres hérauts annoncer aux Lampsacènes qu'il leur pardonnait.

Ce fut alors à qui d'entre eux accourrait pour lui offrir, de même qu'à ses généraux et à ses soldats, du vin, des fruits et des gâteaux en forme de priapes. Les jeunes garçons et les filles, conduits par les prêtres, arrivaient, escortant un char magnifiquement orné que tiraient des ânes, comme le char de la bacchanale de Maronée : on n'y voyait pas un esclave déguisé en Bacchus, mais un énorme phallus de bois doré, couronné de fleurs. C'était le symbole du dieu, que l'on envoyait vers Alexandre pour le remercier. Et aussi, comme chez les Maronites, des garçons titillaient le sexe des ânes avec des panaches de roseaux pour le mettre en érection. Le brillant résultat produit, évoquait la dispute que Priape avait eue avec un âne, sur la longueur de leurs sexes respectifs, dispute dont Bacchus avait été juge. Le dieu, irrité d'être vaincu par l'animal, comme Apollon par le satyre Marsyas dans l'art de la flûte, le tua et c'est depuis lors que l'âne était consacré à Priape. Les hommes, les femmes et les enfants avaient au cou de petits phallus de bronze, d'argent, d'or ou d'ivoire. L'image virile, gigantesque, était peinte ou dessinée partout sur les murs.

« Ta générosité envers notre ville, ô roi, dit Anaximène à Alexandre, va te concilier un dieu important pour la guerre. La légende bithynienne prétend qu'il reçut, des mains de Junon, Mars encore enfant et qu'il lui montra tout ensemble à danser et à manier les armes. Pour récompense, Junon lui accorda la dîme de tout ce qui reviendrait à Mars par le privilège de la guerre. » En somme, l'épouse de Jupiter, après avoir été défavorable à Priape, avait fini par reconnaître ses mérites. Et la dîme prise sur Mars, signifiait que la luxure était le juste délassement des guerriers.

Le char du dieu avait fait demi-tour, afin de précéder Alexandre pour son entrée dans la ville. Maintenant, un garçon et une fille nus étaient montés près du simulacre pour le caresser, l'étreindre et l'arroser d'huile. Aux autels de la grand-place, on grillait des rougets, des bogues, des aloses et des scares, poissons de Priape.

« Voilà au moins quelque chose que j'aurais épargné, si j'avais fait raser la ville », dit Alexandre devant une superbe sculpture de Lysippe qui était sur la place et qui représentait un lion abattu. Le temple de Priape s'y trouvait, superbe édifice tout hérissé de phallus, au-dehors et au-dedans. Comme il y avait un troupeau d'oies tout autour, Anaximène avertit Alexandre que ces oiseaux de basse-cour étaient, comme l'âne, consacrés à Priape, parce que certains amateurs s'en servaient à des fins lubriques : ils les enfilaient et affirmaient éprouver des jouissances indescriptibles lorsque l'on coupait le cou à l'animal. D'autre part, les mystères du phallus-dressé, tels qu'Alexandre, Ephestion et leurs amis les avaient vu pratiquer par quatre éphèbes d'Athènes dans la grotte Corycienne, sur le Parnasse, étaient enseignés dès l'enfance aux garçons de Lampsaque.

Aristandre et Cléomante firent un triple sacrifice à Priape, puis à Esculape qui se partageait avec lui la protection de la ville ; c'est même là que le dieu de la médecine avait les jeux les plus solennels, en dehors d'Epidaure. Alexandre déclara qu'Esculape ne pouvait qu'être associé au dieu de l'amour physique.

On offrit au roi un magnifique banquet à l'hôtel de ville. Il sourit quand on lui servit les délicieuses truffes de Lampsaque : la ville de Priape se devait d'avoir ce tubercule aphrodisiaque. Alexandre avait fait allonger Anaximène sur le même lit que lui, pour honorer la cité dont le philosophe avait été son premier maître et qui en avait été le sauveur. La joie et l'orgueil d'Anaximène étaient au comble de revoir le maître de la Grèce, et qui, selon les oracles, serait le maître de l'Asie, alors que, dix ans plus tôt, il l'avait laissé petit garçon, jouant avec Ephestion à Miéza. Il dit à Alexandre que le sort de Lampsaque avait été d'échapper deux fois à la destruction et chaque fois avec le plus grand des rois : jadis Xerxès avait menacé de « la faire raser comme un pin », — le pin et le cyprès étant les seuls arbres qui ne repoussent pas, — si elle ne délivrait pas Miltiade, tyran des Doliones, peuplade voisine, qui avait attaqué cette ville et avait été fait prisonnier. Les Lampsacènes le relâchèrent, après s'être fait expliquer le sens de cette expression. « Et toi, ô Alexandre, conclut Anaximène, tu as épargné Lampsaque et tu vas conquérir plus que l'empire de Xerxès. — En tout cas, dit le roi, si je n'ai pas été le destructeur de Lampsaque, elle peut te considérer comme son nouveau fondateur. »

Anaxarque dit que la ruse d'Anaximène, qui avait enchaîné le roi par son propre serment, contrairement à sa volonté, rappelait celle d'Aconce, jeune homme de l'île de Cos. Epris de Cydippe, jeune fille très belle et très riche de Délos, qui le repoussait, ce garçon écrivit ces mots sur une tablette : « Je jure d'épouser Aconce », et la lui lança dans le temple de Diane à Délos. Or, les promesses que l'on y prononçait, étaient sacrées. Cydippe lut l'inscription sans défiance et fut liée par son serment : le mariage eut lieu.

« Il y a une histoire de Lampsaque et de Priape que je n'ai pas osé te conter lorsque tu avais dix ans, dit Anaximène à Alexandre : Bacchus, tout jeune, qui traversait la ville comme toi, fut invité par Priape, qui l'enivra et le pédiqua. On dit que Bacchus n'en fut pas du tout fâché. » Alexandre se mit à rire : « Cléotime m'avait relaté à Olympie l'histoire de l'Argien Prosymne qui avait obligé le dieu à se donner à lui s'il voulait être guidé jusqu'à l'entrée des enfers, près de Lerne ; mais l'historiette de Lampsaque faisait défaut à mon éducation. Je suppose que ce fut à cette occasion que Bacchus fut pris comme arbitre entre Priape et l'âne pour la longueur de leurs phallus. »

Anaximène fournit d'autres détails sur le culte des Lampsacènes pour Priape : les femmes, les filles et les garçons allaient chaque matin dans leur jardin lui baiser le membre, parce que la rosée qui exsudait de son bois de figuier, passait pour la conséquence des songes libidineux de sa nuit solitaire. Le soir, les filles et les garçons le lui frottaient, ainsi qu'on l'avait vu faire sur son char : c'était pour entretenir son érection et lui procurer de beaux rêves. Des écriteaux commandaient de respecter les fruits dont il avait la garde, faute de quoi, disait Priape au voleur, « ta bouche, ton anus ou ton vagin en pâtiront ». Ou bien, « Tu t'en iras avec l'anus plus large. » Parfois, la statue du dieu était armée d'une faux pour menacer plus gravement. Les propos d'Anaximène distrayaient Alexandre des préoccupations de la guerre, comme l'avaient fait ceux d'Anaxarque durant sa campagne contre les Mædes.

« Tu as tenu ta promesse à Anaximène, dit Autolyque au roi ; mais tu n'as pas tenu celle que tu m'avais faite. — Laquelle, par Priape ? dit Alexandre. Manquerais-je de mémoire pour le fils de Phrynon, fils qui m'est aussi cher que son père l'était à mon père ? — Lorsque jadis, dans la nuit de Delphes, continua Autolyque, tu m'as surpris en train de pédiquer la charmante fille de Daoque, tu m'as déclaré que tu me ferais grand prêtre de Priape, quand tu aurais conquis Lampsaque. Nous y voici. » Alexandre éclata de rire et lui demanda s'il souhaiterait vraiment ces fonctions. « Je n'ai répété cela que pour te montrer que je me souviens de tes moindres paroles, dit Autolyque. Mais souviens-toi aussi que je t'ai dit à Athènes, — j'avais seize ans comme toi et comme Ephestion —, qu'il y avait quelque chose de follement excitant dans tout ce qui vous entoure. Aujourd'hui que nous avons vingt-deux ans, c'est pour moi la même chose. Je ne veux donc pas te quitter et n'ai que faire de Lampsaque : je suis le grand prêtre de Priape de ton expédition. » Alexandre mordit dans une orange et la lança à Autolyque, en signe d'amour. Tout ce qui le liait aux anciens de Miéza, était la douceur de sa vie.

A la fin du repas, il y eut pour divertissement les danses des Corybantes. Ils tenaient leur nom de divinités secondaires, que l'on identifiait aux Cabires de Béotie, de Lemnos et de Samothrace, et se confondaient le plus souvent avec les Galles ou prêtres de Cybèle, la Mère des dieux dont ils imitaient les mœurs et les pratiques. Alexandre et Ephestion n'avaient pas oublié les danses de ces prêtres au festin de Cléotime. Mais en Asie (leur sanctuaire le plus célèbre était sur le mont Dindyme, près de Cyzique, au-delà de Lampsaque), leurs fureurs et leurs contorsions étaient infiniment plus expressives : ils étaient réellement possédés. Alors qu'à Olympie, ces danses n'avaient paru à Alexandre que libertines, ici il en comprenait le sens religieux et orgiastique. Il cita Alcibiade avouant, au *Banquet* de Platon, qu'il palpitait « beaucoup plus, à écouter Socrate, que ne palpite le cœur des Corybantes ». Lysimaque d'Acarnanie lui dit : « C'est moi, ô Alexandre, qui t'ai appris le premier le nom de Corybantes quand tu avais dix ans. Je ne te faisais pas lire *le Banquet,* mais l'*Ion* de Platon, où il s'agit d'Homère : Ion d'Ephèse avait été l'un des interprètes du poète et se prétendait supérieur en cela au compatriote d'Anaximène, Métradore de Lampsaque. » Alexandre s'attendrit à ce souvenir d'une époque où il ne rêvait pas encore de se trouver un jour dans cette ville, à la tête d'une expédition contre les Perses et près de les affronter.

Le vacarme des tambours, des cymbales, des castagnettes, des trompettes et des flûtes devenait assourdissant et rendait désormais toute conversation impossible. Les fouets à trois lanières, garnies d'osselets de moutons, sifflaient et flagellaient les dos avec plus de vigueur que ne l'avaient fait les Galles d'Olympie. Ces garçons et ces hommes, bien qu'eunuques, n'avaient pas l'air efféminé du prêtre qui avait rejoint Démosthène sur la colline de Saturne. Anaximène avait achevé d'intéresser Alexandre à leur exhibition en lui disant que les Corybantes phrygiens assuraient perpétuer la danse des Phéaciens décrite dans *L'Odyssée,* la danse des « danseurs aux pas cadencés », des « garçons, démons de la danse ». Tel le roi Alcinoüs qui, pour terminer les jeux, fit danser deux de ses fils, Laodamas et Halius, « que nul ne surpassait », Alexandre ordonna aux deux plus jolis Corybantes de danser seuls.

Sa stupeur fut grande en voyant qu'ils prenaient d'abord un ballon de pourpre, comme les deux jeunes Phéaciens, et se le renvoyaient aussi habilement que Laodamas et Halius, au milieu de leurs sauts, de leurs déhanchements et de leurs évolutions. « Puis, lorsqu'ils en eurent fini avec la balle, — Ils dansèrent en touchant la terre féconde — Et en changeant souvent de pas... » Alexandre dut conclure, avec Ulysse, que « la vénération saisissait celui qui regardait de tels danseurs », même si les Corybantes n'étaient pas les danseurs d'Ulysse. La fête se conclut par un air voluptueux, aux sons uniques de la flûte, et qui représentait l'extase : on le nommait l'air d'Olympus, le jeune berger qui fut le mignon du satyre phrygien Marsyas.

Quand on dit à Alexandre qu'il y avait également un temple fameux des Corybantes à Hamaxite, au sud-ouest de Troie, sur la côte, il admira que ce fût justement de ce côté qu'il eût fixé l'emplacement de la future Alexandrie de Troade : la fondation de cette ville unirait les souvenirs de sa visite à Troie et de son passage à Lampsaque, où il avait vu danser les Corybantes. Elle serait un hommage à Achille et à Priape, autant qu'à la Mère des dieux. C'est également à Hamaxite que Bacchus, sur le chemin des Indes, s'était arrêté chez Cybèle. La déesse l'avait purifié de la folle ivresse que lui avait donnée la découverte du vin, l'avait initié à ses mystères et lui avait fait porter la robe longue.

Alexandre avait commandé à Pyrgotèle de graver un demi-Pégase, symbole de Lampsaque, sur les monnaies destinées à la paye de l'armée. Ni le visage ni le sexe de Priape ne décoraient celles de la cité : à l'avers, figurait une tête de bacchante, allusion à Bacchus, ou Actéon, allusion à Diane, ou un Cabire avec son chapeau pointu. Ces deux divinités, Bacchus et Diane, avaient, elles aussi, des temples à Lampsaque, moins importants que ceux de Priape et d'Esculape. Ce qui divertit Alexandre, c'est que la chaste Diane y avait le surnom de Priapine. On lui dit que des mystères, tout à fait dignes de ceux de Cotys ou Cotytto, se célébraient dans son temple. Cela lui évoqua la Diane d'Elis, en l'honneur de laquelle on dansait la « déhanchée ». Lampsaque avait également un temple d'Ammon, où Alexandre tint à sacrifier.

Les magistrats ne s'étaient pas contentés de lui offrir un banquet : ils lui avaient fait apporter un coffre plein d'or pour le remercier d'avoir épargné leur ville. Il y avait, à proximité, des mines qui fournissaient ce métal, moins abondamment que celles du Pangée, mais plus durablement que celles d'Astyra : elles contribuaient à la richesse de Lampsaque.

Quelques amis d'Alexandre, excités par le vin et la bonne chère, — Médius, Erigius, Autolyque..., — voulurent, dans une salle de l'hôtel de ville, expérimenter « le jeu de l'oie ». Des courtisanes et des garçons attachés au service de Priape, les accompagnèrent pour les mettre en train et pour couper, au bon moment, le cou des palmipèdes. Ils dirent ensuite à Alexandre, dont la pudeur et la dignité souffraient quelque peu, que la réputation de ce plaisir n'était pas excessive, mais que malheureusement on était conchié par les oies.

Après le banquet, Anaximène fit voir à Alexandre le tombeau d'Archédice, fille d'Hippias, le tyran d'Athènes, duquel on avait retrouvé les traces à Sigée. Ce tyran avait marié sa fille à Hippoclès, descendant d'Ajax et fils du tyran de Lampsaque, l'un et l'autre en crédit auprès de Darius le Grand. L'inscription amusa Alexandre : « Cette tombe renferme Archédice, fille d'Hippias, — L'homme qui commandait en Grèce de lui-même. — Elle eut pour père, pour frères et pour mari des tyrans, — Fils de tyrans, et n'éleva pas son esprit vers l'orgueil. » Tant de fierté à proclamer, au-delà du tombeau, son appartenance à une race de tyrans, remémorait à Alexandre l'inscription de Critias, l'un des Trente, au cimetière des Tuileries à Athènes.

Un second tombeau intéressa davantage Alexandre : celui du philosophe Anaxagore, qui avait été l'ami de Périclès et le maître d'Euripide. Il dut s'enfuir d'Athènes pour échapper à une accusation capitale d'impiété et se retira à Lampsaque, où il acheva son existence. Lorsque les magistrats lui demandèrent quel était son dernier souhait, il répondit qu'on voulût bien donner congé aux enfants le jour anniversaire de sa mort et cet usage s'était perpétué depuis plus d'un siècle. « Charmant souhait ! dit Alexandre. On ne survit que par les enfants. Si je ne leur vaux pas plus tard un jour de congé, puissé-je, comme les héros d'Homère, faire un jour partie de leurs études ! »

En tout cas, il faisait partie du gouvernement de la cité. Les magistrats qui l'avaient accueilli, n'étaient pas ceux dont il avait éprouvé la résistance. Il avait déjà remplacé les suppôts des Perses et, comme les partisans du grand roi étaient, dans les villes grecques d'Asie, les riches et les aristocrates, de même qu'ils avaient été ceux de Philippe et d'Alexandre dans celles de la Grèce, le jeune conquérant leur substituait un gouvernement démocratique. C'était à la fois plaire aux Athéniens et se moquer de Démosthène. Philippe, lorsqu'il avait été l'arbitre de la Grèce, après la victoire de Chéronée, avait eu la même politique en soutenant parfois les démocrates, si ses convenances l'exigeaient.

Alexandre démontrait partout, de toutes les façons, qu'il était autre chose qu'un ambitieux et un conquérant : il était le messager de la civilisation grecque mais il prétendait aussi la grandir, l'enrichir de ce que les philosophes et les savants qui l'entouraient, récolteraient au passage. Ils avaient pour mission, dans les villes où il entrait, de dénicher immédiatement ce qu'il pouvait y avoir de savants et de lettrés, d'examiner ce que ceux-ci détenaient de sciences nouvelles, de les mettre en rapport avec Aristote pour les innombrables recherches que le Stagirite continuait, assisté de Théophraste et de ses autres principaux disciples. Anaximène avait découvert des commentaires inédits de Métrodore de Lampsaque sur Homère et les lui envoya. Mais il obtenait une faveur qu'il disait égale à celle d'avoir sauvé sa ville natale : de le suivre, avec les autres philosophes. Les deux premiers précepteurs d'Alexandre et d'Ephestion étaient réunis pour participer à la conquête de l'Asie.

Afin de mettre complètement le roi sous la protection de Priape, on lui fit les adieux de la ville en lui amenant le second char du dieu, où celui-ci figurait en personne avec son sexe dressé. La statue était de bois creux et le gigantesque phallus qui y était encastré, était mobile : un petit garçon, dissimulé dans la caisse du char, manœuvrait ce phallus par une corde, afin que les tressautements en fussent de bon augure pour tous les spectateurs. L'armée se sentit revigorée, à la veille de rencontrer les Perses.

Suivant la côte dans la direction du Granique, elle arriva le lendemain à Parium. Alexandre, chef de guerre qui venait de célébrer Priape, ne pouvait oublier l'Amour, qui avait ici l'un de ses plus beaux temples et l'une de ses plus belles statues, œuvre de Praxitèle, comme celle de Thespies. Il sacrifia au dieu si bien représenté et dont il admira la sensualité et la grâce. Il n'avait pas oublié l'aventure galante de cette statue, aventure semblable à celle que l'image du même dieu avait eue à Thespies et à celle qu'un garçon de marbre avaient eue à Delphes. C'était un nommé Architas de Rhodes qui avait eu la gloire de déflorer l'Amour de Parium. Le roi trouva charmant que le jeune violateur fût venu de l'île du Soleil et des roses. « Il est vrai, dit Ephestion, que le derrière de cette statue paraît avoir été « nourri dans les fleurs des roses ». Tu te rappelles cette jolie expression du poème d'Ibycus cité par le vieil Aristechme au banquet de Cléotime. » L'autel de l'Amour était le plus splendide que les deux amis eussent jamais vu : œuvre de l'architecte Hermocréon, il avait été bâti avec les débris du temple-oracle d'Apollon et de Diane, transportés d'Adrastée, ville au sud de Parium. Les édifices publics étaient d'un marbre blanc que fournissait une carrière du pays.

Parium, également célèbre par ses oursins, était le plus grand port de la Mysie. Cette ville avait été acquise d'avance à Alexandre, car elle avait secoué le joug des Athéniens, qui s'en étaient rendus maîtres. La ruse employée pour cela, était décrite par Enée de Stymphale dans son traité *Des sièges*. Iphiade d'Abydos, inspirateur de l'entreprise, avait fait conduire, devant une porte du rempart, des voitures chargées de broussailles, à une heure trop tardive pour pouvoir entrer. Dans la nuit, on y mit le feu et, tandis que les gardes se précipitaient pour empêcher qu'il ne prît à cette porte, on escalada les remparts de l'autre côté. Le gouvernement de Parium était aristocratique, en tant qu'ennemi d'Athènes. Naturellement, Alexandre le laissa en place.

Le grand prêtre de l'Amour, qui n'était pas un jeune garçon, comme celui de Thespies, mais un très bel homme, dit à Alexandre, avant son départ, quelque chose qui le fit rire, non sans l'obliger à cracher pour écarter Adrastée : « O roi, bien que tu sois de la race des immortels, un jour, certainement très lointain, lorsque tes cheveux blonds auront la couleur de la neige et que tu partageras entre tes petits-fils l'empire du monde, tu paieras le tribut que tes apparences humaines devront à la nature. Ce que je te demande en grâce, c'est que ton âme revienne à Parium pour y fonder un oracle. J'imagine que personne avant moi ne t'a sollicité d'une telle chose. Il sera beau que tu accordes cet honneur à notre ville, sanctuaire asiatique de l'Amour, comme symbole de ta maîtrise de l'Asie et comme souvenir de ton amour pour Ephestion. » Le roi le lui promit, en déclarant que personne non plus n'avait jamais fait sans doute une pareille promesse, exécutoire dans l'au-delà. « C'est que personne n'a jamais égalé ta gloire », répliqua le grand prêtre.

Poursuivant sa marche vers le Granique, Alexandre trouva un bon présage qu'une cité portant le nom même de Priape, existât non loin de l'embouchure de ce fleuve, sur un promontoire. La légende locale était que Jupiter avait enlevé Ganymède tout près de là, sur une colline dite de l'Enlèvement. Les Priapiens étaient tellement adonnés à la pédérastie qu'ils avaient voulu, en quelque sorte, ravir Ganymède à la Troade.

Les éclaireurs d'Alexandre lui confirmaient que Memnon et les satrapes avaient groupé leurs forces assez loin en aval, sur l'autre rive du Granique. Des transfuges lui donnèrent de nouvelles précisions. Il envoya en avant quatre escadrons de cavalerie, commandés par Amyntas, et une compagnie d'Apolloniates, commandée par Socrate. Puis, laissant l'arrière-garde sous le commandement de Panégore, il s'éloigna de Priape pour livrer la bataille qui allait lui ouvrir le chemin de l'Asie.

Au moment où il s'enfonçait vers l'intérieur, il savait qu'il ne laissait pas l'approvisionnement de ses troupes à la merci d'une destruction des récoltes, pour le cas où le conseil de Memnon arriverait à prévaloir : il avait prescrit aux vaisseaux de Philoxène dans l'Hellespont de ne plus laisser passer de convois de blé de la mer Noire qu'à destination de la Macédoine ou de son armée. Les Athéniens mangeraient du pain de seigle.

Comme on était près d'un domaine que le roi de Perse avait donné à Memnon, l'armée espérait avoir une occasion de butiner. Alexandre l'interdit encore. « Ne vaut-il pas mieux, déclara-t-il, tenter de gagner cet homme par nos bons procédés ? Certains de ses soldats nous ont rejoints. Il compte peut-être les imiter. De plus, en respectant ses biens, nous le rendons suspect au roi des Perses. » Alexandre persuadait toujours ses soldats par son intelligence, autant que par sa hardiesse, son courage et sa beauté.

Il considéra comme un heureux présage de plus d'avoir au loin, à sa droite, cette ville d'Adrastée dont un monument avait servi à bâtir l'autel de l'Amour à Parium. Fondée par Adraste, roi de Mysie, homonyme du roi d'Argos, elle avait été la première à élever un temple à Némésis, appelée depuis Adrastée, ainsi que la ville. C'était pour Alexandre l'annonce qu'il serait l'instrument de la vengeance divine à l'égard des Perses, incendiaires jadis des temples grecs. Il songea au temple non moins fameux que la Vengeance avait à Rhamnonte, en Attique, et qu'il avait entrevu de l'*Hercule* en revenant d'Olympie. Il cita les vers d'Homère qui parlent de « ceux d'Adrastée » et de « leur chef Adraste à la cuirasse de lin » parmi les alliés de Priam.

Amyntas vint lui dire que l'ennemi était massé à côté d'un bois qui dominait le Granique, à une demi-heure à cheval. Memnon, occupant la rive la plus élevée, semblait se fier à sa position et à la supériorité de ses forces pour tenir le passage. D'après les transfuges, Rhéomitre lui avait été envoyé par Darius avec mille cavaliers de la Bactriane, ce qui portait la cavalerie ennemie à vingt mille hommes, cent mille composant l'infanterie.

Alexandre arrêta ses troupes. Il leur fit savoir que le combat était proche et leur demanda de ne pas avoir égard au nombre. Il leur dit que le roi Agésilas, lorsqu'il avait emmené quelques milliers de soldats en Asie, avait exposé nus les premiers prisonniers perses pour montrer que leurs chairs flasques et blanches, — « des fesses blanches », comme disait avec mépris Archiloque —, les assimilaient à des femmes. Pendant cette harangue, que ses hérauts répétaient de loin en loin selon l'usage, il contemplait la masse imposante et verdoyante de l'Olympe de Mysie et il invoquait sur son armée la protection du dieu de l'Olympe. Aristandre et Cléomante procédèrent au triple sacrifice d'un agneau, d'un taureau et d'un verrat pour que l'armée fût bien pure avant la bataille.

Quand on se remit en marche, Parménion et d'autres généraux firent observer au roi qu'il devrait retarder de trente jours la rencontre, parce qu'on était au 1er juin et que les rois de Macédoine n'avaient jamais livré bataille en ce mois. « Eh bien, dit Alexandre, nous dirons que c'est aujourd'hui le dernier de mai. » Cependant, comme il craignait que cette superstition des généraux ne fût partagée de la troupe et n'en diminuât l'ardeur, il chargea Ephestion de donner un avis secret à Aristandre pour le sacrifice qu'il voulait célébrer dès que l'ennemi serait en vue. Un moment après, à un nouvel arrêt des troupes, le devin égorgea une chèvre sur un autel de gazon et, s'étant imprimé l'initiale du mot « victoire » sur la main avec de la lie de vinaigre, il reproduisit cette lettre sur le foie de la victime. Il montra ce prodige comme un signe des dieux en faveur d'Alexandre, ce qui dissipa toutes les appréhensions, même chez les généraux.

Alexandre respectait trop les dieux pour croire se moquer d'eux en influant sur la décision des augures. Il pensait que, si le devoir d'un chef est d'attirer leur bienveillance par sa piété et par des sacrifices, il lui fallait également ne rien négliger, fût-ce la fraude, pour augmenter le courage des soldats et, si quelque chose les avait troublés, pour leur rendre confiance. Il s'inspirait de ce que son père lui avait dit d'Epaminondas qui avait uni les vertus de la religion et la liberté d'un philosophe : avant la bataille de Leuctres, où ce général conquit pour Thèbes la suprématie militaire que Sparte avait possédée pendant cinq cents ans, son armée avait commenté avec inquiétude quelques signes défavorables. En effet, lorsqu'elle sortit de la ville, un aveugle y entrait ; la banderole attachée à la lance d'une estafette qui portait les ordres, s'était envolée pour aller se poser sur un tombeau. Epaminondas se contenta de citer le vers d'Homère : « Le seul et meilleur présage, c'est de combattre pour la patrie. » Cependant, après avoir installé son camp, il fit répandre des bruits qui rassérénèrent les troupes : les armes suspendues au temple d'Hercule de Thèbes, avaient disparu, ce qui prouvait que le héros allait combattre avec les Thébains ; un homme, qui avait consulté l'antre de Trophonius à Livadia, annonça que la divinité ordonnait aux Thébains d'instituer des jeux dans cette ville en l'honneur de Jupiter Roi, lorsqu'ils auraient vaincu à Leuctres ; un Spartiate exilé qui combattait avec les Thébains, assura qu'un oracle avait anciennement prédit aux Spartiates qu'ils perdraient leur hégémonie en ce lieu. C'est dans le même esprit qu'Epaminondas avait parlé aux habitants de Thèbes quelque temps auparavant. Comme les partisans de l'action invoquaient les oracles favorables et ceux de la temporisation en invoquaient d'autres qui ne l'étaient pas, Epaminondas mit du côté droit de l'autel les oracles favorables, et les oracles contraires du côté gauche. Puis, il dit à ses concitoyens : « Si vous voulez obéir à vos généraux et charger vigoureusement l'ennemi, voici les oracles qui vous regardent » (et il montrait les premiers). « Si vous tremblez à la vue du danger, prenez ceux-là » (et il montrait les seconds). L'assurance dont il témoignait, rallia tous les suffrages.

La vue de l'armée perse et de ses mercenaires grecs fit une certaine impression sur Alexandre. Les pentes au haut desquelles s'étendaient les lignes ennemies, étaient plus abruptes qu'il ne l'avait attendu. Le lit encaissé du Granique formait pour Memnon un retranchement supplémentaire. Alexandre imaginait déjà son plan d'attaque, Parménion essaya une nouvelle fois de le faire surseoir. Il lui dit que le jour était déjà avancé et que le temps risquait de manquer aux Macédoniens pour remporter une victoire décisive. Alexandre se demanda si ce n'était pas une ruse destinée à retarder l'attaque jusqu'au lendemain et à faire observer alors que, juin étant commencé, elle ne pouvait avoir lieu. Si l'on campait sans combattre, ajoutait le général, on vaincrait peut-être aux moindres frais, car il y avait des chances que l'ennemi profitât de la nuit pour disparaître. Il estimait, de plus, que la position n'était pas favorable, parce que le fleuve était difficile à traverser. « Je déshonorerais l'Hellespont, si j'avais peur du Granique, riposta Alexandre. Je rougirais si, rencontrant enfin les Perses, j'avais l'air de ne pas oser les attaquer. Je t'ai déjà dit que j'ai appris à faire la guerre dans les livres et, jusqu'à présent, ils ne m'ont pas trop mal inspiré. Thucydide indique comme une des maximes de l'art militaire que « celui qui attaque le premier, épouvante l'ennemi ».

Les armures des satrapes laissaient dépasser leurs vêtements de pourpre ; leurs casques d'argent brillaient et des breloques d'or pendaient aux harnais de leurs chevaux. Leurs soldats, fantassins ou cavaliers, avaient une tunique de lin dont le tissu spécialement serré était, disait-on, aussi protecteur qu'une armure, des braies et des bottes de même fabrique et, pour couvre-chef, une sorte de passe-montagne. Leurs armes étaient de larges épées et de très longs javelots ; leurs boucliers, ronds ; les trompes qui sonnaient les signaux, recourbées et non pas droites. Ce qui étonnait, c'était que les chevaux des Perses eussent plus de couvertures et de tapis que des lits. Mais leurs longues lances attachées par-devant à l'encolure de leurs chevaux et par-derrière à la croupe, semblaient prêtes à transpercer, d'un élan irrésistible. Les drapeaux couleur de feu de l'armée de Memnon flottaient de place en place. Contrairement à l'habitude des Perses, aucun cri ne s'élevait de leur armée, pas plus que de celle des Macédoniens. Le Granique, avec sa bordure de saules, de platanes et de roseaux, ne séparait encore que pour quelques instants ceux qui allaient « se précipiter comme des loups ». Memnon devait se réjouir qu'Alexandre fût obligé de traverser le fleuve pour monter à l'assaut de bords escarpés et Alexandre était excité par l'idée de transformer en avantage l'infériorité apparente de sa position : ses troupes seraient dans la nécessité de donner d'emblée la mesure de leur valeur.

Alexandre entonne le péan, fait sonner la corne et, avec treize escadrons de cavalerie, se jette dans le fleuve. La violence du courant le déporte, mais favorise la manœuvre qu'il a imaginée : traverser en biais, pour modifier la défense ennemie et permettre à la phalange d'attaquer de front avec plus de facilité, le courant étant rompu. Ainsi l'aile droite aborde-t-elle obliquement en amont et l'aile gauche en aval. Memnon a, lui aussi, habilement distribué ses troupes en mettant les archers au-delà des cavaliers sur la hauteur. Les frondeurs perses décochent des pierres, pesant près de cinq cents grammes : c'étaient les mêmes projectiles au temps de Xénophon. Les balles de plomb des frondeurs crétois, lancées plus vigoureusement à cause de leur poids léger, atteignent plus sûrement leur but, tandis qu'il est assez facile d'éviter ces grosses pierres dont la provision, d'ailleurs, doit vite s'épuiser. Cependant, plusieurs compagnons du roi tombent, percés de javelots, et les pieds de son cheval foulent leurs cadavres. Il réussit à grimper sur l'autre bord, bien que le terrain soit glissant. Ptolémée qui mène les porte-bouclier, recule d'abord, mais est soutenu par les gardes d'Alexandre. La lutte est violente autour d'eux. Le javelot du roi s'est brisé et il demande le sien à Arès qui le suit, mais qui n'en a plus qu'un tronçon. Peuceste, heureusement, lui tend une lance, avec laquelle il transperce le visage de Mithridate, qui est venu l'assaillir. C'est une de ces lances de la phalange qui prouvent leur efficacité grâce à leur longueur et à la dureté de leur bois de cornouiller, contre les lances et les épées courtes des Perses.

La phalange entière a réussi à franchir le fleuve au centre et commence à enfoncer le gros de la cavalerie ennemie. Un véritable corps à corps se développe du côté d'Alexandre. Spithidrate et Rhésace, qui passent pour les plus vaillants des chefs perses, se sont précipités vers lui. Le premier, d'un coup de javelot perce le bouclier, la cuirasse et le haut de l'épaule droite d'Alexandre. Le roi arrache le trait et dirige son cheval contre cet ennemi de choix, dont la cuirasse brille de cercles d'or. Il l'atteint avec sa lance dans la poitrine, où elle reste fixée, ce qui provoque un cri d'admiration chez les Macédoniens. Spithidrate tombe de cheval, après qu'Alexandre l'a achevé de son épée, qui vole en éclats. Au même instant, Rhésace abat sur la tête du roi son cimeterre, qui tranche le cimier et lui effleure les cheveux. Le satrape, d'un revers, fait tomber le casque et lève déjà le bras pour assener le coup mortel. Mais Clitus surgit, pare le coup et décapite Rhésace. « Tu m'as sauvé la vie ! » lui crie Alexandre.

La mort de Mithridate, de Spithidrate et de Rhésace déconcerte la cavalerie perse qui, après une ultime résistance, tourne bride. Alors, l'infanterie n'attend même pas le choc de la phalange, qui a contribué à mettre en déroute la cavalerie.

Memnon suivit les fuyards, avec un grand nombre de mercenaires ; mais Omar, son adjoint, avait rassemblé les autres sur une hauteur où ils continuaient à se défendre. Ils offrirent de se rendre, si on leur garantissait la vie sauve : le roi refusa d'accepter cette condition. L'engagement fut un des plus meurtriers de la bataille : le roi, qui combattait au premier rang, faillit de nouveau être blessé et eut son cheval tué sous lui. Comme il se félicitait de ne pas avoir monté Bucéphale ! Deux mille mercenaires furent faits prisonniers, la plupart des Perses massacrés ; mais il était interdit d'achever les blessés.

L'ennemi laissait sur le champ de bataille vingt mille fantassins et deux mille cinq cents cavaliers. Jamais Alexandre n'avait vu tant de morts : l'holocauste de Chéronée était dépassé. Seulement une centaine de ses hommes ou de ses officiers avaient péri. Mais il eut la douleur de compter parmi eux vingt-cinq cavaliers de son escadron, qui étaient des derniers recrutés. Ils étaient vengés : aux deux satrapes qu'Alexandre avait tués et à celui qui avait été la victime de Clitus, s'ajoutaient Mithribarzane, Arbupale, Pharnace, Niphate, Pétènès. Ces noms rappelaient à Alexandre l'énumération du chœur dans *les Perses* d'Eschyle, après la défaite de Xerxès à Salamine : « Où est la multitude de tes armées ? — Où sont tes lieutenants, — Tels que Pharandaque, — Sousas, Pélagon, — Dotamas et Agdabatas, Psammis, — Sousiscane, qui a quitté Ecbatane ? » Tous les satrapes de Darius tués au Granique, avaient lutté aussi bravement que ceux-là et leurs corps montraient les blessures les plus honorables. Alexandre l'imaginait, à ce spectacle, déchirant ses vêtements comme Xerxès et jouant intégralement la scène de désespoir décrite par le poète tragique : le fils d'Olympias associait toujours les grandes choses de la littérature à celles de sa vie. Arsite, le commandant en chef de l'armée perse, Arsace, Rhéomètre et Atizys, chef de la cavalerie, s'étaient échappés avec Memnon.

Alexandre visita les blessés de son armée. Il fit retirer les innombrables cadavres des Perses qui avaient roulé dans le Granique. Quand les eaux eurent été purifiées par le courant, ses soldats y burent et y prirent, avec lui et ses amis, le bain joyeux de la victoire. Il pensait à son bain dans l'Hémon après la bataille de Chéronée. Aristandre le félicita d'avoir débarrassé le fleuve des morts qui le souillaient, car il fallait respecter les fils d'Océan. Alexandre s'était souvenu, comme dans la plaine de Troie, que le Scamandre s'était irrité contre Achille qui lui jetait sans arrêt des cadavres troyens.

Il fit incinérer à part ceux des vingt-cinq membres de l'escadron. Au préalable, on les avait lavés de leurs blessures, exposés, sur leurs boucliers et avec leurs armes, couverts de laurier, devant sa tente, et, en leur présence, il avait nommé leurs successeurs. Il ordonna d'écrire à Lysippe de sculpter en bronze les statues équestres des vingt-cinq héros, qui seraient placées dans le théâtre de Dium. On appellerait ce groupe l'*Escadron d'Alexandre*. Le sculpteur avait connu tous ceux qui venaient de mourir. Si leurs traits s'étaient effacés de sa mémoire, que son œil d'artiste rendait pourtant aussi sûre en cela que celle d'Alexandre, il interrogerait leurs familles. Du reste, il avait fait, l'hiver dernier, les croquis de quelques-uns pour leurs futures statues, qui seraient posthumes.

Après qu'on eut dressé le bûcher des autres morts macédoniens, Alexandre fit rendre les honneurs funèbres aux satrapes que l'on ensevelit avec leurs vêtements précieux et leurs armes. Il félicita les médecins de l'armée perse qui étaient restés pour soigner leurs blessés. Les prisonniers enduisirent leurs morts de cire, avant de les inhumer : il y avait dans leurs bagages de grandes jarres dont le contenu était destiné à cette cérémonie. Un mage étant parmi les victimes, ses obsèques furent différentes : on le rangea contre un talus de la montagne sur une haute pile de branches ; on posa près de lui une grenade et un vase de vin et on l'abandonna aux rapaces.

L'armée une fois purifiée par Aristandre et par Cléomante, Thessalus chanta, aux sons de la flûte, le premier hymne homérique à Minerve. Alexandre voulait remercier la déesse de Pella. Il accompagna les paroles, pour prouver à ses soldats qu'il savait aussi bien chanter que se battre : « Je chante d'abord Pallas Minerve, la glorieuse déesse — Aux yeux pers, à la vaste intelligence et qui a un cœur indomptable, — La Vierge vénérable, protectrice de la ville... » Mais, dans le privé, il n'oubliait jamais ni d'invoquer Vénus avant une action militaire, ni de la remercier ensuite, puisque sa mère lui avait donné cette déesse pour tutrice et qu'il attribuait à cette tutelle son amour pour Ephestion. La statuette d'or était, toutes les nuits, à son chevet.

Alexandre fit libérer un certain nombre de prisonniers : ceux des villes grecques d'Asie, notamment les Zélites, que la nécessité avait contraints de s'engager chez les Perses. Zélia étant la seule ville de Phrygie qui eût un oracle d'Apollon, il leur dit qu'il en tenait compte, parce que la prêtresse de ce dieu à Delphes l'avait déclaré invincible et il leur récita, ce qui les éblouit, les vers d'Homère : « Puis, venaient ceux qui habitent Zélia au pied de l'Ida, — Troyens opulents qui boivent l'eau de l'Esépus, — Et le glorieux fils de Lycaon les commandait, — Pandarus, dont l'arc est un présent d'Apollon lui-même. »

Il ne voulut pas ternir sa victoire en se faisant le complice d'une trahison : un prisonnier s'étant offert de tuer ou d'empoisonner Memnon, le roi, qui n'avait pas hésité à recourir à l'assassinat contre le traître Attale, s'y refusa contre un ennemi.

Vainqueur généreux, il fut impitoyable, en revanche, pour les

Athéniens que l'on avait capturés. Il les accusa d'avoir contrevenu aux engagements souscrits par leur ville et d'avoir déserté la cause grecque. On les enchaîna. La flotte les conduirait en Macédoine comme esclaves. Alexandre fut heureux, au contraire, de pardonner aux Thébains, que la ruine de leur patrie avait poussés à faire ce choix, et il les y renvoya, pour être les répondants de sa clémence.

Il distribua ensuite les récompenses. L'or donné par les magistrats de Lampsaque, servit à consoler les blessures et à honorer la bravoure. Alexandre embrassa publiquement Clitus auquel il devait la vie, comme il l'avait due à Aristonique devant Thèbes. Il exalta la cavalerie thessalienne, qui avait eu raison de la cavalerie perse. Jamais, depuis la bataille de Chéronée, elle n'avait joué un rôle aussi décisif. La phalange n'était pas oubliée dans ses éloges.

Le butin était immense. Les Perses avaient laissé leur campement plein d'objets précieux. On s'étonna que leurs chameaux de transport furent chaussés et châtrés. On trouva là, avec les marchands habituels, des concubines et des mignons, dont on avait entendu les cris aigus pendant l'ensevelissement des morts perses. Officiers et soldats se partagèrent ces proies et ce butin, sur lequel Alexandre ne prit que quelques plats d'or et quelques tapis brodés, de pourpre tyrienne. Il se proposait de les expédier à sa mère, à qui il fit écrire le récit du combat, de même qu'à Antipater et à Alexandre Molosse, à Aristote et à Phrynon, au sénat et au peuple athéniens et à tous ses alliés. Il dit à Olympias qu'il reportait sur elle son salut, puisqu'elle lui avait fait mettre Clitus au nombre de ses gardes.

Il avait réservé trois cents boucliers revêtus de plaques d'or pour en faire hommage aux Athéniens. Il leur demanderait de les clouer sur l'architrave du Parthénon, aux deux façades, avec cette inscription : « Alexandre, fils de Philippe, et les Grecs, excepté les Lacédémoniens, sur les barbares qui habitent l'Asie. » « Excuse-moi, dit-il à Anaxarque ; je dois entretenir cette fiction de barbare ; sans quoi, j'aurais l'air de combattre seulement des amis de Démosthène. Mais avoue que je justifierai aux yeux des Athéniens une des épithètes de Minerve dans *l'Iliade :* « Qui emmène du butin. » Je leur envoie une partie du butin qu'elle m'a donné. »

Il admira les arcs perses, faits avec des bois précieux, des renforcements d'os et des ligatures qui, à en croire les prisonniers, exigeaient pour chacun plusieurs années de travail. Il se rappelait que, dans l'*Expédition* de Xénophon, les arcs des Crétois avaient une portée moindre que ceux des Perses. C'était la grande arme de ces derniers et leurs monnaies montraient un archer pliant le genou. Alexandre commanda d'imiter ces arcs et d'en doter le contingent crétois. Des forgerons suivaient l'armée pour réparer ou fabriquer les armes.

Si Alexandre avait félicité les médecins perses, il appréciait encore davantage les soins prodigués par ses propres médecins. Mais il y avait plus que les médecins militaires : les non-combattants qui suivaient les troupes, — comédiens, musiciens et philosophes, — avaient presque tous des notions de médecine. Pyrrhon se vantait de savoir recoudre une lèvre et venait de le prouver. On avait été surpris de voir, aux cadavres perses dont les braies avaient glissé, que, si leur membre viril était de taille normale, leurs testicules étaient beaucoup plus petits que ceux des Grecs. Critodème, l'un des nouveaux médecins d'Alexandre, attribuait ce phénomène aux pantalons qui compriment le libre jeu de la nature. Il disait avoir observé la même chose en Grèce dans les familles qui faisaient porter des sous-vêtements aux garçons, au lieu de laisser leurs cuisses nues sous leurs tuniques.

Les Phrygiens des environs, — on était aux confins de la Phrygie hellespontiaque, — vinrent se soumettre. Alexandre nomma Callas satrape de leur province, titre qu'avait eu Arsite, et lui prescrivit de ne pas modifier les lois. C'était le premier gouverneur qu'il nommait après sa première victoire et il lui plaisait d'adopter la terminologie perse, afin de montrer qu'il se considérait déjà comme le successeur du grand roi. Il chargea Callas d'offrir un grand sacrifice de reconnaissance à la déesse de la Vengeance dans son temple d'Adrastée. Alexandre Lynceste succéda au nouveau satrape à la tête de la cavalerie thessalienne. Certains des conseillers d'Alexandre s'étonnant qu'il n'ordonnât pas de pressurer ces peuples, il répondit qu'il n'aimerait pas un jardinier dont l'art consisterait à couper les branches d'un arbre fruitier pour en cueillir les fruits. Toutefois, afin de mieux asseoir sa conquête de cette région, il continua vers l'Esépus pour occuper Zélia. Parménion irait plus loin vers l'ouest, à Dascylium, débusquer une forte garnison perse.

Les Zélites marquèrent à Alexandre leur reconnaissance pour sa générosité envers leurs soldats. Il visita le temple-oracle d'Apollon et offrit au dieu un pompeux sacrifice. A l'embouchure de l'Esépus, le fleuve dont Zélia était voisine, une éminence portait le tombeau de Memnon l'Ethiopien. Ce monument intéressa Alexandre, parce que ce roi était mort de la main d'Achille sous les murs de Troie. Chaque année, des volées d'oiseaux noirs venus d'Ethiopie, se rencontraient à jour fixe sur ce monument et s'y livraient une terrible bataille. Le bruit de leurs ailes ressemblait aux heurts de boucliers. Ensuite, ils se lavaient dans l'Esépus, se roulaient dans la poussière, se mettaient à sécher sur le tombeau et y secouaient cette poussière de leurs ailes, avant de s'envoler vers la Thrace.

En suivant la côte, Alexandre s'arrêta à Cyzique. Cette riche colonie milésienne avait chassé sa garnison perse depuis une quinzaine d'années, mais avait souffert de Memnon, le général de Darius, l'année précédente.

Elle n'accueillit Alexandre qu'avec plus d'empressement. Hommes, femmes et enfants étaient allés au-devant de lui, en compagnie des magistrats, en dansant et en agitant toutes sortes d'instruments de musique, comme faisaient les Corybantes. Les magnifiques édifices en marbre blanc, l'arsenal d'armes et de machines de guerre, l'entrepôt de blé, furent mis à la disposition du roi. Il admira le temple de Jupiter, célèbre par sa richesse et sa beauté : les assises en étaient jointes par un fil d'or qui brillait au soleil et qui, à l'intérieur, formait un reflet enchanté sur les statues. Cyzique était une des villes où, comme à Dium en Macédoine, on célébrait des jeux Olympiques en l'honneur du souverain des dieux. Alexandre sacrifia dans son temple, ainsi que dans celui des Dioscures : Castor et Pollux lui semblaient toujours l'image de l'amitié qui l'unissait à Ephestion. Il pria les deux frères si précieux aux marins, de continuer leur protection à sa flotte. La cité ayant une île à une faible distance, Alexandre conseilla aux Cyzicéniens de la relier à la terre ferme par deux ponts, que dessina Dinocrate.

Le roi fit à cheval l'ascension du mont Dindyme, situé près de la ville. C'est là que se trouvait le fameux temple-oracle de Cybèle, la Mère des dieux, appelée aussi la Grande Mère et surnommée ici Dindymène, comme au mont Dindyme de Pessinonte, en Grande Phrygie, où était son principal sanctuaire et le centre de son culte. Ces homonymies de montagnes n'étaient pas rares dans le monde grec, où l'on se disputait des lieux de culte, fondés sur des légendes : de même que, pour Jupiter et Ganymède, il y avait l'Ida de Crète et l'Ida de Troade, il y avait, pour Cybèle, le Dindyme de Cyzique et le Dindyme de Pessinonte. Comme séjour des dieux, il n'était que l'Olympe de Thessalie, mais il y avait également un Olympe en Mysie, en Lycie et à Chypre. Alexandre voulait honorer, pour avoir sa protection durant toute la campagne d'Asie Mineure, la déesse protectrice de cette contrée. Le temple avait été dédié par les Argonautes, quand ils étaient sur le chemin de la Colchide : Alexandre, lui aussi, allait à la conquête d'une autre toison d'or. Il aimait Cybèle, parce que Pindare avait élevé un sanctuaire à cette déesse, près de sa maison : c'était un des lieux sacrés qui avaient été épargnés de l'incendie. Le grand prêtre de Dindymène, ou archigalle, fit les honneurs de son temple. La déesse était représentée avec une couronne de tours, à côté du lion qui était un de ses emblèmes, et avec le jeune Atys, qui lui avait sacrifié sa virilité : il tenait à la main droite un bouquet de fleurs et de fruits, dont se détachaient deux épis de blé, qui en étaient le symbole. L'archigalle avait, plus ornée, la même robe jaune qu'Alexandre et Ephestion avaient vue aux galles d'Olympie. C'était pareillement celle des autres galles attachés au temple ; mais les jeunes garçons qui le desservaient et qui avaient été émasculés comme eux, étaient vêtus de tuniques blanches à bandes rouges. Tous portaient la mitre, cette sorte de turban qui était aussi la coiffure des femmes. Alexandre demanda à l'archigalle quelques détails sur les mystères d'Atys, que l'on célébrait dans ce lieu. Le grand prêtre se borna à dire que les initiés devaient s'abstenir de poisson, de racines d'herbes potagères, de grenades et d'oranges. La vue, du haut du mont Dindyme, était superbe : on voyait Cyzique, l'Hellespont et Zélia. Au milieu d'un tel site, les jeunes galles dansèrent pour le roi, avec la même frénésie que les corybantes de Lampsaque. Mais ils se retroussaient leurs robes avec leurs ceintures pour se flageller les fesses, qui furent bientôt en sang. Cette scène avait ragaillardi les visiteurs. Elle remémora à Alexandre et à Ephestion celle de Cinésia, le bel épithète d'Olympie qui aimait tant se faire fouetter. Des pièces d'or récompensèrent ces exercices rituels.

Lorsque les deux amis descendirent dans la salle secrète où se rendaient les oracles, l'archigalle dit au roi qu'il lui avait ménagé une grande émotion : sa mère Olympias avait fait interroger la Mère des dieux sur le succès de sa campagne, à la suite d'un songe où cette déesse lui était apparue et lui avait parlé de ce temple, dont elle ignorait l'existence. Si jamais Alexandre se sentit obligé de croire aux songes, ce fut bien aujourd'hui, car lui-même, avant de venir à Cyzique, n'avait jamais entendu mentionner cet oracle du mont Dindyme. Bien mieux : la consultation étant toute récente, Olympias n'en avait pas encore connaissance et c'est son fils qui, par le plus extraordinaire des hasards, en était instruit le premier. Il lut ces paroles : « Les Perses ont tué d'une main violente — Mon interprète et mon serviteur ; la poussière natale couvre ses dépouilles. — Celui qui montrera bientôt à Phébus ses os blanchis, — Celui-là brisera chez eux la grande puissance des Perses. — ... Songe à prendre pour guide de la route — Un devin phocéen qui habite dans les sables d'Aparné. »

Alexandre était stupéfait de toutes ces coïncidences, autant qu'intrigué par ce texte. Aristandre et Cléomante n'en étaient pas moins frappés que lui. L'archigalle dit au roi qu'un satrape d'Artaxerxès III avait tué un devin phocéen du temple d'Apollon à Adrastée et que le cadavre avait été enseveli à Aparné, colonie phocéenne près de Lampsaque. Le tombeau était l'objet d'un culte et un oracle avait promis les faveurs d'Apollon à celui qui serait le vengeur de ce meurtre : c'était le sens des deux derniers vers. Aristandre rappela que les Perses de Xerxès avaient tué aussi le fameux devin Mégistias d'Acarnanie, qui avait prédit sa propre mort, aux Thermopyles, et que le roi Léonidas voulut en vain renvoyer. Alexandre avait vénéré son tombeau, lorsqu'il était allé à l'assemblée de la confédération des peuples voisins à Anthéla. Toutefois, malgré son respect des oracles, il jugeait difficile de revenir sur ses pas pour exhumer, à Aparné, les « os blanchis » du devin d'Adrastée. Mais il chargea de cette opération Aristandre, qui, bien que Lycien, était d'origine phocéenne. « Comme je ne briserai « la grande puissance des Perses » qu'avec l'aide des dieux, lui dit-il, je ne puis me faire mieux représenter que par toi, leur interprète. » Aristandre dut avouer que l'interprétation même du roi attestait ses propres lumières. Il partit pour Aparné avec une escorte et rejoindrait l'armée en Lydie, à Thyatire ou à Sardes. Cléomante, dont on avait expérimenté la science, remplirait jusque-là les fonctions du devin attitré.

Pour récréer ses troupes à Cyzique et célébrer sa victoire dans les formes traditionnelles, Alexandre célébra des jeux au stade, fit courir des chevaux à l'hippodrome et ordonna une représentation au théâtre, le plus grand que l'on eût encore rencontré. Il laissa le choix de la pièce à Thessalus et à Néoptolème. Ils lui firent une surprise, digne de celle qu'ils lui avaient faite au cap Sigée, avec les passages des tragédies intitulées *Achille :* c'était encore une tragédie de Diogène, intitulée *Sémélé.* En comparant les orgies de Bacchus à celles de la Mère des Dieux, auxquelles il avait dû assister sur le mont Dindyme, le Cynique décrivait les rites des femmes en l'honneur de Dindymène : « Et j'entends les femmes mitrées de l'Asiatique — Cybèle, fille des fortunés Phrygiens, — Qui font résonner par les coups répétés de leurs pouces — Les tambours, les timbales et les cymbales de bronze... »

En vue de commémorer cette étape de Cyzique, où le roi avait trouvé si extraordinairement l'oracle demandé par sa mère, Pyrgotèle grava, sur les monnaies de la paye, le flambeau long qui était le symbole de celles de la ville. Mais Alexandre admira l'une d'elles montrant, d'un côté, une poupe de navire, de l'autre, une couronne autour d'une croix, formée par trois membres virils et une tête humaine. Il envoya une de ces monnaies à Olympias, pour qu'elle la fît sertir sur la coupe d'or que décoraient quatre monnaies érotiques d'argent, dont celle-là serait la plus remarquable. Il en envoya une aussi à Aristote, afin de lui apprendre que les monnaies grecques de ce genre étaient au nombre de cinq.

Le roi quitta enfin les Cyzicéniens pour gagner la vallée du Maceste et s'avancer vers Thyatire. Sardes, la capitale de la Lydie, était, plus loin, son véritable but. On lui avait signalé qu'il n'avait à craindre aucune résistance durant la traversée de la Mysie, du nord au sud : les Perses se regroupaient vers Ephèse, au bas de la Lydie, et en Carie. Mais l'attitude du satrape Mithrène, gouverneur de Sardes, était douteuse.

Parménion rejoignit Alexandre en chemin, dans la haute vallée du Maceste. Il avait pris Dascylium sans combat : la garnison perse avait délogé à l'approche des Macédoniens. Le général avait habité l'ancien palais de Pharnabaze, savouré les poissons de ses viviers et les cerises et les abricots de ses jardins, — c'étaient des fruits de ces régions, mais qui ne semblaient pas encore acclimatés jusqu'à Cyzique : le premier tenait son nom de Cérasonte, ville du Pont ; le second de l'Arménie, voisine de cette province, à l'orient. Le général n'avait pas joui de ces primeurs en égoïste : il apportait à Alexandre des abricots et des cerises, enveloppés dans des palmes. « On a raison de voyager », dit le roi, en souriant de cette attention et en dégustant ces fruits. Parménion s'était souvenu aussi de ce qu'Alexandre avait prescrit aux philosophes de sa suite à l'égard de toutes les curiosités naturelles que l'on rencontrerait : il avait, à l'embouchure du Maceste, confié des cerisiers et des abricotiers à un vaisseau de la flotte, dûment enveloppés de palmes, eux aussi, et les racines dans des caissons de brique, troués et remplis de terre. C'étaient les dispositions que le roi lui-même avait données, attentif à tout. Certains de ces arbres seraient transplantés en Macédoine, les autres expédiés au Lycée athénien d'Aristote. Mais l'expédition de Dascylium n'avait pas été d'intérêt purement horticole : comme le roi en avait décidé, le général avait destitué l'oligarchie favorable aux Perses et institué la démocratie.

La traversée de la Mysie fut sans histoire, ainsi qu'on l'avait annoncé. Il n'y avait d'ailleurs que des villages dans cette zone aride. Elle avait le nom d'Abrettène et l'avait communiqué pour surnom à Jupiter. Alexandre reçut, durant sa marche, un hommage qui le toucha : celui d'une ambassade de Scepsis, ville de Troade, située bien au-delà de sa route, non loin des sources de l'Esépus, et dont Enée, fils d'Hector, qui transporta en Italie les dieux troyens, avait été roi. Cette ambassade était composée de deux disciples de Platon, Eraste et Chorisque, qui étaient en relation avec Aristote. Nélée, fils de Chorisque et encore tout jeune, devait partir bientôt pour Athènes, afin d'être le disciple du Stagirite au Lycée. Les deux philosophes étaient accompagnés d'un descendant de Scamandrius, fils d'Hector, et d'un autre d'Ascagne, fils d'Enée, qui avaient, sans en exercer les prérogatives, le titre de rois.

Alexandre évoqua avec eux, non seulement le fondateur de l'Académie, mais les faits dont leurs quartiers avaient été le théâtre depuis la guerre de Troie. Montrer qu'il connaissait l'histoire d'un pays, était, à ses yeux, une autre manière d'en prendre possession. La satrapie de Pharnabaze avait inclus notamment la ville de Cébrène, bâtie sur le Scamandre, à l'ouest de Scepsis, et ce satrape l'avait laissée, avec l'Eolide, à la veuve du Dardanien Zénés, son lieutenant. Cette femme, Mania, inspirait quelque considération à Alexandre, admirateur du courage militaire chez les femmes, en hommage à sa mère Olympias et à sa grand-mère maternelle Eurydice. Elle avait agrandi son domaine en conquérant plusieurs cités de la côte, notamment Hamaxite, la ville des Corybantes. Elle les avait attaquées avec l'aide de mercenaires grecs et dirigeait les combats du haut de son char. Mais le mari de sa fille, Midias, la tua par ambition et n'épargna même pas son fils, qui était, dit Xénophon, « d'une beauté parfaite ». A Gergis et à Scepsis, il trouva le trésor de Mania, qu'il remit à Pharnabaze.

Comme on apercevait, dans la direction de Scepsis, la cime du mont Ida, Alexandre fit réciter par Thessalus, en présence de ses visiteurs, le premier hymne homérique à Vénus, décrivant la rencontre de la déesse avec le bel Anchise qui paissait ses bœufs sur les pentes de la montagne et dont la beauté l'avait séduite. Elle alla d'abord à Chypre, dans son temple de Paphos, pour se baigner et se parfumer ; puis elle s'élança vers Troie et « elle atteignit l'Ida aux nombreuses sources, mère des bêtes fauves — Elle traversa vite le campement du gardien ; derrière elle, — Marchaient, remuant la queue, des loups gris et des lions fauves, — Des ours et des panthères rapides, insatiables de faons. — En les voyant, elle se réjouit en son cœur et leur jeta le désir dans la poitrine : alors tous à la fois, — Deux à deux, ils se couchèrent dans les vallons ombreux. » Elle trouva Anchise, qui, loin de ses compagnons, se promenait en jouant de la cithare. Elle était « semblable à une jeune fille, par la taille et l'apparence », mais « vêtue d'un manteau plus éclatant que la flamme du feu — Et avait des spirales courbes et d'éclatantes boucles d'oreilles, — Et de magnifiques colliers... — Beaux, en or, tout ciselés... — L'amour saisit Anchise... » Il la salua comme une déesse. Elle lui dit qu'elle était la fille du roi de Phrygie et que Mercure l'avait enlevée parmi ses compagnes, pendant qu'elle dormait, pour la mener vers Anchise, « afin d'être sa légitime épouse et de lui donner de brillants enfants ». Il lui répondit qu'il était prêt à descendre aux enfers « après être monté dans son lit ». Ils montèrent sur celui d'Anchise, qui était « bien construit... » Il enleva du corps de Vénus « sa belle parure », « dénoua sa ceinture et ôta sa robe splendide, — Qu'il mit sur un siège clouté d'argent. — Ensuite, selon la volonté et l'arrêt des dieux, — Le mortel se coucha avec la déesse immortelle, ne le sachant pas clairement... » Elle se révèle à lui le lendemain, en prenant sa taille de déesse, lui dit qu'elle sait déjà qu'elle « porte un enfant sous sa ceinture », que cet enfant sera élevé par les nymphes et elle interdit à Anchise d'en dévoiler jamais l'origine, s'il ne veut pas être foudroyé. Il devra déclarer que « c'est l'enfant d'une nymphe au teint de rose, — De celles qui habitent cette montagne vêtue de forêts ».

Ce fut Alexandre qui termina le poème : « Salut, déesse qui règnes sur Chypre aux belles constructions !... » A côté de la guerrière Minerve « qui fait périr les mortels », Vénus « amie des sourires » était toujours sa protectrice.

D'une hauteur, on lui fit voir, entre le mont Ida et le mont Placus, les sommets du Gargare et de l'Olympe mysien. Ce dernier mont, rival de celui qui était si cher à Alexandre et à Ephestion parce qu'ils avaient visité, tout enfants, la vallée du Tempé (il leur rappelait aussi l'exploit de l'entrée en Thessalie, au début du règne), semblait rapprocher le souverain des dieux et le conquérant de l'Asie, en qui coulait le sang de son fils Hercule. Et le Gargare évoquait les plaisirs de Jupiter et de Junon, — « le Gargare, où il y a une enceinte sacrée et un autel odorant ». Tel le roi des Olympiens assis là « fier de sa force toute-puissante », le jeune roi de Macédoine pouvait être fier de la sienne. Il n'avait pas été, comme lui, « dompté par le sommeil et l'amour, — Sur le haut Gargare... », mais sur la citadelle de Troie, qui était également un lieu noble. Et il se sentait couronné de ce souvenir, comme Jupiter l'était « d'un nuage parfumé » au sommet de ce mont.

Troisième partie

Ayant franchi le mont Temnus, l'armée arriva en Lydie et, bientôt après, à Thyatire, dont l'ancien nom était Pélopie. Cette ville passait quelquefois pour la dernière de la Mysie. Elle était fameuse par la fabrication de la pourpre. « Voilà encore un présage, ô roi ! » dit Parménion à Alexandre, en lui montrant les tissus qui séchaient au soleil et qui étaient fabriqués avec la laine de Phrygie. Malgré leur dévotion envers Diane, qui était leur divinité principale, les habitants étaient renommés pour la mollesse de leurs mœurs. En fait, la jeunesse des deux sexes s'offrait à qui voulait, sans compter les lupanars de filles et de garçons. Ces libertés étaient favorisées par la présence d'un temple d'Anaïtis ou Nanéa, divinité des Perses et assimilée par les Grecs tantôt à Diane, tantôt à Vénus Céleste, mais que les Thyatirènes honoraient à la manière des Lydiens et des Arméniens, c'est-à-dire comme Vénus Vulgaire. Ils disaient que ce que l'on voyait chez eux, n'était rien au prix de ce qui se passait à Comana Pontique, dans le Pont, où toutes les filles et toutes les femmes devaient se prostituer dans le temple de cette déesse, à ce titre le plus fameux de l'Asie Mineure, avec celui de la Déesse Syrienne à Bambycé en Syrie. La statue de l'Anaïtis de Thyatire, sans doute sous l'influence grecque, ressemblait aux antiques images de Vénus : elle était voilée, coiffée d'une tiare ronde, avec des tresses le long de sa poitrine, et tenait une colombe sur sa main droite.

Il y avait également un héros local, Tyrimnus, en l'honneur de qui avaient lieu des jeux annuels, dits Tyrimniens, de même que l'Apollon de Thyatire avait des jeux Pythiens et Jupiter des jeux Olympiques.

On célébrait en ce moment la fête des Sacées, orgie qui durait un jour et une nuit et au cours de laquelle hommes et femmes, vêtus à la mode des Scythes, — les hommes en tuniques courtes et pantalons, les femmes en robes flottantes —, s'assemblaient pour boire à l'envi, en se provoquant par des attitudes et des mots salaces. Cyrus le Grand avait établi cette fête qu'il avait consacrée à la grande déesse des Perses, en souvenir d'une victoire remportée sur le peuple scythe des Saces : il leur abandonna son camp plein de victuailles, et, la nuit, revint les massacrer pendant qu'ils cuvaient leur ivresse. Les plaisirs de Thyatire évoquaient pour une partie de l'armée ceux que l'on avait connus à Istropolis au bord de la mer Noire, lors de la première campagne d'Alexandre. Anaxarque disait que cela confirmait la véracité d'Hérodote à propos de ces contrées. « Peut-être, ajouta le philosophe, a-t-il exagéré en disant que les Lydiens prostituent leurs filles : il aurait dû dire qu'ils les laissent se prostituer. Mais il n'a pas tout dit, puisqu'il ne parle pas des garçons. » Le roi sacrifia dans les quatre temples de la ville. Sachant l'importance du culte des héros, — Hercule n'en avait-il pas été un, avant d'être fait dieu ? — il n'avait pas négligé Tyrimnus.

Aristandre revint de sa mission. Allant plus vite que l'armée, il n'avait pas perdu de temps. Il avait fait ouvrir, à Aparné, le tombeau du devin, avait vu les os blanchis, et avait célébré un sacrifice. Il en avait célébré un autre au Granique, qu'il avait franchi pour se rendre aux environs de Lampsaque, et dont il avait suivi le cours en amont pour le retour. Puis, il avait emprunté la vallée de l'Esépus, rencontré, à Scepsis, Eraste et Chorisque, qui rentraient de leur ambassade auprès d'Alexandre, dont ils disaient des merveilles. Enfin, après avoir longé le mont Temnus, il l'avait franchi au même endroit que l'armée, tout heureux de rapporter au roi une nouvelle promesse de victoire.

On se remit en marche. A Callatèbe, sur la route de Sardes, Alexandre salua le gigantesque platane devant lequel Xerxès, conduisant son armée contre la Grèce, s'arrêta un jour entier pour l'admirer. Le grand roi y fit suspendre des ornements d'or et en prescrivit la garde à un soldat de la troupe des Immortels. Alexandre aurait volontiers remplacé ces ornements disparus. Il comprenait l'amour des Perses pour les arbres, car il avait aimé les arbres de Miéza et les forêts des montagnes de la Macédoine ou du mont Rhodope. Ne vénérait-il pas Bacchus comme dieu des arbres fruitiers et de la végétation ? En tout cas, le platane de Callatèbe faisait concevoir que Socrate, amoureux, lui aussi, des beaux arbres comme des beaux garçons, jurât par le platane.

Sur les bords du fleuve Hyllus, affluent de l'Hermus, au-delà duquel était la ville de Sardes (le premier de ces fleuves avait, dans *l'Iliade*, l'épithète de « poissonneux » et le second, celle de « tourbillonnant »), Alexandre offrit un sacrifice : Aristandre lui avait dit qu'Hercule s'était guéri dans ce fleuve, peu après son arrivée chez Omphale, de la maladie dont les dieux l'avaient frappé à cause du meurtre d'Iphitus. C'est en souvenir de ce bienfait que le héros avait nommé Hyllus le fils qu'il avait eu plus tard de Déjanire et dont descendait Alexandre.

Le lac Coloé, — le Gygée d'Homère, — qui s'étendait entre l'Hyllus et l'Hermus, rappelait par son ancien nom le beau Lydien Gygès, mignon du roi Candaule et qui lui succéda après l'avoir assassiné sur l'ordre de sa femme Nyssia, ulcérée que le roi l'eût montrée nue à son favori. Près du lac Coloé, se trouvaient de nombreux tombeaux. Les plus considérables étaient celui d'une courtisane, maîtresse de Gygès, — ce roi le lui avait construit assez haut et en forme de pyramide pour qu'on pût le distinguer, — et celui du roi Alyatte, père de Crésus. D'énormes pierres entouraient la base de ce dernier monument. En outre, des inscriptions indiquaient les trois classes de la population qui avaient contribué à l'édifier : les marchands, les artisans et les prostituées. Il y était précisé que la part la plus considérable venait de celles-ci, ce qui justifiait les remarques d'Hérodote et d'Anaxarque. C'est au roi Alyatte que Périandre, l'un des sept sages et tyran de Corinthe, avait envoyé les garçons de Corfou pour les faire châtrer. Ce roi était lui-même un sage, qui invita les sept autres à Sardes. Solon y revint ensuite sous Crésus, dont il rabroua la vanité. On montrait l'endroit du bûcher où Cyrus, roi des Perses, fit monter Crésus avec quatorze jeunes Lydiens, après avoir conquis Sardes. Il se repentit à temps et ordonna d'éteindre le feu. Comme on n'en venait pas à bout, Crésus invoqua Apollon : une pluie abondante tomba du ciel et le sauva. Frappé de ce prodige, Cyrus ne se contenta pas de l'épargner : il le mit au nombre de ses conseillers.

Il y avait, à Coloé, un temple de Diane, surnommée Coloène. Ce sanctuaire menaçait ruine, bien qu'il fût l'objet d'une grande vénération. Alexandre prescrivit qu'on le restaurât. Servir Diane, c'était à ses yeux servir Apollon. Il sacrifia à la déesse et à un autre dieu qui avait à Coloé le centre de son culte : le dieu Lune ou Men. C'était, disait-on, la Lune masculinisée. Sa statue, en or massif, le représentait avec un grand croissant attaché à ses épaules et dont les cornes montaient jusqu'à son occiput. Il tenait un sceptre de la main droite, une pomme de pin de la main gauche et un coq, symbole pédérastique, était à ses pieds, dont l'un était posé sur un taureau terrassé. Ayant appris que c'était un dieu nouveau, Alexandre lui sacrifia également afin de s'attirer sa protection.

Des bords de l'Hermus, où il campa, on voyait les murailles de Sardes se détacher sur la silhouette du mont Tmole. Il se demandait si cette place, protégée par une forteresse qui avait la réputation d'être imprenable, tenterait de se défendre. Son arrêt était destiné, comme il l'avait fait pour les Thébains, à permettre au satrape Mithrène de réfléchir.

La plaine qu'arrosait l'Hermus, bordé de rhododendrons rouges, était une des plus fertiles que l'on connût et faisait pendant à celle du Caÿstre, qui était de l'autre côté du Tmole. Ce n'étaient que des jardins de grenadiers et de figuiers, des vignes, des allées de mauves en fleurs et de vastes champs de ce lin dont la fibre servait à fabriquer les fameuses tapisseries de Sardes. C'est dans cette plaine que Cyrus avait eu sa première victoire sur Crésus. Anaxarque rappelait à Alexandre la ruse qu'avait employée le roi des Perses pour rendre inopérante la cavalerie lydienne, redoutable par le nombre et la valeur : il fit débâter les chamelles qui transportaient les vins et les bagages à l'arrière de son armée et y fit monter des hommes équipés comme des cavaliers, qu'il mit au premier rang. Son infanterie avança derrière les chamelles, comme à l'abri d'un rideau invincible. En effet, les chevaux lydiens ne purent souffrir ni la vue ni l'odeur des chamelles et toute la cavalerie de Crésus tourna bride. Enfin, c'est de Sardes que Xerxès s'était mis en marche avec son armée pour aller ravager la Grèce.

Un groupe de notables, en habit perse, chevauchait vers le camp d'Alexandre. Un héraut les précédait. Ils mirent pied à terre devant la tente du roi et se prosternèrent. Le principal était Mithrène. Il avait une robe de laine violette à longues manches, garnie de fourrure, un surtout en soie blanche, des anneaux d'or aux oreilles. Il était le seul à porter une tiare droite, honneur réservé au grand roi, mais accordé à titre exceptionnel. Comme ses compagnons, il avait mis sa tiare sur le sol, près de sa tête. Le prosternement amusait la plupart des Macédoniens, mais chatouillait le cœur d'Alexandre, puisque se prosterner, c'était se reconnaître son esclave, ainsi qu'on devait le faire devant le grand roi. Il pria le satrape de se relever et de se recoiffer. Mithrène déclara, en excellent grec, qu'il livrait au vainqueur du Granique la citadelle et les trésors dont Darius lui avait confié la défense. Alexandre, au lieu de se diriger tout de suite sur la ville, envoya Amyntas prendre possession de la citadelle et traita honorablement Mithrène, pour que son exemple entraînât les autres gouverneurs.

Le satrape commenta la victoire du Granique. Il avait vu Memnon et les autres fuyards relayer à Sardes et les avait entendus gémir sur leurs pertes. Memnon parlait d'Alexandre avec admiration. Il était parti pour former une nouvelle armée, mais probablement à Milet, plutôt qu'à Ephèse.

« Tu étais destiné à être roi de Lydie, ô Alexandre, continua Mithrène. Candaule, dont la dynastie régna à Sardes pendant cinq cents ans et qui en fut le dernier, était un Héraclide comme toi. Il descendait d'Agésilas, fils d'Hercule et d'Omphale, reine de Lydie, ou, selon certains, fils d'une esclave de cette reine ; mais la semence d'Hercule changeait en reine une esclave. » Alexandre sourit de ce trait par lequel le satrape répara sa seconde généalogie. Il songeait à l'épithète de Pindare sur « la semence intrépide d'Hercule ». Il songeait aussi que c'était pourtant en qualité d'esclave que le héros s'était engagé auprès d'Omphale, l'oracle de Delphes le lui ayant ordonné après le meurtre d'Iphitus. Mercure le mit en vente pour seize mille cinq cents drachmes, ce qui annonçait un esclave d'une qualité peu commune. Omphale s'était éprise de lui, mais, étant lesbienne, elle l'habilla en femme.

Alexandre était ravi d'apprendre ses droits historiques sur un nouveau royaume : après la Lydie du fils d'Hercule, il n'avait plus qu'à conquérir la Perse du fils de Persée. Toutefois, il avait ignoré les goûts particuliers d'Omphale, que le satrape venait de lui révéler, avec la raison pour laquelle cette reine avait habillé en femme son ancêtre. « Ne t'abuse pas sur les effets de son habillement, lui dit Mithrène : durant son séjour chez Omphale, le héros combattit les Itoniens, les Trémiles de Lycie et les Amazones. Ce fut alors qu'il enleva à leur reine Hippolyte la double hache qui devint l'insigne des rois de Lydie. Tu la verras également dans les mains de la statue de Jupiter en Carie. — Voilà un trône de plus qui m'attend, dit Alexandre. — Tu ne crois pas si bien dire, répliqua Mithrène : le temple de Jupiter Carien, près d'Alabanda, à Mylaza où est cette statue, est commun aux Lydiens et aux Cariens. » Le nom d'Alabanda rappelait à Alexandre la fille du roi Amyntas, sœur d'Alexandre le Philhéllène, qui avait épousé le Perse Bubarès, dont le fils asiatique avait été nommé par Xerxès gouverneur de cette cité.

Mithrène avait d'autres détails à fournir sur la reine Omphale. Elle avait un lieu spécial nommé « le doux détour », — Anaxarque releva que cette expression figurait dans le *Phèdre* de Platon, — où ses femmes, après avoir fait l'amour avec elle et entre elles, luttaient de raffinement avec les hommes et où les vierges de bonnes familles, amenées par force, étaient livrées à leurs propres esclaves, pour que, disait Omphale, « l'impudicité fût de tous ». Que faisait Hercule pendant ce temps-là ? Nul ne l'a dit. « En somme, conclut Anaxarque, du moment que l'île de Lesbos est voisine de la Lydie, Sapho, qui fut la grande prêtresse de l'amour des femmes, maintenait une vieille tradition. »

Le roi s'étonna d'entendre parler des Amazones en Lydie, alors que leur histoire se place sur les rives du Pont-Euxin, du côté de la Colchide, et qu'à sa connaissance, elles n'avaient envahi que la Grèce. Mithrène dit que le Thermodon et leur capitale Thémiscyre étaient bien en Colchide, mais qu'elles avaient envahi la Phrygie et la Lydie et que Smyrne, Ephèse, Myrina, Cumes, Priène, Pitane, avaient été fondées par elles. Il ajouta que, d'après les vases très nombreux où on les voyait peintes, il était faux de prétendre qu'elles se brûlassent le sein droit pour mieux tirer de l'arc. Une autre preuve sans réplique est que leur déesse était la Diane d'Ephèse, qui a dix-huit mamelles. En écoutant parler le satrape, Alexandre pouvait se rendre compte que les nobles Perses étaient aussi instruits de l'histoire et aussi cultivés que les meilleurs des Grecs. Mithrène, à qui il fit cette remarque, lui dit avoir eu un précepteur grec, comme la plupart des enfants de maisons satrapales.

Lorsque Amyntas fut installé dans la citadelle, Alexandre s'avança vers Sardes. Aux abords de la ville, Mithrène l'emmena au « paradis » de Cyrus le Jeune. C'était, infiniment plus vaste et plus somptueux, ce qu'on avait vu en Thrace, sur le territoire de Ganus, où le roi Cotys, père de Cersoblepte, avait imité ces splendeurs naturelles des Perses. Alexandre évoqua la visite que Lysandre avait faite à Cyrus dans ce paradis de Sardes, durant la guerre du Péloponèse, pour apporter les présents des alliés de Sparte et lui-même croyait revivre les impressions du vainqueur d'Athènes en voyant ces arbres si beaux, si bien espacés, si bien alignés et en respirant des parfums suaves. Il se rappelait l'étonnement d'un Spartiate apprenant que Cyrus se plaisait à travailler son jardin et y avait planté des arbres. Dans le voisinage, le paradis de Tissapherne, — le vainqueur de Cunaxa, — souffrait encore, dit Mithrène, des dévastations qu'Agésilas y avait faites quelques années plus tard. Le jardin du grand roi contenait un bosquet d'arbres à encens qu'il avait tenté d'acclimater en Lydie, comme en Caramanie et en Egypte, pour ôter à l'Arabie et à l'Inde le monopole de ce produit. Alexandre arrivait à un pays de l'encens plus tôt qu'il ne l'avait pensé.

Il s'arrêta près du Pactole qui traverse la ville et fit réciter par Thessalus, aux sons des flûtes, les vers de *Philoctète :* « Terre montagnarde, nourrice de tout, mère de Jupiter lui-même, — Toi qui détiens le grand Pactole, riche en or... » Cette invocation à Cybèle, la Mère des dieux et donc de Jupiter, semblait placer sur l'Ida phrygien l'enfance du fils de Saturne, que l'on situait ordinairement sur l'Ida crétois. Mais Sophocle, dit Anaxarque, avait l'air de mettre le Pactole en Phrygie. On put constater que l'épithète de ce fleuve, « qui roule de l'or dans ses flots », était plus méritée que pour l'Hèbre. Cette faculté avait été communiquée à ses eaux par Midas, fils de Gordius, roi de Phrygie et de Lydie, lequel, sur le conseil de Bacchus, se baigna à la source du Pactole pour perdre le terrifiant pouvoir, reçu de ce dieu, de changer en or tout ce qu'il touchait. Là encore, Alexandre se retrouvait un peu chez lui, puisque Midas avait possédé en Macédoine ces fameux jardins du mont Bermius où fleurissaient des roses à soixante pétales. Il se divertit d'apprendre que, dans le pays, on avait attribué l'origine de la fortune de Midas aux mines d'or du Bermius, qui, comme celles d'Astyra, étaient depuis longtemps improductives. Les platanes ombrageant les rives du Pactole, avaient une telle grosseur et, du reste, les chênes, les peupliers et jusqu'aux grenadiers de ses bords avaient aussi une apparence tellement séculaire que, disaient les gens du pays, les arbres de Sardes étaient « plus vieux que la terre même ».

Un tombeau, voisin du Pactole, attirait l'attention. Cyrus l'avait fait élever après la bataille de Sardes, à la mémoire du roi de la Susiane, Abadate, et de sa jeune et belle femme Panthée. Alexandre fut ravi de trouver là un souvenir de Xénophon : Panthée, faite prisonnière par Cyrus dans un combat précédent, et respectée par lui, attira dans l'alliance du roi des Perses son mari Abadate et, celui-ci ayant été tué comme chef des chars d'assaut de Cyrus, elle se tua sur son corps, avec ses trois eunuques. La continence de Cyrus envers Panthée avait inspiré à Xénophon des réflexions sur lesquelles avait jadis insisté le grave Léonidas, quand il lut et commenta à Alexandre et à Ephestion cet épisode de la *Cyropédie.*

Voyant des archers agrianes qui s'amusaient à uriner dans le Pactole, Mithrène dit à Alexandre : « Notre vénération pour les fleuves est telle que jamais un Perse ne fait ce que font tes archers. Nous n'y crachons pas, nous ne nous y baignons pas nus et nous ne nous y lavons même pas les mains. Ce serait un crime d'y jeter une charogne ou des ordures. » Alexandre envoya aussitôt défendre aux soldats de souiller le fleuve. Le satrape le remercia. Anaxarque déclara que ces préceptes avaient dû être connus d'Hésiode, qui les énonce dans *Travaux et Jours.* Il est vrai que Dius, père du poète d'Ascra, était né à Cumes en Eolide, région de la Lydie.

Quand on fut en ville, Mithrène fit constater à Alexandre avec complaisance la beauté des garçons et des filles qui l'acclamaient. Cela expliquait, dit-il, que les Perses choisissaient dans cette province les plus beaux garçons pour les châtrer, afin de leur conserver une apparence juvénile, propre au plaisir. Les plus belles filles étaient envoyées à la couche du grand roi.

Ayant remarqué que de nombreux habitants qui n'avaient pas la tenue des Perses, portaient des boucles d'or aux oreilles comme Mithrène, Alexandre lui demanda si c'était un usage lydien ou perse : il se souvenait d'avoir vu jadis des boucles semblables au satrape Artabaze, l'hôte de son père. Mithrène lui précisa que les Perses en avaient pris la mode des Lydiens, mais qu'elle était interdite aux mages.

Le roi ne put que se féliciter de n'avoir pas eu à faire le siège de Sardes : la citadelle, avec sa triple enceinte et située sur une montagne abrupte, paraissait véritablement inexpugnable. Cyrus s'en était pourtant emparé grâce à une ruse que raconta Mithrène. Le roi des Perses avait fait apporter, la nuit, des mâts de navires, aussi hauts que les murailles, et il y avait fait clouer des mannequins de soldats habillés à la perse. Puis, à l'aube, il attaqua le rempart du seul côté où c'était possible et où tous les défenseurs accoururent. Mais soudain, comme les Perses avaient rapproché les mâts du côté inaccessible en poussant des cris, les Lydiens aperçurent, dans le demi-jour, ces simulacres qui allaient les prendre à revers. Aussitôt, croyant que la ville était déjà occupée de ce côté par quelque prodige, ils mirent bas les armes. Aristandre ajouta un détail : quand Mélès, premier roi de Sardes, avait construit la citadelle, les devins de Telmesse lui avaient recommandé de promener sur les remparts, pour les rendre imprenables, un lionceau enfanté par sa concubine ; mais il avait négligé ce côté-là pour lequel cette précaution semblait superflue.

Au pied de la citadelle, étaient les restes, magnifiques, du temple de

Diane et de Cybèle. Construit au temps de Crésus, il fut détruit par les Athéniens lorsqu'ils brûlèrent Sardes, faute d'avoir pu réduire la citadelle, que défendait le satrape Artapherne. Anaxarque rappela que ce fut pour venger cet incendie que Darius prépara une expédition contre les Grecs, et qu'à son tour, il incendia leurs temples et leurs villes. La vengeance de Darius, déclara Mithrène, était d'autant plus remarquable qu'originellement les Perses n'avaient pas de temples.

Au milieu des colonnes renversées, on avait reconstitué une chapelle, par ordre d'Artaxerxès Mnémon, en l'honneur de la Diane perse ou Anaïtis, c'est-à-dire de Vénus. Ce roi avait érigé d'autres temples à cette déesse, parce qu'elle l'avait rendu amoureux de ses deux filles et qu'il les avait épousées. Les principes religieux des Perses leur défendant toute représentation de la divinité, ce n'est que dans les villes grecques dont ils étaient les maîtres, qu'il y avait des statues d'Anaïtis. De même Mithra, leur dieu du soleil, était-il parfois personnifié et avait-il des temples. Mais, le plus souvent, ils se contentaient d'autels du Feu, dont ils avaient le culte. On n'avait mis aucune image grecque de la déesse dans cette chapelle, afin de n'y rien changer, par respect pour Artaxerxès Mnémon.

Alexandre suivit le sentier qui menait à la citadelle. Amyntas l'accueillit, entouré des officiers perses qui avaient capitulé sans combattre, selon les ordres de Mithrène. Alexandre les maintint dans leurs fonctions, en incorporant leurs soldats à son armée. Il leur avoua que la citadelle paraissait bien difficile à prendre sans la bonne volonté de ses défenseurs. Le feu sacré brûlait sur un autel. Il avait été apporté de Pasargades, l'antique capitale des Perses, ce qui permettait de dire que, dans leurs sacrifices, les mages n'allumaient jamais de feu. « O roi, dit Mithrène en montrant cet autel, nous respectons tellement le feu, comme l'eau, que nous croirions le souiller aussi en y faisant brûler des cadavres, parce qu'il ne convient pas à un dieu de se nourrir de déchets humains. Nous les abandonnons aux corbeaux après les avoir enveloppés sans les laver ou nous les enduisons de cire pour les mettre en terre. » Alexandre lui dit qu'il avait observé ce double usage à l'égard des Perses tués au Granique. En revoyant, du haut de la citadelle, les ruines du temple détruit par les Athéniens, il dit que, pour marquer sa victoire en Troade et sa conquête pacifique de Sardes, il le ferait reconstruire, mais qu'il le consacrerait uniquement à Diane. L'Asie Mineure tout entière était, ajouta-t-il, le temple de la Mère des dieux et il était indécent de lui en donner la moitié d'un. Il choisissait Diane à cause d'Apollon, puisqu'il était le protecteur de Delphes.

Il résolut également d'élever un temple à Jupiter Olympien. Comme il disait ces mots, le tonnerre retentit et un nuage versa une ondée sur l'endroit qu'il dominait. Il n'avait pas besoin de consulter Aristandre pour décider que c'était là qu'on édifierait le temple. Ce présage céleste lui parut un remerciement pour sa décision antérieure de faire restaurer celui de Diane Coloène et celui de la Diane sardienne. Il gratifia le futur temple du droit d'asile et décréta qu'il y aurait à Sardes des jeux Olympiques, comme il y en avait à Thyatire et, lui dit-on, à Ephèse et à Milet.

Descendu de la citadelle, Alexandre s'installa au palais royal. Quoique de briques, ce palais, bâti sous Crésus, qui y avait logé Esope le Phrygien après son affranchissement, était d'une rare magnificence. Les tapis et tapisseries qui le décoraient, étaient d'une finesse et de couleurs extraordinaires. Les palais du roi des Perses n'avaient partout, dit Mithrène, que des tapis et des tapisseries de Sardes. Ils n'étaient aussi éclairés que par des lampes d'or, comme on en voyait dans celui-ci. Deux tableaux de Pausias qui représentaient Hercule, étonnèrent Alexandre. Il en fut même d'abord un peu choqué, puis se résigna à s'en amuser : l'un montrait le héros habillé en femme, d'une robe de pourpre, et tournant le fuseau et la quenouille d'Omphale qui, couverte de la peau du lion de Némée et la massue à ses pieds, lui donnait un soufflet avec sa pantoufle. Mais Alexandre lui-même ne s'était-il pas diverti à représenter plus ou moins ainsi son ancêtre, lorsqu'il se déguisait à Miéza avec ses compagnons ? N'avait-il pas également filé ou tissu dans l'appartement de sa mère, comme Achille à Scyros ? Tout jeune il se référait à ces deux exemples. Le second tableau du peintre de Sicyone montrait le héros et Omphale endormis sur un lit, elle drapée dans la peau du lion et lui dans une robe légère, la tête couronnée de roses, les poignets chargés de bracelets, les pieds serrés par de fins brodequins. Un faune, trompé par les apparences et ayant déjà le membre dressé, soulevait doucement la robe d'Hercule et détournait la tête en apercevant des cuisses velues et un membre vraiment herculéen.

Un autre tableau étonna encore davantage Alexandre : on y voyait la nymphe Callisto pressée amoureusement dans les bras de Diane. Ce sujet était digne des mœurs d'Omphale. Le roi avoua qu'il avait toujours soupçonné les nymphes de goûts saphiques, mais qu'il n'en connaissait pas d'exemple chez les déesses. Anaxarque lui dit que cet épisode ne concernait Diane qu'illusoirement : c'est Jupiter qui, pour séduire Callisto, avait pris les apparences de la sœur d'Apollon ; mais elles cessèrent à l'instant où il dévirgina la nymphe, qu'il rendit mère d'Arcas, et qui, changée en ourse par Junon, devint au ciel la Grande Ourse. « Merveilleuse religion, où il y a constamment quelque chose à apprendre ! dit Alexandre. Mais je suppose que, malgré la métamorphose de Diane en Jupiter, la Grande Ourse est la constellation des lesbiennes. »

Mithrène conduisit Alexandre dans la salle du trésor. Le roi fut ébloui, lorsqu'on ouvrit les coffres, plus qu'il ne l'avait été à l'arsenal de Pella, quand Parménion lui avait fait voir ceux des monnaies de son père. Si les dariques d'or étaient d'un travail moins précieux que les philippes et que les alexandres, elles étaient aussi pesantes et il y en avait des milliers. C'était assurément le Pactole. On eût dit aussi une armée brillante à cause de cet archer agenouillé, tirant de l'arc, que montrait l'avers, — les Perses avaient été longtemps renommés pour leur habileté à lancer des flèches, ce qui avait même fait attribuer l'invention de l'arc à Persès, leur fondateur ; — mais le revers, où ne figurait qu'un creux irrégulier, semblait attendre la frappe d'un autre nom que celui du grand roi. Le type de ces monnaies était resté inchangé de règne en règne, comme le poids en or ou en argent. Leur nombre était le symbole de ces immenses richesses qui allaient tomber au pouvoir du jeune conquérant. Alexandre ne fut pas surpris qu'Euripide, dans *les Bacchantes,* eût appelé « riches en or » les champs de la Lydie : en effet, elle ne tirait pas seulement son or du Pactole, mais des mines du mont Tmole et du mont Sipyle, qui étaient encore exploitées. Alexandre fit ordonner aussitôt à Gorgus d'aller visiter celles du Tmole et de remplacer les surveillants par des soldats grecs invalides.

Il demanda à Mithrène ce qu'était une pierre étrange qui semblait un alliage d'or et d'argent et qui était fixée à la base des coffres. Le satrape lui en fournit l'explication : elle se trouvait dans le Pactole et coûtait une fortune, parce qu'elle avait la propriété de protéger l'or, d'où son nom de « garde de l'or ». Les riches Lydiens la plaçaient sur le seuil de leurs trésors : si des voleurs s'en approchaient, elle rendait le son d'une trompette et les mettait en fuite. Alexandre pria Callisthène de signaler cette merveille à Aristote. Mithrène désigna au roi une autre pierre douée de propriétés aussi étonnantes et qui, ayant l'aspect d'une pierre ponce, venait du Tmole : elle conservait la chasteté aux jeunes filles et les garantissait même contre les violences.

Un coffre était plein de sardoines ou de cornalines, finement travaillées par des artistes grecs d'Asie Mineure. Alexandre prit quelques-unes de ces pierres : il fit cadeau de la plus belle à Ephestion et de quelques autres à ses amis. Il y avait à part une superbe émeraude montée en or et gravée d'une lyre. C'était la bague du tyran de Samos Polycrate, qu'il avait jetée à la mer pour conjurer le destin à cause d'un bonheur trop constant et qui lui fut rapportée par un pêcheur, qui l'avait trouvée dans le ventre d'un poisson. Polycrate, attiré à Magnésie du Méandre par le satrape Orite, gouverneur de Sardes, fut écorché vif et mis en croix sur le mont Mycale. Alexandre admirait beaucoup cette pierre. Pourtant, il aima mieux laisser dans le trésor un anneau qui, certes, avait vu Anacréon et touché le beau Smerdis, mais qui rappelait une trahison. Il y avait également de magnifiques ivoires sculptés et coloriés. Mithrène dit à Alexandre que l'on teintait en Lydie l'ivoire des Indes.

L'armée trouva le séjour de Sardes encore plus agréable que celui de Thyatire. La mollesse des Lydiens était célèbre. Pour ceux des Grecs qui ne donnaient pas aux voluptés, même à la masturbation, une origine divine

(Mercure, dans ce dernier cas), elles étaient venues de cette contrée, patrie de Pélops. Ce peuple était tellement porté au plaisir solitaire qu'il s'y livrait aux heures de la méridienne. On entendait, à ce moment-là, une invocation qu'Alexandre avait imaginé une preuve d'ébats conjugaux, bien qu'elle eût quelquefois une sonorité enfantine. Les Lydiens criaient alors, en effet : « Hymen, ô hyménée ! » Mais hommes, jeunes gens ou garçons étaient seuls et célébraient avec leurs mains un mariage sans femme. Ils s'en avertissaient ainsi les uns les autres, afin de mieux s'exciter par cette révélation de leur jouissance. La pédérastie était aussi répandue que les mœurs de Lesbos, avec la double tradition d'Hercule et d'Omphale.

Comme Alexandre avait raconté jadis à ses compagnons les particularités du massage lydien, expérimenté par Ephestion et par lui chez Cléotime, tous, à commencer par Autolyque, voulurent en tâter. Ils convinrent que leurs fesses n'avaient jamais été mieux pétries. Le satrape avait le plus beau jeune masseur de Sardes, digne en tout point de celui d'Olympie, et le mit à la disposition d'Alexandre : ce garçon massait, non seulement les fesses, mais leur orifice, en l'enduisant de myrrhe. Le roi pensa que Cléotime avait pris l'idée de ce massage dans ces contrées, où l'amenait son commerce.

Les mœurs libres des Lydiens se prouvaient autrement dans ces lieux que l'on nommait des « fleurs », où femmes, hommes et enfants se réunissaient pour se livrer en commun à toutes les voluptés, tant la nuit que le jour. Il était difficile à Alexandre de fréquenter ces endroits, bien qu'ils fussent entretenus avec luxe au milieu de jardins fleuris, ce qui leur avait valu leur appellation. Mais plusieurs de ses officiers lui dirent que l'on n'avait rien exagéré en décrivant les licences de ces paradis humains : alors qu'en Macédoine et en Grèce, de telles choses ne se passaient que dans les lupanars de l'un et de l'autre sexe ou aux Tuileries d'Athènes, réservées aux courtisanes, les Lydiens les plus honnêtes s'y prostituaient en famille. On attribuait l'invention des « fleurs » au tyran de Samos Polycrate, qui s'était inspiré du « doux détour » d'Omphale.

Les Lydiens avaient imaginé une coutume destinée à conserver aux femmes une éternelle jeunesse, de la même façon qu'aux hommes : en les châtrant. C'est encore Omphale qui passait pour en avoir été l'inventrice, dans sa folle passion pour elles. Sardes était remplie de ces eunuques des deux sexes, qui rivalisaient de salacité. Ils étaient aussi les danseurs les plus recherchés.

Dans les banquets, Alexandre paraissait en voluptueux plutôt qu'en vainqueur : il supposait que cela plairait aux Sardiens. Mithrène, qui avait soin de tout, faisait choisir les plus beaux garçons et les plus belles filles pour lui offrir le spectacle de la déhanchée, plus animé qu'on ne l'avait vu chez Cléotime. Il existait un usage de table spécial aux Grecs d'Asie Mineure, qui réglait diversement l'ordre ou le nom des coupes de vin au milieu du repas : pour le premier, le Bon Génie était remplacé par la Santé ;

les dieux olympiens, par les Grâces ; les héros, par l'Amour et la Volupté ; Jupiter Sauveur, par le Sommeil. Ces hommages étaient bien dans la nature d'un tel peuple ; mais Anaxarque fit remarquer que les Grecs d'Europe et les Macédoniens eux-mêmes, en commençant par le Bon Génie, s'écartaient des anciens héros qui débutaient toujours par Jupiter Olympien. Alexandre, approuvé d'Aristandre, décida qu'à sa table, la première coupe serait dorénavant en faveur de Jupiter Olympien, la seconde pour le Bon Génie et le reste comme de coutume.

Les Lydiens eurent une façon de rendre hommage à Alexandre qui l'amusa. Fiers d'avoir inventé les dés, les osselets, la balle et tous les jeux du monde, sauf les dames, invention des Egyptiens, ils donnèrent le nom d'Alexandre au plus fort total que l'on pût atteindre avec les quatre osselets, — vingt-quatre points : ce serait désormais « le coup d'Alexandre ». Il n'avait jamais eu beaucoup de goût pour le jeu de dés, à la différence de son père ; mais, quand Mithrène lui eut offert des dés en or, pareils à ceux du grand roi, il dit qu'il aurait désormais plaisir à y jouer.

Ayant su qu'il y avait à Sardes un temple récent d'Anaïtis, outre la chapelle qu'il avait aperçue, il y sacrifia solennellement. Honorer la religion des Perses, était pour lui une manière de prendre possession de leur empire. La déesse, vêtue d'une robe collante, coiffée d'un bonnet rond, comme certaines Vénus archaïques, était assise sur un lion à tête de griffon qui la regardait. Alexandre et ses compagnons virent, pour la première fois, les eunuques et les prêtresses chargés du culte de cette déesse et qui pratiquaient, un sexe à l'envi de l'autre, la prostitution sacrée. Ils portaient des robes semblables à celle d'Anaïtis, la taille serrée par une large ceinture à larges bouts flottants et la tête ceinte de bandelettes aux extrémités pendantes. Ils effectuaient, en tenant des encensoirs, une danse circulaire qui faisait tournoyer leurs ceintures et leurs bandelettes.

Pour flatter encore les Perses, Alexandre voulut aller sur le Tmole, où le Feu avait un autel. Mais la première visite fut pour les mines d'or, qui avaient l'aspect de celles du Pangée. Gorgus les estimait d'un bon rendement. On monta ensuite, à cheval, les pentes de la montagne, aux vignobles fameux. C'est là que, d'après Orphée, Bacchus avait été élevé. C'est là que le Pactole prenait sa source. Aussi Euripide appelle-t-il les bacchantes « délices du Tmole qui roule de l'or », — l'or des mines. Anaxarque évoqua le jeune satyre phrygien Ampélus, dont Bacchus avait été amoureux et avec lequel il se baignait dans le Pactole ou courait sur le Tmole. D'autres rivières issues de cette montagne fournissaient la pierre de touche, nommée aussi pierre lydienne. Callisthène s'émerveilla de la précision avec laquelle les connaisseurs devinaient, à la trace laissée sur cette pierre par un échantillon d'or, d'argent ou de cuivre que l'on y avait frotté, la quantité de métal contenue dans cet échantillon.

Alexandre et Ephestion récitèrent le début des *Bacchantes*. Ces vers prouvaient les liens existant entre les mystères de Bacchus, — c'est le dieu lui-même qu'Euripide fait parler aux bacchantes, — et ceux de Cybèle ou d'Atys, comme l'indiquait la *Sémélé* de Diogène : « Allons, ô vous qui avez laissé le Tmole, rempart de la Lydie, — Mon cortège de femmes que, de chez les barbares, — J'ai mené comme mes assistantes et mes compagnes, — Levez les tambourins, originaires de la Phrygie, création de moi et de la Grande Mère ! » Puis, ils chantèrent le chœur : « De la terre d'Asie, — Ayant quitté le Tmole sacré, j'accours... »

Les Perses avaient construit au sommet une tour en marbre blanc d'où l'on découvrait toutes les plaines des alentours et notamment, au sud, celle de l'Hermus, puis celle du Caÿstre avec les milliers de cygnes qui cinglaient et volaient sur ses eaux. En haut de la tour, était l'autel du Feu. Mithrène, qui était partout le guide d'Alexandre, s'était fait accompagner d'un mage et de plusieurs assistants pour y célébrer le sacrifice. Le Tmole était, du reste, une divinité des Lydiens. Il avait été juge de la dispute entre Apollon et le satyre Marsyas. Son image, sous forme d'une tête de Bacchus barbu et couronné de pampres, figurait sur les monnaies de Sardes. Une autre montagne de Lydie, le Carius, dont Jupiter portait l'épithète de Carien, était, elle aussi, l'objet d'un culte. Le mage, vêtu d'une longue robe de byssus, avait sur la tête un turban de laine, dont les pans tombaient le long des joues, de manière à lui cacher les lèvres. Il devrait éviter, en effet, pendant le sacrifice, de souiller par la moindre goutte de salive le feu ou la victime. Cette coiffure évoquait celle de nombreux soldats perses à la bataille du Granique.

Un assistant du mage distribua des tiges de bruyère, réunies en faisceau par un lien. (Mithrène dit qu'on pouvait remplacer les bruyères par du tamaris ou du grenadier.) D'un vase de bronze ovoïde, fut tirée, au moyen d'une pincette de fer, la braise qu'on avait apportée de la citadelle et qui fut mise sur l'autel. Dans un autre vase de bronze à col étroit, fut pilé de l'amome, plante sacrée qui, pressée de façon à en extraire le suc, conférait l'immortalité et dont chacun des spectateurs but quelques gouttes. L'autel avait été couvert de branches de grenadier, de tamaris et de dattier, attachés par des feuilles de palmiers. Le couteau avec lequel on avait coupé les tiges d'amome, le tamis avec lequel on avait passé le jus, la tasse dans laquelle on avait bu, étaient d'argent. Au préalable, le mage les avait purifiés selon certaines cérémonies, après qu'on eut versé sur ses mains de l'eau d'un vase d'or. Puis, ses assistants rangés à droite et à gauche de l'autel, il leur dit, en langue grecque, par déférence pour Alexandre et tourné vers lui : « Que le maître se présente. » Les assistants, mais non le roi, répondirent : « J'obéis. » « Que le fidèle qui fait des œuvres méritoires, qui est bien instruit et qui parle selon la vérité, se présente », dit ensuite le mage. Les assistants répondirent : « J'obéis — Dis avec moi, ô assistant, dit le mage à l'un d'eux, que le prêtre se présente, que le militaire se présente, que le laboureur, source des biens, se présente, que le chef de maison se présente. Que le chef de province se présente. Que les jeunes gens, purs de pensée, purs de paroles, purs d'actions, se présentent. Ces jeunes gens qui parlent selon la vérité, qu'ils se présentent. Que les femmes pures se présentent. Celles qui sont très saintes de pensées, très saintes de paroles, très saintes d'actions, intelligentes, bien instruites... »

Ensuite, ce fut l'invocation au Feu, qui s'appelait Atar en langue perse et qui était le fils d'Ahura-Mazda, le grand dieu des Perses, dont Alexandre entendait le nom pour la première fois : « Je te souhaite, ô Atar, fils d'Ahura-Mazda, sacrifice et prière. Puisses-tu avoir bon bois, bon parfum, bon aliment. Puisses-tu être entretenu par des hommes forts et vertueux... » Le mage s'adressa de nouveau à l'un de ses assistants : « O toi qui prépares le feu, dis-moi : « C'est le désir d'Ormuzd. » Il avait averti Alexandre que le dieu perse, principe du bien, s'appelait ainsi.

Le feu fut allumé par-dessous l'autel, au moyen de la braise, tandis que le mage disait : « Feu, souverain maître, mange ! » Un servant attisait la flamme avec des branches et en y versant de l'huile : souffler dessus eût été puni de mort, comme d'éteindre le feu avec de l'eau. « C'était, chez les Perses, dit Mithrène, la formule de la supplication la plus forte pour obtenir l'accomplissement d'un vœu, que de menacer le feu de le jeter dans un cours d'eau, menace, du reste, si effroyable que nul n'aurait osé la mettre à exécution. » Le mage récitait maintenant une autre prière : « Que le Feu, fils d'Ormuzd, me soit favorable !... » Il donnait au Feu une suite d'épithètes flatteuses, pareilles à celles que, dans leurs hymnes, les Grecs donnaient aux dieux. Alexandre pensait à Socrate qui, d'après Alcibiade dans *le Banquet* de Platon, avait fait une prière au soleil levant, durant la campagne de Potidée.

Enfin, eut lieu le sacrifice. La victime était un bélier, qui avait été mené par l'un des assistants. L'animal, couronné de myrte, comme l'étaient le sacrificateur et toutes les personnes présentes, fut immolé à même le sol et découpé. On fit griller les morceaux sur le feu, on les déposa sur un lit de myrte et de laurier et on les distribua aux participants. Anaxarque dit que cet usage des Perses de brûler les victimes était sans doute récent et d'influence grecque : au temps d'Hérodote, ils n'allumaient pas de feu pour sacrifier et n'élevaient même aucun autel. Hécatée, soucieux de se montrer aussi savant, à l'occasion, que son concitoyen, déclara que c'était peut-être sous l'ancienne influence des Perses qu'il y avait à Délos un autel où l'on n'avait pas le droit d'immoler des animaux, ni, par conséquent, d'en brûler : celui d'Apollon Géniteur.

Au palais royal de Sardes, Alexandre n'avait pas trouvé seulement de l'or, des bijoux, des tapis et des tableaux libertins : Mithrène lui avait livré la correspondance du grand roi avec des Grecs. Sardes avait un dépôt des archives du royaume pour les affaires de l'Europe, à cause de la relative proximité de cette grande ville perse et de ce continent. Ainsi Alexandre apprit-il le montant des sommes énormes versées à Démosthène et lut-il les lettres de l'orateur, prouvant sa collusion éhontée avec les ennemis de la Grèce. Il vit la liste de tous les autres pensionnaires du grand roi. En vérité, cette liste semblait le commentaire du mot d'un des personnages des *Acharniens* d'Aristophane : « Le grand roi nous enverra-t-il de l'or ? » La stupeur d'Alexandre fut grande, quand il y découvrit le nom de Démade. Toutefois, en observant les dates des envois d'argent qui étaient inscrites, il éclata de rire et admira l'astuce de cet ami de la Macédoine : les moments où l'ancien marin avait rendu les services les plus signalés à Philippe, étaient ceux où il avait demandé de l'argent pour ne pas le faire. Ainsi avait-il touché des deux mains. C'est la seule différence qu'il avait avec Démosthène. Alexandre vit également les sommes payées jadis à Alcibiade et, ce qui le scandalisa, versées encore au roi de Sparte. En commentant ces découvertes avec ses philosophes, il leur montra sa magnanimité : plutôt que de réclamer des châtiments aux Athéniens ou de déshonorer des Héraclides, il liquidait le passé. Il ne voulait rien faire qui risquât de remettre en question le traité d'alliance avec Athènes ou d'irriter Sparte inutilement. D'ailleurs, ne se considérait-il pas d'avance comme le futur roi des Perses ? Aucune intrigue de Darius ne pouvait plus l'inquiéter.

Néanmoins, il ne se crut pas obligé de libérer, malgré l'intercession de certains de son entourage, quatre prisonniers de marque, faits au Granique et que l'on n'avait pas vendus comme esclaves : le sophiste Echécratide, Athénodore d'Imbros et les deux Rhodiens, Démarate et Sparton.

Pour distraire l'armée et réjouir la population, Alexandre célébra des jeux au théâtre de Sardes. On y récita des vers de l'antique poète sardien Alcman qui, vendu comme esclave à Sparte, avait composé de si beaux poèmes d'amour en dialecte dorien qu'on l'avait affranchi. On les chantait toujours dans cette ville aux fêtes d'Apollon, où dansaient des garçons nus. « L'amour, suivant les ordres de Cypris, distille goutte à goutte l'amour dans nos sens... » avait dit ce poète.

En chassant à l'ouest de Sardes, dans la région de la Lydie appelée Méonie, Alexandre vit un paysage bien différent de la riche plaine du Pactole. Son autre nom de Terre brûlée suffisait à la dépeindre. Elle avait été habitée par les Arimes, sujets du roi Arimus. Sa seule culture était, par endroits, la vigne, qui produisait d'ailleurs un vin excellent, dit de la Terre brûlée. C'était le lieu où, d'après certains mythographes, Jupiter avait foudroyé le géant Typhée ou Typhon, aux cent têtes, aux cent mains, aux cent cuisses, d'où s'élevaient cent têtes de serpents, et à la taille qui arrivait aux astres. Ce monstre était fils de la Terre, comme les autres géants ; mais elle l'avait eu de Vulcain qui, pour complaire à Junon, désireuse de se venger de Jupiter qui avait conçu Minerve, avait éjaculé sur deux œufs, mis ensuite par elle dans la Terre. Puis, comme disait Pindare, elle avait frappé du plat de la main « la Terre, porteuse de vie » et Typhon était né. Lorsque les dieux le virent s'approcher du ciel, ils coururent, épouvantés, en Egypte, où ils prirent des formes d'animaux, origine des divinités égyptiennes. Mais enfin Jupiter poursuivit Typhon à coups de foudre sur le mont Casius en Syrie, puis sur le mont Nysa aux Indes et sur l'Hermus en Thrace, où le géant fut réduit à merci, dernière localisation que certains contestaient, en y préférant la Terre brûlée. De l'un ou de l'autre lieu, le maître de l'Olympe avait précipité le géant sous l'Etna. C'est là que Typhon, ajoutait Pindare, « dont la poitrine velue » soutenait la Sicile, faisait jaillir « un flot de fumée embrasée, » tandis que, « dans les ténèbres, une flamme rouge — Porte des pierres vers la plaine profonde — De la mer — Avec bruit. » Anaxarque, qui rappelait ces vers à Alexandre, disait que, d'après les voyageurs, on ne pouvait mieux décrire une éruption volcanique : Pindare avait dû assister à l'une de celles de l'Etna, en se rendant à la cour de Hiéron de Syracuse ou chez Théron d'Agrigente.

Les nouvelles qui parvenaient à Alexandre des provinces d'Asie mineure, lui donnaient quelque orgueil. La reddition de Sardes avait semblé aussi extraordinaire que la victoire du Granique et le signe avant-coureur de la chute de Darius. Des Grecs avaient déjà, dans le passé, remporté des victoires sur les Perses ; mais ils n'avaient jamais pris que des villes grecques. Alexandre laissa les Lydiens se gouverner selon leurs lois, nomma Asandre, fils de Philotas, à la place de Spithidrate, le satrape de Lydie tué au Granique, et Pausanias, un des nouveaux membres de l'escadron des amis, commandant de la citadelle, avec des troupes argiennes. Il se réserva d'octroyer à Mithrène une autre satrapie, quand il aurait agrandi ses conquêtes, et le pria de rester à sa suite, parmi les rois qu'il avait amenés. Nicias fut chargé de percevoir les riches tributs de la Lydie.

Le roi envoya en avant un de ses homonymes, pour retenir Memnon en Carie, pendant qu'officier valeureux, il irait s'assurer des villes côtières de la Lydie : elles l'intéressaient pour ses communications maritimes. A partir de Sardes, ses communications terrestres seraient facilitées par la route dite royale, qui allait de Sardes à Suse. Soigneusement entretenue, bordée de monuments funéraires qui étaient souvent creusés dans le roc sur le flanc des montagnes, elle comportait en plus, de distance en distance, ce que l'on appelait des trésors, relais destinés au grand roi et pourvus en permanence de meubles et d'argent. Alexandre, qui avait apprécié les routes créées par son père et qui les avait fait améliorer, pouvait prendre ici des leçons. Il chargeait, du reste, ses arpenteurs Béton et Diognète de relever tout ce que ce système routier avait de perfectionné, avec ses auberges et ses écuries, mieux aménagées que celles de la Macédoine, et ses bornes, plus nombreuses. Mithrène lui fit voir des stations qui, d'après la légende, avaient été fondées par Memnon, fils de l'Aurore, lorsqu'il était venu d'Ethiopie au secours de Priam. Le satrape admirait le sang-froid avec lequel le jeune roi voyait tout, notait tout, prenait toutes ses dispositions, comme si le pays à travers lequel il s'avançait, était désormais son royaume.

Cependant, Alexandre n'avait fait encore que parcourir un trait de la route qui devait le mener à Suse : c'était lorsqu'il avait chassé dans la Terre brûlée, où cette route passait en contournant le Tmole. A présent, le roi suivait l'Hermus dans la direction de l'ouest, à travers la plaine que l'on appelait de Cyrus et qui était, de ce côté, le prolongement de celle de Sardes.

Il s'arrêta à Mélissa, où était le tombeau d'Alcibiade. L'Athénien était un des héros de son enfance, malgré les restrictions que pouvait lui inspirer un homme qui avait trahi tout le monde ; mais il n'avait pas oublié avec quelle passion il avait parlé de lui en revenant d'Olympie, quand on voguait dans le golfe Saronique. La brillante et orageuse carrière d'Alcibiade avait pris fin dans cette localité à l'âge de quarante-six ans et d'une manière tragique, peu conforme à son caractère voluptueux. Ce fut sur les conseils de Lysandre au satrape Pharnabaze que, pour l'empêcher de rompre l'alliance conclue entre le grand roi et les Lacédémoniens, on mit le feu à la maison où Alcibiade séjournait à Mélissa, alors qu'il se rendait de Grynium à la cour de Perse. Il était près de s'échapper ; mais les satellites de Pharnabaze l'accablèrent sous une grêle de traits. Sa compagne, la courtisane Timandra, mère de l'ancienne Laïs, lui fit un linceul de sa propre tunique et brûla son cadavre dans cette maison en flammes, comme sur un bûcher.

Continuant le long de l'Hermus, Alexandre entra bientôt à Magnésie du Sipyle, au pied de la montagne de ce nom. Cette ville prospère tirait son origine, comme Magnésie du Méandre en Carie, des Magnètes thessaliens. Le Sipyle rappelait aux vétérans d'Alexandre le Pélion et l'Ossa. Certains étant fatigués par ce début de campagne ou ayant été blessés au Granique, il décida de les y établir, ainsi qu'il l'avait déjà fait pour d'autres aux mines d'or du Tmole. On était dans l'ancien royaume de Tantale. La légende lydienne attribuait à ce roi et non à Jupiter l'enlèvement de Ganymède et c'est son fils Pélops qui avait été enlevé par Neptune sur le Sipyle. Mais la légende courante, pour expliquer son supplice aux enfers, prétendait qu'il avait servi aux dieux son fils coupé en morceaux.

Alexandre et Ephestion voulurent chasser à travers les forêts du Sipyle. Depuis longtemps, Périttas et l'autre chien favori d'Alexandre, Triaque, n'avaient pas été à pareille fête avec leur maître. Il y avait force gibier sous les sapins, les chênes et les cornouillers de cette montagne. Alexandre déclama les vers de Pindare adressés à Pélops, qu'il avait chantés souvent à Miéza et qui suivaient la légende ordinaire à propos de Ganymède : « Fils de Tantale, je parlerai de toi — Autrement que nos devanciers, quand ton père invita au festin le mieux ordonné, — Dans sa chère demeure du Sipyle, — Les dieux avec qui il échangeait des repas. — Alors le maître du beau trident te ravit, son cœur dompté par le désir, — Et il te fit passer sur des chevaux d'or — Dans la demeure de Jupiter Souverain, — Qui est honoré au loin. — A une autre époque, — Vint aussi Ganymède — Pour le même besoin de Jupiter. » Comme Pélops avait disparu, on imagina que son père l'avait tué et offert en pâture aux immortels. Mais le poète se refusait à les appeler anthropophages et il donnait au supplice de Tantale, « homme cher aux maîtres de l'Olympe », — c'est un de ses fils, Brotée, qui avait fait la première statue de la Mère des dieux, — une autre raison : il ne put supporter son bonheur sans en être ébloui. « Son bonheur, dit Alexandre, ce n'était pas seulement de voir son fils enlevé par le maître du beau trident, mais de posséder les mines d'or du Sipyle. — A en croire notre poète, dit Ephestion, Tantale fut aussi coupable d'avoir dérobé aux dieux le nectar et l'ambroisie, comme Prométhée leur déroba le feu. C'est pourquoi il fut précipité dans le Tartare et son fils renvoyé à la race des hommes. »

Diane avait un temple sur le Sipyle, avec l'épithète de Déhanchée. C'est dans cette région qu'était née en son honneur cette danse peu chaste, que Pélops avait importée en Elide. Il y avait également un temple de Cybèle, qui était un des lieux les plus antiques de son culte, — elle y était appelée Sipylène —, et un temple de Jupiter.

Deux rochers du Sipyle méritaient la visite d'Alexandre par leur célébrité. Le premier portait, sculptée, une figure de Cybèle, haute d'une dizaine de mètres : la déesse assise et coiffée du boisseau, tenait ses seins dans ses mains et c'était, disait-on, la première représentation qu'il y eût eue d'elle. Le second n'avait pas été sculpté, mais offrait, par son profil, la vision d'une femme en larmes et accablée de douleur : c'était Niobé, pétrifiée après la mort de ses douze ou vingt enfants, — on variait pour leur nombre —, dont l'un avait le nom de Sipyle. Un passage de l'*Antigone* de Sophocle se référait à cette histoire : « J'ai entendu comment avait péri — La très malheureuse étrangère de Phrygie, — La fille de Tantale, sur le haut Sipyle — Qu'une roche croissant comme le lierre qui s'attache fortement, a domptée. — Et maintenant, fondue par la pluie, — A ce que disent les hommes, — La neige ne la laisse plus — Et elle humecte de ses yeux lamentables — Les cols de la montagne. »

Le rocher de Cybèle incita Ephestion à évoquer, pour en faire l'éloge, le projet de Dinocrate de donner au mont Athos la physionomie d'Alexandre. Celui-ci déclara qu'il autoriserait peut-être une pareille sculpture après avoir conquis la Perse, en donnant au Caucase les traits d'Ephestion.

Gorgus, visita les mines du Sipyle : contrairement à celles du Tmole, elles étaient à peu près épuisées. Heureusement que les coffres de Darius semblaient inépuisables.

Un peu plus au nord, Alexandre vit les ruines de Grynium, la ville éolienne que Parménion avait détruite, et il sacrifia dans le temple-oracle d'Apollon, qui subsistait au milieu des ruines. Il admira la statue du dieu, figuré à demi nu, couronné du diadème royal, le bas du corps drapé, tenant un rameau d'olivier.

A une faible distance, on trouva la ville d'Elée qui avait donné son nom au golfe voisin. Elle n'était pas éloignée du Caïque, fleuve qui formait la limite entre la Phrygie et cette partie de la Lydie qu'on nommait l'Eolie ou Eolide. La flotte d'Alexandre, qu'il avait fait aviser de sa marche par des messagers réguliers, l'y attendait. Quelques vaisseaux arrivés de Macédoine, avaient amené un nouveau contingent, qui allait remplacer les vétérans installés à Sardes et à Magnésie du Sipyle : Alexandre savait, en se privant de ces hommes, qu'il en aurait bientôt d'autres.

La flotte s'était réparée au petit port d'Aspanée, en Troade, chantier de bois de l'Ida sur le golfe qui portait le nom de cette montagne ou de la ville d'Adramytte. Alexandre commanda à Philoxène que l'on y construisît plusieurs vaisseaux. Ce serait épargner les forêts de la Macédoine.

Les matelots athéniens s'apprêtaient à célébrer la fête des Primices qui, à la fin du printemps, était une des principales d'Athènes, en l'honneur d'Apollon et de Diane. Ils vinrent à terre pour cette occasion. Il s'agissait de se purifier en dévouant aux divinités infernales deux hommes, dont l'un était déguisé en femme ; jadis on les immolait, puis on les brûlait pour jeter leurs cendres au vent. Celui qui représentait les impuretés des hommes, portait un collier de figues noires ; celui qui représentait les impuretés des femmes, un collier de figues blanches. Tous deux étaient nus. Les autres matelots les chassaient devant eux en leur flagellant le dos avec des branches de figuiers sauvages et les organes sexuels avec des tiges d'oignons. Alexandre pensait à la purification qu'il avait vu accomplir à Athènes, lors de la réunion de l'assemblée du peuple, et où l'on avait répandu le sang d'un porcelet, auquel on avait arraché les testicules. Hécatée dit que, jusqu'à la conquête de la Thrace par Philippe, ces purifications annuelles, qui se célébraient encore de la même manière symbolique dans ce pays, s'y terminaient par le sacrifice sanglant des deux purificateurs : c'étaient toujours deux pauvres, que l'on avait bien nourris.

Le Caïque rappelait à Alexandre et à Ephestion l'histoire de Télèphe, fils de Jupiter et d'Augé, fille du roi d'Arcadie Aléus, qui avait inspiré une tragédie à chacun des trois grands dramaturges de la Grèce. Télèphe, après avoir été nourri par une biche sur le mont Parthénius dans le Péloponèse, était venu en Mysie, conformément à un oracle, et faillit y épouser sa mère qui s'y était transportée, comme Œdipe épousa Jocaste. Devenu roi de Mysie, il s'était opposé, dans ses ports et sur ses terres, au passage des

Grecs en route vers Troie et Achille l'avait blessé d'un coup de lance. Cette plaie inguérissable, comme toutes celles que faisait cette arme de l'ancêtre d'Alexandre, n'avait été guérie que par la rouille de cette même lance, qu'Ulysse fit donner à Télèphe. Cratès, lorsque Alexandre l'avait rencontré à la source d'Œdipe près de Thèbes, au lendemain de la bataille de Chéronée, avait parlé de la tragédie d'Euripide pour dire préférable la condition de Télèphe misérable et boiteux à celle du roi des rois. Alexandre était moins que jamais de cet avis.

Sur le golfe d'Elée, en face de cette ville, s'élevait Pitane. Alexandre s'était assigné ce but extrême en Eolide pour avoir le plaisir de faire ce que Parménion n'avait pu. Les habitants qui, protégés par leurs fortes murailles, avaient naguère obligé ce général à lever le siège, n'attendirent même pas l'arrivée du roi pour lui ouvrir les portes : ils lui envoyèrent une ambassade, dès qu'il eut quitté Elée. Du reste, la présence de la flotte grecque aurait, cette fois, rendu inutile toute velléité de résistance. Alexandre pardonna généreusement aux Pitanètes.

Pendant son séjour à Elée, où il était revenu, Alexandre reçut diverses ambassades. Ce fut d'abord celle de Pergame, la grande ville forte du sud de la Mysie dans la plaine du Caïque, sur les bords de son affluent le Céléus. Les Pergaméniens envoyaient au roi de beaux présents, dont l'un était fait pour lui plaire : c'étaient les plus anciens parchemins fabriqués dans leur ville, — et qui en était l'inventrice — parchemins qui leur avaient donné leur nom et sur lesquels étaient écrits les poèmes d'Homère. Il déclara qu'il les emporterait toujours avec lui, dans sa cassette des objets précieux, où étaient déjà les exemplaires de l'édition d'Homère corrigée par Aristote. Il chargea les ambassadeurs de faire, en son nom, un triple sacrifice au grand dieu de leur ville, Esculape Pergaménien. Ils l'intéressèrent par le détail des rites imposés aux consultants : on devait s'être abstenu de relations sexuelles, de viande de chèvre et de fromage.

Deux autres ambassades furent particulièrement agréables à Alexandre, puisqu'elles étaient d'Assos et d'Atarné, les villes de cette même province dont Hermias, l'ancien mignon d'Aristote, avait été le tyran. Pour venger le supplice qu'avait infligé Artaxerxès Memnon au bel eunuque, le roi commanda que l'on élevât, sur la place de ces deux villes, une statue à l'ancien ami d'Aristote, imitée de celle que le philosophe lui avait élevée à Delphes. Il était d'autant plus heureux de faire ce plaisir à l'homme qu'il appelait toujours son maître que celui-ci, orphelin, avait eu pour tuteur Proxène d'Atarné. L'ambassade d'Assos offrit de grandes pierres précieuses où l'on se voyait comme dans un miroir d'argent et qui étaient extraites des environs de cette ville. L'ambassade d'Atarné dit qu'il était inutile de faire explorer par Gorgus les anciennes mines d'or situées entre cette ville et Pergame : elles aussi étaient épuisées.

Alexandre apprit que les habitants d'Assos descendaient de Déliens expulsés par les Athéniens. L'ambassade était accompagnée d'un groupe de jeunes garçons et de jeunes filles qui dansèrent devant lui la danse dite la grue, que Thésée avait dansée à Délos à son retour de Crète et que Pélops avait dansée plus tard en Elide, comme la déhanchée. Alexandre et ses amis purent voir la différence qu'il y avait entre cette danse authentique et celle qu'ils avaient souvent dansée à Pella et à Miéza. Les tours et détours des danseurs imitaient, outre sa marche à travers le labyrinthe, le vol d'une troupe de grues. « Nous aurions pu y penser, attendu le nom de la danse, dit Alexandre. Nous n'étions donc que des Béotiens. — Comme Epaminondas, Pélopidas et Pindare », dit Ephestion. Les garçons, en tuniques courtes, se tenaient par la main en y serrant une couronne de myrte et, tandis que les filles, en robes longues et flottantes, gardaient un silence pudique, ils chantaient le début de l'hymne homérique à Vénus : « Muse, dis-moi les travaux de Vénus riche en or, — De Cypris qui éveille le doux désir chez les dieux — Et qui dompte les races des hommes mortels... »

Philippe d'Acarnanie se félicitait, parce que l'ambassade d'Assos lui avait apporté, non pas des pierres-miroirs, mais des pierres qui avaient la propriété de guérir la goutte : elles en absorbaient les humeurs. Alexandre, ayant su que le grand roi ne consommait que du blé de ce territoire, laissa passer les convois destinés à la table de Darius. Il voulait le vaincre, mais non l'affamer.

Quittant Elée pour descendre vers le sud, il repassa par Grynium, s'arrêta à Myrina, où l'on fabriquait de charmantes statuettes de terre cuite, pareilles à celles de Tanagra en Béotie, et enfin à Cumes.

Toutes ces villes accueillaient avec empressement le vainqueur du Granique, maître de Sardes. Cumes, colonie de Lesbos, avait été conquise par les Amazones et même nommée d'après l'une d'elles. C'était une des villes qui se prétendaient la patrie d'Homère, comme elle l'était du père d'Hésiode. Les habitants de Cumes passaient pour stupides et mille plaisanteries couraient sur leur compte, comme sur celui des Béotiens, dont Ephestion venait de défendre la gloire. On assurait que, lorsqu'il pleuvait, un héraut avertissait les gens qui étaient sur la place, d'aller s'abriter sous les portiques. Un âne, vêtu d'une peau de lion, terrorisa les Cuméens jusqu'à l'arrivée d'un étranger qui connaissait les lions et les ânes.

Il y avait pourtant à Cumes un homme d'un certain esprit, l'historien Ephore, disciple d'Isocrate, comme Théopompe de Chio. Il travaillait à une *Histoire générale* et à un recueil de *Choses extraordinaires,* qu'appréciait Aristote. Il alla saluer Alexandre, qui l'invita généreusement à suivre l'expédition. Ephore répondit qu'il valait mieux juger les événements de loin que de près. Les historiens de l'armée se moquèrent de son ineptie. Onésicrite dit avoir lu des extraits de son *Histoire générale,* envoyée à Isocrate, et qui semblait confirmer le ridicule des Cuméens. Ephore, une certaine année, n'ayant rien à dire de sa patrie, mais tenant à en faire figurer le nom dans sa chronique, avait écrit : « Durant cette période, Cumes fut tranquille. »

Toutes ces facéties ne diminuaient pas l'agrément qu'Alexandre trouvait à cette ville, bâtie sur la rive d'un beau golfe et qui avait un très beau temple d'Apollon. Cumes lui inspirait également de la sympathie parce qu'elle célébrait des jeux pour Hercule, en dépit de l'histoire de l'âne vêtu de la peau de lion. Alexandre décida d'offrir à Apollon Cuméen le candélabre d'argent provenant du pillage de Thèbes et qui était dans ses bagages.

Quoiqu'il eût été reçu par le gouvernement oligarchique, favorable aux Perses, il confia le pouvoir à un gouvernement démocratique : on lui avait dit que les chefs du parti adverse ne s'étaient ralliés à sa cause que depuis son arrivée à Sardes.

Dans le voisinage, la petite ville de Larisse, homonyme de la capitale thessalienne, avait un magnifique temple de Minerve. En dépit de cette déesse virginale, le héros de l'endroit, Piasus, qui était l'objet d'un culte, avait violé sa propre fille, qui l'avait tué en le faisant choir dans une grande cuve pleine de vin.

Phocée, plus loin, avait, elle aussi, un superbe temple de Minerve, mais encore à demi détruit par le coup de foudre dont Xénophon avait parlé dans les *Helléniques*. Alexandre ordonna de le reconstruire. Il voulait honorer à la fois une déesse qu'il estimait sa protectrice, autant que Vénus, et une ville qui avait fondé, sur le Pont-Euxin et dans l'Hellespont, de nombreuses colonies, dont plusieurs étaient maintenant sous son obédience. C'est elle également qui avait fondé cette ville gauloise de Marseille, célèbre par le géographe Pythéas et rivale de Corinthe en richesses et en voluptés. Des Phocéens avaient émigré en Corse. Excipinus, venant de lire à Alexandre, dans l'*Expédition* de Xénophon, que la maîtresse de Cyrus le Jeune avait été une Phocéenne appelée Aspasie et surnommée la « sage et belle », le roi dit à Thaïs qu'elle méritait ces deux épithètes.

De Cumes, il apercevait Lesbos. Bien que dévastée par Achille, ravisseur de Diomédé, sa capitale était appelée par Homère « la ville heureuse ». Depuis que les soldats d'Alexandre étaient sur cette côte, ils ne buvaient que du vin de Lesbos, justement réputé. Le roi, Ephestion et les philosophes parlèrent de Pittacus de Mytilène, qui fut l'un des sept sages, et de la divine Sapho. La lyre d'Orphée était suspendue dans le temple d'Apollon à Méthymne. Les Muses, disait-on, faisaient retentir l'air de gémissements aux funérailles des Lesbiens et des Lesbiennes. Méthymne était la cité natale d'Arion, dont Alexandre et Ephestion avaient vu la statue au cap Ténare et au pied de l'Hélicon. Anaxarque parla d'Alcée, autre gloire poétique de Lesbos, ainsi que du musicien Terpandre, qui avait ajouté trois cordes aux quatre traditionnelles de la lyre et fixé le chant des poèmes d'Homère.

Entre Lesbos et la côte, en face du promontoire du Chien, étaient les cinq petites îles des Arginuses devant lesquelles avait eu lieu la victoire de la flotte athénienne, commandée par Conon, sur la flotte de Sparte, dont Callicratidas était amiral. C'est un des événements qui avaient annoncé la fin de la longue guerre du Péloponèse. Aristandre rappela que le devin de la flotte spartiate avait prédit sa mort à Callicratidas : en effet, les têtes des victimes sacrifiées sur le rivage, avaient été enlevées par une vague. Et le devin de la flotte athénienne avait prédit la même chose aux généraux athéniens à la suite d'un songe que Thrasybule, l'un d'eux, avait fait : ils seraient vainqueurs, mais ce serait une de ces victoires que l'on appelait cadméennes, dans lesquelles périssent les chefs, comme avaient péri les sept chefs, vainqueurs de la cité de Cadmus. Alexandre avait évoqué, sur la citadelle d'Athènes, à son retour d'Olympie, comme un trait remarquable du peuple athénien, le jugement qui avait condamné à mort les généraux vainqueurs aux Arginuses pour n'avoir pas rendu aux morts les hommages funèbres.

Pyrgotèle grava, dans le champ des monnaies d'Alexandre, à côté de Jupiter, les symboles des villes que l'on avait traversées ou qui avaient envoyé des ambassades : le vase à une anse de Cumes, la jarre de Myrina, le griffon couché d'Assos, le demi-cheval courant d'Atarné.

On descendit ensuite vers Smyrne, où l'on entra sans difficulté, après avoir franchi l'Hermus et contourné le Sipyle. Près de cette ville, était une grande statue d'homme tenant une lance à la main droite, des flèches à la main gauche, et qui avait une inscription semblable à celle de la colonne de Sésostris, près de l'Hèbre, mais celle-ci était gravée sur la poitrine, d'une épaule à l'autre. Elle représentait ce même roi et l'inscription signifiait : « J'ai acquis ce pays avec mes épaules », — pour signifier ses bras. « Toi aussi, dit Ephestion à Alexandre, tu as des épaules conquérantes. »

Smyrne, qui s'étendait au bord du Mélès et au pied du mont Pagus, avait un port bien fermé et des rues aussi régulièrement tracées que celles du Pirée et de Pella. De tous les lieux qui se disaient la patrie d'Homère, c'est celui qui revendiquait cet honneur le plus énergiquement, bien que le nom de Smyrne ne figurât ni dans *l'Iliade* ni dans *l'Odyssée*. Non seulement les Smyrniotes, dont Pindare avait salué « la ville brillante », frappaient des monnaies ornées du visage d'Homère, mais ils montraient, près de la source du Mélès, la grotte où il avait joué enfant et où plus tard il composait ses poèmes. Tout à côté, on lui avait élevé un temple, au seuil duquel Alexandre sacrifia. Jamais encore il ne s'était senti si près d'Homère. Il l'imaginait en ces lieux, jeune garçon, écoutant avec avidité les récits de la guerre de Troie, sentant battre en lui la grandeur d'Agamemnon, l'endurance d'Ulysse, le courage d'Achille et son amour pour Patrocle. Il y avait aussi à Smyrne un oracle dit des Bruits, analogue à celui d'Apollon des Cendres à Thèbes. Pour rendre hommage à la ville de son poète, le roi alla consulter cet oracle, lui demanda s'il serait victorieux de Darius et sortit du sanctuaire en se bouchant les oreilles. Dès qu'il eut retiré ses mains, il entendit un petit garçon qui jouait aux osselets avec d'autres, s'écrier : « Victoire ! c'est moi qui ai gagné. »

Enchanté, Alexandre alla chasser avec Ephestion sur le mont Pagus, comme il avait chassé sur le Sipyle. Il s'endormit à l'ombre d'un platane, près d'une fontaine, et vit en songe la Vengeance, dont un temple était dans ces parages, lui ordonner de fonder une ville en cet endroit : ce serait l'extension de Smyrne sur le mont Pagus, que l'on couronnerait d'une forteresse. Alexandre fit faire les plans par Dinocrate et frapper une de ses monnaies au symbole de Smyrne : un demi-bélier, semblable à celui de Samothrace. Anaxarque félicita le roi de rendre hommage, par la fondation d'une nouvelle Smyrne, tout ensemble à Homère et à l'excellent vin de Pramnus, qui avait été apprécié du vieux Nestor et de Circé : on le récoltait sur les pentes qui entouraient le temple de la Mère des dieux et le temple de Cérès, près duquel une vigne produisait deux fois par an. Ce dernier temple contenait des miroirs déformants, qui amusèrent beaucoup Alexandre : ils étaient de métal courbe, convexe ou concave, altérant ainsi les figures d'une manière comique, ou bien à facettes, ce qui multipliait les images.

Avançant vers le promontoire Mimas, Alexandre se dirigea vers Clazomènes. Malgré sa mansuétude à l'égard de toutes les villes qu'il avait occupées, il s'aperçut qu'il inspirait encore de la terreur : à son approche, il y avait eu un mouvement de panique chez les Clazoméniens et ils s'étaient réfugiés dans une île, au large du port. Le roi leur envoya ses hérauts pour les rassurer et les faire revenir. Il accomplit un sacrifice à Apollon, dont le temple était célèbre. Clazomènes était la seule ville qui rendît une espèce de culte à Agamemnon. D'après ses habitants, Déidamie, la mère de Pyrrhus, avait vécu dans une grotte que l'on montra à Alexandre, et elle y avait accouché de son fils. Cela contredisait la légende qui plaçait le lieu de naissance de Pyrrhus dans l'île de Scyros, à la cour de son aïeul paternel Lycomède. Les Clazoméniens affirmaient qu'il avait vécu chez eux comme berger jusqu'à l'âge de dix-huit ans, avant de partir pour Troie.

Alexandre vénéra l'image d'un de leurs concitoyens plus incontestables, le philosophe Anaxagore, qui avait été l'interprète d'Homère, le maître de Périclès et d'Euripide et dont il avait vu le tombeau à Lampsaque. Un autre philosophe clazoménien était Hermotime, lequel n'avait évidemment rien de commun avec celui qui avait été l'une des réincarnations de Pythagore. Aristote professait une certaine considération pour Hermotime de Clazomènes, parce qu'il fut le premier à concevoir l'Esprit comme âme du monde. Ce philosophe avait la faculté de s'abstraire si bien, pour laisser son âme errer dans l'espace, qu'un jour ses ennemis brûlèrent son corps sans qu'il éprouvât rien et il ressuscita au retour de son âme.

Hippocrate IV dit à Alexandre que les Clazoméniens avaient une fâcheuse réputation en médecine : le nom de leur ville servait à désigner les fissures et déchirures du fondement, ainsi que les végétations et excroissances qui s'y forment et que les poètes comiques d'Athènes appelaient des figues. Ces particularités étaient fréquentes à Clazomènes à cause des mœurs. Les Clazoméniens et les Clazoméniennes passaient une heure par jour assis sur des bassins d'eau chaude pour amollir leurs figues et les frotter ensuite à la pierre ponce. Alexandre et Ephestion, comme la plupart des Grecs, étaient reconnaissants à leurs mères qui, dès leur enfance, leur avaient fortifié ces parties. On fabriquait à Clazomènes, avec de la graisse de cygne, des cosmétiques pour blanchir et adoucir la peau et des pâtes pour les soins du vagin. Près de la ville, Alexandre se baigna dans une source d'eau chaude qui était dédiée à Hercule, comme toutes les eaux thermales. Mettant en œuvre à Clazomènes les conseils qu'il avait donnés à Cyzique, il fit commencer les travaux d'une jetée, longue de quatre cents mètres, pour unir l'île et le port. Le symbole de la ville, un sanglier ailé, fut mis sur les monnaies de la troupe.

Alexandre se rendit ensuite à l'extrémité du promontoire pour occuper Erythrées, homonyme de la ville de Béotie, dont elle était d'ailleurs une colonie. Le philosophe Diodote, ami de Callisthène, qui tenait un journal de l'expédition d'Alexandre, était originaire de cette ville. Les habitants honoraient Hercule avec le surnom de Tueur de vers, parce que le héros avait détruit chez eux les vers auxquels on attribuait la peste. Alexandre trouva plaisante cette appellation pour un héros qui avait tué tant de monstres, mais Apollon n'était-il pas honoré comme tueur de rats ou de sauterelles ? Le sanctuaire d'Hercule Tueur de vers était sur le mont Mimas. Erythrées était fameuse pour avoir eu la première des sibylles, Hérophile, et elle en possédait encore une, nommée Athénaïs. Celle-ci prétendait avoir mille ans. D'autres villes d'Asie Mineure avaient eu d'autres sibylles qui portaient leur nom ou celui de la province : Gergis, en Troade, rasée par Attale, avait eu, dans son faubourg de Mermissus, la sibylle phrygienne, nommée Sarysis ou Taraxandre, confondue parfois avec Cassandre, la prophétesse de Troie. Il avait de même existé une sibylle hellespontiaque, que certains confondaient, à leur tour, avec la Phrygienne. Sardes avait eu la sienne, appelée la Lydienne, comme il y avait eu, dans les îles, la Rhodienne et la Samienne. Alexandre fut curieux de voir Athénaïs. On venait la consulter de toute l'Asie.

Elle habitait une grotte du mont Mimas, où elle était censée être née. Une source et des émanations sulfureuses montant du sol, constituaient les mêmes éléments d'inspiration qu'à Delphes. Athénaïs éleva son flambeau sous ces voûtes sombres pour éclairer le visage d'Alexandre et s'écria : « Je ne sais qui tu es, mais tu n'es pas un mortel. » Il jugea la sibylle d'Erythrées encore plus « alexandrisante » que celle de Delphes, comme aurait dit

Démosthène, mais il ne pouvait s'en fâcher. Son oracle spontané répondait à ce qui lui avait été dit devant le temple d'Apollon delphien : qu'il était invincible.

Le temple de Minerve Protectrice était le principal d'Erythrées : on y associait le culte des Grâces à celui de cette déesse. Une autre divinité du lieu était le héros Erythre qui figurait sur les monnaies anciennes, nu, imberbe, courant à côté de son cheval qui galopait et qu'il tenait par la bride.

Alexandre reçut une ambassade de Chio, la grande île qui, au-delà d'un étroit canal, fermait le golfe d'Erythrées. Le chef en était cet orateur et historien Théopompe, ce disciple d'Isocrate, que la protection d'Alexandre avait mis à la tête du parti aristocratique. Il poursuivait son *Histoire de la Grèce* et son *Histoire de Philippe.* Il était accompagné du sophiste Théocrite, qui avait saisi cette occasion de rentrer en grâce, après son épigramme sur « les fanges du Borborus » et la statue d'Hermias à Delphes, et qui aurait souhaité suivre l'armée. Alexandre lui fit bon accueil en lui disant qu'il n'y avait plus de marécages à Pella ; mais il ne le joignit pas à sa suite pour ne pas déplaire à Callisthène, puisque ce personnage avait insulté Aristote. Anaxarque, fidèle à son rôle de Silène, était heureux une fois de plus : l'ambassade avait apporté du vin d'Ariusie, la région de Chio d'où provenait le meilleur cru. Alexandre ordonna qu'un sacrifice fût célébré en son nom dans le temple d'Apollon et dans celui de Minerve, les deux principaux de l'île.

Autolyque, Démètre, Médius et d'autres amis d'Alexandre, ne manquèrent pas d'évoquer la nuit qu'ils avaient passée jadis, dans les bosquets de Delphes, lors des jeux Pythiens, avec le chœur des cent garçons de Chio, si habiles à « faire la chose de Chio ». Ces souvenirs de leur jeunesse attendrissaient ces guerriers.

Théopompe raconta l'histoire du brigand Drimacus, vieille d'une soixantaine d'années et que l'on apprenait dans les écoles aux jeunes Chiotes, pour leur inspirer le goût de la noble pédérastie. Drimacus était le chef des esclaves de l'île qui s'étaient révoltés et, réfugié dans les montagnes, il tenait tête aux troupes envoyées contre lui. La ville fit publier par un héraut qu'elle offrait une grosse somme d'argent à celui qui le livrerait vivant ou qui apporterait sa tête. Plusieurs années après, — car cette révolte fut longue à réprimer, — Drimacus, que personne n'avait pris ou osé prendre, dit à son mignon : « Tu es de tous les hommes celui que j'ai le plus aimé ; tu es pour moi un enfant chéri, un fils et tout le reste. Or, moi, j'ai assez vécu ; mais toi, tu es dans la fleur de l'âge et je veux que tu deviennes un homme bel et bon. Puisque la ville de Chio offre une énorme prime à mon meurtrier et lui garantit l'impunité, il faut que tu me coupes la tête, que tu la portes à Chio, qu'on te la paye et que tu vives riche et heureux. » L'adolescent refusa avec horreur d'écouter ce conseil ; mais

Drimacus insista de telle façon qu'il réussit à le convaincre. Son ami lui coupa la tête, toucha la somme promise et, après avoir donné une sépulture au cadavre, quitta l'île pour retourner dans son pays. Par la suite, les habitants de Chio construisirent une chapelle à Drimacus, qu'ils honorent sous le nom de Héros Bienfaisant. En effet, il les avertit en songe des mauvais tours ou des révoltes que préparent leurs esclaves et ceux auxquels il apparaît ainsi, lui offrent des sacrifices.

Descendant le long de la côte de l'Ionie, Alexandre occupa ensuite Téos, la ville d'Anacréon. Comme si les habitants savaient son goût pour ce poète, ils n'avaient pas imité les Clazoméniens et l'avaient reçu portes ouvrantes. Anaxarque se réjouit que ses ancêtres, fondateurs d'Abdère, accueillissent aussi bien Alexandre.

Cette ville, qui se vantait aussi d'être la patrie d'Homère, aurait, du reste, difficilement résisté : elle n'était guère peuplée que d'acteurs, c'est-à-dire de non combattants ; mais Alexandre eut le plaisir d'y trouver un ancien hôte de son père, Cabélès, qui avait des terres considérables et un fils de dix-huit ans, nommé Andron, d'une singulière beauté. Quant aux acteurs, ils n'avaient d'autres femmes que des mignons et vivaient tous par couples. On eût dit la cité idéale de la pédérastie. Ces pratiques florissaient en Ionie, plus encore qu'en Phrygie et en Lydie : elles semblaient augmenter à mesure qu'on allait vers la Perse. Cela inspira à Anaxarque une critique envers Platon. Il reprocha à ce philosophe d'avoir dit, dans *le Banquet,* que l'amour des garçons était estimé « quelque chose de laid » en Ionie et « en beaucoup d'autres endroits où l'on habite sous les barbares ». Aussi l'Abdéritain taxait-il ce philosophe de nationalisme pour avoir voulu réserver la pédérastie aux régimes démocratiques. Anaximène fit observer que, dans les *Lois,* Platon avait corrigé son erreur, car il dénonce la pratique de la pédérastie impure, qu'il appelle « la Vénus désordonnée », non seulement chez « la plupart des Grecs », — sans exclure donc les Athéniens, tout en insistant à l'égard des Crétois et des Spartiates, — mais chez « les barbares ».

Les mânes d'Anacréon, qui reposaient dans un monument de marbre sur la place publique, ne devaient pas être gênés par ce qui se passait à Téos. Il portait comme épitaphe ces vers de Simonide : « Anacréon, le poète immortel par les Muses, — Ce tombeau de Téos, sa patrie, le renferme, — Lui qui dirigea vers le doux désir des garçons — Ses chants inspirateurs des Grâces, inspirateurs des Amours. — Seul dans l'Achéron il s'afflige, non parce que, laissant — Le soleil, il a trouvé là les demeures de l'oubli ; — Mais parce qu'il a laissé Mégistès, charmant parmi les adolescents, — Et la toison thrace de Smerdis. — Il n'abandonne pas le chant doux comme le miel — Et, même mort, il n'a pas allongé près de lui sa lyre dans l'enfer. » — « Le Thrace Smerdis ! dit Alexandre à Anaxarque qui avait parlé de ce garçon durant la campagne de Thrace. Tu vois que

Simonide n'a pas oublié ta patrie. — Smerdis était bien un jeune Thrace, dit Anaxarque ; mais il avait été fait prisonnier par les Grecs, comme celui d'Episthène d'Olynthe dans *l'Expédition,* et on l'avait offert en cadeau à Polycrate, le tyran de Samos. Celui-ci en était follement amoureux et le couvrait d'or et de bijoux ; mais Anacréon, tout vieux qu'il était, s'éprit de lui et gagna ses faveurs par ses louanges et ses hymnes. Polycrate l'apprit et se vengea en faisant raser les cheveux de Smerdis. Anacréon célébra cet événement avec beaucoup d'habileté, car le poème qu'il y consacra, reproche au jeune homme et non au tyran d'avoir sacrifié sa chevelure. »

Le temple de Bacchus, qui avait eu pour architecte le Grec Pythéos, auteur du mausolée d'Halicarnasse, l'une des six merveilles du monde, était le plus beau et le plus vaste de ce dieu dans tout le monde hellénique. Selon la légende de l'Asie Mineure, le fils de Sémélé naquit à Téos et y fit couler une source de vin. Aussi une jarre ornait-elle les monnaies de la ville et on en décora les pièces d'Alexandre qu'on frappa durant son séjour. Le théâtre, creusé dans les flancs de la colline où s'élevait la citadelle, avait une vue admirable sur la mer.

La ville d'Anacréon avait également un temple d'Hercule. Des concours gymniques étaient organisés en l'honneur du héros, associé avec Mercure et les Muses. Sa statue qui tenait parfois une corne d'abondance, symbole de ses dons, l'avait ici remplie de phallus, ce qui fit rire Alexandre. Quand on lui dit que c'était le symbole de la fécondité, il répliqua que les ménages d'acteurs ne devaient pas en donner beaucoup l'exemple, mais que le culte du phallus leur convenait. Les Téiens vénéraient un autre héros moins illustre, Timésius de Clazomènes, fondateur d'Abdère, auquel sacrifièrent Anaxarque et Hécatée.

Pour profiter à la fois du merveilleux théâtre et de tous ces acteurs présents à Téos, Alexandre décida de leur faire chanter, dans un pareil cadre, les cinquante-neuf odes d'Anacréon. Partout on pouvait jouer des pièces : à Téos, il fallait célébrer le poète de l'amour. C'étaient les distractions de la guerre.

On prit place sur ces degrés de marbre d'où l'on apercevait l'île de Samos, patrie de Bathylle, le mignon du poète, et patrie aussi de Polycrate. Alexandre avait arrêté que les interprètes seraient tous différents et groupés par âge, comme dans les jeux gymniques, et, du reste, qu'ils seraient nus. Il y eut donc les trois classes : impubères, éphèbes et adultes. Alexandre y ajouta, pour honorer particulièrement Anacréon, celle des vieillards, de même qu'à Athènes on leur faisait porter des branches dans les fêtes de Minerve. Seuls les acteurs qui s'estimaient contrefaits, s'abstinrent de paraître. Comme il s'agissait de Bacchus et non pas de Minerve, chaque chanteur, couronné de roses, aurait un phallus dans une main et un pampre dans l'autre, quand le texte n'exigeait pas une lyre ou une cithare. Des musiciens accompagneraient les paroles.

Alexandre fit asseoir à ses côtés son hôte Cabélès et le jeune Andron qui, en dépit des mœurs de Téos, n'avait rien d'efféminé dans sa beauté. C'était même probablement le seul Téien à recevoir une éducation militaire : il avait un maître d'armes spartiate ; un archer perse lui avait appris à tirer de l'arc. Mais son précepteur athénien ne l'avait pas moins instruit aux bonnes lettres et il goûtait l'honneur rendu au poète de sa ville natale. Il connaissait, du reste, plusieurs de ceux qui allaient interpréter les odes et que son père invitait à des récitations identiques.

Entre les garçons, Alexandre couronna celui qui avait choisi l'éloge d'Anacréon par lui-même : « Anacréon de Téos, le poète de miel, — M'est apparu en songe… — Tout courant, j'allai vers lui — Et, l'ayant baisé, je l'embrassai. — C'était un vieillard, mais beau, vraiment beau et qui aime les plaisirs du lit… » La grâce voluptueuse avec laquelle ce garçon avait chanté, faisait l'éloge de sa profession, autant que de ses sentiments : il était le mignon d'un des plus vieux acteurs et prouvait donc qu'il ressentait ce qu'il avait exprimé.

L'éphèbe qui eut la palme, avait modulé : « … Je chantais les travaux d'Hercule ; — Mais ma lyre ne faisait résonner que les Amours… » Alexandre était un maître dans l'art d'unir les amours et les travaux. Anaxarque rappela la réponse faite par Anacréon à quelqu'un qui lui reprochait de chanter les garçons, plutôt que les dieux : « Parce que les garçons, dit-il, sont nos dieux. »

Le vainqueur des adultes ne fut pas celui qui avait chanté l'ode à Bathylle, parce qu'Alexandre voulait conserver le privilège d'être le meilleur chanteur de cette ode, hommage à Ephestion. On couronna celui qui s'était fait le héraut du poème suivant : « Je ne me soucie pas — De Gygès ni de Sardes — Ni l'or ne me capture — Ni je n'envie les tyrans. — Ce qui m'importe, c'est — D'inonder ma barbe de parfum. — Ce qui m'importe, c'est — De couronner ma tête de roses. — C'est aujourd'hui ce qui m'importe. — Demain, qui le connaît ? »

Le prix des vieillards fut donné pour ce poème : « J'agiterai la lyre… — Avec un bâton d'ivoire. — Je chanterai un chant ingénieux, — Comme un cygne du Caÿstre — Qui, battant ses ailes — Et modulant par des notes variées, — Fait résonner de son souffle sa voix harmonieuse… » Alexandre fit remarquer, en effet, que cet éloge du chant du cygne convenait admirablement à un vieillard.

Il y eut un moment de stupeur, quand on vit Thaïs, qui pouvait assister aux représentations théâtrales et voir des jeux gymniques, puisqu'elle était une courtisane, monter sur la scène. Les acteurs étaient scandalisés, mais n'osaient rien dire, à cause d'Alexandre. La ravissante Athénienne s'était mise nue, comme au tombeau d'Achille. Ses formes marmoréennes restauraient victorieusement le prestige de la femme, surtout après que les vieillards avaient un peu diminué celui de l'homme.

Elle rétablit doublement ce prestige en chantant une ode d'Anacréon où alternaient les voix d'une jeune fille et du poète, ce qui rappelait qu'il n'avait pas passé toute sa vie à aimer les garçons : « Jadis, la fille de Tantale — Devint pierre dans les montagnes de la Phrygie — Et celle de Pandion, jadis, — Vola, hirondelle. Moi, que je devienne miroir, — Pour toujours me contempler, — Vêtement pour toujours me revêtir. » — « Moi, je voudrais devenir l'eau, — Pour laver tes membres, — Parfum, ô femme, pour les oindre — Et le réseau de tes seins, et le collier de ton cou — Ou me changer en sandales, — Pour que tu me foules de tes pieds. » Alexandre donna le signal des applaudissements et la délicieuse fille vint le baiser sur les lèvres.

Le roi et ses compagnons n'avaient pas été les seuls à goûter ces chants de l'amour. Tous les autres assistants, — les officiers, les soldats et les gens à la suite de l'armée qui avaient pu trouver place, — étaient dans le délire, parce que l'amour régnait sur eux, comme sur leur chef et sur ses amis. Cet arrêt à Téos permettait de mieux s'en rendre compte.

Alors qu'au départ de Pella, il n'y avait de couples que ceux qui pouvaient exister entre les combattants, l'armée d'Alexandre, depuis la victoire du Granique, s'était encombrée de mignons et de courtisanes, à l'imitation de l'armée perse. Ainsi y avait-il maintenant plusieurs milliers de personnes mêlées aux soldats et qui n'avaient rien à faire avec la guerre, n'ayant de raison d'être que l'amour. Ni la discipline ni la vitesse de la marche ne s'en ressentaient encore : les soldats et les officiers faisaient un commun effort pour ne pas indisposer le roi par ces licences ; mais il se demandait jusqu'où il pourrait les leur tolérer. Ephestion se faisait leur défenseur : il prétendait qu'ils ne se battraient que mieux, s'ils avaient à défendre leurs plaisirs et que mignons et courtisanes entretenaient l'émulation parmi les soldats, comme le faisait un noble amour entre les membres de l'escadron des amis. « Lorsque le poète Alexis appelle la pédérastie « le vice des riches », dit Ephestion à Alexandre, il a deux fois tort : elle n'est pas un vice, mais une qualité, et elle excite toutes les classes. Tu ne peux la défendre à tes soldats, puisque tu leur en donnes l'exemple. — Je ne la leur défends pas, dit Alexandre ; mais je ne peux les laisser emmener des mignons, pas plus que des courtisanes. C'est le principe d'une armée en guerre. Je n'emmène pas un mignon ; j'emmène un guerrier, Ephestion de Pella, fils d'Amyntor. Avoir une Thaïs, c'est le privilège de mon rang. Plusieurs soldats ou officiers ont deux ou trois mignons, trois ou quatre courtisanes ; combien en auront-ils, quand nous arriverons à Suse ? A force de mignons et de courtisanes, nous n'y arriverons peut-être jamais. — Tu as distribué toi-même le butin amoureux trouvé au Granique, dit Ephestion. — C'était dans l'ivresse de la victoire, répliqua Alexandre. Il serait temps de nous dégriser. »

Ce qui avait confirmé Alexandre dans sa décision de procéder à une réforme, c'était sa conversation avec Cléarque, le chef des archers crétois. Ce corps de son armée était particulièrement estimé du roi, parce que l'archer crétois Alcon avait été l'un des compagnons d'Hercule. L'adresse de cet archer était telle qu'un serpent s'étant enroulé autour de son fils, il transperça le reptile d'une flèche sans toucher l'enfant. Mais c'est aussi pour d'autres raisons qu'Alexandre s'intéressait à son contingent crétois. En apprenant de quelle façon, digne du bataillon sacré de Thèbes, la pédérastie était illustrée en Crète, il voulait purger l'armée de ce que, disait-il, Aristophane aurait appelé « des bouches, des vagins et des culs inutiles ». Les plus jeunes archers de Cléarque, âgés de dix-huit à vingt ans, tous unis avec d'autres soldats ou avec des officiers, s'étaient battus aussi vaillamment que les vétérans d'Alexandre. Le mignon de Cléarque se nommait Mérion, tel le neveu et mignon d'Idoménée, le roi de Crète venu à la guerre de Troie. Il était d'une beauté et d'une force remarquables. On avait admiré sa vigueur et aussi ses appas dans les exercices. C'est pourquoi Ephestion lui donnait l'épithète qu'Homère décerne à Idoménée lui-même : « Illustre par la lance ». Il avait également, comme le bel Euphorbe du siège de Troie qui devait tuer Patrocle et être tué par Ménélas, une spirale d'or et une spirale d'argent, attachées à deux boucles de ses longs cheveux. Il ne les retirait pas pour combattre : c'était la parure du repos, de la marche, de la guerre et de l'amour.

Cléarque et son mignon n'étaient d'ailleurs pas des mercenaires vulgaires, comme ceux que l'on avait embauchés au cap Ténare et qui ressemblaient plutôt à des brigands. Ils appartenaient à deux des meilleures familles de la Crète et s'étaient enrôlés pour l'honneur de servir un roi dont la beauté et la gloire les avaient séduits. La pédérastie crétoise, que Cléarque décrivit à Alexandre, était bien cette pédérastie héroïque des Lacédémoniens et des Béotiens ou d'Achille et de Patrocle. Chaque ville avait une double association, l'une qui groupait les hommes et l'autre, les garçons, sous la présidence d'un père. Les garçons étaient tenus de se marier à un âge déterminé ; mais, au préalable, ils étaient obligés de vivre une aventure pédérastique. L'homme ou le jeune homme qui avait jeté son dévolu sur l'un d'eux, n'avait pas à le conquérir en secret par des présents, comme à Thèbes et à Sparte : il lui suffisait de l'enlever pendant qu'il passait dans la rue ou sur la route. C'était un souvenir de Jupiter enlevant Ganymède sur l'Ida de Crète. L'amant donnait avis du rapt qu'il préparait aux amis et aux parents du garçon, pour lesquels il eût été honteux de cacher celui-ci ou de le détourner de suivre son chemin habituel, car ce serait avouer qu'il était indigne d'être aimé. Les parents et les amis se contentaient de vérifier si l'amant était lui-même digne du garçon et c'est seulement dans le cas contraire qu'ils étaient fondés à interdire le rapt. La permission accordée et l'enlèvement accompli, ils poursuivaient le ravisseur et reprenaient le garçon. Naturellement, disait Cléarque, on affectait de dire qu'on l'enlevait pour son courage et sa bonne éducation et non pour sa beauté. L'amant, ainsi rattrapé avec son aimé, le visitait ensuite dans sa famille et lui faisait ses premiers cadeaux, notamment un gobelet, symbole de l'échanson Ganymède. Puis, il conduisait le garçon où il voulait, généralement dans sa maison de campagne. Tous ceux qui avaient assisté au feint enlèvement, l'y accompagnaient et festoyaient à ses dépens pendant deux mois, — la loi n'autorisait pas de retenir le garçon plus longtemps. Alexandre et Ephestion s'étaient beaucoup divertis de cette précision, montrant que chacun, en Crète, trouvait son compte dans l'exercice de la pédérastie. Malgré la présence de tous ces hôtes sous son toit, l'amant avait ses moments d'intimité avec son aimé, chez lui ou à la chasse. Quand ils étaient revenus en ville, il lui donnait un équipement militaire, — comme le faisait l'amant à l'aimé dans l'ancien bataillon sacré des Thébains, — un bœuf et un autre gobelet, cadeaux prescrits, plus ceux que sa générosité lui conseillait, et souvent il s'endettait par amour. L'enfant sacrifiait le bœuf à Jupiter et régalait, à un repas splendide, les compagnons de son aventure. C'est alors qu'il déclarait publiquement n'avoir subi aucune violence ; sinon, il demandait réparation et serait soustrait au pouvoir de son amant. Désormais, il recevait le titre de glorieux, une place d'honneur dans les théâtres et les stades et portait les vêtements précieux qui lui avaient été offerts.

Cléarque ajoutait qu'il n'était pas d'exemple qu'un garçon se fût plaint de violences : c'était la preuve que le consentement était parfait. Ce statut de la pédérastie, attribué à Minos, était destiné à sauvegarder la respectabilité de la famille et la pudeur des femmes. C'était, pour les jeunes Crétois, à qui se ferait enlever parce que le déshonneur s'attachait à ceux qui avaient été dédaignés, de même qu'à Sparte on punissait le citoyen qui n'avait pas armé un jeune homme. Les Crétois prétendaient, en exaltant la pédérastie, commémorer autre chose que l'histoire de Ganymède : le souvenir du charmant Atymne, que leur île avait donné pour mignon à Apollon et que la ville crétoise de Gortyne avait héroïsé. Le dieu, à la mort du jeune garçon, avait fait résonner les bois de ses chants douloureux, car il l'avait aimé autant qu'Hyacinthe.

En dehors de ces enlèvements, les garçons étaient maintenus, soit avant, soit après, dans l'esprit et dans la lettre de la pédérastie par une autre institution propre à la Crète : celle des « troupes », qui réunissaient tous les jeunes gens de dix-sept ans autour du fils d'un homme riche. Ils vivaient ensemble, allaient à la chasse, luttaient, dansaient, chantaient. On ne devenait citoyen et l'on ne pouvait se marier qu'après avoir passé dix années loin des filles et des femmes. Aristote avait déjà parlé de ces associations, en les comparant à celles des « bouviers » et des « bouvillons » que les Spartiates avaient créées sur ce modèle et qui réunissaient les garçons de sept à dix-huit ans. La différence entre les deux institutions n'était pas seulement dans l'âge, mais dans ce que chaque chef de « troupe » en choisissait lui-même les membres, tandis qu'à Lacédémone le choix était fait par les magistrats. Une ressemblance entre les deux peuples de Crète et de Sparte est que les Crétois d'abord, les Spartiates ensuite, se mirent entièrement nus pour les exercices du gymnase : c'est de là que l'usage était passé aux jeux Olympiques, puis aux autres jeux et il appartenait qu'il fût venu des deux peuples les plus pédérastes de la Grèce.

Minos, le sage Minos, le législateur Minos, fils de Jupiter, et qui avait été fait l'un des trois juges des enfers, avait institué une autre loi pour favoriser la pédérastie dans son île : elle défendait aux maris de cohabiter avec leurs femmes pendant une certaine période, chaque année, et leur enjoignait de fréquenter alors les garçons. Cette mesure particulière visait à empêcher le surpeuplement. Il y avait, d'ailleurs, une version pédérastique de l'histoire du Minotaure. Ce n'était pas seulement le fait, connu d'Alexandre, que Minos et non pas Ariane eût donné à Thésée par amour le fil conducteur. Les Crétois disaient que les sept garçons et aussi les sept filles, fournis chaque année par Athènes, n'étaient pas livrés au monstre, mais aux vainqueurs des jeux funèbres que Minos avait établis afin de commémorer la mort de son fils, tué par les Athéniens. Nul ne dévorait ces jeunesses : on en faisait ses délices, comme Minos avait fait les siennes du beau Thésée. C'est en se donnant à ce roi, plutôt qu'en tuant le Minotaure, que le fils d'Egée avait obtenu la suppression de ce tribut.

Presque tous ces détails, de mœurs d'histoire, étaient nouveaux pour Alexandre, car son compagnon Néarque, d'origine crétoise, n'avait jamais vécu en Crète. Le côté sordide ou comique de quelques traits ne l'empêchait pas d'en admirer l'ensemble, comme une exaltation de l'amour des garçons et un entraînement à la vie militaire. Ce qui se passait dans son armée, lui semblait, à l'inverse, une dérision de cet amour et un danger pour cet entraînement.

Néanmoins, à la prière d'Ephestion, il remit encore sa décision de priver ses soldats et ses officiers de leurs mignons et de leurs courtisanes. Il ne leur accordait de sursis que pour la durée de son séjour dans cette région où Darius ne viendrait pas se mesurer avec lui. Il les en avertit d'ores et déjà, afin de les préparer à une séparation, et, en attendant, leur interdit d'emmener un plus grand nombre de compagnons ni de compagnes. La mollesse de cette Ionie que les Grecs, nés dans un pays âpre et rocailleux, avaient toujours saluée, après Hérodote, « comme le plus beau ciel et le plus beau climat que l'on connût chez les hommes », contribuait à lui inspirer de l'indulgence. Anaxarque rappelait que jadis, lors de la révolte des Ioniens contre Darius, les Perses leur avaient pris leurs plus beaux garçons pour les châtrer et avaient envoyé au grand roi leurs vierges les plus belles, comme, selon Mithrène, on le faisait encore en Lydie. Contrairement aux Lydiens, les Ioniens avaient une ascendance grecque : leurs ancêtres avaient émigré de l'Attique ou Ionie, ainsi nommée d'Ion, fils d'Apollon et de Créuse. Conduits dans cette région d'Asie Mineure par les Codrides, c'est-à-dire les descendants de Codrus, dernier roi d'Athènes, ils l'appelèrent également Ionie et y fondèrent douze cités.

Alexandre, voulant marquer son intérêt pour Téos, imagina de faire creuser un canal qui mettrait en communication la mer Icarienne et le golfe de Smyrne. Cela faciliterait le déplacement des acteurs et serait pour cette ville une source de prospérité. Tous n'étaient pas enthousiastes de ce projet qui, disaient-ils, leur amènerait des femmes. Alexandre y renonça, quand Dinocrate, qui avait été prêt à couper l'Athos comme Xerxès, eût constaté qu'il serait infiniment plus difficile de couper le prolongement du Mimas. On se souvenait, au reste, que la sibylle de Delphes avait interdit aux Cnidiens une opération analogue et que cela avait fait suspendre les travaux commencés par Périandre à l'isthme de Corinthe.

Quand le roi annonça son départ, Cabélès, l'ancien hôte de Philippe, lui dit que son fils Andron souhaiterait l'accompagner. Alexandre y consentit et en fit un de ses gardes. Ce serait près de lui l'image d'un jeune Anacréon guerrier. Mais depuis longtemps, il ne se souciait plus d'établir des couples dans son entourage : il les laissait se former tout seuls.

De Téos, continuant d'avancer vers le sud le long de la mer, il passa devant la petite ville de Lébèdus et arriva à Colophon. Cette grande ville, elle aussi, une des patries d'Homère, était voisine du célèbre oracle de Claros. C'est pour cette raison qu'elle gravait sur ses monnaies une cithare. Son territoire était renommé pour l'élevage des chevaux qui lui procurait la plus forte cavalerie de la contrée. L'intervention des cavaliers colophoniens ayant été décisive dans plusieurs batailles, cela avait donné lieu à l'expression proverbiale : « Imposer Colophon » pour signifier : terminer irrésistiblement une affaire périlleuse. Enfin, la colophane, faite avec de la résine, de la poix et du térébinthe, précieuse en pharmacie et pour le calfatage des navires, popularisait autrement le nom de cette ville. Le poète élégiaque Mimnerme était la vraie gloire de Colophon.

L'armée grecque fut accueillie avec enthousiasme. Après avoir occupé la citadelle, Alexandre vénéra d'abord la Mère des dieux, qui avait là un de ses principaux sanctuaires sous l'épithète de Celle que l'on supplie. Puis, il se rendit à Claros.

Le temple d'Apollon Clarien, dont l'enclos avait une porte monumentale, était bâti dans un bois de frênes. On montait à cette porte par un large escalier. Ni serpent, ni scorpion, ni araignée ne mordaient personne dans ce bois sacré. Les biches qui le peuplaient, n'y mettaient jamais bas et, pour cela, traversaient à la nage un bras de mer jusqu'à une île consacrée à Diane. L'eau du fleuve Alès, à la lisière du bois, était la plus réputée de l'Ionie pour la fraîcheur et la limpidité. Il y avait, ainsi qu'à Delphes, une voie sacrée, que bordaient des statues et des monuments votifs. Le temple était précédé d'un large autel, dédié à Apollon et à Bacchus, où Alexandre fit offrir trois sacrifices par Aristandre. Il admira ensuite la statue d'Apollon, qui avait huit mètres de haut et qui représentait le dieu assis. Il vénéra, sans le consulter, la salle souterraine où se rendait l'oracle : une pierre ovoïde en marbre blanc semblait faire de Claros le centre de la terre, comme à Delphes. Le prophète, — il n'y avait pas de sibylle, — s'inspirait en buvant de l'eau d'un puits. C'était aux dépens de sa vie, car cette eau abrégeait les jours de ceux qui en prenaient.

Il fit lire à Alexandre un oracle qui lui rappela les vers d'Orphée unissant Jupiter, Pluton, le Soleil et Bacchus : « Sache que le plus grand Dieu de tous est Iao, — En hiver Pluton et Jupiter le printemps venu, — Le Soleil estival et le tendre Iao en automne. » Iao était un surnom de Bacchus. De jolis garçons étaient les servants du temple, de même qu'à Delphes ; mais ici ils rappelaient que Claros, dont la ville et le sanctuaire portaient le nom, avait été un mignon d'Apollon. Le dieu, selon sa coutume, lui avait conféré par son étreinte la vertu prophétique.

Le prêtre raconta que cet oracle avait eu jadis pour devin Mopse, fils de Mento et petit-fils de Tirésias, l'illustre Thébain, et que Calchas, le devin d'Agamemnon, était mort à Claros, conformément à ce que lui avait annoncé un autre oracle. Il devait terminer sa vie, lui avait-on prédit, là où il trouverait son maître dans l'art de la divination. Passant par Claros à son retour d'Ilium, il demanda à Mopse combien de petits et de quel sexe mettrait bas une truie qui était pleine. Mopse devina que ce seraient trois, deux mâles et une femelle, et l'événement lui donna raison. Mopse demanda alors à Calchas combien de figues avait un verger de figuiers qui étaient chargés de fruits, et la mesure du récipient qu'elles rempliraient. Calchas répondit, ce qui fut également vérifié, qu'il y en avait dix mille ; mais il se trompa d'une pour la capacité et, avait dit Hésiode dans un poème peu connu, « le sommeil de la mort, comme un nuage, enveloppa Calchas — Et lui ferma les yeux ». Le tombeau du devin était une des curiosités de Claros.

Anaxarque cita un autre illustre personnage mort du dépit de n'avoir pu deviner une énigme : l'auteur de *l'Iliade* et de *l'Odyssée*. Le roi était stupéfait d'ignorer ce détail histoire. Homère, arrivant de Samos, descendit dans l'île d'Ios, où était son tombeau, qu'Alexandre se promettait de visiter un jour, comme il avait visité celui d'Achille. Des habitants l'honorèrent et, pendant qu'ils l'écoutaient avec admiration, des enfants qui avaient abordé en ces lieux après une pêche infructueuse, l'interrompirent : « Ecoutez-nous, ô nos hôtes, et voyons si vous devinerez ce que nous vous dirons. — Vous avez devant vous le grand Homère, leur dit quelqu'un ; parlez donc et soyez sûrs qu'il vous répondra comme il faut. — Eh bien, dit l'un des garçons, ce que nous avons pris, nous le laissons, et ce que nous n'avons pas pris, nous l'emportons. » Homère se tourmenta beaucoup pour deviner. A la stupeur générale, il s'en avoua incapable. « Notre pêche ayant été nulle, dit le garçon, nous nous sommes assis sur le rivage et mis à chercher des poux qui nous avaient envahis dans le bateau. Ceux que nous avons pris, nous les avons tués et laissés et nous remportons chez nous ceux que nous n'avons pu prendre. » Pour se venger, Homère fit ces vers : « Vous êtes nés du sang de tels pères — Qu'ils ne possèdent pas de grands domaines ni ne paissent d'immenses troupeaux. » Mais il mourut de tristesse quelques jours après et fut enterré sur le rivage qui regarde Amorgos et Naxos. « J'ai lu son épitaphe, dit Anaxarque : « Ici la terre couvre cette tête sacrée, — Le divin Homère, ordonnateur des héros. » « Certes, s'écria Alexandre, mais tu ne me feras pas croire, Anaxarque, qu'il soit mort pour n'avoir pu deviner une telle énigme. S'il l'avait devinée, il ne serait pas Homère, mais le valet d'Homère. — Excuse-moi, Alexandre, dit Ephestion ; mais je trouverais assez belle une épitaphe d'Homère déclarant que le chantre des dieux et des héros est mort de chagrin pour n'avoir pas deviné une énigme proposée par des enfants. — Oui, par Jupiter, s'écria Alexandre, mais pas l'énigme des poux. »

Anaxarque alla consulter l'oracle. Il avait jeûné tout un jour, suivant les prescriptions. Le prophète ne s'exprimait que certaines nuits et l'une d'elles tombait heureusement pendant que l'armée était là. Anaxarque revint assez troublé. Il se confia à Alexandre : « Quand on est à ta suite, on a envie de connaître son avenir. Même si l'on te doit des années de bonheur et d'absence de tous les soucis, on ne peut oublier le précepte de Solon, répété par Euripide et critiqué naguère à Miéza par Aristote, que nul ne peut se dire heureux avant de savoir comment il finira. Toi, tu es déjà presque un dieu : la sibylle d'Erythrées te l'a dit, après celle de Delphes. Mais nous, si nous allons jusqu'au Nil, finirons-nous dans le ventre d'un crocodile ? Si nous allons dans les déserts de la Libye, jusqu'à cette oasis d'Ammon que tu veux visiter, y périrons-nous de soif, tandis que pour toi seul jaillira une source ? Si tu nous abandonnes chez les Massagètes, car nous irons bien jusqu'à l'Oxus en Bactriane avec l'aide des dieux, y terminerai-je mes jours, comme ces vrais barbares y terminent les leurs, haché avec d'autres viandes et mangé par mes nouveaux concitoyens ? J'ai interrogé Apollon Clarien, qui a aussi le surnom de Paternel, et devine sa réponse : je mourrai pilé dans un mortier. Où ? Il n'a pu me le dire. Alexandre, je te demande par le Styx, dont j'ai vu presque l'onde infernale dans l'antre souterrain, de ne jamais me faire piler dans un mortier. » L'Abdéritain était mi-sérieux mi-préoccupé et Alexandre, tout en souriant, prêta le serment qu'il sollicitait. « Je suis censé apporter avec moi la lumière grecque, ajouta-t-il, et tu as l'air de supposer que je pourrais adopter des mœurs d'anthropophages ? — Certes non, dit Anaxarque, mais puisque je t'ai voué ma vie, je tiens à ne pas la perdre par un de ces accès de colère auxquels il t'arrive parfois de céder. Or, je n'ignore pas que tu as le respect des serments. Me voilà rassuré en ce qui concerne les mortiers. Laissons-les à Apelle pour broyer ses couleurs et à tes cuisiniers pour piler de l'ail.

— En tout cas, dit Alexandre, cela t'apprendra à consulter un oracle dont le prophète ne boit que de l'eau. »

Heureusement pour le philosophe, il y avait, à proximité de Claros, Métropolis, d'où venait un des meilleurs vins de l'Asie mineure. On faisait les vendanges. Anaxarque, couronné de pampres, la coupe en main, chantait les pressoirs et ne songeait plus aux mortiers.

Il ne restait à Alexandre qu'à marcher sur Ephèse, située à l'embouchure du Caÿstre. C'était la plus grande ville de l'Ionie et la dernière avant la Carie. Après avoir franchi le mont Gallèse, on découvrait la plaine, dite Cilbienne ou du Caÿstre, baignée par ce fleuve et l'on voyait maintenant de plus près les nuées des cygnes qui en étaient l'ornement. Alexandre récita les vers de *l'Iliade* où l'armée tumultueuse des Grecs qui s'assemblent, est comparée à des « troupes nombreuses d'oiseaux ailés, — Oies ou grues ou cygnes au long col, — Dans la province d'Asie, à travers les eaux du Caÿstre, — Volant çà et là fièrement de leurs ailes, — Se posant en avant avec un long cri et la prairie retentit... »

Les cris que l'on entendait, n'étaient pas ceux des cygnes, mais de canards blancs qui leur tenaient compagnie. « Quelle illustration de la démocratie et de l'aristocratie ! dit le roi. Les démocrates sont des canards qui voudraient être pris pour des cygnes. — Te rappelles-tu, dit Ephestion, qu'Aristote nous disait que les cygnes sont en guerre avec les aigles ? Cela prouve qu'ils ont du courage et qu'ils se considèrent comme les égaux du roi des airs. »

« Oserai-je, ô roi, dit Anaxarque qui avait écouté tous ces raisonnements, te demander si tu sais de qui le cygne est la métamorphose ? — Bien sûr, par Jupiter, dit Alexandre : du beau Cycnus, tout autre que le farouche guerrier du même nom, fils de Mars, que tua mon ancêtre Hercule pour venger Apollon. Cycnus le cygne, était fils de Sthénélus, roi des Liguriens, et amant de Phaéton, dont la perte le rendit tellement inconsolable qu'Apollon, père de Phaéton, changea Cycnus en ce bel oiseau. — Par Sabazius, s'écria Anaxarque, mon roi est imbattable sur le terrain de l'érudition, comme sur le terrain de la guerre. Mais je vois pourtant que, si le grave Léonidas n'a pas manqué à son devoir en faisant du plus ravissant des volatiles un symbole pédérastique, il ne t'a pas signalé une autre métamorphose qui en est la confirmation et elle est digne d'être évoquée devant le Caÿstre. Il y eut un troisième Cycnus, fils d'Apollon et de Thyrié, dont la beauté prodigieuse enflammait quantité d'amoureux aux propositions desquels il refusait d'entendre et qui l'abandonnaient les uns après les autres. Seul Phylius lui demeura attaché par une passion sans espoir. Cycnus lui imposa, pour consentir à se livrer à lui, diverses épreuves, dignes de celles qu'Eurysthée imposa à ton ancêtre Hercule. D'abord, de tuer sans arme un terrible lion qui ravageait l'Etolie où ils habitaient. Phylius s'emplit l'estomac d'aliments et de vin et, quand le fauve approcha, il vomit, comme nous le faisons parfois, selon la recommandation d'Hippocrate, après un trop grand banquet. Le lion affamé se jeta d'abord sur cette vomissure et fut enivré par le vin ; alors, Phylius entoura son bras de son vêtement et l'étouffa en lui plongeant dans la gueule le bras ainsi protégé. Cycnus, tout en le remerciant, lui imposa une seconde épreuve, aussi ardue que la première : de tuer sans flèche des vautours d'une taille prodigieuse qui massacraient beaucoup de gens. Phylius s'enduisit du sang d'un lièvre et s'étendit à terre, comme s'il était mort. Les oiseaux de se précipiter sur lui, le prenant pour un cadavre : il en saisit deux par les pattes et les déposa devant le beau Cycnus. Celui-ci exigea encore une troisième épreuve : enlever avec les mains un taureau et le porter jusqu'à l'autel de Jupiter. Phylius aperçut six taureaux qui, en rut autour d'une vache, se frappaient à coups de cornes et finirent par tomber ; il en attacha un par les pieds et le porta jusqu'à l'autel. Mais, ô Alexandre, ton ancêtre Hercule, invoqué par lui, l'avait aidé de sa protection dans cette dernière épreuve et lui défendit de s'intéresser davantage au jeune homme. Se voyant méprisé, Cycnus se jeta dans le lac Conopé et fut changé en cygne par Apollon. Ce lac étolien, que j'ai vu, est couvert de cygnes autant que le Caÿstre et il y a sur ses bords le tombeau de Phylius.

— En somme, dit Alexandre, quand Apollon voyage porté par un cygne, c'est comme s'il chevauchait un beau garçon. »

Au cours d'une halte, Andron, le nouveau garde, et Mérion, le mignon de Cléarque, donnèrent une preuve de leur habileté à tirer de l'arc. Ils s'étaient déjà exercés ensemble et le roi les soupçonnait d'avoir un penchant l'un pour l'autre, au risque de rendre Cléarque jaloux. Deux cygnes volaient : chacun fut transpercé au col d'une flèche. « Vous méritez l'épithète d'Apollon Qui atteint au loin, dit Alexandre aux deux tireurs. Mais il n'est pas celui qui atteint au loin les cygnes : il est celui qui atteint au loin les ennemis. — O roi, dit Cléarque, sois sûr que ni eux ni moi nous ne les manquerons. »

D'après les informations reçues en cours de route, la capitale de l'Ionie ne serait pas plus difficile à prendre que celle de la Lydie. Alexandre aurait été indigné qu'on le forçât d'assiéger une ville où se trouvait maintenant son peintre favori, qui avait le privilège de ses portraits. Une autre statue de Sésostris, rencontrée en route, et semblable à celle de Smyrne, attestait que le roi suivait en conquérant, mais sans avoir à se donner la peine de combattre, les pas de ce monarque.

Le satrape de la province avait pris la fuite en compagnie des mercenaires grecs, mais c'est le peuple d'Ephèse presque entier qui se rendait au-devant d'Alexandre. Délius, le disciple de Platon qui était allé le voir à Corinthe, marchait en tête, avec Apelle et Campaspe, qui avaient quitté Pella durant la campagne de Phrygie. Alexandre eut grand plaisir à revoir ces deux Ephésiens, dont l'un avait préparé sa venue et dont l'autre était son familier depuis si longtemps. « Tu es invincible, mon fils, lui dit le peintre en l'embrassant, comme avait dit la sibylle de Delphes. Je ferai ton portrait en Jupiter qui tient le foudre. — Sauf au Granique, dit Alexandre, je n'ai guère foudroyé. » Ephestion et lui étaient heureux d'étreindre leur fugitive maîtresse, désormais modèle féminin du grand artiste d'Ephèse.

Le gouvernement oligarchique était, dans cette ville, soutenu, non seulement par les Perses, mais par les Athéniens : Démosthène et ses émules démocrates admettaient des exceptions à leurs principes, comme Alexandre. Celui-ci apprit que la populace avait déjà arraché du temple de Diane où ils s'étaient réfugiés, Pélagon, son père Syrphax et ses cousins, chefs du parti athénien, et qu'elle les avait lapidés. On leur reprochait d'avoir renversé la statue de Philippe et d'Hérophyte, — ancien libérateur d'Ephèse, qui avait jadis visité celui-ci à Corinthe, — et d'avoir pillé le trésor de Diane pour subvenir à l'entretien des mercenaires d'Amyntas et de Memnon. Alexandre fit cesser de telles violences qui, sous prétexte de patriotisme, risquaient d'assouvir les haines et les cupidités. Il honorera les descendants d'Androclès, fondateur de la ville, qui avaient le titre de rois : aussi portaient-ils une robe de pourpre et un bâton recourbé, en guise de sceptre. Il traita également à merveille la famille de Callas, dont la mère était d'Ephèse. Pour celui qui avait dû se réfugier à Rhétée jusqu'à ce que l'armée eût franchi l'Hellespont, c'était une belle revanche. Quelquefois Alexandre le raillait, parce que le nom d'Ephèse ne figurait ni dans Homère ni dans aucun des grands tragiques, à une exception près chez Sophocle.

Sur la place principale, étaient la statue et le tombeau d'Héraclite, qui avait appartenu à la famille d'Androclès. Le roi n'estimait pas beaucoup ce célèbre philosophe, parce qu'il voulait bannir les œuvres d'Homère des concours poétiques et condamner ce poète au fouet. Alexandre n'approuvait pas davantage son refus à Darius le Grand de se rendre à Suse pour lui donner « l'érudition grecque ». « Quoi de plus glorieux, disait-il, que d'helléniser le grand roi ? » Mais il trouva assez aristocratique l'épigramme mise sur la statue de cet homme : « Je suis Héraclite. Pourquoi me tirez-vous en tous sens, hommes illettrés ? — Je n'ai pas travaillé pour vous, mais pour les savants. — Un seul homme à mes yeux en vaut trois mille et la multitude n'est rien. » Son plaisir, dit-on à Alexandre, était de jouer aux osselets avec les enfants, près du temple de Diane.

Alexandre et Ephestion admiraient la variété des costumes ioniens : les robes, parfois traînantes, étaient de lin, tissu en losanges violets, pourpre, safran, hyacinthe, couleur de feu ou bleu marine. Les hommes avaient des espèces de turbans à figures d'animaux. Les plus élégants se vêtaient d'étoffes perses, brodées de grains d'or.

Ephèse était une des villes qui devaient leurs noms à des Amazones. Elle avait un grand port et des constructions navales. Le mont Peium et le mont Coresse étaient, avec la colline de Léprée, les hauteurs formant les bornes de la ville. Le temple de Diane, qu'Alexandre avait hâte de voir, était hors des murs, sur les bords du Sélinonte, à l'ouest d'Ephèse.

C'était, avait dit Mithrène, le seul de l'Ionie qui n'eût pas été incendié par les Perses : ce soin avait été réservé à Erostrate, la nuit de la naissance d'Alexandre. L'archigalle dit au roi que, si Diane avait laissé incendier son temple, qu'elle était bien capable de défendre contre ce sacrilège, c'est qu'elle se trouvait occupée à assister Olympias dans ses couches. Alexandre sourit d'une interprétation si flatteuse. Les ruines considérables de cet édifice attestaient qu'il avait été le plus grand du monde, et leur splendeur, qu'il en fut l'une des merveilles. Il avait été construit par Chéréphron. L'architecte Chirocrate dirigeait la reconstruction, beaucoup moins avancée que celle du temple de Delphes. Il expliqua les soins qu'il avait dû prendre pour protéger l'édifice, à la fois contre un fond marécageux, contre les tremblements de terre et contre les infiltrations du Sélinonte. C'est ce qui avait retardé considérablement ces travaux, dont les fonds étaient fournis par tous les pays de l'Asie Mineure. L'architecte avait établi plusieurs couches de charbon broyé qui assainirent le sol et ensuite plusieurs matelas de laine qui prévenaient les oscillations. Il raconta comment on avait pu hisser les énormes architraves à dix-huit mètres de hauteur : on avait enterré la colonnade au moyen de sacs de sable formant un plan incliné, où elle avait été roulée à force de bras. Le frontispice ne fut malheureusement pas d'aplomb et Chirocrate avait tenté vainement de remédier à un défaut qui lui paraissait un échec. Accablé, il avait songé à se donner la mort, quand la déesse lui apparut pour lui dire de ne pas désespérer et, en effet, la pierre s'était mise d'aplomb par son propre poids. A l'intérieur du temple, dont le toit était en cèdre, comme celui qui avait brûlé, une magnifique sculpture de Scopas avait été conservée. Praxitèle et Thrasus étaient chargés de décorer l'autel. Un tableau d'Apelle représentant la procession des Mégabyses, nom des prêtres eunuques de la déesse, était un des ornements du temple. Alexandre évoqua un de ces prêtres auquel Xénophon avait confié un dépôt et qui le lui rapporta à Scillonte, près d'Olympie, quand il alla, bien des années après, assister aux jeux Olympiques. Un tableau de Parrhasius, l'autre grand artiste d'Ephèse, et qui était le portrait d'un grand prêtre de Cybèle, n'était pas moins fameux. Ce peintre avait su mieux équilibrer les proportions que Zeuxis et annonçait déjà l'incomparable grâce d'Apelle.

Alexandre sursauta en voyant un autre tableau de Parrhasius qui montrait Palamède, le héros de la guerre de Troie, lapidé sur les fausses dénonciations de son ennemi Ulysse. Son visage semblait celui d'Aristonique, qui avait perdu la vie à Thèbes pour sauver celle d'Alexandre. Le roi ordonna un sacrifice à la mémoire de cet athlète. Sa sensibilité fut appréciée de tout son entourage et particulièrement de Choragus, de Dioxippe et de Clitomaque, ses anciens maîtres de gymnastique à Miéza, qui l'accompagnaient dans son expédition et qui servaient à l'entraînement des soldats d'élite. Apelle déclara qu'il consacrerait dans ce temple son futur portrait d'Alexandre en Jupiter Tonnant.

Au-delà du vestibule, où étaient exposés ces tableaux, la statue de la déesse reçut ensuite l'hommage du roi. C'était un spectacle étonnant pour les Grecs, habitués à vénérer Diane vêtue de sa tunique légère, que celui de la Diane éphésienne, en ébène, debout, les bras chargés des lions de Cybèle, les deux mains appuyées sur deux longues broches, la tête coiffée d'une tour, exhibant une poitrine emmaillotée, débordante de plusieurs rangées de mamelles, et, sur la gaine qui enfermait le bas de son corps, des compartiments d'animaux sculptés. Elle personnifiait toutes les forces de la nature, y compris celles que symbolisaient d'autres divinités. Le prêtre fit observer les trous par lesquels on humectait la statue d'huile de nard, pour empêcher l'écartement des jointures. Les cerfs, sculptés sur la gaine, appartenaient en propre à la déesse, les taureaux et les béliers à Bacchus, les griffons à Apollon Hyperboréen, les abeilles à Aristée. On appelait aussi abeilles les prêtresses de Diane, comme celles de Jupiter dodonéen, et une abeille était le signe d'Ephèse sur les monnaies. L'archiprêtre, — titre spécial à ce sanctuaire, — dit à Alexandre que le bélier était peut-être également une allusion à Cybèle, que Jupiter avait fécondée en lui jetant dans le sein de gros testicules de bélier, après les avoir dépouillés de leur enveloppe laineuse. L'archiprêtre et les prêtres, étant tous des eunuques, avaient ce point commun avec ceux de Cybèle et d'Atys. Ils étaient vêtus en femmes, coiffés d'une tiare bordée de perles, un collier d'ambre ou de pierres de couleur autour du cou. Bien qu'étrangers à toutes les formes du culte grec, les Perses avaient fourni un mot de leur langue pour les désigner, puisque Mégabyse était un mot perse. Ce rapprochement entre ce qui exaltait la vie et ce qui en marquait le mépris par le sacrifice de la virilité, était propre aux divers cultes de l'Asie Mineure et frappait Alexandre. Quant à cette façon de représenter une Diane si peu orthodoxe, elle correspondait à la déhanchée, cette danse lascive qui honorait la Chasseresse. Du reste, au temple d'Ephèse, un nombre de vierges, égal à celui des eunuques, coopérait au service.

Les vierges et les eunuques avaient toujours participé à l'histoire d'Ephèse et de l'Ionie, d'une manière ou d'une autre. Mais la glorification de la vie et du plaisir prédominait aux fêtes de la déesse, qui se célébraient avec un grand éclat au printemps. Elles avaient lieu, assorties de concours littéraires, dans le théâtre qu'Alexandre avait déjà vu et qui était sur les pentes du mont Peium, et au stade qui en était voisin. Toutefois, la nuit, les hommes et les jeunes filles, même esclaves, avaient seuls le privilège de célébrer ensemble des fêtes sur lesquelles on gardait le plus profond silence. C'était d'ailleurs une singularité du culte de Diane en Ionie d'être pratiqué surtout par les hommes.

Le piédestal de la statue faisait allusion à d'autres mystères par les mots qui y étaient gravés sur trois lignes : « Ténèbres. Lumière. Quadruple. Soleil. Véritable. Air. Sceptre. Terre. Lait. Sphinx. Fromage. Liqueur. Homme... » Il y avait aussi de simples caractères inscrits sur les pieds, la ceinture et la couronne de la statue. Cela évoquait les fameuses « lettres éphésiennes », formules magiques inventées par les Dactyles de Phrygie, qui étaient une autre famille des Corybantes. L'archiprêtre dit à Alexandre que Crésus avait fait usage de ces lettres pour éteindre son bûcher sans avoir besoin de la pluie d'Apollon. Il ajouta qu'aux jeux d'Olympie, un athlète renommé de Milet, qui luttait contre un Ephésien, n'arrivait jamais à le vaincre, parce que celui-ci avait sur lui une tablette portant ces caractères, mais que, lorsque l'on s'en était aperçu et qu'on la lui avait ôtée, il fut vaincu, après avoir terrassé grâce à elle plus de trente concurrents. Alexandre écoutait, toujours intéressé par les choses étranges et la foi publique, mais il ne demanda pas qu'on lui recopiât les lettres éphésiennes pour son futur corps à corps avec Darius.

L'archiprêtre lui confirma ce que lui avait dit Mithrène : que les Perses avaient toujours respecté ce sanctuaire, dont ils vénéraient la déesse. Le roi n'avait pas oublié que l'*Histoire* de Thucydide se termine par un sacrifice que le satrape Tissapherne offre à la Diane d'Ephèse.

Alexandre remarqua ensuite dans un angle une statue de Lysandre : il ne fut pas fâché de voir à Ephèse le souvenir du vainqueur d'Athènes et d'Ægos Potamos. Une statue d'Hécate, œuvre de Ménestrate, était d'un marbre si brillant que l'on recommandait de ne pas fixer les yeux trop longtemps sur elle de peur d'être ébloui. Au terme de sa visite, Alexandre consacra la lance qu'il portait lors de son entrée à Ephèse et offrit un triple sacrifice.

Il effectua une procession en l'honneur de Diane à la tête de son armée. Tous les assistants étaient couronnés de chêne, car c'était au pied d'un chêne que l'Amazone Otréra, fille du dieu de la guerre, avait dressé la première statue de Diane éphésienne. (Une autre Amazone, Sisyrba, avait des descendants à Ephèse, qu'on appelait Sisyrbites.) L'image de Diane était sur un char, comme lors des fêtes qui avaient lieu en mars, mois consacré à Diane chez les Ephésiens. Les jeunes filles représentaient ses nymphes, une peau de faon sur les épaules, avec l'arc et le carquois, et dansaient de manière à éclipser la déhanchée. Les jeunes gens qui accompagnaient ces jeunes filles, étaient masqués, ce qui leur permettait encore mieux des gestes indécents. Toutes sortes d'instruments de musique retentissaient le long du cortège. On se rendit au stade, où l'infanterie et la cavalerie effectuèrent de savantes évolutions. Alexandre avait placé à sa droite l'archiprêtre et Hégésias, l'un de ceux qui descendaient d'Androclès, à sa gauche, Délius et Apelle.

Dans son enthousiasme pour cette belle cité, fleur de l'Ionie et résidence de son peintre attitré, Alexandre offrit aux magistrats de rembourser tous les frais déjà effectués pour la reconstruction du temple et d'assurer ceux qui étaient nécessaires pour l'achèvement. Il donnait à Chirocrate les moyens illimités d'édifier, de décorer et d'embellir, à une condition toutefois : que son nom figurerait sur le frontispice, comme auteur de la restauration. Il devina, à l'embarras de ses interlocuteurs, que cette exigence devait leur paraître excessive et peut-être inconvenante. Même si la population d'Ephèse eût été soulagée ainsi d'une dépense considérable, puisqu'elle contribuait à ce travail par l'abandon des bijoux des femmes et la vente de biens particuliers, Apelle ne lui cacha pas que l'inscription d'un nom si glorieux ne déposséderait pas moins les Ephésiens et les autres Ioniens d'un temple qui était leur propre gloire. Les magistrats le lui dirent en des termes choisis : que ce serait pour lui diminuer sa grandeur de consacrer un temple, du moment qu'il était dieu lui-même. Afin de mettre le comble à une flatterie qui devait cicatriser une blessure d'amour-propre, ils ajoutèrent qu'ils tenaient à acquérir le tableau qu'Apelle ferait de lui en Jupiter Tonnant. Alexandre les remercia, mais fut obligé de se rappeler le refus des Thébains de voir leurs murailles reconstruites par Phryné, comparaison vexante.

Toutefois, pour marquer le respect que lui inspirait ce sanctuaire, il en étendit le droit d'asile à trois cents mètres. Il imitait en cela son ancêtre Hercule qui avait, le premier, accru ce privilège. Le temple et ses entours en jouissaient depuis la plus haute antiquité : Apollon y avait trouvé refuge contre la colère même de Jupiter, après le meurtre des Cyclopes. C'étaient surtout les débiteurs insolvables qui s'y mettaient à l'abri de leurs créanciers.

On faisait un mérite à la Diane Ephésienne d'avoir donné leur chef Aristarque aux Phocéens, fondateurs de Marseille. Les Marseillais avaient transmis le culte de Diane dans leurs propres colonies des Gaules : Agde, Antibes et Nice.

Il y avait à Ephèse un temple d'Hercule, où Alexandre sacrifia : la statue du héros le montrait enfant, en train d'étouffer les deux serpents. Le temple d'Apollon s'enorgueillissait d'une belle statue de ce dieu par le fameux Myron d'Eleuthères. Alexandre y sacrifia également, pour remercier Apollon des jeux Pythiques qui s'étaient célébrés à Delphes sous la présidence d'Antipater : les athlètes macédoniens avaient remporté plusieurs couronnes de laurier. Jupiter aussi avait un temple à Ephèse qui organisait, chaque année, comme on l'avait dit au roi, des jeux Olympiques.

Vénus Vulgaire, surnommée Compagne par euphémisme, était une des autres principales divinités de la ville. Les innombrables phallus d'or et d'argent, les objets d'ivoire et de nacre, les colliers et les boucles d'oreilles, les miroirs d'argent à manche sculpté qui garnissaient le temple, témoignaient surtout la reconnaissance des courtisanes éphésiennes. L'un de ces miroirs était gravé et représentait l'une d'elles qui se regardait dans un miroir, tandis qu'un homme la pénétrait par-derrière. La prêtresse, qui présentait ce miroir à Alexandre, estimait la donatrice bien hardie de se mirer durant un tel acte, car ce geste était souvent celui des statues de Vénus.

Pour donner à Alexandre une preuve de leur joie à l'accueillir, les Ephésiens célébrèrent par anticipation la fête de Neptune, qui était une des plus curieuses de leur cité. Elle avait pour acteurs des jeunes gens, chargés de verser du vin à toutes les personnes présentes sur les places publiques. Ils étaient appelés taureaux et se laissaient manipuler complaisamment sous leurs tuniques par ceux qui voulaient s'assurer du bien-fondé de ce nom. Alexandre les vit courir ensuite dans le stade avec des taureaux, non moins habilement et courageusement que les jeunes Laryssiens, admirés naguère par lui et ses amis aux fêtes des Pélories. Leur nom était donc justifié à un double titre.

Les festins que l'on offrait à Alexandre, lui permettaient de voir ces danseuses ioniennes dont rêvaient tous les Grecs. Leur danse était originaire de Lydie, mais elles l'avaient rendue encore plus provocante. Les trémoussements des nymphes de Diane n'étaient rien au prix des leurs. Elles se distinguaient aussi des Corybantes en ce qu'elles entremêlaient leurs torsions de sauts et de petits pas, les mains jointes, bras tendus. Alexandre avouait que, pour ces choses, comme pour la musique, les Grecs étaient inférieurs aux habitants de l'Asie. Ces filles ravissantes étaient vêtues de voiles transparents de Cos. Durant un spectacle que l'on donna au théâtre, elles figurèrent le cortège de Vénus autour de l'une d'elles, nue, qui semblait vraiment la déesse de la beauté, avec ses longs cheveux blonds : elle était debout dans une grande coquille sur un char peint en bleu, traîné par de jeunes garçons, également nus comme des Amours. Aux danseuses succédèrent des danseurs, qui étaient d'autres garçons vêtus, eux aussi, de voiles transparents : ils firent cortège aux deux plus beaux d'entre eux, qui représentaient, nus, l'Amour et Ganymède.

Le roi alla voir l'atelier d'Apelle. L'artiste, qui mettait la dernière main au tableau d'un cheval, s'attendait à un compliment, bien que ce ne fût pas le portrait de Bucéphale. Alexandre n'en dit rien et s'intéressa à un autre tableau de Vénus sous les traits de Campaspe. Bucéphale, qu'un écuyer tenait près de l'entrée, se mit à hennir en apercevant le portrait du cheval. Apelle s'écria : « O roi, Bucéphale m'adresse la louange que tu m'as dérobée. » Alexandre vanta l'écume peinte à la bouche du cheval et Apelle lui expliqua le secret de cette réussite : désespérant de représenter ce détail, il jeta contre le tableau l'éponge dont il se servait pour nettoyer ses pinceaux et elle y reproduisit d'elle-même cette bavure qui était le but cherché. Dans une pièce voisine de l'atelier, un des ouvriers écrasait du minium (c'est la plaine Celtibienne qui fournissait la meilleure sorte de ce colorant) : il avait le visage enveloppé de vessies, pour ne pas respirer la poussière de ce produit, qui est mortelle.

Comme Alexandre louait la nouvelle Vénus, Apelle loua la nouvelle Campaspe : « Si tu me laissais Thaïs pour la peindre, ô roi, dit-il, j'ajouterais une Vénus de plus à ma collection. » Alexandre se mit à rire. « Une suffit, dit-il. Je n'ai pas fait vœu de t'offrir toutes mes maîtresses. » Apelle était enchanté du dernier portrait de Campaspe et se refusait à le vendre. Il avait promis seulement d'en exécuter une copie.

Cependant, Alexandre consentit qu'il esquissât un portait de Thaïs. La jolie courtisane se para aussitôt avec des fleurs du jardin, pour ne pas disputer Vénus à Campaspe et se contenter d'être Flore. Tout le monde suivait des yeux l'ébauche d'un peintre habitué à la lenteur et à la minutie et l'on était stupéfait de le voir aujourd'hui si rapide : manifestement, Thaïs lui communiquait un feu sacré.

Campaspe divertit Alexandre en lui contant l'escale qu'elle avait faite à Rhodes avec Apelle. Protogène résidait dans cette île et Apelle, qu'il ne connaissait que de réputation, alla le visiter. Protogène étant absent, une vieille servante demanda son nom au visiteur pour le dire à son maître. Apelle, au lieu de répondre, dessina un trait sur un panneau de bois que portait un chevalet. « C'est Apelle qui est venu ! s'écria ensuite Protogène. Lui seul est capable d'avoir tiré une ligne aussi parfaite. » Néanmoins, il prit son pinceau et traça une autre ligne, plus fine encore ; puis il ressortit pour se mettre à la recherche d'Apelle. Ce dernier, entre-temps, était revenu, et dessina un trait, qui surpassait en finesse les deux autres. Protogène qui arrivait, se déclara vaincu.

Apelle cita un trait de cet artiste qui enchanta le roi, toujours amateur d'esprit aristocratique. Protogène avait effectué, pour un temple de Rhodes, un tableau, *le Satyre à la colonne,* où figurait une perdrix, posée sur cette colonne. Les éleveurs de perdrix apprivoisées allaient faire chanter leurs oiseaux devant celui-là, en vue d'amuser le public. Alors Protogène demanda la permission d'effacer la perdrix, pour que son art ne fût pas jugé d'après un tel critère.

Quand l'esquisse de Thaïs fut terminée, Anaxarque fit la question que Socrate avait faite, dans les *Mémorables,* après avoir assisté à la séance de pose de la belle Théodote, maîtresse d'Alcibiade, dont un peintre, sans doute Parrhasius, exécutait le portrait, probablement nu : « Est-ce que les spectateurs devraient plus de reconnaissance à Théodote pour l'avoir contemplée, qu'elle n'en devrait aux spectateurs ? » Socrate avait dit que c'était elle, parce qu'ils répandraient ses éloges. Alexandre était heureux, chaque fois que l'on parlait d'Alcibiade.

Un ami eubéen d'Apelle, le peintre Philoxène d'Erétrie, sollicita d'Alexandre la faveur de l'accompagner quelque temps pour assister à une bataille, afin d'exécuter de lui un portrait de vainqueur, vu par ses propres yeux. Il n'avait pas les mêmes principes que l'historien Ephore de Cumes. Le roi, qui trouvait plaisant d'augmenter sans cesse sa suite, — ce n'étaient ni des mignons ni des courtisanes —, consentit à sa demande et ajouta : « J'espère que tu n'auras pas à me peindre vainqueur, allongé sur mon bouclier. » Tout le monde cracha par terre pour écarter le présage.

Ephèse n'était pas seulement la cité d'Apelle, de Parrhasius et d'Héraclite. Des statues y commémoraient deux autres célébrités, dont Alexandre avait ignoré, pour l'un son origine, pour l'autre son existence : le poète Hipponax, satirique si mordant que ceux qu'il ridiculisait se pendaient de désespoir, comme l'avaient fait les Pariens, victimes des vers d'Archiloque ; Hermodore, devenu, à la suite d'un exil, le législateur des Romains, pour lesquels il avait composé la loi des Douze Tables.

Le roi, sur le conseil même d'Apelle, que les excès de la populace avaient effrayé, maintint le gouvernement tyrannique à la manière des Perses, mais le confia à Hégésias, qui avait l'estime des Ephésiens. Le roi, en effet, dans aucune des villes dont il changeait le gouvernement, tantôt en faveur de la démocratie, tantôt en faveur de l'oligarchie, voire de la tyrannie, ne se faisait jamais l'adversaire systématique du régime qui lui avait été défavorable : il ne visait qu'à établir le meilleur. De même marquait-il sa bienveillance aux exilés grecs démocrates, comme aux nombreux descendants des anciens tyrans grecs réfugiés en Asie. A Ephèse, il patronna la famille de Critias, ce chef des Trente Tyrans d'Athènes, dont il avait aimé la courageuse épitaphe. Conformément à ce qu'il avait fait décider au congrès de Corinthe, il encourageait ces diverses victimes de la politique à retourner dans leur patrie. Ainsi se donnait-il l'impression d'être vraiment le chef de toute la Grèce, en rendant leurs chances à tous les Grecs.

Il eut la joie de recevoir une délégation de Samos. La richesse de cette île, qui se profilait à l'horizon, vers le sud, était fameuse ; mais, bien qu'une de ses montagnes eût le nom d'Ampélus, le mignon de Bacchus changé en vigne par le dieu, elle ne produisait pas de vin. Alexandre honora ces ambassadeurs, concitoyens de Pythagore et de ce Ladmon qui avait affranchi Esope. Il leur dit aussi qu'il vénérait la mémoire du tyran éclairé Polycrate et de son frère Sylosonte, protégé de Darius. Il évoqua la révolte de Samos contre les Athéniens, dont elle avait été l'alliée, et le siège qu'une de leurs armées en forma, conduite par Périclès et par Sophocle C'est à cette occasion que se plaçait la jolie histoire du jeune échanson avec lequel coqueta le poète tragique. Le temple le plus fameux de Samos était celui de Junon ; mais l'île possédait également d'admirables statues de Myron, représentant Minerve, Jupiter et Hercule.

Quoiqu'elle eût envoyé des ambassadeurs à Alexandre, elle n'était pas tout entière acquise à sa cause : les Perses y conservaient des alliés et des rades. Ils en contrôlaient notamment le détroit. Les Samiens n'étaient pas assez forts pour les chasser et Alexandre ne songeait pas à se distraire de sa route en s'embarquant pour attaquer une île. Lorsque Parménion lui faisait observer que, si l'on avait battu les Perses sur mer, on aurait libéré Samos, il répondait qu'il était plus certain de les battre sur terre et qu'ensuite leurs possessions maritimes tomberaient d'elles-mêmes.

Un jour que le roi assistait aux exercices militaires des jeunes Ephésiens, il remarqua l'un d'eux, qui était d'une rare beauté et de formes athlétiques. On lui dit que c'était un Samien des meilleures familles, Agathocle, que son rêve eût été de le suivre, mais que, plein de révérence envers lui, il n'avait pas voulu se faire recommander, même par l'un des ambassadeurs de Samos, qui était son parent, et qu'il avait compté pour cet effet sur le hasard et les dieux. « Eh bien, les dieux ont prononcé », dit Alexandre. Il agrégea le bel Agathocle, comme représentant des Samiens, au bataillon des amis.

Avant de quitter Ephèse, il alla voir un magnifique bois sacré, situé dans le voisinage, à Ortygie, près de la mer. Ce bois était planté surtout de cyprès et traversé par le Cenchrius ; le mont Solmisse dominait ces lieux. Ortygie, par son nom, rappelait un des noms de Délos et, du reste, la légende correspondant à cette île, se reproduisait à Ortygie, comme elle était reproduite à l'îlot de Délos du lac Copaïs. On disait que Latone, après ses couches, s'était lavée dans le Cenchrius et que, sur le Solmisse, dont les arbres l'abritèrent, les Curètes, génies analogues aux Dactyles et aux Corybantes, avaient fait résonner leurs armes pour empêcher Junon d'entendre les soupirs de l'accouchée. Ce n'est pas sous un palmier comme à Délos, mais sous un olivier qu'elle avait mis au jour Apollon et Diane. Cet arbre séculaire était devant une grotte qui avait servi d'asile à la déesse. Plusieurs temples s'élevaient dans l'enceinte de ce bois. Alexandre sacrifia devant celui de Latone, que décorait une statue de Scopas où elle tenait un sceptre, telle Junon, et, à ses côtés, Ortygie, personnifiée en nymphe, lui présentait ses deux enfants sur les mains. Une assemblée solennelle des Ephésiens se réunissait dans ce bois chaque année et les jeunes gens y rivalisaient à qui offrirait le repas le plus somptueux. C'était aussi le lieu de réunion des collèges des Curètes, voués au culte de ces génies : ils y avaient leurs banquets et y célébraient leurs mystères.

Naturellement, l'abeille d'Ephèse avait été gravée sur les monnaies d'Alexandre, qui se remit en marche pour aller à Milet. Il avait préféré ce symbole, le plus simple et le plus courant de la numismatique éphésienne, à l'image compliquée qu'elle utilisait parfois : Jupiter Pluvieux, assis au sommet du mont Peium, faisant tomber la pluie de la main droite et tenant le foudre de la main gauche, le fleuve Sélinonte allongé au-dessous, le temple et la statue de Diane à côté.

Quatrième partie

A Milet, Alexandre devait faire figure de Jupiter Tonnant : cette ville, la plus importante, avec Halicarnasse, de la Carie, le nouvel Etat dont il approchait, lui avait fait savoir qu'elle lui resterait fermée. En dehors de la route royale, qui partait de Sardes pour monter ensuite vers le nord en contournant le mont Taurus, il y avait une autre bonne route, allant d'Ephèse vers le sud. Elle unissait les principales villes de cette région. Alexandre était d'autant plus irrité du défi des Milésiens qu'Hégésistrate, leur gouverneur depuis la mort du roi Péxadore, avec lequel Philippe et Alexandre avaient été en relation, avait promis de lui livrer la place. Ensuite, ayant appris que la flotte des Perses était dans les parages, il avait décidé de demeurer fidèle à Darius. La ville avait de fortes murailles, des provisions et des armes pour soutenir un long siège. Comme Mithrène l'avait laissé prévoir à Sardes, Memnon en avait renforcé la garnison, après sa défaite au Granique. Telles étaient les nouvelles auxquelles songeait Alexandre en s'avançant dans la vallée du Méandre. Un rocher de Sésostris, où était gravé l'organe féminin, semblait lui promettre pourtant une victoire facile sur les Cariens. Ces rochers et ces colonnes étaient comme des signaux secrets pour les conquérants.

La Carie avait fourni à Homère l'unique occasion d'appliquer à un peuple le nom de barbare. Encore ne s'agissait-il que du langage : « Nastès commandait les Cariens, gens au parler barbare… (1) — Ceux qui ont Milet et le mont Phtiron au feuillage épais, — Les rives du Méandre et les hauts sommets du Mycale… »

(1) « Barbarophones »

Ce passage provoqua de nouveaux commentaires d'Alexandre et d'Anaxarque sur le sens du mot barbare. Le roi critiqua derechef Aristote qui se gargarisait de ce mot, comme l'avait fait Isocrate, afin de flatter l'amour-propre grec. Mais cela ne le privait pas d'ajouter un mot d'affection, écrit de sa main, aux messages d'intérêt géographique, économique ou philosophique, qui étaient régulièrement adressés au philosophe par Callisthène. « Tu le vois sur place, disait Anaxarque, les Grecs ont été injurieux d'inventer cette épithète de barbare pour désigner ceux qui ne parlaient pas grec. Homère, notre père, que dis-je ? notre dieu, s'est contenté de cette expression inoffensive : « des gens au parler barbare ». Il y avait longtemps qu'Alexandre ne croyait plus faire la guerre « aux barbares qui habitent l'Asie ».

Pyrrhon déclara que, même si les Cariens n'étaient pas des barbares, ils n'en avaient pas moins une détestable réputation auprès des Grecs. Proverbialement, on disait un Carien pour signifier un homme de rien. Le Sceptique cita le vers du *Cyclope* d'Euripide, où le chœur, lorsque Ulysse s'apprête à enfumer et à aveugler Polyphème, dit : « Nous nous exposons dans la personne d'un Carien », — d'un être sans valeur. Alexandre ajouta aussitôt le contexte : « Que d'après nos exhortations, soit enfumé le Cyclope. — Io, io. — Très fortement poussez, hâtez-vous, — Brûlez les sourcils — De la bête qui déchire ses hôtes. — Enfumez, oh ! brûlez, oh ! — Le berger de l'Etna. »

Comme il avait discouru de Priape à Lampsaque avant la bataille du Granique, Alexandre aimait discourir de poésie en allant assiéger Milet. Ces conversations le récréaient des choses de l'armée, auxquelles son esprit revenait à l'instant, s'il le fallait, et lui donnaient le plaisir secret de se sentir au-dessus des conquérants ordinaires. C'est sa faculté de se fondre dans la poésie, comme dans l'amour, qui le faisait croire parfois à sa nature divine. Cette expédition, ces longues marches, cette épuisante chevauchée, lui semblaient ainsi un voyage, pareil à ceux que les pèlerins accomplissent pour visiter un sanctuaire, les acteurs pour donner des représentations, les philosophes pour s'instruire. Quand la compagnie de ses philosophes avait précédé celle de ses généraux, il éclaircissait mieux les questions d'effectifs, d'exercices, de ravitaillement.

Le sud de l'Ionie n'était ni moins riant ni moins fertile que le nord. Aux cultures se mêlaient les vergers, aux mauves les grenadiers. Les agnus-cactus étaient en fleur, comme le jour de la bataille de Chéronée. Callisthène faisait des observations sur la manière de cultiver les oliviers et les figuiers : on fendait l'écorce aux oliviers pour donner à l'huile une odeur aromatique et l'on améliorait la production des figuiers par des figues sauvages, suspendues à leurs branches. « Nous verrons comment Aristote ou Théophraste expliqueront cela », disait-il.

Alexandre, suivant le cours du Sélinonte, ne se détourna pas pour aller jusqu'à la côte où était la ville de Pygéla. Elle l'amusait à cause de son nom qui signifiait « la ville des fesses ». Son origine remontait à l'armée d'Agamemnon qui, lorsque la flotte du roi des rois s'était égarée, attaqua l'Ionie en la prenant pour la Troade. Les soldats éprouvèrent en ces lieux d'insupportables douleurs à l'anus et ils ne purent se rembarquer qu'après une longue médication, prescrite par Machaon et Podalire. Agamemnon y éleva un temple à Diane et jeta les bases de la ville dont le nom euphémique était destiné à commémorer l'événement.

La route d'Alexandre passait entre le mont Pactyès et le mont Thorax, puis longeait le Léthéus, près duquel se trouvait Magnésie du Méandre. Cette ville s'étendait à quelque distance de celui-ci, mais le nom du fleuve principal l'avait emporté pour la distinguer des cités homonymes.

Alexandre était fier d'être arrivé en quatre mois, sur Bucéphale, du Lydias de Pella au Méandre de Magnésie, de Priène et de Tralles, les trois villes qu'il voulait occuper avant d'investir Milet pour montrer sa force aux Milésiens. Il avait déjà parcouru, lui disaient ses arpenteurs Béton et Diognète, la même distance qui séparait Pella du cap Ténare, au sud du Péloponèse.

Magnésie du Méandre se livra avec autant d'empressement que Magnésie du Sipyle. La grande plaine riche en blé où était bâtie cette cité qu'Artaxerxès Longue-Main avait donnée à Thémistocle « pour son pain », était aussi prospère que son homonyme. Elle était, avec Tralles et Priène, la dernière grande ville de l'Ionie, presque au centre de cette vaste plaine que limitait au nord le mont Mésogis et où commençait plus loin la Carie. Les descendants des Magnètes thessaliens qui avaient fondé Magnésie du Méandre, ne pouvaient que faire bon accueil au protecteur de la Fédération thessalienne, dont la cavalerie avait la même origine. On voyait à l'entrée de la ville le temple de Cybèle : la fille du vainqueur de Salamine en avait été la prêtresse.

Alexandre se mit à rire quand on lui montra des monnaies fausses que Thémistocle avait frappées. Artaxerxès avait donné à son hôte le droit de battre monnaie, comme despote de Magnésie, — titre qui était le synonyme à peine atténué de tyran, — et ce n'était pas une des moindres drôleries de cette affaire que le sauveur de la démocratie athénienne eût fini en tyran d'une ville grecque d'Asie et se fût comporté en escroc. Les pièces fausses étaient des pièces fourrées, c'est-à-dire de cuivre plaqué d'argent. On y lisait le nom de Thémistocle près d'Apollon, debout, nu, avec une tunique jetée sur l'épaule, la main droite appuyée sur une tige de laurier : Apollon Pythien avait un temple à Magnésie. Alexandre imaginait tout à fait Démosthène nommé despote de Magnésie du Méandre par Darius Codoman et battant de la fausse monnaie. A ses yeux, c'était cela, un démocrate athénien. Un magistrat lui dit qu'il ne fallait pas trop accabler Thémistocle à cause de sa fausse monnaie : dans toute l'Asie, on frappait de fausses pièces grecques pour alimenter le commerce avec la Grèce, la monnaie perse ayant toujours été très rare, du fait que de nombreuses provinces de l'empire pratiquaient le vieil usage du troc.

On évoqua les aventures de Thémistocle, fuyant d'abord d'Athènes, puis de chez Admète, le roi des Molosses, ancêtre d'Alexandre, pour venir se mettre sous la protection du roi des Perses. Il avait voyagé jusqu'à Suse déguisé en femme, dans une voiture fermée de rideaux que nul n'aurait osé soulever : on disait que c'était une vierge envoyée au grand roi. « Je tiens Thémistocle ! » s'écria trois fois Artaxerxès dans son sommeil, avant de le combler de bienfaits pour honorer la confiance qu'il avait eue en sa générosité. La seule ville de Magnésie lui rapportait deux cent soixante-quinze mille drachmes. C'était la somme que Miltiade, le vainqueur de Marathon, avait été condamné à payer comme amende sous l'accusation d'avoir été corrompu par le grand roi pour lever le siège de Paros. Encore un démocrate pris la main dans le sac. Dans l'incapacité de s'acquitter, il mourut en prison. Thémistocle n'échappa au même sort qu'en devenant le pensionnaire du nouveau grand roi.

Le revenu des villes que lui donna Artaxerxès, outre Magnésie, était de six mille pièces d'or. Thémistocle fut le seul Grec qui eut l'honneur de s'asseoir à sa table, ce qui donna de l'ombrage aux Perses. De plus, Artaxerxès lui offrit un lit à pieds d'argent avec ses garnitures et un officier pour lui faire le lit, sous prétexte que les Grecs n'y entendaient rien, un fauteuil d'argent, un baldaquin au ciel parsemé de fleurs, cent tables d'érable à pieds d'ivoire, un parasol à lames d'or, des coupes d'or garnies de pierres précieuses, cent grandes coupes et des vases d'argent, cent jeunes filles et cent jeunes garçons pour les lui présenter. Alexandre n'était pas surpris de la munificence d'Artaxerxès, car lui-même avait l'âme royale ; mais il se disait, une fois de plus, qu'un barbare avait donné une leçon à la Grèce. Anaxarque fit observer que la mère de Thémistocle était une Carienne d'Halicarnasse et que pourtant il n'avait pas supporté qu'un envoyé barbare parlât en langue barbare à Athènes. Et, à son tour, il avait appris le perse ! En dehors de la fausse monnaie, il semblait avoir été un bon administrateur. Il avait bâti un hôtel de ville pour rappeler quelque chose d'Athènes : cet édifice manquait généralement dans les villes des Perses.

Il y avait un autre souvenir en ces lieux, moins flatteur pour les Perses : celui d'Oroète, satrape de Magnésie du Méandre, qui avait fait prendre par trahison, écorcher vif et crucifier Polycrate, tyran de Samos, pour s'emparer de ses richesses. Mais plus tard Darius le Grand vengea cette mort et d'autres crimes d'Oroète en le faisant tuer à Sardes.

Dans le voisinage de Magnésie, était un domaine consacré à Apollon. Une lettre de Darius le Grand en exemptait les jardiniers de corvées et d'impôts. Alexandre leur confirma ces privilèges.

On trouvait également, aux portes de la ville, le temple fameux de Diane aux Sourcils blancs. C'était le plus vaste de l'Asie Mineure après celui d'Ephèse ; mais ses colonnes n'étaient que de calcaire. On s'occupait à le restaurer. La statue de la déesse évoquait l'Ephésienne, avec deux génies vêtus de longues robes. Toutefois, sa poitrine généreuse possédait un moins grand nombre de mamelles. Les jeux de cette Diane se célébraient chaque année, ainsi que des jeux de Vénus, à laquelle un mois était consacré : la déesse de la beauté s'appelait à Magnésie la Vénus des Pommes, en l'honneur de la pomme de l'Ida et des pommes du corps humain.

Le Méandre, qui coulait auprès du temple de Diane aux Sourcils blancs, contenait des pierres dont la particularité était de rendre fous ceux dans le sein desquels on les jetait. Mais on était guéri dès que l'on avait apaisé la Mère des dieux par un sacrifice.

Les eaux de ce fleuve sinueux, qui avait donné lieu à un substantif, rappelaient une gracieuse et tragique histoire d'amour masculin à l'époque mythologique. Epris l'un de l'autre, comme l'avaient été Bacchus et Ampélus sur les bords du Pactole, Calamus, fils du Méandre, et Carpus, son ami du même âge, passaient leur temps, eux aussi, à courir dans les montagnes, à lutter en se couvrant de baisers, à nager dans le fleuve, où un jour Carpus se noya, et Calamus s'y précipita pour le suivre chez les morts. Il fut changé en roseau et le nom de Carpus fut donné aux fruits.

L'aimant, produit de la Magnésie macédonienne et de la Troade, s'extrayait de même à Magnésie du Méandre. Il devait son nom à Magnès qui, en menant pâturer ses bœufs sur l'Ida, sentit les clous de ses chaussures et le bout ferré de sa houlette attachés soudain à une pierre. L'idée et le mot de magnétisme et de force magnétique naquirent de cette découverte. On distinguait les aimants mâles, qui étaient les plus forts, et les aimants femelles. Ces derniers étaient ceux de Magnésie.

Ce séjour permit à Alexandre d'ajouter à ses gardes deux jeunes gens des premières familles de la ville, Thoas et Méandre le bien nommé, dont les pères, Ménadore et Mandrogène, avaient été en relation avec Philippe. Non seulement ils étaient beaux, mais c'étaient de vrais athlètes de vingt ans, déjà exercés au métier militaire d'après la méthode de Thémistocle et ils étaient unis par cet amour que le roi se plaisait à voir et à faire fleurir chez ses intimes. Le roi agrégea également à son escorte d'historiens le Magnète Hégésias qui avait été en correspondance avec Diodote d'Erythrées et qui souhaitait de l'accompagner pour rédiger, selon ses idées personnelles, la chronique de cette expédition inouïe.

Pyrgotèle reçut l'ordre de graver sur les monnaies de la troupe les deux premières lettres du nom de cette ville et le dessin représentant les méandres du Méandre. Alexandre était encouragé à frapper partout ses monnaies qui, de la troupe, se répandaient naturellement chez les habitants. Elles avaient un grand succès : on ne voulait plus que des alexandres.

Le roi laissa une garnison à Magnésie et se rendit à Tralles. Les Perses s'en étaient enfuis, bien qu'il y eût une citadelle d'assiette très forte. Cette ville vénérait Hercule et lui consacrait des jeux annuels. Les citoyens les plus riches de l'Asie Mineure figuraient parmi ses habitants. Elle se flattait d'avoir été fondée par les Argiens. Alexandre établit une autre garnison.

Il visita un oracle d'Apollon situé dans une grotte du mont Mésogis, près du village d'Hyles. La statue du dieu qu'elle renfermait, était d'une grande antiquité et communiquait une force extraordinaire à ceux qui, favorisés par un oracle, s'étaient voués à lui.

Continuant de descendre le long du Méandre, Alexandre arriva à Priène, que les atterrissements de ce fleuve avaient éloignée de la mer. Les Priénéens lui réservèrent le même accueil que les autres habitants de l'Ionie : apparemment la résistance s'était toute concentrée à Milet. Les rues se coupaient à angle droit, selon un plan régulier dessiné par Hippodame de Milet. On était en train de bâtir un temple magnifique à Minerve, d'après les plans de l'architecte Pythéos, auteur du temple de Bacchus à Téos. Les travaux étaient moins avancés que ceux du sanctuaire de Diane à Ephèse et se bornaient encore aux murs. Aucune des dix-sept colonnes prévues n'était élevée. L'emplacement, contre une muraille rocheuse boisée, avec la ville plus bas, le théâtre et le temple de Cérès à côté, la plaine au loin plantée de peupliers et la mer à l'horizon, enchantèrent Alexandre, au point qu'il décida de faire achever à ses frais la construction du temple. Il annonça cette nouvelle au sénat de Priène sans solliciter son avis. Instruit par l'expérience d'Ephèse, il évitait de courir le risque d'un refus et s'était jugé trop bon de ne pas imposer sa volonté. Il avait songé à faire de même à Magnésie du Méandre ; mais son échec auprès de la Diane d'Ephèse l'avait engagé à laisser cette déesse aux Magnètes. Minerve, au contraire, était la sienne, comme Vénus. Dinocrate retoucha les plans de Pythéos et fit graver d'ores et déjà l'inscription qui figurerait sur l'architrave : « Le roi Alexandre a présenté le temple à Minerve, Protectrice de la ville. »

Le théâtre aussi, qui était le lieu de l'assemblée du peuple, bénéficia de sa libéralité. Alexandre y était encouragé par l'or de Sardes, — l'or du Pactole. On installerait au premier rang, comme places d'honneur, cinq fauteuils de marbre en forme de sabot de cheval. Au gymnase, on ajouterait, toujours aux frais du roi, une colonnade et des douches, où l'eau coulerait perpétuellement de mascarons à tête de lion.

Un autre motif que la beauté du lieu l'avait induit à laisser des souvenirs de son entrée à Priène : sur le territoire de cette ville, se situait Panionium, petite localité qui était le centre de réunions et de fêtes des villes ioniennes et l'un des lieux où se retrouvaient jadis les sept sages. Elle était bâtie à l'entrée du détroit de Samos, au pied du mont Mycale, qui se terminait au cap Trogyle. Alexandre la visita pour évoquer la victoire des Grecs sur les Perses, remportée devant ce mont le même jour que celle de Platée. Il célébra la mémoire des deux amiraux grecs : Xantippe, père de Périclès, et Léotychide. Il déposa des couronnes dans l'enclos de Cérès, le long duquel s'était livrée la bataille, et sacrifia dans le temple de Neptune Héliconien, qui reproduisait celui d'Hélicé en Achaïe. C'était encore, pour Alexandre et pour Ephestion, à la fois revivre leur retour d'Olympie sur l'*Hercule*, quand le pilote leur avait parlé de ce sanctuaire, et recueillir un encouragement de plus pour la bataille de Milet. Alexandre avait déjà choisi le mot d'ordre que les Grecs avaient alors employé : « Hébé ». La déesse de la jeunesse ne pouvait que lui être favorable, puisqu'elle était l'épouse d'Hercule.

On lui dit qu'à la fête annuelle, un taureau était sacrifié à Neptune et devait mugir à l'autel pour que le signe fût favorable. C'était conforme aux vers d'Homère, dont Priène revendiquait l'application par rapport à ce sanctuaire : « ... Comme le taureau — Mugit, traîné par les jeunes gens qui le tirent, — Autour du tout-puissant Héliconien. » Alexandre offrit une couronne d'or au jeune Priénéen qui avait, pour l'année, le titre de roi du sacrifice, car c'était à un garçon que les Ioniens confiaient la présidence de leur fête, en souvenir des amours pédérastiques de Neptune. Alexandre, qui ne connaissait à ce dieu que Pélops pour mignon, fut instruit qu'il en avait eu un autre, nommé Nérite, présumé leur compatriote.

Anaxarque lui dit également que le beau Cléobule, un des mignons d'Anacréon, était né à Priène. « L'origine de l'amour d'Anacréon pour lui est curieuse, dit le philosophe, et tient presque de la magie. Le poète de Téos était ici, jeune encore, à la fête de Neptune, et, ayant sacrifié surtout à Bacchus, il titubait dans la rue et heurta une nourrice qui portait un enfant. L'ivresse, au lieu de l'inciter à s'excuser, lui fit, au contraire, maudire la nourrice et le nourrisson. Mais elle, qui savait son talent, demanda au dieu qu'un jour il exaltât, par ses louanges, le garçon qu'il venait de maudire. Cette prière s'accomplit seize ou dix-sept ans après : ce garçon était Cléobule. »

En suivant le mont Mycale, Alexandre arriva au cap Trogyle, d'où il voulait apercevoir la ville de Samos et le temple de Junon. Le détroit n'était large que d'un kilomètre. C'est pour cela que les Perses en gardaient soigneusement les abords, du côté de Samos, et que l'ambassade avait dû partir du nord de l'île afin de saluer le roi à Ephèse, sans attendre qu'il fût descendu plus bas. Il ne bouillait pas moins d'impatience, à l'idée qu'il était à un kilomètre de l'ennemi ; mais cela ne le fit pas davantage prêter l'oreille aux conseils de Parménion de risquer un combat naval. Du reste, sa flotte avait contourné Samos de l'autre côté. Alexandre, au moyen d'un tube astronomique d'Aristote, compta les navires des Perses dans le port, distingua parfaitement les blanches maisons de la ville et les murailles de la citadelle sur une colline. C'est devant cette citadelle que les satrapes envoyés par Darius, pour en reprendre possession après le meurtre de Polycrate, attendirent, assis sur des trônes, qu'on leur en apportât les clés. Tout près de la mer, Alexandre vit la masse marmoréenne du sanctuaire et même, l'huis étant ouvert et l'édifice n'ayant pas de toit, l'énorme statue de la déesse, que le soleil éclairait. La construction du temple, élevé par Polycrate à la suite d'un incendie qui avait détruit le plus ancien, était restée inachevée. Anaxarque, ayant visité Samos, décrivit la statue : elle était drapée d'un manteau rigide, coiffée de tresses qui dessinaient une auréole autour de ses joues et ses deux mains écartées tenaient deux coupes, d'où s'échappait le filet d'une libation de marbre qui lui servait de support. Le jour de sa fête, on la cachait dans un fourré d'agnus-castus où les femmes feignaient de la dénicher pour la remettre sur son piédestal. On symbolisait ainsi l'union clandestine de Junon et de Jupiter avant leur mariage.

Alexandre salua de loin cette puissante déesse qui avait joué un grand rôle dans la naissance et dans la vie de son ancêtre Hercule. Si, en l'allaitant par surprise, elle avait créé la voie lactée, elle avait subi à cause de lui la plus grande humiliation de son existence d'épouse de Jupiter, quand, irrité qu'elle eût soulevé une terrible tempête contre Hercule à son retour de Troie, — le siège de la première Troie, — il l'avait suspendue de l'Olympe avec une enclume à chaque pied. Alexandre invoqua Junon en la priant de garder une goutte de lait de sa tendresse pour un descendant d'Hercule. C'est elle qui avait asservi Hercule à Eurysthée, mais c'est donc à elle qu'il devait la gloire de ses douze travaux. Alexandre était fier que celui-ci, durant son expédition contre Nélée à Pylos, où Junon s'opposait à lui avec d'autres dieux, eût atteint d' « une flèche à triple pointe », selon Homère, ce sein droit qui l'avait nourri : « Alors une douleur intolérable l'avait prise ». Jupiter avait finalement réconcilié Junon et Hercule dans l'Olympe. Afin d'honorer la reine des dieux, Alexandre ordonna un sacrifice à la vue de son temple. C'était la première fois qu'il sacrifiait à Junon et il ignorait quel animal lui était consacré. Aristandre dit que c'était la vache et l'on en acheta une, sans défaut, à un bouvier du cap Trogyle. Cléomante fit également acheter une chèvre sans défaut à un chevrier pour accomplir le sacrifice à Junon comme on l'accomplissait à Sparte, seule ville de Grèce, avec Corinthe, où cet animal lui fût immolé. Le roi était enchanté de rendre à la déesse ce dernier hommage, comme chef de la confédération de Corinthe, qui avait enlevé aux Spartiates leur meilleur devin.

Derrière Samos, se cachait l'île d'Icaria, qui était à peu près déserte et qui lui servait de lieu de pâturage. Son nom, comme celui d'une partie de la mer Egée, appelée Icarienne, commémorait l'aventure d'Icare qui, après s'être enfui de Crète avec son père Dédale grâce à des ailes attachées par de la cire, s'était trop approché du soleil et, la cire ayant fondu, s'était noyé au large de cette île. Alexandre admirait en Icare une ambition surhumaine qui avait produit la mort, mais aussi l'immortalité. « Nous sommes des Icares qui ne laisseront pas fondre leur cire, dit-il à Ephestion. — C'est parce que nous ne laissons fondre que notre cœur », dit celui-ci. Mais il pensait avec un peu de mélancolie à la prédiction de Cléomante faite au cap Sigée. Du moins s'en consolait-il en se disant que, si Alexandre ne revenait pas, il ne reviendrait pas, lui non plus. Ni Patrocle ni Achille n'étaient revenus de Troie.

L'armée repassa ensuite devant Priène, refranchit le Méandre et s'arrêta à Myonte. C'était l'avant-dernière ville avant Milet. Artaxerxès l'avait donnée à Thémistocle pour le défrayer de viande et de poisson. Elle défraya la table et les troupes d'Alexandre. Le roi, qui tenait à vénérer la divinité principale des villes qu'il occupait, sacrifia à Apollon, qui avait à Myonte le surnom de Térébinthe.

La petite localité de Pyrrha sur la côte, non loin de Myonte, se flattait de compter parmi ses citoyens un disciple de Socrate et de Platon, le philosophe Ménédème qui en avait été le législateur. Alexandre se plut à le visiter, comme il avait visité Xénocrate à Athènes. Faute d'avoir Aristote à sa suite, il jugea qu'il serait aussi glorieux d'y avoir Ménédème, qui représenterait cette Académie où s'était le mieux exprimé le génie littéraire grec. Mais Ménédème était plus disciple de Socrate que de Platon. Il ne fut pas curieux de chevaucher dans la lumière de la gloire et montra à Alexandre le potager qui suffisait à ses besoins.

Héraclée du Latmus, sur les bords du golfe du même nom et au pied du mont Latmus, était à quelques kilomètres de Milet. On identifiait le Latmus avec le Phtius « au feuillage épais », qu'Homère plaçait près de Milet. Alexandre sacrifia au temple de Minerve, bâti sur une colline qui dominait la ville et d'où l'on dominait la mer. Il sacrifia aussi dans le sanctuaire d'Endymion, qui était honoré comme héros de la contrée. C'est, en effet, dans une caverne du mont Latmus que Jupiter avait endormi d'un sommeil éternel le beau jeune prince ou berger de l'Elide, soit pour le garder jeune, à la demande de Diane qui en était amoureuse et qui allait le réveiller chaque nuit, soit pour le punir d'avoir voulu supplanter Ganymède, comme Cléotime l'avait raconté à Olympie. Le prêtre d'Endymion confirma à Alexandre la troisième version de ce sommeil, qu'avait également indiquée l'hôte éléen de Philippe : le Sommeil, dieu aussi aimable et imberbe qu'Endymion, était devenu, à son tour, amoureux de lui et l'avait endormi pour se repaître tranquillement de ses charmes. Toutes ces folâtreries étaient aux oreilles d'Alexandre comme cet air de flûte que les Spartiates faisaient jouer en marchant au combat.

La garnison de Milet n'avait pas tenté de s'avancer au-devant d'Alexandre, parce que la flotte chypriote, perse et phénicienne, bien que composée de quatre cents vaisseaux, n'avait pas tenté non plus de barrer la route à celle de Philoxène, qui n'en comptait que cent soixante. Conformément aux ordres du roi, l'amiral entra dans les quatre ports de Milet dès que l'armée eut occupé les faubourgs. Le siège commençait.

L'étang qui s'écoulait dans la mer, fournissait aux assiégeants les fameux loups de Milet. Ce poisson y venait contre le cours d'eau. Anaxarque cita le vers des *Cavaliers* d'Aristophane, que les circonstances rendaient ironique : « Si tu manges des loups de mer, tu ne porteras pas le trouble chez les Milésiens. »

Glaucippe, le premier citoyen de Milet, fut dépêché à Alexandre pour lui proposer de laisser la ville et les ports en commun aux Macédoniens et aux Perses. Il représentait cette classe de citoyens qui s'appelaient, à Milet, soit les riches, soit les « navigateurs », leurs délibérations ayant lieu sur un vaisseau qui gagnait la haute mer. Le roi, irrité par l'attitude d'Hégésistrate, répondit superbement à ce marchandage : « Je ne suis pas venu en Asie pour recevoir ce qu'il plairait aux autres de m'accorder, mais pour leur donner ce qu'il me plaît de leur laisser. »

Aristandre rappela l'oracle de l'Apollon de Delphes qui s'était vérifié jadis à propos des Perses et qui allait se vérifier de nouveau avec les Macédoniens d'Alexandre : « Et alors Milet, machinatrice d'œuvres perverses, — Tu seras le repas et les heureux cadeaux de beaucoup — Et tes épouses laveront les pieds à beaucoup d'hommes chevelus — Et à Didyme d'autres prendront soin de mon temple. » « La différence, dit Alexandre, c'est que nous ne nous ferons pas laver les pieds par les belles Milésiennes et que je pense à rebâtir le temple de Didyme, comme j'ai ordonné de restaurer celui de Sardes, où j'en fais aussi élever un autre, et de bâtir celui de Priène. » Didyme était le fameux temple d'Apollon, dit des Branchides, postérité de son mignon Branchus auquel il avait transmis le don prophétique par ses embrassements, comme à son autre mignon Claros, fondateur du temple d'Apollon Clarien, qu'Alexandre avait visité près de Colophon.

Attaqués à la fois par terre et par mer, les assiégés se défendirent avec énergie. Plusieurs Macédoniens périrent, notamment les deux neveux de Clitus qui avait sauvé la vie d'Alexandre au Granique : c'étaient les fils de sa nourrice Hellanicée et cette mort de ses frères de lait excita son ressentiment. Thoas et Méandre de Magnésie, Andron de Téos, le Samien Agathocle recruté à Ephèse, avaient prouvé leur courage et les deux premiers avaient été légèrement blessés. Le roi jugeait les amants, les beaux et les riches à leur premier combat pour s'assurer qu'il ne s'était pas trompé sur leur courage. Sans quoi, il n'aurait pas hésité à les licencier. Il était, du reste, à peu près certain d'avance qu'aucun jeune homme ne se serait risqué à solliciter la faveur d'être auprès de lui sans vouloir s'en montrer digne. Il fit battre les remparts à coups de béliers. Des brèches furent ouvertes et les

Macédoniens pénétrèrent à l'intérieur de la ville, massacrant ceux qui résistaient. Alexandre était maître de Milet.

Les Milésiens, en suppliants, — demi-nus et des bandelettes dans les cheveux, — se jetèrent aux pieds du vainqueur. Il traita les Milésiens avec humanité en considération de leur ancienne gloire, mais déclara que tous les étrangers seraient vendus comme esclaves. Il fit emprisonner Hégésistrate et cesser le pillage qui avait commencé. Un prodige avait frappé de cécité des soldats, violateurs du temple de Cérès. Alexandre les renvoya avec pension et ordonna un sacrifice expiatoire envers la déesse. Les mercenaires grecs, au nombre de trois cents, avaient réussi à gagner l'îlot des Chèvres, soit en nageant sur leurs boucliers, soit en barques. Alexandre, après avoir fait dresser des échelles pour monter à l'assaut de ces rives escarpées, fut touché du courage de ces hommes qui semblaient résolus à se faire tuer jusqu'au dernier. Il leur offrit son pardon et les incorpora dans son armée.

Milet n'était pas déchirée, comme Ephèse, par les luttes entre le parti démocratique et les aristocrates. C'est peut-être parce que les deux partis avaient naguère, une fois pour toutes, vidé atrocement leurs querelles : le peuple avait saisi les enfants des riches et les avait fait broyer sous les pieds des bœufs ; les riches avaient saisi les enfants des pauvres, les avaient enduits de poix et brûlés vifs. A la suite de tous ces meurtres, le dieu de Didyme avait refusé ses oracles aux Milésiens.

L'immense quantité de statues qui couvraient les places, était, pour la plupart, d'athlètes couronnés dans les grands jeux de la Grèce et de l'Asie. « Où étaient donc les bras de ces hommes forts, quand vous avez reçu le joug des Perses ? » demanda Alexandre aux magistrats qui lui faisaient visiter la ville, le rameau d'olivier à la main. Ce qu'ils ne lui pouvaient avouer, c'est que Milet avait dégénéré à force de s'adonner à la mollesse. Aristote citait volontiers l'expression proverbiale employée par Aristophane dans *Plutus :* « Autrefois, les Milésiens étaient vaillants », pour indiquer des qualités qui n'existaient plus.

Les beaux garçons existaient toujours, comme l'exigeait le nom même de cette ville : le Crétois Milétus, son fondateur, fils d'Apollon et d'Acacallis, fille de Minos, était d'une beauté merveilleuse et son grand-père, épris de lui, voulut lui faire violence. Il est vrai qu'il ignorait leur parenté, Acacallis ayant exposé, pour ne pas encourir sa colère, le fils qu'elle avait eu clandestinement d'Apollon et qui fut nourri par des bergers. Alors Milétus, qui était, avec Atymnius, le mignon de son grand-oncle Sarpédon, frère rival de Minos, s'embarqua, sur ses conseils, pour la Carie et fonda Milet. Il épousa Cyalée, fille du Méandre et sœur du beau Calamus qui se tua par amour pour le beau Carpus. Sarpédon rejoignit Milétus et devint roi de Lydie, homonyme du roi de Lycie qui, plus tard, combattit à la guerre de Troie et du Sarpédon qui avait donné son nom au cap de Thrace, voisin d'Enus, aperçu jadis par Alexandre.

Cette ville, qui s'était splendidement relevée de ses ruines après que Darius l'eut rasée, avait produit d'autres célébrités que des athlètes : Thalès, le premier des sept sages, dont Alexandre voyait aussi la statue. On y avait inscrit sa formule qui figurait sur le temple de Delphes : « Connais-toi toi-même. » Alexandre aurait aimé y voir un autre de ses mots, qu'aimait à répéter Aristote : « Tout est plein de dieux. » Une épigramme précisait qu'il était mort dans le stade en regardant les combats gymniques, fin comparable à celle de Pindare au théâtre d'Argos. Même si la liste des sept sages variait et s'ils étaient parfois dix-sept lorsqu'on y faisait même figurer Pythagore et Orphée, le nom de Thalès y brillait toujours. Sa réponse à quelqu'un qui lui demandait pourquoi il ne songeait pas à avoir des enfants, était célèbre : « Parce que je les aime. » L'inscription de la statue d'Anaximandre, son plus illustre disciple, rappelait que celui-ci avait été le premier des géographes. « Non, par Jupiter, dit Alexandre, c'est Homère. » Sans doute voulait-on dire qu'Anaximandre avait fait la première des cartes géographiques. C'est lui qui avait inventé la sphère, trouvé que la terre était ronde et que la lune n'avait pas sa lumière propre, mais reflétait seulement celle du soleil. Sa statue fut vénérée par le jeune conquérant qui, dès son enfance, contemplait les cartes de géographie, et par Archélaüs, le géographe.

Le bronze d'Archélaüs de Milet, dit le Physicien, retint également l'attention du roi. Ce philosophe, dont Socrate, dans sa jeunesse, avait été le disciple et le mignon, avait inspiré par sa physique, par sa morale, par ses idées sur le bien et sur le juste, la philosophie de Platon et, en conséquence, celle d'Aristote. Avec lui, le jeune Socrate avait fait un voyage à Samos. L'école ionienne, c'est-à-dire de Milet, avait, du reste, le plus appris à la philosophie grecque.

Alexandre s'arrêta ensuite devant la statue de l'architecte Hippodame qui n'avait pu, fait curieux, appliquer à sa ville natale le tracé géométrique dont il était l'inventeur : le roi lui était reconnaissant qu'on lui dût le plan de Pella. Un peu plus loin, la statue de Timothée, le musicien qui avait été l'hôte d'Archélaüs de Macédoine, était encore pour Alexandre comme un souvenir personnel. Il fut heureux d'apprendre qu'il y avait à Milet des compositions inédites de l'illustre Milésien et ordonna à son propre musicien Timothée, qui faisait revivre ce nom au palmarès de la musique, de les inclure dans les programmes de ses plaisirs et de ses fêtes.

Les Milésiens vénéraient un ancêtre d'Alexandre auquel il avait moins souvent l'occasion de se référer qu'à Hercule : ils avaient élevé un temple à Persée. Ce héros allait avoir à trancher le débat entre Darius et Alexandre, puisqu'il était la souche des Perses et, par son fils Achémène, celle des

Achéménides ; mais Alexandre se sentait le plus en faveur auprès de lui à cause d'Hercule, lui-même descendant du fils de Danaé et de Jupiter.

Près de Milet, on mena Alexandre à la fontaine d'Achille, le héros de sa race maternelle : le fils de Pélée s'y était purifié après avoir tué Trombélus, roi des Lélèges, peuple qui s'était confondu avec les Cariens. Achille avait vengé ainsi la belle Apriate que ce roi avait jetée à la mer, parce qu'elle lui résistait.

Pour faire contrepoids à ces histoires héroïques et à ces hautes réputations de sagesse, les Milésiennes (on donnait leur nom à des recueils d'histoires lubriques) avaient inventé les phallus de cuir ou de figuier, non plus instruments comiques et démesurés des fêtes de Bacchus ou des représentations théâtrales, mais exactement proportionnés aux besoins des veuves, des courtisanes ou des amateurs, — on l'avait vu lors de la première visite d'Alexandre à Corinthe.

Milet avait, ainsi que Magnésie du Méandre, un hôtel de ville, où Alexandre était magnifiquement traité par les principaux citoyens, empressés de réparer leurs torts. Les fameuses roses rouges de Milet à douze pétales couronnaient les convives. Le magnifique théâtre, voisin de la mer, les quais pavés de marbre, la monumentale porte des Lions qui donnait sur le port du même nom, le temple de Minerve, reçurent tour à tour sa visite. Après quoi, il se rendit à Didyme, distante d'une vingtaine de kilomètres au sud, près du cap Posidium.

La voie qui y conduisait, était dite sacrée. Des statues colossales d'Apollon, assis sur des trônes où étaient gravés les noms des donateurs, la bordaient tout au long. Le dieu s'était épris du jeune Branchus en le voyant garder ses chèvres. Sa mère, Milésienne, avait rêvé que le Soleil la faisait concevoir par la bouche et le fils qui naquit de ce songe, fut le plus beau du monde. Le sanctuaire avait été fondé à l'endroit où Apollon et lui s'étaient aimés. En mémoire du baiser qui avait insufflé à Branchus le don de prophétie, le dieu avait à Didyme le surnom d'Apollon du Baiser. Branchus avait été son premier prêtre et avait transmis ce don à ses descendants, les Branchides. Le magnifique temple que Crésus avait enrichi de ses offrandes, avait été incendié par Darius le Grand ; mais les offrandes du roi de Lydie et tous les anciens trésors n'avaient pas été détruits dans cet incendie : les Branchides les avaient sauvés, puis livrés à Xerxès qui enleva de plus la gigantesque statue d'Apollon, chef-d'œuvre de Canachus de Sicyone. Elle représentait le dieu debout, les longues mèches de sa chevelure couvrant ses épaules, un petit faon sur sa main droite étendue. Ce bronze était maintenant à Ecbatane et les Milésiens, en montrant à Alexandre des monnaies où la statue était représentée, le conjuraient de la leur renvoyer : nul ne doutait qu'il ne pénétrât victorieusement jusqu'au sein de la Perse. Xerxès n'avait pas moins banni les Branchides pour les punir de leur trahison, autant que pour les soustraire à la haine de leurs concitoyens, et ils avaient fondé une cité qui portait leur nom en Sogdiane. Ils n'avaient laissé qu'une chose : le bouclier de Ménélas. Les peaux qui le doublaient, étaient tombées en poussière ; subsistait seul le revêtement d'ivoire. C'est ce bouclier que Pythagore avait reconnu, lorsqu'il était Hermotime, dans une des dernières transmigrations de son âme. Ce souvenir de la guerre de Troie émut le possesseur du bouclier de la Minerve troyenne.

Alexandre avait vu, depuis les ruines du temple de Junon à Athènes brûlé par Xerxès, bien des temples détruits ou brûlés ; mais il n'avait jamais vu celles d'un temple aussi considérable : les bases, les tambours et les chapiteaux dispersés de ses cent douze colonnes, le piédestal de la statue, lui donnaient une idée de ce qu'avait dû être la splendeur de ce monument et lui inspiraient le désir de venger Apollon, comme son père et lui l'avaient vengé en Phocide. La frise était ornée de monstres, moitié boucs, moitié lions, posant leurs pattes de devant sur la lyre du dieu. Anaxarque interprétait cette décoration comme le symbole du pouvoir créateur représenté par le bouc et du pouvoir destructeur représenté par le lion, s'unissant, se balançant ou se succédant afin de produire l'ordre et l'harmonie que symbolise la lyre. « Je ne me sens pas un lion pour détruire, mais pour aimer », dit Alexandre.

Milet, trop occupée à se reconstruire, n'avait pu relever ce sanctuaire, que gênait d'ailleurs la concurrence de Claros, dont l'oracle avait toujours eu plus de réputation. Pourtant, le dieu continuait de visiter son temple, puisqu'il répondait encore à ses rares pèlerins, dans une chambre souterraine qui s'ouvrait au milieu du soubassement. La prophétesse y descendait en tenant le bâtonnet qu'Apollon avait remis à Branchus, comme symbole du don qu'il lui octroyait. La source sacrée qui s'y trouvait, étant tarie, elle y apportait de l'eau d'une autre source, parce que l'eau jouait un rôle, ainsi qu'à Delphes et à Colophon : elle ne la buvait pas, mais y trempait ses pieds ou une tresse. Elle ne s'asseyait pas sur un trépied, mais sur l'essieu d'un char.

Pendant qu'elle lui fournissait ces explications, en éclairant les lieux d'un flambeau, la source jaillit et vint baigner les pieds du roi. Le miracle était indubitable et Alexandre était bien obligé de croire, avec la prophétesse, qu'il en était l'auteur ou que, du moins, c'était un signe du ciel. Il en fut troublé. C'était une preuve nouvelle du futur succès de ses ambitions ; mais il résista à l'envie de consulter l'oracle, pour montrer que rien ne le surprenait. La prophétesse, du reste, lui disait que ce prodige équivalait à une réponse. Séleucus la consulta pour son propre compte et ce qu'elle lui dit, semblait une promesse de la victoire totale d'Alexandre. Le dieu, à qui le fils d'Antiochus, éprouvé par des fièvres, avait demandé s'il devait rentrer en Macédoine, l'invitait à y renoncer parce qu'il prospérerait en Asie.

Alexandre décida de restaurer cet autre temple en l'agrandissant. Il aurait la gloire de refaire un édifice digne de celui qu'avait honoré Crésus. Et ne serait-ce pas de nouveau avec l'or du Pactole ? Il y aurait cent vingt-quatre colonnes sur une plate-forme, haute de trois mètres avec sept degrés, correspondant aux sept degrés du stade voisin, où auraient lieu des jeux sacrés. Le roi n'oubliait pas que le chiffre sept était celui d'Apollon. Il décréta que, faute de la famille sacerdotale des Branchides, les prêtres seraient élus annuellement ou tirés au sort.

Pour mieux rehausser son hommage à Apollon et pour que le dieu l'aidât à renvoyer sa statue d'Ecbatane à Didyme, il fit chanter par Thessalus, au son des flûtes, devant toute l'armée, les invocations d'Orphée à Apollon : « Immortel ! Aux belles formes ! Aux cheveux non tondus ! A la chevelure abondante ! A l'esprit prudent ! Roi ! Qui te plais à lancer des traits ! Qui donnes la vie ! Joyeux et rieur ! Destructeur des géants ! D'humeur douce ! Né de Jupiter ! Fils de Jupiter ! Destructeur du dragon ! Que réjouit le laurier ! Au beau langage ! Très fort ! Lanceur de flèches ! Donneur d'espoir ! Engendreur des animaux ! Tout à fait divin ! Qui transmets les volontés de Jupiter ! Qui traduis les oracles de Jupiter ! Bienveillant ! Au doux langage ! A la voix agréable ! Dont la main soulage ! Tueur de bêtes ! Vigoureux ! Qui charmes les cœurs ! Qui charmes par la parole ! Qui lances des javelots ! Désirable !... » On immola un bœuf à Apollon Didyméen. S'il était illicite de sacrifier un cheval à ce dieu, alors que c'est la victime préférée de Neptune, ce sacrifice, effectué à Didyme, eût été la plus grave offense envers le « désirable tueur de bêtes ».

Dans le voisinage, étaient les ruines du temple de Jupiter Didyméen, où le culte persistait, comme dans le sanctuaire d'Apollon. Alexandre y fit une libation qui, selon le rite particulier, s'accomplissait avec des feuilles de lierre.

A quelque distance, un bois contenait la fontaine Byblis. Un temple y renfermait un tableau fameux d'Aristomène de Thèbes, — le peintre dont Alexandre avait sauvé une œuvre, lors de la destruction de cette ville, — tableau qui représentait la jeune Byblis, mourante d'amour pour son frère Caunus. Suivant les uns, la fontaine était née des pleurs versés par Byblis, que son frère avait quittée par horreur d'un inceste ; suivant les autres, c'est Byblis qui avait été métamorphosée en fontaine. Il y avait aussi une version toute contraire de cet amour malheureux : Caunus avait été épris de Byblis et, ayant essuyé un refus, s'était exilé en Pérée Rhodienne, sur la côte de Carie, où il avait fondé une ville à son nom. Les jeunes Milésiens et les jeunes Milésiennes, frères et sœurs, étaient amenés en pèlerinage dans ce bois. On ne savait si c'était pour leur inspirer des goûts incestueux ou pour les en détourner.

Depuis son départ, Alexandre ne laissait pas de rester en relation, par de constants échanges de courriers, avec Antipater et Olympias. Il était heureux de savoir que tout allait bien dans le royaume et qu'en Grèce, le bruit de ses succès tenait en respect l'esprit de rébellion. Pendant son séjour à Milet, il reçut une lettre de sa mère, qui l'inquiéta. Elle lui assurait qu'Alexandre Lynceste tramait un complot, que sa sœur, assoiffée de vengeance pour l'exécution de ses deux frères, avait confié ce projet à une amie de Pantica, et Olympias suppliait Alexandre d'être sur ses gardes. Il rêvait à ces nouvelles, lorsque Ephestion entra sous sa tente et lut le message. « Quelle horreur ! s'écria-t-il, je vais faire arrêter tout de suite ce misérable. » Alexandre mit le cachet de son anneau sur les lèvres de son ami, pour lui signifier de n'en pas parler. « Attendons ! dit-il, ma mère ne comprend pas le pardon. Elle m'a reproché d'avoir épargné Lynceste et, si elle sent l'hostilité de quelqu'un de sa famille, ce dont je n'ai cure, elle en conclut que l'on y machine quelque chose. Nous sommes sous la protection d'Apollon Didyméen. »

Il eut une autre preuve de la protection du dieu. La flotte perse, qui avait jeté l'ancre devant le mont Mycale, se repentait de son inaction et cherchait à provoquer celle d'Alexandre. Le roi envoya Philotas, avec de l'infanterie et de la cavalerie, pour empêcher les marins perses de se ravitailler dans le pays, ce qui les transformait en assiégés à leur propre bord. Ils durent aller à Samos, mais revinrent croiser devant Milet. Un jour, cinq de leurs bâtiments, voyant des vaisseaux macédoniens à l'abandon, se dirigèrent sur eux à pleines voiles pour les brûler ou les saisir ; mais le roi, qui avait surpris de loin ce mouvement, fit attaquer les agresseurs par dix vaisseaux qu'il chargea de soldats et les mit en fuite. L'un d'eux, monté par des Jasiens, fut pris, — Jasos était au nord d'Halicarnasse.

Alexandre ressentait une certaine satisfaction d'avoir remporté ce petit succès naval dans les parages du mont Mycale. Un aigle s'étant posé à terre devant la flotte, Parménion y vit un augure en faveur du projet qu'il avait déjà exposé à Ephèse : il voulait profiter de la présence de la flotte ennemie dans la mer Icarienne pour livrer une grande bataille navale. « Si nous sommes vainqueurs, comme je suis certain que nous le serons avec l'aide des dieux, dit-il à Alexandre, nous en tirerons mille avantages, et si nous ne le sommes pas, nous n'y perdrons rien, car les Perses ont déjà la supériorité sur mer et nous la garderons sur terre. » Il offrait d'assurer lui-même le commandement de la flotte pour démontrer qu'il engageait sa responsabilité avec la conviction de ne pas se tromper. Alexandre, une fois de plus, prit le parti de la prudence contre son général, d'ordinaire si prudent. Il répondit que, malgré le succès que lui avait octroyé Neptune, il n'entendait pas risquer son prestige et ses conquêtes dans un combat important où la suprématie de l'ennemi était évidente par le nombre, comme par l'habileté. « Une défaite navale, ajouta-t-il, risquerait aussi de réveiller la Grèce lointaine et la partie de l'Asie que nous venons d'occuper. Elle compromettrait la suite d'une guerre qui n'en est qu'à ses débuts. » Aristandre interpréta dans le même sens que le roi le présage de l'aigle : c'est à terre et non sur les eaux que Jupiter promettait la victoire.

Loin d'engager une bataille navale, le roi licencia la majeure partie de la flotte, qui était une source de dépenses et à la merci d'une attaque brusquée où elle aurait eu le dessous. Il pensait également que les Macédoniens ne se battraient qu'avec plus de résolution, s'ils se voyaient privés de cette retraite. Il ne conserva que les transports nécessaires pour les machines destinées au siège des villes. Quant aux vaisseaux qui devaient rejoindre les ports de Macédoine afin d'y être désarmés, ils eurent ordre de faire escale à Délos et de sacrifier en son nom à l'autel d'Apollon Géniteur : c'était le seul, comme l'avait dit Hécatée à Sardes, où l'on n'eût pas le droit d'immoler des animaux. On se contentait d'y offrir des rameaux de verveine, aux sons des flûtes. Ce sacrifice non sanglant à son dieu préféré plaisait à Alexandre, qui avait encore tant de sang à verser.

Il eut une grande joie, en même temps qu'une grande surprise : de voir arriver Cléotime. Le riche Eléen s'était embarqué pour joindre Alexandre sur un des vaisseaux qu'il expédiait régulièrement de Patras à Milet, chargés de ses étoffes de byssus. Après avoir fait escale à Samos, où il avait rencontré les ambassadeurs qui avaient visité le roi, il débarquait maintenant à Milet, ayant su que la ville était prise. Il était fier de retrouver le bel Evagoras, l'ancien garçon aux baisers, devenu un si vaillant soldat depuis la bataille d'Amphissa et que les dieux avait protégé de toute blessure grave. Alexandre donna un grand banquet à son ancien hôte d'Olympie et le couvrit d'aussi riches présents qu'il en avait jadis reçu de lui. « Bientôt, dit Cléotime à Alexandre, s'effectuera la prédiction que les Egyptiens de Cyrène te firent en ma présence : que tu serais roi d'Egypte. » On n'évoqua pas seulement le banquet d'Olympie, terminé par les épousailles de Bacchus et d'Ariane, mais aussi la croisière sur l'*Hercule* jusqu'à Gythium, au lendemain de la victoire de Chéronée. Alexandre dicta un sauf-conduit, enjoignant à tous ses officiers et à tous ses hôtes, en Grèce et dans les pays conquis, de se mettre à la disposition de Cléotime pour tout ce qu'il aurait à leur demander : le roi honorait en lui et ses souvenirs de jeunesse et l'ancien mignon de son père.

Laissant quelques troupes à Milet, il reprit sa marche à travers la Carie. On l'avait informé que Memnon, pour donner à Darius une preuve de sa fidélité et en obtenir tous les pouvoirs qu'il désirait, lui avait envoyé comme otages sa femme et ses enfants. Il dissipa ainsi la suspicion que pouvaient avoir donné sa naissance grecque et son séjour de jadis à la cour de Macédoine : il fut nommé chef de toutes les forces perses, tant maritimes que terrestres.

Les trésors de Sardes, d'Ephèse et de Milet ne permettaient pas seulement à Alexandre des travaux et des munificences, tout en servant à solder ses troupes, mais une nouvelle politique. A mesure qu'il avançait vers les régions encore au pouvoir de Darius, il estimait habile d'être libéral envers les peuples. Aussi exemptait-il d'impôts les villes qui l'accueillaient et cette renommée contribuait à lui en ouvrir les portes.

Il eut une occasion de manifester autrement son intérêt pour les Cariens. La reine Ada, fille de Mausole, veuve du roi Idréus et sœur de ce Pexodore ou Pexadore dont la fille, après avoir été demandée par Philippe pour Arrhidée, avait été sollicitée par Alexandre, réclama sa protection contre le satrape Orontopate qui l'avait dépossédée. La Carie était, avec la Cappadoce, la seule contrée de l'Asie Mineure où une dynastie locale se fût maintenue, en qualité de satrapie du roi des Perses. Pexodore en avait dépouillé sa sœur, puis avait marié sa fille à Orontopate qui avait, en quelque sorte, pris la place d'Alexandre et ensuite celle de Pexodore. Ce satrape avait établi Hégésistrate à Milet en qualité de gouverneur et, lui-même occupant Halicarnasse, Ada s'était réfugiée à Alinde, derrière le Latmus. Sujet supplémentaire de confusion, la fille de Pexodore, qu'il avait eue d'une Cappadocienne nommée Aphnéis, s'appelait également Ada. Mais la veuve d'Idréus priait Alexandre de ne pas s'y tromper. C'est pour la rencontrer, qu'après avoir repassé devant Héraclée de Latmus, il traversa cette montagne en direction d'Alinde.

La reine Ada, couverte de bijoux, l'attendait à Amyzon, ville située à quelques kilomètres de sa capitale provisoire. Elle avait fait arroser la route, afin qu'il n'eût pas de poussière. Un bataillon de soldats cariens qui lui étaient restés fidèles, l'entourait : ils se distinguaient, comme tous ceux de ce pays, par la crête de coq surmontant leurs casques. La reine apportait à Alexandre une couronne d'or et lui dit qu'elle lui aurait donné la Carie, si elle en avait été encore reine. Il fut touché qu'elle voulût avoir l'honneur de l'appeler son fils, ce qu'autorisait son âge vénérable. Elle eut les mêmes amabilités pour Ephestion.

Elle conduisit Alexandre au superbe temple de Diane que son frère et époux Idréus, — dans la famille royale carienne, on se mariait entre frère et sœur, selon l'usage égyptien et perse, — avait construit sur une haute terrasse d'Amyzon, où l'on accédait par un large escalier de marbre. Elle montra avec émotion la dédicace que Pexodore n'avait osé effacer. Alexandre promit de lui rendre sa souveraineté.

Durant son séjour à Alinde, il reçut les délégations d'un grand nombre de villes cariennes, dont étaient gouverneurs des parents ou des amis d'Ada. Aux couronnes d'or et aux offres de dévouement qu'ils lui prodiguaient, se joignaient toujours les cadeaux de la reine son hôtesse. Comme elle était extrêmement gourmande, elle lui envoyait sans cesse, même la nuit, des mets raffinés, des liqueurs exquises, des confitures, des crèmes, des gâteaux. Elle connaissait l'existence de la canne à sucre et ne savait qu'inventer avec cette denrée. Elle disait qu'il n'y avait pas de caravane venant de Babylone qui ne lui en fournît : on la lui livrait à Zeugma, en Commagène, sur l'Euphrate. Elle était le réceptacle de tous les fruits de l'Asie Mineure et même de l'Asie propre et, en les confisant, pouvait s'en régaler en toute saison. Alexandre connut ainsi les prunes de Damas, en Syrie, les pêches, qui devaient leur nom et leur origine à la Perse. Il regoûta, sous cette forme, le citron de Médie, l'orange de l'Inde, l'abricot d'Arménie. La reine était fière de ses cerises confites qui étaient de Milet, c'est-à-dire les plus belles de leur espèce. Elle avait aussi un délicieux hydromel, que l'on fabriquait avec de l'eau de pluie gardée cinq ans, du vin de Phrygie et du miel de Calymna, — île en face de la Carie, — miel qui avait la même réputation que celui de l'Hymette en Attique et celui de l'Hybla en Sicile. Le mélange était exposé au soleil pendant les quarante jours caniculaires.

Lorsque Alexandre pria la reine de modérer ses profusions gastronomiques et ses douceurs, elle crut qu'il avait perdu l'appétit et lui prouva alors ses ressources en condiments de toutes sortes. Pour comble d'attention, elle proposait même de lui céder ses cuisiniers. « Ce sont les meilleurs de l'Asie, lui dit-elle ; avec eux, tu feras bonne chère jusque sur les champs de bataille. » En vue de mettre un terme à ce zèle intempestif, Alexandre dut lui déclarer qu'il avait des goûts laconiens et que son appétit reposait, depuis son enfance, sur cette double recette : les exercices et la frugalité.

Il tenait à rester fidèle à ce dernier point, auquel son père avait manqué. Bien qu'il laissât son entourage user et abuser du vin, autant qu'Anaxarque, il disait que le propre d'un chef est de garder la tête froide : il avait médité l'injure de « lourd de vin » qu'Achille avait lancée à Agamemnon. Il n'était pas seulement frugal par rapport à la boisson, mais par rapport à la nourriture. Souvent, avec Ephestion qui l'imitait en toutes choses, ils se contentaient, pendant les marches, de manger du pain sans participer aux repas des étapes, sauf à banqueter ensuite lorsque l'on séjournait quelque part. Quant aux cuisiniers de la reine Ada, Alexandre n'en avait que faire, ayant déjà refusé à Olympias le cuisinier des rites de Bacchus. Le sien aurait pu être celui de Pausanias qui, après la victoire de Platée, s'amusa à montrer aux autres généraux grecs la différence entre le souper très simple d'un régent de Sparte et le magnifique festin que les cuisiniers de Mardonius avaient préparé.

Alexandre ne laissait pas d'estimer la bonne Ada qui, en trois ou quatre ans d'exil à Alinde, avait fait de cette ville une forteresse de granit admirablement défendue. Elle avait également construit un beau théâtre, où Thessalus et Néoptolème organisèrent une représentation. Anaxarque avait conseillé une comédie d'Antiphane, à cause de ce couplet qui enchanta la reine : « La moutarde de Chypre et le suc de scammonée — Et le chardon de Milet et l'oignon de Samothrace — Et le chou de Carthage — Et le silphium et le thym de l'Hymette — Et l'origan de Ténédos... » Autre chose fit plaisir à la reine : Alexandre avait ordonné à Pyrgotèle de frapper une monnaie d'or à l'image d'Ada, qui lui avait montré avec indignation celle où figurait le nom d'Orontopate. Il la lui remit en présence de l'armée et la proclama reine de Carie, bien qu'il n'eût pas encore libéré entièrement ce royaume. Mais la double hache des Amazones prise par Hercule, donnée à Omphale et que brandissait sur ses monnaies Jupiter Carien, était le symbole anticipé de sa victoire complète.

La reine, qui avait décidé d'appeler Alinde Alexandrie du Latmus, l'accompagna avec ses propres troupes et ses cuisiniers pour faire le siège d'Halicarnasse, où Orontopate avait le concours de Memnon. Elle brûlait de revoir de loin, avant que les Grecs le lui eussent reconquis, le Mausolée, la cinquième merveille du monde, bâti par sa sœur aînée Artémise à la mémoire de son frère et époux Mausole.

Renforcé de cette recrue, Alexandre poussa jusqu'à Alabande. C'était la ville dont avait été gouverneur son ancêtre Amyntas, petit-fils du roi homonyme de Macédoine et fils de cette Gygée, sœur d'Alexandre Ier, qui avait épousé le satrape Bubarès. Alabande était dans la vallée du Marsyas, affluent du Méandre qui rappelait le fameux satyre de Célènes en Phrygie, écorché vif sur l'ordre d'Apollon pour avoir voulu le défier à la flûte. Sa peau fut d'abord pendue à un arbre, ensuite consacrée dans le temple de ce dieu et ses restes furent recueillis par Olympus, disciple et mignon du satyre. Son sang avait coulé dans le fleuve qui avait reçu son nom et au bord duquel poussait, depuis lors, une plante propre à intéresser Aristote : elle rendait des sons harmonieux quand le vent l'agitait.

Alabande, qui avait de belles murailles comme Alinde, mais pas de garnison, accueillit avec enthousiasme le descendant du roi Amyntas qui venait de restaurer la reine de Carie. Alexandre fut diverti de voir que cette ville était pour les Cariens ce que Pélopie-Thiatyre était pour les Lydiens. La prostitution y était générale et il y avait presque autant de courtisanes qu'à Corinthe. Pourtant, les divinités du lieu n'étaient pas Vénus et Cotytto, mais Diane, Apollon et le héros Alabandus.

Cette ville de délices avait même donné lieu à une expression proverbiale : « Alabande, la plus heureuse de la Carie. » Ses roses blanches, aussi célèbres que les roses rouges de Milet, couronnaient tous les fronts. On trouvait dans la montagne du cristal de roche qui servait à faire des vases. Le chanvre d'Alabande était le meilleur pour les filets de chasse, dont on s'approvisionna. Les escarboucles du pays étaient fameuses : les mâles avaient un éclat plus vif, et les femelles un plus doux. Alexandre en envoya à sa mère et à sa sœur un plein coffret, en leur laissant le soin de se répartir les sexes.

Les scorpions, fléau du Latmus, infestaient malheureusement une ville aussi charmante et ceux-là n'épargnaient personne. On guérissait leurs blessures en les y écrasant ou en les mangeant rôtis. Un poète comique, faisant allusion aux deux collines au pied desquelles elle était bâtie et qui la faisaient ressembler à un âne chargé de deux paniers, l'avait comparée à une bourrique lestée de scorpions et montée par une courtisane. Ce n'était pas flatteur pour le souvenir d'Amyntas. Cependant, afin de commémorer son passage, Alexandre fit frapper dans le champ des monnaies le symbole de la ville : Pégase.

Il abandonna le cours tumultueux du Marsyas pour gagner Lagine, où fleurissait le culte d'Hécate. Cette déesse, à la fois lunaire et infernale, souvent assimilée à Diane, n'avait pas de temple en Macédoine ; mais, au carrefour des rues et des routes, on y voyait, comme partout en Grèce, sa triple statue. Alexandre savait qu'on l'honorait à Samothrace, en Thessalie et dans quelques autres villes ; mais ni lui ni ses compagnons ne lui avaient jamais vu tant de sanctuaires qu'en Asie. Milet, Ephèse, Colophon, Thyatire, Héraclée du Latmus, en avaient d'importants. Il fallait, pour pouvoir participer à son culte, une initiation dont le secret était bien gardé. A Tralles, il était uni à celui de Priape. Mais le centre des mystères d'Hécate était à Lagine, où elle avait le titre de Salvatrice. Tous les cinq ans, se déroulaient ses fêtes, avec un grand concours de population. On habillait sa statue, à trois têtes et à six bras, d'ornements précieux qui étaient sous la garde d'un servant. Pour que l'Asie fût intéressée à ce point par Hécate, disaient les philosophes de l'entourage d'Alexandre, il fallait que ses mystères eussent une part d'orgies. Aussi bien Hécate célébrait-elle des orgies avec les morts.

Ada était initiée et se montra discrète. Elle déclara seulement que ces mystères ressemblaient à ceux de Bacchus et à ceux de Cérès. Il y avait des formules magiques et des oracles. On consentit à montrer à Alexandre quelques instruments qui servaient à des incantations — rouets, crécelles, échelles, miroirs... Cela lui rappelait ce qu'il avait vu chez la magicienne Aglaonice à Hypate en Thessalie.

Etant devin, Aristandre put consulter l'oracle sans être initié et il fut ensuite plus loquace. Il dit à Alexandre qu'il avait vu successivement, au son des crécelles, dans la pénombre de la chambre secrète, un globe de feu et entendu des voix. Ce que l'on appelait « l'oracle d'Hécate » était une sphère d'or gravée de caractères, au milieu de laquelle était serti un saphir et qu'entourait un réseau de laine rouge, couleur magique. On le faisait tourner au moyen d'une lanière de cuir de taureau. On en fouettait l'air en riant et en poussant des cris indistincts ou bestiaux pour produire une évocation. Un prêtre recueillit ces voix, lorsqu'on put les distinguer, et un autre les mit en vers, comme on faisait à Delphes. L'oracle avait dit : « Si tu me parles souvent, tu verras tout en forme de lion. — Alors la masse céleste n'apparaît pas voûtée, — Les astres ne brillent pas, la clarté de la lune est cachée, — La terre n'est plus ferme et l'on voit tout à la lueur de la foudre. » Aristandre déclara qu'il n'était pas besoin de consulter l'interprète pour remarquer la concordance entre cet oracle et les phénomènes qui s'étaient produits, quand Alexandre avait été conçu et qu'il était né : il voyait tout en forme de lion, parce qu'il était un Lion lui-même ; son ciel n'était pas voûté, puisqu'il avait une origine céleste ; sa maison était celle du Soleil qui éclipse tous les astres et il embrasait le monde comme la foudre. C'est en pensant au roi que l'oracle avait répondu au devin du roi.

Labrande et Mylase, les deux villes suivantes, étaient déjà acquises à Alexandre, grâce à la reine Ada. La première, située à l'extrémité méridionale du mont Latmus, possédait un temple de Jupiter dit Labrandéen, ou Qui préside aux armées, avec une statue de bois, vénérée pour son antiquité. Dans la fontaine de Jupiter, nageaient des anguilles, parées de boucles aux branchies. Les fêtes du souverain des dieux, qui se célébraient dans cette ville et dans d'autres de la Carie, n'étaient ouvertes qu'aux hommes. Le temple de marbre blanc, entouré de platanes magnifiques, était l'œuvre de Mausole.

Une voie sacrée reliait Labrande à Mylase et allait du temple de Jupiter Labrandéen aux deux qui existaient de ce même dieu à Mylase. Le plus beau était sur une haute plate-forme et Jupiter y avait l'épithète de Carien avec la double hache. Ce temple était commun, non seulement à tous les habitants de la Carie, mais aux Mysiens et aux Lyciens, à cause de leur parenté, les héros fondateurs de ces régions ayant été les trois frères Mysus, Lycus et Car. Le second temple de Jupiter, où le dieu avait le surnom mystérieux d'Osogus, se trouvait dans l'enceinte du premier, avec un temple de Junon. Mylase, au milieu d'une plaine fertile cernée de montagnes, était décorée de monuments et de portiques, dignes de son rang d'ancienne capitale. Elle devait, comme Alabande, se défendre contre les scorpions. Alexandre sacrifia solennellement à Jupiter Carien. Pour la paye des troupes, il fit graver sur les monnaies le symbole de Mylase : le trident, joint à la double hache. On lui raconta l'histoire de la double hache qui figurait sur les monnaies de Ténédos : un roi de cette île avait permis à tout mari, surprenant sa femme en adultère, de trancher la tête des coupables avec une double hache et la loi frappa son propre fils. Alexandre déclara que sa double hache ne conférait un tel droit à personne, parce que, même s'il ne protégeait pas l'adultère, il protégeait l'amour. Il dit que le roi de Ténédos avait été puni par Jupiter, qui, lui, avait cultivé l'adultère : sans l'adultère, il n'y aurait pas eu Hercule.

Toujours soucieux d'honorer Apollon, le roi se rendit à Eurome, petite ville située entre Labrande et Mylase, où ce dieu avait un temple fameux, consacré également à Diane.

Au-delà du mont Phthiron, Jasos, ville importante sur une île rattachée à la côte, était hors de la zone d'influence de la reine Ada.

Bien que les Jasiens eussent été emmarinés dans la flotte perse, leur ville se livra spontanément à Alexandre, peut-être parce qu'il avait montré de la bienveillance envers ceux d'entre eux qu'il avait pris. Il avait dans la place un admirateur éperdu : le poète épique Chérilus, qui s'avança au-devant de lui pour le saluer comme un dieu. L'homme des Muses ne cacha pas que son rêve serait de suivre l'expédition, comme d'autres, et de rivaliser avec eux pour écrire une *Alexandriade.* Le roi, charmé du titre de ce poème, qui annonçait une nouvelle *Iliade* personnalisée, agréa sa requête : il aurait un poète de plus. Celui-là était fait, d'ailleurs, pour l'amuser plus que l'austère Pyrrhon ou le peu folâtre Eschrion de Mytilène, car son goût du comique formait un singulier contraste avec le sublime auquel prétendait son inspiration. Au bout de leur premier entretien, Alexandre lui dit plaisamment : « J'aimerais mieux être le Thersite d'Homère que l'Achille de Chérilus. » Aussi fut-il moins généreux avec lui qu'avec Pyrrhon : il fut convenu qu'il lui donnerait une pièce d'or pour chaque bon vers et un soufflet pour chaque mauvais. « Prends garde, lui dit-il, tu risques de mourir à force de chiquenaudes. » Peut-être qu'Alexandre s'était si vite enjoué de ce poète, parce qu'il était accompagné d'un ravissant garçon qui était sa vraie Muse et qui s'appelait Hyacinthe. Cela achevait de donner à Chérilus l'illusion d'être Apollon. Pour l'amour de ce nom, le roi lui permit d'emmener ce garçon : les poètes n'étaient pas des combattants.

Chérilus avait une habileté dont il n'avait rien dit d'abord à Alexandre et que celui-ci jugea divertissante : il composait des poèmes de mètres divers qui représentaient des objets, parfaitement dessinés, et qui en faisaient le commentaire, — un vase, un autel, un œuf, des ailes, une double hache, une flûte de Pan, un phallus.

Les habitants de Jasos étaient aussi connus par l'amour des dauphins envers leurs enfants que pour leur amour du poisson. Chérilus raconta que récemment Stratonicus, fameux joueur de cithare, ayant réuni le peuple sur la place pour faire entendre sa musique, une cloche donna le signal de l'arrivée des pêcheurs et tout le monde se retira. Il ne restait, au premier rang, qu'un auditeur attentif. Le musicien s'approcha et le félicita de préférer la cithare au poisson. L'homme, qui était à la fois demi-aveugle et dur d'oreille, lui fit répéter son propos et courut au marché. Stratonicus se vengea le lendemain au même endroit. Il fit comme s'il ne jouait pas pour les personnes présentes et s'adressa aux édifices sacrés : « Temples, écoutez-moi ! »

Alexandre constata lui-même la familiarité des dauphins avec les enfants du lieu. Le gymnase de Jasos était près de la mer. Quand les exercices furent finis, les garçons se jetèrent à l'eau pour se baigner. Les dauphins aussitôt d'approcher et de se jouer parmi eux. On disait qu'ils étaient certainement pédérastes, car ils se glissaient sous les plus beaux pour les conduire au large. Ils faisaient même des bonds incroyables, lorsqu'ils en apercevaient de particulièrement attrayants sur les navires et sur les plages. Les monnaies de la ville montraient un jeune garçon qui chevauchait un dauphin : c'était Hermias, homonyme du tyran d'Assos cher à Aristote, mais dont le nom avait été retenu par l'histoire pour une tout autre raison. Un jour, montant son dauphin familier, il s'était trop éloigné et avait été victime d'une tempête. L'animal l'avait repêché, puis déposé sur le rivage et s'était laissé mourir près de lui. Alexandre nomma le plus beau des jeunes Jasiens grand prêtre de Neptune, dans le temple que ce dieu avait au haut d'un promontoire.

Les deux petits ports de Bargylie et de Caryande étaient les deux dernières étapes avant Halicarnasse : Bargylie avait un temple de Diane sur lequel ne tombait jamais une goutte de pluie, et Caryande était la patrie de l'historien Scylax, par qui Darius le Grand avait fait explorer l'Inde.

Alexandre était maintenant devant Halicarnasse. On apercevait au-dessus des murailles, sur une colline, le palais de Mausole, bâti en terre cuite, comme celui de Crésus à Sardes, mais revêtu par endroits de plaques de marbre de Proconèse à la blancheur éclatante. Puis, étincelait à mi-côte le Mausolée. Ce monument, haut d'une quarantaine de mètres, était précédé de rampes et de terrasses, savamment réparties et magnifiquement décorées, où le talent de Pythéos avait fait ses preuves, aussi bien que dans la construction. Les statues, — notamment celles, monumentales, de Mausole et d'Artémise, — la base carrée et les plaques étaient sculptées par Léocharès, Bryaxis, Timothée et Scopas. Au-dessus de la frise, les vingt-quatre gradins du toit pyramidal portaient un char à quatre chevaux de marbre, ouvrage lui aussi de Pythéos. Bien qu'Artémise fût morte avant que le tombeau fût achevé, tous les artistes avaient tenu à honneur de le terminer pour la gloire de l'art et la palme entre eux était restée incertaine. Cette vue remplit d'attendrissement la reine Ada. Elle apprit à Alexandre un trait d'amour fraternel et conjugal qu'il ignorait : Artémise, après l'incinération de son frère et époux adoré, se fit donner l'urne contenant les cendres, les arrosa de ses larmes, les parfuma d'essences, les mêla à sa boisson et les avala.

Un autre monument commémorait l'ancienne reine Artémise, alliée de Xerxès et qui avait témoigné, en l'accompagnant contre les Grecs, à la fois son courage et sa prudence, puisqu'elle avait été seule à lui déconseiller de livrer la bataille de Salamine. Le grand roi lui rendit cet hommage qu'elle avait été seule également de son côté à combattre comme un homme.

Alexandre contemplait ces tombeaux avec une certaine admiration. Il y trouvait la preuve la plus éclatante de cette hellénisation de l'Asie qui l'avait précédé et qu'il voulait achever politiquement. Dans toutes les villes traversées, les monuments de l'art grec étaient l'œuvre des colonies grecques. A Halicarnasse, c'était une reine du pays qui avait demandé à des artistes grecs d'immortaliser son époux, et n'est-ce pas le frère de cette reine, Pigrès, qui était l'auteur de ce poème burlesque, souvent attribué à

Homère : *la Guerre des rats et des grenouilles*? C'était aussi un autre Grec, protégé de Philippe et maintenant d'Alexandre, Théopompe de Chio, l'orateur et historien, disciple d'Isocrate, qui avait remporté le prix d'éloquence aux obsèques de Mausole, et Théodecte de Phasélis, le défunt ami d'Aristote, avait consacré à Mausole une de ses tragédies. Devant cette belle ville, qu'il lui restait à conquérir, Alexandre n'était que plus heureux de s'être fait le champion de la dynastie carienne. Il embrassa tendrement sa mère Ada qui pleurait en regardant le Mausolée. Près de la terrasse inférieure, un monument qu'elle lui signalait, l'intéressa tout à coup davantage : c'était celui du poète Panyasis d'Halicarnasse qui, au siècle précédent, avait écrit, en quatorze livres et neuf mille vers, l'*Héraclée*, vie de son ancêtre Hercule. Alexandre y avait appris qu'un beau garçon de cette ville, Anthéus, homonyme du fils d'Anténor, le prince troyen, avait été l'un des mignons de ce héros. Un autre monument lui parlait d'un écrivain qui avait, par les neuf livres de ses *Histoires*, mieux illustré que ne l'avaient fait les neuf mille vers de Panyasis, le nom de sa patrie Halicarnasse : Hérodote. Tous ces édifices avaient été élevés par Mausole. « Ton frère était un roi généreux », dit Alexandre à la reine Ada. Elle lui confia que Mausole avait un intendant, nommé Condale, qui avait su faire payer les Cariens. Il avait l'art d'inventer des impôts. Voyant que les hommes aimaient à porter les cheveux longs, il publia que le roi avait besoin de perruques et qu'il ordonnait de tondre ses sujets, mais l'on pouvait se racheter : la taxe permettrait de faire venir des perruques de la Grèce. Tout le monde paya. Alexandre raconta cette histoire à Callisthène pour Aristote qui préparait un traité, l'*Economique*, où il voulait noter les moyens, bons et mauvais, employés par les Etats ou les particuliers pour se procurer de l'argent.

On commença le siège d'Halicarnasse. La ville, défendue par de fortes murailles et deux citadelles, pouvait être secourue par son port. De plus, des fossés de quinze mètres de large et de huit de profondeur protégeaient ces murailles qui étaient garnies de troupes. Memnon et Orontopate avaient avec eux deux généraux athéniens, Ephialte et Thrasybule, réfugiés chez les Perses en haine d'Alexandre, ainsi que Néoptolème, frère d'Amyntas, le complice d'Attale. Ils semblaient résolus à dresser devant le roi une barrière infranchissable et avaient reçu pour cela des renforts de Darius.

Le premier jour, Alexandre réussit à faire avancer, du côté de la porte de Mylase, les machines que la flotte perse n'avait pas interceptées. Une sortie soudaine des assiégés provoqua un corps à corps et ils furent repoussés. Les machines continuèrent de battre cette partie du mur. Alexandre crut gêner Memnon en s'emparant de Mynde, à l'extrémité de la péninsule, où se trouvait une garnison qui constituait un appui pour Halicarnasse. Il était sûr que les habitants favoriseraient la prise de la ville à la moindre alerte. Anaxarque avait rapporté un des bons mots de Diogène qui, ayant remarqué que les portes de cette ville étaient fort grandes et la ville très petite, dit aux habitants : « Fermez vos portes, de peur que votre ville ne s'en aille. » Mais, si les portes étaient grandes, elles étaient bien barricadées et les murailles de cette petite ville étaient hautes et puissantes, comme celles d'Halicarnasse. Alexandre en approcha une nuit, sans échelle ni machine, et fit saper la base d'une tour ; mais l'effondrement n'ouvrit pas la brèche que l'on espérait : les ruines formèrent un nouvel obstacle qui permit à la garnison de se ressaisir et de recevoir un secours de Memnon, envoyé par mer.

En face, l'île de Cos, d'où était originaire Critobule, l'ancien condisciple d'Alexandre à Miéza, cher à Autolyque, et désormais guerrier valeureux, permettait d'évoquer Hippocrate et le fameux temple d'Esculape où était la Vénus drapée de Praxitèle. Le vin de Cos était réputé, mais on y mêlait de l'eau de mer, ce qui ne plaisait pas à tous les Grecs. Ils étaient pourtant habitués au vin dont on renforçait ou corrigeait le goût par la résine, la myrrhe et le plâtre. Alexandre ne s'attarda ni dans la contemplation de Cos ni dans le siège de Mynde. Mais il fit le meilleur accueil à une ambassade clandestine de Cos qui vint le saluer, dans les mêmes conditions que celle de Samos, les deux îles étant sous le contrôle des Perses. Au nombre des ambassadeurs, était Platon, le père de Critobule, qui avait été l'hôte de Philippe à Cos. Un nom pareil l'accréditait d'avance auprès d'Alexandre, qui n'avait jamais encore eu à s'entretenir avec quelqu'un nommé Platon et présumé descendant d'Hercule.

Si le roi avait renoncé à perdre du temps dans une affaire secondaire, il eut au moins le plaisir de s'emparer de la forteresse de Termère, située sur le promontoire Termérium, entre Mynde et Halicarnasse. Elle devait son nom au brigand Termérus qui, exerçant la piraterie, fendait la tête aux navigateurs et eut sa tête fendue par Hercule. Le roi marchait sur les traces de son ancêtre.

Revenu devant Halicarnasse, il commanda de dresser des abris pour que l'on pût combler le fossé. Les tours de bois et les autres machines furent alors à même d'attaquer les murailles sur plusieurs points. Les catapultes de Memnon eurent beau faire pleuvoir des pierres et des traits, elles ne purent empêcher un rempart de s'écrouler et les assiégeants de pénétrer dans la ville. Néanmoins, ce fut à ceux-ci d'être repoussés. La capitale de la Carie se défendait vigoureusement. Memnon profita de la nuit suivante pour envoyer des soldats incendier, avec du soufre et du salpêtre, les machines macédoniennes qui étaient mal gardées, tandis que les habitants réparaient les murailles. Ce nouveau combat avait été acharné et sanglant. Néoptolème, le frère d'Amyntas, fut la principale victime dans le camp de Memnon ; mais, s'il y eut des centaines de blessés du côté d'Alexandre, il ne déplora qu'une vingtaine de morts, parmi lesquels plusieurs officiers.

Bien que, dans l'opinion des Grecs, ce fût l'aveu d'une défaite que de demander une trêve pour ensevelir ses morts, Alexandre la sollicita. Il déclara qu'Hercule avait été repoussé plusieurs fois en combattant contre Augias, mais avait fini par prendre Elis, sa capitale. Ephialte et Thrasybule étaient d'avis de refuser sa demande ; Memnon se montra plus humain. Ce général affectait, à ce que dit un prisonnier, de blâmer les insultes et les sarcasmes décochés contre Alexandre. « Tu n'es pas à ma solde pour mal parler de lui, mais pour lutter contre lui », avait-il dit à un mercenaire, en le frappant du bois de sa pique. Mithrène avait déjà signalé l'admiration que le Rhodien portait au roi, qu'il avait connu enfant. Les corps des Macédoniens restés au bas des murailles, furent relevés. Selon la coutume instituée par Alexandre, Thessalus et Néoptolème chantèrent autour du bûcher.

Callisthène, qui avait observé les funérailles des Cariens, menées hors des remparts à la faveur de la trêve, dit à Alexandre combien étaient justes les remarques contenues à leur propos dans les *Coutumes barbares* d'Aristote. Celui-ci parlait de leurs pleureuses à gages et Callisthène avait pu voir des femmes qui pleuraient, les mains tendues, et à qui on donnait une nouvelle pièce de monnaie pour continuer à les tendre, lorsque, fatiguées, elles les baissaient. Le neveu d'Aristote ne se bornait pas aux curiosités botaniques, à la description des chiens cariens, — les meilleurs pour la chasse, avec les molosses et les laconiens : il était attentif aux coutumes de ces peuples qu'Alexandre ne qualifiait plus de barbares.

Quelques jours après, un autre combat eut lieu à l'improviste. Deux soldats d'Alexandre, échauffés par le vin de Cos et la jactance, allèrent d'eux-mêmes attaquer une muraille, entraînèrent des camarades et provoquèrent une échauffourée, qui, faute d'avoir été préparée, fut extrêmement meurtrière pour les Macédoniens. Alexandre, durant ce temps, avait réussi à faire abattre une muraille ; mais l'armée se trouvait dispersée à cause de l'initiative des deux soldats et l'occasion d'envahir Halicarnasse par cette brèche fut perdue.

Afin de frapper un coup massif, le roi avait estimé préférable de réunir ses forces autour de la porte qui donnait vers Mylase. C'est là, du reste, que Memnon avait fait élever une tour de bois de cinquante mètres de haut, qui dominait celles d'Alexandre, mais qui ne suffisait pas pour les réduire à l'impuissance.

La plupart des tours et des machines des assiégeants avaient, en effet, été sauvées de l'incendie et recommençaient leur travail. Deux sorties des assiégés avec des forces limitées, avaient été sans succès, les approvisionnements s'épuisaient, les remparts étaient battus en brèche, aucun secours ne parvenait de Darius : Ephialte convainquit Memnon, homme des partis prudents, d'effectuer une contre-attaque vigoureuse pour incendier les tours et déconcerter l'ennemi.

A l'aube, le premier fait jeter un pont de bois sur le fossé, et mille mercenaires, des torches à la main, se précipitent, escortés par mille autres en armes. Pendant que la bataille s'engage sur ce pont, au milieu des projectiles qui tombent des tours et des remparts, Memnon, surgissant d'ailleurs avec des milliers d'hommes, prend les Macédoniens en écharpe. Alexandre est troublé un moment : ses tours flambent, ses soldats se croient enveloppés. Mais Ptolémée, qui soutient Addée et Timandre, préposés à la défense des machines, repousse cette attaque. Le carnage des soldats de Memnon fut épouvantable. Ceux qui purent y échapper, furent refoulés vers la ville. Le pont s'écroula sous la multitude des fuyards ; de l'intérieur, on ferma la porte, ce qui les livrait au massacre.

Toutefois, Ephialte, qui était d'une force physique peu ordinaire et qui avait des troupes aguerries, balança un moment la victoire. Il n'avait contre lui que les plus jeunes soldats d'Alexandre, surpris d'avoir affaire à des combattants si intrépides. Déjà ils commençaient à se replier, lorsque des vétérans macédoniens qui, restés à la suite de l'armée, n'en partageaient plus les périls qu'en cas de besoin, s'élancèrent, sous la conduite d'un certain Atharias, pour rendre courage aux jeunes et les ramener au combat. Après un vif engagement, les Cariens furent, de ce côté-là aussi, rechassés dans la ville. Ephialte et plus d'un millier de mercenaires ou de Perses étaient restés sur le terrain.

Alexandre avait perdu quarante soldats, notamment Addée, Cléarque et quelques autres officiers de valeur. La mort du chef crétois l'affligea presque autant que celle de ses vingt-cinq compagnons au Granique. Il alla voir le jeune Mérion qui avait été blessé et qui était inconsolable. Ce garçon brisa le gobelet que lui avait donné Cléarque après son enlèvement. « Nous sommes cruels de détruire tant de beaux couples, dit Ephestion. — Notre excuse est de prendre les mêmes risques », dit Alexandre. Il affecta Mérion à sa garde personnelle et lui donna pour ami Andron de Téos, avec qui il avait si bien tiré de l'arc. Le fils de Cabélès était un compagnon de lit, aussi bien que de combat, digne de sa beauté et de son caractère.

La nuit suivante, Memnon et Orontopate firent mettre le feu à la tour de bois, à l'arsenal et aux édifices qui avoisinaient les murailles, se retranchèrent dans la citadelle la plus élevée, établirent une partie de leurs troupes dans l'autre, près d'où était la source Salmacis, et transportèrent la population dans l'île de Cos, avec tout ce qu'il y avait d'objets précieux. On avait réveillé Alexandre qui, près de la malheureuse Ada, vit brûler ainsi Halicarnasse. Leurs soldats pénétrèrent dans la ville abandonnée pour s'efforcer d'éteindre l'incendie qu'activait le vent et ils avaient ordre de tuer les incendiaires.

Le jour venu, Alexandre se rendit compte que la citadelle la plus élevée le retiendrait longtemps. La colossale statue de Mars qui la dominait et qui avait été élevée par Mausole, semblait un avertissement. Le roi, désireux de poursuivre sa marche, renonça à entreprendre lui-même ce siège, non plus que celui de l'autre citadelle. Pour suppléer les forces qu'il allait emmener, il avait déjà mandé à Asandre, gouverneur de la Lydie, de conduire les siennes à Halicarnasse. (Sur les observations de ses compagnons, il utilisait désormais le titre de gouverneur, à la place de celui de satrape, donné à Callas pour la Phrygie. Le roi avait approuvé ce que lui avait dit Cratère : « Attendons d'avoir vaincu définitivement les Perses pour nous donner leurs titres. ») Il fit entourer les deux citadelles d'un fossé, rasa la ville, à l'exception des temples, du Mausolée et des autres monuments, et chargea Ptolémée, qu'il nomma gouverneur de la Carie, de continuer le siège avec trois mille hommes, deux cents chevaux et les troupes de la reine Ada. Cette destruction était moins une nécessité militaire que la conséquence de l'incendie. La reine y voyait l'occasion de rebâtir une ville plus belle encore que ne l'avait été celle de Mausole. Alexandre lui offrit en cadeau six petites localités du voisinage (Théangèle, Chalcétor, Eurome et son temple d'Apollon...), pour arrondir le territoire qui lui était laissé en propre avec Halicarnasse. Lysimaque fut adjoint à Ptolémée jusqu'à la fin du siège ; puis il irait surveiller l'édification de la nouvelle Smyrne. Plus tard, il se rallierait au gros de l'armée.

En comblant Alexandre de ses dernières confiseries, la reine lui recommanda de ne jamais boire à la fontaine Salmacis et de ne jamais s'y baigner : ses eaux avaient la propriété de déviriliser. C'était là que le bel Hermaphrodite, âgé de quinze ans et qui avait été le mignon de Bacchus, fut ravi par la nymphe Salmacis, à laquelle il s'était refusé. Se voyant à moitié transformé en femme, à la suite d'un vœu qu'elle avait fait de lui rester unie, il obtint, à titre de consolation, que tous ceux qui useraient de cette fontaine, deviendraient efféminés ou hermaphrodites. On voyait, à côté, la statue de ce jeune Anthéus d'Halicarnasse, qui avait été l'un des mignons d'Hercule et que vénéraient les Halicarnassiens amateurs de beaux garçons.

L'histoire de Salmacis décida Alexandre à accomplir l'idée qui lui était venue à Téos : se défaire des soldats qui, sans avoir bu à la source Salmacis ni s'y être baignés, avaient des mœurs incompatibles, selon lui, avec la discipline militaire. Il prétendait imiter son père qui, tout en se concédant les libertés qui appartiennent à un roi, ne les tolérait pas chez ses officiers et qui avait banni ses capitaines Europus et Damasippe, pour avoir mené secrètement avec eux une courtisane. Il avait la preuve de l'effémination et de l'énervement d'une partie de l'armée dans les exercices que l'on faisait chaque jour, durant les haltes ou les sièges, comme entraînement : beaucoup n'y mettaient plus la même ardeur qu'au début, certains se faisaient porter malades. Durant le dernier combat, les jeunes auraient été renversés, sans les secours d'Atharias. Courtisanes et mignons semblaient travailler pour Darius. Alexandre, exécutant ce qu'il avait annoncé dans la ville d'Anacréon, leur ordonna de quitter l'armée et de ne plus la suivre. Elle céda pour les femmes, dont la place n'était pas, en effet, au milieu de soldats, mais elle protesta pour les mignons. Des officiers ne cachèrent pas au roi leur désaccord. Ils lui dirent que le corps même de cavalerie qu'il avait créé et qui était composé d'hommes pouvant combattre à pied et à cheval, obligeait d'avoir des mignons, puisque le combattant, lorsqu'il mettait pied à terre, devait confier son cheval à la garde de quelqu'un. Alexandre répondit que tous les cavaliers avaient un écuyer et des esclaves, sans avoir besoin de mignons, et qu'ils étaient libres de prendre pour mignons ces esclaves ou ces écuyers. Comme il y eut des récalcitrants, il ne voulut pas les punir ni les priver de l'objet de leur amour ; mais il les envoya dans une petite île du golfe Céramique, au sud d'Halicarnasse, — golfe qui tenait son nom de la ville de Céramus, — et cette île fut appelée depuis lors « l'île des Mignons ».

Comme elle n'était pas éloignée de Cos, un officier relégué déclara qu'Alexandre avait sans doute deviné, avec son génie ordinaire, que les hommes d'Antimachie, dans l'île d'Hippocrate, s'habillaient en femmes le jour de leurs noces. Alexandre fit rechercher la raison de cette étrange coutume et fut bien étonné d'entendre qu'elle remontait à son ancêtre Hercule. Ce héros, à son retour de la première Troie qu'il avait détruite, fut jeté par la tempête sur le rivage de Cos et les habitants l'attaquèrent. Malgré sa force, il dut se replier et, chez une Phocéenne, se déguisa en femme pour ne pas être reconnu. Ayant ensuite vaincu ses agresseurs, il épousa en robe de femme une fille de Cos. Critobule, à Miéza, avait indiqué déjà que les prêtres d'Hercule portaient des vêtements féminins, mais il ignorait les motifs de cet usage. Alexandre lui en fit honte, à cause de son ascendance herculéenne. « Excuse-moi, dit Critobule : je n'ai pas été aussi jeune que toi l'élève d'Aristote pour avoir pris le goût du savoir universel. » En tout cas, ni lui ni son ami Autolyque n'étaient de ceux qui avaient à être transférés dans l'île des Mignons pour manque de courage. Mais, comme cette île était voisine d'une autre, dédiée à Priape, ses nouveaux habitants conserveraient un dieu protecteur. A ceux qui avaient sacrifié leurs mignons, Alexandre dit ces deux vers des *Suppliantes* pour leur rappeler que leur sacrifice n'était que provisoire : « Des mâles aussi, vous en trouverez comme habitants — De cette terre... » — « De toutes les terres où nous allons, » ajouta-t-il.

En revanche, il libéra, pour la durée de l'hiver, les soldats jeunes mariés et les renvoya en Grèce auprès de leurs femmes, sous le commandement de Ptolémée, — un autre Ptolémée que le fils de Lagus, — avec deux autres capitaines, Cénus et Méléagre. Tous trois avaient également la mission de procéder à des levées de troupes par l'intermédiaire d'Antipater.

Cette mesure fut pour le roi un nouveau titre au dévouement de ses soldats, en compensation à sa rigueur envers les pédérastes abusifs. Il en devait indirectement l'idée à Aristote, qui, instruit des lois mosaïques, lui avait dit que les Hébreux exemptaient de la guerre les nouveaux mariés. Sans les exempter, il leur accordait une longue permission conjugale.

S'il s'inspirait là d'une autre religion, il était charmé de se voir considéré comme le chef, non seulement militaire et politique, mais religieux des pays conquis. On l'interrogeait pour fonder, restaurer des temples, pour trancher entre des rites que l'on jugeait contradictoires. L'œuvre d'intérêt général que son père avait accomplie en qualité d'unificateur et de pacificateur, avec le concours d'Aristote, il la poursuivait dans ces contrées nouvelles en donnant des conseils ou en imposant son autorité jusque dans des questions secondaires. Rien ne lui paraissait au-dessous de lui, du moment que c'est à lui qu'on en appelait, surtout s'il s'agissait des dieux. Il estimait que la gloire tient aux moindres détails, comme d'étendre le droit d'asile d'un temple, ainsi qu'il l'avait fait pour celui de Diane à Ephèse. Le grand prêtre lui écrivit pour lui demander ce qu'il fallait faire d'un esclave de l'armée qui s'était réfugié dans ce temple : il répondit qu'il fallait tâcher de l'en faire sortir de son propre consentement et l'arrêter ; sinon, l'y laisser.

Son projet était de s'assurer des villes maritimes jusqu'à Sidé pour rendre inutile l'action de la flotte ennemie. Il n'y avait plus ensuite que des nids de pirates, le long de la région montagneuse qui allait de Sidé à Soles. D'après ce que lui disait Aristandre, expert de cette région, il n'aurait sans doute pas le temps d'arriver à Sidé avant l'hiver. Le roi déclara qu'il prendrait ses quartiers à l'endroit qu'il jugerait le plus agréable. Il envoya Parménion prendre les siens à Sardes : si l'austère général était plus ou moins indifférent à cette affectation, tel ne fut pas l'avis de ses troupes, auxquelles il rendait leurs plaisirs. Alexandre voulait tenir en respect la Phrygie, dont la conquête n'avait pas été achevée et qui pouvait lui couper ses communications. Au printemps, il remonterait au centre de cette province, où Parménion le rejoindrait. Tous deux reviendraient ensuite par le mont Taurus vers la Cilicie.

La veille de son départ, Alexandre s'étant endormi sur le promontoire Termérium à l'ombre d'un arbre, une hirondelle vint gazouiller autour de son front jusqu'à l'effleurer. Il se réveilla pour la chasser ; mais, au lieu de s'envoler, elle se percha sur sa tête. Cela lui parut un signe étrange, qu'Aristandre interpréta ainsi : un danger menaçait le roi de la part de quelqu'un de ses intimes ; mais la trahison serait découverte, comme l'avait annoncé le babil de cet oiseau. Cela rappela à Alexandre ce que sa mère lui avait écrit d'Alexandre Lynceste. Il décida de l'éloigner de sa personne en commençant par le laisser à Halicarnasse.

Dans cette partie de la Carie où il s'avançait, le paysage était d'une sauvagerie digne du mont Orbèle ou du mont Dysore en Macédoine, sinon de celle de l'Hémus et du Rhodope. La route difficile suivait une longue vallée non cultivée, puis faisait l'ascension du mont Phénix et en descendait presque vertigineusement. Il fallut prendre de grandes précautions pour la cavalerie et les bagages ; mais les bois de pins qui couvraient les pentes, formaient des appuis. L'île de Cnide, à l'extrémité de la Chersonèse de Carie, était le but enchanteur d'Alexandre, après la traversée de la plaine qui s'étendait au bas de cette montagne. Les habitants l'avaient averti que leur ville lui était ouverte. Il n'aurait pas aimé avoir à combattre pour entrer chez Vénus, cette déesse qui le reposait des travaux de Mars.

Cnide était défendue cependant par de fortes murailles, au-dessus des deux ports qui, en ce moment même et malgré la guerre, accueillaient des vaisseaux de pèlerins. Sur l'un de ces ports, donnait une grande place, entourée de portiques. Les Doriens avaient en commun à Cnide le temple d'Apollon, comme les Ioniens avaient celui de Neptune à Panionium. Du reste, Vénus elle-même y avait le surnom de Dorienne, Cnide ayant été fondée par les Doriens, ainsi qu'Halicarnasse. Cérès et les Muses avaient également un temple, Bacchus une statue faite par Briaxis, Minerve une statue, œuvre de Scopas ; mais c'est vers celle de Vénus que l'on accourait, parce qu'elle était le chef-d'œuvre de Praxitèle.

Une vaste cour, ornée de cyprès, de platanes, d'arbres fruitiers et de treilles, précédait le temple. Praxitèle, qui avait fait, sur le modèle de Phryné, deux statues de Vénus, l'une vêtue, l'autre nue, les proposa d'abord toutes deux à ses compatriotes de Cos pour le fameux temple d'Esculape qui possédait déjà la *Vénus sortant des flots*, peinte par Apelle. Ils choisirent la statue voilée, comme plus décente, et les Cnidiens s'empressèrent d'acheter l'autre, qui faisait leur fortune.

Alexandre s'exclama en voyant le visage de cette statue : il n'aurait su dire si c'était celui de Phryné qu'il avait aperçue à Athènes, mais c'était en vérité celui de Thaïs. Il pria la belle courtisane de se placer à côté. Tous les assistants convinrent de la ressemblance. « Je suis fier de moi, dit Alexandre : Apelle va prêter à sa nouvelle Vénus les traits de Thaïs et Praxitèle les a prêtés, sans le savoir, à la Vénus de Cnide. — N'oublie pas, dit Thaïs, que la Vénus d'Apelle qui a les traits de Campaspe, est déjà aussi célèbre que ce marbre. »

La statue de la déesse, délicieusement nue, debout, la tête tournée à gauche, la jambe gauche légèrement pliée, la main droite posée au haut de la cuisse gauche pour laisser le pubis à découvert, la main gauche tenant son vêtement au-dessus d'un vase, était placée dans une rotonde pour qu'on pût l'admirer de tous côtés. Alexandre s'exclama de nouveau en voyant les fesses. Il troussa Thaïs et demanda à la prêtresse si Praxitèle avait copié seulement le visage. La courtisane ne pouvait qu'être flattée de ce geste qui l'exhibait dans le temple de Vénus. Elle fit rire Alexandre en lui récitant les premiers vers d'*Electre :* « Fils d'Agamemnon, voici maintenant, devant toi prêt à les contempler, ces choses — Dont tu fus toujours avide. »

La prêtresse fit remarquer la tache que n'arrivait pas à dissimuler l'enduit appliqué par Nicias, comme à la statue de Thespies, et qui perpétuait le souvenir de l'amoureuse profanation contée par Anaxarque à Delphes et rappelée à Thespies et à Parium. Mais, à la différence de Parium, on ne disait pas le nom de celui qui s'était précipité dans la mer, après avoir assouvi son désir sur ces fesses divines. Les pédérastes, déclara la prêtresse, tiraient des conclusions à l'avantage de leurs goûts, du fait que cet amant de Vénus, qui avait le choix du devant et du derrière, s'était épanché sur celui-ci. La prêtresse ajouta que la statue d'une jeune fille, dans le temple de Junon à Samos, œuvre de Ctésilès, avait subi par-devant un viol symbolique : un jeune homme, Clisophe de Sélymbrie, voulut en jouir, mais, gêné par la froideur du marbre, il y appliqua un morceau de viande sur lequel il avait éjaculé. Ainsi avait-on estimé que, n'ayant pas eu un contact direct avec Vénus, il n'avait pas commis de sacrilège et l'on se contenta de lui faire payer le prix de l'acte, au tarif des courtisanes, ainsi que l'avait payé spontanément le violateur de Delphes. Mais les Samiens veillaient à ce que cet attentat ne pût recommencer. La statue de la Vénus de Cnide, dit la prêtresse, inspirait en ce moment une passion d'une autre sorte à un riche Cnidien d'un certain âge qui en avait la tête renversée : il ne tentait pas de la violer, mais la demandait obstinément en mariage. Il avait l'air de renouveler l'histoire de Cotys, roi des Odryses, qui voulait épouser Minerve. Ce Cnidien envoyait à Vénus de riches offrandes, lui avait constitué une dot et assiégeait le sénat de la ville avec ses suppliques.

On conservait, non moins fêtée, mais moins courtisée, l'ancienne statue de Vénus. Elle avait à peu près la même attitude que celle de Praxitèle, ce qui prouvait que l'artiste avait respecté la tradition ; mais sa chevelure perlée était ceinte d'une tresse de cheveux et elle avait des boucles d'oreilles et un collier. Trois cents coquilles de murex étaient suspendues aux murs, chacune dans un cercle d'or. C'étaient les offrandes faites à la Vénus de Cnide par les trois cents jeunes garçons de Corfou que le tyran Périandre de Corinthe avait envoyés au roi Alyatte de Sardes pour les faire châtrer. La prêtresse ajouta un détail : leur vaisseau avait été immobilisé devant Samos par ces coquillages qui s'y étaient attachés comme ceux du rémora, ce qui permit aux Samiens de délivrer ces enfants. Ils en remercièrent Junon, la déesse de Samos, mais pensèrent que le salut de leurs appendices exigeait un hommage à Vénus.

Alexandre et Ephestion n'avaient jamais été plus heureux de sacrifier à la déesse qui protégeait leur amour. Ils choisirent pour cela deux boucs, en se souvenant de la statue de Scopas à Elis où la déesse était assise sur un bouc. A Cyllène, ils lui avaient immolé une chèvre, pour réserver le bouc à Mercure et, dans leurs autres sacrifices à Vénus, ils n'avaient pas pris garde au sexe des animaux : ils s'en étaient rapportés aux sacrificateurs. A Cnide, le plus illustre sanctuaire de la déesse en dehors de Corinthe et de Chypre, et même supérieur à eux grâce à la statue de Praxitèle, ils avaient tenu à lui dévouer des animaux de leur propre sexe. Il leur plaisait que ce fût possible avec elle, tandis qu'il n'était permis de sacrifier que des femelles à Minerve. Cela leur semblait faire encore mieux de Vénus la protectrice de l'amour masculin.

Ils s'amusèrent ensuite à voir les terres cuites érotiques que l'on vendait auprès du temple. Elles avaient l'air de représenter ce qui se passait dans les bosquets de myrte et de rosiers qui l'entouraient et qui formaient des espèces de chambres, pourvues de lits, où l'on se livrait au plaisir publiquement. C'était la loi de Vénus que d'abolir la pudeur, à la manière des Cyniques. L'hiver commençant, il était encore assez doux pour donner à quelques couples d'hommes et de femmes, d'hommes et de garçons, de femmes et de filles, la joie de fêter Vénus en plein air.

Fait curieux, il n'y avait pas à Cnide comme à Corinthe de courtisanes sacrées. Il est vrai que Vénus n'y avait pas l'épithète de Vulgaire et seulement celles de Dorienne et de Protectrice de la navigation. C'était surtout dans la partie d'Asie Mineure voisine du Pont-Euxin, à ce que dit la prêtresse, que les courtisanes sacrées étaient nombreuses dans certains sanctuaires. On en comptait plus de six mille à Comana en Cappadoce. C'était au service local d'une déesse qui n'était pas Vénus : on l'appelait Ma, et elle était comparée à la déesse grecque de la Guerre. Mais la prostitution sacrée se pratiquait dans cette province pour tous les dieux : à Vénase en Morimène, région de cette même Cappadoce, il y avait trois mille prostitués des deux sexes, attachés au temple de Jupiter.

Comme annexe des fêtes de Vénus, Cnide célébrait chaque année celles de l'Education d'Hyacinthe, où accouraient tous les Hyacinthes qui cherchaient un Apollon et tous les Apollons qui cherchaient un Hyacinthe. La plupart des villes y envoyaient des délégations solennelles, chargées d'offrandes. Diane avait à Cnide l'épithète charmante de Nourrice d'Hyacinthe. Alexandre et Ephestion parlèrent des statues de cette déesse et d'Apollon qui étaient, à Delphes, dans le trésor des Cnidiens, ainsi que des magnifiques peintures de Polygnote qui ornaient leur autre monument, près de celui de Pyrrhus-Néoptolème.

Anaxarque était enthousiaste de voir qu'une grappe de raisin figurait sur les monnaies de Cnide, comme sur celles de Maronée. Il y trouvait une confirmation du proverbe que, « sans Bacchus, Vénus est froide ». Avec les autres philosophes, il avait couronné la statue d'Eudoxe de Cnide, l'un des disciples favoris de Platon. Connu surtout pour ses travaux sur l'astronomie, Eudoxe n'avait pas moins été un philosophe d'importance. Sa morale le rapprochait plus d'Aristippe de Cyrène que de son maître Platon : il faisait consister le souverain bien dans le plaisir. Alexandre lui était reconnaissant de son calendrier astronomique, qui avait éclairé les nuits de Pella et de Miéza. Eudoxe avait été instruit, comme Platon, par les sages de l'Egypte et avait ajouté à leur enseignement celui des mages de la Chaldée et de la Perse. Il était arrivé ensuite à Athènes avec son amant le médecin Théomédon pour recevoir les leçons de l'Académie. C'est lui qui avait placé chaque signe du zodiaque sous l'influence d'un des douze grands dieux grecs. Son amour de la science était tel qu'il supplia Jupiter de lui laisser voir le soleil de près, dût-il en périr. Comme Aristote avait dicté les lois de Stagire, Eudoxe avait dicté les lois de Cnide.

On gardait dans les archives de l'île des observations inédites de lui, qui parurent très curieuses aux philosophes d'Alexandre. Il y était question de Zoroastre ou Zarathoustra, sage perse, dont la doctrine sur les deux forces du bien et du mal correspondait aux idées de Platon. Anaxarque déclara que, si Aristote, dans ses premiers traités, avait parlé des mages, il n'en avait plus dit un mot après la mort d'Hermias, qui l'avait rendu l'ennemi de la Perse. Alexandre ordonna qu'on lui fît parvenir les observations d'Eudoxe.

La statue de Ctésias, autre célébrité cnidienne, reçut une couronne d'Alexandre. Le roi savait gré à cet historien, le plus ancien des voyageurs, d'avoir enflammé son imagination d'enfant sur les merveilles de l'Inde. Il y avait encore bien des fleuves à traverser avant d'arriver à l'Indus ; mais il pensait avoir mis de son parti les dieux des fleuves par sa victoire au Granique.

Archélaüs le géographe fut intéressé par deux récits de voyages, conservés également à Cnide. Le premier venait de la bibliothèque d'Eudoxe ; le second, tout récent, était dû à Pythéas de Marseille et avait été déposé en ce lieu pour honorer la mémoire de l'astronome et philosophe cnidien. Le premier était la traduction grecque du *Périple* d'Hannon, navigateur carthaginois qui, avec soixante navires, avait accompli, deux siècles plus tôt, un long voyage sur les côtes orientales de l'Afrique.

Le roi fut captivé par ce que lui dit Archélaüs du *Périple* de Pythéas. C'était, à partir des colonnes d'Hercule ou détroit de Gibraltar, la description des côtes orientales de l'Ibérie ou Espagne, de la Gaule, de l'île d'Albion ou Grande-Bretagne, de l'Europe septentrionale jusqu'à l'embouchure du Rhin, du pays des Goths ou Suède, d'un autre pays dans lequel on brûlait le charbon, du pays de l'ambre jaune ou Prusse Orientale ; puis, s'arrêtant au bord de la Vistule, il avait rebroussé chemin et était monté jusqu'à l'Islande. Alexandre frémissait de voir le monde s'étendre à mesure qu'il le conquérait, mais il n'en était plus à verser des larmes parce qu'il y avait d'autres mondes que la terre : il songeait qu'après avoir conquis l'Asie, il lui resterait à conquérir l'Europe tout entière, une Europe dont son père n'avait même jamais eu connaissance et qui allait jusqu'au pôle Nord, dont Pythéas le premier avait mesuré la hauteur. Il se disait que c'était un signe du ciel qu'un tel navigateur fût né de son temps pour lui découvrir la planète qu'il habitait. Il se recommandait d'avance à la Protectrice de la navigation : elle protégeait les découvertes de la science, avant de protéger les ambitions et les amours des guerriers.

Tout le monde faisait des découvertes à Cnide. Philippe d'Acarnanie et les autres médecins de l'armée rencontrèrent leur célèbre confrère Chrysippe, qui avait été l'élève d'Eudoxe. Auteur de nombreux ouvrages, il en publiait un sur le chou, en présentant ce légume comme une panacée. Il montra les archives laissées par Hérodicus de Sélymbrie, médecin qui avait fondé l'école dite Cnidienne, dans le voisinage des Asclépiades de Cos. Alexandre lut le serment que prêtaient les médecins de Cnide, pour être admis à exercer leur art, et qui était incisé en vers sur une plaque de bronze : « Je jure le grand dieu, en paroles non souillées, — Que je ne nuirai à aucun homme soigné pour une maladie — Ni à nul citoyen en accomplissant des actes mortels — Et que personne ne me persuadera par des dons — De commettre un acte pénible ni de donner à un homme — Des poisons pernicieux, — Ce qui serait une lâcheté destructive, — Et je ne consentirai pas à faire part de mes secrets à un autre par amitié ; — Mais je lève vers le ciel brillant des mains saintes... — Et je ménagerai à tous la chère santé qui donne la vie. »

Les médecins d'Alexandre comparèrent ce texte au serment d'Hippocrate : « Je jure par Apollon Médecin, par Esculape et par la Santé et par Panacée et tous les dieux et toutes les déesses... » etc. Ils estimaient que sagement Hippocrate avait eu raison d'ajouter aux devoirs fixés à un médecin par les Asclépiades, celui de placer son maître « au même rang que les auteurs de ses jours » ; mais ils jugeaient l'ancienne formule plus libérale que la nouvelle à l'égard des femmes enceintes, puisqu'on n'y faisait pas allusion, alors qu'Hippocrate interdisait l'avortement. Critobule rappela que Lycurgue et Solon l'avaient de même interdit et Anaxarque, que Platon l'avait permis dans sa *République* pour des cas déterminés, ainsi qu'Aristote dans sa *Politique,* si l'embryon n'avait pas reçu encore le sentiment de la vie. La défense de châtrer, précisée aussi par Hippocrate et ignorée par l'ancien serment, devait être bien gênante pour les médecins grecs de l'Asie Mineure et de la Perse. En revanche, tous approuvaient une autre défense édictée par Hippocrate aux médecins : de ne faire l'amour, dans les maisons où ils pratiquaient, ni avec des hommes ni avec des femmes ni avec des esclaves.

Enfin, Alexandre lut avec joie la septième *Olympique* de Pindare, qui était gravée en lettres d'or sur le mur du temple de Minerve pour immortaliser l'athlète Diagoras de Rhodes.

Remontant de Cnide, le roi alla occuper l'autre branche de la péninsule que l'on appelait la Chersonèse Cnidienne. Il entra sans difficulté dans les petites places d'Amos, de Tymnus, d'Erine et de Lorymna. La dernière était Castabus, qui avait un temple-oracle fameux d'une déesse guérisseuse, Molpadia ou Hémithée. Ses cures étaient aussi extraordinaires que celles d'Esculape et des milliers d'offrandes en témoignaient. Elle était également, comme Ilythie, la protectrice des femmes en couches. On ne pouvait entrer dans son temple si l'on avait mangé du porc, ne fût-ce qu'une fois. Seuls des Cappadociens de Comana, qui venaient d'arriver en consultation, y pénétrèrent, la même défense existant dans leur ville pour le culte de la déesse Ma, au point que les porcs n'en franchissaient jamais les remparts. La sainteté du temple de Malpadia, dont on pouvait, du seuil, admirer les richesses, était telle que c'était le seul de la Carie qui n'eût pas été pillé par les Perses, comme le temple d'Ephèse avait été le seul qu'ils eussent épargné en Ionie.

Entre les deux branches de la Chersonèse Cnidienne, était l'île de Symé, qui figurait dans le *Catalogue des vaisseaux* de *l'Iliade :* « Nirée conduisait de Symé trois bons vaisseaux, — Nirée, fils d'Aglaé et du roi Charops, — Nirée qui était le plus bel homme venu devant Troie — De tous les Danaens, après le très loué fils de Pélée. » Alexandre n'oubliait pas que, si Nirée, dont on avait vu la tombe près de Troie, ne l'avait cédé en beauté qu'à son ancêtre Achille, il avait été le mignon de son ancêtre Hercule.

On apercevait plus loin l'île de Rhodes, dédiée au Soleil, dont la nymphe Rhodia, fille de Neptune et de Vénus, était l'épouse. C'était le lieu du monde, avec Olympie et Delphes, où il y avait le plus de statues. L'île était également célèbre par ses jardins de roses, — une rose était gravée sur ses monnaies, son nom venant de celui de cette fleur. Le temple de Minerve à Lindos, une des villes principales, possédait une coupe de vermeil offerte par Hélène et qui avait été moulée sur son sein. La statue colossale du Soleil, à laquelle travaillait un élève de Lysippe, Charès, de cette même ville de Lindos, aurait plus de trente mètres de haut et ses deux jambes formeraient l'arche sous laquelle les navires entreraient dans le port. On estimait que cette œuvre, à peine commencée, demanderait des années de travail. Les Rhodiens se flattaient ainsi d'ajouter une merveille aux cinq que possédait le monde : les jardins suspendus de Babylone, les pyramides d'Egypte, le Jupiter d'Olympie, le Mausolée d'Halicarnasse et le temple de Diane à Ephèse. Alexandre se disait que les trois dernières étaient, en fait, sous sa domination, que les deux autres y seraient probablement bientôt et que, la Perse vaincue, il aurait aisément raison de Rhodes pour régner sur les six merveilles du monde. Memnon le Rhodien, qu'il tenait assiégé dans Halicarnasse et qui était le généralissisme du grand roi, lui paraissait le symbole, comme cette île, du dernier but à atteindre.

Alexandre, du reste, se croyait des droits sur cette île, puisque Tlépolème l'Héraclide y avait régné et avait amené « neuf navires de fiers Rhodiens » contre la cité de Priam. Ephestion rappela qu'à Ephyre en Elide on avait parlé de ce héros, lors du retour d'Olympie : c'est d'Ephyre que Tlépolème, en compagnie d'autres fils et petits-fils d'Hercule, s'était transporté dans Rhodes et « le fils de Saturne versa sur eux une divine richesse ».

La place de Physcus, près de la mer, dite aussi Marmaris, présenta au roi un obstacle inattendu. Du moins occupa-t-il aisément la partie de la ville qui était dans la plaine et où se trouvait un beau temple de Latone, mais celle qui était sur une colline, bien défendue par une citadelle, dite le rocher des Marmariens, refusa de se rendre. Alexandre aurait peut-être méprisé cette résistance, si les Marmaréens n'eussent attaqué son arrière-garde en tuant un grand nombre de Macédoniens et en saisissant des bêtes de somme. Il s'arrêta pour assiéger la place qui, au bout de deux jours, était prête à tomber. Un transfuge lui apprit que les soldats et les jeunes gens avaient décidé de tuer les enfants, les femmes et les vieillards, de mettre le feu aux maisons et de s'échapper dans les montagnes. Alexandre leur fit dire qu'il leur accordait de sortir vie et bagues sauves, mais ils n'exécutèrent pas moins une partie de leurs décisions : ils renoncèrent seulement à se souiller du meurtre de leurs parents, allumèrent l'incendie et s'enfuirent au milieu des flammes et des ténèbres.

Cette vision, qui avait pour fond de décor le mont Phénix, rappelait à Alexandre celles d'Halicarnasse et de Thèbes, embrasées dans la nuit.

L'accueil qu'il avait reçu au rocher des Marmariens, lui annonçait que, dans cette région, nommée la Pérée Rhodienne, il n'était plus en pays ami. Memnon et Orontopate avaient renforcé les garnisons de ces villes par des soldats de Rhodes. Imbrus, la forteresse de Caunus, refusa pareillement de se rendre et le roi passa outre, ne voulant pas recommencer l'aventure de Physcus. Caunus était la ville fondée par le frère de la malheureuse Byblis : sa statue se voyait sur la grand-place. Alexandre franchit le fleuve Calbis, puis Dædale, dernière ville de la Pérée. On arrivait en Lycie.

Aristandre était comblé de joie en approchant de Telmesse, ou Féthiyé, sa ville natale, qui n'était pas éloignée de la frontière ni du golfe de Glaucus, — non pas de Glaucus le dieu marin, amant du beau Mélicerte, mais le héros « sans reproche » qui commandait les Lyciens avec Sarpédon parmi les défenseurs de Troie et qui « venait de loin, de Lycie, du Xanthe tourbillonnant ».

A l'entrée, était creusé dans un rocher le riche tombeau du Grec Amyntas, ainsi que de nombreux autres monuments funéraires. Ce nom suivait Alexandre. C'était le premier tombeau de cette sorte qu'il voyait : Mithrène lui dit que ces sépultures rupestres étaient typiques de la Lycie, mais également de la Perse.

Fameuse par ses aruspices, cette cité semblait l'être encore plus de lui avoir fourni son devin. On assurait que tous les habitants, y compris les femmes et les enfants, avaient le don de prophétie parce que, expliquait Aristandre, on leur avait fait manger, aussitôt après le sevrage, le cœur frais d'une taupe, animal divinatoire. Ce don était témoigné par un bandeau bigarré qu'ils portaient autour de la cuisse droite. Ils arrêtaient les soldats pour leur révéler généralement un destin heureux. De plus, Telmesse se vantait d'avoir été le lieu où les mages perses et chaldéens avaient répandu leur science pour la propager ensuite vers la Thessalie. Aristophane avait raillé, dans une de ses comédies, les *Telmessiens,* cette race de devins. Aristandre rappela la prédiction des devins de Telmesse qui aurait dû empêcher la prise de Sardes par Cyrus. Il ajouta qu'ils avaient prédit son sort à Crésus lui-même : il les avait fait consulter sur une invasion de serpents qui avaient été dévorés par les chevaux ; ils lui dirent qu'une armée étrangère, symbolisée par le cheval, occuperait le pays, dont le serpent, fils de la Terre, était l'emblème.

Alexandre honora Jupiter Roi, principale divinité de Telmesse, et le dieu cavalier qui lui était propre, Cacasbus, assimilé à Hercule. Il fut enchanté de cette transformation lycienne de son ancêtre, que les Grecs n'avaient jamais représenté à cheval : cela lui parut une préfiguration de Bucéphale.

Le vin de Telmesse n'était pas moins renommé que ses devins et que ses éponges. Alexandre fit faire un ballot d'éponges pour sa mère et pour le grave Léonidas, qui avait jadis acheté tant d'éponges à Cythère : il le leur enverrait, dès que l'on aurait trouvé dans un port un vaisseau macédonien.

A quelque distance dans l'intérieur, les huit cimes du mont Cragus saluèrent l'entrée pacifique d'Alexandre dans la ville de Pinara. Il sacrifia au temple du héros Pandarus, qui avait été à la tête du contingent de Zélia pour la défense de Troie. Ephestion récita les vers de *l'Iliade* relatifs à ce héros, fils de Lycaon, roi de Lycie, et qui n'étaient pas ceux qu'Alexandre avait dits aux Zélites sur les bords du Granique. Ils étaient encore mieux de circonstance et c'était Minerve qui parlait, sous les traits du fils d'Anténor : « Veux-tu m'en croire, vaillant fils de Lycaon ? — Oserais-tu lancer une flèche rapide à Ménélas, — Pour obtenir faveur et gloire de tous les Troyens, — Et d'abord, plus que de tous, du roi Alexandre ? » Alexandre l'embrassa, car c'était la première fois qu'Ephestion lui disait ces vers depuis qu'il était roi. Il vénéra aussi un dieu local, Sozon, représenté à cheval comme Cacasbus, et qui était le dieu solaire des Lyciens.

Il alla voir, dans une vallée du Cragus, l'endroit où avait vécu la Chimère : « la Chimère invincible, — Car elle était de race divine et non de celle des hommes, — Lion devant, dragon derrière et chèvre au milieu, — Soufflant l'ardeur terrible d'un feu allumé ». Le monstre, que Glaucus évoquait de la sorte sous les murs de Troie, avait disparu, mais son souffle durait encore : il sortait d'une crevasse et brûlait jour et nuit comme un énorme flambeau. La lutte contre la Chimère fut l'une des épreuves de Bellérophon « dans la vaste Lycie ». Alexandre et Ephestion évoquaient la peinture qui commémorait cet exploit dans le vestibule du temple d'Apollon à Delphes. Homère et Hésiode n'avaient pas donné de détails sur la manière dont Bellérophon s'y était pris. D'après les Lyciens, il avait fait périr la Chimère en lui jetant dans la gueule du plomb, que le feu exhalé de ses entrailles, fit fondre. Euripide avait composé une tragédie intitulée *Bellérophon,* estimée secondaire. Aussi Aristote se faisait-il un plaisir de préférer celle que Théodecte de Phasélis avait écrite sur le même sujet. Alexandre cita un vers de la pièce d'Euripide : « Va, aile, à moi amie, de Pégase ! » Il lui semblait que Bucéphale, comme le cheval de l'Hélicon enfourché par le vainqueur de la Chimère, avait des ailes.

Xanthe, près du « Xanthe tourbillonnant », homonyme du fleuve de la Troade, était la plus grande ville de la Lycie. Ses maisons, ses temples, ses places, couvraient les pentes de deux collines. L'accueil reçu par Alexandre, ne remémorait guère l'attitude des Xanthiens à l'égard du général perse Harpage, qui était venu conquérir cette région pour Cyrus le Grand : ils avaient agi, comme cette fois les Marmariens, en mettant le feu à la citadelle, avec femmes, enfants, esclaves et richesses, puis avaient tous péri en combattant.

Alexandre vit une autre sorte de tombeau lycien, constitué par des piliers portant des sarcophages. Sur l'un d'eux, était assise la statue du roi Khéri, à plus de dix mètres de haut. Un autre sarcophage, sur un autre socle élevé, avait pour reliefs des sirènes qui conduisaient des âmes aux enfers. Un autre, également haut de plusieurs mètres, projetait trois membres virils horizontaux autour du toit de sa chambre funéraire. Alexandre remarqua que certaines inscriptions comportaient le nom de la mère et non celui du père, contrairement à l'usage grec. On lui dit que c'était une particularité des Xanthiens, remontant à Bellérophon. Ce héros, pour lequel ils s'étaient montrés ingrats après qu'il eut détruit la Chimère, leur fit envoyer la peste par Neptune ; mais les prières des femmes l'apaisèrent et, en reconnaissance, ils résolurent de perpétuer le nom de leurs mères. Alexandre trouva cette coutume charmante, puisqu'il s'était toujours senti plus proche de sa mère que de son père, et il imaginait sa propre inscription : « Alexandre, fils d'Olympias. » Il est vrai qu'il comptait bien interroger à l'oracle de Jupiter Ammon sur sa filiation, car il ne doutait pas d'aller jusqu'à ce sanctuaire de la Libye.

Le principal sanctuaire de Xanthe n'était pas dans la ville, mais à quelques kilomètres, sur l'autre rive du fleuve : c'était celui de Latone.

Selon la légende d'Asie Mineure, la déesse, fuyant la colère de Junon, avait mis au monde Apollon et Diane à Ortigye près d'Ephèse, puis était venue en Lycie, s'était arrêtée d'abord à la source Mélité pour se purifier et pour baigner les nouveau-nés ; mais des bouviers, qu'elle changea en grenouilles, la chassèrent et elle les laissa coasser pour venir à Xanthe. Elle s'était baignée dans une source qui était un lieu de pèlerinage. On disait qu'elle y avait lavé aussi Apollon et Diane. Trois temples avaient été bâtis dans le voisinage aux trois divinités, avec un autel monumental pour Latone. Un théâtre complétait l'attrait de ces lieux.

Pendant qu'Alexandre était là, un phénomène se produisit dans la source sacrée : elle déborda et rejeta une lame de cuivre où une inscription gravée en lettres anciennes disait que l'empire des Perses devait être ruiné par les Grecs. Aristandre fit connaître, à cette occasion, une autre prophétie qui avait été faite par les Chaldéens, lorsque Darius Codoman, au début de son règne, avait remplacé le fourreau du cimeterre perse par celui des Grecs : ils avaient dit que l'empire passerait à ceux dont le roi avait imité les armes. « Par Jupiter, dit Alexandre en rappelant l'oracle d'Adrastée, le mot de la sibylle Athénaïs et le prodige de Didyme, si je ne bats pas Darius, ce ne sera pas faute d'oracles. »

Un des plus célèbres temples-oracles d'Apollon se trouvait à Patara, près de l'embouchure du Xanthe. Le dieu y avait l'épithète de Père de la lumière, qui lui était donnée dans *l'Iliade.* Le temple gardait une coupe de bronze, offerte par Télèphe, le fils d'Hercule, et qui était l'œuvre de Vulcain. La prêtresse passait la nuit à l'intérieur du sanctuaire pour recevoir les réponses d'Apollon. Comme Aristandre souhaitait que le roi consultât cet oracle de son pays, Alexandre ne s'y refusa pas. Il offrit un sacrifice solennel et la prêtresse, le lendemain d'une nuit inspiratrice dans le temple, lui dit ces simples mots : « Un Lycien te conduira en Perse. » Alexandre fut aussi heureux de cette réponse que son devin : elle confirmait l'oracle d'Adrastée. C'est un Lycien et un Phocéen qui le conduiraient en Perse, puisque Aristandre était l'un et l'autre. Mais enfin cela ne lui apprenait rien de nouveau : il ne voyait pas non plus de quelle façon Aristandre pouvait le conduire dans un pays, sans y être jamais allé. Mais il fallait bien qu'un oracle eût quelque chose d'ambigu.

En attendant de le conduire en Perse, Aristandre conduisit le roi à un autre port du voisinage, nommé Dinus, où un oracle d'une autre sorte était en vogue, dans un bocage consacré à l'Apollon de Curium, ville de Chypre. Un gouffre s'ouvrait au milieu du sable. Alexandre n'était pas attiré par les oracles secondaires ; mais Anaxarque qui ne voulait plus interroger Apollon depuis sa consultation à Didyme, ne désirait pas moins quelques éclaircissements. Il prit donc, comme on le lui disait, deux broches de bois à chacune desquelles il y avait dix morceaux de viande rôtie, et les jeta dans le gouffre, dont le fond était sec. A peine y étaient-elles parvenues qu'il le vit se remplir d'eau de mer et d'une si grande quantité d'énormes poissons qu'il en fut presque effrayé. Le prophète, penché au bord, observa en silence ce qui se passait, tandis qu'un servant jouait trois fois le même air de flûte. Puis, il lui rendit secrètement un oracle qui sembla préoccuper le philosophe, jusqu'à la prochaine libation de vin de Telmesse au Bon Génie ou plutôt à Jupiter Olympien, selon le nouveau protocole d'Alexandre. Après boire, il avoua à Alexandre que les poissons, au lieu de dévorer la viande, l'avaient repoussée de la queue, ce qui, selon le prophète, était le signe le plus sinistre. C'est pourquoi, du reste, il tenait à continuer de consulter les oracles jusqu'à ce qu'il en trouvât un de favorable : il voulait être sûr de ne pas être pilé dans un mortier.

Il y avait à Patara le tombeau de Sarpédon, le roi de Lycie, homonyme du Sarpédon tué par Hercule en Thrace. Alexandre sacrifia, le soir, au tombeau de ce héros, fils de Jupiter et de Laodamie, fille elle-même de Bellérophon. Sarpédon, allié des Troyens et qui était le dernier cité dans le *Catalogue des vaisseaux* avec l'autre chef lycien Glaucus « l'irréprochable », était particulièrement aimé de Jupiter qui avait dit de lui : « Il est pour moi le plus cher des hommes. »

La beauté de cette région, les montagnes à la fois âpres et voluptueuses et dont le gibier était particulièrement délicieux grâce à l'abondance des genévriers, plaisaient à Alexandre et lui donnèrent l'envie de s'y attarder. Nulle part jusqu'alors il ne s'était mieux adonné au plaisir de la chasse avec les excellents chiens emmenés de Lydie et de Carie. Périttas et Triaque n'en étaient pas jaloux, car ils gardaient les faveurs du maître. Alexandre, qui mêlait les vers à toute sa vie, même à la chasse, criait ce passage d'*Œdipe roi :* « Dieu de Lycie, je voudrais voir, — De ton arc aux cordes tendues, — Se disperser des traits invincibles — Qui m'aident, me protègent — Et les torches porteuses du feu de Diane, — Avec quoi elle s'élance à travers les montagnes de la Lycie. »

Pour ajouter à son contentement, c'est à Patara qu'il reçut la nouvelle de la chute d'Halicarnasse. Ptolémée, renforcé par les troupes d'Asandre, avait gagné une bataille sur Orontopate et mené le siège si ardemment que les deux citadelles avaient dû se rendre ; mais Memnon avait réussi à s'enfuir. Ada était redevenue la reine de Carie. Alexandre envoya immédiatement à Asandre l'ordre de regagner Sardes avec Alexandre Lynceste qui commandait la cavalerie thessalienne. Ils y passeraient l'hiver en compagnie de Parménion et y prépareraient les fournitures et l'armement destinés à la campagne de printemps. Alexandre les rejoindrait après avoir achevé de conquérir la haute Phrygie : le satrape Atyzis, l'un des vaincus du Granique, y avait reparu et y conservait plusieurs cités.

Chérilus disait avoir compris enfin ce qu'il devait faire pour la postérité : au lieu de prendre Alexandre depuis le commencement de son existence, que, du reste, il n'avait pas connu, — tâche qui, disait-il, eût été surhumaine, — il célébrerait seulement tel ou tel de ses exploits. Prétendant avoir reçu à Cnide la visite des Muses, il avait, dans un enthousiasme poétique égal au délire des corybantes, composé déjà cinq cents vers sur le siège d'Halicarnasse. Sans se comparer à Homère, il ne se jugeait pas indigne de Leschès de Mytilène. « Ce serait déjà quelque chose, dit Alexandre : Aristote tient l'auteur de *la Petite Iliade* en une certaine estime. »

Comme il y avait à Patara un théâtre, aussi charmant que celui du sanctuaire de Latone et situé sur une colline d'où l'on avait une vue splendide sur la mer, ainsi qu'à Téos, le poète demanda au roi la grâce de lui lire son œuvre en ce lieu. Alexandre y consentit par curiosité et, un jour de soleil, on s'assembla au théâtre pour écouter Chérilus de Jasos.

Son accoutrement fit sourire. Il était en manteau pourpre, une couronne d'or sur la tête, une lyre à la main, tel Apollon Joueur de cithare ou tels les acteurs de Téos. Et, à l'image de ces derniers, il avait son mignon auprès de lui. Il l'avait vêtu d'une robe couleur d'hyacinthe et couronné d'hyacinthe sauvage, double allusion au nom qu'il lui avait décerné. Il commença : « Chante, déesse, la colère d'Alexandre, fils de Philippe, — Colère terrible qui valut aux fils de Mausole de grandes souffrances. » Habilement, il passa aussitôt la parole à la Muse, dans l'espoir que l'on serait plus indulgent. Mais sa *Petite Iliade* n'était qu'une inconsciente parodie de la grande, avec laquelle il s'était imaginé peut-être se mesurer. Lorsque Alexandre eut éclaté de rire, toute l'assistance lui fit écho et la récitation n'alla pas plus loin que cinquante vers. Même Périttas avait aboyé. Après les éclats de rire, Alexandre donna le signal des applaudissements et fit signe au poète de sauter du haut de la scène pour venir l'embrasser. Chérilus avait les larmes aux yeux : « Tu m'as donné la gloire, lui dit-il. Avoir fait entendre au roi Alexandre, dans le théâtre de Patara, cinquante vers sur le siège d'Halicarnasse, cela me vaudra le respect de la postérité. » Ayant prévu que l'on s'arrêterait avant le cinq centième, Alexandre avait chargé Thessalus de prendre la suite. « Vois quel triomphe supplémentaire je t'ai réservé, dit-il à Chérilus : on va chanter, immédiatement après les tiens, les vers d'Homère sur la Lycie. »

Il fit asseoir le poète à son côté, Hyacinthe par terre devant eux et Thessalus monta sur la scène, avec Timothée qui jouait de la flûte. L'honneur qu'il accordait à Chérilus et à son mignon, était une manière de compenser les soucis que la présence de ce bel éphèbe causait au poète, parmi tant d'hommes que l'on avait privés de leurs amours. Aucun d'eux ne se serait permis de faire violence à Hyacinthe, puisque son protecteur était un ami du roi. Mais les regards qu'on lui décochait, étaient plus que des flèches du dieu de Thespies et de Parium : c'étaient des priapes dressés. Alexandre était, du reste, content de savoir que le jeune garçon demeurait fidèle à son maître et faisait semblant d'ignorer les désirs qui jaillissaient de lui.

Thessalus entonna les passages de *l'Iliade* consacrés à Sarpédon. Ce furent d'abord les reproches de Sarpédon à Hector : « Hector, où donc s'en est allé le courage que tu avais auparavant ? — C'est nous qui nous battons, nous qui ne sommes que des alliés, — Et moi, comme allié, je suis venu de très loin, — Car elle est très loin, la Lycie, sur le Xanthe tourbillonnant, — Où j'ai laissé ma femme aimée et mon fils tout enfant — Et beaucoup de richesses que désire l'indigent. — Je n'en stimule pas moins les Lyciens et je désire moi-même — Me battre avec un homme. Et cependant il n'y a rien ici — Que les Achéens puissent ni m'apporter ni m'enlever. » Ces mots rappelèrent à Alexandre ceux de Diogène qui l'avaient frappé dans sa visite au Cranium.

Thessalus chanta ensuite le chant de Sarpédon avec Glaucus : « Glaucus, pourquoi nous donne-t-on avant les autres — Une place d'honneur et des viandes et des coupes pleines — En Lycie et tous nous regardent-ils comme des dieux — Et avons-nous un grand domaine près des rives du Xanthe, — Bon pour les vergers et les terres à blé ? — Il nous faut donc maintenant, au premier rang des Lyciens, — Nous jeter au-devant de la bataille ardente, — Afin que quelqu'un des Lyciens cuirassés solidement dise : — « Ils ne sont pas sans gloire, nos rois, — Qui commandent en Lycie et qui mangent de gras moutons, — Avec du vin choisi, doux comme le miel ; mais leurs muscles — Sont bons, puisqu'ils combattent au premier rang des Lyciens. » — O mon aimable, si, en échappant à cette guerre, — Nous pouvions vivre toujours sans vieillesse et immortels, — Ce n'est certes pas moi qui combattrais au premier rang — Ni qui t'enverrais vers une bataille qui rend glorieux. — Mais, du moment que, de toute manière, les Parques de la mort sont là, — Par milliers, à qui nul mortel ne saurait échapper, — Allons voir si nous donnerons la gloire à un autre ou lui à nous. » Il parla ainsi et Glaucus ne se déroba pas ni ne désobéit. — Ils allèrent droit, conduisant la grande race des Lyciens. »

La beauté de ce passage enivrait Alexandre. Ces vers lui plaisaient entre tous, parce qu'ils résumaient aussi sa conception des choses de ce monde : il n'était pas un roi pour se contenter de manger de gras moutons et de boire du vin choisi. Il mettait sans cesse sa vie en jeu, comme les moindres de ses soldats, persuadé que le terme en est fatal, même si l'on ne va pas à la guerre, et que la seule immortalité, en dehors de celle que l'on aura vécue par l'amour, est celle que donne la gloire. Ce double idéal, il se l'était forgé dès l'enfance dans la lecture d'Homère et dans les bras d'Ephestion. Il se tourna vers Aristandre : « Tu as entendu ? : « La grande race des Lyciens ! » Il dit la même chose à Anaxarque et ajouta : « La grande race des barbares. — Des barbares hellénisés, » dit Aristandre.

Pour finir, Thessalus chanta la conversation de Jupiter et de Junon au sujet de Sarpédon, dans laquelle le roi des dieux annonce que le sort de celui-ci est d'être tué par Patrocle. Il se demande s'il ne doit pas l'y soustraire : « Le déposerai-je, l'ayant ravi, dans le gras pays de la Lycie ? — Ou le dompterai-je déjà sous les mains du fils de Ménétius ? » La vénérable Junon aux yeux de génisse répondit : — « Très redoutable fils de Saturne, quelle parole dis-tu ? — Un homme, un mortel, depuis longtemps marqué par le destin, — Tu veux l'affranchir de la triste mort ? — Fais-le, mais nous ne t'approuverons pas, nous tous, les autres dieux. — Je te dirai autre chose et mets-le dans ton esprit : — Si tu envoies vivant Sarpédon à sa demeure, — Réfléchis qu'ensuite aussi un autre dieu voudra — Envoyer son fils loin de la rude mêlée. Nombreux, en effet, autour de la cité de Priam combattent — Des fils d'immortels, à qui tu inspireras un terrible ressentiment. — Mais, si cela te plaît, et que ton cœur gémisse, — Laisse celui-là dans la rude mêlée — Etre dompté sous les mains de Patrocle, fils de Ménétius ; — Mais, quand l'âme et la vie l'auront quitté, — Envoie la Mort et le doux Sommeil le porter, — Pour qu'ils aillent vers le pays de la vaste Lycie, — Là où ses frères et ses parents l'enseveliront, — Dans un tombeau et sous une colonne, car c'est l'hommage dû aux morts. » Elle parlait et le père des hommes et des dieux ne désapprouva pas — Et versa des gouttes de sang sur la terre, — Honorant son fils que va tuer Patrocle, — Dans la Troade fertile, loin de sa patrie. »

Après la mort de Sarpédon, Jupiter ordonne à Apollon de recueillir son corps en pleine bataille : « Maintenant, va donc, Phébus aimé, nettoie de son sang aux noirs nuages — Sarpédon en le tenant loin des traits et, l'ayant porté — Au loin, lave-le dans les eaux d'un fleuve, — Oins-le d'ambroisie et couvre-le de vêtements immortels. — Et fais-le prendre par des porteurs rapides, — Le Sommeil et la Mort, les jumeaux, qui vite — Le déposeront dans la vaste Lycie au peuple opulent... » Tous ces mots, ceux de Jupiter comme ceux de Junon, touchaient Alexandre jusqu'aux larmes : puisqu'il était persuadé de descendre de Jupiter, il se disait qu'un jour le roi des dieux prononcerait un arrêt semblable ; mais ce n'est pas Apollon qui le déposerait « dans la vaste Macédoine au peuple opulent ». Ce qu'il désirait plus que tout, c'était de n'avoir jamais à oindre d'ambroisie le cadavre d'Ephestion.

L'armée reprit sa marche le long d'une côte qui devenait de plus en plus escarpée et, s'il était possible, de plus en plus belle. La route à pic, les roches et les terres rouges qui la surplombaient, faisaient paraître plus profonds le bleu de la mer, le vert des buissons de myrte. Parfois, la montagne s'inclinait vers l'intérieur pour se couvrir de cèdres. La sinuosité du parcours ajoutait au pittoresque : ce n'était qu'un entrelacs de criques et de plages désertes. Quelques maisons se voyaient en face sur les îles de Mégiste et de Clisthène. Enfin, l'horizon s'élargit et l'on arriva à une suite de petites villes qui accueillirent l'armée avec joie : Phellus et son port Antiphellus, Cyané, Polémus, Trysa.

Myra, plus considérable, était bâtie sur une colline rocheuse, creusée de tombes à colonnes et à frontons, comme celle d'Amyntas à Telmesse. Il y avait un beau temple d'Apollon, devant lequel Aristandre sacrifia. La fontaine du dieu, comme celle de Jupiter Labrandéen, avait des poissons à demi apprivoisés, mais qui servaient d'oracle : s'ils se jetaient avidement sur les viandes que l'on offrait, l'augure était favorable, et sinistre quand ils les repoussaient avec la queue, ainsi qu'il était arrivé malheureusement à Anaxarque avec les poissons de Dinus. Ceux de Myra ne lui furent pas plus favorables.

La douceur de l'hiver, au pied de ces hautes montagnes, continuait à étonner les Macédoniens et les Thraces, habitués aux neiges de leurs régions. Mais les tempêtes étaient fréquentes et Alexandre se réjouissait de n'avoir désormais, en guise de flotte, que les lourds transports des machines de guerre qui pouvaient mieux affronter ces intempéries. Les navires qu'avait libérés la prise d'Halicarnasse, s'étaient abrités dans le port de Cnide.

Les deux villes de Phénicus sur la mer et de Limyra un peu à l'intérieur, occupaient l'une et l'autre rive du fleuve Arycande, dont le nom était celui d'une autre ville en aval. Les Lyciens saluaient toujours Alexandre comme un personnage divin, descendant de Cacasbus qu'il avait revu sur un bas-relief près de Cyané. La totalité de cette région était riche en tombeaux. Au-delà, en face du promontoire sacré, d'où partait la chaîne du Taurus qui annonçait un climat plus sévère, étaient les petites îles des Hirondelles, fatales aux navigateurs.

Olympe, grand port situé au pied de l'Olympe de Lycie, également dit Phénicus, comme l'autre ville, envoya une députation au-devant de l'armée pour offrir une couronne d'or à Alexandre. Mais il avait hâte d'arriver à Phasélis, dernière cité de cette province, aux confins de la Pamphylie. Après les deux petites localités de Gagées et de Corydalle — aux environs de la première, on extrayait le jais, qui en avait reçu son nom, — l'armée arriva à Phasélis. Comme les Olympènes, les Phasélites avaient envoyé une ambassade à Alexandre avec une couronne d'or. La ville était bâtie sur les bords d'une rivière bien canalisée, dans un site d'une extraordinaire beauté. Elle était dominée par le mont Solyme, avec trois ports, des rues bien pavées, un théâtre, une place où se trouvait la statue de Théodecte.

La première visite d'Alexandre fut pour le temple de Minerve, qui était dans la citadelle et où l'on conservait la lance d'Achille : Alexandre, ému, toucha cette pique de frêne que le Centaure avait coupée sur le sommet du Pélion pour la donner à son ancêtre. Phasélis possédait également un temple d'Hercule, où il sacrifia. Certaines monnaies représentaient le dieu luttant avec un taureau à face humaine, — l'Achéloüs de la lointaine Acarnanie. Alexandre couronna la statue de Théodecte et dansa même autour avec ses amis, un jour qu'il avait un peu bu.

En effet, il n'était plus question que de plaisirs. Phasélis, même en hiver, avait des roses, aussi belles que celles de Milet ou de Bermius, et produisait une huile de lys, aussi fameuse que ses vins. Théodecte, le grand homme du lieu, avait eu un esclave qu'il avait libéré après qu'il en eut fait son lecteur, Sibyrtius, et qui était devenu lui-même une manière de grand homme. C'était le seul ancien esclave, en dehors d'Esope le Phrygien, à avoir composé une œuvre littéraire. La sienne était un traité sur *la Rhétorique.*

Les officiers et un certain nombre de soldats furent logés chez les habitants. Un camp d'un luxe inhabituel fut établi pour le reste de la troupe. Le gouverneur avait voulu céder sa maison entière à Alexandre ; mais celui-ci n'en occupa qu'une partie avec Ephestion. Il apprécia la politesse de son hôte qui lui envoya ses deux fils pour le servir, — jolis garçons de douze et treize ans. Il fut surpris quand ils le baisèrent sur la bouche en la titillant de leur langue. Il leur demanda si c'était une coutume de la Lycie. « Non, ô roi, dit le plus grand, mais c'est la manière dont nous devons saluer les satrapes. » Ce détail du baiser sur la bouche fit les délices d'Alexandre : il se souvenait que, dans son enfance, le satrape Artabaze avait prétendu un jour le baiser ainsi ; mais ce visage barbu lui avait répugné et le Perse n'avait pas été plus heureux avec Ephestion, qu'il voulait soumettre aux mêmes effusions. Les mots du jeune Lycien rappelèrent également à Alexandre les passages de *la Cyropédie* et d'*Agésilas* où Xénophon parle de cette coutume et il eut l'idée de se les faire lire. Excipinus n'était plus seul chargé de ce soin : le roi avait désigné les deux plus beaux de ses pages, Sostrate et Hermolaüs, pour la lecture des vers ou de la prose de caractère amoureux. Les deux jeunes gens étaient unis par les mêmes liens qui l'unissaient à Ephestion.

Le brun Sostrate lut la charmante histoire de Cyrus à seize ans, qui s'en va de chez son grand-père Astyage, roi des Mèdes, auprès de qui il a fait son éducation. Selon la règle instituée pour cet office, les deux pages s'étaient mis nus et assis sur un tapis, les jambes croisées. Alexandre et Ephestion, allongés côte à côte en face d'eux, sur un large lit remparé de coussins, regardaient et écoutaient.

« A son départ, tout le monde escorta Cyrus, et jeunes garçons et garçons de son âge, et hommes faits, vieillards à cheval et Astyage lui-même, et l'on dit qu'aucun d'eux ne s'en retournait sans pleurer. On dit que Cyrus, lui aussi, s'éloigna en versant bien des larmes. On dit encore qu'il distribua aux garçons de son âge un grand nombre de cadeaux qu'Astyage lui avait faits et qu'enfin il enleva sa robe médique pour la donner à l'un d'eux, montrant ainsi que c'était celui-là qu'il aimait le plus. Cependant, on dit que ceux qui avaient accepté ses présents, les rapportèrent à Astyage, qu'Astyage les prit et les renvoya à Cyrus, mais que celui-ci les renvoya de nouveau aux Mèdes et dit : « Si tu veux, ô grand-père, que je retourne chez toi avec plaisir et sans honte, permets que celui à qui j'ai donné quelque chose, le garde. » Astyage fit alors comme Cyrus l'avait demandé.

« S'il faut rapporter une histoire pédérastique, on dit que, lorsque Cyrus s'en allait et qu'on échangeait les adieux réciproques, ses parents, en le quittant, le baisèrent sur la bouche à la manière perse, ce qui est encore en usage chez les Perses. Un certain Mède bel et bon, qu'avait frappé depuis longtemps la beauté de Cyrus, voyant ses parents le baiser ainsi, resta en arrière. Puis, quand ils furent partis, il s'avança vers Cyrus et lui dit : « Suis-je, moi, le seul de tes parents que tu ne reconnaisses pas ? — Quoi ? dit Cyrus, es-tu l'un de mes parents ? — Parfaitement. — C'est donc pour cela que tu me regardes si souvent, car je crois avoir remarqué cela. — Voulant toujours m'approcher de toi, j'avais honte, par les dieux. — Mais il ne fallait pas, dit Cyrus, puisque tu es mon parent. » En même temps, il s'approcha et le baisa. Alors le Mède, après ce baiser, lui demanda : « Est-ce que c'est la coutume aussi chez les Perses de baiser ses parents ? — Oui, dit Cyrus, quand on ne s'est pas vu depuis longtemps ou quand on se sépare. — Ce serait bien le moment, dit le Mède, de me baiser de nouveau, parce que je m'en vais déjà, comme tu vois. » Et Cyrus, l'ayant de nouveau baisé, prit congé et partit. On n'avait pas fait encore beaucoup de chemin, que le Mède revint sur son cheval en sueur. Cyrus dit en le voyant : « As-tu donc oublié quelque chose que tu voulais dire ? — Non, par Jupiter, dit l'autre, mais j'arrive après une séparation. » Et Cyrus de lui dire : « Par Jupiter, ô parent, une courte ! — Comment, courte ? dit le Mède. Ne sais-tu pas, ô Cyrus, que même le temps d'un clin d'œil me semble beaucoup, parce qu'alors je ne te vois pas, tel que tu es ? » Alors Cyrus se mit à rire en oubliant ses larmes et lui dit de s'en aller tranquille, que bientôt il le reverrait au milieu des Mèdes et pourrait le regarder, s'il voulait, sans cligner de l'œil. »

Cyrus, devenu roi, avait retrouvé cet amoureux, qui était le satrape Artabaze. Sostrate lut les quelques lignes qui terminaient cette histoire, quand le satrape « qui, jadis, s'était donné pour son parent », évoque le temps où il était un jeune garçon et où il lui avait inspiré « un grand désir de devenir son ami... ». C'est lui qui avait succédé à Mardonius après la bataille de Platées pour diriger la retraite de l'armée de perse et son histoire ravissait Alexandre, parce que le satrape Artabaze qui était venu se réfugier chez Philippe avec Memnon le Rhodien, descendait de celui-là.

Ce fut au tour du blond Hermolaüs de lire, dans *Agésilas,* le récit inverse, concernant ce roi de Sparte, cher à Alexandre :

« Il s'était épris de Mégabate, fils de Spithidrate, autant que la nature la plus ardente peut s'éprendre de ce qui est beau. Comme c'est une coutume chez les Perses de baiser ceux que l'on honore, Mégabate ayant tenté de le baiser, Agésilas se refusa de toutes ses forces à être baisé... Mais comme Mégabate, se croyant traité avec mépris, n'essayait plus de le baiser, Agésilas s'adressa à l'un des camarades de ce garçon et le pria d'engager Mégabate à l'honorer de nouveau. Le camarade ayant demandé si, dans le cas où Mégabate se laisserait persuader, il pourrait baiser Agésilas, ce dernier garda un moment le silence, puis répondit : « Non, par Castor et Pollux, pas même si je devais devenir le plus beau et le plus fort et le plus agile des hommes. »

Alexandre relevait que Xénophon écrivait cela pour donner une preuve de la continence d'Agésilas, bien que c'en fût une également de ses désirs cachés, mais que, dans les *Helléniques,* il peignait ce roi de Sparte, à Dascylium, amoureux du fils de Pharnabaze, cet autre satrape dont Parménion avait occupé l'ancien palais.

Au milieu des récitations des pages, des conversations avec les philosophes, des airs de flûte et de cithare de Timothée, des danses de Thaïs, de l'enthousiasme d'Anaxarque qui avait découvert le vin d'Amblade, ville de Pisidie — la province située au nord du Taurus, — arriva une nouvelle de Parménion qui prouvait la fidélité du vieux général. Il avait arrêté à Sardes un Perse nommé Asisine, envoyé par Darius à Atyzis, le satrape de Phrygie, mais, en réalité, porteur d'ordres secrets pour s'aboucher avec Alexandre Lynceste et lui offrir le royaume de Macédoine, s'il remplissait sa promesse de tuer Alexandre. Parménion, vu l'importance de l'affaire, n'avait pas voulu se borner à un message : il avait envoyé Asisine lui-même à Alexandre, sous une bonne escorte, avec les lettres saisies.

Les preuves étaient flagrantes et l'interrogatoire permit de les préciser. Asisine dévoila que l'intrigue s'était formée par l'entremise d'Amyntas, qui avait reçu des lettres et des ouvertures de la part du Lynceste et les avait communiquées à Darius. Il innocentait son maître et chargeait les deux Macédoniens. Ses révélations corroboraient l'avertissement d'Olympias, dont l'esprit inquiet avait vu clair. Il n'y avait pas jusqu'à la prophétie d'Aristandre sur l'étrange voltigement de l'hirondelle d'Halicarnasse qui ne trouvât une confirmation.

Alexandre était atterré. C'était la première trahison d'un de ses amis et l'amitié avait pour lui un tel sens, surtout lorsqu'elle reposait sur des liens d'enfance, qu'il n'aurait jamais pu soupçonner l'un des membres de son ancien bataillon. Le Lynceste était même un parent, puisqu'il descendait de Lyncéa, une des filles du roi de Thespies, Thespius, qui avaient été fécondées par Hercule. Mais le roi ne l'avait épargné qu'au nom de leurs souvenirs de Miéza, lorsque ses deux frères furent découverts parmi les conspirateurs qui avaient armé la main de Pausanias contre Philippe. Il n'avait pas oublié que le Lynceste avait été le premier à le saluer du titre de roi ; mais il se demanda si cet empressement n'avait pas été destiné à écarter les soupçons. Il apercevait, dans cette aventure, la vieille rancune des princes de Lyncestide, privés de leur souveraineté par son père. Le Lynceste était, sans doute, resté plus sensible à la mémoire de ses frères qu'au pardon d'Alexandre, car il était difficile de croire qu'il n'eût pas été au courant de leurs intentions. La dernière faveur du roi avait été de le mettre à la tête de la cavalerie thessalienne, le poste le plus envié. Pour exprimer son dégoût, après avoir fait ces commentaires à Ephestion, Alexandre cita le vers d'Eschyle : « Il faut cracher et se nettoyer la bouche. »

Il tint conseil avec ses amis. Tous étaient aussi consternés que lui et plus indignés encore. Mylléas, le fils de Zoïle de Bérœa, l'ancien ami du Lynceste, qu'il n'avait pas suivi à Sardes, s'offrait à aller tuer le traître. Alexandre avait assez de confiance en lui pour être certain qu'il avait ignoré le complot, mais, sans songer à lui donner pareille commission, s'assura qu'il n'expédiât aucun message. Ephestion et Critère pressaient d'agir avant que le Lynceste eût circonvenu les hommes d'élite qu'il commandait. On décida de le faire immédiatement arrêter. Son exécution ne fut différée que par égard pour son beau-père Antipater, à qui Alexandre se réserva d'annoncer les motifs de son emprisonnement et son sort ultérieur. Amphotère, frère de Cratère, fut chargé de se rendre à Sardes. Il revêtit le costume phrygien et partit avec des guides de Pergé, — ville de Pamphylie, — qui connaissaient le chemin à l'intérieur des terres : il n'était plus possible, en effet, à cause du gros temps, de suivre la route de bord de mer que l'on avait prise.

Alexandre fut également instruit de l'activité de Memnon : le grand roi avait envoyé à son lieutenant les fonds nécessaires pour enrôler une multitude de mercenaires, équiper trois cents navires et pousser les préparatifs de cette fameuse invasion de la Macédoine qui obligerait Alexandre à quitter l'Asie. Il renouvelait la tactique d'Artaxerxès Mnémon soudoyant une partie des Grecs contre Sparte pour faire rappeler Agésilas. Memnon avait déjà réoccupé quelques places, gardées avec moins de vigilance, telles que Lampsaque. Alexandre eut beau jeu de dire à Anaximène, pour plaisanter, que, s'il avait détruit cette ville, elle ne serait pas retombée au pouvoir de l'ennemi.

Maître d'une partie des côtes, Memnon tentait de s'emparer des îles voisines, où certains étaient prêts à l'accueillir. Alexandre, avec sa politique démocratique en Asie, contrepoids de celle qu'il pratiquait en Grèce, inquiétait les éléments qui lui avaient été d'avance favorables. Athénagore et Apollinide, les deux citoyens les plus puissants de Chio, avaient ouvert leur île à Memnon. De même, à Lesbos, lui furent livrées les villes d'Antissa, de Pyrrha et d'Erèse, la patrie de Théophraste. Memnon constitua Aristonique tyran de Méthymne, une autre cité de cette île, et fit mettre le siège devant Mytilène. Sa renommée lui attirait la reddition anticipée de plusieurs des Cyclades, notamment de Santorin. La terreur régnait en Eubée, où l'on disait qu'il débarquerait au printemps. Sparte se réjouissait d'être restée neutre. A Athènes, au contraire, les partisans des Perses reprenaient courage : les blés du Pont-Euxin étant réquisitionnés par Alexandre, la ville de Minerve était gênée dans son ravitaillement essentiel et, malgré le nombre d'amis que le roi y comptait, espérait toujours son échec. Victorieux sur le continent, il était dépossédé peu à peu de la sécurité des mers qu'il avait due à ses alliés. L'ironie voulait que tous ces succès maritimes eussent été remportés par les Perses, alors que, d'après les termes de la paix qu'ils avaient signée jadis avec les Athéniens, ils ne pouvaient faire naviguer leurs vaisseaux de guerre au-delà de Phasélis.

Alexandre cependant, ne s'endormait pas dans un repos hivernal, bercé d'amour et de poésie. Ses ambassades sillonnaient les provinces voisines et se croisaient souvent avec celles des villes qui lui envoyaient des couronnes ; mais la Pamphylie et la Pisidie ne semblaient pas aussi empressées que la Lycie d'Aristandre. Comme cela s'était produit à Milet, il avait le sentiment que les factions opposées se balançaient et que les offres de paix variaient suivant les progrès de Memnon.

Il s'amusa beaucoup d'apprendre que Milet, comme toutes les colonies d'Athènes, même lorsqu'elles étaient devenues indépendantes de leur métropole, venait d'envoyer aux Athéniens le phallus rituel pour la célébration des grandes fêtes de Bacchus du mois de mars. Ces phallus étaient ensuite exhibés sur le théâtre au pied de la citadelle, où l'on proclamait le nom de la ville fidèle qui en faisait don. Alexandre voulait en envoyer un à Démosthène, faute de la couronne d'or que l'accusation d'Eschine tenait en suspens, et l'on eût proclamé : « Don d'Alexandre à Démosthène. » Ephestion le dissuada en lui faisant observer que celui-ci risquait de lui renvoyer le phallus avec ces mots : « Don d'un démocrate à un roi. »

On fut heureux de savoir que le Lynceste avait été arrêté, mis aux fers et emprisonné dans la forteresse de Sardes. Par un reste de clémence, Alexandre décida d'attendre, pour le juger, de l'avoir vu lui-même. Il put constater que la fidélité des Thessaliens était digne de celle de Parménion. Ils eurent en horreur cet homme qui les avait commandés, traître, frère de traîtres, et, s'il n'eût tenu qu'à eux, ils l'auraient massacré.

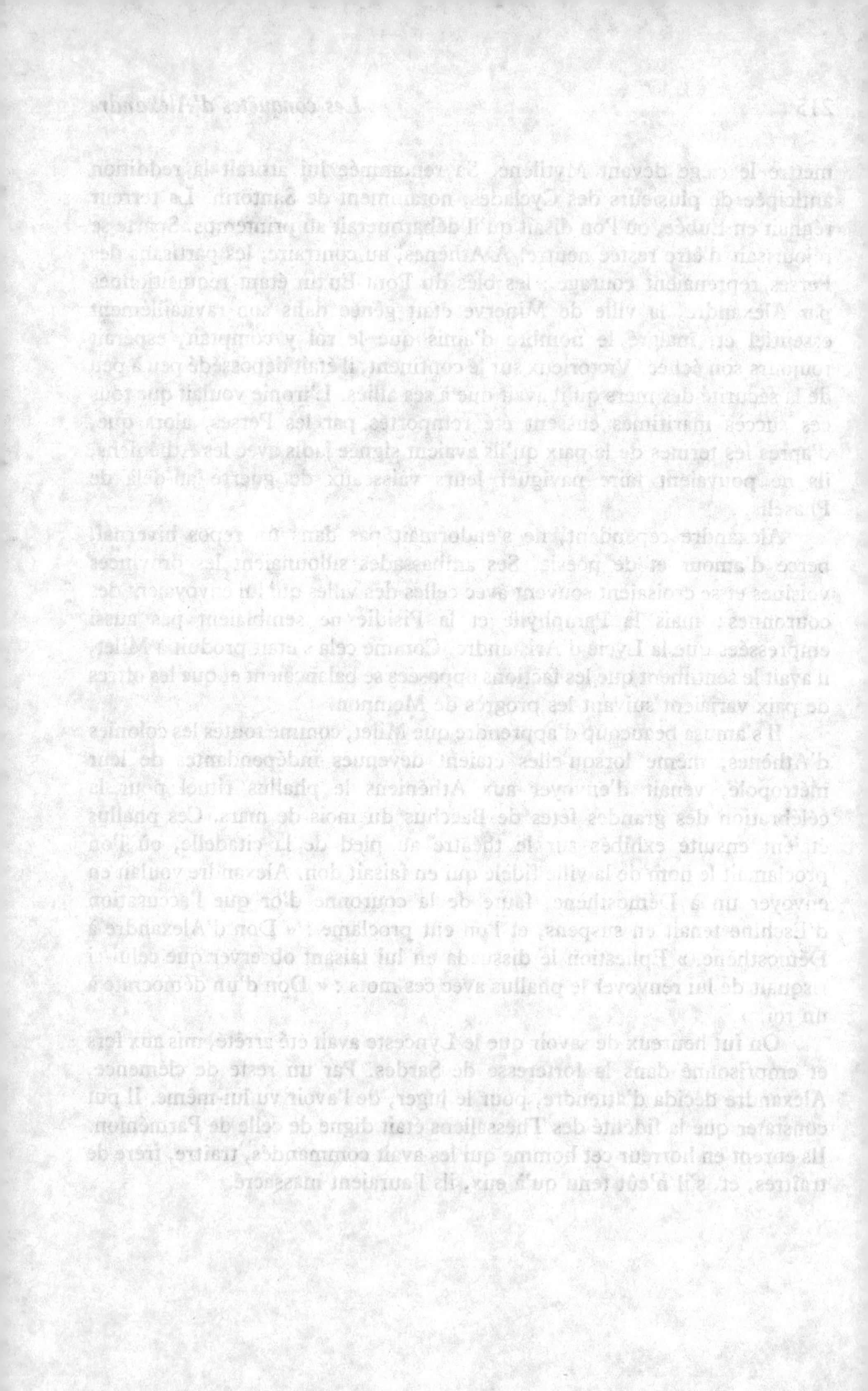

Cinquième partie

Dès l'entrée du printemps, Alexandre quitta Phasélis pour avancer vers Pergé. Il avait nommé Néarque gouverneur de la Lycie. Ne voulant pas emprunter la route des montagnes qui exigeait un long détour, il brava les conseils des Phasélites en longeant le rivage. Les pentes du mont Climax, qui suivaient celles du mont Olympe, descendaient presque jusqu'à la mer et n'offraient au passage qu'une plage étroite. Les vents du midi qui soufflaient sans interruption depuis quelques jours, y poussaient les flots et des pluies continues avaient formé de véritables fondrières. On signalait, de plus, que le torrent d'Olbia, appelé la Cataracte à cause de son cours impétueux, était déchaîné. Alexandre, ayant résolu de partir ce jour-là, maintint son ordre, bien qu'Ephestion lui-même l'eût désapprouvé.

Monté sur Bucéphale, il pénétra le premier dans les flots, qui battaient les cuisses du cheval, aussi hardi que son maître. Alors se produisit un de ces miracles qu'Alexandre saluait comme une marque de la faveur des dieux et de sa haute destinée. Le vent du nord se lève et la mer se calme. A mesure que le roi avance en tête de ses troupes, les flots ont l'air de se retirer. Ephestion lui chanta les vers de *l'Iliade* sur Neptune conduisant son char : « ... Les monstres marins autour de lui — Bondissent de partout hors de leur cachette et pas un ne méconnaît son roi. — La mer joyeuse s'est ouverte. » Une fois de plus, Alexandre s'était confié à la Fortune et une fois de plus, elle l'avait secondé. Callisthène déclara que la mer s'était inclinée devant Alexandre, comme les Perses s'inclinaient devant le grand roi. C'est ainsi que l'armée entra glorieusement en Pamphylie.

Pergé, à peu de distance de la mer et du fleuve Cestre, était une grande et belle cité, fondée par Mopsus et Calchas. Le devin d'Agamemnon, dont Alexandre avait vu le tombeau à Claros, était associé dans cette légende au devin de Claros qui l'avait vaincu. On montrait leurs noms, gravés près de la ville. Leurs statues ornaient la place, avec celle de Diane, principale divinité des Pergiens, qui lui avaient dédié un sanctuaire sur une colline, hors des murailles. Elle avait le nom local de Minapsa. Son temple était le siège d'un oracle, d'un asile et de mystères célèbres, — le troisième oracle de Diane dans le monde grec. La déesse était représentée par une grosse pierre au sommet ovoïde, que l'on disait tombée du ciel et qui ressemblait au nombril de Delphes et de Claros. Ce signe, flanqué de statues, était reproduit sur les monnaies. De même que celui de Delphes était habillé d'un réseau, celui-là était recouvert d'un vêtement métallique, comportant deux zones de ciselures et terminé par des franges. Les statues de Diane que l'on voyait en ville, la représentaient comme Hécate, une torche dans une main et, dans l'autre, une poignée de flèches. Un chœur de jeunes filles chanta dans le temple, en l'honneur d'Alexandre, l'hymne pamphylien de Diane. Le roi admira la beauté des paroles. On lui dit qu'elles étaient d'une Pamphylienne nommée Damophile, qui avait été l'amie de Sapho, dont elle partageait les goûts, et qui avait composé des poèmes d'amour pour les jeunes filles et des hymnes pour les dieux.

Ayant quitté Pergé, Alexandre marchait sur Aspendus, la ville la plus importante de Pamphylie, lorsqu'une députation de ses citoyens vint lui demander de ne pas leur donner de garnison. Ils offraient de lui payer à la place deux cent soixante-quinze mille drachmes pour la solde des troupes et autant de chevaux qu'ils en fournissaient au roi des Perses. Alexandre leur accorda ces conditions et franchit l'Eurymédon, où, jadis, les Athéniens, commandés par Cimon, fils de Miltiade, avaient remporté une victoire sur les troupes d'Artaxerxès Longue-Main. Anaxarque cita l'épitaphe de Simonide consacrée à ces morts dans les Tuileries d'Athènes : « Ceux-ci, près de l'Eurymédon, ont perdu la brillante jeunesse, — En luttant contre les soldats de premier rang des Mèdes porteurs d'arcs... »

Sidé, où entra ensuite l'armée, était la ville des grenades. Une grenade était frappée sur ses monnaies. Ce n'était plus la saison de cueillir la première fleur du grenadier ; mais on pouvait se rassasier de ce fruit que les Sidiens conservaient dans des vases spéciaux, comme on le faisait à Miéza, et que Vénus et Proserpine avaient voulu avoir chacune pour symbole, de même que chacune avait voulu avoir Adonis. Sidé devait son nom à une belle Pamphylienne qui, orpheline de sa mère, avait inspiré à son père un amour coupable et qui, pour se délivrer de ses assiduités, s'était tranché la gorge sur le tombeau maternel. Le grenadier naquit de son sang et son père fut changé en milan. Aussi, par la volonté des dieux, n'a-t-on jamais vu un milan se percher sur un grenadier.

La fertilité de la Pamphylie et celle, disait-on, de la Cilicie, qui était la province voisine, rappelaient le vers des *Suppliantes* d'Eschyle sur ces deux régions « aux fleuves qui coulent toujours » : « Pays aux larges richesses,

— Terres illustres — De Vénus, — Riches en froment... » Comme les jardins et la plaine de Sidé étaient partagés entre grenadiers et pommiers, — l'arbre dont les fruits étaient le plus chers à Alexandre, — on lui dit que, lorsque ces deux espèces étaient en fleurs, cela formait un spectacle magnifique, rose et rouge. Ephestion récita la fable d'Esope *le Grenadier et le Pommier* : « Le grenadier et le pommier disputaient de beauté. — Après de nombreux débats entre eux, — La ronce les entendit d'une haie voisine : — « Mes amis, dit-elle, cessons enfin toute querelle. » — La fable montre que, dans les querelles des grands, — Même les gens de rien veulent entrer pour quelque chose. » Cette fable d'Esope divertissait Alexandre et Ephestion comme un souvenir littéraire et moral de leur petite enfance, à l'époque qui avait précédé leur découverte d'Homère et des tragiques.

Sidé s'était mise sous la protection de Minerve, qui avait là un temple remarquable, auquel s'ajoutaient ceux d'Apollon et de Bacchus. La ville célébrait chaque année des jeux Pythiens, ainsi que Pergé, et avait un vaste théâtre. Elle prospérait, grâce au commerce d'esclaves dont elle était le centre pour cette région de l'Asie. Ce fut la première ville grecque dont aucun Grec de l'armée ne comprit le dialecte. Alexandre se demanda quelles pièces on devait représenter dans son théâtre. Les habitants étaient tout à fait asiatisés. Pour les punir et les redresser, le roi leur laissa une garnison.

Sillyum, place forte entre la vallée de l'Eurymédon et celle du Mélas, avait fait savoir qu'elle lui fermerait ses portes ; il partit pour l'assiéger. Comme Aspendus et Pergé, elle se disait fondée par Mopsus et puisait peut-être son courage dans la mémoire de ce fils d'Apollon. Quand Alexandre jugea du peu de ressources qu'elle offrait, il estima inutile de perdre du temps à la réduire. Apprenant que les Aspendiens refusaient d'exécuter les termes de leur traité, il quitta Sillyum pour aller leur en imposer l'exécution.

Il occupa la ville basse, qu'ils avaient désertée, et montra qu'il n'était pas près de repartir. Dès que, réfugiés dans la citadelle, ils virent avancer les machines destinées à battre leurs remparts, ils lui envoyèrent de nouveaux députés pour lui promettre de remplir leurs engagements. Il exigea le double de la somme et du nombre de chevaux qui avait été stipulé, un tribut annuel, la livraison comme otages des principaux citoyens, la reconnaissance de Philoxène comme gouverneur de Pamphylie et le règlement, à leur désavantage, d'un conflit territorial qu'ils avaient avec Pergé. Aristandre lui dit de ne pas réclamer de vin d'Aspendus, car il était défendu d'en répandre sur les autels : ses vignes étaient frappées d'une malédiction ; aucun oiseau n'en becquetait jamais les raisins. Les Aspendiens avaient commis jadis le sacrilège d'offrir aux dieux du vin produit par des vignes foudroyées.

Sans revenir sur ses pas, Alexandre monta la vallée de l'Eurymédon pour occuper la Pisidie. C'était un pays de hautes montagnes faisant partie de la chaîne du Taurus et les villes y étaient d'un accès plus malaisé les unes que les autres. Selgé avait un territoire admirablement cultivé, avec des oliviers et des vignes, en dépit de l'altitude. Les bois étaient d'une richesse étonnante, entourés de champs d'iris. Les Selgiens se présentèrent à Alexandre en qualité d'amis et non de sujets. Leur fierté lui plut en lui rappelant les Celtes du Danube. Mais ils s'offrirent à être ses guides et c'était déjà lui rendre un service signalé. Calchas était leur fondateur : plusieurs villes de ces contrées se flattaient de remonter aux devins célèbres.

Sous la conduite de Selgiens, Alexandre gagna la Milyade, partie occidentale de la Pisidie, comprise entre le col de Termesse et Isinda. On l'avait avisé que des montagnards de cette région lui étaient hostiles et comptaient lui interdire le passage.

Termesse, à plus de mille mètres d'altitude, puis Sagalesse surveillaient la route qui menait vers Célènes, première ville de la Grande Phrygie. Les Termessiens avaient porté le nom de Solymes, qui était celui du mont où ils étaient perchés, et figuraient dans *l'Iliade* avec une épithète flatteuse et une allusion à leur valeur : Bellérophon, après avoir tué « la chimère invincible », — « Eut ensuite à se battre contre les illustres Solymes, — Le plus rude combat d'hommes où il dit s'être jeté. » Ce n'est pas ce qui effrayait Alexandre. Il campa devant le défilé proche de Termesse, envoya, par des sentiers que lui indiquèrent les Selgiens, des archers et des frondeurs attaquer la ville, où il n'y avait qu'une faible garnison, força ainsi une partie de ceux qui surveillaient le col à remonter, délogea facilement ceux du col et, par cette manœuvre, arriva à Termesse. Malgré leurs fortifications, les habitants n'étaient pas capables de soutenir un long siège. Cependant, Alexandre ne voulut pas plus s'attarder à conquérir cette place qu'il ne l'avait fait ailleurs. Il laissa quelques troupes pour s'en emparer avec ordre de la raser, afin que le col restât libre, et il continua vers Sagalesse.

On lui avait dit que Termesse avait un temple curieux, où le culte de Castor et Pollux était associé à celui d'Hélène : elle était figurée demi-nue, un croissant de lune sur la tête, tenant une lance et une torche entre ses deux frères. Alexandre, qui avait tant de goût pour Castor et Pollux, déclara que ces deux divinités se trouvaient toujours, comme par hasard, dans des villes rebelles à la Macédoine ; mais il était sûr que Termesse en Milyade subirait le sort d'Amphissa en Phocide.

La scène fut à peu près la même à Sagalesse, sauf que les Sagalessiens, se fiant à leur bravoure plutôt qu'à leurs murailles, s'étaient groupés sur une colline avec un renfort de Termessiens. On eut quelques difficultés à les y rejoindre. Ils déployaient un courage d'autant plus digne des illustres

Solymes qu'ils étaient mal armés et à moitié nus. Les Agrianes, placés en tête comme des montagnards intrépides, réussirent à prendre pied sur la hauteur. La bataille fut assez rude pour qu'il y eût plus de cinq cents Sagalessiens de tués, les autres ayant pris la fuite. Du côté des Macédoniens, Cléandre, un des jeunes généraux, paya de sa mort cette victoire, avec vingt soldats. La destruction de Termesse consacra presque en même temps la prise de Sagalesse et l'occupation définitive de la Pisidie.

Cinq jours plus tard, Alexandre, après avoir longé le lac Ascagne, fut en vue de Célènes. Comme à Aspendus, les habitants avaient quitté la ville basse, où il pénétra, et s'étaient retranchés dans la citadelle, bâtie sur une avancée du mont Mégosis, au pied duquel s'étendait la ville. Le Méandre en était voisin et trois cours d'eau passaient sous ses murs : le Marsyas, où avait été jeté le corps du satyre écorché par Apollon, l'Orgas et l'Obrime. Mille Cariens et cent mercenaires grecs défendaient la citadelle, sous le commandement d'Atizys, le satrape de Phrygie. Alexandre envoya un héraut leur signifier de se rendre. Ils le conduisirent au haut d'une tour, afin de lui prouver que la place était inexpugnable, sauf par la famine ; mais ils demandaient un délai de deux mois pour attendre des secours qu'ils avaient demandés à Memnon. Faute de quoi, ils se considéreraient comme déliés du serment qu'ils avaient fait de résister jusqu'au bout. Alexandre trouva cette proposition à sa convenance et, sûr de réduire la place d'une manière ou d'une autre, accepta.

Cela lui laissait le loisir de chasser sur cette montagne et dans cette plaine, qui étaient fort giboyeuses. Toutes ses mesures étaient prises pour épier l'approche des secours de Memnon. Il avait aussi où attendre : la magnifique résidence bâtie par Cyrus le Jeune dans un grand parc. Le pays était couvert de propriétés aussi splendides. On y voyait les restes de celle du Lydien Pythius qui avait été assez riche pour traiter les sept cent quatre-vingt-huit mille hommes de Xerxès, lui promettant en plus la solde et les approvisionnements pour toute cette armée pendant cinq mois. Lorsque le grand roi lui avait demandé quelle était sa fortune, il avait répondu que, d'après ses calculs récents, il s'en fallait de cent quarante mille drachmes qu'elle fût de quatre-vingts millions et qu'il la mettait tout entière à sa disposition. Xerxès, non seulement la lui avait laissée, mais y avait ajouté ce qui manquait pour parfaire le chiffre dont elle approchait. Mais, après que le pont de bateaux de l'Hellespont eut été détruit, l'armée, en attendant qu'on l'eût reconstruit, hiverna à Sardes et Pythius osa prier Xerxès de lui laisser l'aîné de ses cinq fils qui partaient tous pour la guerre. Le roi, indigné qu'il voulût en garder un, quand lui-même emmenait les siens, ordonna que l'on coupât en deux celui auquel Pythius tenait tant, que les deux moitiés fussent mises des deux côtés de la route, et l'armée défila au milieu, comme l'armée macédonienne défilait pour se purifier entre les deux moitiés du corps d'une chienne. Xerxès n'avait fait, du reste, qu'imiter son père Darius, à qui Eobaze, un des grands de la Perse, avait sollicité, à Suse, la faveur de conserver un de ses trois fils qu'il conduisait contre les Scythes. « Je te les laisserai tous », répondit Darius et il les fit égorger.

Comme Anaxarque rappelait ces histoires, contées par Hérodote, Alexandre savait bien qu'il n'aurait pas répondu de la sorte à un père ; mais il avait le plaisir de se dire qu'aucun ne lui avait demandé une exemption de service. Ces souvenirs le confirmaient toutefois dans l'idée, malgré Anaxarque, qu'il apportait à ces peuples dont il voulait être le roi, une civilisation d'où pareilles cruautés étaient exclues.

Dans le paradis de Cyrus, il chanta en musique avec Ephestion les vers de *l'Odyssée* décrivant le jardin d'Alcinoüs à Corfou : « Hors de la cour, est un grand jardin de quatre arpents, — Près des portes. Tout autour, s'étend une enceinte. — Là poussent de hauts arbres vigoureux, — Poiriers et grenadiers et pommiers aux fruits brillants — Et figuiers doux et oliviers vigoureux. — D'eux jamais le fruit ne se gâte ni ne manque, — L'hiver ni l'été, chaque année ; mais toujours — Le zéphir en soufflant les nourrit et les mûrit. — La poire véritablement près de la poire, la pomme près de la pomme — Et la grappe près de la grappe, — La figue près de la figue. — Là, en effet, était plantée une vigne aux nombreux fruits. »

« Nous sommes plus fortunés que le roi Alcinoüs, dit Ephestion en regardant les orangers et les citronniers en fleur : nous avons même des fruits qu'il n'a pas connus. » Le roi lui caressa les fesses, puis celles de Thaïs qui était debout avec eux. « Mais nous avons toujours la pomme près de la pomme », dit-il.

Durant ces deux mois de repos à Célènes, il se fit lire par ses futurs historiens quelques passages des notes qu'ils avaient prises au cours des diverses étapes. Il goûta généralement la partie anecdotique et littéraire, rectifia des erreurs sur les combats et s'amusa de voir les différences d'appréciation sur le nombre de ses troupes. Pour Callisthène et Clitarque, qui étaient en sa compagnie depuis le départ, il avait emmené de Grèce trente mille fantassins, dont treize mille Macédoniens, et cinq mille cavaliers ; pour Eumène, qui avait rejoint à Cardia, vingt-cinq mille fantassins, dont quatre mille Macédoniens, et quatre mille cavaliers ; pour Anaximène, qui suivait depuis Lampsaque, cinq mille cinq cents cavaliers et quarante-trois mille fantassins, dont trois mille Macédoniens. Hécatée d'Abdère lui donnait trente mille fantassins et quarante mille cavaliers : dix-huit mille Macédoniens, autant de Thessaliens et quatre mille mercenaires thraces et péoniens. Cet historien indiquait le chiffre le plus fort, en prétendant ajouter aux quelque trente mille hommes qu'Alexandre avait emmenés de Macédoine, les dix mille que Philippe avait déjà envoyés en Asie. Les chiffres des autres, — Ptolémée, Marsyas, Médius... (ils étaient quatorze en tout), — oscillaient autour de trente-cinq mille fantassins et quinze mille cavaliers.

Ils furent stupéfaits, quand Onésicrite déclara qu'il comptait, lui, deux cent quinze mille hommes. « O roi, dit-il, c'est deux cent mille hommes que la Grèce t'a donnés à Corinthe, où j'étais ; par conséquent, tu les as, même si une partie d'entre eux est invisible. C'est cette force qui est derrière tes trente mille hommes. » Callisthène, qui jalousait le crédit d'Onésicrite auprès d'Alexandre et son amitié avec Anaxarque, lui dit qu'en voulant faire le flatteur, il diminuait le mérite d'Alexandre ; mais celui-ci ne laissa pas de trouver la flatterie assez ingénieuse. « Constatez qu'il est difficile d'écrire l'histoire, même pour des témoins de bonne foi, dit Alexandre. — A toi de nous certifier les chiffres exacts, dit Eunème. — Demandez à Harpale le nombre de payes », dit Alexandre.

Béton et Diognète, les arpenteurs, faisaient aussi leurs comptes, qu'ils intitulaient *les Marches d'Alexandre.* Le roi voulut savoir combien de kilomètres on avait parcourus depuis le départ de Pella jusqu'à Célènes, avec les allées et venues en Phrygie. Ils consultèrent leurs tablettes et répondirent : « Plus de quatre mille, ô roi. — Voilà au moins un chiffre indubitable, dit Alexandre. Avouez que nos hommes et nos chevaux ont de bonnes jambes. Et nous ne sommes qu'au début. »

Enfin, Archélaüs lui montra sa description des pays traversés. Alexandre la jugea exacte et colorée : la largeur des fleuves, l'aspect général des montagnes, la position des villes, le nombre approximatif des habitants, leurs coutumes mêmes, leurs monnaies, leurs temples et leurs statues et les principales offrandes qui s'y trouvaient, tout était noté, sommairement, mais précisément et permettait d'élever le monument géographique de l'expédition, à côté des multiples récits historiques qui s'en préparaient avec plus ou moins d'exactitude. L'œuvre d'Archélaüs, aidé par Archias de Pella et Androsthène de Thasos, compléterait celle de Diognète et Béton sur les distances, et celle de Callisthène sur les plantes et les animaux, pour l'émerveillement d'Aristote et de la postérité.

En revanche, Alexandre s'étonnait que Pyrrhon eût à peine commencé son poème et que Chérilus, qui n'avait pas l'excuse d'être philosophe, n'eût accouché que d'un chant de son *Alexandriade : le Siège d'Halicarnasse,* lu à Patara. « Même si tu n'as pas assisté à la bataille du Granique, lui dit-il, tu ne peux te dispenser de la décrire. Tu es au siège de Célènes. Et tu es avec Hyacinthe, alors qu'Apollon, en ces mêmes lieux, n'avait pas cette chance. Que te faut-il ? — D'abord, ô roi, dit Chérilus, il me faut veiller perpétuellement à ce que tes compagnons, tes pages, tes officiers, tes soldats, tes arpenteurs, tes géographes, tes historiens et tes poètes ne me ravissent mon Hyacinthe.Ce joli nom semble prédisposé à éveiller la concupiscence et la jalousie, quand il est bien porté. » Alexandre sourit en se rappelant la punition du radis noir introduit dans l'anus d'Autolyque, jadis à Miéza, après qu'il eut séduit Nicanor, le jeune mignon d'Aristote. On n'aurait évidemment pu infliger de tels châtiments à des hommes en guerre. Le roi se contenta de féliciter Chérilus de faire bonne garde autour de son Hyacinthe, qui continuait à se défendre fort bien lui-même. « Ensuite, dit le poète de Jasos avec une présence d'esprit qui amusa Alexandre, n'oublie pas que, dans la nomenclature des métiers faite par Eumée, le chef des porchers d'Ulysse, au prétendant Alcinoüs, « le chantre inspiré des dieux » est cité le dernier, après « l'artisan du bois, le médecin des maux et le devin ». Le métier le plus malaisé est évidemment celui dont l'exercice dépend de l'inspiration des dieux. — Oui, dit le roi, mais j'ai une autre échelle des valeurs qu'un porcher. »

Pour employer son temps d'une autre façon, il fonda, non loin de Célènes, sur les bords du Marsyas, une ville à laquelle il donna le nom d'Apollonie. C'était déjà celui d'une cité de la Chalcidique de Macédoine et d'une autre en Mysie, célèbre par son temple d'Apollon, et enfin de celle, en Epire, où Olympias avait vu le jour. Il y en avait même une quatrième dans le Pont et plusieurs en Grèce. Le roi était heureux d'honorer ainsi un dieu qu'il aimait et qu'il s'était donné comme protecteur pour cette expédition. Aristandre avait trouvé les présages favorables : ils ne pouvaient que l'être, dans une province où Apollon avait apparu aux hommes, accompagné des Muses, pour relever le défi du satyre joueur de flûte, auquel il ravit Olympus son mignon.

Lorsque le délai de deux mois fut écoulé, le satrape se rendit. Alexandre lui donna la liberté de se retirer avec ses bagages et nomma Antigone à sa place, en incorporant la Pisidie dans la Phrygie et les mercenaires dans l'armée. Il n'hésitait pas à se priver d'un général aussi courageux que celui-là pour le mettre à la tête d'une province dont dépendrait la sécurité de ses communications, à mesure qu'il s'enfoncerait vers l'Egypte et dans l'Asie. Antigone, qui avait perdu un œil au siège de Méthone, était pour Alexandre une image vivante de son père : il le plaçait comme un dieu tutélaire au seuil de son nouvel empire.

Dans la citadelle de Célènes, on montra au roi le pin où avait été pendu Marsyas, écorché par un Scythe. Sa peau y était toujours fixée et, par un phénomène curieux, elle frémissait quand on jouait de la flûte ; mais, si c'était un hymne pour Apollon, elle restait immobile. Le bruit du fleuve Marsyas qui tombait sur un roc à proximité de la montagne, retentissait à l'intérieur du temple de ce dieu. La lutte d'Apollon et du satyre s'était déroulée en cet endroit, qu'on appelait « la source de la Flûte ». Deux autres sources voisines évoquaient, par leurs propriétés différentes, celles de l'Oubli et de la Mémoire qui étaient à Lébadée en Béotie : l'une, la Rieuse, faisait rire et l'autre, la Pleureuse, faisait pleurer.

Une statue de marbre représentait Marsyas en train de donner une leçon de flûte au timide Olympus, — timidité qui excitait peut-être le satyre, dont le sexe était raide. C'est dans la même attitude qu'Alexandre et Ephestion l'avaient vu peint à Delphes par Polygnote, au monument des Cnidiens. Anaxarque dit qu'il y avait, à Athènes, un tableau de Zeuxis représentant Marsyas supplicié et Olympus qui intercède en vain pour lui. Le jeune flûtiste avait marqué la musique d'une empreinte plus forte que le malheureux satyre qui avait été son maître et son amant. C'est lui qui avait inventé les chants de Linus et ce qu'on appelait « les modulations du désir », mode plus suave de jouer de la flûte que les modes dorien, ionien, phrygien et lydien. Alexandre fit jouer par Timothée, en l'honneur de Marsyas et d'Olympus, non seulement « les modulations du désir », mais le fameux hymne dit « à plusieurs têtes », dont la musique avait été inventée, celle-là aussi, par Olympus et qui était censée figurer, par son rythme et ses variations, la métamorphose des cheveux de Méduse en serpents.

Chose extraordinaire, le Méandre prenait sa source dans le même marais que le Marsyas, l'un pour aller vers le sud, l'autre vers l'est. Et, chose plus extraordinaire encore, il suffisait, quand on leur faisait une offrande, de prononcer à haute voix le nom de celui des deux fleuves à qui elle était destinée, pour que, après avoir suivi le cours des eaux à travers la montagne où elles étaient mêlées, l'offrande sortît dans celui que l'on avait désigné. C'est sur leurs bords que l'on récoltait les meilleurs roseaux pour fabriquer les flûtes, autre souvenir de Marsyas.

La route fut longue et pénible sur le haut plateau, monotone et inculte, de cette partie de la Phrygie. Près de la localité d'Acrénus, Alexandre vit un rocher où deux lions étaient sculptés comme gardiens à l'entrée d'un caveau, et deux autres au fond, de chaque côté d'un personnage. Plus loin, Synnade offrait sa carrière de marbre veiné de rouge : il avait été coloré ainsi par le sang d'Atys.

On retrouva, à Orciste, la route royale de Sardes. Là commençait la riche plaine du Sangarius, où s'élevait Pessinonte, que dominait le mont Dindyme : on était aux limites de la Grande et de la Petite Phrygie. Le roi, voyant les bords de ce fleuve, déclama les vers d'Homère : « ... Tandis qu'il songeait à Phoebus, Apollon s'approcha de lui, — Semblable à un homme robuste et fort, — Asius... — Qui habitait en Phrygie, près du cours du Sangarius. » La prospérité de cette région était due également aux foules attirées par le sanctuaire de Cybèle, situé sur le mont Dindyme : bien qu'il n'y eût pas d'oracle, c'est principalement à sa célébrité que la Mère des dieux devait le surnom de Dindymène, qu'elle avait de même à Cyzique.

Non loin de Pessinonte, un cortège qui s'avançait à la rencontre d'Alexandre, lui évoqua celui des prêtres et des sibylles de Delphes venant à lui, lors de sa première entrée dans la ville d'Apollon. C'étaient les galles, menés par leur chef, l'archigalle, dont la tenue était différente de celle de son confrère cyzicénien : il avait une robe de pourpre, la tête couverte d'un voile d'où pendaient des bandelettes et que ceignait une couronne ornée de médaillons représentant la Grande Mère entre deux figures d'Atys, un collier formé par deux têtes de serpents et sur la poitrine un pectoral encore à l'image d'Atys : c'était, avec la couronne, les insignes de sa prééminence sur tous les archigalles. Dans la main droite, il tenait un pavot. Les autres galles, habillés, comme à Cyzique, de robes jaunes ou blanches à bandes rouges, portaient des rameaux, des fouets d'osselets, des cymbales, des tambours, des castagnettes. Coiffés de bandeaux ou de mitres de feutre entourées de feuillage de pin, chaussés de souliers jaunes, fardés et, selon la règle, eunuques, ils avaient le rang de princes. Les jeunes garçons qui les escortaient, agitaient les mêmes instruments de musique. Ceux d'entre eux qui étaient déjà châtrés, revêtaient la tenue même de l'Atys pessinontique : la tête couronnée de roseaux, le torse nu avec un mantelet attaché au cou et retombant en arrière, les fesses, les jambes et les cuisses serrées dans un pantalon collant à très larges mailles qui laissait découverts, entre ses rabats, le pubis et le sexe.

L'archigalle raconta à Alexandre la légende d'Atys, selon la version locale : elle différait de celle qu'avait relatée le grave Léonidas quand, au retour d'Olympie, on avait aperçu, de l'*Hercule,* le temple d'Atys de la ville achaïenne de Dymé. L'archigalle de Cyzique n'en avait rien dit.

En ces lieux, la Mère des dieux avait également le nom d'Agdistis. Ce nom rappelait le rocher du mont Agdus, couvert de la semence de Jupiter près de Pessinonte, au moment où il allait violer Cybèle, et qui, au bout de dix-huit mois, mit au monde un garçon à qui l'on donna le nom de la déesse. On pensait, d'ailleurs, qu'elle avait pris, pour se dérober au dieu, la forme de ce rocher, ce qui en avait permis la fécondation. Cet Agdistis, fils d'Agdistis ou d'Agdus, ayant les deux sexes, Bacchus reçut de Jupiter l'ordre de l'émasculer : le dieu mêla du vin à la fontaine où l'androgyne venait boire, l'enivra, lui lia les pieds aux parties ; et en faisant des bonds, Agdistis s'arracha les testicules. Sa mère fit naître de son sang le pommier. Nana, fille du Sangarius, introduisit dans son vagin les pépins d'une pomme de cet arbre et ils la rendirent mère d'Atys. Elle confia la garde de l'enfant à un bouc, au milieu des bois. Ce garçon, doué d'une beauté prodigieuse, enflamma d'un amour incestueux sa grand-mère Cybèle-Agdistis. Midas, roi de Phrygie, ayant voulu le soustraire à cet amour, l'unit à sa fille, nommée Ia. Cybèle troubla les noces, frappa de folie tous les convives et Atys le premier, qui se tua en se tranchant sa virilité sous un pin du mont Dindyme avec une pierre aiguisée. Poursuivant ses métamorphoses, la déesse fit naître de son sang les violettes et l'amandier du sang d'Ia, qui s'était égorgée de désespoir. Jupiter ne lui accorda pas la résurrection d'Atys, mais permit que son corps fût imputrescible, que ses cheveux continuassent de croître et que son « petit doigt », c'est-à-dire son sexe, ne cessât de bouger. La déesse consacra le corps de son amant sur le mont Dindyme et en institua les mystères. Les convives de ces noces sanglantes furent les premiers initiés. Alexandre ne s'étonnait pas du succès de ce culte qui, grâce à ce « petit doigt », donnait l'impression à ses adeptes d'éveiller leurs sens. C'était encore mieux que le phallus dressé de Priape ou, parfois, de Mercure et de Bacchus : c'était un phallus perpétuellement en action. Les deux épis de Cyzique étaient moins expressifs.

Une fois entré à Pessinonte, qui s'était livrée à lui par l'entremise des Galles, Alexandre monta sur le Dindyme pour sacrifier au temple de la Mère des dieux. Les Pessinontiens affirmaient que c'était leur sanctuaire et non celui de l'autre mont Dindyme, qui avait été fondé par les Argonautes. Il était défendu d'entrer si l'on avait mangé de l'ail : les gens devaient faire sentir leur haleine. Alexandre se flattait que la sienne sentît la violette, comme sa peau. L'archigalle, qui avait revendiqué la liberté de le baiser sur la bouche, le félicita d'avoir le parfum de la fleur d'Atys. L'image de la déesse était simplement une pierre informe tombée du ciel, comme il y en avait tant d'autres. Les airs de flûte qui se jouaient à cette fête, avaient été inventés par Marsyas. Près du temple, on voyait, dans un bois de pins, le tombeau d'Atys. C'est là que l'on célébrait ses mystères et ceux de la brûlante Grande Mère.

L'archigalle aurait souhaité la gloire d'initier Alexandre ; mais le roi, qui avait évité de se désaltérer à la source Salmacis d'Halicarnasse, n'avait pas envie de se faire initier aux mystères d'un castrat. On ne lui dissimula pas, en effet, que, dans ces mystères, l'image d'Atys primait celle de Cybèle. Ayant su que l'archigalle de Cyzique avait consenti seulement à révéler ce qu'il était interdit aux initiés de manger, il voulut faire davantage et récita au roi la formule d'initiation. Elle était assez semblable à celle des mystères d'Eleusis : « J'ai pris dans le tombeau pour manger, dans la cymbale pour boire ; j'ai porté le vase sacré et j'ai pénétré dans le temple : je suis devenu initié d'Atys. » L'archigalle ajouta que l'on donnait aux initiés une version spéciale de la naissance d'Atys : le beau garçon n'était pas né d'une pomme, non plus que d'une amande, mais des testicules d'un bélier que Jupiter avait jetés dans le sein de Cybèle, — dont le nom mystique était Déo, — pour la féconder. Les mystères comprenaient une aspersion du sang d'un taureau, comme ceux de Mithra. On s'y couronnait de pin et l'on y portait un vase sacré que l'on montra à Alexandre : il était bordé de deux rangées de cupules, destinées à des offrandes, — miel, huile, vin, lait, blé, orge, sauge, pavot, pois, lentilles, fèves, épeautre, avoine, gâteau de fruits, laine non lavée. De même qu'à Cyzique, il y eut une danse des jeunes castrats en l'honneur du roi. Ils se flagellaient, non les fesses, mais le pubis et le sexe que leur costume dénudait. C'était un spectacle moins excitant que l'autre pour Alexandre et Ephestion. Ils souffraient de voir ces tendres organes torturés et admiraient que l'on eût habitué des enfants à s'infliger de tels sévices. Du moins la castration réduisait-elle probablement une douleur qui les apparentait à Atys, chaque fois qu'ils avaient l'air ainsi de s'émasculer. Le roi leur fit donner des pièces d'or pour leurs phallus en sang, comme on en avait donné à ceux de Cyzique pour leurs derrières.

De Pessinonte, il se dirigea vers Gordium, en reprenant la route royale. C'était la capitale des deux anciens rois de Phrygie, Gordius et son fils Midas. Sur les bords du Sangarius, était la ville de Midéum, créée par ce roi, où se trouvait son tombeau près d'une source. Ce monument était en forme de tertre, comme ceux des héros de Troie. Ouvert et vide, il n'avait dû être qu'un monument votif. Alexandre visitait l'ancien possesseur des mines d'or et des roses du mont Bermius. Son palais, à demi ruiné et abandonné, témoignait mal la tragique opulence de ce roi. C'est dans ce palais qu'il avait enivré Silène, le père nourricier de Bacchus, en versant du vin dans une fontaine, imitant la ruse de Bacchus avec Agdistis. Ayant fait ainsi prisonnier ce fameux satyre qui s'était égaré, il le ramena, enchaîné de guirlandes, à Bacchus, au pied du Tmole. Cette légende phrygienne ne correspondait pas à celle que rappelait Xénophon au début de l'*Expédition,* car il situait à Thymbrium, ville du sud de la Phrygie à l'ouest de Célènes, la source de Midas où ce roi avait capturé Silène. Les restes d'une fonderie installée à côté du tombeau de Midéum, attestait l'origine divine du travail des métaux, attribué aux Cabires. Une plaque de marbre, sous une statue de bronze, représentait une nymphe couchée, portant l'épitaphe rédigée par Cléobule de Lindos, l'un des sept sages, et parfois attribuée à Homère. Elle était fameuse, parce que citée par Platon dans son dialogue de *Phèdre,* où Socrate s'en moque, il est vrai, en faisant la cour à cet ancien prostitué, devenu le disciple favori du fondateur de l'Académie : « Je suis une vierge d'airain et je repose sur le tombeau de Midas. — Tant qu'une eau coulera et que de grands arbres pousseront, — Restant ici sur son tombeau arrosé de nombreuses larmes, — J'annoncerai aux passants que Midas est enterré en cet endroit. » Personne n'y versait de larmes, sauf peut-être ceux qui s'étaient mécomptés dans l'espoir de piller son tombeau. Cependant, on dit à Alexandre que, chaque année, au temps des moissons, les hommes y venaient chanter l'hymne de Litersus, fils de Midas, qui avait été tué par Hercule. C'était à la fois le chant des moissonneurs et un chant funèbre. Alexandre ordonna aussitôt que l'on chantât cet hymne. Il l'admira autant qu'il avait admiré les chants de Linus. Au pied de la citadelle, une source coulait, parmi les roseaux : c'est là que le barbier de Midas avait enfoui le secret des oreilles d'âne poussées à ce roi, pour avoir donné le prix du chant et de la flûte à Pan contre Apollon, — ou, suivant d'autres, à Marsyas, — secret que les roseaux publiaient, lorsqu'ils étaient agités par le vent.

Quand Anaxarque rappela que Pythagore avait été Midas dans une vie antérieure, on se plut à évoquer les diverses existences et les traits extraordinaires du philosophe de Samos, qui avait été aperçu en même temps à Métaponte et à Crotone, auprès de qui était venu s'abattre un aigle blanc pour s'en faire caresser et que le fleuve Causas, en Italie, avait salué de son nom, un jour qu'il le traversait.

Comme souvenir amusant de sa visite, Alexandre fit graver par Pyrgotèle, sur le champ des monnaies, la tête de Midas avec ses oreilles d'âne, symbole de la ville de Midéum.

Gordium, sur un affluent du Sangarius, avait conservé, au haut d'une colline crayeuse, des murailles imposantes. Il y avait même, intact, le palais de Gordius, fondateur de la ville. Ses successeurs, puis les satrapes, avaient entretenu et orné cet édifice. Alexandre s'y installa. La caisse de l'armée fut regarnie, car on y trouva un trésor important. Le temple de Jupiter contenait le chariot de Gordius, dont Aristandre demanda au grand prêtre de lui laisser conter l'histoire. Ce Phrygien, simple paysan, ayant vu un aigle se percher sur le joug d'un bœuf avec lequel il rentrait du labour, et y rester jusqu'à sa maison, alla consulter les devins de Lycie dans une charrette. Il en revint, après avoir épousé une Telmessienne, dont il eut Midas, et sacrifié à Jupiter Roi. Or, les Phrygiens, divisés par une guerre civile, avaient reçu d'un oracle l'avis que leur sédition s'apaiserait, quand arriverait un homme monté sur un char et qui serait leur roi. Tel fut le sort de Gordius, lequel, en action de grâces, consacra au souverain des dieux le char et le joug qui lui avaient porté bonheur.

Ce char n'était que celui d'un laboureur ; mais le joug, d'après un autre oracle, promettait l'empire de l'Asie à celui qui en délierait le nœud, qualifié de gordien. Plusieurs s'y étaient vainement essayés. C'était, en réalité, un ensemble de nœuds repliés l'un sur l'autre et faits d'écorce de cornouillers, ce qui rendait presque impossible de les démêler sans les casser. « Ce serait un peu fort, dit Alexandre, si moi le descendant d'Hercule qui a fait le nœud le plus célèbre, je ne parvenais pas à dénouer celui-là. » Il tenait tellement au nœud d'Hercule, doué de tant de vertus et qui était, du reste, celui des deux serpents enlacés autour du bâton de Mercure, qu'il avait prescrit aux médecins de l'armée de nouer ainsi le bandage des blessés pour accélérer leur guérison. Macédoniens et Phrygiens se pressaient autour d'Alexandre, curieux de voir s'il dénouerait le nœud gordien. Il comprit qu'il lui était impossible d'échouer et, d'un coup d'épée, trancha le nœud. « Il est délié », dit-il. Dans la nuit, le tonnerre, accompagné d'éclairs dans un ciel serein, confirma, au dire d'Aristandre, que l'oracle était accompli et, le lendemain, Alexandre offrit un sacrifice solennel à Jupiter Roi.

Ce fut sous ces heureux auspices qu'il accueillit successivement l'armée de Parménion et les renforts envoyés par les Grecs, sous les ordres du capitaine Ptolémée, avec les jeunes mariés ramenés par Cénus et

Méléagre. Cela ne faisait que onze cent cinquante hommes et cinq cents chevaux de plus ; mais Alexandre n'en avait ni demandé ni espéré davantage : les vides causés parmi ses troupes, moins par les combats que par l'installation de vétérans à Magnésie du Sipyle, étaient compensés au-delà. En dehors de la Macédoine, c'est la Thessalie qui avait fourni deux cents cavaliers et l'Elide cent cinquante fantassins : Alcias d'Elée, un ami de Cléotime, avait enrôlé ces derniers, en les choisissant, non pas d'après leur beauté, mais d'après leur courage.

Athènes avait saisi cette occasion d'envoyer au roi des députés pour solliciter la liberté des mercenaires athéniens pris au Granique et vendus en Macédoine comme esclaves. Il leur répondit qu'il libérerait, non seulement ceux-là, mais tous les prisonniers grecs, dès que la guerre avec la Perse serait finie. Il ajouta que plusieurs généraux athéniens, tels que Charidème, étant auprès de Darius, il lui était difficile de faire autrement. Comme il avait su que les Athéniens n'avaient pas encore accroché au Parthénon les boucliers du Granique, il ne se sentait pas pressé de leur faire plaisir. Il voulut prouver néanmoins sa bienveillance envers un illustre Athénien qui, sans être de ses amis, avait toujours été loyal et, en même temps, faire enrager Démosthène une fois de plus. Son trésor ayant été regarni par les contributions de certaines villes et les dépôts qui s'y trouvaient pour le roi des Perses, il chargea Nicanor de repartir avec les députés athéniens et de remettre à Phocion cinq cent cinquante mille drachmes. Ce messager, porterait également trois millions trois cent mille drachmes à Antipater pour les dépenses de la Macédoine et les fabrications d'armement. Il restait à Alexandre deux millions sept cent soixante-quinze mille drachmes : c'était, tous remboursements faits, six fois plus qu'au départ de Pella. « Que nous sommes riches ! dit-il à Ephestion, quand son trésorier lui cita ce chiffre. Mais nous le serons encore davantage, s'il est vrai ce que prétend Parménion, que le roi des Perses a trois cents millions de drachmes pour oreiller et vingt millions pour tabouret. »

Amphotère, qui avait rempli si fidèlement sa mission en arrêtant Alexandre Lynceste, reçut le commandement de la flotte de l'Hellespont. Il devait conduire les troupes d'Hégéloque, qui purgeraient Chio et Cos de leurs garnisons ennemies et chasseraient Memnon de Lesbos. Alexandre fut heureux d'apprendre que le Macédonien Protée, fils d'Andronique, avait, sur les instructions d'Antipater, rassemblé de nombreux vaisseaux de l'Eubée et du Péloponèse pour couvrir les îles de la Grèce, si la flotte perse tentait une invasion. Le régent, qui avait détesté la trahison du Lynceste, prouvait son activité et sa fidélité.

Alexandre continua avec Parménion sa marche à travers la Phrygie. Dans la vallée du Maceste, entre le mont Temnus et ceux de l'Abaïtide, il occupa Synaüs et Ankara, dite également Angora ou Ancyre. Cette ville, voisine de la source du Maceste, avait un temple de Cybèle et un temple d'Ammon. Sa région était riche en chats et en chèvres aux poils longs et soyeux, dont on faisait de belles fourrures. Alexandre envoya de ces fourrures à sa mère, à sa sœur et à la reine Ada. C'est là qu'il fit le dénombrement de son armée. Elle comptait toujours trente mille fantassins et quinze mille cavaliers. Il le fit constater à ses historiens pour qu'ils se missent enfin d'accord sur ce point. Mais Onésicrite persista à voir Alexandre à la tête de deux cent quinze mille hommes, augmentés même des onze cent cinquante recrues.

Laissant la route royale, qui descendait vers la Cappadoce, le roi gagna la Paphlagonie. « Pylémène au cœur velu commandait les Paphlagoniens, — Du pays des Hénètes d'où vient la race des mules sauvages... — Ceux qui habitent d'illustres demeures des deux côtés du fleuve Parthénius. » Alexandre aimait cette expression imagée d'Homère : « un cœur velu », pour dire « résolu », que le poète avait appliquée à Patrocle. Ces Hénètes de Paphlagonie étaient, comme il le savait, les ancêtres des Vénétiens de l'Adriatique et célèbres pour l'élève des chevaux. Ils avaient fait partie de l'armée de Xerxès contre la Grèce et ensuite de celle de Cyrus le Jeune avec Cléarque et Xénophon. Depuis lors, ils s'étaient rendus à peu près indépendants de la Perse. Tels les Selgiens et les Celtes, ils offrirent à Alexandre leur amitié. Il les exempta de payer un tribut, — ils se vantaient d'ailleurs de n'en plus payer au roi des Perses, — et il leur demanda seulement quelques otages pour répondre de leur fidélité. Il nomma Sabictas, l'un de ses bons officiers, gouverneur de Paphlagonie, avec charge d'installer une faible garnison dans les villes.

Sinope en était la principale sur le Pont-Euxin. Le caractère de ses habitants, dont la fierté consentit pourtant à accueillir l'armée, faisait comprendre celui de leur concitoyen Diogène. La ville occupait le col d'une presqu'île entourée de beaux remparts et décorée de beaux monuments. Elle rappelait à Alexandre l'idée qu'Isocrate avait exposée à Philippe, s'il ne détruisait pas la monarchie perse, de se contenter d'un partage de l'Asie Mineure sur une ligne allant de Sinope à la Cilicie : en un an, Alexandre y était déjà. Les portes Ciliciennes, qu'il franchirait bientôt, n'étaient que le vestibule de tout cet empire qu'il comptait « détruire entièrement », comme l'avait espéré Isocrate.

Les Sinopéens pratiquaient le commerce de l'hermine, animal de leur pays. Alexandre, Ephestion et leurs amis se firent faire des couvertures, des manteaux, des bonnets d'hermine et aussi de castor, autre animal de la région. Le roi expédia aussi de ces nouvelles fourrures à celles qu'il appelait « ses trois reines ». On chassait également le castor pour ses testicules d'où l'on extrayait le castoréum, produit recherché en pharmacie. Callisthène raconta que, d'après Aristote, le castor se coupe lui-même ses testicules pour les abandonner aux chasseurs, afin de sauver sa peau. Mais il le faisait avec ses dents et non pas, comme Atys, avec une pierre. Ephestion cita la moralité de la fable d'Esope *le Castor,* où le Phrygien relate ce sacrifice testiculaire : « La fable montre que, de même, les hommes prudents, lorsqu'il s'agit de leur propre salut, ne font aucun compte de leurs richesses. » Ce mot de richesses amusait Alexandre. Des soldats se barbouillèrent de sinopique ou terre rouge de Sinope, employée pour teindre en vermillon. Ils disaient imiter certaines peuplades qui se teignent de rouge pour effrayer l'ennemi.

Le roi ne consulta pas l'oracle de Jason, étrangeté de cette ville. Elle en avait également un d'Autolyque l'Argonaute, comme fondateur de la cité. Le charmant Athénien ami d'Alexandre ne pouvait que consulter son homonyme historique pour entendre d'agréables choses. L'Argonaute lui prédit qu'il obtiendrait tout ce qu'il demandait aux dieux : de vivre autant qu'Alexandre. Par rapport à cela, il estimait secondaire l'assurance de rester jusqu'au bout « le grand prêtre de Priape » de l'armée. Le sanctuaire du héros contenait sa statue, œuvre du sculpteur d'Olynthe Sténis. Elle était, selon le fils de Phrynon, comparable à celle de l'athlète, son autre homonyme, que Léocharès avait faite pour la ville d'Athènes. Alexandre sacrifia dans le temple de Jupiter-Pluton, sanctuaire fameux, proche de Sinope. La statue colossale qui unissait les caractéristiques des deux divinités, était supposée provenir de Babylone.

On retrouvait à Sinope le souvenir de Xénophon. L'auteur de l'*Expédition* avait été nommé, dans cette ville, général en chef de l'armée en retraite et il y sacrifia à Jupiter Roi. Alexandre s'étonnait que cet homme cultivé n'eût pas dit un mot du royaume des Amazones qui s'étendait entre Sinope et Trapézonte ou Trébizonde, alors que les Dix Mille avaient passé par ces deux villes en remontant de l'Arménie et du pays des Colques, — la Colchide.

Alexandre franchit l'Halys pour entrer dans le Pont, dit aussi Cappadoce Pontique, dont cette région côtière avait nom de Saramène. Il se dirigeait vers le Thermodon, à l'embouchure duquel son ancêtre Hercule, venant de chez Omphale, avait tué la reine Hippolyte et lui avait ravi le baudrier de Mars, ce qui fut l'un de ses douze travaux. Il arriva d'abord à Amisus, port fondé par les Milésiens, qui précédait Thémiscyre, l'ancienne capitale des Amazones, où il n'y avait plus d'Amazones. Cela ne surprit pas Alexandre, puisque, suivant la tradition, Hercule et Thésée les avaient toutes détruites ; mais on lui affirma qu'il en subsistait un grand nombre du côté du mont Caucase et de la mer Caspienne, gouvernées par la reine Thalestris.

Il admira la plaine du Thermodon, arrosée par plusieurs cours d'eau qui descendaient dans ce fleuve, d'une chaîne de montagnes. Pâturages, troupeaux, arbres fruitiers, vignes, forêts, gibier, en faisaient un paradis perse. C'était le pays des Mossynèques et Alexandre constatait que les mœurs de ce peuple n'avaient pas changé depuis Xénophon. Comme cent trente ans plus tôt, « ils faisaient au milieu de la foule, ce que font les hommes dans la solitude ». Alexandre ne les qualifia pas pour cela, comme Xénophon, « les plus barbares » de tous ceux qu'il avait rencontrés ; mais il comprit que Diogène avait dû recevoir d'eux ses premières leçons de cynisme. Il trouvait d'ailleurs les enfants charmants, avec les tatouages en forme de fleurs dont ils étaient couverts par-devant et les fesses dodues que leur donnait toujours l'abus des châtaignes.

Alexandre ne vit pas l'utilité d'aller jusqu'à Cérasonte, la ville des cerises, ni jusqu'à Trébizonde, malgré l'attrait qu'avait pour lui la fabuleuse Colchide de Médée et de la toison d'or. Il verrait une autre fois Æa, la ville du roi Aétès qui avait été amoureux du jeune Phrixus, comme l'avait raconté jadis Anaxarque. Il franchirait une autre fois les eaux du Phase, au bord duquel était la ville du même nom, puis celles du Glaucus qui prend sa source dans le Caucase. Son géographe lui donnait ces précisions, d'après les gens du pays. Mais ses rêves de jeune garçon et même de jeune vainqueur des Mædes, quand il avait parlé de ces contrées avec son père devant Byzance, cédaient au désir de ne pas s'attarder.

Il revint vers la Paphlagonie pour gagner ensuite la Bithynie et terminer là sa randonnée dans le nord de l'Asie Mineure. Quand il eut traversé le mont Paryadre chez les Mossynèques, on lui dit que la ville de Comana Pontique, dont on lui avait parlé à Thyatire, était à une faible distance et ses officiers implorèrent de voir un lieu où les jeunes filles se prostituaient dans le temple d'Anaïtis. Quittant les bords du Pont-Euxin, il prit au sud la vallée de l'Iris et arriva bientôt à Comana, située près du fleuve Sarus, dans cette partie de la haute Cappadoce dite la Gazacène. Sa citadelle en faisait une place forte dont la garnison avait fui ; mais la garnison du temple, composée des six mille prostituées sacrées, était inamovible. Ce temple se vantait d'avoir la plus ancienne statue d'or massif d'Anaïtis. Bien que présidant à des mœurs licencieuses et ayant certaines caractéristiques de Vénus, cette déesse était plus chastement vêtue que Diane. C'est peut-être parce qu'on l'assimilait à la Vénus Céleste des Grecs. Coiffée d'un bonnet rond débordant, la main soutenant le sein, elle avait les jambes jointes dans une robe collante, pareille à celle de la grande prêtresse, dont la coiffure était différente : un casque d'argent très léger, surmonté d'une énorme pomme, — la pomme de l'Ida. Le temple était comme une cité, avec son enceinte, les habitations du grand prêtre et de la grande prêtresse (Anaïtis était servie par les deux sexes), des cours, des chapelles, des bocages pareils à ceux de Cnide, des portiques, des fontaines où l'on faisait ouvertement d'autres ablutions que sacrées. Le grand prêtre était le premier personnage de Comana. Il avait un diadème et était entouré d'une troupe d'enthousiastes et de prophètes qui rappelaient le cortège de l'archigalle de la Mère des dieux à Pessinonte. Le nombre des prostituées sacrées paraissait plus frappant qu'à Corinthe, la ville étant beaucoup plus petite et leur rassemblement autour du temple les faisant mieux remarquer.

Les officiers et les soldats d'Alexandre, privés de leurs courtisanes et de leurs mignons, purent au moins s'en donner à cœur joie. Il y avait naturellement des garçons qui se prostituaient à l'exemple des filles, et d'autres qui étaient des prostitués sacrés, comme à Sardes.

Le roi sacrifia des colombes et une chèvre sur l'autel d'Anaïtis, au milieu des couples qui faisaient l'amour. Il ne s'était pas attendu à de si grandes libertés ; mais on lui dit que le meilleur moyen d'honorer la déesse était de s'y livrer sous les yeux de sa statue. Anaxarque rappela qu'Hérodote avait déjà relevé que « presque tous les hommes, sauf les Egyptiens et les Grecs, faisaient l'amour dans les temples ». Du reste, ce n'était pas seulement ces innombrables prêtresses de la volupté qui en avaient l'office : toutes les femmes et toutes les filles de la ville, aussi bien que des autres provinces du Pont et de l'Arménie, venaient s'y prostituer par devoir et par dévotion, comme l'avaient dit les Thyatirènes. Les Arméniennes surtout en faisaient leur but de pèlerinage, cette ville étant l'entrepôt des marchandises venant de leur pays. Ce qui divertissait Pyrrhon, amateur de contradictions, c'est qu'à côté de ces licences religieuses, les gens de Comana, ainsi qu'on l'avait appris à Castabus, en Chersonèse Cnidienne, se seraient tenus pour impurs s'ils avaient mangé du lard et même si un seul cochon était entré dans la ville. Les gardes veillaient soigneusement à ce que nul étranger n'y en conduisît par erreur.

L'interdiction du porc montrait la diversité des croyances religieuses. Le beau Mérion dit à Pyrrhon que les Crétois s'abstenaient également de la chair de cet animal, mais que, pour eux, loin d'être impur, il était sacré. Une truie avait, en effet, disaient-ils, allaité Jupiter comme la chèvre Amalthée, et son grognement avait couvert les cris de l'enfant, lorsque les Corybantes et les Curètes ne heurtaient pas leurs boucliers.

Alexandre n'avait fait, en somme, qu'une espèce de voyage d'agrément en Cappadoce Pontique. Il ne se soucia pas d'obtenir de ces riverains du Pont une soumission complète, mais laissa une garnison à Amisus en nommant Zopyrion gouverneur de la province, pour bien marquer qu'il la considérait comme de son allégeance. Il remonta vers l'Olgazis, principale montagne de la Paphlagonie, pour aller en Bithynie, où les tyrans d'Héraclée étaient héréditairement les hôtes des rois de Macédoine. Il ne prétendait pas non plus ranger sous ses lois les Bithyniens, qui passaient pour de bons soldats, mais s'assurer de leur alliance par rapport aux Paphlagoniens. Ainsi dominerait-il, directement ou indirectement, la côte méridionale de la mer Noire, si intéressante pour le passage de son ravitaillement en blé. Héraclée du Pont était dans le pays des Maryandins, non loin de l'embouchure du Sangarius.

Au tyran Timothée, qui avait régné quinze ans et qui avait été en relation suivie avec Philippe, avait succédé, l'année de la bataille de Chéronée, son fils aîné Cléarque. Celui-ci avait été tué récemment en se rendant aux fêtes de Bacchus, dans des conditions assez semblables à celles de la mort de Philippe. Denys, le frère cadet, auquel avait fait allusion Denys de Syracuse, régnait actuellement. Timothée avait été disciple de Platon et d'Isocrate et avait constitué la première grande bibliothèque connue chez les Grecs, depuis Pisistrate. Ses deux fils n'étaient pas moins que lui des tyrans éclairés. Ils s'étaient rendus tout à fait indépendants du roi des Perses, avec lequel ils guerroyaient à l'occasion. Denys avait dépêché un émissaire à Alexandre pour le saluer en le congratulant de faire la guerre à Darius. Il lui disait, toutefois, qu'il croyait inutile de lui envoyer les présents d'hospitalité offerts aux Grecs de Xénophon pour les tenir hors de leurs murailles : soixante-quinze mille kilos de farine d'orge, deux mille litres de vin, cent moutons et vingt bœufs. Denys lui annonçait en même temps qu'il défraierait ses soldats, mais ajoutait qu'il lui serait obligé de ne pas les faire entrer dans la ville. Alexandre avait souri du message du tyran et n'avait pas oublié que Xénophon relatait, à propos du séjour de ses soldats devant Héraclée, que certains d'entre eux exigeaient des Héracléotes, par-dessus le marché, dix mille pièces d'or de Cyzique. Pour réponse, les habitants évacuèrent la campagne, fermèrent les portes et mirent des hommes en armes sur leurs remparts. Xénophon avait battu prudemment en retraite, après avoir sacrifié à Hercule. On voyait, près de la ville, l'entrée des enfers, par laquelle, selon la légende locale, le héros avait ramené Cerbère enchaîné. L'aconit y croissait en abondance. Le chien infernal, dont la queue de dragon mordit vainement Hercule qui le tenait par le cou, avait vomi de l'écume en apercevant le soleil : cette plante vénéneuse en avait été le produit. C'est sans doute elle dont les fleurs bleues, butinées par les abeilles, avaient empoisonné le miel de cette contrée, qui avait été funeste à de nombreux soldats de Xénophon.

Alexandre, laissant son armée dans la campagne, se présenta avec ses amis et une faible escorte. Il fut un peu piqué de ne pas trouver Denys à la porte de la ville, mais il en comprit la raison lorsqu'il fut arrivé au palais : ce tyran était d'un tel embonpoint qu'on aurait dit une boule de graisse et non un homme. Alexandre ne jugea que plus honorable sa volonté de résister à toute mainmise sur sa ville. Deux esclaves le soutenaient pour qu'il pût rester debout. Sa femme Amastis était de formes presque aussi opulentes. Sa bonhomie était à l'image de son obésité et lui avait valu le surnom de Denys le Bon, à la place de Denys le Gros.

Alexandre vit les meubles magnifiques de Denys de Syracuse qui les lui avait vendus, comme ce dernier l'avait raconté. Le roi fut aussi charmant que possible pour cet homme affable, mais ne s'étonna pas de sa corpulence, quand il constata sa voracité. On ne pouvait, certes, dire qu'on l'engraissait comme on le faisait artificiellement pour les bœufs à vendre, en leur soufflant de l'air dans le corps au moyen d'un roseau. Jamais Alexandre n'avait vu quelqu'un avaler de si gros morceaux de viande ni boire une telle quantité de vin. Il est vrai que le vin d'Héraclée était réputé et semblait avoir été apprécié par les soldats de Xénophon. Il est vrai aussi que cette ville, colonie milésienne, se flattait d'avoir été fondée par Hercule, dont l'appétit était célèbre. Anaxarque disait que celui des rois ou des tyrans de cette région ne l'était pas moins. Thys, un ancien roi de Paphlagonie, se faisait tout servir par centaines à ses repas, — « même les bœufs rôtis », assurait Théopompe dans son *Histoire.*

Denys aspirait à imiter, non pas cependant ce roi, ni même Milon de Crotone qui avait mangé un bœuf tout entier, mais Aspydamas, l'athlète de Milet, qui, chez le satrape Ariobarzane, avait dévoré le repas de neuf personnes. Amastis, quant à elle, ne connaissait qu'un vers, qui était celui-ci d'Héraclide : « Il y avait une certaine femme nommée Hélène, qui mangeait beaucoup. » Elle assurait que c'était la belle Hélène de Troie. Son mari avait donné son nom à une ville du territoire qui fournissait le meilleur buis pour faire des coupes. Le tyran trouvait que le vin y était plus agréable que dans l'or. A la fin du repas, la stupeur des invités fut grande et ils eurent même quelque inquiétude en s'apercevant qu'il s'était assoupi et qu'on ne pouvait le réveiller. Etait-il mort d'apoplexie ? Son échanson et mignon, sans se troubler, prit deux longues aiguilles d'or qu'il lui enfonça dans la graisse. Denys ouvrit les yeux, quand elles eurent atteint la chair.

Xénophon n'avait pas parlé des mœurs des Héracléotes, puisqu'il était resté hors de la ville. Aujourd'hui, elle était la Corinthe Pontique pour les garçons, dont la plupart se prostituaient. Alexandre avait demandé à Denys si le lait des cavales de la plaine d'Astaque, ville voisine, était noir, comme le croyait Aristote. La réponse permit à Callisthène d'écrire au philosophe qu'il n'y avait pas plus de lait noir que de sperme noir.

On dit à Alexandre que son ancêtre Hercule avait accompagné les Argonautes jusqu'au golfe de Cius, au-delà de Dascylium, dont Parménion avait naguère délogé la garnison et d'où il avait apporté abricots et cerises. Cius était une des dernières villes de la Bithynie avant la Mysie, au pied du mont Arganthône. Elle avait été fondée, près du fleuve du même nom, par Cius, un compagnon d'Hercule. C'est en cet endroit qu'Hylas avait été ravi par les nymphes, suivant la légende bithynienne et non à Pagases en Thessalie peu après le départ des Argonautes, comme l'avait dit le grave Léonidas. Cius, à son retour de Colchide, avait créé cette ville en souvenir de cet événement. Hylas avait été enlevé au lieu dit les Sources. Des sacrifices s'y offraient et chaque année, dans les bois de l'Arganthône, avait lieu une fête en l'honneur d'Hylas : « la marche en montagne ». Les jeunes gens, divisés en plusieurs groupes, se répandaient de tous côtés, appelant leurs bien-aimés, qui se cachaient et qu'ils devaient découvrir, plus heureux que le héros qui avait appelé en vain Hylas. Le prêtre l'appelait trois fois par son nom et l'écho répondait trois fois aussi, car les nymphes l'avaient transformé en écho.

Une nouvelle, fulgurante comme l'éclair de Jupiter qui lui avait certifié à Gordium la conquête de l'empire des Perses, parvint à Alexandre, lorsqu'il sortait du temple d'Hercule à Héraclée où il venait de sacrifier : Memnon était mort d'une maladie pestilentielle au siège de Mytilène. Darius avait perdu le soutien de son trône et c'était le moment de l'attaquer avant que Charidème ou tel autre eût rendu confiance à ses troupes. Mytilène n'était pas moins tombée, le siège ayant été poursuivi avec succès par Pharnabaze, fils de la sœur de Darius et du satrape Artabaze, et par Autophrate, chef de la flotte : la garnison avait obtenu la vie sauve ; les colonnes où était gravé le traité d'alliance avec Alexandre, avaient été brisées ; les Mytiléniens se livraient de nouveau à leurs anciens tyrans, Aristonique et Chrysolas. A Mytilène, le principal citoyen, Diogène, prenait cette qualité. Dans l'île de Ténédos, sur la côte de la Troade, les colonnes du traité macédonien avaient été brisées aussi, après un débarquement du satrape Datame. Alexandre ne doutait pas qu'Amphotère et Hégéloque n'eussent vite fait de rétablir la situation. Sabictas lui ayant mandé qu'une partie de la Paphlagonie ne reconnaissait pas son pouvoir, il chargea Callas de la dompter avec quelques troupes et descendit immédiatement vers le sud.

Il retrouva la route royale à Ptérie en Grande Phrygie, à l'ouest d'Ankara. Plus bas, il franchit l'Halys, qui, au temps d'Hérodote et de la suprématie athénienne, était la frontière terrestre que les Perses ne devaient pas dépasser et qui, avant eux, avait été, au nord, celle du royaume des Lydiens. L'oracle de Delphes, consulté par Crésus qui voulait entreprendre la guerre contre les Perses, lui avait répondu : « Crésus, en traversant l'Halys, renversera un grand empire », et ce fut le sien qu'il renversa. Cet exemple était souvent cité comme preuve d'un oracle équivoque.

Avec l'Halys, on était maintenant en Cappadoce dite la Grande, pour la distinguer de celle du Pont. Cette contrée étonna beaucoup les Grecs par son aspect. Certaines vallées étaient hérissées de monuments naturels en forme de cônes, de colonnes, de tours, d'aiguilles, de pyramides, d'obélisques, parfois surmontés de tables ou de chapiteaux, et dans lesquels les habitants avaient creusé des maisons où ils vivaient comme des troglodytes. Les vignes et les peupliers entourant ces phénomènes, qu'Anaxarque expliquait par l'érosion des eaux, augmentaient l'effet extraordinaire du panorama. La plaine était riche en ânes sauvages. Des puits de feu semblaient des soupiraux de volcans.

La Cappadoce, où Darius laissait subsister le roi Ariarathe, sous l'autorité d'un satrape, qui avait fui, ne laissait pas, malgré ses faibles ressources, de lui verser chaque année une somme d'argent et de lui livrer quinze cents chèvres, deux mille mulets et cinquante mille têtes de bétail : c'était un grand pays d'élevage. Alexandre exigea le même tribut pour l'avenir, en occupant Mazaca, la capitale, dont Ariarathe lui fit les honneurs. Ce souverain savait, par l'exemple de la Carie, que le conquérant respectait les dynasties locales. Il montra à Alexandre des ateliers où l'on fabriquait des tapis de laine, autre source de richesse du pays.

La ville n'était pas garnie de murailles. Le grand roi l'avait exigé, disait-on, pour qu'elle ne devînt pas un repaire de brigands. Les bois de l'Argée, haute montagne voisine, étaient exploités. Cette montagne, couronnée de neiges éternelles, qui dominait la capitale, était la principale divinité des Cappadociens : ils juraient par le mont Argée, comme les Grecs par le Styx. Ils avaient un temple d'Argée. Leurs monnaies représentaient soit Jupiter Argéen, debout, un boisseau sur la tête, portant le mont sur son bras gauche, soit Apollon assis au sommet, au-dessus duquel étaient parfois gravés le soleil, la lune ou des étoiles. Une autre montagne de la Cappadoce, l'Oman, était aussi divinisée. Cela ne surprenait pas tellement Alexandre qui avait vu les Lydiens adorer le mont Carius et le Tmole, les Thraces le Rhodope et l'Hémus. Oman était, du reste, une divinité en soi, dont le culte, qui semblait venu de la Perse, était uni à celui d'Anaïtis. On portait sa statue dans les processions de cette déesse.

Le bon accueil des habitants ne diminuait pas leur aspect rébarbatif. Un dicton prétendait que, si un serpent piquait un Cappadocien, c'était le serpent qui mourait. Ce peuple ne figurait pas au nombre des défenseurs de Troie. En contrebas de la plaine, coulait le Mélas, qui l'inondait souvent et qui formait des marécages infects.

L'armée prit une route qui allait d'abord vers le lac de Lycaonie, à l'ouest, avant de descendre vers le sud et qui permettait d'éviter la traversée d'une zone montagneuse. Il y avait quantité d'autels pour le culte du Feu, attendu la présence des puits de feu. Ces autels étaient à ciel ouvert, comme celui du mont Tmole au-dessus de Sardes, mais entourés d'une construction de pierres ou de briques. Le feu y était entretenu par les mages, dont il n'y avait nulle part un aussi grand nombre en dehors de la Perse. Ils chantaient une heure par jour, debout devant l'autel, un bouquet de bruyère à la main. Apparemment étrangers à la politique, ils saluèrent Alexandre, tel un noble voyageur, accompagné, il est vrai, d'une nombreuse escorte. Il les charma en demandant à sacrifier à leur dieu et les stupéfia en récitant la formule du début, qu'il avait apprise.

Durant cette traversée de la Cappadoce, on assista à une autre cérémonie perse. Près d'un fleuve, un mage célébrait le sacrifice de l'eau : il creusa une fosse, y égorgea la victime, en ayant soin qu'aucune goutte de sang ne souillât l'eau, disposa les viandes sur du myrte et du laurier, fit sur le sol des libations. Ces libations démentaient Hérodote, selon qui les Perses n'en faisaient pas dans leurs sacrifices.

Un autre spectacle étonna Alexandre, autant que l'armée : on apercevait au loin des femmes retroussées jusqu'à la ceinture, qui tournaient autour d'un champ de blé pour y détruire les chenilles, les vers, les scarabées et autres insectes nuisibles. Ce pouvoir magique leur venait du fait qu'elles avaient leurs règles. « La Macédoine n'a donc pas le privilège de ce secret, dit Alexandre. — C'est la Cappadoce qui l'a révélé à la Grèce, dit Anaxarque, et ce fut par l'intermédiaire de Démocrite. »

La soumission du roi Ariarathe était d'autant plus remarquable qu'il avait aidé les Perses contre les Egyptiens, ce qui lui avait valu d'ajouter à son royaume la province de Cataonie, située derrière l'Antitaurus. Il y avait là, sur les bords du Sarus, une autre Comana, avec le même culte d'Anaïtis ou Ma que dans celle du Pont, les mêmes prêtres, qui avaient aussi le titre de roi, et les mêmes prostitués sacrés des deux sexes. Alexandre n'accorda pas à l'armée le divertissement de s'y rendre : il avait hâte désormais de se rapprocher de Darius. Il ne fut pas moins intéressé de savoir, par un mage hellénisé, que le temple d'Anaïtis, dans cette ville de Comana, avait eu pour fondateurs, d'après la légende, Oreste et Iphigénie fuyant de Tauride. On y montrait la chevelure d'Oreste qu'il avait coupée, afin de se racheter des Furies qui le poursuivaient, et la chevelure de sa sœur, offerte également en expiation par amour fraternel.

Les Arméniens, dont le pays commençait à l'est de la Cappadoce Pontique, manifestèrent leur sympathie envers Alexandre en lui envoyant des ambassadeurs. Ceux-ci déclarèrent que leur peuple voulait être l'ami d'Alexandre, sans toutefois participer à son expédition contre le grand roi ; mais ils se disaient prêts à recevoir de lui un gouverneur sous le nom de satrape. C'était le reconnaître en fait comme le grand roi. Alexandre désigna Mithrène en cette qualité. C'était sa première intronisation d'un étranger dans un poste important et il pensa que, même si cela provoquait quelque dépit dans son entourage, c'était de bonne politique. Le satrape, pour lui marquer sa gratitude, demanda la faveur de rester auprès de lui jusqu'à sa rencontre avec Darius : il tenait à prouver aux Grecs sa valeur sur un champ de bataille.

Poursuivant le long du Taurus, Alexandre arriva à Tyane, capitale de cette région méridionale de la Cappadoce que l'on appelait la Tyanitide. Cette ville était sur le fleuve Tyanis, non loin des Portes Ciliciennes. Elle occupait une haute terrasse, dite de Sémiramis, car cette reine de Babylone avait fait faire d'innombrables terre-pleins du même genre dans tout l'ancien royaume d'Assyrie et même au-delà comme à Tyane, pour y construire des villes, des temples ou des forteresses. Les Tyaniens vénéraient Persée, qu'Alexandre trouvait présent dans ces contrées plus qu'en Grèce, et qui lui semblait un encouragement familial sur sa route.

Il vit à Tyane le premier sanctuaire de Mithra, le dieu perse du feu et du soleil. C'était une sorte de chapelle souterraine où se célébraient ses mystères. Elle n'était éclairée que par le feu qui brûlait perpétuellement sur des autels, mais on voyait distinctement le bas-relief qui décorait une paroi. Le dieu était sculpté comme un beau jeune homme, coiffé du bonnet phrygien, appuyant un genou sur un taureau terrassé qu'il égorgeait et dont un serpent suçait le sang et un scorpion mordait les testicules. Ce scorpion rappela à Alexandre le crabe qui avait mordu Hercule au pied, pendant qu'il luttait contre l'hydre de Lerne. Le serpent était le symbole de la vie, de la génération et du phallus. Le chef de la confrérie de Mithra, qui portait le nom de père, dit à Alexandre que l'action accomplie par Mithra signifiait la lutte des deux principes du bien et du mal, base de la religion des Perses. Considérant le roi comme un initié, puisque les rois sont créés par Jupiter ou par Ahura-Mazda, le Jupiter perse, il l'invita à sacrifier et à prononcer la formule d'invocation : « Soleil immortel, magnifique, aux chevaux rapides. » Alexandre fut sensible à cet honneur. Il se souvenait que, seul avant lui, son ancêtre Hercule avait été initié dans les mêmes conditions à d'autres mystères, — ceux d'Eleusis, — pour lesquels on l'avait dispensé du degré préparatoire, où l'on restait un an. Il estimait aussi intéressant de se sentir, par cette quasi-initiation, plus près de ces Perses qu'il s'apprêtait à combattre. Il se flattait d'être le chef spirituel de tous ses soldats et, depuis un an et demi qu'il avait quitté la Grèce, il avait eu soin de présider à toutes les fêtes particulières des divers groupes de son armée. Enfin, il lui paraissait habile d'enlever aux ennemis la protection exclusive d'une de leurs divinités. Certainement que Darius ne songeait pas à vénérer les dieux de la Grèce.

Près de Tyane, était la ville forte de Castabala où l'on vénérait Diane avec l'épithète de Puissante. Le roi fut stupéfait de voir les femmes qui y sacrifiaient, marcher sans mal sur des charbons ardents. Cette ville assurait que ses rites lui venaient d'Oreste et que leur statue de Diane était celle qu'il avait enlevée de Tauride : c'en était une de plus.

Alexandre apprit que Darius rassemblait son armée sous les murs de Babylone et que, frappé par la mort de Memnon, il ne faisait désormais confiance qu'à lui-même pour conduire la guerre. Son orgueil n'avait pas supporté les conseils de prudence que lui avait donnés courageusement Charidème et il l'avait fait étrangler. Alexandre était débarrassé d'un autre antagoniste qu'il avait lieu de craindre. Il remercia Jupiter et Mithra de cette faveur nouvelle. Darius avait donné le commandement des mercenaires grecs à Thymodès, fils de Métus, le frère de Memnon, et nommé Pharnabaze successeur de celui-ci, sous sa propre autorité. Pour encourager ses soldats par le spectacle de leur multitude, il imita le procédé de dénombrement dont avait usé Xerxès dans la plaine de Dorisque : il fit construire une enceinte pouvant contenir dix mille personnes ; elle fut remplie dix fois par le défilé de ses hommes pendant six jours, du lever au coucher du soleil. Le partage était à peu près égal entre cavaliers et fantassins. La seule chose qui comptât aux yeux d'Alexandre, c'étaient les trente mille mercenaires grecs recrutés par Memnon et débarqués depuis peu. Il voyait aussi la preuve, dans cette affluence, des jalousies et des haines que sa jeune gloire suscitait parmi les Hellènes. Il savait également que plusieurs de ses alliés avaient envoyé des députés à Darius pour étudier les moyens de trahir sa cause. L'Acarnanien Bianor et, ce qui indignait davantage Alexandre, un Thessalien, Aristomène de Phères, étaient même parmi les officiers de Thymodès. Cette masse de troupes était rassemblée autour de Babylone et le grand roi s'employait d'abord à chercher les moyens de les nourrir. Il n'y avait plus un Pythius de Sardes.

Alexandre avait ajouté la Cappadoce au gouvernement d'Antigone, déjà nommé en Phrygie à la place de Callas, qui allait aider Sbictas à réduire les îlots de résistance paphlagoniens. Le roi, ayant quitté la Tyanitide, franchit le mont Taurus et pénétra en Cilicie. Près des Portes, il laissa reposer son armée dans l'endroit qu'on appelait le Camp de Cyrus parce que le rival d'Artaxerxès, allant de Cappadoce en Cilicie comme Alexandre, s'y était arrêté pour s'assurer que le défilé des Portes Ciliciennes fût libre. Ce passage, formé par des précipices sur une étendue de quatre kilomètres, environnée de montagnes presque inaccessibles, était rendu encore plus facile à défendre par un mur qui le traversait. Quelques dizaines de soldats y avaient arrêté des armées entières. Alexandre eut la même chance que Cyrus et qu'il avait eue en Thessalie dans la vallée de Tempé : Arsame, satrape de Cilicie, rescapé du Granique, qui aurait pu lui interdire le passage avec une forte garnison, n'y avait établi que peu de troupes. Il avait cru plus habile d'appliquer le conseil donné par Memnon dans la réunion des satrapes à Zélia, de ravager la Cilicie pour ne laisser aux Macédoniens qu'un désert. Détruisant tout par le fer et par le feu, il se retirait lentement vers la plaine d'Issus. Les gardes du défilé, ne se voyant pas secourus, s'imaginèrent qu'on les trahissait et abandonnèrent la position. Alexandre, qui n'avait pas oublié les leçons de son père en Thrace, avait envoyé des éclaireurs sur la montagne. Il admira plus que jamais sa fortune, quand il passa par ces Portes où quatre hommes pouvaient à peine marcher de front, et même deux chameaux.

Il avait dépêché Parménion pour éteindre l'incendie de Tarse, que les Perses avaient allumé, et occuper la vallée du Pyrame, chemin de la Syrie.

Cette entrée par les Portes Ciliciennes était le symbole de la première partie de sa conquête : elle représentait la boucle terminale de la longue incursion qu'il avait faite jusqu'au Pont-Euxin. Six mois lui avaient suffi pour doubler l'étendue des territoires d'Asie Mineure soumis à sa domination. Il se sentait assez content de lui, mais aussi un peu honteux de sa tenue pour entrer à Tarse, que Parménion avait sauvée. L'armée avait chassé devant elle des troupeaux de chèvres qui soulevaient des tourbillons de poussière. La route des Portes Ciliciennes n'était plus, certes, la route royale. L'armure d'Alexandre permettait à peine de le reconnaître, tant elle était poudreuse. Les boucles blondes de ses cheveux étaient grises.

Les bords du Cydnus qui traversait la ville, étaient ombragés de beaux platanes et une grande partie de la population, assise sur des bancs pour prendre le frais, s'était levée en l'honneur d'Alexandre. Lorsqu'il vit le fleuve limpide dont il avait suivi le cours dans la vallée, il ne put résister au plaisir de s'y jeter. Arrêtant Bucéphale à un endroit d'où il avait constaté que les eaux, sur un fond de sable, n'étaient pas profondes, il se dépouilla de ses vêtements et plongea dans le fleuve. Ephestion avait voulu le retenir, en lui disant qu'il n'était pas habitué à l'eau froide et qu'on ne s'y baignait pas, ruisselant de sueur. « Tu es jaloux ! » répliqua Alexandre, fier des occasions de se montrer nu pour prouver qu'il était bien fait, musclé, sans graisse et puissamment doté par Vénus. Soit respect, soit sagesse, personne de sa suite ne l'imita ; mais la population s'était massée sur le pont et l'applaudissait. Tous les garçons de Tarse étaient là, nus eux aussi, à le regarder, car le gymnase dit de la Jeunesse était au bord du Cydnus sur l'autre rive. Mais aucun d'eux non plus n'osa se jeter dans l'eau pour se baigner à ses côtés.

Soudain, un tremblement le saisit. Ne sachant nager, il ne peut réagir. Il pâlit, il étouffe, il dérive. On se précipite pour le retirer de l'eau. Il est froid comme glace. Ses lèvres sont livides, sa peau crispée et parcourue de spasmes. Il pantelle. Il s'évanouit. On le porte à l'ancien palais des rois de Cilicie. L'armée est consternée. On apprend vite que les frictions énergiques de son masseur l'ont ranimé, ont fait cesser le tremblement et qu'il respire mieux. On sème ce bruit pour calmer l'inquiétude ; mais l'entourage est loin d'être rassuré. Philippe d'Acarnanie était accouru. Premier médecin du roi, il avait laissé les trois autres dans l'antichambre. Il fit vomir Alexandre avec du nard sauvage de Phrygie, lui serra les oreilles pour diminuer les frissons, prescrivit à Athénophane, le masseur, de frotter le corps doucement avec de l'huile de baume. N'ayant pas de foie d'hyène pour couper la fièvre, il le remplaça par des infusions d'écorce de saule. On avait suspendu au seuil des branches de laurier et d'acanthe en l'honneur d'Apollon Qui écarte les maux. Critodème, Glaucias et Hippocrate IV, admis enfin dans la chambre, examinèrent Alexandre, sans le toucher ni le déranger, et approuvèrent ce que Philippe d'Acarnanie avait ordonné. Celui-ci ne cacha pas à Ephestion que l'état du roi, qualifié « horreur », annonçait une fièvre qui serait probablement aggravée de délire et d'insomnie : elle durerait plusieurs jours, pendant lesquels les remèdes ne seraient qu'illusoires. La science du médecin consistait à savoir qu'il ne pouvait appliquer encore le traitement adéquat.

La maladie évolua selon les prévisions de Philippe. Il en voyait l'origine dans une infection plus ancienne qui se manifestait à la suite du refroidissement : sans doute avait-elle été communiquée à Alexandre par quelque marécage, comme il y en avait partout. C'était un fléau qui décimait constamment la population, surtout chez les pauvres, mais que l'âge et la vigueur du roi lui permettraient de vaincre. Memnon en avait sans doute été victime. Médecin lettré, Philippe citait Platon qui, dans le *Timée,* explique les fièvres tierces par l'excès d'eau dans le corps. Et le médecin précisait que cet excès dépendait de la qualité de l'eau. Il citait aussi l'autorité d'Aristote, expert en toutes choses, qui, dans ses *Problèmes,* attribue les fièvres de l'été et de l'automne à l'humidité du printemps et trouvait un sens médical au vers d'Homère : « Telle la race des feuilles, telle la race des hommes. »

Le troisième jour, il saigna Alexandre, selon les préceptes d'Hippocrate, qui recommande de ne jamais attendre la quatrième journée pour combattre ainsi la fièvre chez les malades dans la force de l'âge.

L'absence persistante d'Alexandre ravivait les inquiétudes de l'armée. On racontait que Darius avait fait publier qu'il donnerait cinquante-cinq millions de drachmes à qui assassinerait ou empoisonnerait Alexandre. On en concluait que c'était le vouer à la mort autrement, puisque aucun médecin n'oserait tenter de remède énergique. Philippe savait que sa propre vie était en jeu, aussi bien que celle d'Alexandre.

On fut intrigué, quand on sut que le roi avait mandé Archélaüs, le géographe. « A quelle distance de Babylone sommes-nous ? » lui dit-il. Le géographe consulta ses cartes sommaires, interrogea le satrape Mithrène : « O roi, dit-il ensuite, tu as encore plus de mille kilomètres à faire pour y arriver. » Cette réponse parut obscurcir Alexandre.

Le quatrième jour, la fièvre continuant de brûler, il protesta qu'il ne pouvait s'en remettre à des topiques. C'est ce même jour que son médecin avait attendu pour lui faire prendre une potion dont il avait le secret. En présence d'Ephestion, il avait broyé de la gomme résine, de l'agaric, du plantain et en avait mêlé les sucs à de l'eau miellée, qu'il avait échauffée en y éteignant un fer rouge.

A ce moment, arriva un message pressant de Parménion, qui était dans la vallée du Pyrame avec les Thraces et leur roi Sitalcès, et qui, sans connaître la maladie d'Alexandre, l'avisait de se méfier de Philippe, à qui Darius avait promis, selon un prisonnier, cinq millions cinq cent mille drachmes et la main de sa sœur, veuve de Mithridate, pour l'empoisonner. Alexandre montra cette lettre à Ephestion, qui se contenta de dire en haussant les épaules : « C'est déjà dix fois moins qu'on ne l'avait prétendu, mais avec la sœur par-dessus le marché. J'ai en Philippe une confiance absolue. » Alexandre sourit : « C'est toujours toi que je croirai, dit-il. Mais il y aurait un moyen de concilier notre confiance avec la prudence : ce serait d'inviter Philippe à boire le premier à la coupe. Un tyran le ferait. Alexandre, fils de Philippe, fils d'Olympias, amant d'Ephestion, ne le fera pas. » Il appela le médecin, le regarda dans les yeux, prit la coupe, la vida d'un trait, puis il lui tendit la lettre. Philippe lut cette dénonciation sans se troubler. Il leva les mains au ciel, invoqua les dieux comme témoins de son innocence, et se jeta aux pieds du roi pour le conjurer de ne pas écouter la calomnie. « Tu vois bien que je ne l'ai pas écoutée », dit Alexandre.

Peu après, il parut s'étouffer, délira, perdit la voix et tomba dans un profond sommeil. « Quand le sommeil fait cesser le délire, c'est bon signe, dit Philippe : aphorisme d'Hippocrate. » Ephestion, qui veillait Alexandre avec le médecin, regardait malgré lui de temps en temps, avec un sentiment d'épouvante, la lettre de Parménion qui gisait sur le sol. Il se disait que, si cet avis se vérifiait, c'est lui qui aurait été responsable de la mort d'Alexandre. Mais il lui semblait inimaginable d'être trahi par un homme que l'on avait apprécié depuis tant d'années et qui était si dévoué à la personne du roi et à tous ses amis. Durant les marches, aux étapes, après les combats, on avait admiré son habileté à trouver des remèdes pour remplacer ceux qui manquaient, ainsi qu'il venait de le faire en employant l'écorce de saule contre la fièvre d'Alexandre : faute d'huile de jusquiame, il avait guéri Ephestion d'un mal de dents avec du suc de concombre sauvage. Le clair regard de ce fils d'Hippocrate, qui avait prêté le serment d'Hippocrate, lui semblait celui d'Apollon, dieu de la médecine et des Muses, ou celui de son fils Esculape, dont ils avaient tous visité le premier sanctuaire à Trecca. Eût-il acheté des grandeurs éphémères au prix d'un déshonneur éternel comme assassin du héros de la Grèce, du conquérant de l'Asie ? Ce n'était pas possible. Pour aider l'action du remède, Thessalus chantait en sourdine l'hymne d'Orphée à Hercule : « ... Viens, bienheureux, en apportant tous les remèdes des maladies. — Chasse les mauvais sorts, brandissant dans tes mains un rameau —, Et renvoie les déesses du malheur par des flèches ailées. »

Le sourire d'Alexandre à son réveil fut la récompense d'Ephestion, autant que de Philippe. Sa gratitude pour eux et d'abord pour l'auteur de sa guérison, lui inspirait du ressentiment à l'égard de Parménion. « Un esprit soupçonneux, dit-il, croirait qu'il a tenté de m'empêcher de guérir. — Non, ô Alexandre, dit Philippe, mais il redoutait les remèdes par amour pour toi. Et il n'aurait pas eu tort, si des médecins ignorants ou jaloux lui avaient révélé que je mettais de l'agaric dans ta potion. Il y a des agarics qui sont des poisons mortels ; mais je m'y connais en champignons comme en plantes. » Cependant, le roi ne put se priver de dire à Philotas qu'il avait été sauvé pour n'avoir pas cru aux conseils de son père.

Recommençant à s'alimenter, il recouvrait toute sa bonne humeur.

Mais, comme il n'avait jamais tant transpiré de sa vie, il s'amusait, pour faire briller sa mémoire, à évoquer les questions et les réponses d'Aristote consignées dans son traité sur le *Problème de la sueur,* après avoir été discutées avec lui et ses camarades de Miéza : « Pourquoi les membres ne suent pas dans l'eau chaude ? — Parce que l'eau empêche la sueur de se liquéfier... Pourquoi suons-nous plus dans la partie supérieure du corps que dans l'inférieure ?... Pourquoi, alors que le soleil chauffe davantage ceux qui sont nus, ceux qui sont vêtus transpirent-ils davantage ?... Pourquoi transpire-t-on quand on dort ?... » Aucune des quarante-deux questions n'avait prévu le cas d'Alexandre.

Il y avait longtemps qu'il n'avait pris de lavement. C'était la dernière partie de l'ordonnance de Philippe et ce fut Epaphos qui tint à l'exécuter, comme autrefois quand Alexandre était un jeune garçon. L'eau chaude que projeta le clystère à canule d'ivoire, contenait du jus de bétoine, mêlé à du poivre. Cette opération rappela l'énigme que la malheureuse Cléopâtre, pendue depuis par Olympias, avait inventée sur l'*Hercule,* pendant que l'on se rendait à Gythium. Le clystère de Philippe était destiné à faire tomber le reste de fièvre, en dégageant les intestins d'Alexandre, qui s'assit à souhait sur sa chaise percée, à la cuvette d'argent.

Dès qu'il eut récupéré quelques forces, — Athénophane lui faisait maintenant des frictions roboratives à l'huile de lentisque, — il se montra aux soldats. Leur joie lui fut agréable. Tous auraient voulu lui baiser la main. Il embrassa Philippe devant eux, le nomma son sauveur, déclara qu'il était deux fois le fils de Philippe. Cette crise, en effet, avait été grave et il s'y était ajouté pour lui la crainte d'échouer à mille kilomètres du but, après en avoir fait sept mille, — c'étaient les derniers comptes de Béton et Diognète, depuis Célènes. Les amis d'Alexandre n'étaient pas les moins heureux de sa guérison. « Que serions-nous devenus sans toi ? lui dit Nicanor. — Tu aurais dirigé la retraite des Quarante-cinq Mille, répondit Alexandre en riant. Mais, si les Dix Mille sont allés d'Ephèse à Cunaxa en quatre-vingt-treize étapes, ils étaient, selon Xénophon, seulement à soixante-dix kilomètres de Babylone. Et tu sais à quelle distance nous en sommes. — Par Jupiter ! s'écria Cratère. Pour prouver que nous ne sommes pas indignes d'être tes lieutenants, nous aurions vaincu Darius, conduits par ta glorieuse dépouille, et nous t'aurions élevé un magnifique tombeau à Babylone, comme témoignage de ta conquête. — Qui sait ? dit Alexandre, c'est peut-être là qu'il sera un jour. » On cracha.

Le roi se demandait, en présence d'Anaxarque, comment il manifesterait sa reconnaissance à Philippe. Le philosophe lui parla des femmes de Darius le Grand qui, pour remercier le médecin de Crotone, Démocide, d'avoir guéri le roi d'une terrible entorse au pied, qu'avaient empirée les médecins égyptiens et qui le faisait souffrir depuis sept jours et sept nuits, plongèrent une coupe profonde dans le coffre d'or et la lui donnèrent remplie. Cet exemple ne déplut pas à Alexandre ; mais il tint à le dépasser. Il dit à Philippe de réclamer à son trésorier la somme qu'il voudrait. Le roi ajouta qu'elle ne lui semblerait jamais assez grande. Plus grande encore fut la discrétion de Philippe, qui refusa.

Ce qui avait aidé Alexandre à se rétablir, c'étaient sans doute les soins de son médecin, joints à son heureux naturel, mais aussi son bon sommeil. Il avait toujours eu l'habitude de se coucher tard, aimant à se mettre tard à table et à prolonger le souper dans des conversations et des récitations, comme il le faisait à Miéza ; mais, si rien ne l'obligeait à se lever plus tôt, il dormait jusqu'à midi et parfois même une partie de la journée. A Tarse, le Sommeil fut l'allié d'Esculape, comme si le roi était un nouvel Endymion.

Sa première sortie fut en l'honneur de son ancêtre Hercule, qui était adoré à Tarse sous le nom phénicien de Sandès ou Sandon. On y célébrait annuellement « la fête du bûcher », — le bûcher du mont Œta, — qui figurait sur les monnaies de la ville. Le roi sacrifia un bélier dans le temple, où le héros était représenté portant une tiare, le carquois et la hache à double tranchant, vêtu d'une longue tunique, debout sur un lion cornu. Le second sacrifice fut pour Apollon. Alexandre toucha le couteau sacré qui avait servi à écorcher Marsyas et dont la lame rouillée fut lavée en sa présence avec de l'eau du Cydnus. Cette cérémonie avait lieu aussi chaque année : seule l'eau de ce fleuve rendait la lame aussi brillante que si elle eût ete neuve. Alexandre se souvenait d'Olympie, où seule l'eau de l'Alphée pouvait lier la cendre de l'autel de Jupiter. Son troisième sacrifice fut pour Esculape, le quatrième pour Jupiter Olympien, dont auraient lieu bientôt les jeux également annuels, le cinquième pour Mithra, vénéré sous l'épithète de Tueur du taureau et qui avait un sanctuaire à Tarse, comme à Tyane : Alexandre immola un taureau pour remercier ce dieu des Perses qui avait concouru certainement à sa guérison. Il s'était reproché de ne pas lui avoir offert de sacrifice à Tyane.

Persée, fondateur de la ville, y était l'objet d'un culte fervent. On voyait, imprimée sur une pierre, la marque de son pied. L'oracle lui ayant ordonné de fonder une cité pour prix de sa victoire sur Méduse, là où il descendrait de cheval, il en était descendu près du Cydnus, là où s'élevait aujourd'hui Tarse. Mais Sardanapale IV, qui avait agrandi et embelli la ville, prétendit ensuite à l'honneur de l'avoir fondée. Enfin, Jupiter y était adoré sous le nom de Baaltan. Sa statue le montrait assis sur son trône, la main gauche tenant le sceptre, la droite, un bouquet composé d'un épi et d'une grappe de raisin, où était perché l'aigle

Médius, le fidèle compagnon d'Alexandre, evoquait son grand-père Ménon qui, au début de l'expédition décrite par Xénophon, avait pillé Tarse, « ville grande et opulente », et même le palais. Le général thessalien vengeait deux compagnies de son armée qui, ayant maraudé dans l'arrière-pays, avaient été détruites par les Ciliciens. « Nous laisserons un meilleur souvenir de notre passage », dit Alexandre à Médius.

Il se divertissait de ce que ses amis lui disaient des mœurs des Tarsiens. Elles étaient le pendant, pour la pédérastie, de la folie masturbatoire des habitants de Sardes. Aristote y avait fait allusion dans ses *Propos,* mais n'avait pas osé publier ces renseignements dans son *Traité sur la Constitution de Tarse.* Tout ce que l'on savait, à ce sujet, d'Athènes, de Chalcis, de Chio, de la Crète et de n'importe quelle autre ville ou pays que l'on pût citer, n'existait plus en comparaison. La pédérastie était favorisée par la présence de nombreuses écoles et d'une pléiade de maîtres, dont la réputation attirait les jeunes gens de toute l'Asie Mineure. Telle était la phrase proverbiale adressée aux hommes qui se hâtaient : « Où cours-tu ? à l'éphèbe ? » Les Tarsiens étaient tellement occupés à pratiquer la pédérastie que l'on entendait, dans chaque rue, sortant de presque chaque maison, les gémissements des uns, les râles voluptueux des autres, exactement comme à Sardes les cris de volupté solitaire. Les gens des campagnes qui venaient pour la première fois livrer leurs produits dans la ville, se demandaient, après avoir franchi les murailles, ce que signifiait ce gémissement, ce soupir universel qui ne cessait à aucune heure du jour et qui, la nuit, empêchait de dormir. Ils étaient vite renseignés, car ils ne pouvaient manquer d'apercevoir, au coin des rues, sous les portiques des places, comme dans les gymnases et au théâtre, s'ils avaient la curiosité d'y entrer, des couples effrontément et impudiquement unis, — petits garçons, adolescents, adultes ou vieillards. Pour dénigrer les Tarsiens, on les surnommait des « navettes », à cause de ce perpétuel va-et-vient des sexes dans les derrières, pareil à celui de la navette du tisserand. « Si Tarse ne souffre pas de la maladie de Clazomènes, dit le roi, c'est qu'elle est protégée par Priape. »

Les habitants, qu'avait dérangés de leurs habitudes l'arrivée de l'armée et qu'avait inquiétés peut-être aussi la mémoire des soldats de Ménon, se livrèrent bientôt à leur plaisir favori, dès qu'ils eurent trouvé, non seulement des approbateurs, mais des émules dans les soldats d'Alexandre. Personne autour de lui ne pouvait plus se plaindre d'avoir laissé son mignon à Halicarnasse. Sa maladie avait favorisé cette débauche unanime et publique, à laquelle n'avaient jamais atteint les fêtes quinquennales de Diane Brauron en Attique, où il était d'usage de se faire posséder par l'anus. Cependant, lorsque Alexandre, guéri, traversa la ville pour aller dans le temple, tout le monde s'abstint de ces actes devant lui, autant par le même respect qui avait interdit de se plonger à ses côtés dans le Cydnus, que parce qu'on ne se lassait pas de le voir et de l'acclamer.

Complètement remis sur pied, il songea à fortifier sa position en Cilicie, avant de continuer sa route à la rencontre du roi des Perses. Si, durant sa maladie, il avait paru préoccupé de l'éloignement de Babylone, l'espace qui le séparait de Darius, diminuait un peu plus chaque jour : la marche de l'immense armée se poursuivait dans la direction de Thapsaque, où était un pont de bateaux sur l'Euphrate. On prévoyait qu'elle y serait à la mi-octobre. Alexandre frémissait d'impatience et aussi d'une anxiété qu'il dissimulait. Il imaginait le sort de la Grèce et de la Perse pesé dans l'Olympe, comme l'avait été celui des Grecs et des Troyens par Jupiter, séant sur l'Ida : « Le dieu paternel étendit des balances d'or — Et il y plaça deux destins de la mort qui abat tout du long,— L'un, des Troyens dompteurs de chevaux, l'autre, des Achéens aux armures de bronze. — Il souleva les deux balances par le milieu et le jour fatal des Achéens s'inclina. » Mais ce jour de la guerre de Troie n'avait été qu'un épisode de la lutte : les Grecs avaient fini par vaincre. Ils vaincraient de nouveau. Jupiter serait pour le descendant d'Hercule et d'Achille.

Alexandre s'empara aisément d'Anchiale, près de l'embouchure du Cydnus. La garnison avait pris le large à son approche. Il vit le tombeau de Sardanapale, le dernier souverain de cette Assyrie qu'avait illustrée Sémiramis. Les restes de ce roi y avaient été transportés de Ninive, où il s'était brûlé sur un bûcher, au milieu de ses femmes, de ses eunuques et de ses trésors, pour ne pas assister à sa défaite. Le tombeau était surmonté d'une statue de marbre qui le représentait assis, les jambes croisées, claquant les doigts de la main droite avec dédain et au-dessous on lisait cette inscription : « Sardanapale, fils d'Anacyndaraxès, a bâti Anchiale et Tarse en un jour. Mange, bois, saillis. Le reste n'est pas même digne de ça », — un claquement de doigt. Alexandre trouva l'épitaphe d'une louable sincérité, mais rappela que, selon Aristote, elle était « plus digne d'être mise sur la fosse d'un bœuf que sur le tombeau d'un roi ». Il riait du nom d'Anacyndaraxès et citait un autre bon mot d'Aristote à ce sujet : « Que Sardanapale était plus connu quand on le nommait seul. » Phrynon était plus indulgent pour cette épitaphe : elle lui paraissait témoigner un certain détachement philosophique, exprimé avec une insolence royale.

Plus loin, on arriva à Soles, que traversait le Tyanis. C'était, avec Tarse, la ville la plus importante de la Cilicie. Homonyme de la ville de Chypre qui devait son nom à Solon, elle avait donné le sien au mot solécisme, comme Alexandre pouvait maintenant le constater. Le langage des Soliens était, en effet, très corrompu. Le roi n'avait eu qu'à apparaître pour obtenir, là aussi, la fuite de la garnison perse. Afin d'enrichir son trésor de guerre, il imposa aux habitants une contribution de un million de drachmes et leur dit que c'était pour les punir de leurs solécismes, ainsi qu'il avait puni les Sidètes de leurs barbarismes. Ephestion admira l'idée d'un impôt suggérée par l'amour du beau langage.

Cela n'empêcha pas Alexandre d'instituer des jeux à Soles en vue de fêter sa guérison. Il les mit sous l'invocation d'Esculape. On chanta d'abord l'hymne d'Ariphron de Sycione à la Santé ou Hygie : « Santé, vénérée des bienheureux, — Puissé-je habiter avec toi le reste de ma vie ! — Et toi, de bonne grâce, sois ma compagne, — Car, s'il est une grâce dans les richesses ou dans les parents — Ou dans le pouvoir de la royauté, qui est celui d'un dieu parmi les hommes, — Ou dans les désirs que nous chassons avec les filets secrets de Vénus — Ou quelque autre dans la joie que les dieux donnent aux hommes — Ou dans le repos des travaux, — Avec toi, bienheureuse Santé, tout fleurit et le printemps des Grâces brille. — Mais sans toi il n'est pas d'heureux. »

Puis, comme dans les jeux d'Esculape à Epidaure et à Lampsaque, il y eut une procession aux flambeaux, une course gymnique et un concours musical. Alexandre y ajouta un concours poétique pour avoir un prétexte à couronner Chérilus qui venait de célébrer Hygie en l'assimilant à Minerve, qualifiée guérisseuse à Athènes, où le roi et Ephestion avaient vu son enceinte sur la citadelle. Pour la circonstance, le poète avait vêtu Hyacinthe, son mignon, comme l'est Télesphore, le jeune compagnon d'Esculape, avec une cape et un bonnet rond. Mais la cape, au lieu d'être fermée par-devant, était entrouverte pour permettre d'admirer ses appas. Chérilus savait qu'au lendemain des orgies de Tarse, il pouvait exhiber sans péril l'objet de ses plaisirs. Ce n'est d'ailleurs qu'à l'intention d'Alexandre qu'il le faisait. Le trait concernant Minerve flatta le roi, qui termina les fêtes par un sacrifice à cette déesse.

Il n'avait pas méconnu le disciple d'Aristote, Cléarque de Soles, et avait traité ce jeune philosophe et historien avec toute la considération qu'il éprouvait pour son maître. Le langage de Cléarque était, certes, du plus pur atticisme. Alexandre l'écouta avec intérêt parler de la Perse et apprit de lui l'origine des pommes d'or que les gardes du grand roi avaient au bas de leurs lances : lorsque Cyrus eut subjugué les Mèdes, qui étaient adonnés à la volupté la plus efféminée et raffolaient des jeunes eunuques, — ils enlevaient pour cela les enfants des peuples voisins, — il ordonna de mettre des pommes aux lances pour leur rappeler à la fois les attributs dont ils dépouillaient les beaux garçons et l'usage particulier auquel ils les destinaient. « Du reste, ajoutait Cléarque en riant, les Perses prirent ensuite des Mèdes le goût des pommes de derrière… et de l'absence des petites pommes de devant. » « C'est toi, dit Alexandre à Cléarque, qui écrivais à Aristote tes observations sur les coqs, les moineaux et les perdreaux, qui éjaculent en apercevant la femelle ou en se regardant au miroir ? » Cléarque sourit : « Je dois au Stagirite, dit-il, d'avoir exercé ma faculté d'observation. S'il ne l'avait pas créée, pour ainsi dire, chez tous ceux qui l'entourent ou qui, tel que moi, ont eu le bonheur d'être ses correspondants, même des yeux comme les siens n'auraient pu voir tant de merveilles de la nature. »

Un géographe du lieu, Hiéron, fut présenté à Alexandre. Son langage était naturellement aussi correct que celui de Cléarque. Le roi l'engagea à la suite de l'armée pour ajouter ses lumières à celles d'Archélaüs, d'Archias de Pella et d'Androsthène de Thasos. Hiéron se flattait de connaître très bien la région du Nil et Alexandre avait en tête de faire effectuer un périple du côté de l'Inde, comme celui que Darius avait fait faire jadis à Scylax.

Il y avait un autre Solien au parler impeccable : le jeune comique Philémon, mais il vivait à Athènes. Sa pièce *l'Ephèbe* était une charmante satire de la pédérastie.

Le séjour à Soles fit découvrir une coutume de la Cilicie qui autorisait le vol, pourvu que l'on évitât de se laisser prendre. Les philosophes virent dans ce fait étrange une ressemblance avec les lois de Sparte.

Les plaisirs de Tarse et de Soles avaient été funestes pour Harpale. Il aimait un jeune Illyrien de l'armée, qui était de la race des Taurisques et dont le membre de taureau, digne du nom de cette race, et la blondeur l'avaient séduit. Celui-ci, craignant de laisser sa vie dans la prochaine bataille contre Darius, ou effrayé par ce que l'on disait du nombre des soldats perses et craignant la défaite d'Alexandre, avait entraîné son protecteur dans sa fuite. Alexandre fut d'abord vivement irrité. Il voulut faire rattraper les fugitifs, pour qu'on les exécutât comme déserteurs. Mais, quand on eut vérifié les comptes d'Harpale et constaté qu'il n'avait rien volé, le roi se laissa apaiser, afin de ne pas donner le triste spectacle de la condamnation d'un de ses officiers. Il ne fut pas moins affligé par cette défection d'un de ses amis d'enfance, venant après la trahison d'Alexandre Lynceste. Ces choses ne lui paraissaient pas seulement des trahisons, mais des affronts.

Il reçut, en compensation, plusieurs bonnes nouvelles. Les dernières places de la Carie s'étaient soumises à la bonne reine Ada, qui lui envoyait des confitures de roses. Amphotère et Hégéloque avaient repris Ténédos, Andros, Santorin et Cos. « La Vénus d'Apelle est délivrée ! » s'écria Alexandre. Antipater lui apprenait également que Protée, à qui il avait confié le soin de prémunir l'Eubée contre une attaque éventuelle du satrape Datame, avait saisi huit vaisseaux perses à l'île de Cythnos.

Au-delà de Soles, Alexandre franchit le fleuve Amus pour achever sa conquête de la Cilicie. La ville d'Olbé se rendit à discrétion. Son temple de Jupiter Olbéen était célèbre. On le disait un monument de la piété d'Ajax. La famille du grand prêtre, qui assurait descendre de ce héros, y exerçait la tyrannie. Alexandre, selon ses principes de conquérant, installa un gouvernement démocratique, malgré son admiration pour le héros de *l'Iliade*, dont il avait vénéré le tombeau à Rhétée, près de l'Hellespont. Mais il laissa son descendant continuer d'exercer la grande prêtrise.

Hamaxie, construite sur une hauteur près d'une anse qui servait de port, fut ensuite occupée. C'est de là que l'on expédiait le bois de cèdre du Taurus et c'était donc un nouvel arsenal pour la flotte d'Alexandre. Le fleuve Calycadnus, qui traversait cette région, avait creusé des gorges très pittoresques, bordées de cavernes. Hiéron de Soles situait dans l'une d'elles « l'antre fameux de Cilicie » où, d'après Pindare, le géant Typhée ou Typhon avait vécu, avant d'être foudroyé par Jupiter et précipité sous la Sicile. Cette localisation était conciliable avec la légende qui situait la fin du géant dans cette partie de la Lydie appelée Méonie ou Terre brûlée, qu'on avait vue près de Sardes. Mais Hiéron plaçait également ici le pays des Arimes.

Maître de la Cilicie orientale, le roi reprit la direction de la Syrie, en suivant la côte et en envoyant Philotas avec la cavalerie par la route qui longeait le Taurus. Le port de Magarse ou Mégarse, et Malles, au centre de la plaine Aléienne que traversait le fleuve Sarus, n'opposèrent aucune résistance. Alexandre pensait à Bellérophon qu'Homère décrit courant « dans la plaine Aléienne, — Rongeant son cœur, fuyant la route des hommes ». Ce héros expiait l'orgueil d'avoir cherché à s'élever sur Pégase jusqu'au ciel ; foudroyé par Jupiter, comme Typhon, il erra longtemps à travers cette plaine, boiteux, misérable. Ephestion cita Pindare : « Si quelqu'un ambitionne les grandes choses, — Il atteindra, petit, le seuil de bronze des dieux. — Le cheval ailé Pégase renversa son maître Bellérophon, — Qui voulait aller aux demeures du ciel — Sans le conseil de Jupiter. » « Pour les grandes choses, dit Alexandre, Bucéphale est plus sûr que Pégase. »

Thessalus savait quelques passages irrévérencieux du *Bellérophon* d'Euripide : « On dit qu'il y a des dieux dans le ciel. — Il n'y en a pas, non, il n'y en a pas. — Je connais de petits Etats qui honorent les dieux : — Ils obéissent à des êtres plus puissants et moins pieux. »

A Mégarse, Alexandre sacrifia dans le temple de Minerve, principal sanctuaire de la ville : le casque de la déesse avait une triple aigrette. Aristandre honora comme il fallait les tombeaux de Mopse et d'Amphiloque, les devins fameux. Leur temple-oracle était à Malles. Ils avaient fondé les deux villes à leur retour de Troie. S'étant défiés en combat singulier, — autre forme de rivalité que celle qui avait opposé Mopse à Chalcas, — ils s'étaient entretués, comme Etéocle et Polynice sous les murs de Thèbes. Aussi leurs tombeaux n'étaient-ils pas visibles l'un de l'autre ; mais ils s'étaient réconciliés à titre posthume dans le sanctuaire de Malles pour y prophétiser en commun.

Alexandre, qui aimait à cultiver tous les souvenirs historiques, sacrifia au tombeau d'Amphiloque, parce que son père Amphiaraüs avait régné sur une partie du royaume d'Argos, dont la dynastie macédonienne était si fière de tirer son origine. Il rendit aux Malliens les tributs qu'ils payaient à Darius, en considération du même devin qui les apparentait à Hercule. Il fit chanter par Thessalus les vers de Pindare sur le départ des Argonautes d'Iolchos : « Et le devin Mopse, — Rendant des oracles par les oiseaux — Et par les sorts, — Monta à bord, bien disposé pour l'armée. — Quand ils eurent suspendu les ancres au-dessus de l'éperon, — Prenant de ses mains une coupe d'or, — Le chef, sur la poupe, invoqua le père des Océanides, — Jupiter qui lance la foudre et les Vents rapides, — Souffle des vagues, — Et les nuits et les chemins de la mer — Et les jours propices et la Parque amie du retour. — Des nuages, la voix favorable du tonnerre — Se fit entendre. — Et les lueurs brillantes de l'éclair — Vinrent en retentissant. — Les héros respirèrent, debout, — Confiants en ce signe du dieu — Et le devin leur commanda de se jeter aux rames, — Leur donnant de doux espoirs. »

Une cérémonie semblable, Alexandre l'avait accomplie au lac Cercinite, avant le départ de sa flotte, sans récitation de Pindare. Il était heureux d'écouter à Malles la voix du poète de Thèbes, dont il avait fait respecter l'habitacle : elle était pour lui, épris de poésie, comme l'avait été « la voix favorable » du tonnerre pour les Argonautes, prêts à aller conquérir la toison d'or. Mais la voix du père du tonnerre, il l'avait entendue, indirectement ou directement, depuis qu'il avait quitté Pella : Aristandre et les autres devins lui avaient prouvé, au moment de chaque action militaire, que les entrailles des victimes étaient favorables. Tous les foies avaient été complets et parfaits, brillants comme son casque, son épée et sa cuirasse. Il en remerciait le souverain des dieux, à la veille de pénétrer en Syrie pour une bataille peut-être décisive.

Sixième partie

Alexandre passa le Pyrame sur un pont de bateaux, entra à Egées, dont le nom lui plut comme une image de l'ancienne capitale de la Macédoine et, au pied du Taurus, rejoignit Parménion et Philotas. Les compliments du vieux général pour sa guérison dissipèrent ses doutes sur la sincérité du message reçu à Tarse et il tint conseil avec lui et les autres généraux. Ce qu'il apprit des mouvements des Perses, grâce à des transfuges grecs qu'avait recueillis Parménion, lui parut un heureux présage. Alors qu'Amyntas avait conseillé à Darius de rester dans l'immense plaine de Mésopotamie, où ses six cent mille hommes pourraient envelopper aisément les quarante-cinq mille Macédoniens, le grand roi s'était déclaré impatient de les écraser au sortir de la Cilicie et s'était mis en marche le long de l'Euphrate. Informé en route de la maladie d'Alexandre, il ne fut que plus pressé. Il interpréta ensuite comme une preuve d'effroi le peu de hâte d'Alexandre à quitter la Cilicie et tenait à le chasser de son royaume avant l'hiver. Sa seule crainte, disait-il à Amyntas, c'était qu'Alexandre ne réussît à lui échapper. « O roi, lui répliqua le Grec, rassure-toi sur ce point : Alexandre ne manquera pas de venir à toi et je suis même certain qu'il est déjà en marche. » Amyntas connaissait Alexandre mieux que ne le connaissait le grand roi.

De l'Euphrate, Darius avait gagné la Comagène et, pendant qu'il campait à Soloce, ville de cette province, non loin des défilés de la Syrie, il reçut les trente mille mercenaires que lui avait amenés Pharnabaze. Il en confia le commandement à Thymodès, comme il l'avait annoncé. Celui-ci, du même avis qu'Amyntas, le pressa de retourner, pour mieux déployer ses armées, dans les vastes plaines de la Mésopotamie. Ce nouveau conseil allait le persuader ; mais ses courtisans, aussi sûrs que lui de sa victoire par la supériorité de leurs forces, jugèrent suspects ces deux autres Grecs qui prétendaient le faire reculer et l'incitèrent même en secret à les faire tuer. Il refusa de commettre ce nouveau crime, envoya à Damas son trésor et donna l'ordre de progresser vers la Syrie.

Aristandre sut, par un prêtre syrien venu consulter l'oracle de Malles, un songe de Darius, que les mages perses avaient interprété différemment des mages chaldéens. Le grand roi avait vu le camp d'Alexandre éclairé d'une vive lueur, puis celui-ci lui avait été amené, revêtu de ses propres habits, avait traversé à cheval Babylone et disparu. Ses mages lui annonçaient l'accomplissement de ce qu'il avait intimé lui-même, lors de l'entrée d'Alexandre en Asie : on le lui livrerait pour être fouetté comme un enfant et le conquérant aurait passé comme un fantôme. La lueur du camp macédonien était celle de l'incendie. A l'inverse, les Chaldéens trouvaient dans ce songe la confirmation de ce qu'ils avaient prédit, quand le grand roi avait adopté pour les cimeterres de l'armée le fourreau grec : Alexandre serait bientôt son successeur, puisqu'il avait revêtu ses habits ; la lueur de son camp était l'éclat de la gloire et son entrée à Babylone ne serait qu'une étape de ses lointaines conquêtes. Darius n'avait eu connaissance que de la première interprétation.

Le défilé des Portes de Syrie n'était pas moins périlleux que celui des Portes Ciliciennes. Large de cinq cents mètres entre deux montagnes, dont l'une était taillée à pic, et fortifié par un mur comme le précédent, il était aussi facile à défendre. La fortune qui avait favorisé Cyrus le Jeune au même endroit, favorisa de même Alexandre : là non plus, il ne trouva aucun défenseur.

Parménion connaissait le terrain. Il avait poursuivi Arsame, l'incendiaire de la Cilicie, et l'avait délogé d'Issus, port situé près de l'embouchure du Pinare. Il y avait laissé quelques blessés. Il estimait qu'il n'y avait pas meilleur champ de bataille pour les Macédoniens que cette plaine, relativement resserrée. C'est là qu'il fallait attendre Darius dont les troupes seraient retardées par les défilés. Alexandre voulut en juger tout de suite et rendit au général le même hommage qu'il avait rendu à son père pour le choix du champ de bataille de Chéronée. D'après les informateurs, Darius n'était qu'à deux jours de marche. Alexandre échelonna le long de la côte ses vaisseaux qui étaient arrivés, et occupa Myriande, première ville de Syrie sur le golfe d'Issus.

Par un hasard extraordinaire, il avait franchi les Portes de Syrie la nuit où Darius, plus haut, franchissait les Portes Amanides, défilé qui conduisait du mont Amanus, contrefort du Taurus, vers la plaine. Tandis qu'on était à Myriande, Alexandre pensait au séjour que les Grecs y avaient fait avec Cyrus le Jeune. C'est à Issus, qualifiée par Xénophon « grande et opulente » comme Tarse, qu'ils avaient trouvé la flotte de ce roi et trente-cinq vaisseaux, amenés par les Lacédémoniens.

Un orage épouvantable avait éclaté, la nuit de ce double passage, et avait contribué à masquer ces déplacements. Des Macédoniens, accourus d'Issus, avertirent Alexandre de la présence du grand roi. Ce dernier, qui était entré dans cette ville, où Parménion avait laissé les blessés de son armée, leur avait fait couper les mains pour les exhiber à ses soldats comme un premier trophée. Alexandre fut bouleversé de pitié et transporté de fureur au spectacle de ces hommes levant vers lui les moignons de leurs bras pour lui demander vengeance. En même temps, il y voyait un moyen d'exciter l'animosité de ses troupes, à qui il fit montrer ces victimes de la barbarie perse. Les raisonnements d'Anaxarque et les siens propres jetaient trop souvent quelque doute sur sa certitude de représenter une civilisation supérieure à celle de ses ennemis, pour qu'il ne saisît pas de tels motifs de donner des preuves de cette supériorité. S'il avait pu comprendre et, en une certaine mesure, excuser, la férocité d'Olympias à l'égard d'une rivale et même d'une innocente, fruit des amours de Philippe, et s'il comprenait aussi jusqu'à un certain point le massacre des prisonniers, pratiqué parfois dans la fièvre des guerres, ces mutilations qui instauraient la mort au sein de la vie, lui semblaient une sauvagerie inconcevable.

Il eut peine à croire, d'autre part, qu'il se trouvait sur les arrières de l'armée perse, comme si la situation était renversée, et Aristandre y vit tout de suite un heureux présage. Alexandre aimait cet état de fait pour une autre raison : il lui semblait que sa valeur et celle de ses hommes seraient multipliées en constatant que les voies de la retraite leur étaient coupées. Ils tournaient le dos à l'empire perse, où il leur serait impossible de chercher un abri. En effet, le défilé des Portes Amanides n'offrait évidemment pas un moyen de salut pour s'échapper, car c'était vers la Perse. Les Grecs étaient donc obligés de vaincre. Une défaite ne leur aurait pas ménagé les ressources qui restaient à Darius ou qu'Alexandre aurait eues lui-même du côté des Portes de Syrie, grâce aux garnisons qu'il avait essaimées sur ses pas.

Il envoya un vaisseau à trente rames longer la côte et il eut bientôt l'assurance que les Perses étaient à Issus : leur camp s'étendait tout le long du Pinare. « Je tiens Darius ! » s'écria-t-il, comme Artaxerxès s'était écrié : « Je tiens Thémistocle ! » mais Alexandre avait la même chance que Thémistocle qui avait su attirer l'immense flotte de Xerxès dans le détroit de Salamine.

Il apprit que le grand roi avait emmené avec lui sa mère, sa femme, ses filles et, selon sa coutume, ses concubines, et que plusieurs satrapes avaient aussi leurs femmes dans des chars. Il avait pensé autrefois, en lisant Xénophon, que cet usage était fondé sur la mollesse ; mais il l'avait vu chez les Gètes et chez les Scythes et, durant sa campagne du Danube, les Celtes lui avaient dit que c'était également le leur.

Un transfuge lui rapporta que l'Athénien Démocrate, député auprès de Darius, avait cherché en vain à l'empêcher de livrer bataille au seuil de ce défilé et lui avait conseillé d'attendre les Macédoniens en Mésopotamie pour les y écraser commodément sous la masse de ses troupes. Il lui avait donné, en somme, le même avis que Thymodès, le chef des mercenaires, et qu'Amyntas. Darius, irrité de cette insistance, rappela qu'il avait fait exécuter Charidème qui était, non seulement de la même opinion, mais qui l'engageait à ne se fier qu'à des Grecs pour vaincre des Grecs. Il voulait attester que le courage de ses propres soldats lui suffisait pour vaincre, indépendamment de leur nombre.

Alexandre assembla ses officiers et leur adressa un discours : un dieu combattait pour les Macédoniens ; c'est lui qui avait poussé Darius à quitter la Mésopotamie pour s'enfermer dans cette plaine qui, en dépit de ses dimensions, était impropice au mouvement de ses troupes et permettrait à la phalange d'entrer en elles comme un coin irrésistible. « Tu n'as pas besoin de nous exhorter, déclara Parménion. Je suis le messager de tous pour te dire que nous voulons t'embrasser, comme si tu étais ou notre jeune père ou notre fils le plus cher, que nous t'obéissons par respect, autant que par amour, et que nous n'attendons que tes ordres pour marcher contre l'ennemi. » Alexandre fut ému de ces paroles et, après une accolade avec tous ces hommes vaillants, dont les uns avaient été les meilleurs lieutenants de Philippe et les autres ses camarades à Miéza, il les pria de répéter aux troupes ses paroles, puis de leur faire prendre de la nourriture et du sommeil.

Il avait admiré la présence d'esprit et l'attention de Philippe d'Acarnanie, lorsqu'on avait traversé un champ de réglisse au sortir des Portes : le médecin en avait fait couper toutes les tiges pour les distribuer aux soldats, en leur disant : « Mâchez-les contre la soif et conservez-les dans votre bouche ; placées sur une blessure, elles arrêtent le sang. » Le sang allait couler bientôt.

Quant à Alexandre, il partit dans l'ombre sous la conduite d'un guide, avec quelques escadrons de cavalerie et d'enfants royaux, pour reconnaître les défilés par où avait passé Darius et les leur faire occuper. C'est là qu'il campa. En voyant au loin briller les feux sans nombre du camp des Perses, il récita les vers de *l'Iliade :* « Mille feux brûlaient dans la plaine, et, auprès de chacun, — Les chevaux, mangeant l'orge blanche et l'épeautre, — Debout près des chars, attendaient l'aurore au beau trône. » « Ce sont d'autres vers d'Homère qui me reviennent à la mémoire, dit Ephestion : « Je ne pourrai dire ni nommer cette multitude, — Pas même si j'avais dix langues et dix bouches, — Une voix infatigable et un poumon de bronze. » « Mais ce qui me rassure, ajouta l'ami d'Alexandre, c'est que cette multitude n'est qu'un troupeau. »

« Est-elle aussi nombreuse qu'on nous l'a dit ? » demanda Ptolémée. Pour évaluer le nombre de soldats perses, il traça sur le sol, à la lueur d'une torche, une figure géométrique, proportionnelle à l'étendue de leur camp. Aristote avait donné à Miéza quelque idée de ce moyen savant et ingénieux de faire une évaluation. Ptolémée conclut que le chiffre de six cent mille hommes, indiqué par le dénombrement dont on leur avait parlé en Tyanitide, était tout à fait invraisemblable. D'après lui, il ne devait pas y en avoir plus de deux cent mille dans la plaine. Le guide, qui avait entendu cette conclusion, dit que des centaines de mille Perses étaient encore dans les défilés. Alexandre bondit de joie. Il félicita Ptolémée de son calcul, qui démontrait l'exactitude des principes d'Aristote. Même si, malgré le conseil ancien de Parménion, lors de sa campagne contre les Mædes, il n'attribuait pas au nombre des soldats une importance exagérée, il n'était pas fâché qu'il y en eût moins. Mais aurait-il eu l'audace d'entreprendre cette guerre en observant les principes de son père, qu'appliquait le vieux général ? Il croyait davantage tout d'abord à sa fortune, puis à un dicton de Philippe : « La guerre se fait à l'œil. » Et il se flattait d'avoir, sur le champ de bataille, la rapidité et le coup d'œil de l'aigle. Thaïs ne lui avait-elle pas donné une bonne vue avec la fleur de grenadier ?

Alexandre gagna le sommet de la montagne, reconnut le défilé, prit ses dispositions, puis, éclairé par des torches, sacrifia. C'était la seconde fois qu'il célébrait un sacrifice nocturne : la première avait été chez les Ephyriens avec sa mère, pour l'oracle des morts. Cette nuit, à la veille d'une bataille qui s'annonçait sanglante et qui était beaucoup plus importante que celle du Granique, il s'agissait de se rendre secourables les déesses infernales, que l'on ne vénérait jamais le jour. Alexandre, Ephestion et tous les autres assistants étaient vêtus d'habits rouges. Ils n'étaient pas couronnés. Le bélier qu'on venait d'égorger, ne portait ni bandelettes ni guirlandes. Il n'y avait eu ni libations ni sons de flûte. Alexandre évoquait les paroles que prête Eschyle à l'ombre de Clytemnestre s'adressant aux Furies, afin de leur rappeler les victimes qu'elle leur avait offertes pour « leur saint repas nocturne, sur l'autel de feu, — A une heure qui n'est commune à aucun autre dieu. » Au lever du soleil, Cléomante ferait un sacrifice à Neptune et aux Néréides sur le rivage, en précipitant dans la mer un char à quatre chevaux. Le temps n'était plus où Alexandre souffrait de faire immoler les frères de Bucéphale. Ainsi aurait-il honoré les dieux qui régnaient aux limites de son futur champ de bataille et les déesses qui allaient y faire une ample moisson. Et, au loin, il saluait Chypre, que lui dérobait l'horizon : l'île de Vénus, sa protectrice, était au débouché du golfe d'Issus.

Soudain, un bruit étrange retentit dans les hauteurs du ciel. Etaient-ce les dieux qui descendaient avec leurs attelages pour prendre part à la bataille d'Issus, comme ils l'avaient fait au siège de Troie ? Le guide, après quelques instants d'observation, expliqua de quoi il s'agissait : il désigna une ombre triangulaire et mouvante sur les nuages. C'étaient des grues, en avance pour leur migration hivernale, qui gagnaient le midi en survolant le Taurus et ne voyageaient que la nuit. De peur, si elles criaient, d'être entendues des aigles dont cette montagne était pleine, elles prenaient dans leur bec une pierre qui les en empêchait. Les canards sauvages faisaient de même. D'après Aristandre, le survol, qui avait eu lieu à la droite, était de bon augure pour les Macédoniens. Ephestion remémora le cri du héron envoyé par Minerve à Ulysse et à Diomède et qui avait crié à droite, ce qui avait inspiré la prière d'Ulysse à sa protectrice : « ... Donne-nous de retourner avec gloire aux vaisseaux, — Ayant accompli un grand exploit. » « C'est notre prière », dit Alexandre.

On lui dressa une tente, où il ne dormit que quelques heures. Ephestion était dans une autre, dressée à côté. Lorsqu'il entra chez Alexandre avant l'aube, il y avait déjà, non seulement Epaphos qui l'essuyait après son bain, mais des officiers. « Porte-toi bien, Alexandre », lui dit-il. S'apercevant que quelques-uns crachaient dans leur sein ou sur leur pied, comme pour conjurer un souhait fâcheux, Ephestion se mit à rire et demanda si ce salut inaccoutumé, qui était celui des Pythagoriciens, avait quelque chose de choquant. « A vrai dire, ajouta-t-il, je ne sais, Alexandre, pourquoi je te l'ai adressé, au lieu de l'habituel : « Réjouis-toi. » C'est sans doute la promesse que tu vas gagner une nouvelle bataille sans être égratigné. — Puissions-nous revenir tous sains et saufs », dit le roi.

Jusqu'au moment de redescendre vers l'armée, il discuta sur les formules de salutation. Il rappelait que, dans *l'Iliade,* on dit : « Réjouis-toi, Achille », et que les tragiques font saluer de même leurs personnages, mais que, d'après Aristote, Platon disait : « Sois heureux. »

Quand il demanda un miroir, Ephestion le lui présenta et lui cita les mots de Xénophon : « Les beaux insufflent en l'âme de leurs amoureux d'être plus épris de la gloire dans le danger. » Alexandre sourit et fit peigner avec soin ses longs cheveux blonds. Il songeait à Léonidas et aux autres Spartiates, se peignant au matin de la bataille des Thermopyles, ou à Cléarque, le chef des mercenaires grecs de Cyrus le Jeune et ami de Xénophon, demandant un peigne à Ctésias de Cnide, après avoir été emmené enchaîné devant Artaxerxès Mnémon, qui allait lui faire trancher la tête. Cléarque fut si reconnaissant de ce service, qui lui permettait de mourir en beauté, qu'il donna à ce médecin du grand roi sa bague, dont l'intaille représentait une danse de jeunes filles spartiates.

Dès qu'il fut dans la plaine, aux premières lueurs de l'aube, Alexandre revêtit son armure et rangea son armée en bataille. Mais, d'accord avec Ephestion, avec Parménion et avec les autres généraux, il avait imaginé une ruse de guerre, propre à déconcerter l'ennemi. Il plaça la phalange à droite sur les hauteurs et à gauche sur le rivage, l'infanterie en avant, la cavalerie ensuite. Nicanor commandait l'aile droite ; Cénus, Perdiccas, Ptolémée et Méléagre le centre ; Sitalcès les Thraces au premier rang ; Parménion l'aile gauche. Alexandre, à la tête de son escadron et de ses gardes, était à droite de Nicanor, avec la cavalerie thessalienne. Des paysans lui dirent que son arrivée avait jeté le désarroi dans le camp des Perses : au lieu d'être un fuyard, comme Darius le prétendait, il marchait à sa rencontre et cela bouleversait la tactique de l'ennemi, qui avait été obligé tout à coup de faire volte-face.

Pour permettre à son armée d'effectuer sans danger cette opération, Darius, habilement, envoya trente mille chevaux et vingt mille hommes de trait sur l'autre rive du Pinare, puis il rangea, lui aussi, son armée en bataille. Il opposa les trente mille mercenaires grecs et soixante mille Perses à l'aile d'Alexandre, plaça vingt mille cavaliers sur les hauteurs, prêts à tourner les Macédoniens, d'autres près de la mer en face de Parménion ; le reste de ses deux cent mille hommes fut massé à l'arrière, le terrain interdisant d'en aligner davantage. Ce rangement terminé, il fit revenir les troupes qui avaient servi de couverture et, suivant la coutume du roi des Perses, s'installa au centre de son armée.

Les arbres de la plaine, dépouillés de leurs feuilles, ne cachaient rien du spectacle. Alexandre, oubliant le guerrier, s'en délecta quelques minutes en artiste, avec cette faculté qu'il avait de se dédoubler. Ce qu'il ne pouvait découvrir, il le devinait par la description que lui avait faite le transfuge. Darius était au premier rang, sur un char à quatre chevaux noirs et à roues démesurément grandes, au joug incrusté de pierreries, à la caisse décorée des images des dieux et d'une frise d'animaux : devant, était l'aigle d'or, image du soleil et symbole de la monarchie ; aux deux extrémités, la statue en or de Ninus, fondateur de Ninive, et celle de son père Bélus, déifié. Le grand roi, debout, immobile lui-même comme une statue, sa barbe noire, luisante de parfum, repliée sous les pans de sa tiare droite en tissu de pourpre mêlé de blanc, aux bords de laquelle pendaient ses boucles d'oreilles, semblait un autre dieu. Sa haute taille ajoutait à son air imposant. Par-dessus sa tiare, il était ceint du bandeau royal bleu et blanc, serti de pierres précieuses. Son manteau brodé d'or, où étaient gravés deux éperviers d'or, laissait voir sa tunique blanche et pourpre et son collier, terminé par des têtes de loups d'or. Un bouclier d'or était à son bras gauche, un cimeterre au fourreau d'or à sa ceinture. Près de lui, était son cocher, muni d'un fouet. Un jeune cavalier de seize ans, d'une radieuse beauté, paré d'or et de perles, portait l'insigne royal, — une aigle d'or aux ailes déployées, fixée sur une pique d'argent : c'était Bagoas, l'eunuque et mignon favori de Darius. Autour du grand roi, étaient ses deux cents plus proches parents, aussi fastueusement armés et, comme lui, sur des chars. Derrière, s'alignaient les onze mille Immortels, le corps d'élite de l'infanterie perse, ayant un collier d'or et des lances terminées, à la partie inférieure, soit par des grenades d'or ou d'argent, soit par des pommes d'or, qu'ils tenaient en l'air, — Cléarque de Soles avait raconté l'origine de ces pommes. On appelait porte-pommes tous les Immortels, bien qu'il n'y en eût que mille à avoir une pomme d'or au bas de leur lance : c'étaient ceux qui se rangeaient le plus près du roi ; ils avaient donné leur nom aux autres, dont neuf mille portaient une grenade d'argent et mille une grenade d'or. Puis, étaient rangés quinze mille soldats, nommés les cousins du roi, tous à cheval, avec des piques d'argent à pointe d'or. Le frontal, la martingale, les harnais des chevaux, étaient ornés de plaques d'or, d'argent et de pierreries ; leurs bouches mordaient un frein d'or. De plus, tous les nobles Perses avaient, comme le grand roi, leurs boucles d'oreilles, leurs colliers, leurs bracelets. Jamais Alexandre n'avait vu resplendir tant d'or aux rayons du soleil levant.

Là ne s'arrêtait pas ce spectacle féerique, qui se changerait en mêlée boueuse et sanglante. Au haut d'une colline, on apercevait le pavillon de pourpre où Darius avait passé la nuit, et que surmontait une aigle d'or ; le char du Soleil, attelé de chevaux blancs, que conduisaient des palefreniers vêtus de blanc, une houssine d'or à la main ; les autels d'argent où les mages entretenaient le feu éternel que l'on portait en campagne ; les jeunes garçons vêtus de pourpre qui servaient les mages. L'aigle était brodée ou peinte sur les drapeaux couleur de feu, comme ceux du Granique, tenus par des cavaliers de place en place. Des enseignes, à triangles blancs et noirs, servaient à donner des signaux. Sur une autre colline, plus étendue, étaient massés les chars de la mère du grand roi, de sa femme, de ses enfants et de ses concubines, avec une fourmilière de servantes et d'eunuques et des centaines de mules et de chameaux pour leurs bagages. Il y avait, semblait-il, dans l'armée moins de lances fixées aux chevaux : leur inefficacité à la bataille du Granique avait probablement servi de leçon aux Perses.

Après avoir joui de ce spectacle, Alexandre ne put réprimer un certain sentiment d'infériorité, comme s'il était un chef d'aventuriers, et il remercia Ephestion qui l'avait incité à avoir une armure et un casque de parade. Il se souvenait de l'impression que lui avait faite l'armée de Memnon, sur les déclivités du Granique : cette impression ne lui avait pas enlevé l'espoir de vaincre. Aujourd'hui, non moins confiant en sa destinée, il souriait de se dire que tout cet or n'était là que pour changer de mains, sans compter celui que, selon le transfuge, Darius avait envoyé à Damas. Ce roi, qui combattait sur un char, semblait moins prompt qu'Alexandre sur Bucéphale à saisir au vol la Victoire. Voyant aussi que, malgré le peuple armé qui l'entourait, il avait pris la précaution de faire dresser des palissades sur les rives du fleuve, qui étaient d'un accès trop aisé, Alexandre considéra que Darius ne se sentait pas imbattable de tous les côtés. Les Macédoniens allaient le lui prouver.

Ils n'étincelaient pas d'or et d'argent, mais offraient peut-être un aspect plus redoutable. Ils avaient, sur l'ordre d'Alexandre, inspiré par Ephestion, astiqué leurs armes et leurs armures. Les épées et les lances, bien émoulues, brillaient au soleil et ils les agitaient pour les rendre plus menaçantes.

Par les espions et les déserteurs, Alexandre savait la disposition des troupes adverses. L'aile droite était sous les ordres du satrape Nabarzane, avec la cavalerie et vingt mille frondeurs et archers. Elle avait pour appui les trente mille fantassins grecs de Darius, commandés par Thymodès, qui représentaient, aux yeux d'Alexandre, la véritable force de l'armée ennemie, force comparable à la phalange macédonienne. L'aile gauche, formée de vingt mille Perses, avait comme chef Aristomène de Phères. C'était l'aile où, après avoir quitté le centre, le grand roi combattrait, entouré de la cavalerie des Mèdes et des Hyrcaniens.

Alexandre vit que Darius se retournait sur son char pour regarder au loin, une dernière fois, les autels du Feu et prononcer une harangue : c'était, en effet, l'usage chez les rois de Perse, comme chez les généraux grecs, de parler aux troupes avant le combat. Mais combien d'officiers et combien d'interprètes en combien de langues devaient répéter ces mots à cette multitude, où chaque corps était inconnu des autres ! Alexandre parcourut à cheval les rangs de son armée, afin de lancer, à son tour, quelques paroles exhortatives. Mais, suivant ceux à qui il s'adressait, il tenait un langage différent. Aux Macédoniens, il rappelait le souvenir de son père, la victoire de Chéronée où lui-même avait détruit le bataillon sacré des Thébains, la campagne contre les Thraces et les Illyriens, et les premiers succès de l'expédition : c'est maintenant l'Asie tout entière qui allait être leur proie, comme ces harnachements, ces tentes, ces colliers. Pour les Grecs, il évoquait le Granique, tant de villes prises depuis l'Hellespont, l'importance capitale de l'enjeu. Il termina par les vers de Tyrtée qui enflammèrent jadis le courage des Spartiates dans leur lutte contre Messène et qui pouvaient s'appliquer aux Macédoniens à cause de leur roi : « Vous êtes de la race invincible d'Hercule : — Osez donc. Jupiter n'a pas encore tourné le cou d'un autre côté. — Ne vous effrayez pas d'une foule d'hommes et n'ayez pas peur... » Citer des vers au moment du combat, semblait à Alexandre l'équivalent de ce sacrifice aux Muses que faisaient les Spartiates et, à leur imitation, Epaminondas, quand ils partaient pour la guerre.

Ayant dit, il entonna le péan. Le chant terminé, il leva les yeux et les mains vers Jupiter et aperçut des vautours qui planaient. Cela ne le surprit pas : ces oiseaux volaient trois jours en avance sur les lieux où il y aurait des cadavres. Mais un présage vint confirmer celui du vol des grues de la nuit dernière : un éclair traversa les nues. Alexandre et tous ses soldats frappèrent des mains, selon le rite. Puis, pour finir la cérémonie avec un autre Olympien, Homère, il leur cria, comme Ménélas, en leur montrant le ciel : « ... Là-haut, — Les termes de la victoire sont arrêtés chez les dieux immortels. » Mais, pour aider la victoire à descendre dans son camp, il comptait sur une ruse de guerre.

C'est Darius qui engagea le premier le combat. Lorsque ses cavaliers eurent foncé vers l'armée grecque, ils virent avec étonnement les premières files s'agenouiller, comme pour faire le signe de l'adoration. Ils ralentirent leur élan et leur cœur s'amollit. Le grand roi rayonnait, s'imaginant avoir déjà mis à la raison cet enfant qu'il avait menacé du fouet et qui ne résistait pas au formidable appareil de sa puissance. Mais soudain, à un signal de trompettes, les Macédoniens de se relever et de s'élancer, avant que les Perses se fussent ressaisis. Alexandre n'avait pas oublié le mot de Cléandridas allégué par son père, sur la peau de singe qu'il faut coudre à la peau de lion.

Ravi de sa ruse ironique, il accourait à toute bride vers le fleuve. Les archers perses décochèrent des milliers de flèches, mais ne l'arrêtèrent pas. Son espoir ne fut pas déçu : la gauche de l'ennemi céda au premier choc. Mais, comme au Granique, s'engagea un véritable corps à corps à l'épée. Darius, du haut de son char, animait les siens par sa présence, qu'il cherchait à rendre tutélaire. Alexandre tâchait de percer jusqu'à lui pour le tuer, comme il avait tué au Granique son gendre Mithridate. Si les officiers perses luttaient avec vaillance sous les yeux du grand roi, c'étaient, comme au Granique aussi, les mercenaires grecs les plus dignes adversaires de l'armée grecque. Leur résistance aux progrès de la phalange tint longtemps indécis le sort des armes sur la position qu'ils occupaient ; ils avaient même, un moment, repoussé Parménion, tandis que la cavalerie thessalienne, renouvelant la tactique de Philippe à Chéronée, avait feint de se retirer devant la cavalerie perse, qui avait franchi le fleuve à sa poursuite. L'aile droite d'Alexandre, après avoir enfoncé l'aile gauche de l'ennemi, se tourna contre les mercenaires et les attaqua de flanc. Les Thessaliens avaient contre-attaqué et, plus légèrement armés que les Perses, dont les chevaux étaient bardés de plaques de fer, ils les mirent en déroute. La bataille, avec ses fluctuations, dura toute la journée, mais resta limitée au même nombre de combattants : le gros des forces perses était resserré dans les défilés, sans savoir même ce qui se passait.

Darius vit tout à coup qu'Alexandre avait réussi à se rapprocher de lui et il se déplaça avec l'aile gauche. L'escadron des amis dispersa la garde du grand roi, malgré les efforts de son frère Oxathre, guerrier intrépide. Alexandre avait reçu un coup d'épée à la cuisse droite et le sang ruisselait sur Bucéphale. Darius n'avait pas été touché, mais ses chevaux blessés, que son écuyer n'arrivait pas à maîtriser, se cabraient et venaient de renverser le char. On lui en amena un autre et, contre toutes les lois de son rang, il saisit les rênes lui-même, mais ce n'était pas pour combattre. Redoutant d'être pris, il tourna bride, s'embarrassa au milieu des cadavres, sauta sur un cheval que son écuyer lui présentait et, suivi de son mignon Bagoas, s'enfuit vers les Portes Amanides. Il s'était débarrassé de son bouclier, comme Démosthène à Chéronée, et même de son manteau. En vain Alexandre, accompagné de mille cavaliers, tenta de le rejoindre. En vain il serrait avec les rênes la pique qu'il espérait lui lancer, s'il arrivait à la distance convenable. Il criait, dans l'espoir que le grand roi pût l'entendre : « Si je parviens à te lancer le fer aigu au milieu du corps, — Tout fort que tu es et confiant dans tes bras, — Tu donneras à moi la gloire et ton âme à Pluton aux illustres chevaux. » Le cheval de Darius fut plus prompt que ceux du dieu des Enfers et que ceux des Grecs. La nuit hâtive de ce début de novembre déroba bientôt les deux fuyards : le grand roi et le jeune mignon.

Alexandre regagna la plaine d'Issus, d'où refluait l'armée perse. Le signal du sauve-qui-peut avait été donné par la fuite de Darius, devant lequel s'étaient écartées respectueusement ses peuplades. Les mercenaires grecs, qui se défendaient avec acharnement, furent les derniers à céder. Ralliés par Amyntas, ils opérèrent une retraite en bon ordre. Certes, Alexandre pouvait répéter ici, avec encore plus de raison qu'au Granique, le vers des *Perses* sur la défaite du grand roi à Salamine : « Où est la multitude de tes armées ?... » L'escadron des amis et les gardes l'entouraient pour le féliciter. Il les regarda et constata qu'aucun n'était grièvement blessé. « Vous voyez qu'Ephestion est un bon prophète, leur dit-il en faisant allusion à son salut du matin. Ma blessure à la cuisse a été très ruisselante, mais elle est peu de chose, car je sens que l'os n'est pas atteint. »

Le champ de bataille avait l'air d'une course aux flambeaux. Les soldats grecs couraient de tous côtés avec des torches pour dépouiller les morts de leurs colliers, de leurs bracelets et de leurs anneaux. Le butin du Granique n'était rien au prix de celui-ci. Alexandre était maintenant habitué à voir détrousser les cadavres et ne se souvenait plus des théories de Platon et d'Aristote que comme d'amplifications philosophiques. D'ailleurs, il lui eût semblé difficile de se choquer du comportement de ses soldats après avoir excité leur courage par la perspective d'un riche butin et quand lui-même faisait la guerre pour dépouiller Darius. Il aima mieux regarder ceux qui, moins soucieux du butin qui, d'ailleurs, serait équitablement partagé, s'occupaient de rassembler les chevaux perses, privés de leurs cavaliers ou de leurs cochers. Il cita Homère, tel le juge suprême des événements, et qui lui servait à montrer son sang-froid en toutes circonstances, autant que sa mémoire : « De nombreux chevaux à la tête haute — Faisaient résonner, en les heurtant, leurs chars vides sur le champ de bataille, — Regrettant les conducteurs sans reproche ; ceux-ci à terre — Gisaient, beaucoup plus chers à des vautours qu'à des épouses. »

C'est vers le pavillon de Darius qu'il se dirigea. Il admira au passage, le char du Soleil, dont on avait dételé les chevaux blancs. Il commanda que l'on eût les plus grands égards pour les mages perses qui entretenaient le feu sacré.

Il entra dans le pavillon. Des tapis de Sardes couvraient le sol. L'eau du bain parfumée chauffait dans un bassin d'argent. Près d'une baignoire du même métal, était disposé un nécessaire de toilette comprenant des dizaines de vases, de fioles et de buires en or ciselé. Plus loin, on voyait un lit à pieds d'or, couvert d'étoffes du pays des Sères. Un souper allait être servi sur des plats d'or, avec le pain fait du blé d'Assos et les flacons d'or remplis d'eau du Choaspe et de l'Eulée, les fleuves de Suse, — le grand roi ne buvait pas d'autre eau que celle-là, parce qu'elle était la plus légère (un quart de litre pesait six grammes de moins que l'eau ordinaire). Aussi la transportait-on, bouillie, dans des vases d'argent, quand il était en voyage ou à la guerre. Des vases d'or contenaient du vin de Chabylon, en Syrie, le seul vin qu'il bût pur, et non dans une coupe, mais dans un demi-œuf d'or. Ces précisions étaient fournies par Mithrène, qui avait courageusement participé à la bataille. Alexandre contempla tout cela d'un œil amusé et dit : « Par Jupiter, c'est ce qu'on appelle être roi. »

Les cuisiniers n'avaient pas eu le temps de fuir. Après s'être prosterné, leur chef fit demander par un interprète combien il aurait de convives. « Vingt-huit », dit Alexandre en ordonnant à son maître d'hôtel Démophon de prendre la direction des cuisines. Ephestion, en riant, demanda la raison de ce nombre. « C'est celui des invités au *Banquet* de Platon, dit le roi en se plongeant dans la baignoire. Avoue qu'il est beau de s'en souvenir le soir de la bataille d'Issus et il est encore plus beau de prendre le bain de son ennemi. »

Les pages perses de service tendirent à Epaphos les linges fins, prêts pour Darius et qui allaient essuyer son vainqueur. On frotta ensuite Alexandre avec une poudre réservée au grand roi et aux mages, dont elle augmentait les grâces et la beauté. Elle était à base d'huile et de cire, mais devait son parfum et sa propriété à plusieurs ingrédients : le lin, le safran, le vin de palmier, et une plante fort rare, dite du Soleil, qui ne croissait que dans la contrée de Thémiscyre, chez les Amazones, et sur les montagnes de la Cilicie, au bord de la mer. Il y avait, sur la table, quelques monnaies frappées à Issus par un satrape et qui portaient l'image du grand roi barbu, vêtu d'une tunique courte serrée à la taille, et debout, frappant de son javelot un lion qui se dressait devant lui. Un mage perse les avait mises là comme un signe de victoire en sa faveur ; mais c'était le Lion qui avait mis en fuite le grand roi, malgré un coup de javelot.

Alexandre avait voulu se baigner avant de faire panser sa plaie, pour se laver de la poussière et du sang. L'eau chaude rouvrit sa blessure, qui saigna de nouveau. Philippe d'Acarnanie lui mit un topique et un bandage. La joie de la victoire empêchait Alexandre de souffrir. Thaïs était accourue pour l'embrasser. Elle prit un miroir d'or de Darius, afin qu'il pût contempler son propre visage, comme il l'avait fait, le matin, sous sa tente : « Regarde-toi, beau vainqueur ! lui dit-elle, employant l'expression réservée aux vainqueurs des jeux Olympiques. Regarde ces traits du jeune roi à qui les dieux ont donné, une fois de plus, la victoire. Tu as encore les yeux exorbités par la tension du combat, mais aussi par celle d'avoir surmonté toutes tes fatigues. » Elle toucha légèrement le bandage de la cuisse droite. Ce geste rappela à Alexandre celui qu'il avait eu pour son père, blessé par les Triballes libres, dans le défilé de l'Hémus. « Attention, dit la courtisane. C'est ta troisième blessure, après l'Illyrie et le Granique, mais c'est la première qui te fasse perdre du sang. » Il ne pensait ni à son sang ni à sa douleur : pour lui, cette baignoire d'argent, au milieu de ces objets précieux, était celle qu' « Alcandre, femme de Polybe qui habitait Thèbes — Egyptienne, où de très nombreuses richesses sont dans les maisons », avait donnée à Ménélas, revenant de Troie.

Autour du lit à pieds d'or, on avait rangé vingt-neuf lits à pieds d'argent, — pris sous les tentes des satrapes, — le vingt-neuvième lit étant pour Thaïs, que le roi voulait associer à la fête de sa victoire. Ces lits prouvaient l'influence des mœurs grecques à la cour de Suse : en effet, tels les Macédoniens de naguère, les Perses ne s'allongeaient pas à table.

Alexandre trouva délicieuse la cuisine du grand roi, — poisson frais, venaison, sauces au silphium, gâteaux et fruits exquis. On lui dit que la dépense quotidienne de la table royale était fixée à deux cent vingt mille drachmes. Le pain d'Assos était le meilleur qu'Alexandre eût goûté de sa vie. Les esclaves qui en pétrissaient la pâte, avaient des gants et des muselières, pour ne pas la gâter avec leur sueur. Quand il but le vin de Chalybon dans le demi-œuf d'or de Darius, — ces petites gorgées étaient destinées à multiplier le plaisir, — Alexandre cita, à l'intention de celui qui avait cru y boire, le proverbe grec : « Bien des choses se passent entre la coupe et le bord des lèvres. » Il disait pourtant encore ses regrets de n'avoir pas été assez près de Darius pour pouvoir le tuer et finir ainsi la guerre. Ephestion, qui s'était baigné et parfumé, comme les autres convives, évoqua l'austère dîner de l'Héraclide Pausanias, après la bataille de Platée, dans le pavillon de Mardonius, à qui Xerxès avait laissé toute sa vaisselle d'or et d'argent. Mais Alexandre ne se souciait pas d'imiter le roi de Sparte qui avait refusé de se faire servir le dîner préparé pour le chef des Perses et qui s'était contenté de son brouet national. Thaïs lui dit qu'il lui faudrait épouser la fille de Darius, comme Pausanias voulait épouser celle de Xerxès.

On avertit Alexandre que la mère, la femme, les deux filles nubiles et le fils cadet de Darius étaient prisonniers. Un eunuque, ayant vu le char du grand roi, son arc et son manteau dans le butin, leur avait annoncé qu'il était mort. Aussitôt la famille royale s'était lacéré les vêtements et arraché les cheveux, en poussant des cris de douleur. Dans l'état où était

Alexandre, qui se ressentait de sa blessure plus qu'il ne le laissait paraître, et qui n'était pas complètement remis encore de son malaise de Tarse, ce récit, digne de l'émouvoir, lui tira des larmes. Il imaginait Olympias à la place de Sizygambis, la mère de Darius. Il tint à faire rassurer la famille de ce roi dont il occupait le pavillon et dont il savourait le souper. Il pensa charger Mithrène de cette commission ; mais, craignant que la vue d'un traître ne fût pénible à ces infortunés, il désigna Léonnat.

Celui-ci raconta, à son retour, qu'en le voyant arriver environné de gardes, les femmes furent épouvantées et leurs cris redoublèrent, dans la persuasion qu'on s'apprêtait à les tuer. Léonnat fit retirer les soldats pour être seul sous la tente, où Sizygambis et Statira, — la mère et l'épouse, — saisirent ses genoux pour les embrasser : parlant un peu grec, elles le suppliaient de leur permettre, avant qu'on les exécutât, d'ensevelir les restes de Darius. Il leur dit que le grand roi était vivant, qu'il s'était échappé et qu'en attendant la fin de la guerre, Alexandre leur conservait tous les honneurs qui leur étaient dus. Elles furent bouleversées de ces paroles et versèrent des larmes comme Alexandre, mais pour sa magnanimité.

A la fin du repas, le roi fit sonner les trompettes d'argent de Darius et commanda que l'on s'en servît désormais à la fin de tous ses repas de cérémonie.

Le lendemain matin, il eut le spectacle effrayant de sa victoire. Les rives du Pinare, les hauteurs, les défilés, étaient jonchés de cadavres d'hommes et de chevaux et l'eau du fleuve en était encore rougie. Alexandre eut un mot de commisération. « Ce sont les éclats de marbre de la statue qui te vaudra l'immortalité, lui dit Ephestion. Il faut t'y habituer. » On évaluait à cent mille le nombre des soldats de Darius qui avaient trouvé la mort, à dix mille le nombre de leurs chevaux éventrés. On avait fait quarante mille prisonniers. Les pertes des Macédoniens n'étaient que de trente-deux fantassins et de cent cinquante cavaliers, ce qui prouvait que la fin de la bataille avait été un carnage, même si l'on comptait cinq cents blessés chez les vainqueurs. Parmi ses officiers, Alexandre déplora particulièrement le second Ptolémée, qui lui avait ramené les jeunes soldats envoyés pour l'hiver auprès de leurs femmes. Il eut aussi des larmes pour le beau Mérion, qu'il avait mis au nombre de ses gardes du corps après la mort de Cléarque, le chef des archers crétois dont ce garçon était l'ami. Il embrassa celui qu'il lui avait donné pour nouveau compagnon et qui le pleurait, Andron de Téos. Il dit les vers d'Homère sur la mort d'Euphorbe, à qui le faisaient repenser les ornements que Mérion avait à sa chevelure, telles les cigales des Athéniens d'autrefois : « Ses cheveux, pareils à ceux des Grâces, sont trempés de sang — Et ses boucles, qui sont serrées par l'or et l'argent. » Si cruelles qu'elles fussent, les pertes macédoniennes semblaient infimes au regard de celles de l'ennemi ; mais la disproportion avait toujours été aussi grande entre ces masses de soldats, mal armés et mal entraînés, commandés, il est vrai, par des chefs vaillants, et les Grecs, rompus au métier de la guerre. Alexandre avait été frappé de lire dans Xénophon qu'à la bataille de Cunaxa, il n'y avait eu que quelques tués parmi ces derniers, — d'autres historiens disaient même seulement des blessés, — contre quinze mille morts du côté d'Artaxerxès et trois mille des Perses de Cyrus le Jeune.

Il fit incinérer, en présence de toute l'armée, ceux dont on avait retrouvé les corps, prononça leur éloge et accomplit le sacrifice rituel. Thessalus chanta le chant funèbre de Pindare, célébrant les morts glorieux qui jouissaient des honneurs de l'autre monde : « Pour eux brille l'âme du soleil, — Quand ici-bas c'est la nuit, — Et leur faubourg est dans des prairies de roses écarlates — Et l'ombrage est de l'arbre à encens — Et des branches lourdes de fruits d'or... — Chez eux, tout bonheur — Verdoie en sa fleur. — Dans ce lieu aimable, les parfums de toutes sortes se répandent sans cesse, — Qu'ils mêlent, sur les autels des dieux, — Dont le feu brille au loin... — Tous, par un sort bienheureux, — Sont arrivés à la fin qui délivre des maux — Et le corps de tous cède à la mort irrésistible ; — Mais la vie laisse encore — Une image vivante, car seule elle vient — Des dieux. »

Comme au Granique, Alexandre rendit les devoirs funèbres aux chefs perses : Atizys et Rhéomitre, que la bataille précédente avait épargnés et qui étaient parmi les victimes, avec Arsame et le satrape de Basse-Egypte Sabacès. Il fit ensevelir semblablement les autres nobles Perses et accorda à la mère de Darius de rendre elle-même les honneurs à ceux qu'il lui plairait de choisir. Elle eut la consolation d'inhumer des parents qu'elle avait perdus. On éleva des autels à Jupiter, à Minerve et à Hercule sur les bords du Pinare, ainsi qu'on l'avait fait des deux côtés de l'Hellespont. Un sacrifice fut également offert à Mithra, le dieu de la Perse, qui s'était déclaré en faveur d'Alexandre et non en faveur de Darius. Dans son particulier, le roi n'avait pas oublié de remercier Vénus ; mais sa fatigue et sa blessure l'avaient empêché de sacrifier à la déesse de l'amour par l'amour.

On lui avait montré d'innombrables corbeilles remplies de milliers de flèches, rangées près du pavillon, et il avait cru que c'étaient des réserves. Ce n'était, expliqua Mithrène, que la manière traditionnelle pour le grand roi de savoir tout de suite le nombre d'archers qui avaient péri dans une bataille. La veille, ce corps si essentiel de l'armée perse défilait devant le pavillon, au seuil duquel le grand roi était assis sur un trône d'or et d'argent, — ce trône n'avait pas été emporté cette fois, — et chacun jetait une flèche dans l'une de ces corbeilles. Après la bataille, les survivants venaient reprendre leurs flèches : celles qui demeuraient, représentaient le nombre des disparus.

Beaucoup d'Immortels ayant été tués, on avait récolté leurs colliers d'or et leurs lances à pomme d'or, à grenade d'or ou d'argent. Ce butin considérable fut amoncelé sous la tente royale, avec tout ce qu'il y avait de bracelets, d'anneaux, de boucles d'oreilles, etc.

Alexandre, en armure, alla rendre visite à la mère, à la femme et aux enfants de Darius en compagnie d'Ephestion. Comme celui-ci était plus grand qu'Alexandre et portait un manteau de pourpre, Sizygambis pensa que c'était le roi et tomba à ses pieds. Quand les eunuques lui eurent fait observer sa méprise, elle se traîna vers Alexandre en s'excusant. Il l'aida à se relever et lui dit le mot qui pouvait être le plus délicieux pour Ephestion : « Vous ne vous êtes pas trompée, car lui aussi est Alexandre. »

Il ajouta qu'il n'avait pas fait la guerre à Darius par haine personnelle, mais afin de lui disputer l'empire de l'Asie, et rappela qu'ils descendaient tous deux de Persée. Il complimenta Statira pour sa beauté : elle n'était pas seulement la femme du grand roi, mais aussi sa sœur. Les deux filles, âgées respectivement de treize et de quinze ans, étaient ravissantes, toutes rouges de pudeur sous leurs voiles de deuil en gaze blanche et son fils, nommé Ochus comme Artaxerxès III, était un adorable enfant de sept ans, qui accueillit Alexandre par un baiser sur la bouche. Tous avaient des bijoux ornés de perles, tels qu'on en avait aperçu au jeune Bagoas. Alexandre toucha le collier du petit Ochus : la perle, luxe royal en Perse, était encore inconnue en Grèce. Olympias n'avait que les perles rousses du Bosphore, que Philippe lui avait rapportées de Byzance. Aristote parlait d'une plante de la Crète, dite « sperme de pierre », dont les feuilles sécrétaient des boules blanches de la grosseur d'un pois chiche, et dures comme un caillou. Alexandre songeait à cette définition devant ces perles nacrées.

Beaucoup de femmes de satrapes avaient été faites prisonnières. Alexandre reçut les remerciements des veuves pour les honneurs funèbres et admira la beauté de la plupart d'entre elles. Il dit que l'on avait mal aux yeux en regardant ces épouses que les Perses conduisaient à la guerre. Certains de ses amis le raillaient de ne pas profiter au moins de la femme et des filles de Darius ou de ne pas leur en laisser profiter, puisque la famille du vaincu appartenait au vainqueur. Il répondit qu'il voulait laisser à la postérité un exemple de son amour pour Ephestion. « Et Thaïs ? lui dit Erigius. Et Campaspe ? — Ce sont des concessions, dit Alexandre. — Ce sont des courtisanes », dit Ephestion. Le roi ne retint non plus pour lui aucune des quelques concubines de Darius que l'on avait prises.

On avait trouvé dans le camp l'équivalent, en dariques, de dix-huit millions de drachmes. C'était déjà une somme, mais qui semblait relativement modeste, si l'on s'en rapportait à ce que les transfuges avaient dit des trésors envoyés à Damas. Aussi Alexandre y avait-il envoyé diligemment Parménion avec les Thessaliens. Cette mission était une manière de récompenser son principal général et la cavalerie qui, de nouveau, avait contribué si bien à la victoire. On prévoyait, en effet, que, sans compter l'or de Darius, le butin, à Damas, serait énorme. C'est là que nombre de satrapes avaient laissé leurs femmes, leurs enfants et leurs plus précieux bagages. Il y avait également les députés de quelques villes grecques et d'autres Grecs de distinction, attachés au grand roi. Les princes Ben Hadad, premiers citoyens de Damas, descendants des anciens rois de Syrie et parents de leur homonyme qui régnait sur la ville syrienne de Bambycé, — dite aussi Hiérapolis et centre de culte de la déesse syrienne, — étaient secrètement favorables à Alexandre.

Parménion arrêta en route un émissaire de Cophène, gouverneur perse de Damas, et apprit que celui-ci, sous prétexte de livrer à Alexandre les trésors dont il avait la garde, les avait fait mettre sur une centaine de chariots couverts, que traînaient des mules et où étaient montés des femmes et des enfants de satrapes. Ses intentions restaient suspectes. Son cortège était suivi par sept mille bêtes de somme, transportant tous ceux qui profitaient de cette occasion pour s'échapper avec ce qu'ils pouvaient. Le froid était vif. La neige tombait. Les conducteurs de chars où étaient les manteaux du grand roi, n'hésitèrent pas à s'en vêtir pour se protéger. Personne ne les en empêcha. Ces fugitifs, guidés par un traître et accompagnés par des soldats, n'étaient pas encore loin de la ville, quand apparut la cavalerie de Parménion. Saisis de terreur, tous regagnèrent les murailles, abandonnant leurs biens. Etoffes précieuses, manteaux royaux, tapis, objets d'or et d'argent, pièces de monnaie, couvraient la neige, qui les cachait peu à peu.

Les prisonniers étaient d'importance. Il y avait les femmes et les trois filles d'Artaxerxès Ochus, le prédécesseur de Darius, — la plus jeune était encore une enfant ; la fille d'Oxathre, frère du grand roi ; la femme et le fils de Pharnabaze ; la femme et le fils d'Artabaze ; la veuve et le fils de Memnon ; les trois filles de Mentor ; la fiancée du roi de Bambycé, Ibn ou Abd Hadad ; deux Athéniens : Aristogiton, — homonyme de l'ami de la Macédoine, — et Dropide ; quatre Lacédémoniens des premières familles de Sparte, entre autres Euthyclès ; enfin, les Thébains Thessalicus et Dionysodore, vainqueurs aux jeux Olympiques. Cophène, qui s'était enfui, fut tué par un de ses complices et sa tête portée à Darius.

Alexandre éclata de rire, quand il lut ce passage de la lettre de Parménion qui lui apprenait toutes ces captures : « J'ai trouvé aussi à Damas, parmi les prisonniers de la maison du roi, trois cent vingt-neuf musiciennes, deux cent soixante-dix-sept cuisiniers (ces chiffres au moins ne surprenaient pas Alexandre, puisqu'on avait parlé, en quittant Pella, de cette foule de cuisiniers, presque égale à celle des courtisanes), vingt-neuf chauffeurs de cuisine, treize préposés aux laitages, dix-sept préposés aux boissons, soixante-dix filtreurs de vin, quarante préparateurs de parfums et soixante-dix fleuristes, chargés uniquement de tresser les couronnes pour les banquets. » Encore Mithrène fit-il observer que Darius n'avait emmené que son mignon favori, mais qu'il en avait autant que de courtisanes et de musiciennes, — un pour chaque jour de l'année perse.

Le nombre incroyable des concubines et des musiciennes, qui étaient des concubines sans le titre, expliquait celui des bâtards des rois des Perse. Artaxerxès Mnémon, prédécesseur d'Artaxerxès Ochus, avait cent quinze fils naturels et seulement trois fils légitimes. Deux de ces derniers conspirèrent, pour le tuer, avec cinquante de ses bâtards, mais il déjoua leur complot et les fit tous exécuter. Artaxerxès Ochus inonda de sang le palais royal lorsqu'il prit le pouvoir, insensible à l'âge et au sexe, non moins qu'à la parenté.

Alexandre écrivit à Parménion de libérer la famille d'Artaxerxès Ochus, celles de Memnon, d'Artabaze et de Pharnabaze (qu'avait-il besoin de tous ces otages de marque, puisqu'il avait la famille de Darius lui-même ?), de libérer également les musiciennes qui avaient eu des enfants de Darius, et de distribuer les autres entre les principaux officiers de la cavalerie, d'utiliser au mieux les cuisiniers, les chauffeurs, les parfumeurs, les filtreurs de vin, les tresseuses de couronnes, et de vendre le surplus comme esclaves. En revanche, tandis que Parménion offrait à Alexandre de lui envoyer la fiancée du roi syrien, jeune fille d'une grande beauté, il lui ordonna de la faire escorter jusqu'à Bambycé. Il ne se souciait pas plus d'avoir une concubine syrienne qu'une concubine perse et augurait que ce geste lui vaudrait l'amitié de ce roi, comme de son peuple. Il avait retenu de Pindare que les Syriens avaient des « lances dont l'ombre allait loin ».

La lettre de Parménion énumérait enfin une partie du butin, qui était fantastique : « Plus de dix-sept millions de drachmes dans les coffres saisis sur les chariots ; deux mille six cent quarante-quatre kilos de vases et de coupes d'or et trois mille trois cent quatre-vingts kilos de vases d'or, enrichis de pierreries. »

Alexandre fut clément pour les Athéniens, tout en les retenant prisonniers. Il se montra aussi indulgent envers les Thébains qu'après la bataille du Granique. Mais il mit les Spartiates avec les Athéniens. Non seulement Sparte avait repoussé son alliance, mais elle déclarait la guerre à Antipater. Le roi Agis, conduit à Chio par un navire perse, avait reçu d'Autophradate cent soixante-quinze mille drachmes, quinze cents hommes et dix vaisseaux pour tenter de détacher la Crète du parti d'Alexandre et pour soulever la Grèce contre lui.

Amyntas, Thymodès, Aristomène, Bianor et les autres officiers grecs de Darius s'étaient enfuis, avec huit mille hommes, à Tripoli de Syrie, où ils trouvèrent quantité de vaisseaux tirés à sec. Ils avaient incendié ceux qu'ils n'avaient pas mis à flot, puis l'arsenal et les chantiers. On sut plus tard qu'ils allèrent d'abord à Lesbos, ensuite à Chypre et finalement en Egypte : Amyntas faisait espérer à ses soldats qu'ils se tailleraient là-bas un royaume, Darius étant en fuite et le satrape Sabacès ayant été tué. Quant au grand roi, il ne se sentit tranquille qu'après avoir passé l'Euphrate à Thapsaque. Il avait trouvé à Onques quatre mille Grecs et s'acheminait en leur compagnie vers Babylone.

Antipater, qui avait maintenant à lutter contre Sparte, venait de donner une preuve de son habileté. Un peuple de l'Illyrie, les Néciens, avait envahi les frontières du nord-est, à la fausse nouvelle de la mort d'Alexandre, dans l'intention de ravager le pays. Le régent s'était aussitôt avancé à leur rencontre, en déployant moins de forces que de splendeurs, comme pour accueillir des amis : il leur avait dépêché un messager, afin de leur apprendre que le roi était toujours vivant et avait remporté une grande victoire sur Darius, victoire dont il invitait les Néciens à se réjouir comme bons voisins de la Macédoine. Ce peuple, trop heureux de cette feinte pour ne pas avoir à craindre la vengeance d'Alexandre, se retira sans avoir fait de déprédations et Antipater s'en était ainsi débarrassé à bon compte, ce qui le laissait libre contre Lacédémone.

Alexandre, après l'effort qu'il avait dû faire pour les cérémonies funèbres, la purification, le banquet de la victoire et les visites aux blessés, se reposa quelques jours, sur le conseil de Philippe, pour laisser cicatriser sa blessure.

Le peintre Philoxène demanda la permission, qui lui fut accordée, de retourner à Ephèse : il avait vu la bataille d'Issus. Cassandre lui en avait commandé un grand tableau, qu'il lui paya d'avance sur sa part de butin. Chérilus, de son côté, prétendait faire mieux qu'aucun peintre, en écrivant un long poème qui avait la forme d'un cimeterre perse et dont les vers acrostiches composaient le nom d'Alexandre.

Le roi décida de fonder une ville en souvenir de sa victoire, comme il l'avait fait sur les rives de l'Hèbre et comme il avait ordonné qu'on le fît en Troade. Eclairé par les consultations d'Aristandre, il choisit l'emplacement au bord de la mer et le nomma Alexandrie de l'Issus. Son art d'inspirer l'enthousiasme gagna la troupe, rameuta les habitants du voisinage et, une semaine après, sur le tracé conforme aux plans de Dinocrate, les rues se dessinaient et les pierres commençaient à s'équarrir. Il fêta ces résultats par un de ces banquets qu'il nommait d'indigestion, semblable à celui de sa première Alexandropolis.

Il avait vu, près de la ville qu'il fondait, quelques Syriens, la tête et les sourcils rasés, qui puisaient de l'eau de mer dans un vase et le scellaient ensuite avec de la cire. Cette cérémonie s'effectuait respectueusement en présence d'une statue de Sémiramis qu'ils avaient apportée et sur le haut de laquelle était une colombe d'or. Aristandre les interrogea : ils dirent que cette eau était une offrande destinée à la déesse de Bambycé, où ils devaient consulter son oracle. Une fois les récipients remplis, ils égorgèrent une brebis, en firent cuire la chair et, après s'être repus, en étendirent la peau sur le sol, s'y mirent à genoux dessus, l'un après l'autre, en élevant sur leurs têtes la tête et les pieds de l'animal. Puis, leurs prières finies, ils se couronnèrent de pin et se mirent en route : ils n'avaient le droit de coucher dans un lit qu'à leur retour chez eux. On aperçut d'autres cortèges de puiseurs d'eau de mer qui ne portaient pas de statues, mais qui avaient également la tête et les sourcils ras. Ils racontèrent qu'il en arrivait même par l'Euphrate, allant offrir à la déesse de l'eau du golfe Persique, et par caravanes, venant d'Egypte et d'Arabie avec de l'eau du golfe Arabique ou mer Rouge, tous pour consulter l'oracle de Bambycé.

On avait dressé, au seuil de la ville nouvelle, le pavillon de Darius. C'est là qu'Alexandre reçut Barsine, la veuve de Memnon, qui avait sollicité la faveur de le voir. Elle remercia son vainqueur des ordres qu'il avait donnés pour la commodité et le respect de la famille de Darius, pour la libération de la sienne et d'elle-même (elle était fille du satrape Artabaze). Elle lui dit également l'admiration qu'avait pour lui ce Memnon qui avait été son plus formidable adversaire. Artabaze ayant épousé une fille d'Artaxerxès Mnémon, elle était donc de sang royal et avait été instruite dans les lettres grecques. A vingt-huit ans, elle était plus séduisante encore que Statira, son aînée de deux ou trois ans. Ses cheveux noirs, avancés sur le front, faisaient ressortir l'éclat de ses yeux bleus. Son teint, ses formes, étaient suaves. Comme la famille de Darius, elle avait des bijoux d'or incrustés de perles. Elle avait laissé à Damas une fille de cinq ans, seul enfant qu'elle eût de Memnon ; mais, si l'un de ses frères avait été pris avec sa mère à Damas, les autres étaient auprès de Darius, sauf le plus jeune, Adève, qui l'avait accompagnée. Agé d'une quinzaine d'années, il avait l'éclatante beauté de Barsine et baisa la bouche d'Alexandre, à la fois avec déférence et avec amour, comme s'il avait bien reçu les leçons de sa sœur. Son nom charma le roi, parce qu'il figurait dans *les Perses* d'Eschyle. Ces choses avaient toujours un grand prix aux yeux d'Alexandre.

Il dit à Barsine que lui aussi avait été pour Memnon un adversaire loyal. « Je me suis refusé à me débarrasser de lui par l'assassinat ou le poison, ajouta-t-il. J'ai respecté son domaine en Troade. J'aurais voulu faire de lui un ami, comme je voudrais l'amitié de Darius. Mais je n'y arriverai que par une nouvelle bataille. » Barsine déclara que le plus beau souvenir de Memnon était celui de son exil à la cour de Macédoine, quand Alexandre était un tout jeune garçon, affamé de questions sur cette Perse dont l'un aurait été le dernier général et dont l'autre serait bientôt le maître « Je crois que le rêve de Memnon, si sensible à ta grâce, eût été de mourir de ta main, dit Barsine. Or, mon père Artabaze, qui fut avec lui l'hôte de ton père, avait deviné en toi, peut-être parce qu'il avait été élevé par les mages, une force dangereuse pour la Perse. Je tenais à te voir pour me rendre compte que, si l'un n'avait pas tort de craindre ta force, l'autre avait raison de craindre ton charme. — J'avais dans ma chambre à Miéza, où j'ai été élevé, dit Alexandre, le coffre d'ébène et d'ivoire que m'avait donné ton père. — Il m'avait montré ce cadeau qu'il t'apportait, dit Barsine, mais quel hommage de l'avoir placé dans ta chambre ! Un objet que j'avais touché, a donc vécu, auprès de toi, dans ton intimité la plus adorable. Il t'a vu grandir, aimer peut-être, et tu l'as laissé pour conquérir le monde et me faire doublement ta conquête. »

Troublé de ces paroles, ému de ces souvenirs, un peu sous l'effet de plusieurs coupes de vin de Chalybon, — le demi-veuf de Darius n'était que pour l'apparat, — Alexandre se trouva, sans savoir comment, dans les bras de la belle Barsine et succéda, pour quelques instants, à Memnon le Rhodien. Le jeune Adève s'était retiré derrière une tapisserie.

« Je t'ai trompé, dit ensuite le roi à Ephestion. — Moi aussi, dit l'autre Alexandre. — Avec qui, par Jupiter ? — Avec le frère de Barsine, répondit Ephestion. J'entre sous la tente, je vois ce qui se passe, j'aperçois ce garçon qui épie, je constate l'effet que cela lui produit et je le traite à peu près comme tu traitais sa sœur. — En somme, dit Alexandre, il est naturel que Vénus nous offre de petites récompenses de ce genre, puisque je lui attribue toutes mes victoires. Ma mère ne m'a pas mis sous sa protection pour me rendre efféminé, de même qu'elle a favorisé notre amour sans croire un instant qu'il nous efféminerait. C'est par Vénus qu'elle a voulu me faire conquérir Mars et Mars, en retour, sans rien nous ôter de ce que nous sommes et resterons l'un pour l'autre, nous amène Vénus, amie des sourires. Barsine, c'est pour moi Anaïtis, la Vénus perse. » Le roi décida de la conserver auprès de lui, tandis qu'Ephestion conservait Adève. Thaïs versa quelques larmes ; mais elle avait su d'Alexandre lui-même son aventure avec Méda, l'épouse fugitive de son père, et en avait déjà conclu qu'il avait un faible pour les femmes mûres.

Parménion, qui avait vu l'intérêt du roi pour les mages, avait jugé bon d'envoyer également à Alexandre, Osthane, l'un des plus fameux de la Perse. C'était le second de ce nom, le premier ayant accompagné Xerxès en Crète et étant ensuite resté à Abdère, où il avait instruit Démocrite aux arcanes de la magie. D'ailleurs, le second Osthane descendait du premier, la plupart des mages l'étant de père en fils. Attaché à la famille d'Artabaze, il avait suivi Barsine et Memnon en Asie Mineure et parlait grec couramment. Sa barbe blanche pointue, sa chevelure neigeuse en couronne, sa longue robe blanche, son aspect vénérable, plurent au roi. Anaxarque fut ravi de rencontrer ce personnage qui allait compléter le collège itinérant des philosophes d'Alexandre. Callisthène espérait aussi le cultiver afin de renseigner Aristote qui, sous l'influence d'Anaxarque et des ouvrages de Démocrite, en préparait un, intitulé *De la magie.* Aristandre, passionné pour la gloire d'Alexandre, ne s'offusqua pas qu'un mage vînt ajouter ses lumières à celles des devins de Telmesse, dont il était le représentant, et à celles de Cléomante de Sparte. Philippe d'Acarnanie non plus ne prit pas ombrage de l'arrivée d'Osthane qui avait des secrets magiques en médecine : garder la santé du roi était son unique préoccupation et tous les moyens qui pouvaient y parvenir, lui semblaient légitimes. Les deux autres médecins et lui avaient dû reconnaître déjà l'efficacité d'un objet magique d'Osthane : un anneau de cuivre qui guérissait de la colique ou d'autres douleurs, dès qu'on le mettait au doigt.

Philotas avait eu sa part du butin féminin. Son père lui avait envoyé une des belles captives de Damas, la courtisane Antigone, native de Pydna. Alexandre avait été un peu piqué, parce que Philotas l'avait gardée, sans même lui en demander l'autorisation, et que cette Macédonienne, venue chercher fortune chez les Perses, lui paraissait une sorte de traîtresse. Autant il était généreux pour ses amis, autant il n'aimait pas les voir se servir eux-mêmes. Ce principe lui semblait, non une question d'orgueil, mais de principe : il était le roi. Néanmoins, il lui était difficile de ne pas pardonner au fils de son meilleur général et qui était lui-même un de ses meilleurs officiers. Antigone fit donc pendant à Barsine et à Thaïs dans la suite royale. Du reste, sentant qu'elle y avait été admise à contrecœur, elle se montrait aussi déférente que possible envers Alexandre, qui, rapidement, lui fit bon visage.

Avant de partir, il nomma trois gouverneurs : Parménion à Damas, avec la garde du trésor et des prisonniers ; Arimnas pour la Syrie même, dont seule la capitale était conquise, et Balacre en Cilicie, où le nouveau gouverneur annoncerait aux habitants de Soles qu'un tribut de deux cent soixante-quinze mille drachmes leur était remis et que leurs otages leur étaient rendus. Polysperchon, fils de Simias, reçut le commandement du défunt Ptolémée. D'autre part, Alexandre envoya Mithrène à son gouvernement d'Arménie.

On avait intercepté une ambassade athénienne envoyée à Darius. Elle était dirigée par Iphicrate, fils et homonyme du fameux général qui avait lutté contre Sparte et fait une expédition contre les Egyptiens. Alexandre garda l'ambassade prisonnière, en ordonnant de la traiter le mieux possible, et plaça le jeune Iphicrate dans son escadron. Il voulait honorer en sa personne le souvenir de celui qu'il avait évoqué jadis devant Rhamnonte, dont ce général était natif : la reine Eurydice de Macédoine, veuve d'Amyntas II, le père de Philippe, avait dû au grand Iphicrate, qu'elle avait pris à sa solde, la conservation de son trône.

L'armée entra en Syrie par le même défilé de l'Amanus que les Perses avaient emprunté. Le roi songeait à Darius qui avait passé là, chef de six cent mille hommes, et qui était repassé en fuyard. On avait même appris, depuis lors, que Bagoas et lui, au lieu du magnifique repas qui les attendait dans le pavillon royal d'Issus, n'avaient trouvé à manger sur la route qu'un morceau de pain sec, donné généreusement par un soldat.

La forteresse de Gindarus, en Cyrrestique, région septentrionale de la Syrie, était vide de défenseurs. Alexandre sacrifia au temple d'Hercule, qui en était voisin, et remercia ainsi son ancêtre de lui avoir donné la palme. La garnison de Pagrées, autre place forte qui tenait le débouché du col de l'Amanus du côté de la Syrie, avait été, elle aussi, entraînée dans la fuite du roi des Perses. La plaine s'étendant au bas du défilé, était sillonnée par trois fleuves : l'Arceuthas, le Labotas et l'Oronte. Pour certains géographes et mythographes, c'était le pays des Arimes, que la plupart situaient en Lydie, dans la région de la Terre brûlée, et d'autres en Cilicie, comme Hiéron de Soles. Les premiers disaient que le lit de l'Oronte avait été tracé par le corps de Typhon, lorsqu'il avait été foudroyé par Jupiter, et ils y appliquaient les vers de *l'Iliade* sur « le lit de Typhée ». La source de ce fleuve avait jailli là où le Titan disparut sous la terre.

Continuant vers l'Euphrate à travers la Syrie du Nord, l'armée atteignit Bambycé. Alexandre était heureux de rencontrer le roi Ibn Hadad qui lui avait envoyé de magnifiques présents pour lui témoigner toute sa reconnaissance d'avoir protégé sa fiancée. Ce roi avait une tenue surprenante : il portait un très haut chapeau pointu, lamé d'or, relevé devant par une corne d'ivoire, une longue robe brodée d'or serrée à la taille, un sceptre d'or et, comme les nobles Perses, des pendants d'oreilles. Il descendit de cheval devant Alexandre, lui présenta sa famille et le conduisit en triomphe au temple de la déesse syrienne. Le célèbre sanctuaire s'élevait au centre de la ville, sur une colline entourée de murailles, et avait l'aspect d'une citadelle. On franchissait d'abord une suite de parvis ; puis on voyait des phallus d'une dimension prodigieuse, dépassant de beaucoup les plus hardis de Lampsaque : ils avaient près de soixante mètres de haut ; mais, tandis que ceux de Lampsaque avaient un prépuce comme les Grecs, ceux de Syrie étaient déprépucés, sans doute sous l'influence égyptienne, comme l'étaient les Syriens. Ils avaient été plantés là par Bacchus. C'étaient, dit le roi Hadad, les symboles du membre même du dieu qui ensemençait le ciel, la terre et les eaux. Certains attribuaient à Bacchus la fondation du temple. On disait qu'il avait traversé la Syrie en revenant de l'Inde et cela ne pouvait qu'intéresser Alexandre. « Je salue avec vénération, dit-il, les monuments et le temple d'un dieu dont j'arbore l'insigne. » Il montra au roi syrien son émeraude où un phallus était gravé, et lui dit que c'était un cadeau de sa mère, initiée aux mystères de Bacchus et, récemment, à ceux de la déesse syrienne. Ses doigts ayant forci, il avait fait agrandir cette bague, qui datait de son enfance. « Par Bacchus, dit Ibn Hadad, tu es digne, par ta beauté, de descendre de lui ; mais nul n'ignore que tu descends d'Hercule, dont tu as la force irrésistible. La Syrie est fière d'avoir fourni à ce héros l'un de ses mignons, Chomus, dont quelquefois l'Egypte nous dispute la naissance. »

Les phallus étaient séparés par des cyprès qui étaient presque aussi hauts : cet arbre à signification erotique était consacré au dieu syrien Hadad, dont descendait le roi de Bambycé, et qui était également nommé Baal, confondu avec Jupiter. La déesse syrienne, Atargatis, semblable à la déesse sidonienne et tyrienne Astarté, combinaison l'une et l'autre de Diane, de Vénus et de la Mère des dieux, était l'épouse du dieu Hadad. Alexandre, qui apprenait toutes ces particularités, ne pouvait que sympathiser avec son hôte, en tant que descendant de Jupiter. Ibn Hadad lui dit que sa tenue était à la fois un privilège divin et une marque de prêtrise suprême ; mais il se distinguait des prêtres de la déesse syrienne, — qui étaient eunuques, comme ceux de la Mère des dieux, et qui avaient de même le nom de Galles, — en ce qu'il ne sacrifiait aucun de ses avantages physiques sur l'autel d'Atargatis. Il pourrait faire honneur à sa fiancée. Les prêtres étaient vêtus de blanc et accompagnés d'innombrables jeunes garçons. Dans l'allée et les parvis qui précédaient le temple, des couples se livraient à l'amour, aussi librement que dans le temple d'Anaïtis à Comana Pontique. Hadad invita Alexandre à ne pas s'en offusquer, parce que c'était honorer la déesse que de faire l'amour le plus près d'elle possible, ce qui obligeait à le faire dans son temple. Il fut ravi de savoir qu'Alexandre avait déjà connaissance de cette particularité.

La vierge qui allait se marier à Ibn Hadad, accueillit son sauveur au seuil du temple. On n'avait pas exagéré sa beauté ; mais l'idée de virginité semblait étrange en un pareil lieu, voué à toutes les manifestations de l'amour. Alexandre admira la magnificence du sanctuaire, dont les portes étaient d'or. Le toit voûté était également incrusté d'or ; les murs resplendissaient d'or autour de deux statues d'or, représentant Atargatis et Hadad. La déesse, assise sur un lion, avait un sceptre dans la main droite et une quenouille dans la main gauche. Ses vêtements étaient constellés de pierreries, comme ceux de Jupiter d'Olympie. La tour qui couronnait sa tête, avait au centre un énorme diamant que l'on appelait « la lampe » à cause des feux qu'il jetait et qui, disait-on, brillait la nuit comme un flambeau. Des rayons d'or, dirigés obliquement de bas en haut, formaient une autre lumière et paraissaient émaner de la statue. « Te souviens-tu, demanda Alexandre à Ephestion, où nous avons entendu prononcer pour la première fois le nom d'Atargatis ? — Bien sûr, répondit Ephestion : par l'une des deux petites courtisanes syriennes à qui nous avions mené Epaphos et Polybe, dans un lupanar de Corinthe. » Que d'événements entre la visite de ce lupanar misérable et la visite du temple de Bambycé, qui avait l'air d'un somptueux lupanar !

Le dieu Hadad, que le roi Hadad contemplait les deux bras levés, était entouré, au contraire, de rayons tombant de haut en bas. Il était assis sur un taureau et brandissait le foudre. Il y avait beaucoup d'autres statues. Celle d'Apollon barbu et vêtu étonna Alexandre ; mais celle d'Achille, qui avait pour compagnon le beau Nirée, lui fut très agréable. Il salua son ancêtre en levant les bras, comme le roi Hadad avait salué le Jupiter syrien. Dans l'état d'esprit qui était le sien depuis le début de l'expédition, il constatait avec plaisir des rapprochements qui, lorsqu'il n'était que l'élève d'Aristote, à la philosophie si méprisante pour les barbares, l'auraient scandalisé : une statue d'Hector avoisinait celles d'Achille et de Pâris-Alexandre ; un peu plus loin, étaient celle d'Andromaque, qu'il pouvait aussi saluer, celles d'Hélène et d'Hécube, celles de Sémiramis et de Sardanapale. Cette façon de déifier des personnages aussi divers, était en somme un hommage à la civilisation de la Grèce ; la statue de Sardanapale en était un aux voluptés de l'Asie.

Alexandre demanda si de nombreuses statues de bois ou de bronze, représentant un homme au membre dressé horizontalement, n'étaient pas des figures de Priape. Hadad lui fit observer que les membres étaient dirigés vers la déesse, mais que celle-ci était vêtue pour marquer son indifférence à leurs désirs. Bien que liée au symbole de la génération, elle était au-dessus des actes qu'elle encourageait, comme la Vénus Céleste des Grecs et l'Isis des Egyptiens. « La fameuse inscription de la statue de cette déesse, dit Hadad : « Personne n'a encore soulevé mon voile », signifie littéralement : « Personne n'a encore troussé ma robe. »

A propos de l'oracle de la déesse syrienne, Alexandre fut stupéfié d'apprendre qu'il se rendait sous la forme de deux vers identiques, dont le sens se prêtait à tout. C'était : « Les bœufs attelés sillonnent la terre, — Afin que les campagnes produisent leurs fruits. » Il ne fallait pas moins interroger soi-même la déesse, de manière à pouvoir interroger ensuite ses interprètes et mériter sa protection. Hadad avait consulté d'avance l'oracle pour son illustre visiteur, en faisant l'hommage de l'eau de mer rapportée de la baie d'Issus, et il avait obtenu cette réponse immanquable : elle signifiait, dit l'interprète, qu'Alexandre sillonnerait la terre et mettrait sous le joug ses ennemis. Barsine consulta pour son propre compte : la réponse voulait dire que, « sillonnée par Alexandre, elle en serait un jour fécondée ». Elle ne se tint pas de joie. « L'oracle s'applique-t-il à Adève ? » demanda Ephestion.

« Bientôt ta statue sera là, dit Hadad à Alexandre en lui montrant un piédestal vide en face du trône du Soleil. Elle est déjà commandée à un sculpteur de Sidon. — Tu me divinises avant que je sois mort ? dit Alexandre. — Tu es un dieu vivant, répondit le roi de Bambycé, et le premier que j'aie vu. Sans t'en douter, tu m'en as déjà fourni une preuve, justement par cet Apollon barbu qui t'a surpris et qui est l'Apollon syrien : c'est notre grand oracle, sans qu'on ait besoin de l'interroger. Je l'ai observé, il a bougé et tu vas te rendre compte que je ne me moque pas de toi. » Alexandre regarda la statue et constata qu'elle s'agitait : bien mieux, elle se couvrit de sueur, comme la statue d'Orphée chez les Besses. Etait-ce un miracle ? Etait-ce une illusion d'optique ? une ruse habile des prêtres ?

Alexandre ne chercha pas à comprendre : il aimait trop le merveilleux pour douter. De combien de choses aussi extraordinaires avait-il été le témoin ! Combien d'autres avaient été observées par des gens dignes de foi, choses qu'Aristote lui-même n'arrivait pas à expliquer ! Hadad donna un ordre : la statue fut mise sur les épaules d'un prêtre et continua de se mouvoir en l'obligeant à tourner. L'archigalle, qui avait seul qualité pour questionner le dieu, lui demanda s'il reconnaissait Alexandre. Lorsque la statue, c'est-à-dire le porteur, s'avança, ce qui était un signe d'approbation, Alexandre ne put s'empêcher de sourire : cette fois, le jeu était facile. « Est-ce qu'Alexandre, avec ta faveur, exécutera tout ce qu'il espère ? » demanda encore le grand prêtre. La statue s'éleva jusqu'au plafond et y resta suspendue, pour marquer le comble de la faveur accordée et de l'espérance accomplie. De nouveau, Alexandre ne chercha pas à comprendre et se laissa griser par ces prédictions, comme par les parfums suaves qui brûlaient dans des cassolettes et dont les fumées enveloppaient la statue, pour dissimuler peut-être un mécanisme la reliant au plafond, comme elles voilaient plus ou moins les gens en train de copuler.

Il fit offrir un triple sacrifice à Atargatis et à Hadad. Pour la déesse, on chanta, on joua de la flûte, on frappa des castagnettes. Pour le dieu, régna le silence. De même que dans la ville pontique de Comana, le porc était tenu pour impur à Bambycé : on n'en sacrifiait pas plus qu'on n'en mangeait. On ne mangeait davantage ni de colombes ni de poissons, mais c'est parce qu'ils étaient sacrés. Ce caractère était si solennel pour les colombes que, si on les touchait involontairement, on était impur pour toute la journée. Quant aux poissons, leur caractère sacré venait du fait que l'un d'eux avait trouvé dans l'Euphrate l'œuf duquel Atargatis était née. Cet œuf avait été couvé par des colombes et des colombes avaient nourri Sémiramis, — cette reine était déifiée, — fille d'Atargatis. C'est la déesse syrienne qui avait obtenu de Jupiter que les poissons fussent mis dans le zodiaque. Hadad dit à Alexandre que les rois de Bambycé naissaient toujours sous le signe des Poissons.

Le roi et l'archigalle montrèrent ensuite à Alexandre, derrière le temple, une vaste cour grillée, qui rassemblait pacifiquement toutes sortes d'animaux sacrés, comme dans l'arche de Deucalion : il y avait même des aigles, des lions et des ours. On le conduisit ensuite à un lac tout voisin, au milieu duquel était un autel de marbre, où brûlait de l'encens. Des hommes et des garçons couronnés de fleurs y allaient, en nageant au milieu des poissons sacrés. Beaucoup de garçons avaient les narines percées, auxquelles étaient attachés des anneaux d'or et d'argent. Et beaucoup de poissons, dont certains étaient énormes, avaient eux aussi des anneaux et des boucles d'or ou des pendants d'oreilles, comme ceux de Labrande en Carie et de Myrrha en Lycie. Près du lac, les porteurs d'eau de mer attendaient le roi, l'archigalle et Alexandre pour présenter les vases à un superbe coq.

L'oiseau eut l'air d'examiner les cachets, puis, après avoir reçu un salaire, enleva les rubans et gratta la cire à coups de bec. On regagna le temple et l'on versa sur le pavement l'eau de mer, qui disparut dans une ouverture dite du déluge, comme celle du temple de Jupiter Olympien à Athènes.

D'autres cérémonies s'accomplissaient : des enfants faisaient couper leur chevelure, des jeunes gens les prémices de leur barbe, et les déposaient dans des étuis d'or et d'argent gravés à leur nom et que l'on attachait à des clous. Cela rappelait à Alexandre et à Ephestion les prémices de leurs barbes qu'ils avaient consacrées dans le temple d'Hercule Défenseur à Thèbes. Toutes ces cérémonies n'empêchaient nullement des couples de continuer à s'ébattre dans les coins et jusqu'au pied des statues. L'excitation était portée à un degré encore plus grand que chez les pèlerins de Comana, mais ne semblait pas se satisfaire en faveur de Vénus Génératrice : l'attitude des femmes, appuyées la tête contre les murs ou courbées sur les piédestaux et tendant leurs postérieurs, prouvait que les Syriens raffolaient, autant que les Grecs, de cette manière de faire l'amour qu'Astyanassa, la nourrice d'Hélène, avait indiquée à celle-ci comme la première des voluptés, dans son recueil de *Postures amoureuses*.

En ressortant du temple, Alexandre vit un homme juché sur l'un des phallus de soixante mètres. Cet homme, en qualité d'orant, avait le privilège de s'y tenir sept jours et sept nuits, chaque fois que l'on faisait la cérémonie de l'eau de mer ; et il y montait dès que cette eau avait été répandue dans le temple. Le sommet du phallus était assez large pour qu'il y eût une espèce de lit, mais sans qu'il lui fût permis de s'endormir, faute de quoi il était piqué par un scorpion. Les pèlerins déposaient des monnaies au pied du phallus et disaient leur nom, qu'un prêtre répétait à haute voix. L'orant faisait alors une prière en frappant sur un tambourin. Tout ce que l'on demandait au dieu du haut de ce phallus, était obtenu : c'est à lui que l'on devait la prospérité de la Syrie. « C'est aussi à lui que nous devons ta visite, ô Alexandre, ajouta le roi Ibn Hadad, et c'est lui que nous avons invoqué pour ta victoire. » Alexandre, souriant, remercia.

Il demanda par quel moyen on pouvait grimper à cette hauteur. Un des jeunes servants du temple rougit d'orgueil quand Hadad le chargea d'en faire la démonstration. Il passa une chaîne à la fois autour de son corps et d'un de ces gigantesques phallus ; puis, en s'aidant des aspérités de la chaîne et de ses pieds, il se guinda au sommet, de la même manière que l'on se hisse sur un palmier avec une corde. Il s'y installa, mais ne se soucia pas de singer l'orant : pour amuser l'assistance, il s'y coucha avec volupté, l'étreignit, le baisa, comme avaient fait le garçon et la fille de Lampsaque avec le phallus de Priape. Il alla jusqu'à mimer, en s'y asseyant et se relevant, un coït impossible. L'orant, furieux, s'aperçut que les offrandes pleuvaient au bas de l'autre phallus. Il insulta le garçon, qui redescendit aussi lestement qu'il était monté. Alexandre lui fit donner une pièce d'or et dix à l'orant qui avait obtenu sa victoire.

Un concert grandissant parvenait de l'intérieur du temple : flûtes, tambourins, claquettes, castagnettes, accompagnaient une danse de galles qui se fustigeaient avec les fouets à osselets de mouton et se tailladaient avec des épées, tels les corybantes de Phrygie. Mais cette musique, à laquelle se mêlaient des paroles aiguës, avait quelque chose tout ensemble de plus raffiné, de plus voluptueux et de plus sauvage, propre à la civilisation phénicienne.

Soudain, des cris perçants retentirent. La foule s'attroupa devant un jeune homme nu qui venait de se châtrer sur le parvis du temple. Le sang coulait le long de ses cuisses, sur ses vêtements répandus à terre. Il brandissait le tesson de terre cuite avec lequel il s'était châtré (« Tout autre instrument tranchant rendrait l'opération fatale à ses jours », dit Hadad) et, en même temps, ses testicules. Mi-défaillant, mi-délirant, il criait : « Je suis galle ! Je suis galle ! » « C'est encore ta présence qui a provoqué ce geste d'enthousiasme, dit l'archigalle à Alexandre. — J'espère plutôt que je n'y suis pour rien, dit celui-ci. — D'ordinaire, reprit le grand prêtre, ces consécrations n'ont lieu qu'à la fête du printemps. Tout à l'heure, ce jeune homme, quand il aura repris ses forces, va courir à travers la ville, ses bourses dans la main, et la maison où il les jettera, lui fournira des habits et des ornements de femme. » Alexandre fit remettre deux pièces d'or au jeune homme, sans qu'il lui eût jeté ses testicules.

Ibn Hadad donna à Alexandre plusieurs pierres précieuses dont chacune avait le nom d'une partie du corps du dieu Hadad, son ancêtre : rein d'Hadad, doigt d'Hadad, œil d'Hadad, phallus d'Hadad... mais c'était un phallus miniature. Des mages chaldéens, en visite au temple de la déesse syrienne, intéressèrent Anaxarque et les autres philosophes. Ils parlaient grec comme Osthane, portaient une longue tunique de lin et un petit manteau blanc, de longs cheveux coiffés d'une mitre et exhalaient des odeurs suaves. Ils avaient à la main un bâton surmonté d'une pomme, d'une rose, d'un lys ou d'un aigle. Ils sollicitèrent d'accompagner Alexandre, puisque, lui dirent-ils, son armée irait jusqu'à Babylone et bien au-delà, ainsi qu'ils l'avaient prophétisé, lors du songe de Darius avant la bataille d'Issus. Il fut enchanté de les avoir à sa suite.

L'armée traversa la plaine de l'Oronte, riche en blé, et fit l'ascension du mont Casius de Syrie, pour redescendre sur la côte. Du sommet, qui était à plus de quinze cents mètres d'altitude, on pouvait, suivant la légende, voir le jour d'un côté, la nuit de l'autre. Le temple de Jupiter Casien reçut l'hommage d'Alexandre. Le roi se plaisait à maintenir l'entraînement de ses soldats en les conduisant à l'assaut des obstacles naturels. Sur le Casius, il y avait également un sanctuaire de Triptolème : on y vénérait chaque année ce héros, favori de Cérès, qu'Inachus, roi d'Argos, avait envoyé à la recherche de sa fille Io, changée en vache par Junon, et courant le monde pour fuir la piqûre d'un taon.

Alexandre foulait à présent une région de la Syrie dont la terre rouge lui rappelait celle de Sinope. Cette couleur était, du reste, le ton général de toutes ces montagnes. Sur la côte, les petites villes de Paltus et de Gabala furent occupées sans difficulté. La première se flattait de posséder le tombeau de Memnon, le fils de l'Aurore, tombeau qu'Alexandre avait aperçu déjà près de l'Esipus.

Quand on fut dans la partie de la Syrie dite des Aradiens, il vit venir à sa rencontre un beau jeune homme, couronné de bandelettes, qui, à la tête d'un cortège, lui apportait une couronne d'or : c'était Straton, fils de Gérostrate, roi de l'île d'Arad, située à faible distance de la côte. Les Aradiens, d'origine phénicienne, alliés de Xerxès à Salamine, habitaient cette île et la ville côtière du même nom, ainsi que deux autres cités riches et puissantes : Marathe et Mariamme. Gérostrate avait été forcé, comme les rois de Chypre, à réunir ses vaisseaux à la flotte d'Autophradate. Straton craignait la vengeance d'Alexandre et tentait de prouver ses bonnes dispositions. Sans doute lui avait-on dit aussi que le roi de Macédoine était sensible au charme de la jeunesse. Il déclara que toutes les villes de la côte s'ouvriraient de même à lui, sauf Tyr et Gaza, où se trouvaient de fortes garnisons perses.

Le roi s'arrêta au palais de Marathe. Il sacrifia au dieu qui figurait sur les monnaies du royaume d'Arad : Dagon, dieu barbu à corps de poisson, terminé par un double dard de scorpion, et qui, dans chaque main, tenait un dauphin par la queue. Sur son ventre, était un disque montrant à nu ses entrailles. Son principal sanctuaire était dans les montagnes des Ansariens, à une trentaine de kilomètres de la côte. On l'y adorait avec la déesse Derceto, qu'on appelait également Atargatis. C'étaient les deux grandes divinités phéniciennes. Pour sceller son pacte d'amitié avec Straton, Alexandre fit graver sur les monnaies de l'armée le palmier, autre symbole numismatique de la ville.

Au banquet du jeune prince, où parurent des danseuses phéniciennes, — on les attirait jusqu'en Syrie, — il dut avouer que les danseuses thessaliennes et les danseuses ioniennes semblaient chastes en comparaison. Leurs voiles transparents étaient fendus devant et derrière. La voluptueuse musique phénicienne mêlait le son des flûtes à celui des harpes, faites avec des cornes d'antilope. Straton dit à Alexandre que les Phéniciens avaient une renommée spéciale dans les choses de l'amour, précisée par une expression : « faire la chose de Phénicie », ne signifiait pas pédiquer, comme « faire la chose de Chio ou de Chalcis », ni introduire le doigt dans le fondement, comme « faire la chose de Siphnos », pas davantage « faire la chose de Lesbos », service buccal rendu par les femmes ou par les hommes aux hommes, mais ce service-là rendu aux femmes par les hommes ou par les femmes. Alexandre s'amusa de cette savante distinction. Il répliqua que les limites entre la chose de Lesbos et la chose de Phénicie lui paraissaient un peu artificielles, car les deux choses s'accomplissaient presque toujours en même temps.

Au sujet de la pratique amoureuse des femmes de Lesbos avec les hommes, Anaximène cita un propos d'Esope, que le célèbre Phrygien n'avait pas mis en fable, mais par lequel il en expliquait l'origine fabuleuse : selon lui, Prométhée avait fait un vase à boire en forme de phallus et cela inspira aux femmes qui y avaient bu, l'idée d'approcher de leurs lèvres le modèle.

L'ancien précepteur d'Alexandre rappela une autre histoire d'Esope, qu'il ne lui avait pas racontée dans son enfance et qui, celle-là, glosait d'une manière différente de Platon les goûts des hommes pour les hommes et des femmes pour les femmes. C'est encore Prométhée que le fabuliste en rendait responsable : le génial artisan venait de façonner ses premières effigies d'hommes et de femmes et leurs deux sexes à part, lorsqu'il fut invité à dîner par Bacchus. Il y fit honneur au dieu de la vigne, regagna son atelier à moitié ivre et, par distraction, fixa au corps de certains hommes le sexe féminin et au corps de certaines femmes le sexe masculin. C'est des uns et des autres que descendent les pédérastes et les lesbiennes.

Pendant que l'on discutait des mots érotiques, Thaïs s'était éclipsée. Elle reparut, dans une robe fendue, pareille à celle des danseuses phéniciennes, et, aux sons de la même musique, dansa, toute seule, une danse encore plus débridée et plus échevelée. Elle voulait prouver qu'une Grecque était capable de dépasser, en attitudes provocantes, une Asiatique, en y ajoutant le sel d'une culture supérieure, puisque les peuples de l'Asie n'avaient pas d'autres œuvres littéraires que leur histoire et leurs hymnes religieux. C'est ce qu'elle avait fait à Téos, lorsqu'elle avait chanté au théâtre. Alexandre comprit son intention et fut le premier à applaudir. Mais la ravissante courtisane n'avait pas encore achevé de se faire admirer : elle découvrit sa poitrine, comme, dans le temple de Vénus à Cnide, Ephestion lui avait découvert les fesses, et comme elle s'était mise nue au cap Sigée, en l'honneur d'Achille et de Patrocle. Les deux petites pommes de devant étaient aussi fermes que les deux belles pommes de derrière. Quand elle eut fini, Alexandre lui tendit les bras et la recueillit, palpitante, puis la couvrit de baisers. « Par Jupiter, lui dit-il, tu as été adorable et je suis fier de toi. Apelle a eu raison de vouloir te peindre en Vénus. » Thaïs reprit son souffle et chanta les vers de Mimnerme : « Que serait la vie et qu'aurait-elle d'agréable, sans Vénus d'or ?... »

Le roi avait fait donner vingt pièces d'or à Thaïs pour sa danse et dix pour son chant. Il fut également généreux envers les musiciens phéniciens qui l'avaient accompagnée. Un autre, qui n'avait pas été de ce banquet, vint trouver le roi le lendemain et vanta ses propres talents. Alexandre devina que c'était dans l'espoir d'une récompense et se plut à décevoir ce calcul. « Fais-moi entendre une belle musique, lui dit-il, et je te donnerai plaisir pour plaisir. » Le musicien s'exécuta et, de fait, il était habile ; mais Alexandre aimait à montrer que ses trésors n'étaient pas à la disposition de n'importe qui. « O roi, tu m'avais promis une récompense, lui dit l'homme, voyant qu'on ne lui donnait rien. — C'est en te la promettant, dit Alexandre, que je t'ai donné plaisir pour plaisir. »

Arsame et Ménisque, deux ambassadeurs de Darius, se présentèrent tout à coup à Marathe. Ils apportaient une lettre du grand roi à Alexandre. Darius, sans le traiter de roi, s'intitulait « Roi des rois, consanguin des dieux, assis avec le dieu Mithra, participant des étoiles, frère du Soleil et de la Lune ». Après ce pompeux préambule, il lui demandait la liberté de sa mère, de sa femme et de ses enfants, contre une forte rançon et lui offrait les pays de l'Asie Mineure jusqu'à l'Halys, qui avait formé jadis la frontière des Perses, au nord de la Lydie. Il rappelait le traité d'amitié qui avait existé entre Artaxerxès Ochus et Philippe. Il ajoutait que néanmoins celui-ci avait fait la guerre à Arsès, fils d'Artaxerxès, en envoyant Parménion et d'autres généraux attaquer des villes, soumises à sa couronne, et qu'Alexandre étant venu lui-même à la tête d'une armée traiter les Perses en ennemis, il avait dû prendre les armes pour le salut de l'empire et l'honneur du trône. Il concluait qu'à Issus, les dieux avaient décidé du combat, mais que l'amitié pouvait renaître entre les deux pays et que ses ambassadeurs Ménisque et Arsime en étaient les garants.

Alexandre réunit ses amis et ses conseillers. Ils furent unanimes à rejeter ces propositions. Alexandre les congédia, sauf Ephestion, Thersippe et Eumène. Il réfléchit quelques instants et dicta à Eumène la réponse suivante. Le titre qu'il s'attribuait en commençant, ainsi qu'il le faisait parfois dans ses conversations, était une réplique à tous ceux que se décernait son adversaire : « Alexandre, roi de l'Asie, à Darius. Ce Darius dont tu as emprunté le nom, a fait endurer des maux sans nombre aux Grecs qui habitent la côte de l'Hellespont et les autres provinces de l'Asie. Il a passé la mer avec une armée immense et envahi la Grèce et la Macédoine. Après lui, Xerxès nous a attaqués à son tour, sans avoir rien souffert de nous. Il a saccagé nos villes et brûlé nos campagnes. Moi, Alexandre, général en chef des Grecs, j'ai passé dans l'Asie pour venger leur injure et la mienne. Si mon père Philippe a été assassiné, ce fut par des hommes que tes agents avaient corrompus. Toi-même tu as voulu acheter un assassin pour me frapper. Je ne fais donc que repousser la guerre, je ne l'apporte pas et, grâce aux dieux, qui sont toujours pour la bonne cause, j'ai déjà réduit sous mon obéissance une grande partie de l'Asie. Je t'ai vaincu en bataille rangée, après avoir vaincu déjà ton armée au Granique. Méconnaissant à mon égard des lois de la guerre, tu n'avais droit à rien obtenir de moi. Cependant, si tu viens me trouver en suppliant, je te promets de te restituer ta mère, ta femme et tes enfants sans rançon. Je t'engage ma parole que tu peux venir sans danger. Mais quand tu m'écriras, n'oublie pas que tu t'adresses à un roi et, qui plus est, au roi de toute l'Asie. Tu n'es plus mon égal. Si tu en appelles de ce titre à un nouveau combat, ne reprends pas la fuite : je t'atteindrai partout. »

La lettre était fière et préjugeait beaucoup de l'avenir, mais elle enchantait Ephestion. Elle contenait aussi des allusions au passé qui, en notant la complicité de Darius dans le meurtre de Philippe, lavait Olympias et même Alexandre des calomnies dont les avaient noircis à ce sujet les adversaires de la Macédoine. Thersippe fut chargé de rendre ce message à Babylone et partit avec les deux ambassadeurs. Il devait le remettre sans autre explication et surtout ne pas discuter l'offre de concessions territoriales, qui était dépassée par les événements.

Le roi n'avait pas laissé se flatter Arsame en lui citant les deux vers où Eschyle, dans *les Perses*, fait allusion à son ancêtre et homonyme, le satrape de Memphis, qui, à Salamine, combattit avec « Liléus et Argeste ».

Quand Alexandre, dans un festin offert à ses amis, hors de la présence du prince des Aradiens, leur lut glorieusement la copie de cette lettre, une grande discussion s'engagea, avec la liberté qu'il avait instituée en ses heures de récréation. La plupart approuvaient les termes de la missive, certains la jugeaient offensante, d'autres trop courtoise. Les philosophes étaient assez réticents. Callisthène déclara qu'il était un peu fort de reprocher à Darius de se défendre et qu'il était justifié à considérer les Grecs comme des agresseurs. S'il avait instigué à l'horrible meurtre de Philippe et au non moins horrible projet de meurtre d'Alexandre, il aurait été fondé à plaider sa cause en disant qu'il avait tenté de répondre à la guerre par le meurtre. La guerre même n'en était-elle pas un ? Alexandre fut piqué d'entendre de tels arguments, qui furent soutenus par Pyrrhon ; mais il avait tellement eu peur que quelqu'un n'osât relever le plus faible de tous, qu'il évita de se plaindre : c'était, — il ne l'avoua qu'à Ephestion, — d'avoir dit que Darius était venu porter la guerre en Macédoine, alors qu'Alexandre Ier, roi de ce pays, était alors son allié.

Anaxarque rappela les raisons données par Hérodote à cette vieille dissension de l'Europe et de l'Asie qui les avait amenés à Marathe et qui se terminerait bientôt dans une fusion de l'Asie et de l'Europe, sous le sceptre d'Alexandre : des histoires d'enlèvements de femmes, dont les deux premiers furent mis sur le compte de Jupiter. Les Phéniciens débutèrent en enlevant Io, fille du roi d'Argos, séduite par le maître d'un de leurs navires, qui lui vendait des étoffes. Les Grecs de riposter en enlevant Europe, fille du roi de Tyr. L'équilibre établi fut rompu par les Grecs, qui enlevèrent Médée, fille du roi de Colchide. Pâris-Alexandre, fils de Priam, enleva Hélène et, pour la première fois, les Grecs répondirent par une expédition. Cela stupéfia les Asiatiques, aux yeux de qui des enlèvements de femmes, dit Hérodote, ne méritaient pas l'attention du sage, car, ajoutait-il à juste titre, une femme n'est jamais enlevée sans s'y être prêtée. Pour Io et Europe, Alexandre préférait la version mythologique, parce qu'elle était plus poétique. Mais il songeait à ces enlèvements de courtisanes qui avaient provoqué la guerre du Péloponèse et dont on avait parlé, jadis, sur l'*Hercule,* avec le grave Léonidas. Il pensa soudain à un autre cas. « Par Hercule, s'écria-t-il, merci, Anaxarque ! Quelle belle cause tu ajoutes à toutes les miennes ! Il y avait une affaire de femme que je n'avais pas envisagée sous ce jour : je venge ma lointaine parente Gygée qui fut enlevée par le Perse Bubarès dans les mêmes conditions que les femmes dont parle Hérodote. — Si ma mémoire est bonne, dit Callisthène, Gygée fut cédée par son frère, ton ancêtre Alexandre, en légitime mariage. — Un mariage forcé ! s'écria le roi. Il s'agissait d'amadouer les Perses, qui voulaient punir le meurtre de leurs ambassadeurs, punis eux-mêmes d'avoir outragé des Macédoniennes dans un banquet. Le mariage de Gygée, c'est comme l'enlèvement d'Hélène. — Tu as raison, dit Ephestion : la belle Hélène n'avait pas été assez vengée par la guerre de Troie et sa vraie gloire sera d'avoir été vengée par le bel Alexandre. — Par Alexandre le Grand, dit Anaxarque. C'est moi, ô roi, qui t'aurai donné ce titre le premier. »

Après un bref arrêt à Tripoli, ville dont Arad était la métropole et où l'on voyait encore les traces des incendies allumés par Amyntas, on marcha vers la Phénicie. A Arad, le prince avait montré par quel procédé ingénieux on se procurait l'eau douce d'une source marine située près de la côte : un tuyau de cuir plongeait dans la mer et amenait cette eau à la ville. Les palmiers qui bordaient la route, balançaient sur Alexandre les palmes de la victoire ; mais il honorait aussi dans ces beaux arbres les Muses, à qui ils étaient consacrés. Le temps lui semblait lointain où il ambitionnait une des palmes d'Olympie. Il était au pays des palmiers. Les citronniers lui faisaient escorte depuis la Troade et les pruniers depuis la Syrie. Parménion lui avait envoyé des pruneaux de Damas en lui disant que ces fruits secs, ignorés en Grèce (on n'y connaissait qu'une variété de prune, dite coccymèle), étaient excellents pour lâcher le ventre. La Phénicie avait également des pistachiers, dont on mangeait les amandes grillées. Callisthène expédiait à Théophraste, le botaniste d'Aristote, des pruniers et des pruneaux, des pistachiers et des pistaches.

Byblos, bâtie sur une hauteur près de la mer, au pied du Liban, était la cité d'Adonis. L'Anti-Liban formait dans l'intérieur une chaîne parallèle, aboutissant au mont Hermon, limite de la Judée. Byblos se livra à Alexandre, comme Adonis s'était livré à Hercule, à Apollon, à Mercure et à Bacchus, desquels il avait été le mignon, sans cesser d'être l'amant de Vénus. C'est probablement son intimité avec Bacchus qui le faisait représenter parfois ayant deux petites cornes sur la tête. Le roi de Byblos, Enylus, était, lui aussi, avec la flotte d'Autophradate, et les magistrats de la ville l'en excusèrent auprès d'Alexandre, non moins que Straton avait excusé son père Gérostrate. Ce n'était pas la saison des fêtes d'Adonis, — les Adonies, — qui se célébraient à la fin du printemps ; mais on ne cacha rien à Alexandre de ses mystères, quoiqu'il ne fût pas initié.

Adonis, fils incestueux de Myrrha et de son père Cinyre, d'abord roi de Chypre, puis de Syrie, — pour les Phéniciens, c'était le fils d'Astarté ; pour d'autres, celui de Théias, roi de Phénicie, et de sa fille Smyrra, — était né, en Syrie ou à Chypre, de l'arbre en lequel, par la grâce de Jupiter, elle fut transformée et qui produit la myrrhe. Vénus avait rendu Myrrha amoureuse de son père afin de la punir d'avoir comparé ses cheveux à ceux de la déesse et, grâce à la complicité de sa nourrice, elle avait réussi à coucher douze nuits avec lui. Mais Cinyre, ayant découvert le subterfuge, la poursuivit l'épée à la main. Elle pria les dieux de la sauver et c'est ainsi qu'elle devint l'arbre à parfum. Le dixième mois après, il s'était entrouvert et Adonis en était sorti. Cinyre ne le connut pas : il s'était supprimé de désespoir à cause de cet inceste. Le palmier était l'arbre d'Adonis et le lotus était sa fleur, qui ornait les bassins. On voyait les corbeilles d'argent dans lesquelles, lors de la fête de sa résurrection, se plantaient « les jardins d'Adonis » : des fleurs, du blé, de l'orge, du fenouil et de la laitue, ce qui prouvait, dit Ephestion, en souvenir du débat au souper de Cléotime, que cette salade n'était pas contraire aux plaisirs de Vénus.

Alexandre admira les belles statues du jeune dieu, couché nu sur un lit dans une position qui évoquait celle d'Atys. Même lorsqu'on ne célébrait pas ses funérailles, le regret de sa mort traversait aussi bien les autres fêtes religieuses que celles de la vie profane. La flûte phénicienne, à nom spécial, qui lui était réservée, avait un son plaintif : elle était faite avec un os de bête sauvage, comme la flûte thébaine, mais n'avait pas le revêtement de bronze qui distinguait celle-ci.

Bacchus et Mercure avaient leurs statues dans le temple d'Adonis, leur bien-aimé, et non pas Apollon. Anaxarque expliquait la chose à sa manière en disant que le bel Adonis ne devait pas avoir brillé par l'intelligence, si l'on se fiait à ce que lui faisait dire la poétesse Praxilla de Sicyone, d'où l'expression : « Plus stupide que l'Adonis de Praxilla. » Elle imagine, en effet, qu'on lui demande aux enfers ce qu'il a laissé sur la terre et il répond : « Le très beau soleil, des concombres et des pommes. » « Ce n'est pas si stupide, dit Alexandre : les pommes, c'est lui, qui ne peut plus recevoir entre elles les concombres d'Hercule, de Mercure, de Bacchus et d'Apollon. » Il y avait une autre raison pour que ce dernier ne fût pas en bons termes avec Adonis : Vénus avait aveuglé Erymanthe, fils du dieu de la lumière, parce qu'il l'avait vue se laver après une de ses copulations avec le fils de Myrrha. Apollon, indigné, prit la forme d'un sanglier et perça

Adonis de ses défenses. Selon certains, c'est Mars qui, jaloux, s'était ainsi métamorphosé.

Des tableaux et des vases peints montraient la dispute de Vénus et de Proserpine au sujet de ce beau garçon. La légende commune plaçait cette dispute après la mort d'Adonis, quand la déesse des enfers refusa de le rendre à la déesse de l'amour : Jupiter, pris pour arbitre, décida qu'Adonis, immortalisé, passerait, tous les ans, quatre mois avec chacune des deux déesses et quatre mois avec lui, sans en faire toutefois un nouveau Ganymède, mais uniquement afin d'admirer sa beauté dans l'Olympe. Panyasis, le poète d'Halicarnasse, auteur de l'*Héraclée,* situait, au contraire, la dispute au début de la vie du fils de Cinyre et de Myrrha.

Le culte d'Adonis s'était répandu de Phénicie à Chypre, l'île de Vénus, puis en Grèce. Il n'avait pas gagné la Macédoine ; mais Alexandre savait, par des allusions d'Aristophane et de Platon, qu'il était en honneur à Athènes depuis longtemps. Lorsque la flotte de Nicias et d'Alcibiade appareillait pour la malheureuse expédition de Sicile, au solstice d'été, les femmes d'Athènes étaient occupées aux rites funèbres d'Adonis qui, dans cette ville, se célébraient à cette époque, et cela avait été regardé comme un mauvais présage.

Il y avait aussi à Byblos le temple de Baaltis, nom féminin de Baal et qui était, en somme, un autre nom de la Ma arménienne, de l'Astarté phénicienne et de la Mylitta babylonienne, autrement dit de Vénus. On l'appelait également la Vénus Byblienne et, lors de ses fêtes, on y célébrait les orgies d'Adonis. Eschmoun était l'Esculape phénicien.

Byblos avait un charmant petit théâtre, creusé au haut d'une colline d'où l'on voyait la mer et qui rappelait ceux de Téos et de Patara. Thessalus et les autres acteurs d'Alexandre représentèrent le *Thésée* du jeune auteur comique Diphile de Sinope, où trois jeunes filles de Samos proposent une énigme durant les fêtes d'Adonis. Eschine, qui avait cité cette énigme au retour d'Athènes après la bataille de Chéronée, avait légèrement abrégé et déformé la réponse de la troisième jeune fille, disant que le phallus était plus fort que le fer, puisqu'il « pénètre dans les fesses du forgeron... même constipé ».

On voyait, aux abords de la ville, une splendide forêt de pins : elle passait pour avoir été jadis un des séjours préférés de Bacchus. Il y avait des vignes : le vin de Byblos était renommé. Le fleuve voisin de la ville portait le nom d'Adonis et offrait, au moment des fêtes, un spectacle extraordinaire : il se teignait tout à coup en rouge, car c'était à cette époque-là qu'Adonis avait versé son sang sur le Liban et que Vénus le changea en anémone, la fleur du printemps.

Un autre dieu phénicien ou syrien, non hellénisé comme Adonis, était adoré à Byblos : Récheph. Alexandre visita son temple, parce que c'était un dieu guerrier, avec lance et bouclier. Sa coiffure était une tiare pointue, posée sur une tête de chèvre. Sa compagne, la déesse Kadech, souriait sur un lion, un serpent dans une main, des fleurs dans l'autre.

Byblos était une ville très sainte pour les Egyptiens. Elle avait un temple d'Isis où était une tige ayant contenu le corps d'Osiris, le grand dieu de l'Egypte, inventeur des arts et civilisateur du monde. Quand Typhon, le frère d'Osiris, jaloux de lui, après l'avoir enfermé à l'intérieur d'un coffre et fait porter dans un lieu solitaire, le retrouva la nuit en chassant au clair de lune, il le coupa en quatorze ou vingt-six ou cinquante-six morceaux, qu'il dispersa. Isis, sœur et épouse d'Osiris, se mit à leur recherche dans une barque d'écorce de papyrus. C'est pourquoi ceux qui naviguent dans des barques de cette sorte ne sont jamais attaqués par des crocodiles. La déesse récupéra tous les morceaux, sauf deux : la tête, que Typhon avait laissée dans le coffre, et les parties génitales, qu'il avait jetées dans le Nil comme le coffre, mais elles y furent dévorées par trois poissons. Le coffre, porté du fleuve dans la mer, fut poussé jusqu'à Byblos et s'y déposa sous une bruyère, dont la tige devint si grosse qu'elle le recouvrit. Isis qui, par une révélation céleste, vint à Byblos, reprit le coffre avec la tête et laissa la tige, qui fut incluse dans ce temple. Cette tige était vénérée en Egypte sous la forme d'un pilier, représenté souvent en amulette et qui était l'emblème de l'immortalité. A Byblos, la déesse l'avait enveloppée d'un voile et arrosée d'un parfum. La fête du Retour d'Isis de Phénicie était une des plus grandes chez les Egyptiens. Cette déesse avait, du reste, des ressemblances avec Astarté, comme son fils Horus en avait avec Adonis. Chaque année aussi, pour la fête de la Recherche d'Osiris, qui se célébrait en novembre, une tête de papyrus, jetée dans le Nil, flottait jusqu'à Byblos, sans jamais se perdre ni être submergée, bien que la mer fût agitée en cette saison.

Alexandre était impatient de vénérer ce dieu, dont il n'avait jamais encore vu de représentation, alors qu'il avait vu trois fois les statues d'Isis et d'Horus. Le culte des divinités égyptiennes, qui avait déjà pénétré en Grèce, ne semblait pas s'être répandu en Asie Mineure. La reine Ada avait pourtant dit à Alexandre qu'Halicarnasse possédait un sanctuaire d'Isis. Osiris avait les bras croisés sur la poitrine, contre laquelle il serrait, d'un côté un sceptre courbé, de l'autre un chasse-mouche en forme de fouet ; il était coiffé d'une haute tiare, qui avait deux longues plumes droites. Alexandre demanda ce qu'était le triple phallus placé près du tombeau : c'était le symbole des parties sexuelles du dieu. Isis, ayant appris leur sort, en fit faire une ressemblance, qu'elle proposa à la vénération publique. Ces trois phallus étaient dans tous les temples d'Egypte. Ainsi Osiris rejoignait-il Bacchus, Priape et Adonis.

Alexandre versa des parfums sur les trois phallus, selon le rite, et offrit des gâteaux de miel à la tige. Pendant qu'il faisait ces libations, la prêtresse d'Isis déchira une étoffe de lin et le prêtre d'Osiris fendit un morceau de bois avec une hache. Cela était également partie du rite. Puis, le roi sacrifia au son de flûtes, faites avec de la paille d'orge, instrument de musique inventé par Osiris.

Aphaca, non loin de Byblos, près du lac Limun, avait un temple de Vénus Phénicienne, surnommée Aphakis, non moins célèbre que celui de la déesse syrienne et qui était, avec celui de Paphos à Chypre, le seul oracle de la déesse de l'Amour. Là aussi régnait la prostitution sacrée, mais non sous les espèces de prostituées, semblables à celles de Corinthe et de Comana : toutes les filles de Phénicie s'abandonnaient à qui elles voulaient, sous l'invocation et la protection de Vénus. Encore fallait-il que le prix du stupre fût préalablement agréé par elle : l'objet ou la pièce de monnaie était jeté dans le lac ; s'il tombait au fond, la jeune fille et son amoureux n'avaient qu'à se rendre dans un bosquet de myrte, comme on le faisait à Cnide. Si l'objet ou la pièce demeurait à la surface, c'était signe que Vénus interdisait le coït. Callisthène fit plusieurs expériences avec diverses pièces et divers objets, en dehors de toute fornication, et dut convenir qu'il y avait du divin ou du moins du mystérieux dans ce phénomène, car des objets très légers plongeaient et des objets très lourds surnageaient.

Les hommes qui venaient en pèlerinage au temple d'Aphakis, se rasaient la tête. Les femmes en étaient dispensées, à condition de se prostituer toute une journée. Les étrangers avaient seuls droit à leurs faveurs et le prix du sacrifice était offert à la déesse.

Alexandre s'intéressa à une école d'amour masculin qui existait près du temple et où l'on enseignait les jeunes eunuques et les jeunes prostitués. C'était la première institution de ce genre que voyaient les Grecs, habitués pourtant aux lupanars de garçons. Cette école prétendait ne pas être un lupanar et l'entrée en était interdite aux amateurs. La prostitution sacrée existait également près d'un temple de Vénus qui était sur le mont Liban et qui avait été fondé par Cinyre.

Bien que régnant en Phénicie, cette prostitution était inconnue en Syrie, sauf dans le temple d'Astarté. Cela n'empêchait pas les Syriennes de la pratiquer en Phénicie ou de se rendre à Paphos et à Amathonte, dans l'île de Chypre, où on la pratiquait de même. En dehors de cette prostitution censée religieuse, toutes les villes principales avaient des lupanars, vers lesquels les officiers et les soldats se précipitaient, au terme de ces longues marches, pour « délier le pied de l'outre ».

Alexandre, fidèle à Ephestion, avec lequel il partageait Thaïs, — ils n'avaient partagé encore ni Adève ni Barsine, — n'avait pas besoin d'aphrodisiaque. Il ne s'amusait pas moins des découvertes que faisaient à ce sujet Callisthène et les plus austères philosophes de sa suite. Il réprouvait les excès pour lui-même, autant parce qu'il n'y était pas porté que parce qu'ils auraient mis ses ambitions en péril ; mais il savait comprendre les excès des autres. Les régions que l'on parcourait, ayant le culte de l'amour physique, il était naturel qu'on y eût poussé plus loin qu'ailleurs l'art de le satisfaire. Les flèches d'Orphée ne leur suffisaient pas. Les Phéniciens recommandaient le tubercule de l'orchis, dont la forme était celle des testicules ; mais cette plante en avait deux et il fallait seulement utiliser le plus gros et le plus dur : le plus petit et le plus mou avait des effets contraires. Le satyrion, qui croît au bord de la mer, a également deux tubercules, amis tout-puissants de Vénus quand ils se gonflent, ce qui arrive une année sur deux. Dans les montagnes, on récoltait un satyrion particulier dont la racine servait à la génération : la partie inférieure, qui était la plus grosse, faisait concevoir des garçons, et la partie inférieure, plus petite, des filles. La fritillaire, plante aussi des montagnes, était tellement aphrodisiaque qu'il suffisait à un homme d'en tenir la racine à la main pour se sentir changé en phallus. Même les parties génitales de l'âne jouaient un rôle dans la pharmacopée amoureuse des Phéniciens : trempées sept fois dans l'huile bouillante, elles composaient un liniment qui vous permettait de lutter avec l'âne de Priape.

Beyrouth ou Béryte, au bord du Lycus, accueillit ensuite Alexandre. On y but du vin du Liban, qui avait une odeur d'encens et qui ne supplanta pas le vin de Chalybon pour les Macédoniens. Puis, le roi passa l'embouchure du Tamyras, honora Esculape-Eschmoun dans un bois sacré, entra à Léontopolis, la ville des lions du Liban, — il n'en vit aucun, — et enfin à Sidon, la plus grande de Phénicie avec Tyr. Elle était célèbre par son ancienneté et par ses richesses. Cadmus, le fondateur de Thèbes, était Sidonien, comme le rappelait un des vers d'Euripide que cita Isocrate en mourant. Alexandre avait, dès son enfance, lié le nom de Sidon au sien propre, grâce à un passage de *l'Iliade* décrivant la reine Hécube qui « descendit vers la chambre odorante, — Où étaient les voiles, œuvre aux mille broderies des femmes — Sidoniennes qu'Alexandre lui-même, semblable aux dieux, — Avait rapportés de Sidon, quand il traversa la large mer, — Voyage d'où il ramena aussi Hélène la bien née. »

Que les Sidoniens eussent été des artistes en tout genre, il y en avait une seconde preuve dans *l'Iliade.* On y décrit le vase d'argent, fabriqué par eux, qu'Eumée avait remis à Patrocle pour racheter Lycaon, fils de Priam, et qu'Achille, aux jeux des funérailles, déposa comme prix de la course à pied « en l'honneur de son compagnon. » : « Il contient six mesures ; mais c'est par la beauté qu'il surpasse de beaucoup tout autre : — D'habiles Sidoniens l'ont travaillé. » Et c'est encore un potier de Sidon, — « Sidon, riche en bronze », — qui, de l'avis d'Alexandre, avait fait la belle coupe, présent de Ménélas à Télémaque dans *l'Odyssée :* « De tous les trésors qui sont dans ma demeure, — Je te donnerai le plus beau et le plus rare. — Je te donnerai une coupe travaillée : elle est toute d'argent — Et les lèvres sont terminées en or. — C'est une œuvre de Vulcain : le héros Phédime, roi des Sidoniens, — Me l'a apportée. » Alexandre disait que Vulcain n'apparaissait là qu'au figuré.

Des coupes dignes de Vulcain lui furent offertes, avec un voile brodé, digne de celui du Sybarite Alcisthine que Denys l'Ancien avait vendu aux Carthaginois cinquante-six mille drachmes. On lui offrit aussi des objets d'ivoire aux formes extraordinaires : les Phéniciens rendaient malléable l'ivoire des Indes en le faisant bouillir dans de l'orge fermentée. Ils l'envoyaient ensuite teindre en Lydie.

La ville avait un double port et, dans l'un d'eux, se trouvait un chenal qui en formait un troisième, où les vaisseaux restaient à l'abri, durant la mauvaise saison.

Astarté, la Vénus phénicienne, était la grande divinité de Sidon. Son temple abondait en colombes, comme celui d'Atargatis ; mais il n'y avait ni parc d'animaux ni lac de poissons. Il avait pareillement une forte enceinte de murailles, des parvis entourés de portiques et le toit voûté. La statue de la déesse paraissait réunir les attributs de presque toutes les déesses grecques, Minerve et Proserpine y comprises, puisqu'elle tenait une quenouille et une grenade ; elle avait le lion de Cybèle, mais elle y était assise, comme la déesse syrienne ; elle portait la ceinture de Vénus, la couronne de Junon, l'étoile de Diane. Selon quelques-uns, c'était une représentation d'Europe, la fille d'Agénor, roi de Tyr et de Sidon, que Jupiter, changé en taureau, avait enlevée sur la plage de Sidon et conduite, soit en Crète, soit en Béotie, au milieu d'un cortège d'Amours chantant des hymnes et tenant des flambeaux. Alexandre, qui avait dénié la version empirique fournie par Hérodote de cet événement, se souvenait de la grotte de Teumesse, dans la plaine de Thèbes, où avait eu lieu l'union du souverain de l'Olympe et de la princesse qui donna son nom au continent européen. Il sacrifia à Astarté avec une vénération accrue par ce souvenir, auquel il attribuait une valeur de présage : en train de conquérir l'Asie, il aurait ensuite à conquérir l'Europe, pour être le maître du monde, si tous les oracles avaient dit vrai. Les courtisanes avaient le privilège de tisser les vêtements que l'on mettait sur la déesse pour ses fêtes. C'était le contraire du voile de Minerve à Athènes, tissu par des vierges.

Le culte d'Astarté était associé, non seulement à celui d'Adonis, mais à celui de Baal, Bel ou Bélus ou Baal-Ammon ou encore Moloch, le grand dieu phénicien qui était le grand dieu des Carthaginois. On le confondait, soit avec Jupiter, soit avec Hercule, mais un de ses symboles était aussi le phallus. Alexandre visita son sanctuaire, où était sa statue de bronze. Moloch ne ressemblait ni à Jupiter ni à Hercule : il avait une tête de taureau et tendait les bras en avant, comme au temps où l'on y brûlait des victimes humaines au-dessus d'un bassin de bronze, pendant que les prêtres frappaient des tambourins. En mémoire de ce rite, qui n'était pas spécial à ce peuple, puisque les Grecs l'avaient observé pour quelques-uns de leurs dieux, on faisait passer les garçons et les filles « par le feu de Baal ou de Moloch. » Il s'agissait de tout autre chose, que l'on voulut montrer à Alexandre.

La cérémonie était nocturne, à la seule lueur du grand fourneau que l'on avait allumé, devant la statue, et où l'on brûlait maintenant des animaux. Un nuage d'encens se mêlait à l'odeur des chairs rôties, comme l'aimait Alexandre. Quand le bronze de la statue eut rougi sous l'action du feu, les adorants, — hommes, femmes, jeunes gens et jeunes filles, — tournèrent autour, pendant que retentissait une musique forcenée, et s'accouplèrent enfin d'une manière masculine. Les hommes et les garçons pouvaient aussi offrir à Moloch leur semence en se masturbant aux pieds de sa statue. Cette orgie ne s'effectuait que lors de certaines fêtes ; mais le passage d'Alexandre en était une exceptionnelle. Il lui fallut tout son sang-froid, de même qu'à ses compagnons, pour ne pas imiter ce qu'il voyait faire. Certes, il l'avait vu déjà dans bien des lieux sacrés ; mais ici il y avait le prestige des ténèbres, musicales et rougeoyantes. Adève, qu'Ephestion avait amené, ne savait plus comment retenir ses mains.

A côté de ces divinités particulières, existait à Sidon un temple de Castor et Pollux, où Alexandre et Ephestion furent heureux de sacrifier.

Une telle ville se devait d'avoir un paradis du roi des Perses. Situé non loin des portes, il était bien planté, aussi fleuri et aussi peuplé de gibier que ceux de Célènes et de Sardes, avec des eaux courantes, des pavillons, des gymnases, des allées de mosaïque.

Dans le voisinage, on trouvait une terre spéciale, appelée asphalte ou bitume. Elle servait à sceller les pierres et les briques des murailles et à fabriquer une quantité de remèdes. Le bitume formait un lac en Judée et, d'après les voyageurs, jaillissait comme une source en Babylonie et en Susiane : il brûlait parfois, telle la Chimère lycienne. Une industrie importante était celle du parfum de troène, ainsi que dans le reste de la Phénicie.

Les Sidoniens avaient été, comme tous les Phéniciens, les alliés de Xerxès et c'est du pont d'un de leurs vaisseaux, où il était assis sous une tente d'or, que ce roi passa la revue de sa flotte dans l'Hellespont, avant de se rendre en Grèce. Ils s'étaient révoltés ensuite contre Artaxerxès Ochus, qui s'empara de la ville grâce à la trahison de leur roi Temmès ; mais, pour ne pas tomber au pouvoir des Perses, ils mirent le feu aux maisons, comme les Marmariens l'avaient fait pour ne pas céder à Alexandre, et ils périrent tous, au nombre de quarante mille, avec leurs femmes et leurs enfants. Artaxerxès recueillit une masse considérable d'or et d'argent fondu, débris d'une cité opulente qui achevait actuellement de se reconstruire. Le palais royal avait été préservé.

Straton III, homonyme du fils de Gérostrate, était le roi de Sidon, et, à l'exemple de ce dernier, il avait rejoint Autophradate avec sa flotte. Mais on déclarait qu'à la différence du roi d'Arad, il était, par tradition de famille, partisan de Darius. Les Sidoniens, lorsque Alexandre eut visité tous leurs temples et vénéré tous leurs dieux, le supplièrent de leur donner un nouveau roi, mais de leur race. Ephestion lui conseillait de nommer l'un des deux jeunes gens de grande famille, Mapen et Tétramneste, qui se disputaient leur amitié et dont les noms étaient ceux de deux chefs de la flotte de Xerxès à Salamine, le premier de Tyr, le second de Sidon. Ils étaient amis de la même façon que lui et Alexandre ; aussi, faire l'un roi, eût été les faire rois tous les deux. Harmodius et Aristogiton, les deux Athéniens pédérastes « tueurs de tyrans », étaient d'origine phénicienne : Ephestion prétendait qu'il aurait été drôle de voir le chef de la Grèce créer à Sidon deux tyrans pédérastes. Tétramneste et Mapen refusèrent cet honneur, en alléguant que les lois du pays réservaient cette dignité à ceux qui étaient de sang royal. Il y eut alors de nombreux candidats à produire leurs titres ; mais Mapen et Tétramneste firent désigner le plus déchu et le plus pauvre, un descendant de Cinyre, nommé Abdalonyme, qui était jardinier hors de la ville et qui était même contraint d'ajouter à ce travail celui de curer les puits.

Alexandre voulut jouir de cette scène au milieu de ses philosophes, qui pourraient en référer à Diogène et à Cratère, les deux cyniques, et à Xénocrate, l'académicien. Abdalonyme était en train de bêcher. Il fut surpris de voir son jardin envahi par les gardes qui précédaient Alexandre. Un page lui apportait sur un coussin les insignes de la royauté. Il crut à une plaisanterie, quand on lui ôta la bêche des mains pour lui donner le sceptre, que l'on peigna ses cheveux pour y poser la couronne et que l'on couvrit ses épaules du manteau de pourpre. Il éclata de rire ; mais Tétramneste et Mapen lui assurèrent que c'était très sérieux. Alexandre lui confirma qu'il était roi. Abdalonyme eut de le peine à se laisser persuader, tomba à ses pieds ainsi vêtu, lui baisa les mains, versa des larmes d'émotion, remercia les dieux. Un peu plus tard, il entrait en ville sur un cheval caparaçonné, à la droite du vainqueur d'Issus. Alexandre l'installa dans le palais, à ses côtés, lui fit prendre un bain et offrit un banquet pour célébrer le couronnement. Python de Byzance dit que les Romains avaient de même nommé dictateur un patricien ruiné, Cincinnatus, qui labourait son champ lorsque se présentèrent leurs envoyés. Il était nu et couvert de poussière : « Prends un vêtement, lui dit l'un d'eux, pour que je te transmette les ordres du sénat et du peuple romain. »

Comme les riches jugeaient humiliant d'être soumis à l'autorité de cet ancien pauvre, Alexandre eut un instant de regret d'avoir écouté son amour de l'insolite et du pittoresque, plutôt que son sens politique. Il fit venir Abdalonyme, le considéra longuement et lui déclara : « Ton extérieur ne dément pas ce qu'on dit de ta naissance, mais j'aimerais savoir si tu as bien supporté ta pauvreté. — Plaise aux dieux, répondit le Sidonien, que je puisse supporter la royauté ! » Ces simples mots enchantèrent Alexandre et il approuva son choix. Il donna au nouveau souverain une partie du butin pris aux Perses et agrandit ses Etats de quelques localités voisines. Ayant restauré une reine en Carie, il aurait fait un roi en Phénicie.

S'il avait fait un roi, Alexandre n'était pas sans recevoir les hommages empressés de rois de ces parages : ceux de presque toutes les villes de Chypre lui étaient acquis. Il avait été fondé à s'y attendre, puisque, sauf un noyau de Phéniciens et d'Ethiopiens, presque tous les Chypriotes étaient d'origine grecque, — d'Attique, d'Arcadie, de Laconie ou de Cythnos. Pnytagore, roi de Salamine, était venu le saluer avec ses deux fils, Nicocréon et Nytaphon, et lui porter une couronne d'or. Alexandre, à qui le nom de Salamine était si cher, voyait dans cette couronne de la Salamine chypriote une promesse de sa victoire complète sur Darius. La Salaminienne était une des galères sacrées des Athéniens ; Alexandre salua de la même épithète les navires que le roi de Salamine mettait à sa disposition. Il était également sensible au fait que Pnytagore fût l'homonyme d'un de ses prédécesseurs, dont le père, Evagoras, avait été l'objet d'un éloge funèbre d'Isocrate et dont le frère, Nicoclès, avait reçu deux lettres du même orateur sur l'art royal.

Mais une raison beaucoup plus considérable aux yeux d'Alexandre lui recommandait Pnytagore et ses fils, garçons de dix-sept et dix-neuf ans, que recommandait déjà leur beauté : ils étaient des Cinyrades, c'est-à-dire des descendants de Cinyre, le père d'Adonis, qui, alors roi de Chypre et hôte d'Agamemnon, lui avait donné sa célèbre cuirasse, — cette cuirasse d'émail bleu, d'or et d'étain, avec des dragons ciselés, qu'Alexandre n'avait pas voulu faire copier pour son expédition. « Le nom de ton ancêtre est dans le XIe chant de *l'Iliade,* dit-il à Pnytagore. De plus, Cinyre fut un des mignons d'Apollon. Toi et tes deux fils, vous m'êtes donc, à un double titre, des personnages célestes. » Pnytagore ne cacha pas que tous les rois de Chypre se prétendaient des Cinyrades ; mais ceux de Salamine en étaient regardés comme les plus incontestés. « Ce que tu ne sais peut-être pas, ô Alexandre, ajouta-t-il, c'est qu'Agamemnon, à son retour de Troie, déposséda Cinyre de son royaume de Chypre, ce qui le fit devenir ensuite roi de Syrie. Sa magnifique cuirasse ne lui avait pas tenu lieu, en effet, du serment d'envoyer au roi des rois, sous les murs d'Ilium, cinquante navires avec leurs équipages. Il les lui envoya bien ; mais c'étaient de petits navires votifs en terre cuite, avec des équipages assortis. Cette mauvaise plaisanterie lui coûta cher. » Alexandre se mit à rire. « Par Jupiter, dit-il, tu n'as pas fait de même avec moi. — Je m'en serais bien gardé, ô Alexandre, dit Pnytagore, car nous sommes parents, toi et moi, ce qui me rend plus fier que d'être un descendant de Cinyre. Je descends aussi, en effet, de Teucer, le plus habile archer du siège de Troie qui, chassé ensuite par son père Télamon, roi de l'île de Salamine, vint fonder à Chypre une ville de ce nom et s'unit à une sœur de Myrrha, la mère d'Adonis. Télamon était le frère de

Pélée, et l'un et l'autre, fils d'Eaque. Je suis un Eacide, comme toi, bien que je n'aie pas la gloire de descendre d'Achille. » Alexandre fut charmé de ces liens inattendus avec cet aimable roi de Chypre et avec ses fils qui étaient de nouveaux Adonis.

Quatre autres petits rois de Chypre lui envoyèrent des couronnes, semblables à celle que lui avait apportée Pnytagore. C'étaient Rœcus, roi d'Amathonte, Stasièque, roi de Marium, Praxippe, roi de Lapathus, et Pasicrate, roi de Curium et de Soles. Tous avaient dû livrer leurs flottes à Autophradate ; mais ils comptaient les lui reprendre, dès qu'ils le pourraient. Seuls s'étaient abstenus de rendre hommage à Alexandre le roi de Paphos, Alonyme, et, ce qui était plus surprenant, Pumiathon, roi de Citium, qui lui avait offert son épée, au moment de son départ pour l'expédition ; ce roi possédait la ville d'Idalie, consacrée à Vénus, et celle de Tamasse, près de laquelle étaient situées les principales mines de cuivre d'où l'île de Chypre tenait son nom. Peut-être Pumiathon se souvenait-il que les Athéniens avaient détrôné son père, Mélocinthon, et s'était-il dit, comme le roi de Paphos, que le roi des Perses était le plus sûr protecteur de Chypre. L'île avait fourni cent cinquante vaisseaux à la flotte de Xerxès pour la bataille de Salamine. Alexandre adopta la même attitude qu'à l'égard de Samos, occupée en majorité par les Perses : il remit à plus tard le plaisir de faire payer à Pumiathon sa défection et à Alonyme sa prudence. D'ailleurs, s'il arborait encore quelquefois le casque ciselé par Théophile de Chypre, l'épée du roi de Citium avait été brisée au Granique.

Anaxarque était enchanté qu'Alexandre eût à se venger d'Alonyme : il avait visité Chypre dans sa jeunesse, quand il avait des principes plus austères, et, repoussé comme un trouble-fête par les divers rois, il avait même été expulsé de l'île par celui de Paphos.

Cependant, les plaisirs de Sidon charmaient les soldats, aussi bien que leurs chefs. Cette ville était le rendez-vous de toutes les voluptés, comme Thyatire et Byblos. Les danses, avec voiles fendus et sans voile, s'agrémentaient du chant de poésies d'une extraordinaire lubricité, parfois empreinte d'ironie, que les Sidoniens attribuaient aux Locriens. Peut-être les Locriens les attribuaient-ils aux Sidoniens. Un de ces poèmes, que Thaïs apprit vite par cœur pour le chanter à Alexandre, racontait l'aventure plaisante de l'amant qui, la nuit, vient frapper à la porte de sa belle, mais avec autre chose que son doigt : elle lui répond, du premier étage, qu'elle est en train de penser à lui avec ardeur, qu'il serait humiliant de le faire succéder à un instrument de cuir, mais que, pour que l'illusion soit plus grande, il veuille bien lui jeter son vêtement par la fenêtre. C'est ce qu'il fait et il la prie de jeter en retour son soutien-gorge, de manière à lui rendre ardeur pour ardeur.

Barsine n'aurait pas appris de telles choses ; mais elle continuait d'enchanter Alexandre. Il était fier de la montrer à ses hôtes royaux, comme une image de sa victoire : la jolie veuve de Memnon, la noble fille d'Artabaze, la petite-fille d'Artaxerxès Mnémon, devenue sa concubine, faisait pendant à la famille de Darius, devenue sa prisonnière. Il disait qu'elle lui avait été destinée, puisque Ephestion le comparait à Artaxerxès Mnémon pour sa mémoire si vivace. Barsine avait tous les dons d'esprit de Thaïs et jouait à merveille de la harpe, — aussi bien de la grande qui avait vingt cordes, que des deux variétés de la petite. La mollesse qu'elle avait en touchant ces cordes, était égale à son dévergondage dans le plaisir. Alexandre admirait la douceur de sa peau. Elle prétendait en être redevable à Osthane qui, lorsqu'elle était enfant, lui avait appris à s'oindre, le soir, avec de la graisse de poule et à se frotter les aisselles avec des œufs de fourmis, — recette des marchands d'esclaves à Athènes.

Le voisinage du Liban faisait regoûter à Alexandre les plaisirs de la chasse. Il chassait dans la plaine de Massyas, dite parfois Marsyas, qui était entre le Liban et l'Anti-Liban et que l'on appelait également la Syrie Creuse. Elle commençait, au nord, aux sources de l'Oronte, dont elle n'était pas arrosée. Chalcis, qui évoquait l'Eubée lointaine, et Héliopolis étaient les deux seules villes de cette région : la seconde avait pris son nom de la célèbre ville égyptienne, parce que c'était de là qu'on y avait apporté une statue de Jupiter très vénérée, à côté de laquelle s'était fondé un oracle. Cette statue était d'or, le visage imberbe, la main droite levée et armée d'un fouet, tandis qu'on voyait dans sa main gauche le foudre et des épis. Alexandre, qui avait reçu à Sidon une ambassade des Héliopolitains de Syrie, les visita et sacrifia à leur dieu, sans consulter son oracle.

Il ne pouvait s'imaginer de repartir qu'il n'eût enfin chassé un lion : cet animal n'était pas rare dans le Liban et dans l'Anti-Liban; mais les rabatteurs n'avaient pu encore en amener un devant lui. Il tenait d'autant plus à se mesurer avec l'un de ces fauves que Lysimaque, dans le Liban, au cours d'une chasse dont le roi n'était pas, avait attaqué et tué tout seul un lion. L'intrépide belluaire n'avait pas laissé d'être déchiré jusqu'à l'os. Alexandre lui avait fait le reproche un peu jaloux de s'être exposé à un trop grand danger.

Il fut ravi, quand on lui eut signalé un magnifique lion, réfugié dans un antre de la Syrie Creuse. L'animal auquel le liait l'astre de sa naissance, l'animal gravé sur l'anneau qui, dans un rêve de son père, avait scellé le ventre de sa mère prête à le concevoir, arrivait à sa portée. Jusqu'à présent, il n'avait vu que les lions apprivoisés de la déesse syrienne, les lions des statues de déesses et ceux qui décoraient deux sarcophages dans la cour du palais de Sidon. Il invita tous ses rois à cette chasse, plus importante que celle qu'il avait jadis faite comme régent avec les petits rois de Thrace, durant son séjour à Maronée. Triaque et Périttas, ses chiens fidèles, étaient de l'expédition, ainsi que Bucéphale. Ces trois animaux, qui avaient maintenant plus de dix ans, faisaient partie de sa vie. Toutefois, il les ménageait pour les garder alertes : il ne montait pas son cheval dans les longues marches et le réservait aux batailles, comme un guerrier éprouvé ; à ses chiens, il épargnait les chasses en terrain aride, tel que la plaine de Massyas, mais il ne pouvait les frustrer de l'honneur d'assaillir sur le Liban le roi des animaux. Pour cette chasse, on leur avait mis, de même qu'aux autres chiens, une sous-ventrière, défendue par des aiguillons, à l'instar de leurs colliers.

La beauté de l'ascension à travers les bois de cèdres dépassait celle de tous les paysages montagnards de la Macédoine. Ces arbres, que l'on sacrifiait pourtant si souvent à la marine et à la construction, semblaient un symbole de puissance et d'éternité. La neige étant tombée de nouveau, leur aspect donnait l'impression d'un temple infini aux gigantesques colonnes pyramidales. Depuis un moment, on gardait le silence : les chiens étaient dressés à ne pas aboyer. Il fallait arriver près du repaire au crépuscule du soir, quand le lion va chasser. Les guides arabes avaient montré les traces de ses pattes empreintes dans la neige. On quitta le sentier pour tourner le repaire en amont et s'adosser à un énorme rocher. Les Arabes, qui avaient grimpé sur un arbre, avaient recommandé aux chasseurs de rester serrés les uns contre les autres. Soudain, ils firent un geste : le lion sortait de son antre, avec la majesté du roi qui sort de son palais. On avait averti Alexandre que les lions de Syrie étaient noirs. Aussi ne s'étonna-t-il pas de voir celui-là de cette couleur, qui n'était pas celle du lion de Lysimaque. Il sourit, quand ce roi leva une patte de derrière comme un simple chien, pour uriner. La buée de son urine s'élevait parallèlement à celle de son haleine. L'animal sembla deviner tout à coup la présence de l'ennemi. Sa tête formidable, qui regardait dans une autre direction, se tourna lentement vers les chasseurs. La tranquillité dont il les contemplait, avait quelque chose de superbe : il semblait ne pas imaginer qu'on osât l'attaquer. Les chiens se mirent à l'aboyer, mais en restant immobiles, les poils hérissés de peur. Périttas bondit le premier. Alexandre, le premier aussi, lança un javelot qui s'enfonça dans la poitrine du fauve, comme celui qui s'était enfoncé dans Spithidrate au Granique. C'est contre les chiens qui l'avaient rejoint, que le terrible animal s'acharna. Sa blessure n'était pas mortelle : Alexandre savait qu'on ne le tuait qu'en le frappant au cœur ou au cerveau et que, s'il n'est que blessé, il peut faire un carnage. Ses griffes éventraient les chiens, ses mâchoires les broyaient. Triaque fut une des victimes. Alexandre fit un cri en voyant périr le compagnon de tant de ses chasses. Il lança un autre javelot qui transpersa la tête : nul ne lui avait disputé la gloire de tuer le lion, qui s'affaissa brusquement après avoir tenté de fuir et qui se coucha tout sanglant dans la neige, plus superbe encore que vivant. Il ne restait plus qu'à l'écorcher. Alexandre rapporta sa peau à Sidon.

Il n'avait certes pas oublié Triaque. Se souvenant de l'Athénien qui dressait des tombeaux à des coqs et à des chiens, il en fit dresser un pour son vieux chien de Péonie avec cette inscription : « Triaque, le chien du roi Alexandre, est mort sur le Liban en l'aidant à tuer un lion dont la peau a été consacrée à Astarté Sidonienne. » Il se crut dès lors justifié d'ordonner à Pyrgotèle de coiffer d'un mufle de lion sa tête sur ses monnaies : il avait gagné le droit de se faire représenter comme son ancêtre Hercule. Ce casque de vainqueur du lion remplacerait ainsi le casque ciselé par Théophile.

Callisthène, qui avait suivi la chasse, recueillit quelques informations des guides sur les mœurs du lion pour en faire part au Stagirite. Ils lui dirent, par exemple, que la lionne, contrairement à ce que croyaient les Grecs, mettait bas plus d'une fois dans sa vie, parce que les lionceaux ne la déchiraient pas en naissant ou qu'elle ne se déchirait pas non plus elle-même pour se libérer des coups de griffes qu'ils lui donnaient dans le sein. Straton, le prince d'Arad, raconta l'histoire arrivée dans cette région et qui était digne de celle du mont Pangée avec le lion, la lionne et l'ours : un lion avait léché les pieds d'un Syracusain pour se faire tirer un éclat de bois qui lui blessait le pied. D'autre part, à Samos, il y avait un temple élevé par un certain Elpis à Bacchus en souvenir d'une rencontre semblable : ce Samien avait été poursuivi en Afrique par un lion et, en invoquant Bacchus, il s'était réfugié sur un arbre ; mais il s'aperçut que l'animal tenait sa gueule ouverte à cause d'un os qui s'y trouvait fixé. Ce lion, qui semblait souffrir, avait un air si suppliant qu'Elpis se décida à descendre pour lui retirer cet os et fut accompagné par le lion jusqu'à son vaisseau. Revenu à Samos, il éleva ce temple en donnant à Bacchus le surnom de Bouche bénite.

Durant ces chasses, Alexandre avait remarqué des cerfs que l'on considérait comme sacrés, parce qu'ils avaient des colliers d'or. Malheur à celui qui aurait tué un de ces animaux, décorés de cet insigne royal ! C'est, en effet, Darius le Grand qui avait orné de la sorte un certain nombre de cerfs, il y avait deux siècles, et depuis, lorsqu'un de ces porteurs de collier mourait, on mettait son collier sur un autre. Cela rappelait à Alexandre les cerfs apprivoisés de Miéza qui avaient des bois dorés. Straton et Pnytagore lui décrivirent un spectacle extraordinaire que l'on voyait sur les côtes de Syrie et de Cilicie, à une certaine saison de l'année . une troupe de cerfs voguait de Chypre vers ces rivages sur une seule file, la tête de l'un appuyée à la croupe de l'autre, comme font dans leur vol les cygnes qui sont fatigués. Celui qui était en tête, venait régulièrement se mettre à la queue pour faire moins d'efforts. Il n'était pas permis de capturer ces cerfs-là, que l'on regardait, eux aussi, comme sacrés. De même, en une autre saison, voyait-on régulièrement d'autres troupes nager vers Chypre.

Damas n'était pas très loin. Dans la Syrie Creuse, Alexandre n'aurait eu qu'à suivre, de Chalcis, le cours du Chrysorrhoas pour y arriver ; mais il était peu curieux de visiter des villes déjà prises. Parménion lui avait fait porter à Sidon les coffres de dariques et les objets les plus précieux du trésor de Darius. Alexandre en envoya un dixième au temple de Delphes, un autre dixième à celui de Minerve à Pella. Sa mère et sa sœur Cléopâtre eurent leurs parts. En outre, il expédia à Xénocrate cent mille drachmes comme un hommage à l'Académie et cinq millions cinq cent mille drachmes à Phocion, le grand homme d'Athènes qu'il admirait. Démosthène en serait malade de jalousie : c'était l'argent de Darius qui lui passait sous le nez. Le porteur de tous ces présents était Cléandre, qui avait la mission encore plus importante de recruter quatre mille mercenaires dans le Péloponèse.

Le reste fut distribué par Alexandre à Ephestion et à ses autres amis. Thaïs eut des colliers, qu'il déclara aussi sacrés que ceux des cerfs de Darius le Grand. Et il donna à Barsine les objets qui avaient appartenu au roi, son grand-père. Il garda une cassette d'or incrustée de perles et de pierres précieuses où Darius Codoman mettait ses parfums et il y plaça ce qu'il disait y avoir pour lui de plus précieux : l'édition du texte d'Homère, établie par Aristote et Callisthène et que fermait un bouton d'or. On appela désormais ce texte « l'exemplaire de la cassette ». Le grain de millet, où l'Athénien Callicrate avait inscrit un chant du poète des poètes, et les parchemins de Pergame furent mis avec cet exemplaire.

Alexandre était touché d'un hommage curieux qui lui parvint à Sidon : les habitants de Lampsaque avaient frappé de belles monnaies d'or représentant la tête d'une bacchante couronnée de lierre, dont les bandelettes mêlées aux cheveux étaient des bouts du diadème royal macédonien et dont les traits étaient ceux d'Olympias. Que sa mère fût un peu divinisée dans la ville de Priape, l'amusait. Quand Anaximène avait constaté l'intérêt d'Alexandre pour ses monnaies, que Pyrgotèle décorait de tant de symboles nouveaux, le long de l'expédition, il avait voulu lui faire cette surprise.

Parménion avait envoyé également à Alexandre une de ces grandes voitures spéciales aux Perses qu'il avait saisies à Damas. Elle était garnie de tapis où l'on pouvait s'étendre, et de rideaux que l'on tirait du dedans pour n'être pas vu. Elle servait surtout à transporter les femmes et les concubines du roi, en les dérobant aux yeux indiscrets, et c'est dans l'une de ces voitures que Thémistocle, déguisé en femme, était allé se réfugier chez Arataxerxès Mnémon. Alexandre décida que cette voiture serait mise à la disposition de la famille de Darius.

Tout en prescrivant que l'on eût les plus grands égards pour Statira, Sizygambis, le petit Ochus et ses deux sœurs, il évitait de leur imposer sa présence, afin de ne pas alarmer leur pudeur et de ne pas leur montrer l'irréconciliable ennemi de Darius. En revanche, il savait par Barsine que la famille royale lui était aussi reconnaissante de ses attentions que de sa discrétion, non moins que de sa générosité envers les illustres prisonnières de Damas. Il avait fait même libérer la fille d'Oxathre, frère de Darius. Si Barsine restait, ce n'était que parce qu'elle était sa maîtresse et qu'Adève était le mignon d'Ephestion.

Septième partie

Les nouvelles arrivées à Sidon en janvier, prouvaient que la Fortune continuait de sourire à Alexandre. Sa flotte, qu'il avait fait revenir de Grèce, avait coulé celle du satrape Aristomène près de l'Hellespont. Darius avait dépêché des troupes pour recouvrer la Lydie, mais elles avaient été battues par Antigone, gouverneur de cette province depuis qu'Asandre s'était transféré en Carie aux côtés de Ptolémée. Amyntas, en Egypte, s'était d'abord présenté comme un envoyé du grand roi, puis s'était mis à piller les environs de Memphis ; mais le satrape Mazacès, successeur de Sabacès, réussit à le tuer et à exterminer les soldats grecs. Alexandre avait reçu des émissaires secrets des Egyptiens, lui disant qu'il était attendu par eux comme leur futur libérateur. Il savait que leurs troupes ne seconderaient pas Mazacès contre lui et il aimait mieux être débarrassé de l'obligation, qu'il jugeait toujours pénible, d'avoir à combattre des mercenaires grecs : on les avait supprimés sans lui. De plus, Antipater avait fait débarquer en Crète quelques milliers d'hommes. Cependant, Pharnabaze, avec cent vaisseaux, avait réussi à reprendre Milet, Andros et Siphnos.

Lorsque Alexandre s'avança vers Tyr, il pensa que cette ville n'avait pas l'intention de se défendre, malgré ce que lui répétait Straton, qui l'accompagnait. En effet, au bord du fleuve Léonte, il rencontra une ambassade tyrienne, chargée de lui apporter une couronne d'or. Cette couronne fut mise sur sa tête par le fils du roi Azelmicus, lequel avait dû rejoindre Autophradate, — formule à laquelle Alexandre commençait à s'accoutumer. Pour mieux excuser son père, ce jeune homme s'était couronné de la bandelette des suppliants, comme ceux qui l'accompagnaient. Les Tyriens annonçaient leur complète soumission à la volonté d'Alexandre et promettaient de fournir à son armée tous les vivres nécessaires, pourvu qu'il n'entrât pas dans la ville. Alexandre ne se formalisa pas outre mesure de cette requête, qu'il avait acceptée dans d'autres lieux, comme Aspendus et Héraclée du Pont, et qui lui vaudrait l'amitié de la cité la plus puissante de la Phénicie. Il demanda seulement à y entrer lui-même pour offrir un sacrifice à Hercule son ancêtre, dieu protecteur des Tyriens sous l'épithète à la Tunique étoilée. Le fils d'Azelmicus lui dit que c'était son propre ancêtre, le roi Hiram, qui avait dressé la première statue à Hercule, appelé par les Phéniciens Melkart, à qui il avait élevé un temple magnifique, couvert en bois de cèdre du Liban, à l'entrée duquel étaient une colonne d'or et une colonne d'émeraude. Ce roi avait de même bâti un temple à Astarté, un autre à Apollon, et avait placé une colonne d'or dans celui de Jupiter Olympien. Le jeune prince ajouta que, si l'on voulait observer le rite phénicien, il fallait sacrifier à Hercule des cailles, en mémoire de ce qui lui était arrivé en Libye, où, ayant été tué par Typhon, suivant la légende phénicienne, il fut ressuscité par Iolas qui lui fit respirer une caille. Ayant dit, le prince et les autres délégués regagnèrent la ville avec leurs bateaux.

Il y avait en effet deux villes de Tyr, mais la plus importante était celle qui était construite sur une île, à huit cents mètres du rivage, et que sa double enceinte de tours et de murailles, à pic sur les rochers, rendait une prodigieuse forteresse. Salmanasar, roi d'Assyrie, l'avait assiégée cinq ans sans résultat. Elle n'avait été prise qu'une seule fois dans toute son histoire, par Nabuchodonosor, roi de Ninive et de Babylone, le vainqueur des Juifs ; mais, alors qu'il avait mis deux ans pour s'emparer de Jérusalem, leur capitale, il lui en avait fallu treize pour s'emparer de Tyr. Encore ne trouva-t-il qu'une cité déserte : les habitants s'étaient tous sauvés par mer avec leurs richesses. Ainsi Tyr avait-elle la gloire d'avoir résisté au siège d'une armée immense plus longtemps que Troie.

Alexandre avait établi son camp près de la ville continentale, dont une partie était en ruine. Il commença par faire, au temple d'Hercule de la vieille ville, le sacrifice solennel que les Tyriens eux-mêmes lui avaient ironiquement conseillé. Hercule y était surnommé Thasien, sans doute parce que ce temple avait été construit par des habitants de Thasos. Ce sanctuaire avait reçu jadis la visite d'Hérodote, qui avait vu également le temple de l'île. Straton dit à Alexandre qu'il doutait fort de l'agrément des Tyriens à sa demande. Il déclarait que leur orgueil et leur goût de l'indépendance étaient encore plus grands que leurs richesses : ils avaient créé trois cents colonies, — plus qu'aucune autre ville au monde. Carthage en était la principale. Cette ville avait été fondée par Elissa, Elisa ou Elise, fille de Bélus, roi divinisé de Tyr, — Elissa, Elisa, Elise était la Didon des Grecs. C'est surtout en Espagne que les Tyriens avaient gagné leur opulence, en n'en donnant la source qu'à leur colonie de Carthage :

l'Espagne était le pays des mines d'or, d'argent, de cuivre et, certaine fois que les montagnards des Pyrénées avaient incendié leurs forêts, il en était descendu des fleuves de métal. Les Espagnols, qui n'en savaient pas le prix, faisaient leurs tonneaux et leurs crèches en argent et les cédaient aux Phéniciens et aux Carthaginois contre des marchandises vulgaires. Ceux-ci avaient également le secret des mines d'étain situées dans des îles au-delà du détroit de Gibraltar. Leurs vaisseaux avaient fait les premiers le tour de l'Afrique pour le roi d'Egypte Néchao, qu'Hérodote appelait Nécos. On affirmait que les Tyriens avaient même découvert des continents inconnus, d'où ils n'étaient jamais retournés et dont on avait reçu des messages par d'autres navigateurs. C'étaient eux qui avaient appris aux Grecs à s'orienter, non pas sur la Grande Ourse, mais sur la Petite, plus voisine du pôle. Alexandre ne laissait pas de faire observer qu'il manquait aux Tyriens d'avoir été cités par Homère.

Après avoir fait livrer, comme nouveau gage d'amitié, les vivres promis, ils renvoyèrent leurs députés pour déclarer que la tradition de leur ville insulaire leur interdisait de recevoir un souverain étranger, fût-il un ami, et que jamais le roi des Perses n'y avait mis les pieds. Il précisaient que l'Hercule tyrien n'était pas l'Hercule grec et que, par conséquent, Alexandre pouvait se contenter de l'hommage rendu à son ancêtre dans le temple de la vieille ville. Il répondit qu'il avait été trop bon d'attendre leur réponse et que, puisqu'on lui défendait l'entrée sous de vains prétextes, il emploierait la force.

Il lui semblait impossible de prétendre conquérir l'Egypte par la douceur et vaincre Darius, s'il ne réduisait pas cette enclave qui serait un défi et la preuve qu'il n'était pas le maître de la mer. Sans doute les Tyriens avaient-ils été rassurés en voyant qu'Alexandre n'avait pas de flotte, mais seulement quelques vaisseaux de transport pour ses machines. Du reste, ils avaient été encouragés dans leur attitude par une délégation de Carthage, qui était venue célébrer un sacrifice annuel dans la métropole et qui avait promis des secours. La fidélité des relations entre les deux villes s'était conservée religieusement à travers les siècles : Tyr avait refusé sa flotte à Cambyse pour faire la guerre à Carthage et ce roi avait dû y renoncer. Cependant, cette ville se flattait jusqu'à un certain point d'être hellénisée, puisque ses monnaies les plus récentes, qui montraient d'un côté Melkart chevauchant un hippocampe sur les flots, avaient de l'autre la chouette athénienne, accompagnée, il est vrai, du sceptre et du fouet égyptiens.

En même temps que des vivres pour son armée, les Tyriens avait fait à Alexandre le cadeau personnel d'un ballot de pourpre. Il avait été sensible à ce don ; mais le refus qu'on lui opposait, le piquait d'autant plus que son ancêtre Hercule avait été l'inventeur de la pourpre, commerce principal de Tyr. Ce héros, qui avait suivi dans ces contrées le même chemin que Bacchus, s'était arrêté en ces lieux pour honorer la mémoire de son aïeul

Cadmus et il y était devenu amoureux d'une fille, nommée Tyro. Son chien, fidèle compagnon de ses voyages, ayant aperçu une coquille qui gravissait une roche, saisit le peu de chair qui dépassait, le mangea et revint, les babines empourprées. Tyro dit à Hercule qu'elle ne lui céderait que s'il lui donnait une robe de cette couleur. Le héros se mit en quête de ces coquillages, appelés murex, dont les filaments sécrètent la pourpre et qui sont spéciaux à la côte de Tyr. Ainsi naquit une industrie qui valut à Hercule les faveurs d'une Tyrienne. La pourpre de Tyr était encore plus estimée que celle de Thyatire. Alexandre partageait, pour les étoffes de cette couleur souveraine, le goût des anciens Sybarites, qui avaient exempté d'impôts ceux qui teignaient en vraie pourpre marine. Il aimait la comparaison que faisait Homère entre la couleur de cette étoffe et celle de la mer, des nuages et du sang.

On lui montra par quel procédé ingénieux on pêchait les pourpres. On met dans l'endroit qu'elles fréquentent, des nasses de jonc très serré et remplies de petits poissons dont elles sont friandes. Avançant leurs langues effilées hors de leurs coquilles, elles les engagent dans les voies de ces claies, mais, comprimées, ne peuvent plus se retirer, s'enflent démesurément et l'on emporte les nasses, où pendent les pourpres, qui vont donner aux étoffes la royale couleur.

La pourpre n'était pas la seule richesse de Tyr. Il y avait, dans la ville ancienne, plusieurs ateliers de pâte de verre, fabriquant les vases de cette matière qui rendait célèbre l'art phénicien. On faisait aussi des plats, des bracelets, des perles de verre et même des yeux pour les statues.

Alexandre devina tout de suite que le siège serait autrement difficile que celui d'Halicarnasse. Le seul moyen d'assiéger Tyr, était de combler le détroit. Or, la profondeur était de plus de cinq mètres et le vent d'Afrique qui, du sud-ouest, battait continuellement le passage, entretenait l'agitation des flots. Mais ce n'est pas la difficulté qui pouvait rebuter le vainqueur d'Issus et il ne lui déplaisait pas, sous les yeux de l'Hercule grec et de l'Hercule tyrien, de prouver qu'il était capable de forcer aussi la nature. Des soldats avaient vu couler du sang de leur pain, quand ils l'avaient rompu, et cela inquiéta l'armée. Aristandre expliqua que, si le sang eût coulé du dehors, c'eût été un mauvais présage, mais qu'ayant coulé du dedans, c'est la perte de la ville qui était assurée.

On charroya dans le détroit les pierres des ruines, les rochers des environs, que l'on brisait avec du vinaigre, et l'on coupa les cèdres du Liban pour construire des radeaux et des tours. Aucune des machines qui étaient sur les vaisseaux, ne pouvait convenir encore à un tel siège. Tout en témoignant sa détermination, Alexandre voulut donner une chance aux Tyriens de se repentir et à lui-même celle d'éviter un long siège : il leur envoya des hérauts pour les engager à la paix, mais ils furent massacrés et leurs cadavres jetés à la mer. Cet attentat, contraire au droit des gens, excita l'indignation du roi et de ses soldats, qui redoublèrent d'ardeur ; mais, après des journées de transport de pierres et de rochers, le chenal restait un tonneau des Danaïdes, que rien n'arrivait à remplir. Le mouvement de la mer pendant la nuit arrachait souvent ce qu'on avait entassé dans le jour et les sondages révélaient que la profondeur augmentait à mesure que l'on approchait de l'île. Quand les Tyriens ne débarquaient pas brusquement, pour tenter de tuer des hommes au travail, ils venaient à portée de voix, sur des bâtiments légers, se moquer de ces conquérants, changés en bêtes de somme et en maçons, et demander si leur roi était plus puissant que Neptune.

Encore fallait-il se préserver contre des flèches lancées du haut des remparts. Comme Alexandre s'exposait au premier rang pendant ces travaux, il revêtait une cotte de lin, trouvée à Issus dans les bagages de Darius et qui était une merveille de finesse et de dureté. Aussi légère qu'un voile, repliée plusieurs fois, resserrée par des bains de sel et de vinaigre, elle était aussi impénétrable qu'une cuirasse de triple airain. Elle était faite de trois cent soixante cinq brins par fil. Anaxarque disait qu'il y avait à Rhodes, dans le temple de Minerve, une cotte semblable, consacrée par le roi Amasis d'Egypte.

Enfin, la chaussée commença d'émerger. Aristandre célébra un sacrifice de gratitude aux dieux, car c'était déjà une victoire. Les Tyriens, constatant la grandeur d'un ouvrage dont les progrès leur avaient échappé, envoyèrent des bateaux, non pour insulter les travailleurs, mais pour les cribler de traits. La distance étant plus courte, le danger était plus grand. En vue de mieux garantir les soldats, Alexandre fit tendre autour d'eux, avec des cabestans, du cuir vert et des voiles de bateau enduites de graisse pour empêcher qu'elles ne se déchirassent : cet abri permettait, non seulement de continuer le travail, mais de repousser l'ennemi s'il approchait. En même temps, on construisit deux tours de bois à l'extrémité de la chaussée, dès qu'elle eut atteint la berge de l'île. Les Tyriens réussirent néanmoins à débarquer de nouveau et à tuer quelques hommes. Ce qui était plus sérieux, c'est que, dans le Liban, les Arabes massacraient les soldats qui coupaient les cèdres : le manque de bois risquait de retarder le succès du siège.

Alexandre eut une vision qui réconforta les troupes : Hercule lui apparut et le prit par la main pour lui ouvrir les portes de la ville. Aristandre ne cacha pas que cette vision n'indiquait pas moins qu'il faudrait de longs efforts, analogues aux travaux d'Hercule.

Il était évident qu'il serait très difficile de s'emparer de Tyr sans l'appui d'une flotte. Alexandre n'avait trouvé à Sidon qu'une dizaine de navires, venus renforcer ceux de Pnytagore. Ce n'était pas ce qui fermerait le passage aux secours de Carthage, dont la marine était la plus puissante de la mer Intérieure ou Méditerranée. Toutefois, Gérostrate, roi d'Arad, père de Straton, et Enylus, roi de Byblos, ayant appris qu'Alexandre avait occupé leurs capitales, faussèrent compagnie à Autophradate et rallièrent la petite flotte de Sidon, qui fut alors de quatre-vingts vaisseaux. Cent vingt autres représentèrent la participation des rois de Salamine et de Soles, Pnytagore et Pasicrate.

Malgré ces renforts, qui étaient un appoint contre les Carthaginois, Alexandre estimait qu'il était loin de la victoire. Il rougit, quand on lui dit que les Tyriens descendaient d'esclaves révoltés qui avaient massacré les hommes libres et pris leurs places. L'insulte qu'ils lui faisaient lui semblait plus grande. Chez les Grecs, il n'y avait eu de révoltes d'esclaves que celle des ilotes à Lacédémone (ce qu'Alexandre avait appris de la dureté de l'esclavage dans ce pays, expliquait de tels événements) ; puis aux mines du Laurium, en Attique, et, à la même époque, dans l'île de Chio. On disait que les habitants de cette île étaient les premiers Grecs à avoir établi l'esclavage et que, pour cela, ils avaient été maudits des dieux. Sans doute justifiaient-ils cette malédiction par leurs mauvais traitements. Mais enfin, Alexandre trouvait inimaginable d'être arrêté par des fils d'esclaves. La belle histoire du brigand Drimacus, que Théopompe avait contée, lui prouvait pourtant qu'ils étaient des hommes.

Les Bybliniens avaient député vers Alexandre en vue de l'inviter aux fêtes solennelles qui, à la fin du printemps, se célébraient dans leur ville en l'honneur d'Adonis. Enylus se félicita de cette initiative de ses concitoyens et s'offrit de le conduire chez eux, en grande pompe. Alexandre les remercia autant qu'il remercia leur roi, mais leur dit que cette invitation était superflue : en ce moment, dans la vieille ville de Tyr, on s'apprêtait à célébrer les mêmes fêtes avec la même solennité. Si Adonis était le dieu de Byblos, il provoquait une égale ferveur dans toute la Phénicie, inventrice de la religion de Vénus, et, comme Astarté, il avait un temple dans toutes les villes. Ce fut donc à Tyr que le roi de Byblos, pour la première fois de sa vie, passa les Adonies, en compagnie d'Alexandre.

Contrairement à ce qui, selon Anaxarque, avait lieu à Athènes, c'est par les réjouissances que ces fêtes s'ouvraient et non par le rite funèbre. Cela semblait d'ailleurs plus logique, les fameux jardins d'Adonis que l'on préparait à cette occasion, se flétrissant en quelques jours, symbole de la vie éphémère de cet amant de dix-huit ans, « dont les baisers ne piquaient point. » On exposait devant son temple une statue du dieu, tel qu'on l'avait vu représenté à Byblos, allongé sur un lit d'argent, que couvrait un tissu de pourpre. Les corbeilles de ses jardins l'entouraient. La statue de Vénus, pareillement couchée sur un lit d'argent, était à ses côtés et recevait avec lui le tribut de la joie populaire. Tous deux avaient la couronne nuptiale de myrte. Un berceau de verdure simulait un bocage. Des statuettes de l'Amour avaient été attachées aux branches, ainsi qu'un aigle d'or portant Ganymède. Des vases d'or et d'argent, rangés devant les lits, contenaient de la farine de froment, des gâteaux, du miel et de l'huile; des vases d'albâtre, étincelants de dorures, exhalaient de suaves parfums. Les filles et les femmes chantaient un hymne qui félicitait Vénus d'avoir un si joli époux. La nuit, leurs chants, annonciateurs d'orgies, parvenaient au camp d'Alexandre et troublaient les soldats et les chefs en leur rappelant que l'on faisait l'amour à côté de la guerre.

Lorsque les jeunes pousses du jardin d'Adonis furent flétries, filles et femmes, à l'aurore, allèrent couper une mèche de leurs cheveux sur le lit d'Adonis, autour duquel on avait prosterné les statuettes de l'Amour, en signe de douleur. Elles avaient le sein découvert, les cheveux épars, la robe flottante. Un jeune homme, couronné de marjolaine et tenant un flambeau allumé, représentait le dieu Hyménée et éteignait ce flambeau sur le seuil du temple. Femmes et filles formaient un cortège où l'on portait une statue de Vénus, empruntée à un temple de cette déesse situé sur le mont Liban : elle avait la tête voilée et cachait son visage sous les plis de son manteau. Le cortège féminin chantait : « Je pleure Adonis, le bel Adonis a péri. — Adonis mort, Cythérée occupe seule ton lit. — Mais, quoique mort, il est beau. — Il est beau, mort sommeillant. » Au retour, on chantait un second hymne qui ne pouvait que faire réfléchir Alexandre : « Tu viens, ô cher Adonis, et ici et vers l'Achéron, — Seul des demi-dieux, à ce qu'il semble. — Ni Agamemnon n'a eu ce sort, ni Ajax, le grand héros profondément courroucé — Ni Hector, le plus honoré des fils d'Hécube, — Ni Patrocle, ni Pyrrhus revenant de Troie... — Adieu, Adonis chéri et va-t'en vers les heureux. »

Au milieu des fumées de l'encens, Alexandre fit terminer la fête en ordonnant à Thaïs de chanter deux autres hymnes : celui de Sapho (« Chante l'hyménée, ô le chant d'Adonis !... ») et celui d'Orphée, qu'il lui préférait : « Ecoute-moi, dieu que je prie, excellent, aux nombreux hymnes, — A la chevelure abondante, ami de la solitude, couvert de chants de désir, — Bon conseiller, aux formes nombreuses, aliment évident de tout, — Fille et garçon, toujours florissant pour toi, Adonis, — Mort et brillant selon le cycle des belles saisons, — Qui favorises la végétation, qui as deux cornes, très aimé, très pleuré — Toi qui habites maintenant dans le sombre Tartare... » Il y avait évidemment dans cet hymne un mélange de Bacchus et d'Adonis : Orphée était coutumier de ces rapprochements entre les dieux.

Après ces récréations adonisiaques, qui n'avaient pas interrompu la poursuite du siège, Alexandre, voyant que les choses restaient stationnaires, décida d'avancer à l'intérieur du pays pour connaître des contrées et des races nouvelles, peut-être des dieux nouveaux. Il laissa la conduite des opérations à Perdiccas et à Cratère.

Cette incursion lui permettrait d'abord de punir les Arabes de leurs actes hostiles. C'est d'ailleurs afin de se protéger contre ces pillards que les temples de Syrie et de Phénicie étaient entourés de hautes murailles ; mais les Syriens et les Phéniciens distinguaient entre les tribus qui ne vivaient que de brigandage, retranchées dans des forts inaccessibles au-dessus d'âpres vallées, et celles dont les pacifiques caravanes véhiculaient vers leurs marchés le miel, l'encens, la myrrhe et les pierres précieuses. Cette contrée était tellement fertile en parfums qu'on l'appelait « porteuse d'aromates » et qu'ils paraissaient suffire pour lui mériter l'épithète d'Heureuse : « Toute l'Arabie répand une odeur divine », avait écrit Hérodote. C'est le pays des Minéens, en Arabie sud-occidentale, qui était le principal fournisseur de l'encens. Sa capitale était Carnana, Carna ou El Karn. On n'accédait aux forêts d'arbres à encens que par un chemin très étroit. La vue de ces arbres était interdite aux autres Arabes. Trois mille familles avaient le privilège héréditaire d'en assurer la culture. On les regardait comme sacrées. Plus au sud, presque limitrophe du détroit qui séparait l'Arabie de l'Egypte, était le pays des Sabéens, dont la capitale était Mariaba, et qui avait aussi beaucoup d'aromates. C'étaient eux qui, souvent, livraient en Egypte l'encens des Minéens.

Est-ce que les Arabes avaient été connus d'Homère ? Grande question qui s'était agitée entre Alexandre, Anaximène, Anaxarque et Lysimaque autour du fameux vers de Ménélas dans *l'Odyssée :* « Je suis allé chez les Ethiopiens et les Sidoniens et les Erembes. » Alexandre et Ephestion aimaient également la suite de ce récit de voyage : « Et en Libye où les agneaux naissent avec des cornes. — Là ni le prince ni le berger ne sont privés — De fromage et de viande, ni de lait doux. » La Libye leur avait plu par ces deux vers où le prince et le berger étaient rapprochés comme dans l'âge d'or et aussi par l'histoire de la ville fabuleuse de Dionysopolis que leur avait narrée Aristote : ville qu'un même voyageur ne peut jamais retrouver, que nul étranger ne peut visiter deux fois.

Mais d'abord, qui étaient ces Erembes ? Anaxarque combattait l'opinion commune selon laquelle il s'agissait d'un peuple disparu. Callisthène était persuadé qu'il s'agissait des Arabes et il avait tenté vainement d'induire Aristote à corriger le mot dans son édition. Il demandait à Alexandre de faire lui-même cette correction dans son exemplaire de la cassette. Le roi protesta que nul ne devait être assez hardi pour changer un mot du divin Homère, mais que cela n'empêchait pas les Arabes d'être aussi des fils d'un dieu grec, puisque leur ancêtre Arabus était, selon Hésiode, fils de Mercure et de Thronia, fille elle-même du roi et dieu babylonien Bélus. Au reste, leurs physionomies basanées et le fait d'être circoncis établissaient une grande parenté entre eux, les Syriens et les Phéniciens.

Les guides déclaraient que ce peuple n'était pas très redoutable dans les batailles rangées, mais dans le corps à corps, ainsi que dans les guerres de montagne. Au désert, les Arabes se mettaient dos à dos sur leurs chameaux et continuaient de combattre en prenant la fuite.

On supposait que leurs richesses étaient fabuleuses, malgré la simplicité de leur vie, car ils ne dépensaient rien et n'achetaient rien.

D'après les guides, la promiscuité était complète au sein de chaque famille. Le frère avait commerce avec la sœur, le fils avec la mère et tous avaient la même femme ; mais l'adultère d'une famille à l'autre était puni de mort. La pudeur interdisait pourtant de faire l'amour en public. Quand un homme allait s'ébattre, il plaçait son bâton devant la porte pour interdire d'entrer. On racontait que la fille d'un roi arabe, ayant quinze frères, tous amoureux d'elle et qui se succédaient dans sa couche, avait fini par se fatiguer de leurs assiduités. Elle s'était procuré des bâtons semblables aux leurs et, suivant le frère qui s'était annoncé, plaçait contre sa porte le bâton d'un autre. La ruse dura jusqu'au jour où, les quinze frères étant ensemble sur la place, virent qu'elle avait placé le bâton de l'un d'eux. Cette histoire divertissait Alexandre sans l'étonner outre mesure : Aristote lui avait appris que, dans certaines régions de la Libye, les femmes étaient en commun et les enfants qui en naissaient, étaient répartis selon leur ressemblance avec les hommes.

Les divinités des Arabes étaient Jupiter ou le Soleil, qu'ils appelaient Dusarès Hammon (il y avait un dieu Lune), Bacchus appelé Orotal, et Vénus Céleste, dite Zohara, Alilat ou Alitta. A vrai dire, si la Vénus Céleste des Arabes n'autorisait pas la prostitution, comme le faisaient la Vénus Vulgaire des Grecs, l'Anaïtis des Arméniens et des Perses, la déesse syrienne et l'Astarté phénicienne, les mœurs qu'elle protégeait, relevaient plutôt de ces autres Vénus. Le porc était banni des pays arabes, avec la même rigueur que dans Comana Pontique et pour les pèlerins du sanctuaire d'Hémithée à Castabus, près de Cnide.

Alexandre eut vite fait d'anéantir les pillards qui infestaient l'Anti-Liban, la haute vallée de Massyas et, plus loin, l'Iturée. Leurs forteresses, jusque-là imprenables, ne purent lui résister. Quelques-unes portaient des noms grecs, comme Aréthuse. Sinna, Baramma, furent expugnées sur les cimes ; Botrys et Gigartum dans les parties basses. Alexandre détruisit même le repaire de Théoprosopon, montagne du canton de Tripoli, le long du fleuve Léonte, entre le Liban et le mont Hermon. Parménion l'avait rejoint en route, venant de Damas.

Dans une de ces courses sur les pentes de l'Anti-Liban, Lysimaque et Phénix, fourbus par une longue chevauchée, suivaient à pied le chemin difficile où ils étaient engagés. Toujours plein de prévenance pour ceux qu'il aimait, Alexandre laissa passer la troupe, afin de leur tenir compagnie avec Ephestion et quelques gardes. Le vieux Phénix, peu ingambe, semblait au bout de ses forces. Bientôt, le roi, ses compagnons et lui, furent distancés. La nuit était tombée et ils se virent réduits à camper seuls au milieu des bois. Lysimaque, heureux de tout ce qui était aventure, partageait avec Alexandre l'amusement de cette nuit à la belle étoile, dans le froid d'une haute montagne à la fin de l'hiver. Ils n'avaient pas encore fait jaillir l'étincelle d'un silex pour allumer du bois, qu'ils remarquèrent un feu allumé à une certaine distance. Etait-ce un feu macédonien ou un feu arabe ? Alexandre, Ephestion et un garde se glissèrent sans bruit vers ce point : c'était un avant-poste des pillards de l'Anti-Liban. Le roi bondit comme un lion du Liban sur les deux hommes qui grillaient un morceau de viande, les perça de coups d'épée et revint, leur pain, leur viande et leur fromage à la main. Puis, on fit des tas de bois sec à différents endroits, on les alluma tous en même temps et les Arabes, croyant que c'était l'armée macédonienne, s'enfuirent à travers la montagne. Au matin, Alexandre, Lysimaque, Phénix et leurs compagnons rejoignirent la troupe qui les attendait plus haut anxieusement et Phénix était fier de raconter qu'ils avaient, à eux seuls, repoussé les bandes arabes.

Maintenant, Alexandre voulait aller dans l'Arabie proprement dite. Il avait d'abord à traverser trois provinces des cent vingt-sept de l'empire des Perses : la Galilée, la Samarie et la Judée, groupées parfois sous le nom de Palestine et qui avaient formé jadis le royaume d'Israël. Là vivait le peuple juif ou hébreu, sur lequel Aristote lui avait donné quelques notions. C'était aussi un pays riche, puisque la Phénicie, la Syrie, la Judée et la Samarie payaient quarante-quatre millions de drachmes de tribut annuel à Darius, — un million six cent cinquante mille la seule Judée. Le philosophe de Stagire, quand il parlait des deux savants juifs avec lesquels il s'était entretenu à Assos, vantait leur sagesse, ainsi que la méticulosité de leur religion, qui semblait odieuse à leurs voisins. D'après ce qu'il avait dit à Anaxarque et à Callisthène, il avait acquis la conviction que le peuple juif était au moins aussi ancien que les Egyptiens et sa philosophie sacrée bien antérieure, par conséquent, à la philosophie grecque ; mais il avait protesté, lorsque l'Abdéritain en induisait que Platon avait pris ses idées sur Dieu chez Moïse, législateur des Juifs. On discutait maintenant si le nom de Jérusalem, ou Hiérosolyme, leur capitale, était aussi difficile à prononcer que le déclarait Aristote. Alexandre soupçonnait qu'il y avait beaucoup de préjugés en leur défaveur.

A Soles, en Cilicie, Anaxarque et Callisthène avaient encore interrogé Cléarque, qui était avec Aristote à Assos lors de sa rencontre avec les deux Juifs. Alexandre avait conçu une curiosité personnelle à l'égard de ce peuple, depuis la vision qui avait précédé son départ de Pella : la mitre d'or et le pectoral à quatre rangées de pierreries, gravés de caractères mystérieux, que portait un homme à longue barbe, étrangement accoutré, demeuraient présents à sa mémoire. C'est pour cela qu'il avait emmené dans cette expédition, avec son escorte habituelle de philosophes, d'historiens et de poètes, les mages chaldéens, Gérostrate, Pnytagore et son fils aîné, Nicocréon. Le roi d'Arad et le roi de Salamine s'étaient fait un peu prier, car ils n'aimaient pas les Juifs ; mais on ne pouvait rien refuser à Alexandre. Il leur dit qu'il avait besoin de leurs lumières, spirituelles et historiques, même, au besoin, de leurs préjugés, pour s'éclairer sur cette race. Il s'était fait suivre également d'Osthane, qui parlait d'elle avec impartialité. Le grand mage perse faisait de Moïse un mage : ce législateur, disait-il, avait obtenu, en lançant dix plaies sur l'Egypte, que le pharaon ou roi d'Egypte laissât partir les Juifs, qui s'y trouvaient en captivité.

Bien que ceux-ci fussent ennemis des Syriens et des Phéniciens, dont les séparait la religion, ils avaient une origine identique. Leurs vertus guerrières étaient de beaucoup supérieures à celles des Arabes. A ce sujet, on venait d'apercevoir une colonne de Sésostris, — la première depuis l'Hèbre, — sur laquelle était marqué un sexe de femme, signe par lequel ce roi flétrissait les populations peu courageuses : cela ne pouvait viser que les anciens possesseurs de la Palestine, et non les Hébreux, qui n'y étaient pas encore établis. Alexandre, soucieux d'avoir un supplément de forces terrestres, en attendant les mercenaires de Cléandre, avait écrit aux chefs des trois provinces juives pour demander leur concours militaire, outre le versement du tribut qu'ils payaient à Darius. Moyennant quoi, il les assurait de sa protection. Leurs réponses lui étaient arrivées dans l'Anti-Liban. Les Samaritains avaient acquiescé en lui promettant six mille hommes et les Galiléens deux mille ; mais Jaddus, grand prêtre de Jérusalem, capitale de la Judée, avait répondu qu'ayant juré fidélité à Darius, il ne pouvait trahir son serment. Alexandre, furieux, comptait traiter cette ville comme il avait fait avec celles qui refusaient son autorité. Il se sentait d'autant plus envie d'être rigoureux que la réponse du grand prêtre était rédigée en excellent grec et témoignait une domination lettrée.

Il pénétra en Galilée, pays couvert d'oliviers, longea le lac de Génézareth, au bord duquel poussait un jonc aromatique qui serait signalé à Aristote. Il contourna le mont Thabor et s'arrêta à Endor, où, lui dirent les mages chaldéens, avait existé une fameuse sibylle, puis à Scythopolis, au pied du mont Gelboé : cette ville, qui devait son nom à une colonie de Scythes, transplantés par les rois de Perse, s'était appelée jadis Nysa, en l'honneur de la nourrice de Bacchus qui l'y avait ensevelie et dont Alexandre vénéra le tombeau. Le trésor des Galiléens était conservé à Scythopolis et fut livré à Alexandre : il ne prit que le tribut payé par eux à Darius.

Il entra en Samarie. La province et la ville de ce nom étaient gouvernées par le satrape Samballetis et habitées par un mélange d'Egyptiens, d'Arabes, de Phéniciens et de Juifs. Comme Mithrène à Sardes, la garnison perse avait fui, mais le satrape était resté. Il fit sa soumission à Alexandre et s'offrit de lui amener le contingent samaritain sous les murs de Tyr. Il était le beau-père de Manassé, frère du grand prêtre de Jérusalem, et le mariage de sa fille Nicase avec l'héritier de la grande sacrificature, rang suprême chez les Juifs, avait causé parmi eux une dissension, les mariages avec des femmes d'autre religion étant proscrits. Manassé et ses partisans, réfugiés à Sichem, — la première capitale d'Israël, — demandèrent à Alexandre de patronner l'édification d'un nouveau temple juif sur le mont Garizim, qui était, comme cette ville, proche de la Judée. Les Samaritains se plaignaient, en effet, d'avoir été exclus de la construction et de l'usage du second temple de Jérusalem et voulaient en construire un sur cette montagne, où le législateur Moïse avait ordonné de bénir ceux qui observeraient ses lois. Samballetis n'avait pas toujours été favorable à Alexandre : il avait d'abord assuré à son gendre la protection de Darius et la succession de Jaddus comme grand prêtre de Jérusalem, car il n'avait pas douté de la défaite macédonienne. Il avait changé d'avis après la bataille du Granique, encore plus après celle d'Issus, et voyait désormais en Alexandre le vrai protecteur de Manassé. Il saisit donc l'opportunité de ce ralliement et se réjouit que Jaddus eût embrassé le mauvais parti.

Le satrape, pour appuyer la requête de Manassé, fit ressortir qu'il était de l'intérêt du roi de diviser la puissance des Juifs, enclins à la révolte : Artaxerxès III Ochus, dix ans auparavant, avait ravagé la Palestine, parce qu'ils s'étaient soulevés. Alexandre accorda volontiers la permission de bâtir le nouveau temple, dont Manassé fut déclaré grand prêtre. Puis, il se dirigea vers la Judée.

Le roi d'Arad, son fils et le roi de Salamine, dépités qu'il n'eût pas à sévir en Galilée et en Samarie, se réjouissaient du moins qu'il se préparât à détruire Jérusalem. « Les prophètes juifs n'ont cessé de rendre des oracles contre tous leurs voisins, dit Gérostrate, aussi bien que contre Babylone et contre l'Egypte, et même contre les Ethiopiens. Deux de ces prophètes, Jérémie et Amos, font dire à leur dieu : « Je mettrai le feu aux remparts de Damas — Et il dévorera les palais de Ben Hadad. » Un autre, Ezéchiel, lui prête des malédictions sur cette ville de Sidon que tu protèges : « Je lui enverrai la peste — Et il y aura du sang dans ses rues. »

Chérilus de Jasos raconta un détail curieux à propos des Juifs, qu'il avait lu dans le poème des *Guerres médiques,* dont l'auteur était son homonyme Chérilus de Samos, contemporain d'Euripide : c'est qu'ils avaient pris le parti de Xerxès contre la Grèce. Ce poète les décrivait comme habitant la ville de Solyme, près d'un grand lac qu'ils appelaient la mer Morte. Il ajoutait qu'ils avaient la tête rase et que leur casque était une tête de cheval. On avait constaté, à l'inverse, qu'ils avaient de longs cheveux, serrés par-derrière, et un casque rond. Le Jasien, qui avait approché intimement quelques jeunes Juifs, malgré leur extrême pudeur à l'égard des étrangers, précisa qu'ils étaient circoncis comme les Thraces, les Phéniciens, les Syriens et les Egyptiens. On pensait qu'ils avaient emprunté cet usage à ces derniers ou aux Perses, qui l'observaient pareillement.

A une vingtaine de kilomètres de Jérusalem, près de Chapharsalama, apparut un de ces cortèges dont Alexandre avait l'habitude : ils étaient les messagers d'une ville qui se rendait et non les éclaireurs d'une armée qui venait combattre. Les Hiérosolomytains, conscients de l'avoir irrité, avaient célébré des sacrifices, fait des prières et guetté son approche pour tenter de le fléchir. Marchait d'abord le grand prêtre, en costume chamarré, puis les autres prêtres en robes de lin, puis le peuple, — hommes, femmes et enfants vêtus de blanc, des branches d'olivier à la main. La tenue de Jaddus, qui les conduisait à pied avec son fils Onias et précédé de porteurs qui tenaient un brancard chargé de pièces d'argent, attirait l'attention d'Alexandre : il avait une robe azurée, une mitre pointue où étaient gravés sur une lame d'or des caractères mystérieux, et un pectoral à quatre rangées de rubis, également gravés. Lorsque le roi eut reconnu les objets de sa vision de Pella, il descendit de cheval pour marquer son respect au représentant de la religion dont les dieux lui avaient envoyé une image. Il admirait la prescience d'Aristote, qui avait conjecturé que les caractères décrits par lui, étaient hébraïques. Il demanda au grand prêtre ce que signifiait cette inscription et ajouta qu'il l'avait aperçue en songe, dans sa lointaine Macédoine. « Ce sont les quatre lettres hébraïques formant le nom du dieu des Juifs, répondit Jaddus. — Quel est ce nom ? dit le roi. — Il est écrit sept mille fois dans les livres sacrés, mais je ne puis le prononcer qu'une seule fois par an, le jour où l'on célèbre la fête de l'Expiation, dit le grand prêtre. — Quel qu'il soit, je le vénère, dit Alexandre. La vision que j'ai eue, m'annonçait que ce dieu combattrait pour moi, que je vengerais son peuple et que je détruirais l'empire des Perses. » Jaddus l'écoutait avec émerveillement. Le roi étendit la main droite et inclina la tête : le vainqueur du Granique et d'Issus avait adoré le dieu des Juifs.

Aussitôt la foule qui suivait le grand prêtre, éclata en cris de jubilation, leva les bras vers le ciel, accourut pour jeter sur les pas d'Alexandre les rameaux d'olivier et danser autour de lui une danse joyeuse. Comme les rois phéniciens s'inquiétaient si Alexandre n'avait pas perdu le sens, Ephestion leur expliqua à la fois quelle était sa règle d'honorer partout les religions et quel avait été le songe qui l'avait frappé. Parménion, que Gérostrate avait endoctriné, dit à l'oreille du roi qu'il faisait beaucoup d'honneur au chef d'une nation méprisable. « Elle ne le sera plus, dit Alexandre. Et je veux faire vivre en bonne intelligence Juifs, Syriens et Phéniciens. Aristote a appris beaucoup de choses de ces gens que tu dis méprisables et je suis son élève. » Suivi par l'armée et accompagné du grand prêtre, il s'achemina vers Jérusalem, qui s'étendait au pied du mont

Scopus. Gérostrate, Pnytagore et Nicocréon ayant demandé à rester hors des murs, en raison de la haine séculaire des Phéniciens à l'endroit des Juifs, il leur dit qu'il leur en saurait très mauvais gré. Ils durent se résigner à lui être agréable jusqu'au bout, pour ne pas l'obliger à leur intimer un ordre humiliant. C'était sa première application de son principe de rapprocher les peuples, envers et contre tous.

Après quelques mots d'excuse sur la réponse que lui avait dictée son serment de fidélité à Darius, le grand prêtre déclara s'en être vu délié par la générosité d'Alexandre envers les Galiléens et les Samaritains, ses frères de race. La vision, dit-il, que le roi venait de lui raconter, le confirmait dans l'idée qu'il ne s'était pas trompé. Il avait d'autres motifs pour accueillir triomphalement l'envoyé de son dieu.

« Ton règne et tes victoires sont annoncés par nos prophètes, continua-t-il. Tu es le roi qui doit détruire l'empire des Mèdes et des Perses ; mais je ne pouvais en être certain avant de t'avoir rencontré. Notre premier temple, bâti par le roi Salomon, a été brûlé par Nabuchodonosor qui emporta nos vases sacrés et emmena notre peuple à Babylone. Cyrus, roi des Perses, nous permit de revenir et de rebâtir le temple, même à ses frais ; mais la construction était à peine commencée que son successeur Cambyse nous l'interdit. Darius, fils d'Hystape, nous a redonné l'autorisation ; Xerxès, — que nous nommons Assuérus, — faillit nous anéantir et nous fûmes sauvés par l'une de ses femmes, Esther, dont il ignorait l'origine juive. Après Artaxerxès Ochus, l'usurpateur Bagoas nous a persécutés. Darius Codoman n'en a pas eu le temps ; mais tu comprendras que j'aie voulu éviter sa colère, tant que tu n'avais pas étendu sur nous ta protection. Nous avions trop souffert de ses derniers prédécesseurs. — Les Juifs ne se souviendront que de mes bienfaits, dit Alexandre. — Ta renommée te devançait, dit Jaddus, et l'un des faits que l'on raconte, m'avait donné à croire que tu n'es pas seulement le roi annoncé par notre prophète Daniel, mais que tu es l'objet d'une protection divine. On m'a affirmé que, sur la côte de Pamphylie, à un endroit difficile, la mer s'était écartée devant toi, comme la mer Rouge s'écarta devant notre législateur Moïse, lorsqu'il guida notre peuple hors d'Egypte, vers ce pays, que nous appelons la Terre promise. » Alexandre sourit : « Elle s'était aussi écartée devant Bacchus, dit-il. On t'a exagéré ce qui s'est produit. La mer qui était agitée, se calma dès que j'y fus entré, mais elle ne s'ouvrit pas devant moi : elle me laissa libre le bord de la plage. — Ce n'en est pas moins un prodige, » dit le grand prêtre.

Le roi lui demanda pourquoi tant de Juifs avaient le poil roux, — son frère Manassé et lui avaient une longue barbe rousse. « C'est une preuve que nous sommes dans la droite lignée du premier homme, dit Jaddus : quand Dieu le créa, il le fit de terre rousse et Adam, qui est son premier nom, signifie roux en hébreu. Les Egyptiens, au contraire, ont cette couleur de cheveux en exécration, parce qu'elle était celle de Typhon, leur dieu du mal, à qui ils immolaient jadis des hommes roux, remplacés ensuite par des bœufs roux. » Alexandre admira la blancheur de la laine des troupeaux de brebis que l'on voyait paître. « Nous en sommes fiers, dit Jaddus. La laine de Palestine alimente, avec celle de Syrie, les teintureries de Tyr et les fabriques de tissus de Sidon. Mais nos troupeaux sont peu de chose au prix de ceux que possédaient nos aïeux : notre législateur Moïse fit un butin de six cent soixante-quinze mille brebis sur les Madianites, un ancien peuple d'Arabie. Un roi de Moab, ancien peuple de la Judée, nous payait un tribut de cent mille agneaux et cent mille béliers. »

Jaddus montrait à présent les abords pierreux de Jérusalem, au-dessus de la vallée du Cédron. « Notre ville, dit-il, prouve par cet aspect rude ce qu'est notre peuple : un peuple voué à l'effort. La Terre promise est digne de ce nom, tu l'as constaté : elle fournit en abondance tous les légumes, tous les fruits et nos troupeaux sont nombreux ; mais nous croyons à des biens de beaucoup supérieurs à ceux-là. » Le fossé qui entourait les murailles de la ville, était le plus large et le plus profond qu'Alexandre eût jamais vu : plus de soixante mètres de large sur dix de haut. Il fut surpris de l'étendue de la ville, qui renfermait cent mille habitants.

A l'intérieur de la forteresse, le temple, bâti sur le mont Moriah ou Sion, ressemblait à une autre forteresse. Cela n'étonnait pas Alexandre, qui avait constaté les mêmes mesures de défense dans d'autres sanctuaires de ces contrées. L'enceinte était encore plus grandiose que celle du temple de la déesse syrienne. Un second mur formait une séparation, qui ouvrait sur une large esplanade, bordée de tours et de portiques, dont l'un avait cent soixante-quatre colonnes. Un troisième mur précédait la cour des prêtres, où s'élevait le temple, précédé de l'autel des sacrifices, fait de pierres brutes. Le toit de cèdre avait eu pour charpentiers des Sidoniens. La porte, avec des lames d'or sur les montants et une vigne d'or sur le linteau, était flanquée de deux ailes massives, qui faisaient saillie. Le toit était hérissé d'aiguilles dorées qui empêchaient les oiseaux de s'y poser. L'absence de statues, qui donnaient aux temples grecs le prestige de l'art et l'apparence de la vie, rendait l'aspect de celui-là aussi sévère que l'était l'aspect de la ville et produisit un certain effet sur Alexandre. Il se souvenait de ce que lui avait dit Mithrène à Sardes : que, jusqu'à ces derniers temps, les Perses, eux non plus, ne figuraient pas les dieux par des statues.

Quand Alexandre avança vers le sanctuaire, Jaddus, épouvanté, lui montra des inscriptions, en perse et en grec, menaçant de mort tout non-juif qui irait plus loin. « Par Jupiter, lui dit Alexandre, moi et Ephestion sommes entrés dans les chambres secrètes de nos temples. Nous entrerons où nous voudrons dans le tien. » Le grand prêtre s'inclina. « O roi, dit-il, Cyrus, Darius, fils d'Hystape, et Artaxerxès Longuemain ne sont entrés que dans l'enceinte. Toi seul devais avoir un privilège sans précédent. »

Les murs, au-delà d'un grand voile de lin, ne brillaient pas seulement par l'éclat des pierres blanches, mais par celui d'un chandelier d'or aux sept branches en éventail. Un autel d'or pour les parfums et l'encens, une table d'or chargée de pains, et une immense quantité d'objets d'or, — bassins, vases, coupes, aiguières, plats, — qui étaient les trésors restitués par Cyrus, attestaient que le temple des Juifs était presque aussi riche en offrandes que celui de Delphes. Il y avait aussi de belles tapisseries, pourpres, écarlates et hyacinthe. Dans un plat, d'antiques monnaies d'argent représentaient une branche d'amandier fleuri. « Tout cela ne nous console pas d'objets plus chers à notre cœur qui ont été détruits par Nabuchodonosor ou qui ne nous ont pas été rendus, dit le grand prêtre, par exemple les deux colonnes d'or que Salomon avait placées à l'entrée du sanctuaire et l'arche d'acacia plaqué d'or où étaient les rouleaux primitifs de notre loi. »

Jaddus désigna le voile qui était au fond du sanctuaire : « C'est là derrière qu'il y avait cette arche, symbole de l'alliance de notre dieu avec son peuple. Aujourd'hui il n'y a rien : je n'y pénètre qu'une fois par an pour prononcer son nom. » Ce voile intriguait Alexandre. « Jaddus, dit-il, les ennemis des Juifs, tels que les Phéniciens, assurent que vous adorez la tête d'or d'un âne. Ne serait-elle pas derrière ce voile ? — Je fais pour toi ce que je ne ferais pour personne, dit le grand prêtre en écartant le rideau. Mais, puisque tu es l'envoyé de Sabbaoth ou Cébaoth, nom communicable que nous donnons à notre dieu en tant que dieu des armées, tu as le droit de soulever tous les voiles. » Le fond du temple ne contenait rien d'autre qu'une armoire dont Jaddus ouvrit les portes et qui renfermait les rouleaux de la loi, copie de ceux de Moïse. « Notre peuple, corrigé ensuite par notre législateur, dit-il, adora passagèrement un veau d'or après son départ d'Egypte. C'était un retour de l'influence des Egyptiens, qui adorent plusieurs animaux, comme tu sais, et notamment le bœuf. »

Jaddus prit dans l'armoire un des rouleaux de la loi : ils étaient formés de peaux de mouton extrêmement fines, collées l'une à l'autre si habilement qu'elles semblaient en former une seule, d'une longueur infinie. Deux bâtonnets, terminés par des pommes d'argent, les attachaient. Le texte était écrit en caractères d'or. Le grand prêtre dit à Alexandre qu'il allait lui lire, en le traduisant de l'hébreu, le passage du prophète Daniel où il était question de lui. « En quel temps vivait ce Daniel ? demanda Alexandre. — Du temps de Cyrus, dit le grand prêtre, et Balthazar, dont il va être question, était vice-roi de Babylone pour le roi des Perses. »

Afin de donner plus de solennité à sa lecture, il porta le rouleau dans le sanctuaire, après avoir, respectueusement, invité Alexandre et Ephestion à le précéder. Il se mit devant eux sur une petite estrade, entre le chandelier à sept branches et l'autel. « Voici les paroles sacrées, » dit-il. Sa voix se percha pour lire, d'une façon chantante, comme on lisait les vers d'Homère :

« La troisième année du règne du roi Nabuchodonosor, une vision m'apparut, à moi, Daniel... Je me trouvais à Suse, capitale de la province d'Elam... et j'étais près du fleuve Oulaï... Et voici qu'un bélier était devant le fleuve : il avait deux cornes et ces deux cornes étaient hautes, mais l'une était plus haute que l'autre, et la plus haute s'était élevée la dernière. Je vis le bélier donner des coups de cornes du côté de l'ouest, du nord et du midi ; aucune bête ne lui résistait et personne ne pouvait se défendre contre ses coups. Il faisait ce qu'il voulait et alors grandissait. Tandis que je regardais, voilà qu'un jeune bouc vint de l'occident sur la face de toute la terre, sans toucher la terre, et le bouc avait entre les yeux une corne très apparente. Il arriva jusqu'au bélier à deux cornes que j'avais vu devant le fleuve et il se rua sur lui dans l'ardeur de sa force. Je le vis atteindre le bélier, se précipiter avec fureur contre lui, le frapper et briser ses deux cornes... sans que le bélier fût capable de lui tenir tête. Il le jeta à terre et les foula aux pieds et personne ne put sauver le bélier de ses coups. Le jeune bouc grandit prodigieusement ; mais, au fort de sa puissance, la grande corne se brisa et je vis quatre cornes s'élever à sa place dans la direction des quatre vents du ciel. »

Alexandre était ému. Ephestion souriait : « Mon beau jeune bouc ! » murmura-t-il. « Le général Ephestion a raison de relever la noblesse de cette comparaison du roi Alexandre avec un jeune bouc, dit le grand prêtre. « Il y a trois êtres qui s'avancent d'un pas imposant — Et quatre qui ont une belle allure, dit notre livre des *Proverbes :* Le lion, le plus fort des animaux, — Qui ne recule devant rien, — Le lévrier aux reins agiles et le bouc — Et le roi à la tête de son armée. » « Tu es tout cela », dit Ephestion à Alexandre. Celui-ci songeait que les cornes du bouc étaient une image de celles de Jupiter Ammon dont il comptait visiter l'oracle pour prêter à sa conquête de l'Asie un air surnaturel. Le bouc était le compagnon de Bacchus et la victime privilégiée qu'on lui offrait, — peut-être, disait-on, parce que le bouc saccage les vignes. Le lion d'Hercule-Sandon à Tarse était cornu. Enfin, Alexandre n'avait pas oublié le cours de mythologie du grave Léonidas, racontant que le beau Mercure avait pris la forme d'un bouc pour approcher la nymphe Pénélope, d'où était né le dieu Pan, ni que celui-ci avait revêtu la même forme pour séduire la chaste Diane. Bref, et les cornes et le bouc avaient des références.

Le grand prêtre continua la lecture. Une voix surgie entre les rives de l'Oulaï (l'Eulée), donnait à Daniel le sens de sa vision : « Je vais t'apprendre ce qui arrivera... Le bélier à deux cornes que tu as vu, désigne les rois des Mèdes et des Perses ; le bouc velu, c'est le roi de Grèce et la grande corne entre ses yeux, c'est le premier roi. Si cette corne s'est brisée et si quatre cornes se sont dressées à sa place, c'est que quatre royaumes sortiront de cette nation, mais sans avoir la même puissance. »

« Le prophète Daniel devient impoli en te traitant de velu, dit à mi-voix Ephestion. — C'est pourtant la caractéristique d'un bouc, dit Alexandre. — Mais mon beau jeune bouc n'est pas velu, même des fesses, bien qu'il descende d'Hercule, continua Ephestion, discrètement. — Tout est clair, dit le grand prêtre : la corne la plus haute du bélier représente la Perse, qui après avoir été longtemps subordonnée aux Mèdes, acquiert la prépondérance avec Cyrus. Le bélier heurtant de ses cornes l'occident, le septentrion et le midi, ce furent les Perses conquérant à l'occident la Babylonie et la Lydie, au nord l'Arménie et la Bactriane, au sud la Syrie et l'Egypte. Toi, Alexandre, tu es celui qui arrive de l'occident sur la face de toute la terre sans toucher la terre, car tu es rapide comme le lévrier ou plutôt comme la foudre. — La Grèce est formellement citée par le prophète ? demanda Alexandre. — Il l'appelle le royaume de Javan, ce qui en est le nom pour nous, répondit Jaddus. Tu es la confirmation éclatante de ce que le Très-Haut a fait voir à Daniel. J'aurai eu la gloire d'assister à l'accomplissement d'une prophétie. — Je suis touché, dit Alexandre ; mais votre prophète m'annonce que mon œuvre ne me survivra pas : quatre de mes capitaines se partageront mes conquêtes. » Il songeait à ce qui avait été prédit à Séleucus. « Quatre n'est peut-être même qu'un chiffre symbolique, reprit Jaddus. Tes conquêtes seront assez grandes pour faire de chacun d'eux un grand roi ; mais l'un d'eux sera notre persécuteur. — Eh bien moi, je serai votre bienfaiteur », dit Alexandre.

Il était surexcité par cette prophétie inattendue qui s'ajoutait à tant d'autres et qui était, pour la première fois, celle du dieu d'une religion si différente de la sienne. Il rappela à Ephestion que l'on avait quitté Pella au lever du Bélier et que ce signe, choisi par Aristandre, avait été considéré comme le symbole de l'assaut des Grecs contre le troupeau des Perses. Le Bélier du zodiaque correspondait au bouc de la prophétie juive. « Je ferai tout ce que tu souhaites, dit-il au grand prêtre. Parle. — Laisse-nous vivre selon les coutumes et lois de nos pères, dit Jaddus, et exempte-nous du tribut tous les sept ans, l'année où nous n'ensemençons pas nos terres. Je t'adresse la même requête pour les Juifs qui habitent en Babylonie, en Médie et en Perse, puisqu'ils seront bientôt tes sujets. » Alexandre le lui accorda. Il ajouta que les Juifs qui s'enrôleraient pour le suivre, auraient la permission d'observer pareillement leurs lois et leurs coutumes. Il leur promettait un établissement dans une ville de l'Egypte, s'ils se fixaient de nouveau dans ce pays comme leurs ancêtres.

Jaddus publia toutes ces choses, aux applaudissements du peuple, et beaucoup se dirent prêts à s'enrôler. Alexandre s'amusait à l'idée de joindre les Juifs aux Syriens et aux Phéniciens contre Tyr, contre l'Egypte et contre la Perse. Il leur fit jurer fidélité, à lui et à ses successeurs, et déclara les tenir désormais pour ses alliés et protégés.

Il tint à célébrer lui-même le sacrifice sur l'autel à cornes qui était devant le temple, en présence de sa suite, d'une foule de soldats et de Juifs. Pour justifier, aux yeux de son peuple, l'honneur sans exemple qu'il lui faisait, après celui auquel il n'avait pu s'opposer de le laisser entrer dans le temple, Jaddus proclama qu'Alexandre était, comme Cyrus, « l'oint » du Seigneur, « le berger » du Seigneur, le libérateur d'Israël. C'est à Cyrus que jadis Zorobabel, prince des Juifs, avait lu la prophétie d'Isaïe faite sur lui, expressément nommé, deux siècles avant sa naissance, prophétie concernant les victoires de son règne, le retour des Hébreux en Judée et la reconstruction du temple de Jérusalem. Ainsi Jaddus reversait sur Alexandre ce qu'Isaïe avait dit de Cyrus. Le roi s'étonna de cette autre prophétie, mais il aurait aimé que Daniel le nommât lui-même, comme Isaïe avait nommé Cyrus : il en eût admiré les prophètes juifs encore davantage.

« Quant à moi, reprit le grand prêtre, je puis m'appliquer, non par orgueil, mais pour glorifier le nom d'abbaoth, la prophétie d'Aggée sur Zorobabel, qui fut notre intercesseur auprès de Cyrus, ainsi que je l'ai été auprès de toi : « En ce jour-là, oracle du dieu des armées, — Je te prendrai, Zorobabel, fils de Sabathiel, — Mon serviteur, oracle de Dieu, — Et je ferai de toi comme un cachet. » N'est-ce pas vrai, puisque j'ai scellé notre alliance avec toi ? — Vous avez des oracles ? dit Alexandre. — Nous en avions, dit le grand prêtre qui montre son pectoral : on les rendait en consultant ces pierreries, avant l'époque des prophètes. — Je sais que vous avez eu une sibylle, dit Alexandre. — Tu sais tout, ô roi », dit Jaddus.

La vue de l'autel à cornes lui fit repenser aux cornes dont le gratifiait la prophétie. Cet autel des Juifs ne pouvait l'étonner : il n'ignorait pas que le principal autel d'Apollon à Délos était dit des cornes, parce que le dieu en personne l'avait construit avec les cornes gauches des victimes immolées en son honneur. C'est devant cet autel que Thésée avait dansé la fameuse danse imitant le vol des grues. « Est-ce que mes cornes de bouc commencent à poindre ? demanda Alexandre à Ephestion. Ce Jaddus m'a peut-être jeté un sort. — Tu as déjà une bonne corne sous le ventre, dit Ephestion. Et tu en veux deux autres sur le front ? »

Comme c'était la fête de la nouvelle lune, le grand prêtre demanda à Alexandre si, au lieu du sacrifice quotidien d'un agneau, que l'on faisait selon la loi, il voulait bien accomplir l'holocauste extraordinaire qui s'offrait à cette occasion pour reconnaître la puissance de Dieu, maître des temps et des saisons. La demande était superflue : Alexandre était curieux de toutes les cérémonies religieuses, en vertu du caractère divin de la royauté.

Le signal du sacrifice fut donné par le son de la trompette et de la corne de bélier. Trente plats d'or et trente coupes d'or, cinquante bassins et cinquante fioles d'or étaient disposés autour de l'autel. On amena onze victimes : deux jeunes taureaux, deux béliers, sept agneaux d'un an, tous sans tache ni défaut. Le grand prêtre indiqua à Alexandre les gestes à faire. Le roi posa la main droite sur la tête de chaque animal et l'égorgea avec un couteau dont la lame n'avait pas la moindre brèche. Jaddus, son fils et ses assistants en répandirent le sang autour de l'autel ; puis, les animaux furent écorchés et dépecés. Les prêtres mirent les morceaux sur l'autel et y ajoutèrent les entrailles et les pattes après les avoir lavées. Alexandre offrit six mesures de fleur de farine et des libations de vin d'Engaddi, — c'était le meilleur vin des Juifs et Anaxarque en avait déjà vanté les mérites. La cérémonie fut assez longue, parce que le sacrifice de l'holocauste, qui était le plus pompeux, exigeait que l'animal tout entier fût brûlé. Elle était agrémentée de chants et de musique : on jouait du tambourin, de la flûte, de la lyre et de la harpe. Alexandre apprit ensuite que, par délicatesse à l'égard de la prophétie, le grand prêtre ne lui avait pas fait égorger un bouc, le onzième animal qui figurait d'ordinaire dans ce sacrifice pour l'expiation des péchés et qu'on avait remplacé par un bélier.

La cérémonie terminée, les jeunes Juives dansèrent pour le roi, vêtues de longues robes blanches, en se tenant par la main. Un chœur de jeunes gens chantait l'air de la danse.

Alexandre fut logé chez le grand prêtre, dont il apprécia l'hospitalité et les mets, dits purs. Il trouva néanmoins que la viande, d'où l'on avait exprimé le sang (« parce que l'âme de la chair est dans le sang », dit Jaddus), était moins savoureuse.

Anaxarque avait découvert que les Juifs possédaient un Bacchus, qu'ils n'adoraient pas : Noé. Il avait interrogé sur les prophéties juives les mages chaldéens, qui étaient très au courant de l'histoire des Hébreux dont les Chaldéens se considéraient, du reste, comme les alliés et les ancêtres. Ils estimaient authentique la prophétie de Daniel, car ils en avaient connaissance depuis longtemps, sans avoir cru nécessaire d'en parler ; mais ils reprochaient à Jaddus d'avoir cité celle d'Isaïe relative à Cyrus, puisqu'il était impossible que ce prophète eût employé un nom alors inconnu. L'invraisemblance aurait été la même si Daniel avait indiqué le nom d'Alexandre. La mention de Cyrus avait dû être ajoutée à la prophétie d'Isaïe pour étonner davantage le roi des Perses. D'après les Chaldéens, beaucoup de ces prétendues prophéties juives n'étaient que des amplifications de rhétorique, postérieures aux événements.

Alexandre fut surpris que l'esclavage existât chez les Juifs, comme dans les autres peuples, bien qu'ils fussent soucieux de rigueur morale. Mais les esclaves qui participaient à la vie et aux cérémonies de leurs maîtres, étaient libérés au bout de six ans, à moins de témoigner, devant un tribunal, la volonté de ne pas changer de condition. Dans ce cas, on leur perçait l'oreille pour marquer leur état définitif.

En revanche, Alexandre qui, par amour pour sa mère, avait tant réprouvé le second mariage de son père, n'aurait pas cru que les Juifs admissent la polygamie, ainsi que les autres peuples orientaux. Il est vrai que leur grand roi Salomon leur en avait donné l'exemple d'une façon incroyable : digne d'être roi des Perses, il avait eu sept cents femmes et trois cents concubines. Toutefois, Jaddus dit à Alexandre que l'idéal du foyer juif comportait une seule femme et que le livre des *Proverbes,* dont il lui avait cité un passage en le lui appliquant, faisait l'éloge de la « femme forte » qui « se lève lorsqu'il est encore nuit, — Donne la nourriture à sa maison — Et la tâche à ses servantes... — Plante une vigne avec ses mains... — Saisit le rouet, manie le fuseau, — Secourt le pauvre et tend le bras au nécessiteux, — Ne craint pas la neige pour sa maison, — Car toute sa maison est vêtue de cramoisi, — ... Confectionne des tissus qu'elle vend et des ceintures qu'elle cède aux marchands. — La force et la grâce sont sa parure et elle pense en souriant à l'avenir. — C'est pourquoi — Elle est infiniment plus précieuse que les perles ». Alexandre trouva tout à fait charmant cet éloge de la femme.

Un messager, qui le rappelait à Tyr, l'empêcha de continuer sa marche vers l'Arabie. Aussi bien lui aurait-il été difficile d'aller, à travers un long désert, jusqu'au pays des Sabéens, sur lequel Jaddus lui donna de nouveaux détails : l'odeur des parfums y était si forte qu'elle faisait tourner la tête. Les habitants devaient dissiper ces arômes par des fumigations d'asphalte et de barbe de bouc. Anaxarque expliqua ce dernier détail grâce à Hérodote : cet historien raconte que les boucs des Arabes s'imprègnent la barbe d'une résine nommée lédanum, en broutant dans certains pâturages, et que c'est dans ce pays qu'on recueillait cette résine. Alexandre verrait le pays des Nabatéens, autres Arabes à parfums, quand il irait plus tard en Egypte. L'essentiel de son expédition, qui était de détruire les repaires de pillards arabes, était atteint. Il pouvait, d'ailleurs, se dispenser de courir sur la route de l'encens, car on avait trouvé, dans les forteresses du Liban et de l'Anti-Liban, d'énormes quantités de ce produit destiné aux dieux. De plus, les Juifs cultivaient le balsamier et Jaddus chargea les bagages d'Alexandre de vases remplis de baume. Le roi se divertissait d'avance à l'idée d'envoyer au grave Léonidas un bateau rempli de baume, de cannelle et d'encens. « Lorsque tu auras vaincu le roi des Perses, dit Jaddus à Alexandre, tu recevras le tribut annuel de trente-sept mille kilos d'encens que les Arabes lui livrent chaque année. »

Alexandre fit au grand prêtre une demande qui l'embarrassa : d'élever sa statue dans l'enceinte du temple, en souvenir de sa visite. Jaddus lui rappela qu'en vertu de la loi de Moïse, les Juifs n'en avaient même pas élevé à leur fondateur ; mais il déclara que tous les enfants juifs qui naîtraient cette année, porteraient le nom d'Alexandre, que ce nom serait transmis à leurs descendants et que sa mémoire vivrait ainsi chez les Juifs. Cette excuse évoquait celle des Ephésiens pour la dédicace de leur temple.

Le roi laissa Andromaque comme gouverneur des trois provinces de la Palestine et repartit en emmenant quelques milliers de Juifs en qualité de soldats. Jaddus voulut l'accompagner jusqu'à Jéricho pour lui montrer la terre la plus grasse et la plus fertile de la Judée, célèbre par la culture du baume. Un des Chaldéens, qui avait lu les livres sacrés des Hébreux, avait dit à Alexandre de questionner le grand prêtre, pour l'embarrasser, sur ce qui s'était passé dans la petite ville de Gabaa, dont l'armée approchait. Jaddus n'hésita pas à répondre : on devinait qu'il n'avait pas à rougir de ce qu'avait pu faire son peuple, puisque le propre de la vie est qu'il y ait des contrastes et enfin, si purs qu'ils voulussent être, les hommes, même les Juifs, étaient toujours des hommes. Après avoir fait cette réflexion, le grand prêtre raconta l'histoire d'un lévite, c'est-à-dire d'un prêtre, qui, avec sa concubine, s'était arrêté pour la nuit dans cette petite ville de Gabaa ou Shibéa, appartenant à la tribu de Benjamin, une des douze tribus juives dont les lévites étaient une autre. Il avait été recueilli par un homme pieux, qui lui avait recommandé de ne pas dormir sur la place. Pendant la nuit, les habitants vinrent frapper à sa porte pour réclamer le lévite afin d'abuser de lui. En échange, il leur offrit sa concubine, qu'ils épuisèrent, au point qu'on la trouva morte le lendemain matin. Ce fut la cause d'une guerre contre la tribu coupable et de la destruction de Gabaa, qui, depuis lors, avait été reconstruite.

Près de Jéricho, on vit les champs de balsamiers. Les feuilles toujours vertes de cet arbuste ressemblaient à celles de la rue, salade aphrodisiaque. Les graines avaient le goût du vin. On fit devant Alexandre une incision à l'écorce, avec un couteau en os : le baume coula en larmes blanches très petites, que l'on recevait sur de la laine et qui devenaient rouges en durcissant. On lui dit que, dans tout un jour d'été, on en pouvait recueillir de chaque arbuste à peine la valeur d'une coquille.

Près de Jéricho, Jaddus lui désigna le mont Nébo, sur lequel était mort le législateur des juifs, en apercevant cette terre que Dieu lui avait promise au retour d'Egypte, et où il ne put entrer. Le grand prêtre parla d'un autre mont, le Sinaï, non moins cher aux Hébreux et qui était en Arabie : Moïse y avait reçu de l'Eternel les dix commandements qui formaient la base de leur religion et de leur morale, commandements qui avaient été gravés sur deux tables de pierre, dites les Tables de la loi.

Alexandre s'étonna que les murs de Jéricho fussent renversés. Le grand prêtre lui apprit que c'était par un miracle du dieu des Juifs, lorsque, il y avait plus de mille ans, ils étaient venus assiéger cette ville, habitée alors par des ennemis. Josué, le chef juif, avait fait promener pendant sept jours l'arche sainte autour des murailles et sonner de sept cornes de bélier. Le septième jour, les murailles s'étaient écroulées toutes seules. Et Josué avait maudit ceux qui les rebâtiraient. Alexandre fut frappé par cette histoire, dont il ne voyait pas l'équivalent chez les Grecs : Amphion avait bâti les murs de Thèbes au son de sa lyre, mais c'est Alexandre qui les avait détruits.

Jaddus lui conta une autre destruction, opérée par le dieu des Juifs sur leur ville de Sodome, dont l'emplacement était au sud de Jéricho. Les habitants, qui étaient sectateurs de l'amour masculin, avaient voulu violer deux anges ou génies que le Seigneur avait envoyés chez le seul juste de la ville. Et le texte sacré précise qu'ils avaient tous, « des enfants aux vieillards », assiégé la porte de ce juste, qui leur proposait en vain d'apaiser leur rut sur ses deux filles. Alors, Dieu fit tomber sur Sodome le feu du ciel. Alexandre n'imaginait pas Jupiter, avec Ganymède sur ses genoux, foudroyant les Sodomites. Mais l'expression « des enfants aux vieillards » lui fit penser aux habitants de Tarse. Jaddus lui dit qu'à la place de Sodome et des quatre villes voisines, qui furent englobées dans son châtiment, était un vaste lac d'asphalte, appelé Asphaltite ou mer Morte. L'asphalte empêchait d'y plonger et bravait tous les instruments tranchants : il ne se rompait qu'avec un simple fil, trempé dans le flux menstruel d'une femme. Depuis son enfance, où il avait reçu les leçons de sa mère Olympias sur les merveilles des règles, Alexandre ne s'étonnait plus de rien à ce sujet. Osthane voyait dans ce fait un trait de magie, comme dans la chute des murailles de Jéricho. Le roi était fort enclin à le croire : en un clin d'œil, le mage perse l'avait guéri d'un tenace mal de gorge, dans l'Anti-Liban, en lui frottant les amygdales avec un grillon écrasé.

De Jéricho, où Jaddus avait quitté Alexandre pour regagner Jérusalem, on avait suivi la riche vallée du Jourdain, puis celle du Cison, depuis le mont Gelboé jusqu'au mont Carmel. On avait vu se baigner les lépreux dans le Jourdain, dont les eaux étaient efficaces pour la guérison de cette maladie, peu connue des Grecs, mais décrite avec précision par Hippocrate. Critobule s'approcha de ces malheureux pour constater que la description était exacte.

En Samarie, Manassé vint au-devant d'Alexandre avec deux mille Samaritains, recrutés par lui. Ils se joignirent au contingent de Jérusalem et furent accrus, un peu plus loin, du contingent galiléen. Sachant la réconciliation du roi avec son frère le grand prêtre, Manassé avait tenu à ne pas être en reste. Bien qu'il ne renonçât pas à la construction du temple du mont Garizym, il voulait avoir l'honneur de participer lui-même au siège contre les Tyriens et à la guerre contre les Perses. Les troupes promises par son beau-père, Samballetis, n'étaient pas encore rassemblées, mais n'avaient pas d'utilité pour le siège de Tyr : on les aurait contre Darius. Le roi, qui fit chevaucher Manassé à son côté, lui parla avec amitié de son frère. Il lui dit que, désireux d'unir tous les hommes autour de sa couronne, il se flattait de les réconcilier un jour.

Voyant qu'il avait affaire à un lettré, il lui demanda si les Juifs avaient une autre poésie que celle de leurs psaumes, dont on lui avait traduit de beaux passages, durant le sacrifice, lorsqu'on les chantait. Manassé, pendant une halte, lui récita, en se caressant la barbe, quelques versets du *Cantique des Cantiques* du roi Salomon, cantique d'amour où l'épouse dit à l'époux : « J'ai ôté ma tunique, comment la remettre ?... — Mon bien-aimé a passé la main par le trou — Et mes entrailles se sont émues sur lui... — Et de ma main a dégoutté la myrrhe, — De mes doigts la myrrhe exquise... » « Il paraît, ajouta Manassé, que le trou est celui de la serrure. » Il continua : « Mon bien-aimé est frais et vermeil. — Il se distingue entre dix mille. — Sa tête est comme l'or pur, — Les boucles de ses cheveux flottent comme des palmes... — Ses yeux sont comme des colombes au bord des cours d'eau. — Ses joues sont comme des parterres de balsamiers, — Des carrés de plantes aromatiques. — Ses lèvres sont des roses. — Elles distillent la myrrhe liquide. — Ses mains sont des cymbales d'or, — Encastrées d'onyx, — Son corps, un chef-d'œuvre d'ivoire, — Orné de saphirs, — Ses jambes, des colonnes d'albâtre, — Posées sur des bassins d'or pur. — Son aspect est celui du Liban, — Elégant comme le cèdre. — Sa maison n'est que douceur — Et toute sa personne n'est que charme. — Tel est mon bien-aimé, tel est mon ami, — O filles de Jérusalem. » « C'est une ravissante déclaration d'amour, dit Alexandre. — Oui, ô roi, dit Manassé, mais c'est une déclaration d'amour mystique. Tu constates au moins par de tels accents que nous autres Juifs, tout en réprouvant des choses autorisées par tes dieux et que nous ne nous permettons pas de juger, avons su exprimer avec flamme et avec tendresse, comme un hommage au Très-Haut, les feux des amours légitimes. Mais enfin, pour nous prouver que les voies de Dieu sont insondables, ce grand roi Salomon, fils de notre grand roi David, avait pour mère Bethsabée, dont David avait fait tuer le premier mari, et ils descendaient l'un et l'autre de Raah, une femme publique. »

Alexandre parla à Manassé de Sodome, dont Jaddus lui avait relaté les malheurs. Il était curieux de savoir si les Juifs avaient toujours gardé cette pureté qu'ils affichaient aujourd'hui et que leur prescrivaient leurs lois.

« Notre prophète Ezéchiel, dit Manassé, qui vivait il y a deux cents ans, a déclamé contre la prostitution de deux femmes, Oolla et Ooliba, noms allégoriques pour Samarie et Jérusalem. Il dit qu'elles se sont prostituées aux Egyptiens « dont les membres sont des membres d'âne — Et les émissions de sperme, celles des étalons. » Ce n'est pas tout. Mon frère a dû te faire voir, en face de Jéricho, le mont Nébo, où mourut notre législateur Moïse. A côté, est le mont Péor. Un peuple qui était notre ennemi, les Madianites, y avait construit un temple à Baal-Péor ou Belphégor. La statue de ce dieu avait une robe retroussée au-dessus de la tête et un énorme membre viril. Les jeunes filles se prostituaient à lui et on célébrait dans son temple les orgies de la luxure la plus effrénée. Ce mont, sacré pour nous, était donc pour d'autres un lieu de débauche. Votre dieu Priape même eut en Israël une statue, que lui avait élevée Maacha, mère du roi Asa : celui-ci détruisit cette statue, la réduisit en poudre, la brûla, près du Cédron, et retira à Maacha sa dignité de reine mère. » « Ezéchiel s'indigne également, continua Manassé, de ce qu'à Jérusalem, on brûlait de l'encens à des « figures de reptiles », peintes sur les murs, — sans doute des dieux égyptiens, — les femmes pleuraient le dieu Thammuz, nom babylonien d'Adonis, et les hommes tournaient le dos au temple pour adorer le Soleil. »

« Que dis-je ! poursuivit Manassé. Ce temple de Jérusalem que tu viens de visiter, fut, à une certaine époque, dans l'enceinte des cours, un lieu de prostitution, comme les temples d'Astarté en Phénicie ou de Mylitta à Babylone. Il y avait des cabanes en forme de cellules où les filles juives et les garçons juifs se prostituaient pour de l'argent. On y entretenait même des chiens avec lesquels les hommes s'accouplaient. C'étaient les mœurs des Egyptiens, aussi bien que des Phéniciens, et Moïse, dans les prescriptions qu'il nous impartit, eut soin de nous rappeler que nous devions nous distinguer de ces peuples par une morale qui ferait notre force et notre grandeur. L'un de ses préceptes est celui-ci : « Il ne doit pas y avoir une prostituée parmi les filles d'Israël, ni un prostitué parmi les fils d'Israël. » C'est la preuve qu'il y en avait eu déjà à l'époque de Moïse, c'est-à-dire il y a treize cents ans, et cela n'empêcha pas qu'il y en eût encore à celle d'Ezéchiel. « Tu n'apporteras pas dans les mains de l'Eternel, ton Dieu, dit ensuite Moïse, le salaire d'une courtisane ou le prix du chien, car l'un et l'autre sont en horreur à l'Eternel, ton Dieu. » Alexandre n'avait jamais entendu parler auparavant de ces accouplements avec des chiens ; mais il n'avait pas oublié les oies de Lampsaque. Il se disait également que les dieux grecs avaient souvent pris la forme d'un animal pour copuler avec des mortelles. « Il y a une autre prescription de notre législateur, dit Manassé : « Quiconque donnera sa semence à Moloch, doit être mis à mort. »

« Pendant une cérémonie nocturne au temple de Moloch à Sidon, déclara Alexandre, j'ai vu, en effet, des hommes et des garçons se masturber devant la statue de ce dieu, lorsqu'elle est suffisamment chauffée par un fourneau. — Nous ne prétendons pas comme autrefois, dit Manassé, mettre à mort ceux de nos frères qui font des choses défendues par notre loi : nous n'oserions plus tuer un fils rebelle, une épouse non vierge, un blasphémateur ni même un sodomite. Nous ne coupons plus la main de la femme qui touche les parties sexuelles d'un autre homme que son mari. Mais de telles prescriptions te montrent notre soif de pureté. Nos livres sacrés parlent d'un antique personnage, Onan, qui se soustrayait au devoir conjugal « en corrompant sa main », ce qui signifie peut-être la masturbation, dont son nom est le symbole parmi nous, et notre Dieu le punit en le faisant mourir. » Alexandre ne songea pas à critiquer cette morale, qui n'était pas celle des dieux grecs puisque c'est Pan qui avait enseigné la masturbation aux hommes ; mais tout ce qui avait un caractère religieux, fût-ce d'une manière qu'il jugeait absurde, avait pour lui un certain relief. Plus il ajoutait de races à sa domination, plus il lui semblait ajouter des dieux à ceux de l'Olympe pour étendre son propre rayonnement.

« Aux abominations que je viens de te dire, ô roi, conclut Manassé, tu ne t'étonneras pas qu'un de nos livres ait écrit avec des lamentations : « Les enfants d'Israël servirent les Baals et les Astartés, les dieux de Syrie, les dieux de Sidon... et ils abandonnèrent l'Eternel. — Mon rôle et même mon devoir, dit le roi, c'est de servir ton dieu et de servir tous les autres dieux. — Je n'ai pas à le discuter, ô roi, dit Manassé : il me suffit que tu aies reconnu le mien. »

Alexandre était heureux d'apercevoir que sa visite à Jaddus et ses bons procédés envers Manassé avaient changé les sentiments des Phéniciens et des Syriens de son entourage. Personne n'osait plus se plaindre des prophètes juifs, du moment que l'un d'eux avait annoncé les succès d'Alexandre. Il se sentait une sorte de mission divine, émanant de Jupiter, pour rapprocher des hommes souvent égarés par le fanatisme et qui avaient des raisons de s'entendre. N'avait-il pas, en fait, réconcilié déjà les deux frères juifs ennemis, Jaddus et Manassé ? Celui-ci lui avait conté que des ouvriers de Sidon avaient aidé l'architecte tyrien Hiram, homonyme du roi, à construire le premier temple de Jérusalem, sous les rois David et Salomon. Les fondeurs de bronze, les sculpteurs, les orfèvres, les charpentiers, étaient Sidoniens. Du reste, ce temple avait été inspiré par celui de Melkart à Tyr. Cette œuvre de réconciliation que faisait Alexandre, le flattait en son cœur, maintenant qu'il avait cessé de traiter les autres nations de barbares et qu'il découvrait partout des civilisations, spirituelles ou matérielles, au moins égales à celle de la Grèce.

A Tyr, on avait besoin de sa présence pour reprendre courage. Les Tyriens, profitant d'un jour de grand vent, avaient poussé, contre la jetée et contre les tours de bois, un vaisseau d'une grandeur extraordinaire, chargé de bitume, de poix et de soufre, où ils avaient mis le feu. L'incendie avait détruit les tours, carbonisé un certain nombre de soldats macédoniens, obligé les autres à se jeter à la mer, et les Tyriens ne les avaient fait prisonniers qu'après leur avoir déchiré les mains avec des perches pendant qu'ils nageaient. La mer, soulevée par la tempête au cours de cet incendie, avait renversé la chaussée. Les tours de bois avaient été reconstruites, grâce à une nouvelle dévastation du Liban, les Arabes ne s'opposant plus aux soldats bûcherons d'Alexandre, et les abords de la jetée avaient été prémunis contre les navires chargés de matières incendiaires par des éperons de fer. Mais les Tyriens lançaient des projectiles, inventés anciennement par les Perses, car il en était question dans Ctésias : c'étaient de petits pots de terre ayant la forme d'une grenade, bien étoupés de toutes parts et entortillés d'une mèche allumée, qui se brisaient là où on les jetait, mettaient le feu à un liquide inflammable qu'ils renfermaient, incendiaient les machines de bois et brûlaient les hommes. On ne pouvait éteindre ces grenades qu'avec de la fiente. Le roi demanda ce que c'était que ce liquide inflammable : on lui dit que c'était ce bitume liquide, abondant aux environs de Suse et de Babylone, et dont on lui avait parlé — le naphte ou pétrole. Anaxarque déclara que Médée en avait eu connaissance : la magicienne s'en servit pour consumer une rivale, dont la couronne prit feu aux flammes de l'autel, quand elle s'en approcha pour sacrifier.

Alexandre ranima les courages et fit recommencer le travail. Sur les indications des Juifs, on put contrebattre les engins incendiaires des Tyrénéens : les machines furent badigeonnées d'alun, — substance produite par une roche de Syrie, — ce qui rendit le bois incombustible. La nouvelle jetée fut construite de front au vent d'Afrique et non pas de flanc, et large de soixante mètres, afin que les tours fussent à couvert des brûlots. On jeta au fond de la mer des branches de cèdre pour y entasser pierres et rochers, qui étaient liés ensuite par du ciment ; mais les plongeurs ennemis tiraient les branches pour faire écrouler l'ouvrage.

Le roi rêva qu'il voyait un satyre jouer autour d'une fontaine de la ville continentale, s'enfuir dès qu'il s'avançait, mais à la fin, après bien des fuites et des poursuites, tomber entre ses mains. Aristandre interpréta ce songe comme une preuve de plus que Tyr, symbolisée par le nom même de satyre, serait prise, mais que l'on devrait surmonter encore bien des difficultés.

L'arrivée de la flotte macédonienne, commandée par Protée, avec Cléandre qui amenait quatre mille soldats, celle de plusieurs vaisseaux de Rhodes, de la Lycie, de Malles et de Soles en Cilicie, et celle des flottes de tous les petits rois chypriotes, — sauf Pumiathon, — qui suivirent l'exemple de Pnytagore et de Pasicrate, renforcèrent la position d'Alexandre. Il y avait même à présent deux rois pour Paphos : Timarque, rival d'Alonyme, lui avait ravi quelques vaisseaux pour tâcher de prendre sa place en se ralliant à Alexandre ; mais Alonyme avait vogué dans son sillage afin de la garder. Alexandre les accueillit tous deux avec la même faveur, en remettant à plus tard le soin de décider du trône. Satisfait des beaux navires que lui livrait Alonyme, il ne se souciait pas de venger la vieille querelle d'Anaxarque à l'égard de ce roi. Rœcus d'Amathonte n'était pas venu en personne, comme Stasièque, Praxippe et Pasicrate, mais avait envoyé son parent, Androclès. Peut-être était-il honteux d'affronter Alexandre, parce qu'à la différence des autres rois de Chypre, il n'avait pas brillé en courage lors de l'expédition que les Athéniens avaient faite dans l'île. Prisonnier de Phocion, il s'était racheté en envoyant à Athènes une cargaison d'orge, que les poètes comiques avaient appelée « la pompe triomphale de Rœcus. »

Une nuit, Alexandre monta en bateau pour voir lui-même dans quelles conditions était effectuée la garde nocturne et examiner la possibilité d'une attaque à ce moment-là. Mais, au bout de six mois de siège, la vigilance des Tyriens ne s'était pas ralentie : les sentinelles, à espaces réguliers, élevaient leurs lanternes pour répondre au commandant qui, du haut d'une tour, comptait le nombre de signaux et vérifiait, en les additionnant, si aucun ne manquait. Ces conseils d'Enée de Stymphale semblaient connus des Tyriens ; mais ne disait-on pas que c'était des Carthaginois que Denys de Syracuse avait appris l'art des machines de guerre ? Posidonius, l'ingénieur d'Alexandre chargé de ces constructions, n'avait pas besoin de leurs leçons. Même si l'on renonçait à un assaut de surprise, le siège de Tyr était terminé : le son des trompettes et le chant du péan allaient se faire entendre.

L'attaque par mer fut préparée à Sidon. Alexandre, fidèle à sa place habituelle, commandait l'aile droite. C'est la première fois qu'il dirigeait un combat naval. Les rois de Chypre et de Phénicie étaient avec lui, à l'exception de Pnytagore, qui était à l'aile gauche avec Cratère. Les Tyriens avaient profité de l'absence de la flotte ennemie pour tomber sur les soldats occupés à terminer la chaussée, et n'eurent que le temps de rentrer au port. Ils n'osèrent, en effet, livrer bataille et, pour couvrir leur retraite, sacrifièrent trois vaisseaux, qu'Alexandre détruisit.

Osthane fit procéder à une cérémonie étrange qui n'était pas en usage chez les Grecs, mais qui, au dire de Python, existait chez les Romains : il s'agissait d'invoquer les dieux de la ville de Tyr, puis de la dévouer aux dieux infernaux. Cela intéressa Alexandre qui avait vu le succès, à Issus, de son invocation aux déesses infernales. Il prononça la formule que le mage lui avait apprise et par laquelle on se conciliait les divinités qui avaient jusqu'ici protégé les Tyriens, dont la résistance s'expliquait par la présence parmi eux notamment d'Hercule : « S'il est un dieu, une déesse, qui ait sous sa tutelle le peuple et la ville de Tyr, je le prie, le conjure et lui demande en grâce de déserter cette ville et ce peuple et de quitter leurs lieux sacrés, leurs temples, leurs murailles, et d'inspirer à ce peuple et à cette cité effroi et oubli, et d'aller à Pella chez moi et chez les miens. Que nos lieux sacrés, nos temples, notre ville, lui soient plus agréables et plus chers. Et qu'il nous prenne sous sa garde, moi, le peuple macédonien et mes soldats, afin que, s'il agit ainsi, j'accomplisse le vœu que je fais, de fonder pour lui un temple et des jeux. » Pendant que le roi disait ces paroles, destinées dans sa pensée à son ancêtre Hercule, on égorgeait les victimes ordinaires, dont il interrogea ensuite les entrailles : la réponse était favorable.

Restait à dévouer la ville aux dieux infernaux. Cette autre formule rappelait quelque peu celle des Grecs dans leurs traités. Alexandre lui-même avait prêté un serment plus ou moins semblable, quand il avait été admis dans le conseil de la confédération des peuples voisins : « Jupiter et vous, tous les autres dieux, répandez la crainte, la fuite, la terreur, la peste dans cette ville de Tyr et cette armée... Je vous offre pour cela trois brebis noires. » Tandis qu'Aristandre égorgeait ces animaux, le roi appuya les mains sur la terre, où coulait le sang, puis les leva au ciel en disant le nom de Jupiter. Cette cérémonie enflamma le courage de tous.

Le lendemain, commença le siège, au moyen des machines qu'on avait mises sur des navires. Les poupes tournées vers le mur, étaient jointes par des ponts ; les proues se touchaient. De la mousse fraîche, des crins de cheval et des peaux enduites de vinaigre protégeaient vaisseaux et machines contre l'incendie. Les Tyriens élevèrent en hâte un nouveau mur, tout près de celui qui était menacé, et comblèrent l'intervalle avec des déblais. Leurs plongeurs revinrent couper les câbles des ancres, ce qui obligea les Macédoniens à y mettre des chaînes de fer. Une tempête brisa plusieurs de leurs vaisseaux, comme celle des Dardanelles avait rompu le premier pont de Xerxès.

Des députés de Carthage avaient réussi à entrer dans le port ; mais ils n'apportaient que des secours religieux : ils avaient fait des sacrifices à Moloch, à Tanit, qui était l'Astarté de Carthage, et même à Hélioun ou Eschnoun, leur Esculape. Une guerre civile désolait leur cité et les avait empêchés d'armer une flotte. Un Tyrien déclara, en pleine assemblée, qu'il avait vu en songe Apollon, un des dieux de Tyr les plus vénérés, sortir de la ville. Sa statue colossale de bronze, prise à Géla en Sicile par le général carthaginois Himilcon, avait été un cadeau de Carthage à sa métropole. Après avoir écouté ce songe, les Tyriens insultèrent le dieu, comme s'il s'apprêtait à combattre en faveur de leurs ennemis. Le sénat fit attacher sa statue avec une chaîne d'or pour l'obliger à rester, de même que les Athéniens avaient coupé les ailes à la Victoire de leur citadelle afin qu'elle ne pût s'envoler. Cette nouvelle, dont Alexandre fut informé par un plongeur syrien que l'on avait capturé, sembla prouver le résultat de ses imprécations et il en fut reconnaissant à Osthane. Il déclara aussitôt qu'il bâtirait, à Pella, un temple, non seulement à Hercule, mais à Apollon. Cependant, à Tyr, quelques-uns demandèrent que l'on rétablît une coutume abolie depuis des siècles, mais qui, importée chez les Carthaginois par leurs fondateurs, y subsistait : c'était de sacrifier à Baal un garçon de famille distinguée. Le sénat repoussa cette proposition. Il fit embarquer pour Carthage un certain nombre de femmes, d'enfants et de vieillards, grâce aux quatre-vingts navires de la flotte tyrienne. Le roi Azelmicus, quittant la flotte d'Autophradate, était revenu partager le sort de son peuple.

Tous les moyens de défense étaient imaginés contre les vaisseaux qui entouraient l'île et qui permettaient à la chaussée d'avancer. Les ingénieurs tyriens, dont la capacité était célèbre, faisaient des prodiges : non seulement ils utilisaient catapultes, balistes, grappins, harpons, mais ils inventaient des roues divisées par des rayons nombreux qui, tournant très vite à l'aide d'une machine, arrêtaient et tordaient les flèches des assaillants. Ils amortissaient le choc des projectiles macédoniens avec des matelas d'herbes marines. En criblant de pointes de fer les abris de bois ininflammables sous lesquels les Macédoniens battaient les murs, ils parvenaient à y mettre ensuite le feu grâce à des fagots enduits d'un mélange inextinguible (poix, soufre, étoupe, encens broyé et sciure de pin). Ils prenaient l'ennemi dans des filets, le hissaient avec des câbles et le laissaient retomber, après l'avoir mutilé ou égorgé. Ils remplissaient de sable brûlant, de poix et de bitume bouillants des boucliers de bronze qu'ils faisaient choir du haut des murs.

Alexandre, irrité par leur obstination à se défendre, put apprécier les troupes nouvelles qu'il avait enrôlées : à voir le courage des Syriens, des Arabes pillards que l'on avait transformés en soldats macédoniens, des Phéniciens, des Samaritains et des Juifs, il comprenait avec quel acharnement tous ces peuples avaient lutté entre eux pour des questions d'intérêts et de territoires, mais il ne comprenait pas qu'ils eussent cultivé le mépris les uns envers les autres, car les dieux ennemis auxquels ils croyaient, les rendaient tous de bons guerriers. Le roi se flattait que peut-être la gloire de combattre sous ses yeux augmentait leur valeur et que même le fait d'être pour la première fois côte à côte, leur inspirait de l'émulation.

L'apparition d'un énorme cétacé qui vint s'appuyer à la chaussée, parut un heureux présage aux deux partis. Les Tyriens, croyant que Neptune restait leur allié, se livrèrent à la joie et aux festins. Alexandre voulait en profiter pour tenter l'assaut définitif : Aristandre, qu'il n'avait jamais trouvé en défaut, avait vu dans les entrailles des victimes que la ville tomberait le dernier juillet. « Mais c'est aujourd'hui ! s'écria Parménion, et trois jours ne suffiront pas pour prendre Tyr. — Eh bien, fit Alexandre, disons que c'est aujourd'hui le vingt-sept. » Et, aussi sûr de lui et du destin qu'il l'avait été par une remarque analogue avant la bataille du Granique, il commanda l'assaut.

Un des plus braves officiers macédoniens, Admète, chef des porte-bouclier, fut le premier à monter sur une échelle que l'on avait réussi à maintenir, malgré les bâtons fourchus qui la repoussaient. Un coup de hache lui fendit le crâne. Alexandre le salua de sa lance. Lui-même, du haut d'une des tours de Posidonius, s'avança sur le pont volant qu'on avait pu jeter vers les créneaux. Garanti par le bouclier de Troie et par la cotte de lin de Darius, son épée au côté, sa lance à la main, il étincelait sous son casque et son armure. Il brava les traits pour percer les défenseurs de la muraille. Cet acte de courage inouï, par lequel il voulait venger Admète et donner l'exemple à son armée, fut le signal de la chute de Tyr. Les machines ébranlent les murailles. Les Macédoniens s'élancent par une large brèche, grimpent sur les créneaux abandonnés. Les Tyriens se réfugient en suppliants dans les temples ou se tuent de leurs propres mains, quand ils ne se font pas tuer par les leurs. Il n'a fallu qu'un jour pour terminer ce siège de sept mois et, comme l'a prédit Aristandre, ce jour de la chute de Tyr est le dernier juillet.

Pour cette ville qui l'avait arrêtée si longtemps, Alexandre fut aussi impitoyable qu'il l'avait été pour Thèbes : il ordonna de mettre le feu aux maisons. Avant que tout, sauf les temples, fût livré aux flammes, il visita rapidement la superbe Tyr. L'odeur des teintureries de pourpre rendait certaines rues pestilentielles : le suc du murex était mélangé à de l'urine, ce qui faisait la couleur la plus tendre. Alexandre vénéra Melkart ou Hercule à la Tunique étoilée qui lui avait permis de prendre la ville. La statue de bronze représentait le dieu, le visage d'or, coiffé d'un haut chapeau rond, la barbe étoilée d'émail comme son pagne, et tenant d'une main la croix égyptienne, symbole de vie. A l'entrée du temple, s'élevaient les deux colonnes d'or et d'émeraude, qui avaient inspiré celles de l'ancien temple de Jérusalem. Anaxarque rappela qu'Hérodote les avait vues « resplendissantes dans la nuit ». Le prêtre du temple dit que la colonne d'émeraude était tombée du ciel et avait été ramassée par Astarté.

A la statue colossale d'Apollon, Alexandre fit ôter ses chaînes d'or. Il lui offrit des sacrifices, assigna au temple de très grands revenus et prescrivit qu'on donnât à ce dieu le nom d'Apollon Philalexandre : on remarqua, en effet, que la ville de Tyr avait été prise le jour où, soixante-cinq ans auparavant, Himilcon, le chef carthaginois sacrilège, avait enlevé sa statue à Géla. Alexandre visita aussi le temple de Jupiter Olympien et vit la colonne d'or du roi Hiram.

Il avait fait grâce au roi Azelmicus, qui s'était réfugié dans le temple d'Agénor, fils de Neptune, roi de Phénicie, père d'Europe et de Cadmus, ainsi qu'aux principaux citoyens et aux députés carthaginois, en les relevant, par une nouvelle formule, de l'imprécation qu'il avait lancée contre eux. Il chargea néanmoins les députés de porter à Carthage une déclaration de guerre, dont l'effet dépendrait des circonstances.

Six mille combattants furent massacrés, deux mille jeunes gens crucifiés ou pendus le long de la mer, les femmes et les enfants vendus comme esclaves, avec trente mille prisonniers. Mais les Sidoniens, en souvenir de leur communauté d'origine avec les Tyriens, dont ils étaient même les fondateurs, parvinrent à en sauver quinze mille, qu'ils transportèrent sur leurs vaisseaux, notamment des teinturiers, reconnaissables à leurs mains pourprées. Alexandre fit semblant de ne pas s'en apercevoir. Les pertes macédoniennes avaient été de quatre cents hommes pour la durée du siège et de vingt au moment de l'assaut final. Ephestion avait tenté d'intervenir en faveur des jeunes Tyriens : Alexandre lui rappela que Périclès avait fait attacher les chefs des révoltés de Samos à des poteaux, sur la plage de Milet, et les y avait laissés onze jours avant qu'on les assommât à coups de massue. Il ajouta que ses sentiments le pousseraient souvent à l'indulgence, mais que l'histoire lui remémorait parfois les vertus de la cruauté. La preuve, c'est que Samos ne s'était plus révoltée. Enfin, les Tyriens avaient été dévoués aux dieux infernaux.

Du pavillon royal, dressé dans la vieille ville, Alexandre, à côté d'Ephestion, regardait brûler Tyr, comme il avait regardé brûler Thèbes. « Quelle étrange destinée ! lui dit Ephestion. Tu as brûlé Thèbes que fonda Cadmus et tu brûles maintenant sa ville natale. » Il ajouta les vers d'Euripide dans *les Phéniciennes :* « Cadmus le Tyrien vint dans ce pays, — Où une mère engendra Bacchus, — De son union avec Jupiter... »

Pendant l'incendie, on apporta à Alexandre des raisins magnifiques, envoyés d'Engaddi par le grand prêtre Jaddus, et le roi fit inviter Manassé à venir en goûter. Devant l'un de ces raisins, plus beau que les autres, il s'écria : « Par Jupiter, je comprends que Bacchus ait pris la forme d'une grappe pour jouir d'Erigone. Il y a des fruits aussi beaux que des êtres vivants. » Il sourit de cette réflexion, qui ne s'accordait pas avec la religion de Manassé. Celui-ci était trop fin et trop respectueux pour en faire la remarque ; mais Alexandre l'aimait d'avoir toujours sa mémoire aussi riche en citations de ses livres sacrés que l'était la sienne en citations des écrivains grecs. Il se sentait avec lui dans une sorte de communauté spirituelle, malgré toutes les différences et les destinées qui les séparaient. « O roi, dit Manassé, le raisin a joué un grand rôle dans l'histoire de notre peuple pour nous fixer en Palestine, après notre départ d'Egypte. Notre chef Moïse dépêcha des explorateurs et leur ordonna de faire provision de fruits, s'ils en trouvaient. Or, dit l'un de nos livres, c'était le temps où mûrissaient les raisins. Arrivés dans une vallée du pays de Chanaan, ces éclaireurs « coupèrent une branche de vigne avec sa grappe et ils la soutinrent à deux au moyen d'une perche ». La grappe que t'a envoyée Jaddus, était digne de celle-là. Tu vois que nous avons sujet d'appeler notre pays la Terre de promission. D'ailleurs, la feuille de vigne et le raisin figuraient sur certaines de nos antiques monnaies. »

Alexandre s'amusa de ce trait, commun aux monnaies juives et à tant de monnaies grecques. Cependant, lorsque Manassé eut été chercher une de ces monnaies, qu'il avait dans son bagage, avec quelques objets précieux, le roi, en lui faisant montrer une pièce de Péparèthe, cette île voisine de la Magnésie qui appartenait à la Macédoine, — pièce où était ciselée une grappe de raisin, — lui fit convenir que les artistes grecs étaient supérieurs aux juifs. « Pourtant, ô roi, ajouta le Samaritain, le palais de Salomon avait des sculptures d'arbres et de plantes si finement ciselées que leurs feuilles et leurs rameaux semblaient s'agiter. — C'était peut-être l'œuvre de Sidoniens », dit Alexandre. Manassé sourit et regarda au loin les maisons en flammes.

« Mon frère Jaddus, reprit-il, a dit que tu accomplissais, ô roi, une prophétie de Daniel ; mais tu es en train d'en accomplir une autre : celle d'Ezéchiel contre Tyr. Elle s'est réalisée déjà sous le règne de Nabuchodonosor et, puisque tu en renouvelles l'exécution, c'est bien la preuve que tu es le vengeur des Juifs. Permets que je te la fasse entendre. »

Il mangea un grain de raisin pour se nettoyer la voix, se recueillit et dit, les yeux fermés, lisant en lui-même les rouleaux sacrés : « Ainsi parle le Seigneur Dieu : « Voici que je viens contre toi, Tyr ! — Je vais faire monter contre toi des nations nombreuses, — Comme la mer fait monter ses flots. — Elles détruiront les murs de Tyr — Et abattront ses tours. — Je balaierai loin d'elle — Sa poussière — Et je ferai d'elle un rocher nu... — Voici que je vais amener du septentrion contre Tyr — Nabuchodonosor, roi de Babylone, — Le roi des rois, — Avec des chevaux, des chars, des cavaliers... — Il égorgera tes filles sur la terre ferme, — Il construira contre toi des retranchements, — Il élèvera contre toi des terrasses — Et dressera contre toi ses boucliers en tortues. — Il dirigera contre tes remparts le choc de ses béliers — Et déchirera tes tours avec des crochets. — Au bruit des cavaliers, des roues et des chars, — Tes murailles trembleront, — Quand il entrera dans tes portes... — Sous les sabots de ses chevaux, — Il foulera toutes les rues. — Il tuera ton peuple par l'épée — Et tes puissantes colonnes seront jetées à terre... — Car moi, Dieu, j'ai parlé. »

La prophétie juive récitée devant l'incendie de Tyr faisait pendant à l'*Hymne* de Pindare, chanté par Alexandre devant l'incendie de Thèbes. Une fois de plus, le roi était ému par cette éloquence hébraïque, dont on lui faisait l'application. Il se rappela pourtant les propos qu'Anaxarque avait rapportés des Chaldéens : que beaucoup de ces prophéties avaient été écrites après l'événement. Aussi demanda-t-il à Manassé ce qu'il en était de celle-là. « Ezéchiel était contemporain de Nabuchodonosor, répondit le Juif, et son texte commente donc des événements qui étaient déjà arrivés ; mais il était permis à notre prophète de les présenter comme prévus par notre dieu. En tout cas, tu ne nieras pas, ô roi, qu'il n'ait parlé d'avance pour toi. Du reste, le prophète lui-même n'est pas dupe de ce qu'il dit, car Tyr était déjà rebâtie de son temps. Il l'a décrite comme tu aurais pu la voir ; mais c'était pour lui lancer une nouvelle malédiction, dont tu as été le suprême artisan. »

« Ecoute encore, si tu veux bien, ô roi, ses paroles sur cette ville qu'il compare à un beau navire. Elles ne sont plus une malédiction, mais une lamentation. » O Tyr, tu as dit : « Je suis parfaite en beauté ! — Ils ont pris un cèdre du Liban — Pour t'en faire un mât... — Ton gouvernail, ils l'ont fait d'ivoire, enchâssé dans du buis, — Provenant des îles de Cittim (c'est-à-dire Citium, en Chypre, dont le roi Pumiathon était ton ami, ô roi). — Le lin de l'Egypte, orné de broderies, — Formait tes voiles — Et te servait de pavillon. — L'hyacinthe et l'écarlate des îles d'Elicha (c'est-à-dire du Péloponèse) — Formaient tes tentures. — Les habitants de Sidon et d'Arad — Te servaient de rameurs. — Les anciens de Giblium (c'est-à-dire Byblos) — Et ses sages étaient chez toi, — Réparant tes fissures... — Perses, Lydiens et Libyens étaient dans ton armée... »

L'allusion à la pourpre du Péloponèse, indiquée comme un luxe de Tyr, divertit Alexandre. C'était la preuve que l'on estime toujours davantage ce qui vient de loin. Du reste, à la cour de Macédoine, la pourpre venait de Corinthe, dont les monnaies étaient gravées parfois du murex. Philippe et Alexandre n'auraient pas voulu s'approvisionner en Laconie, dont la pourpre était la plus renommée après celle de Tyr.

« Le prophète, continua Manassé, se lamente également sur le roi de cette ville, comme s'il avait deviné que ta magnanimité épargnerait son successeur : « Tu étais dans un jardin de Dieu. — Tu étais couvert de pierres précieuses. — Tu avais à ton service des tambourins et des flûtes. — Pour toi ils étaient prêts dès le jour de ta naissance. — Ta cour s'était exaltée à cause de ta beauté — Et tu avais perverti ta sagesse — Par l'effet de ta splendeur. » « Toi, ô roi, conclut Manassé, tu es le nouveau Nabuchodonosor et ta beauté est égale à ta sagesse. »

Alexandre appréciait de plus en plus la mémoire autant que la spiritualité de ce beau Juif à barbe rousse qui l'initiait à une poésie dont l'inspirateur n'était plus Apollon. Elle lui faisait aimer le peuple juif. Peut-être aurait-il moins goûté ces récitations, s'il n'avait vu le courage du récitant et de ses soldats. Il n'était pas moins sensible à leur profonde religiosité et à leur soin d'effectuer leurs prières loin des autres et de ne manger que leurs propres mets. Au milieu de la débauche grandissante qu'inspiraient à ses soldats les rites des pays conquis, — débauche pour laquelle sa victoire sur Darius le rendait plus indulgent, — il ne lui déplaisait pas de voir un peuple à part qui avouait avoir tout fait, mais qui entendait rester fidèle à un idéal de pureté et, en somme, d'aristocratie.

Cependant, Alexandre avait une question à poser à Manassé : « L'assurance avec laquelle tu me parles de ton dieu et de tes prophètes, lui dit-il, me laisse supposer que vous autres Juifs n'avez que mépris pour nos dieux. — O roi, dit Manassé, comment pourrais-je mépriser des dieux que tu vénères ? Notre dieu lui-même, dans nos livres sacrés, reconnaît l'existence d'autres dieux : il se déclare un « dieu jaloux » pour bien montrer qu'il n'est pas le seul, mais qu'il exige qu'on croie en lui seul, et de fait, il jalousa Baal. Toutefois, avec le temps, nous nous sommes convaincus que notre dieu était le plus puissant, ou du moins tout-puissant, et c'est ce qui nous a donné le courage de supporter nos souffrances, car nous étions sûrs qu'il nous en ferait tôt ou tard réchapper. Nous considérons les autres dieux comme les expressions diverses de sa puissance, s'ils ne contredisent pas sa morale, ou comme des anges rebelles, s'ils la contredisent. — Vos idées rejoignent un peu celles de nos plus grands philosophes, déclara Alexandre. Aristote, qui fut mon maître, tend, comme Platon, à l'unité de Dieu ; mais il rappelle aussi, comme Platon encore, que c'est un crime de la révéler. Cette connaissance doit être réservée à une élite ou aux initiés de certains mystères. Au fond, votre race est une race d'initiés. — Tu ne crois pas si bien dire, ô roi, répliqua Manassé : nous nous tenons pour un peuple de prêtres. Cela a son bon et son mauvais côté. »

« Excuse-moi, ô roi, de te poser à mon tour une question que j'ai oubliée, continua-t-il : est-ce que mon frère Jaddus t'a parlé de notre sibylle ? — La sibylle d'Endor ? demanda Alexandre. — O roi, tu sais vraiment tout », dit Manassé. Alexandre sourit de cette réflexion, semblable à celle qu'avait faite Jaddus sur le même sujet. « Nous avons parlé de cette sibylle, dit-il, mais par simple allusion. — Je vois, dit le Juif, que mon frère a cru inutile de rien ajouter à la prophétie de Daniel ; mais un détail de plus ne peut que t'intéresser. Notre sibylle, qui s'appelait Sambetho, ne fait partie que de notre tradition. On l'appelait aussi Hébraïque, ou Chaldéenne, ou Persique. Elle descendait de notre patriarche Noé. Or, elle a prédit avant Daniel ta venue sur la terre, ta gloire foudroyante, ta conquête de l'Asie et les services que tu rendrais au peuple juif. Tu nous es lié à la fois par Daniel et par elle. C'est pour cela que nous te sommes doublement acquis. »

L'incendie de Tyr, les cris des gens en croix, ceux des filles, des femmes et des enfants que l'on violait avant de les tuer, ne troublaient ni Alexandre, ni Ephestion, ni le frère du grand prêtre de Jérusalem. C'étaient les lois de la guerre. Toutefois, Manassé fit observer que les Juifs ne violaient pas les femmes ou les filles de leurs ennemis : ils pouvaient les épouser au bout d'un mois et les répudier ensuite, mais ils ne pouvaient plus les vendre comme esclaves.

Alexandre ayant un peu de fièvre, Osthane supplia Philippe de ne pas lui administrer de remède interne et de laisser agir un nouveau remède magique, procuré par les circonstances : il détacha d'une des croix où était cloué un jeune Tyrien, un clou et un morceau de bois, qu'il attacha dans de la laine au cou d'Alexandre. Effectivement, la fièvre tomba en une heure. Aussitôt après la guérison, le mage, selon le rite, fit porter le remède dans une caverne, loin des regards du soleil. Philippe, qui avait eu la gloire de sauver les jours du roi par ses remèdes, avait la bonne grâce d'admettre que certaines choses passaient le domaine de la science, comme Aristote lui-même en était convenu si souvent. Il ajoutait cependant que, pour la fièvre dont Alexandre avait souffert à Tarse, il ne se serait jamais reposé sur la magie.

Afin de célébrer la victoire, des sacrifices solennels furent offerts au temple d'Hercule de la ville continentale. Toutes les troupes en armes firent une procession en l'honneur de l'ancêtre d'Alexandre, le long du rivage où agonisaient les crucifiés. La flotte elle-même défila parallèlement, à quelque distance du rivage, couronnée de guirlandes. Alexandre consacra la machine qui avait fait la première brèche et la proue d'un des vaisseaux qu'il avait pris. Ces fêtes s'achevèrent par des jeux gymniques nocturnes, à la lueur de milliers de flambeaux.

Le butin était immense. Le roi se rendait bien compte que toutes ces richesses et la perspective de toutes celles qui les attendaient, servaient de stimulant à ses hommes pour cette campagne, pleine de péripéties. On accomplissait à la lettre, sinon les prophéties des Juifs, du moins les idées d'Isocrate, qui avait jugé intolérable de voir « les barbares plus riches que les Grecs ». Au demeurant, aucun officier et aucun soldat n'eût été fondé à se plaindre d'avoir abandonné en route ses mignons ou ses courtisanes : ils s'apercevaient, comme le leur avait promis Alexandre, que, de gré ou de force, ils en trouvaient partout.

Selon l'usage, un dixième du butin fut envoyé à Delphes. Les innombrables bijoux de la femme du roi Azelmicus, dont quelques-uns furent donnés à Thaïs et à Barsine, seraient partagés entre Olympias, Cléopâtre et la reine de Carie. Alexandre avait décidé, en effet, de ne pas oublier désormais la royale confiturière dans ses générosités. Il appelait les trois femmes « ses trois reines ». Il avait reçu de sa mère le texte d'une épitaphe composée pour le tombeau de son père par le nouveau poète Adée de Macédoine et qui ne pouvait que le flatter : « Le premier j'ai, moi, Philippe, conduit l'Emathie vers Mars. — Je repose dans la terre d'Egée, — Ayant fait ce qu'aucun roi ne fit avant et, si quelqu'un se glorifie — D'avoir fait mieux que moi, c'est qu'il est de mon sang. »

Thersippe était revenu de Babylone avec les mêmes ambassadeurs perses, Ménisque et Arsame. Habilement, le grand roi avait différé leur retour, sous divers prétextes, pour attendre l'issue du siège de Tyr. Alexandre s'était bien douté qu'il ne pouvait se permettre de subir un échec devant cette place, d'autant moins qu'un peu plus loin, celle de Gaza était toujours résolue à se défendre. Thersippe raconta que Tyrénus, un des eunuques de Statira, s'était échappé, durant le siège de Tyr, et avait rejoint Darius. « Ma mère, ma femme, mes enfants, vivent-ils ? lui demanda le grand roi. — Ils vivent, dit l'eunuque. Sizygambis et Statira portent encore le nom de reines et on leur en accorde tous les honneurs. — Statira m'a-t-elle gardé sa foi ? — Elle l'a gardée, dit l'eunuque. Alexandre n'a même pas eu la pensée d'attenter à sa vertu. » Cela étonna tellement Darius, à cause de la beauté de sa femme, qu'il exigea de l'eunuque le serment de dire la vérité. L'eunuque jura par le Feu et par l'Eau, en ajoutant qu'il ne pouvait faire le même serment pour Barsine, la fille d'Artabaze, mais ce n'est pas ce qui intéressait Darius. Dans un élan de reconnaissance, il pria les dieux, s'ils avaient décidé de lui ôter le trône de l'Asie, de ne pas y placer un autre souverain qu'Alexandre. Le grand roi avait plusieurs femmes, dont il avait d'autres enfants et même son fils aîné Arsibarzane, mais Statira était la préférée, et les enfants qu'il avait d'elle lui étaient les plus chers.

Les mots généreux de Darius touchèrent Alexandre. S'il avait tenu à se montrer généreux lui-même envers la famille de son adversaire et s'il comptait l'être envers lui après l'avoir vaincu, il n'oubliait pas que c'était une qualité traditionnelle chez les monarques perses et il se piquait de la surpasser. Xerxès avait renvoyé les deux Spartiates Boulès et Spertias qui étaient venus s'offrir en victimes pour réparer le meurtre de ses ambassadeurs par leurs compatriotes avant son expédition. Cependant, Alexandre avait souri des préoccupations conjugales de Darius. « Jusqu'à présent, dit-il à Ephestion, les cours de morale à l'usage des jeunes princes louaient la continence de Cyrus envers la belle Panthée, épouse d'Abidate, roi de la Susiane, dont cette attitude lui fit un allié et un ami. Darius n'en est pas encore là avec moi. »

Après ces commentaires, Thersippe rendit compte de sa mission. Le roi des Perses offrait à Alexandre sa fille aînée Statira, qui était sa prisonnière et qui portait le même nom que la reine. Elle aurait pour dot les pays s'étendant de l'Hellespont à l'Euphrate. Darius proposait, en outre, cinquante-cinq millions de drachmes comme rançon de sa mère, de sa femme et de ses enfants. Il répétait à Alexandre ses conseils de prudence sur les changements de la fortune, l'orgueil de la jeunesse, les ressources des armées perses inépuisables. Il énumérait les fleuves qu'il lui restait à traverser pour arriver au bout de l'empire : l'Euphrate, le Tigre, l'Euléus, l'Araxe, le Margus en Margiane, l'Oxus en Bactriane, le Polytimète en Sogdiane (ces noms, au contraire, grisaient le vainqueur de Tyr). Il ajoutait qu'Alexandre aurait le temps de vieillir dans des plaines immenses où errerait le petit nombre de ses soldats et il terminait en le priant de mettre fin à sa poursuite insensée.

Thersippe raconta que Darius lui avait fait des questions, prouvant qu'il y avait déjà une légende en Orient autour de la vie du conquérant : il avait demandé s'il était vrai qu'Alexandre était si fier, quand il était né, qu'il refusait de sucer un sein de femme et qu'il fallait lui donner le lait avec une cuiller d'or. On avait dit aussi au roi des Perses que tous ceux qui composaient la garde du roi de Macédoine, étaient nés le même jour que lui et étaient ses anciens mignons : l'histoire d'Ephestion avait déteint sur ses amis, à moins que ce ne fût celle des huit cents mignons de son père qui eût déteint sur Alexandre.

Le roi lut, dans le conseil ordinaire de ses officiers, les dépêches apportées par les ambassadeurs de Darius pour confirmer ce que celui-ci avait dit à Thersippe. Son offre semblait plus que raisonnable à Parménion, qui déclara : « J'accepterais, si j'étais Alexandre. — Et moi aussi, dit Alexandre, si j'étais Parménion. » Ephestion applaudit ce mot. « Tu oublies que, selon Hésiode, « la moitié vaut mieux que le tout », reprit le général. — Ce n'est pas ce qu'aurait dit Homère », répliqua Alexandre. Il n'entendait à aucun accommodement et exigeait une reddition pure et simple.

Il répondit d'abord aux ambassadeurs comme il l'avait fait la fois précédente : Darius proposait ce qui avait cessé de lui appartenir et c'était aux vainqueurs de dicter leurs lois. Il ajouta qu'il n'avait pas besoin de ses cinquante-cinq millions de drachmes, puisqu'il aurait bientôt tous les trésors de son empire, ni besoin de sa permission pour épouser sa fille s'il en avait envie, qu'il ne songeait pas à un partage quand il aurait bientôt la monarchie universelle, que, de même qu'il ne pouvait y avoir deux soleils, deux rois ne pouvaient tenir le sceptre de la terre sans la troubler, qu'il était dérisoire d'épouvanter avec des fleuves quelqu'un qui avait franchi des mers et qui visait, non seulement Persépolis, la capitale de la monarchie, mais ces régions reculées où Darius chercherait vainement un refuge. Il terminait ces insolences par une phrase qui était sans doute la plus grande de toutes sous son aspect bienveillant : « Si Darius veut éprouver ma générosité, qu'il vienne. »

Les ambassadeurs du grand roi avaient convoyé un chariot rempli de sacs, qui renfermaient des grains minuscules d'une sorte de millet. Ils avaient été priés de dire, en les remettant : « Les armées du roi des rois sont aussi innombrables que ces grains. » Alexandre, pour répliquer à cet apologue oriental, remit à Arsame et à Ménisque un petit sac renfermant des grains de poivre, comme symbole de ce que représentait l'armée macédonienne par rapport à ces grains innombrables dont on faisait de la bouillie. C'était, à la manière des Scythes, joindre aux phrases le langage figuré.

Cléandre avait rapporté la réponse de Phocion à l'offre des cinq cent cinquante mille drachmes. L'émissaire d'Alexandre avait trouvé le général athénien en train de tirer de l'eau de son puits pour se laver les pieds, car il marchait pieds nus, et sa femme en train de pétrir de la farine. « Pourquoi Alexandre me fait-il ce présent ? avait demandé Phocion. — C'est, dit Cléandre, parce qu'il te regarde comme le seul homme juste et vertueux qui soit dans Athènes. — Qu'il permette donc que je ne cesse pas de l'être », avait répondu le général, en refusant le don. Xénocrate, qui, lui, ne se croyait pas permis de refuser, n'avait gardé que trois mille drachmes pour l'Académie sur les cent mille que lui avait envoyées Alexandre : c'est la même somme dont il s'était contenté, au début du règne d'Alexandre, sur les deux cent soixante-quinze mille drachmes d'alors. « J'admire le désintéressement de ces hommes, dit Alexandre, mais je ne le comprends pas. Je voudrais avoir toutes les richesses de Darius uniquement pour faire du bien à mes amis. » Certes, il avait au moins le plaisir de voir ses cadeaux avidement reçus par Démade ; mais il avait ri d'une phrase d'Antipater qui, lui aussi, avait envoyé de l'argent à Phocion au nom de leur amitié et qui écrivait : « Je ne peux rien faire accepter à Phocion et je ne fais jamais assez pour Démade. » Néanmoins, Phocion sachant son crédit sur Alexandre, sollicitait de lui la liberté de quatre prisonniers grecs, détenus à Sardes : le rhéteur Echécratide, Athénodore d'Imbros et les deux Rhodiens, Démarate et Sparton.

Alexandre consentit à cette requête, appuyée par le jeune Iphicrate, qui était devenu l'un de ses compagnons de prédilection depuis la bataille d'Issus. Il ne renonçait pas pour autant à son idée d'obliger Phocion. Il lui écrivit pour lui offrir, à la place d'une somme d'argent, les revenus et la seigneurie de cinq villes d'Asie Mineure, comme Artaxerxès Longue-Main l'avait fait pour Thémistocle : Elée en Eolide, Cius en Bithynie, Gergithe en Troade, Mylasa en Carie et Patara en Lycie, où était le fameux oracle d'Apollon. En cela, il imitait d'ailleurs son propre ancêtre le roi Amyntas qui avait offert la ville d'Anthémon en Macédoine à Hippias, l'ancien tyran d'Athènes, offre que ce dernier déclina, aussi bien que celle de la ville d'Iolcos, proposée par les Thessaliens : Hippias avait mieux aimé l'hospitalité de Darius le Grand ; mais Alexandre, dans une pareille offre, aimait à se référer également à Homère : Agamemnon, lorsqu'il tente d'apaiser la colère d'Achille, lui fait proposer « cette ville bien peuplée, — Cardanyle, Enope et l'herbeuse Iré, — Thères la divine et Anthée aux prés profonds, — Et la belle Ætéa, et Pédase riches en vignes ».

Pour donner à Phocion cette nouvelle marque de sa munificence, le roi avait profité de la venue à Tyr d'une députation athénienne, chargée de lui apporter une couronne d'or, de le congratuler de sa victoire et de lui demander, elle aussi, la liberté des prisonniers athéniens, comme l'avaient déjà fait les députés qui étaient allés le voir à Gordium. Il avait su que les Athéniens avaient manifesté une joie immodérée en croyant qu'il était mort de maladie à Tarse et, ensuite, détrompés, qu'il allait être écrasé par les centaines de mille hommes de Darius : c'est pourquoi ils avaient embrassé cette occasion de faire amende honorable. Le roi était trop habitué à ces procédés pour s'offenser des uns ou paraître exagérément satisfait des autres : il savait que la démocratie athénienne votait une couronne d'or tantôt pour le roi de Macédoine, tantôt pour ses ennemis, tantôt pour Philippe, tantôt pour son assassin. Il y avait toujours en suspens l'action d'Eschine contre Démosthène à propos de la couronne que Ctésiphon avait osé revendiquer pour cet orateur au lendemain de la bataille de Chéronée. Eschine avait écrit à Alexandre qu'il comptait réclamer bientôt le jugement de ce procès, afin d'accabler l'homme de Péanie au sujet de cette couronne, attendue depuis trois ans. Alexandre remercia les ambassadeurs athéniens des égards qu'on lui témoignait et ajouta que, s'il consentait à libérer les prisonniers, ce n'était pas pour complaire aux envoyés du peuple athénien, mais au seul Phocion.

Il avait eu une autre preuve des sentiments douteux des Athéniens : Amphotère et Hégéloque, forts de leurs cent soixante voiles, avaient reconquis Mytilène, que Pharnabaze avait fait occuper par deux mille Perses, à la tête desquels il avait mis Charès, l'un des vaincus de Chéronée. Ce général s'était rendu avec la garnison, à condition d'avoir la vie sauve. Mais, après s'être retiré d'abord à Imbros, il avait regagné le cap Ténare en compagnie de ses mercenaires et recommençait des intrigues.

Avant leur succès à Lesbos, Hégéloque et Amphotère avaient repris Chio, où le peuple, qui s'était révolté à leur approche, leur avait livré, enchaînés, Pharnabaze et les deux aristocrates du parti de Darius, Apollonide et Athanagore. Théopompe, qui avait dû quitter l'île, venait d'y rentrer. La garnison perse avait été massacrée. Les trois mille Grecs qui la renforçaient, furent transportés à Tyr et distribués dans les troupes macédoniennes. Le hasard avait conduit à Chio, au début de la nuit qui suivit cet événement, Aristonique, tyran de Méthymne avec Chrysolas : il venait livrer à Pharnabaze des vaisseaux de pirates, qui s'enrôlaient au service des Perses. On le laissa entrer dans le port, puis on ferma la passe et il fut pris. On égorgea les pirates.

Le ralliement des Rhodiens fut une nouvelle joie pour Alexandre. Comme ils étaient d'origine dorienne, ils avaient d'autant plus de mérite à se détacher de Sparte. Leur puissance navale était considérable. On disait que certains de leurs arsenaux étaient cachés du public et que c'était un crime d'Etat, puni de mort, que d'en découvrir l'emplacement, d'y pénétrer ou même d'en parler. Maintenant, Alexandre n'avait plus à craindre la flotte perse, déjà amputée de la plupart des vaisseaux phéniciens.

Sur le continent, généraux et gouverneurs n'étaient pas restés inactifs. Leurs dépêches apprenaient leurs succès à Alexandre. Antigone avait soumis les Lycaoniens ; Callas, les Paphlagoniens ; Balacre, en Cilicie, avait vaincu Idarne, qu'Autophradate envoyait pour soulever la Carie. Alexandre reçut d'Harpale, réfugié à Mégare, une humble demande de pardon. Plein de miséricorde pour cet ancien compagnon de Miéza, il lui fit écrire de venir reprendre son poste, mais sans son mignon.

Il avait aussi à régler leur compte aux deux roitelets chypriotes qui lui avaient manqué. Il déposa Pumiathon, mais s'abstint de lui donner tout de suite un successeur, en mémoire de leur ancienne amitié. Un conseil administrerait Citium (ou Larnaca), et Idalie, avec défense de battre monnaie, jusqu'à ce qu'on eût remplacé Pumiathon. Alexandre annexa

Tamasse et ses mines de cuivre au territoire de Pnytagore. Le roi de Paphos, Alonyme, fut prié de laisser son trône à Timarque. Cela fut très agréable à Anaxarque, mais ne le satisfaisait qu'à demi : offensé par le peu de respect que lui témoignaient les fils de Pasicrate, il englobait désormais dans son ressentiment tous les rois de Chypre. Alexandre s'amusait de voir tant d'amour-propre et de rancœur dans une âme philosophique. Pasicrate lui avait demandé de joindre à l'armée ces deux garçons, qui s'étaient signalés par leur courage durant les combats navals. Alexandre confia un commandement à l'aîné, Nicoclès, et mit le plus jeune, Stasanor, dans son escadron des amis. Comme Pnytagore sollicitait une place semblable pour son fils cadet Nytaphon, qui avait également fait preuve de valeur, — celui-ci était du même âge que Stasanor, — l'escadron eut ainsi un nouveau couple et qui était princier. Nicocréon, fils aîné de Pnytagore, s'était aussi bien comporté que son frère et aurait volontiers suivi Alexandre ; mais le roi de Salamine était valétudinaire et tenait à le conserver auprès de lui. Alexandre n'avait pas les mœurs de Xerxès qui, ainsi qu'on l'avait évoqué à Célènes, avait fait couper en deux le fils aîné de son hôte, le richissime Pythius, parce que celui-ci avait demandé que son fils aîné fût dispensé d'aller à la guerre.

Alexandre se mit en route pour l'Egypte. Puisque Darius ne venait pas à lui, c'était à lui d'aller à sa rencontre. Au sud de Tyr, il entra dans la ville d'Acca, Acé ou Acre. C'est là que jadis les deux cent mille hommes du satrape Pharnabaze et les vingt mille du général athénien Iphicrate s'étaient réunis avec leurs flottes pour faire la guerre au roi d'Egypte Nectanébo Ier, qui les vainquit. Ce souvenir touchait le jeune Iphicrate, et n'était pas indifférent à Alexandre, que certaine légende de sa naissance faisait le fils d'un Nectanébo.

L'armée contourna ensuite le mont Carmel. On entrait en Philistée ou pays des anciens Philistins, partie méridionale de la Phénicie. Sur la pointe du promontoire que formait le Carmel, était la ville d'Ecbatane, que l'on appelait Ecbatane de Syrie, pour la distinguer de l'Ecbatane des Mèdes, et qui portait aussi le nom de Caïffa. Il semblait à Alexandre que c'était l'une des capitales du roi des Perses qui s'offrait à lui. Cette Ecbatane avait d'ailleurs des liens avec la Perse, puisque c'était là que le roi Cambyse, fils et successeur de Cyrus, était mort en revenant de conquérir l'Egypte. Il s'était ouvert dangereusement la cuisse avec la lame nue de son glaive, lorsqu'il avait sauté à cheval, — cette blessure s'était faite au même endroit qu'il avait frappé le bœuf Apis, geste sacrilège. Il demanda le nom de la ville où, après son départ de Memphis, il se voyait obligé de s'aliter. Quand on lui eut dit que c'était Ecbatane, il comprit qu'il allait mourir : le fameux oracle de Junon à Buto en Egypte lui avait prédit, en effet, peu auparavant, qu'il mourrait à Ecbatane. Croyant que ce serait dans la capitale de la Médie, il se promettait de ne jamais y retourner. Les Juifs vénéraient le mont Carmel parce que, dit Manassé, leur prophète Elie avait défié en ces lieux quatre cent cinquante prophètes de Baal, le dieu des Philistins, — leurs ennemis d'alors : ces prophètes avaient eu beau supplier Baal d'allumer le bois de leur autel, le feu du ciel alluma le feu d'Elie.

Le feu de la terre avait joué là un rôle pour la richesse de Tyr et de Sidon. Au pied du mont Carmel, était le lac de Cendevia, où naissait le fleuve Bélus et c'est du sable qui était sur ses bords et auquel on mêlait du nitre, que l'on fabriquait la pâte de verre. La découverte en était due à des marchands de nitre, venus d'Egypte, qui, ayant relâché sur cette côte et voulu faire chauffer leur repas, se servirent de quelques pains de nitre de leur cargaison pour exhausser leur marmite et virent, sous l'action du feu, ces pains former avec le sable une pâte diaphane.

La petite ville de Dor ayant été dépassé, on longea, en bordure de la mer, la belle plaine du Saron et l'on arriva à Joppé ou Jaffa, place importante. Samballétis, le satrape de Samarie, fidèle à sa promesse, y attendait Alexandre avec six mille hommes recrutés dans sa province, qui s'ajoutèrent aux deux mille de son gendre Manassé. Celui-ci apprit à Alexandre que le prophète juif Jonas avait été englouti par une baleine devant le port de Joppé, mais en était sorti sain et sauf trois jours après.

Azoth ou Azdov, entre Joppé et Ascalon, avait un temple célèbre de Dagon, dieu dont le bas du corps était en forme de poisson. Alexandre ne manqua pas de lui offrir un sacrifice, pour montrer qu'il adoptait tous les dieux des pays conquis.

Manassé, pendant ce temps, récitait avec les siens des prières expiatoires, dont il avait fourni la raison. Sept cents ans auparavant, les Philistins avaient transporté dans ce temple l'arche sainte des Hébreux, dont ils s'étaient emparés au cours d'une bataille, — l'arche, contenant les Tables de la loi et symbole du dieu des Juifs, précédait alors leurs armées. La nuit même qu'elle fut placée dans le temple de Dagon, la statue de ce dieu fut renversée ; on la redressa et elle fut brisée la nuit suivante. Effrayés, les Philistins promenèrent l'arche de ville en ville ; mais on la refusait partout. Elle répandait, en effet, deux fléaux : les hémorroïdes et les rats. Au bout de sept mois, les Philistins qui, ne pouvant plus s'asseoir sur leurs sièges de bois à cause des hémorroïdes, avaient dû faire des sièges de peaux, consultèrent à Azoth leurs prêtres et leurs devins. Ceux-ci leur dirent de restituer l'arche aux Hébreux, en y ajoutant, pour offrande de réparation, des anus d'or, ciselés en hémorroïdes, et des rats d'or. Le nombre des hémorroïdes d'or serait de cinq, une pour chaque ville des Philistins où avait été portée l'arche (Azoth, Gaza, Ascalon, Ascaron et Geth), et celui des rats d'or, autant qu'il y avait de villes et de villages appartenant aux chefs de ces cinq villes. Ces offrandes furent mises avec l'arche sur un chariot neuf, attelé de deux vaches ayant leur veau et que personne ne conduirait. Si, avaient dit les devins, elles prenaient le chemin de Bethsamé, la première ville juive, à l'est d'Azoth, c'est que ce double fléau avait été envoyé par le dieu des Juifs ; sinon, c'est que ces choses étaient arrivées par hasard. Les deux vaches prirent tout droit le chemin de Bethsamé, où les Hébreux, qui étaient en train de faire la moisson, virent revenir leur arche, accompagnée d'un coffre rempli de rats d'or, surmontés de cinq hémorroïdes d'or. Alexandre dit à Manassé que le dieu des Juifs n'avait pas le privilège d'avoir reçu des anus en offrande : Esculape, le dieu grec de la santé, avait, dans ses temples, des ex-voto semblables, sinon en or, du moins en bronze, en marbre et en terre cuite.

Ascalon adorait la déesse Dercéto dont le temple, bâti par Sémiramis, était sur les rives d'un lac en poissonneux. La déesse avait un corps de poisson avec un buste de femme, comme Dagon avait un buste d'homme et une queue de poisson. Eprise d'un bel Ascalonite qui lui offrait des sacrifices, Dercéto en avait eu une fille, Sémiramis, qu'elle avait exposée dans une caverne où des colombes la nourrissaient. Pendant deux ans, elles lui apportèrent du lait, qu'elles prenaient dans leurs becs chez des bergers, puis du fromage. Ces bergers finirent par être intrigués, les suivirent et trouvèrent l'enfant, qu'ils nommèrent Sémiramis, ce qui signifiait « Colombe de la montagne ». Alexandre, en écoutant cette histoire, contée par la prêtresse de Dercéto, y retrouvait la filiation de la déesse syrienne. Plus tard, Sémiramis épousa Ninus, roi de Babylone, et avait fait tous ses travaux avant de se transformer en colombe, tandis que sa mère, qui s'était jetée de désespoir dans le lac d'Ascalon, avait été transformée par Vénus-Atargatis-Astarté en poisson. C'est à elle que l'on attribuait le mouvement des eaux du lac.

Son temple contenait le squelette du monstre marin, long de douze mètres avec des côtes de deux mètres, que Persée avait tué pour délivrer la belle Andromède, que l'on avait exposée sur un rocher en face de Jaffa ou, selon d'autres, attachée à un pieu sur le rivage. Elle était la fille de Céphée, roi d'Ethiopie, dont la femme Cassiopée s'était prétendue plus belle que les Néréides, à la suite de quoi Neptune avait envoyé ce monstre désoler le pays. L'oracle d'Ammon ordonna qu'Andromède fût exposée pour être dévorée et le roi, contraint par ses sujets, dut obéir. Persée, vainqueur du monstre, épousa Andromède.

Alexandre aimait à rappeler comment son ancêtre était arrivé à tuer le monstre en le pétrifiant avec la tête de Méduse. Celle-ci était la seule mortelle des trois Gorgones. Mercure avait appris à Persée, qui avait été son mignon, de quelle manière il pourrait tuer Méduse, avec une faucille de diamant qu'il lui donna. Sur ses indications, le héros alla en Libye où habitaient les Grées, sœurs aînées des Gorgones, qui n'avaient entre elles trois qu'un œil et qu'une dent et se les passaient l'une à l'autre pour voir et pour manger. Persée les leur déroba et ne leur rendit d'abord leur dent que lorsqu'elles lui eurent indiqué la demeure des nymphes qui gardaient le casque de Pluton rendant invisible, des sandales ailées, analogues aux talonnières de Mercure, et la besace spéciale qui renfermerait la tête de Méduse. Puis, au lieu de leur rendre leur œil, il le jeta dans le lac Tritonide, attendit que Méduse fût endormie et lui trancha la tête en se détournant, ce qui l'empêcha d'être pétrifié. Minerve, du reste, qui le protégeait, dirigea son bras en lui faisant regarder dans le miroir d'un bouclier poli. Du sang de Méduse, naquirent Chrysaor, une épée d'or à la main, et Pégase, le cheval ailé, — selon une autre tradition, Méduse avait conçu Pégase de Neptune, qui avait pris la forme d'un cheval pour la séduire. Persée offrit ensuite à Minerve la tête de Méduse, dont elle décora le centre de son égide.

Les Ascalonites avaient élevé un temple à ce héros. Pour honorer son ancêtre, Alexandre fit réciter par Thessalus quelques vers de l'*Andromède* d'Euripide : « Mais toi, tyran des dieux et des hommes, Amour, — Ou n'apprends pas à ce qui est beau à voir ce qui est beau — Ou aux amants, que tu inspires — Et qui endurent des souffrances, viens en aide heureusement. » Alexandre aimait ce vers que dit Persée et qu'il aurait pu dire lui-même avant de partir pour son expédition : « La jeunesse m'a excité et la pleine force de l'esprit. »

Le temple de l'Astarté ou Vénus Uranie d'Ascalon était resté célèbre par le châtiment que Vénus avait infligé à des soldats scythes et à leurs descendants d'être à jamais efféminés, comme on l'avait vérifié durant la campagne de Philippe contre les Gètes du Danube. Ce temple évoquait des souvenirs tout autres pour les Juifs d'Alexandre : c'est là que les Philistins, après avoir tué le roi juif Saül, ses trois fils et tous ses hommes, dans une bataille sur le mont Gelboé, avaient suspendu les armes de ce roi et de ses fils. Jonathan, le fils aîné, aimait d'amour le roi David qui avait été, tout enfant, recueilli par son père et ce roi, en apprenant la nouvelle de sa mort, composa et chanta sur la harpe le chant funèbre le plus célèbre des Juifs. Manassé émut Alexandre, lorsqu'il le lui récita, comme s'il lui faisait entendre un écho de la douleur d'Achille pour la mort de Patrocle : « Oh ! la splendeur d'Israël ! La voilà gisant sur les hauteurs !... — Ne le publiez pas dans les rues d'Ascalon, — De peur que les filles des Philistins ne s'en réjouissent, — De peur que les filles des incirconcis ne sautent de joie. — Montagne de Gelboé, — Il n'est plus sur vous ni rosée ni pluie — Ni chant de prémices, — Car là fut jeté bas le bouclier des héros. — Saül et Jonathan, chéris et aimables, — Dans la vie et dans la mort ne furent pas séparés. — Ils étaient plus prompts que les aigles. — Ils étaient plus forts que les lions. — Filles d'Israël, pleurez Saül — Qui vous habillait de pourpre au sein des plaisirs, — Qui mettait des bijoux d'or sur vos vêtements. — Comme ils sont tombés, les vaillants, en plein combat ! —

Jonathan a été percé sur les hauteurs. — L'angoisse m'accable à cause de toi, Jonathan, mon frère. — Tu faisais toutes mes délices. — Ton amour m'était plus précieux que l'amour des femmes. — Comment les héros sont-ils tombés ? Comment les guerriers ont-ils péri ? »

Le souvenir de Persée rendait la ville d'Ascalon aussi chère aux Perses, qui descendaient de ce héros, qu'elle pouvait l'être à Alexandre. Mais celui-ci descendait d'un autre héros, auteur d'un exploit équivalent : Hercule avait délivré d'un monstre marin la belle Hisione, fille de Laomédon, roi de la Troie primitive. Sur la recommandation d'un oracle, le fils d'Alcmène avait dû se faire engloutir par ce monstre et demeurer trois jours dans son ventre avant de lui déchirer les flancs. Alexandre rapprochait cette histoire de celle du prophète juif Jonas.

En l'honneur de Persée, le roi établit à Ascalon un atelier pour la frappe de ses monnaies. Celles de la ville portaient un casque et un bouclier, symboles des vertus guerrières de ses habitants. Ils s'étaient surtout exercés contre les Hébreux qui avaient voulu les dépouiller de leur pays et qui, pendant quelque temps, y étaient parvenus.

De nouveau, Alexandre rencontrait une ville qui s'opposait à lui : Gaza, à quelque distance d'Ascalon, était une place forte au-dessus d'un port ensablé et le Perse Bétis, qui en était gouverneur, se flattait d'arrêter l'armée grecque. C'était la clé de l'Egypte, du côté de la Phénicie. Darius avait su la mettre dans des mains fermes. L'irritation d'Alexandre fut grande de se voir l'objet de ce défi. Alors qu'il pensait que l'exemple de Tyr aurait supprimé la velléité de résistance annoncée par Straton, il constatait que l'on se rappelait seulement à Gaza les sept mois que lui avait demandés sa victoire. Sans doute Bétis espérait-il, par un siège aussi long, laisser le temps à Darius de lui envoyer des secours.

La garnison, composée d'Arabes et de Perses, se montait à dix mille hommes ; mais si la ville, qui s'élevait à trente kilomètres de la mer, n'avait pas la protection de cet élément, elle était encore mieux défendue par la nature de son sol et par ses puissantes murailles. Le sol, fangeux et sablonneux, ne se prêtait pas aux travaux de sape et les machines mêmes ne pouvaient avancer. Alexandre offrit un sacrifice en présence de l'armée. Une motte de terre, lâchée par un corbeau, lui frappa la tête. L'oiseau se percha ensuite sur une machine enduite de soufre et de bitume, où ses ailes restèrent engluées et il fut pris par un soldat. Le roi était impatient de ce que dirait Aristandre. « La ruine de la ville est certaine, déclara le devin, mais Alexandre sera blessé. » Ses amis supplièrent le roi d'être prudent, et l'on commença le siège.

Quand il avait l'air d'oublier la prédiction, lui qui avait toujours prêté foi à son devin, on lui remettait à l'esprit qu'il fallait croire les gens de

Telmesse. Les simples petits garçons qui avaient prophétisé à des soldats ou à des compagnons d'Alexandre qu'ils seraient blessés, ou tués, ou récompensés pour des exploits, avaient dit vrai, dans la plupart des cas, pour ce qui était arrivé à la bataille d'Issus et au siège de Tyr. Mais le roi répondait que c'était le sort de la guerre et que son bonheur, comme son devoir, était de s'exposer plus que personne.

Manassé, qu'il faisait venir quelquefois sous sa tente, lui dit que Josué, le successeur de Moïse et le destructeur de Jéricho, avait conquis Gaza. « Cette ville nous est odieuse, ô roi, ajouta-t-il, autant que toutes celles des Philistins, ancêtres des Phéniciens. Notre héros Samson, qui est l'Hercule juif et donc un personnage digne de ton intérêt, faillit y être tué, parce qu'il y avait passé la nuit chez une courtisane. Plus tard, il y fut conduit comme prisonnier et aveuglé ; invité à danser devant les princes des Philistins, qui offraient un grand sacrifice à Dagon, il écarta, par la force de ses deux bras, les deux colonnes du palais, qui s'écroula, et il périt sous les décombres avec plus de trois mille Philistins. »

« Le prince ou roi de cette ville, continua Manassé, était également un de ceux à qui le prophète Jérémie avait fait boire « la coupe de la colère divine », ainsi qu'aux rois d'Ascalon, d'Azoth, de Tyr et de Sidon, à Pharaon, nom symbolique pour nous du roi d'Egypte, à tous les rois d'Arabie et à tous les rois de Médie. — Quelle chance qu'il ne l'ait pas fait boire au roi de Javan, puisque la Grèce est ainsi appelée dans vos prophéties ! dit Alexandre. — Tu es aussi perspicace que l'étaient nos prophètes, dit Manassé en souriant : Jérémie, dans son emportement, fait même boire la « coupe de la colère » à tous les rois du septentrion, proches ou éloignés, et à tous les royaumes du monde. — Tu vois bien que vous n'aimez pas les autres, dit Alexandre. — O roi, nous ne les aimons pas lorsqu'ils nous font du mal, et les Juifs, toujours en guerre avec leurs voisins, eurent parfois le sentiment d'être en guerre avec toutes les nations. D'où les excès de notre Jérémie. Mais un autre prophète, Amos, qui était berger aux environs de Jérusalem, et qui est plus ancien que Jérémie, montre bien que nous ne haïssions pas sans cause. Il fait maudire Gaza par notre dieu « à cause de trois crimes et à cause de quatre... — Parce qu'ils ont déporté des convois entiers de captifs. » Mais Salomon, le plus grand de nos rois, antérieur aussi bien à Amos qu'à Jérémie, avait suffisamment prouvé que nous étions capables de nous entendre avec nos voisins de bonne foi : il avait conclu entre Israël et le roi de Tyr Hiram ce que l'on appelait « l'alliance fraternelle ». C'est d'ailleurs cette alliance qui permit la construction de notre premier temple, grâce au concours des artisans de Tyr. »

« Aucun peuple, ô roi, continua Manassé, n'a plus le sentiment de la justice que le peuple juif. Notre dieu nous interdit d'avoir deux poids et deux mesures : « Tu ne feras pas fléchir le droit... C'est la justice, la justice seule que tu dois rechercher, si tu veux te maintenir en possession du pays que l'Eternel ton dieu te destine. » Il nous est prescrit d'assister les faibles, les orphelins, les veuves, les étrangers. Pour nous, la justice va le plus souvent de pair avec la charité. »

Manassé parla ensuite de ce Salomon qui avait été roi à dix-sept ans et dont le nom était pour les Juifs le symbole de la science, de la sagesse, de la munificence et de la grâce, comme, dit-il, celui d'Alexandre l'était aujourd'hui pour le monde. « Les Thébains et les Tyriens ne sont peut-être pas de ton avis, dit Alexandre. — J'ignore ce que tu as fait à Thèbes, ô roi, dit Manassé ; mais j'ai vu à Tyr des marques de ta miséricorde. — Ne prononce jamais ce mot trop vite, dit le roi : je suis généreux, mais je suis colère et je peux être impitoyable. — Tout est permis à Alexandre, dit Manassé, comme tout fut permis à Salomon. Je pense à lui quand je te vois, car il était beau comme toi. Il était suivi par des jeunes gens aux longs cheveux, habillés de pourpre, comme ton escadron des amis, mais aux tiens tu ne fais pas mettre des papillotes d'or dans les cheveux. S'il eut sept cents femmes et trois cents concubines, c'est à la fin de son règne, quand il avait adoré Astarté et Moloch ; mais, lorsqu'il jouissait de la protection du Seigneur pour les mille victimes qu'il lui avait immolées, il avait agrandi son royaume. Il fonda une ville splendide, Palmyre, jusque dans les sables de la Syrie. Cette Gaza que tu assièges, a été ruinée par le roi d'Egypte Psousennès qui la donna ensuite à sa fille, l'une des épouses de Salomon. C'est celui-ci qui l'a réédifiée et fortifiée. Mais elle fut détruite ensuite par Cyrus. Non seulement les ouvriers d'Hiram avaient aidé Salomon à bâtir son temple ; mais ils l'aidèrent à construire un navire qui alla jusqu'aux Indes par la mer Rouge et qui en rapporta des monceaux d'or. Notre *Livre des rois* dit, du reste, qu'il recevait annuellement l'équivalent de trois millions trois cent trente mille drachmes en or, outre ce que lui envoyaient les rois d'Arabie. Mais toi, ô roi, qui as été l'élève d'Aristote, tu t'amuseras sans doute de savoir que Salomon et Hiram se lançaient des défis, sanctionnés par de grosses sommes d'argent, pour deviner des énigmes. C'est le roi de Tyr qui gagnait, grâce à un jouvenceau nommé Abdémon qui avait l'esprit encore plus subtil que le fils du roi David. Salomon reçut la visite de la reine de Saba, c'est-à-dire du pays arabe des Sabéens, qui lui offrit de l'or, des parfums, des épices et des pierres précieuses sur la renommée de sa sagesse et elle venait, elle aussi, lui proposer des énigmes. C'est elle qui a planté en Judée le balsamier et elle repartit enceinte d'un fils de Salomon. Tu es encore plus sage que lui. Tu n'as pas mille femmes auprès de toi et tu respectes les filles de Darius. Tu n'aurais qu'à te faire circoncire pour être roi des Juifs. — Sois tranquille, dit Alexandre en riant, je serai bientôt roi d'Egypte sans être circoncis. »

Il fallait construire une terrasse assez solide pour soutenir les machines et assez large pour leur permettre de manœuvrer. Les Arabes les incendièrent, à la faveur d'une sortie, et repoussèrent les Macédoniens des travaux avancés. Alexandre, insoucieux de la prédiction d'Aristandre, se précipita avec un bataillon pour arrêter la fuite de ses soldats. Rien n'avait pu le retenir, car il avait reconnu Bétis parmi les combattants. Ephestion avait eu juste le temps de lui faire mettre sa cuirasse.

Un Arabe, cachant son épée derrière son bouclier, s'élance et tombe aux pieds du roi, comme un transfuge qui implore pitié. Alexandre lui ordonne de se relever et de gagner le camp. Mais le traître lui porte un coup d'épée qu'il évite et auquel il répond par un coup mortel. Il se croit déjà libre du péril qu'on lui avait prédit, lorsqu'une flèche lui perce bouclier et cuirasse et se fixe dans son épaule gauche. Philippe accourt, enlève le trait avec précaution. Le sang jaillit de la blessure. Les assistants s'en effraient : jamais Alexandre n'a perdu tant de sang.

On le transporte sous sa tente. Philippe lave la plaie et l'enduit d'un onguent, fait de saindoux et de racines de bardane, recouvert d'une feuille de cette plante, — il en cueillait chaque jour toute fraîche dans la campagne en vue de soigner les blessures produites par le fer. Cherchant à tromper sa souffrance au moyen de sa panacée personnelle, Alexandre dit à Philippe les vers d'Idoménée dans *l'Iliade :* « Un médecin est l'équivalent de beaucoup d'autres hommes — Pour extraire des flèches et répandre des remèdes calmants. » Ephestion essaie de lui distraire l'esprit de la même façon et lui verse comme un baume le passage où l'on voit Patrocle soigner le héros Eurypyle : « L'ayant étendu, il lui tire de la cuisse avec son couteau — Le douloureux trait aigu et de lui coule un sang noir — Qu'il lave avec de l'eau tiède et il jeta dessus, — Après l'avoir écrasée dans ses mains, une racine amère — Qui calme la douleur et qui écarta toutes ses douleurs. — La plaie sécha et le sang s'arrêta. » C'est ce qui arrivait à Alexandre. Il sourit à son ami.

A peine la plaie était-elle bandée qu'il retourna au premier rang ; mais ses forces l'abandonnèrent et on dut le soutenir pour qu'il pût regagner son pavillon. Bétis crut qu'il était mort et rentra en chantant victoire. Il aperçut bientôt Alexandre qui était revenu surveiller et encourager les travaux des Macédoniens. Le roi, sans l'avouer, ne continuait pas moins de souffrir. Cette blessure, la plus grave qu'il eût reçue jusqu'à présent, demanderait une lente guérison. Le remède était moins prompt que celui de Patrocle dont Achille avait en la recette du centaure Chiron. « Il faudra me mettre une épaule en ivoire, comme à Pélops », disait-il.

Des nouvelles lui arrivèrent de Grèce, durant ces travaux dont il attendait des résultats décisifs. L'hommage qu'il avait rendu naguère au tombeau de Pélops à Olympie et, l'an dernier, à la ville de Pélopia ou Thyatire, avait enfin porté ses fruits à Olympie, où venaient d'être célébrés les jeux quinquennaux. Pour cette fête de la cent douzième olympiade, les athlètes macédoniens n'avaient plus été sifflés comme à la précédente.

Antipater avait envoyé le grave Léonidas représenter le roi, qu'il y avait accompagné huit ans auparavant, — huit ans si fertiles en événements de toute sorte, qui avaient conduit Alexandre sur le trône et maintenant sous les murs de Gaza. Belle revanche pour lui et pour son vieux précepteur : Ménon, déjà vainqueur à Delphes, avait gagné la course olympique des chars.

Enfin, terminée, la terrasse était de soixante-quinze mètres de haut et longue de six cents mètres. Les machines qui avaient servi au siège de Tyr, pouvaient maintenant accabler de traits et de pierres l'intérieur de la ville. Les assiégés tentèrent de surélever leurs murailles ; mais ils en étaient empêchés par cette grêle de projectiles. De plus, on avait trouvé un terrain plus favorable pour saper un côté des remparts, qui s'effondra tout à coup. C'en était fait de Gaza. Alexandre, quoique mal remis de sa plaie, fonça dans cette brèche et fut frappé au genou par la pierre d'une catapulte. Cette nouvelle douleur était si vive qu'il crut avoir l'os brisé : ce n'était heureusement qu'une contusion.

Sa vengeance fut aussi terrible qu'à Tyr. Dix mille Perses et Arabes furent massacrés. Tous les Gazéens non combattants furent vendus comme esclaves. Bétis paya sa résistance héroïque et les deux blessures d'Alexandre. Le roi voulut égaler envers lui la cruauté d'Achille envers Hector : il lui fit passer des courroies à travers les talons et l'attacha par les pieds à son char pour le traîner autour de la ville. Mais Hector n'était plus qu'un cadavre lorsque Achille le traîna, tandis que Bétis respirait encore. Callisthène murmura que « la lecture d'Homère risquait d'être dangereuse, si elle inspirait souvent de pareilles idées aux hommes puissants ». Ephestion, qui avait entendu le propos, ne le répéta pas à Alexandre.

Huitième Partie

En partant de Gaza, le roi avait l'impression d'être déjà sur le sol de l'Egypte. Il y avait pourtant encore deux villes qui la précédaient : Raphia, puis Rhinocolure (« Nez Mutilé »), dans le pays des Nabatéens. La deuxième devait son nom au fait qu'un roi de ce pays, de la dynastie éthiopienne, y avait relégué les condamnés à la peine de mort en leur faisant couper le nez au lieu de la tête.

Il n'y avait plus ensuite qu'un désert de sable jusqu'à la colline du Casius, dominée par un temple de Jupiter Casius, comme sur le mont homonyme de Syrie. Ce temple était célèbre parce que, chaque fois que le pays était envahi par les sauterelles, les habitants en obtenaient la destruction grâce à leurs prières à Jupiter : le dieu envoyait des oiseaux qui n'apparaissaient qu'à ce moment-là et qui détruisaient les insectes.

Dans ce lieu isolé et aux confins du désert, Alexandre fut encore plus frappé par la diversité des cérémonies religieuses de l'armée qu'il commandait. Tandis qu'il invoquait Jupiter, devant le temple duquel il sacrifiait, les Thraces, tournés vers la Thrace, invoquaient Sabazius ; les Syriens, tournés vers Bambycé, invoquaient Atargatis ; les Sidoniens, tournés vers Sidon, invoquaient Astarté ; les Juifs, tournés vers Jérusalem ou le mont Garizim, invoquaient Sabbaoth ; les Chaldéens, tournés vers Babylone, invoquaient Baal. Il y avait même quelques Perses, qui s'étaient ralliés sur la route, comme l'avaient fait Mithrène et Samballétis, et qui se tournaient vers le soleil levant. Ils étaient d'autant plus heureux de l'invoquer et de l'adorer sur cette montagne, qu'ils accomplissaient leurs sacrifices sur des lieux élevés. Des Egyptiens, qui avaient joint Alexandre aux dernières étapes, se tournaient vers Memphis et invoquaient Osiris. Le roi n'avait jamais eu d'une façon plus vive l'impression d'être le roi du monde qu'à ce moment-là. En tout cas, il pouvait déjà se regarder comme pharaon : Mazacès, satrape de Basse-Egypte, successeur de Sambacès, tué à Issus, lui avait envoyé de Memphis un messager pour lui dire qu'il se soumettait, ainsi qu'Ammynape, satrape de Haute-Egypte. La prise de Gaza n'avait pas suscité de nouveaux Bétis.

A un dîner sous la tente royale, comme on parlait des animaux adorés en Egypte, Onésicrite se divertit à déclamer les vers de la pièce d'Anaxandride intitulée *les Villes,* où un Grec parle ainsi à un Egyptien : « Non, je ne peux m'associer à toi dans cette guerre. — Nos mœurs, nos législations, bien loin de s'accorder ensemble, — Sont à tous égards en contradiction. — Tu adores un bœuf, moi je l'immole aux dieux. — Tu crois que l'anguille est une très grande divinité. — Nous, au contraire, nous la considérons comme un excellent mets. — Tu ne manges pas de porc et c'est ce que je préfère. — Tu adores un chien, moi je le bats, — Si je le surprends à manger mon poisson. — Nos lois statuent que nos prêtres doivent avoir toutes leurs parties naturelles — Et chez vous il paraît qu'on exclut du sacerdoce ceux qui les ont. — Si tu vois un chat malade, tu pleures, — Mais moi je le tue et je l'écorche avec plaisir... » Alexandre, après avoir ri, déclara qu'il n'y avait pas de quoi se moquer de ce qu'un homme adorait et que les cultes les plus étranges avaient une origine que nous ignorions. Anaxarque releva, du reste, une erreur dans un des vers d'Anaxandride : les prêtres égyptiens n'étaient pas eunuques comme les galles.

Les Juifs manifestaient une certaine émotion, à mesure que l'on approchait de l'Egypte. Ils n'avaient pas oublié qu'Alexandre leur avait promis d'y établir, avec des privilèges, ceux d'entre eux qui voudraient s'y fixer. Ce pays où ils avaient vécu quatre cents ans, mais où ils n'avaient jamais imaginé de revenir en vainqueurs, s'ouvrait librement devant eux. Ils y avaient été appréciés jadis pour leur travail, jalousés pour leur prospérité, contraints à bâtir les pyramides. Pendant le siège de Gaza, Alexandre les avait vus un jour couvrir leurs tentes de branches d'oliviers, de palmes et de myrte pour célébrer une fête, qu'ils appelaient celle des Tabernacles et qui, lui dirent-ils, commémorait leur traversée du désert, quand ils avaient quitté l'Egypte pour la Terre promise. Etait-ce des Egyptiens que les Juifs avaient acquis leur science, ou bien était-ce Abraham, fondateur du peuple juif et dont le fils Ismaël était le père des Arabes, qui l'avait apprise aux Egyptiens ? La réponse était différente selon qu'elle était donnée par Manassé ou par les Chaldéens : ceux-ci revendiquaient Abraham pour l'un des leurs, puisqu'il était né à Ur en Chaldée.

On traversait maintenant le pays des Iduméens, qui étaient de la race des Nabatéens, c'est-à-dire Arabes, mais qui, s'étant révoltés, avaient été chassés, s'étaient unis aux Juifs et avaient embrassé leurs lois. L'Arabie

Pétrée, dont la capitale, Pétra, se situait à l'intérieur, confinait à cette région et envoya une ambassade à Alexandre.

Sept jours après avoir quitté Gaza, on atteignait la frontière de l'Egypte, marquée par le lac Sirbonis. Ce lac, ou plutôt ce marais, avait souvent englouti des armées entières, parce qu'il était recouvert d'une couche de sable qui portait les pas avant de s'effondrer, quand il était trop tard pour revenir. Alexandre, rayonnant, dit le vers de Ménélas dans *l'Odyssée :* « Aller en Egypte, long et difficile chemin ! » Il pensait, en effet, à tout ce qu'il avait dû faire pour parvenir jusque-là.

On passa devant la petite localité de Gerrha et l'on entra bientôt à Péluse, première ville importante de l'Egypte, — un des sept bras du Nil était dit Pélusien. Alexandre avait pris soin de sa tenue pour se montrer au peuple égyptien : alors qu'il était entré à Tarse couvert de poussière, il se drapa, avant d'arriver à Péluse, dans le plus beau manteau pourpre conquis à Tyr et il posa sur sa tête la plus belle des couronnes d'or qui lui avaient été données. Sous son manteau, il portait sa cuirasse, ce qui rappelait qu'il était un conquérant. Il se rappelait que la simplicité du costume du roi Agésilas l'avait fait mépriser des Egyptiens, habitués au faste du roi des Perses, digne de celui des pharaons d'autrefois. Ephestion avait le même vêtement que lui, mais sans couronne. Le tissu de leurs manteaux était de lin, pour imiter les prêtres d'Egypte qui n'usaient pas d'autre étoffe, la laine étant considérée comme une sécrétion, donc une impureté. Toute la suite du roi s'était déjà munie de vêtements de lin en vue de l'accompagner dans les temples, car l'entrée était interdite aux gens habillés de laine.

Pour vénérer le Nil, Alexandre y fit jeter, selon l'usage des Perses, deux chevaux blancs vivants. Il observait des animaux nouveaux pour lui : un ibis vert qui se donnait un lavement avec son bec ; des crocodiles qui dormaient au soleil et auxquels de petits oiseaux, les pluviers, auxquels ils ne faisaient jamais de mal, nettoyaient les dents à l'intérieur même de la bouche en en retirant les débris de poissons ; un autre animal, l'ichneumon, en avait profité pour pénétrer dans le corps d'un crocodile, ce qui était l'arrêt de mort de celui-ci dont il rongerait les intestins. Cet animal, ennemi-né du crocodile, en détruisait aussi les œufs avec acharnement. Alexandre, à qui Anaxarque avait signalé ce phénomène, d'après un Egyptien de la suite, déclara qu'il admirait les moyens par lesquels Jupiter empêchait la propagation excessive d'un reptile aussi dangereux. A quoi Pyrrhon, toujours curieux des contradictions humaines, répliqua que le crocodile était pour les Egyptiens un animal sacré dont ils protégeaient l'espèce et qu'il y avait même en Haute-Egypte une ville, Crocodilopolis, où on l'adorait. De plus, Sobek, le dieu à tête de crocodile, avait de nombreux sanctuaires le long du Nil.

L'ichneumon rendait d'autres services en se cuirassant de boue, qu'il laissait sécher au soleil, pour combattre l'aspic : il épiait le moment de le saisir à la gorge, pendant que le redoutable serpent s'épuisait à le mordre en vain. Mais si, là encore, on pouvait admirer l'œuvre bienfaisante de Jupiter, cela n'empêchait pas que les Egyptiens fissent de l'aspic un symbole royal et vénérassent deux déesses serpents, Ouadjet et Rénénoutet.

Manassé sollicita la faveur de parler à Alexandre. « Encore une prophétie ? dit le roi. — Justement, ô roi, dit le Samaritain : il y en a une qui m'avait occupé l'esprit à Gaza pendant le supplice de Bétis, mais je me réservais de te la réciter quand nous verrions le premier crocodile. Elle est encore d'Ezéchiel : « Ainsi parla le Seigneur : — Voici que je viens à toi, Pharaon, roi de l'Egypte. — Toi, le grand crocodile, — Couché au milieu de ton fleuve... — Je mettrai des crochets dans tes mâchoires... — tu tomberas sur la face des champs, — Tu ne seras ni relevé ni ramassé ; — Je te donne en pâture aux bêtes de la terre et aux oiseaux du ciel... » — Par Jupiter, s'écria Alexandre, c'est moi le grand crocodile ? — Non, ô roi, dit Manassé, tu es le grand roi et ce sont tes ennemis que nul ne relèvera. »

Les habitants, qui n'attendaient qu'une occasion de secouer le joug des Perses, accouraient en grand nombre à la rencontre d'Alexandre. Ils lui annoncèrent que la garnison perse de Memphis avait pris la fuite, ce qui expliquait sans doute l'empressement de Mazacès. Les prêtres égyptiens, avec leurs têtes rases et leurs sourcils ras, ne pouvaient plus étonner Alexandre qui avait vu jadis à Athènes, puis, quelques mois auparavant à Byblos, des prêtres d'Isis. Mais il n'avait encore jamais vu de jeunes garçons ayant eux aussi la tête rasée, sauf une longue boucle tressée, qui pendait sur l'épaule droite : c'était la coiffure d'Harpocrate ou Horus, le fils d'Isis et d'Osiris.

Alexandre ayant demandé à vénérer le dieu de Péluse, on lui dit que c'était un oignon. Ce n'est pas parce que ce légume était censé originaire d'Egypte et utile pour l'alimentation des peuples, qu'on lui avait dressé des autels : c'est parce qu'il n'était jamais foudroyé. Alexandre, après avoir souri, ne trouva pas cette adoration si absurde : il avait bien vu de simples pierres représenter des dieux ou des déesses. Les Pélusiens joignaient généralement l'adoration de l'ail à celle de l'oignon. L'oignon de granit, que le roi contemplait dans le temple de la ville et auquel il faisait une libation de lait et de miel, n'était évidemment pas un dieu, pas plus que les épis de blé de Cérès ou le phallus de Mercure, mais son emblème. Manassé avait dit à Alexandre que les Juifs, durant leur traversée du désert, avaient « regretté les oignons d'Egypte », ce qui était désormais pour eux une expression proverbiale. « Mais enfin, ajouta-t-il, nos ancêtres ne se nourrissaient pas uniquement d'oignons : ils y ajoutaient, dans leurs regrets, « les poissons qu'ils mangeaient pour rien en Egypte », les concombres, les poireaux et les melons, sans compter l'ail, que tu vois adorer ici. »

Les melons dont il parlait, n'était peut-être que des melons d'eau ou pastèques, nouveau fruit que dégustaient les Grecs. Il était, autant que l'oignon, à la base de l'alimentation populaire ; mais on ne l'avait pas divinisé, peut-être parce qu'il était originaire de l'Inde.

Le satrape Mazacès vint faire sa soumission à Alexandre. Il se prosterna devant lui sans sa tiare et le salua comme roi d'Egypte. Il lui apportait, sur un vaisseau, le trésor dont il avait la garde : quatre millions quatre cent mille drachmes et tout l'ameublement royal d'or, d'argent et d'ivoire du palais de Memphis, avec des objets en albâtre, en pâte de verre et en cristal de roche. Les centaines de lampes d'or destinées aux résidences royales des principales villes, étaient un sujet d'admiration pour Alexandre qui en avait déjà trouvé partout où Darius était passé.

Le vaisseau contenant ces richesses, avait été construit pour les promenades du grand roi sur le Nil. Le fond en était plat et large et la forme extrêmement évasée. Il avait deux proues et deux poupes, des salles à manger, des chambres à coucher, des bains, un réservoir d'eau et toutes les commodités nécessaires. Le luxe de ce bateau dépassait de beaucoup celui de *l'Hercule*. Des colonnettes d'ivoire et de bois précieux entouraient un avant-corps ; au centre, une plate-forme, recouverte de tapis de pourpre, surmontée d'un voile bleu, garnie de lits d'argent et bordée de pots de fleurs, servait de belvédère. Mazacès dit à Alexandre qu'en Egypte, il y avait des fleurs toute l'année. Dans la proue, était un vivier rempli de poissons. Le satrape avait amené aussi des guépards apprivoisés qui faisaient partie de la ménagerie royale ; ils firent tout de suite bon ménage avec Périttas.

Le prosternement et le salut de Mazacès avaient touché Alexandre. Il évoquait les Egyptiens de Cyrène qui l'avaient salué et qui s'étaient prosternés de même à Olympie lorsqu'il n'avait pas encore seize ans. Ce que le prince mage Nectanébo avait dit à Olympias, au moment de la naissance d'Alexandre, se vérifiait aujourd'hui, comme tous les autres présages. D'ailleurs, le satrape ne lui avait pas caché qu'il révérait en lui la race du roi d'Egypte Nectanébo et Alexandre pensa qu'il aurait mauvaise grâce à repousser cette légende, même si elle faisait de lui un bâtard, accusation qu'il avait relevée si vigoureusement contre Attale, au banquet de noces de son père avec la nièce de ce général. En somme, il marchait partout sur les pas de ses aïeux : il n'était pas un conquérant, il rentrait dans ses droits légitimes. La dynastie de Nectanébo, fondée contre les Perses, était la dernière dynastie nationale et les Egyptiens, par amour-propre, tenaient à croire qu'il en descendait. Ce n'était plus une question de bâtardise, mais de royauté. Remettant à plus tard de faire vérifier une plus glorieuse ascendance, Alexandre traita Mazacès aussi cordialement qu'il avait traité Mithrène et Samballétis.

Deux grandes murailles, des deux côtés du Nil, à son embouchure Pélusienne, avaient été construites par Nectanébo Ier pour repousser Pharnabaze et Iphicrate. Ce roi avait fait creuser aussi des fossés et des enceintes dans les lieux les plus propices à un débarquement : les abords avaient été convertis en lacs et les parties navigables fortifiées. Alexandre admira ce système de défense qui avait contribué sans doute à décourager Iphicrate, en rupture d'autre part avec Pharnabaze, car il avait regagné Athènes sans avoir rien entrepris. Si Nectanébo avait rendu difficile à une flotte de mouiller, à une cavalerie ennemie de manœuvrer et à une infanterie d'avancer, Alexandre était reconnaissant à Mazacès d'avoir supprimé tous les obstacles. Il savait, du reste, que la flotte égyptienne était toujours importante (elle avait envoyé deux cents vaisseaux à la bataille de Salamine) et Hérodote consigne la valeur des Egyptiens en combat naval. Une autre muraille portait le nom de Chabrias, le général athénien qui, après la mort de Nectanébo Ier, était venu soutenir le roi Tachos contre son neveu Nectanébo II par lequel il fut détrôné, grâce au concours d'Agésilas, allié de celui-ci.

Des ossements humains, près de l'embouchure, passaient pour être ceux des Egyptiens, des Grecs, des Cariens et des Perses, tués dans la grande bataille où, en ce lieu, Cambyse avait défait le roi d'Egypte Psamménite et ses auxiliaires grecs et cariens. Anaxarque rappela qu'Hérodote avait vu ces ossements et il en profita pour rappeler aussi l'horrible action commise par ces Grecs et ces Cariens qui traitaient sans doute les Perses de barbares : voulant se venger de Phanès d'Halicarnasse, qu'ils accusaient d'avoir guidé l'armée de Cambyse, ils égorgèrent ses fils, à la vue du camp ennemi, mélangèrent leur sang avec du vin et le burent avant le combat. Ce n'est pas ce qui les rendit victorieux.

Laissant à Péluse la flotte d'Hégéloque qui l'avait suivi, Alexandre envoya l'armée vers le sud, à Héliopolis, et continua, pour sa part, la visite du delta, dont les villes prospères l'attiraient. Il s'était embarqué sur la nef royale. L'escadron des amis et quelques centaines de soldats l'accompagnaient sur d'autres bateaux. Le lac Tanitique, qui se découpait au-delà de Péluse dans cette bouche du delta, était couvert de lotus, peuplé de hérons, de grues, de pélicans, d'ibis, de flamants roses.

Mazacès ayant demandé à Alexandre quelle était la première cité du delta qu'il souhaitait voir, le roi, pour flatter les Egyptiens, choisit Sébennytus, dont Nectanébo Ier avait été prince avant de fonder la trentième dynastie de l'Egypte pharaonique. Cette ville était au centre du delta, et l'un des bras du fleuve en avait reçu le nom de Sébennytique.

Au débarquer, Alexandre crut que toute l'Egypte en liesse était là pour l'accueillir, encore plus qu'à Péluse. Il pensa que Mazacès faisait bien les choses, mais dut avouer, quand il sut le motif de cette affluence, que sa vie était pleine d'étranges conjonctures : on célébrait la fête de l'invention d'Osiris. Il arrivait juste le dernier jour où, aux témoignages de douleur pour la passion du dieu, succédaient les éclats de l'allégresse, comme dans les mystères d'Adonis et de Bacchus. Les initiés, vêtus de lin blanc, couronnés de papyrus, une palme et un phallus à la main, criaient tout joyeux : « Nous l'avons trouvé ! Nous nous réjouissons ! » Ils se précipitaient vers Alexandre pour jeter les palmes sous ses pieds en l'acclamant, non pas seulement comme leur nouveau roi, mais comme un autre Osiris. Ils agitaient les phallus en guise de torches pour éclairer sa route d'un signe joyeux ou tiraient sur des ficelles qui faisaient mouvoir les phallus fixés sur un long clou dans une statuette de bois peinte en rouge, ainsi qu'on l'avait vu faire à Lampsaque. Mazacès dit à Alexandre que, pour les jours funèbres d'Osiris, les prêtres couvraient un bœuf d'or d'un vêtement de lin noir, à cause du deuil d'Isis cherchant le corps de son époux. Le jour même que venait d'arriver Alexandre, ils avaient porté dans le Nil l'arche sacrée qui renfermait un vase d'or avec lequel ils avaient puisé de l'eau du fleuve, comme les pèlerins de la déesse syrienne puisaient de l'eau de mer près d'Issus. On montra à Alexandre la terre végétale qu'ils avaient détrempée d'eau du Nil, en y mêlant des aromates et des parfums. Ils en avaient fait une pâte, figurée en forme de croissant, l'avaient habillée et la promenaient en triomphe, au milieu du peuple qui agitait les phallus.

Alexandre fut ému de pénétrer dans le temple magnifique de Nectanébo II. Un obélisque de près de trente mètres de haut en décorait l'entrée, avec des statues de basalte noir. Pour Anaxarque, l'obélisque avait une signification priapéenne et lui évoquait les phallus de Bambycé. Le prêtre montra à Alexandre les cartouches royaux où étaient inscrits les noms de ses prédécesseurs : chaque ville, en effet, rendait ces honneurs à chaque roi. Il contempla les cartouches portant les noms des deux Nectanébo et s'enquit des signes qu'aurait son propre cartouche. « La première lettre de ton nom, A, ô roi, lui dit le prêtre, est représentée par un vautour. Cet oiseau est adoré en Haute-Egypte, dont la déesse protectrice est Neckhbet ou Mout, qui a une tête de vautour. Elle est, dans les cartouches des pharaons, le symbole même de cette région, l'autre étant Ouadjet, la déesse aspic, protectrice de Basse-Egypte : celle-ci figure sur leurs fronts pour cracher un venin mortel contre leurs ennemis. On les appelle les deux Maîtresses. » Alexandre fut enchanté de se voir, avec ces interférences, le vautour de l'Egypte, comme il était le bouc cornu d'Israël. Il n'avait pas oublié le vautour sacrifié à Mars par Aristandre, près du lac de Bistonie en Thrace, le matin de sa première bataille. Faute d'avoir aisément sous la main cet oiseau aimé du dieu de la guerre, on n'avait jamais renouvelé un tel sacrifice. Et voilà que le vautour et son nom rapprochaient Alexandre de Mars. Si les autres lettres de son nom étaient moins frappantes, le roi était ravi que la seconde eût pour caractère sacré un lion, — un lion couché, régnant d'avance sur son domaine. Le prêtre lui dit que les déesses Seckmet et Tefnout, à tête de lionne, et vénérées dans toute l'Egypte, étaient également les alliées des pharaons, dont elles dévoraient les adversaires.

Dans le cartouche de Nectanébo II, figurait un épervier. Cet autre oiseau était cher aux Egyptiens : quatre dieux, — Horus, Rê ou Râ (le Soleil), Montou et Sopdou, — avaient une tête de faucon ou d'épervier. Hiéraconpolis, en Haute-Egypte, dit le prêtre, était la ville des éperviers. Alexandre songeait à la curieuse origine que les Grecs donnaient à ces oiseaux, de même qu'aux alouettes. Pour prouver qu'il était instruit des choses grecques, il la conta au prêtre qui l'instruisait de ces particularités égyptiennes. Scylla, fille de Nisus, roi de Mégare, devint amoureuse de Minos, le roi de Crète, qui assiégeait la ville et, pour la faire prendre, elle coupa la nuit, un cheveu de pourpre, de son père, grâce auquel Mégare était imprenable. Dégoûté de sa trahison, bien qu'il en eût profité, Minos jeta Scylla dans la mer, où des chiens marins s'attachèrent à son pubis et à ses aines. Les dieux, par pitié, la transformèrent en alouette ; mais ils changèrent aussi Nisus en épervier, oiseau qui poursuit perpétuellement les alouettes.

Alexandre s'étonna de l'étrange coiffure de Nectanébo, dont les yeux étaient peints. Cette coiffure, peinte également, était rouge dans le bas, en forme de cône tronqué et renversé, avec une spirale qui s'érigeait, et elle était blanche dans le haut, en forme de long entonnoir. Mazacès dit que la rouge était la couronne de Basse-Egypte, la blanche, celle de Haute-Egypte, que leur matière était d'étoffe, sur une armature d'osier, qu'elles se portaient à part, mais s'emboîtaient aussi comme dans l'exemple présent et composaient alors la double couronne. Alexandre serait couronné de l'une et de l'autre à Memphis. Ayant eu par le satrape une idée des distances, il avait déclaré, en effet, que sa visite à l'oasis d'Ammon l'empêcherait sans doute d'aller cette fois jusqu'à Thèbes et qu'il aimait mieux recevoir les deux couronnes en même temps. Mazacès avait envoyé aussitôt un messager, sur un rapide dromadaire, à son collègue Ammynaque et à Piromis, grand prêtre de Thèbes.

Le roi se rendit dans le temple d'Isis pour sacrifier selon les rites égyptiens. Comme l'Atargatis syrienne et l'Astarté phénicienne, cette déesse réunissait en elle les caractéristiques de plusieurs déesses grecques : elle ressemblait à Cérès parce qu'elle avait appris aux hommes la culture du blé et que ses mystères étaient de même sorte, — on disait qu'ils avaient été l'origine de ceux d'Eleusis, — à Diane parce qu'elle était la Lune, à Vénus parce qu'elle était la déesse de l'amour, comme son fils Horus ou Harpocrate était l'Amour, en même temps que le dieu Soleil. Le disque était son symbole. Enfin, s'il y avait tant d'objets en or chez les pharaons, elle n'y était pas étrangère, car elle était la protectrice de ce métal : on la représentait parfois agenouillée sur une table d'or, à seize pendeloques d'or, qui en était l'emblème. Souvent, elle tenait d'une main une tige de lotus surmontée de la corolle, au milieu de laquelle était la graine, et, de l'autre main, la croix ansée, figures du pouvoir passif et actif de la déesse. La vache, avec laquelle on la confondait, incarnait son pouvoir passif.

Le prêtre commença par répandre des parfums devant la statue d'Isis et sur l'annulaire de sa main gauche. Le roi demanda à Mazacès l'explication de ce dernier geste. Le satrape lui dit que ce doigt correspondait au cœur par un nerf et que, pour cette raison, tirée du culte égyptien, les Grecs portaient leur anneau à ce doigt. Alexandre admira ensuite les soins minutieux des prêtres pour le choix du bœuf. Il se souvenait des précautions que l'on prenait à Delphes afin de voir si le taureau et le porc mangeaient des pois chiches et des grains d'orge et si la chèvre frissonnait sous une aspersion ; dans tous les sacrifices, on observait également que la victime fût sans défaut et sans maladie. Mais tout cela n'était rien au prix de ce qu'exigeaient les prêtres d'Isis. Il fallait en premier lieu que le bœuf fût absolument roux : comme Typhon était roux, on n'immolait que des bœufs de cette couleur pour le punir à jamais d'avoir tué Osiris. Si l'animal avait un seul poil blanc ou noir, il était rejeté. On le renversa pour qu'aucune partie du corps n'échappât à cette investigation. On lui examina la langue, dont on vérifia certaines marques. On regarda les poils de la queue, parce qu'il leur était imparti de croître naturellement. Tout étant comme il se devait, un prêtre enroula de l'écorce de papyrus autour des cornes, y appliqua de la terre à sceller et y mit son cachet. Sacrifier une bête non marquée, était puni de mort.

Le bœuf amené devant l'autel, tandis que tous les assistants tenaient à la main un bouquet de chiendent (première nourriture de l'homme, selon les Egyptiens, de même que les Perses tenaient un faisceau de tiges de bruyère), on alluma le feu, on procéda aux libations avec de petits vases ronds, et l'on invoqua Isis. Mazacès traduisait à Alexandre les invocations rituelles, réservées aux initiés : elles concernaient « les astres célestes, les divinités de l'enfer, les éléments de la nature, le silence de la nuit, les secrets de Memphis et d'Abydos, — non pas l'Abydos de Troade, mais celle de Haute-Egypte, où était le tombeau d'Osiris, comme à Byblos. Il y avait, du reste, seize villes possédant un tombeau d'Osiris, c'est-à-dire possédant chacune un des morceaux de son corps, découpé par Typhon, — ce qui semblait accréditer un chiffre supérieur à quatorze.

Après avoir égorgé le bœuf, on lui trancha la tête. L'animal écorché, on coupa la langue, qui fut chargée d'une imprécation et portée au marché pour être vendue à un étranger ; s'il n'y en avait pas, on la jetterait dans le fleuve. Les cornes seraient enterrées dans une île du delta, où on les laisserait poindre hors de terre. Les intestins furent retirés et remplacés par des pains, des gâteaux de miel, des raisins secs, des figues, de l'encens, de la myrrhe et d'autres parfums, mêlés pour composer une farce. C'est ainsi que la victime, arrosée d'huile, fut brûlée sur l'autel, pendant que les assistants, rangés en cercle tout autour, se frappaient d'abord la poitrine, puis les uns les autres, avec les poings ou avec des bâtons. Naturellement Alexandre et ses compagnons furent exemptés de ce rite, qui avait lieu dans la plupart des sacrifices. Après quoi, on fit un festin hors du temple avec les morceaux de bœuf farci.

L'usage de se donner des coups dans une cérémonie religieuse, qu'Alexandre discuta avec ses amis, n'était pas tellement spécial à l'Egypte. S'il y avait à Sparte la fustigation des jeunes garçons devant la statue de Diane Droite, à Délos celle que l'on se faisait à soi-même autour de l'autel d'Apollon, à Olympie celle des éphèbes dont Alexandre et Ephestion avaient été témoins dans l'enceinte du tombeau de Pélops, si les coutumes des Corybantes leur avaient montré des choses analogues, ils apprirent par Hégéloque, qui avait relâché dans l'île de Ténédos, une coutume curieuse des habitants : pour les fêtes de Bacchus, on sacrifiait un veau dont la mère avait été soignée comme une femme grosse, on lui chaussait des cothurnes comme à un acteur et le prêtre qui l'avait immolé, devait fuir après le sacrifice jusqu'au bord de la mer, poursuivi à coups de pierres par l'assistance. On supposait qu'au lieu d'un veau, les Ténédiens sacrifiaient autrefois un enfant. Mazacès dit qu'au temps du roi Amasis, on sacrifiait trois hommes chaque jour dans le temple du Soleil à Héliopolis. Sans doute le souvenir de telles pratiques était-il à l'origine des coups dont on se régulait dans les temples d'Isis.

En revenant vers l'ouest, pour voir Mendès, la principale ville du delta après Péluse, on s'arrêta à Tanis, capitale de l'Egypte au temps du beau-père de Salomon. Ce n'était aujourd'hui qu'un monceau de ruines colossales. Ces obélisques renversés, ces statues, ces murailles, ces colonnes à chapiteaux en forme de feuilles de palmiers ou de boutons de lotus, gisaient dans le sable et offraient cependant une idée de ce qu'avait été sa grandeur. Alexandre sacrifia dans le seul temple qui fût debout : celui de la déesse Anat, variante d'Astarté, mais portant des armes. Sur des cartouches gravés, figuraient les noms de roi inconnus d'Alexandre : Pépi Ier et Pépi II, fondateurs de cette ville. Il fut stupéfait de savoir qu'ils régnaient il y avait deux mille ans, c'est-à-dire à une époque où la Macédoine n'existait pas. Il avait une autre idée des proportions en entendant que lui, vingt-quatrième roi de la Macédoine, serait, lorsqu'il aurait été couronné, le quatre cent soixante et onzième roi d'Egypte, indépendamment de cinq reines. Il trouvait les Grecs bien hardis d'avoir traité les Egyptiens de barbares.

Mendès, au nord de Tanis, — il y avait le bras Mendésien du Nil, — adorait Pan sous ce nom égyptien de Mendès qui avait été affecté à la ville même ; mais le dieu, associé à une déesse poisson, avait une face humaine et quatre cornes. Il portait aussi le nom abrégé de Men ou Min, et également celui de Minou. Un bas-relief dessinait sa silhouette, dans le temple de Mendès. Dieu de la fertilité, il était debout, vêtu d'un maillot collant, au milieu duquel se dressait son sexe, comme Priape. Il avait un fouet dans une main, l'autre posée sur son membre, et était coiffé d'une tiare plate à trois compartiments. Alexandre lui offrit des laitues et des figues, symboles aphrodisiaques.

On dit au roi que Min était adoré particulièrement en Haute-Egypte, à Panopolis, (les Grecs ayant donné ce nom à la ville égyptienne de Khemmin, dite aussi par eux Chemnis, — ils assimilaient Min plus volontiers à Pan qu'à Priape) et à Copte, où son culte était joint à ceux d'Isis et d'Horus. C'était un dieu du désert, peut-être parce que les caravanes apportaient les parfums et les épices, adjuvants du plaisir. Ses deux symboles, que l'on montra à Alexandre sculptés sur un autre bas-relief, étaient une laitue (réponse définitive à la question discutée jadis au banquet de Cléotime à Olympie, question que l'on avait déjà résolue à Byblos en voyant la laitue consacrée à Adonis), et une tente, — la tente des nomades, aux phallus non moins durs que ceux des chameaux.

Les Mendésiens tenaient le bouc pour sacré et l'adoraient. L'un de ces animaux était nourri dans le temple. Ce bouc représentait le dieu et c'est à lui que les Egyptiennes se prostituaient, faute de pouvoir se livrer au dieu en personne. Le roi des Perses Artaxerxès Ochus, pour punir les Egyptiens de leur révolte, sous Nectanébo, avait, non seulement transporté en Perse un grand nombre de leurs femmes et de leurs enfants, mais tué le bouc sacré de Mendès, qu'il avait mangé, cuit dans des épices. Cependant, les Egyptiens s'étaient consolés : à Thmuis, ville voisine, le même culte était observé et de ce bouc, si cher aux femmes, était né un nouveau bouc pour les satisfaire à Mendès, car ces animaux sacrés devaient s'engendrer les uns les autres. Anaxarque cita le témoignage d'Hérodote pour cette étrange coutume des Mendésiennes, et Ephestion celui de Pindare : « Mendès l'égyptienne, près de la rive escarpée de la mer, — Dernière corne du Nil, où les boucs, — Epoux des chèvres, s'unissent aux femmes. »

Alexandre donna un banquet dans le palais royal de Mendès. Selon l'usage des banquets égyptiens, tous les convives étaient couronnés de lotus ou de marjolaine et l'on mettait au cou une guirlande de narcisses ou de jasmin. Le cuisinier d'Alexandre avait laissé au cuisinier du palais le soin du menu et de la préparation des mets, le roi voulant goûter des plats égyptiens. L'approbation fut générale. Mazacès avoua que, même si la cuisine du grand roi était abondante et somptueuse, c'étaient les Egyptiens qui avaient appris aux Perses les raffinements de la gastronomie. Cela ne datait pas de si longtemps. Artaxerxès Ochus, après avoir vaincu Nectanébo, l'invita à sa table et le vit sourire de ce que l'on servait. « Demande à mon cuisinier de te préparer un repas égyptien, lui dit le roi d'Egypte qu'il avait interrogé, et tu sauras comment on traite les rois vraiment heureux. »

Anaxarque louait le vin, qu'il comparait à celui de Mendé, la ville, presque homonyme, de la Chalcidique. Dès l'arrivée en Egypte, il avait été rassuré de voir des vignes près du Nil. Il savait par Hérodote que les Egyptiens buvaient de la bière, du vin d'orge, de palme ou de lotus, mais qu'ils n'avaient pas de vignes, et croyait donc qu'il s'agît d'implantations récentes. Mazacès, à qui il en fit la remarque, lui dit que l'historien avait commis une erreur, puisque l'Egypte avait connu la vigne de tout temps : Ramsès III en offrait aux dieux d'immenses cuves ; les guerriers et les prêtres, sauf les prêtres d'Héliopolis, en recevaient une ration journalière. Les pharaons distinguaient une dizaine d'espèces de vins et les Egyptiens se flattaient d'être surnommés « amis du vin » : ils mangeaient du chou pour se préserver de l'ivresse. Le meilleur cru était celui de Mendès, mais on lui préférait celui de Pétra, en Idumée. Enfin, toutes ces villes du delta avaient d'abondantes provisions de vins de Rhodes et de Chio.

A la prière du roi, le satrape fit venir des courtisanes qui dansèrent au son des flûtes de lotus. Les danses des Egyptiennes comportaient de grandes gesticulations des bras, des flexions du corps, des renversements du buste en arrière, une jambe levée et les deux bras tendus. On voyait, par la fente des robes, un tatouage bleu sur leurs cuisses, semblable à celui des Thraces, mais qui représentait l'autre Priape égyptien, Bès, figuré accroupi, le membre viril en l'air.

Puis, les danseuses copulèrent avec des boucs de toutes les façons. On avait eu beau parfumer les quadrupèdes, leur puissante odeur surmontait tous les produits de l'Arabie heureuse : aussi brûlait-on de l'encens et de jeunes esclaves promenaient sous les narines d'Alexandre et d'Ephestion des boules de myrobolan, un des arbres du pays des Sabéens. Les deux amis n'auraient pas songé à rire des soubresauts de ces femmes et des élans de ces boucs, dont les énormes testicules s'agitaient entre ces fesses ou ces cuisses, et qui caressaient de leurs barbes ces nuques ou ces joues. Ils évoquaient Pan, le pourchasseur de nymphes, fils de Mercure et ami de Bacchus, et murmuraient quelques vers de l'hymne homérique qu'ils avaient chanté si souvent à Miéza : « Muse, dis-moi le fils chéri de Mercure, — Le chèvre-pied à deux cornes... » Ce spectacle illustrait, en somme, la religion de cette Egypte où les animaux étaient des dieux. Cette religion, Alexandre pouvait la comprendre mieux qu'un autre, puisqu'il passait, non seulement pour le fils de Nectanébo, mais pour celui d'un serpent ou de Jupiter changé en serpent. Du reste, les Grecs ne représentaient-ils pas quelquefois Vénus Vulgaire, assise sur un bouc ?

Ephestion demanda à Mazacès s'il n'était pas choqué par ce qui se déroulait sous ses yeux. Le satrape fut étonné d'une pareille question. « C'est un spectacle religieux, dit-il, comme le coït dans nos temples d'Anaïtis. » Cette réponse confirma aux deux amis qu'ils ne s'étaient pas trompés. Alexandre se souvenait qu'Hérodote appelait les Egyptiens « les plus religieux des hommes. » En fait, c'étaient eux qui avaient inventé l'adoration du phallus qui, en tant que symbole d'Osiris, était présent dans tous les temples. « Peut-être, au contraire, es-tu excité », dit alors Ephestion au satrape. Mazacès avoua que son sexe était dressé, mais il l'attribuait à un puissant aphrodisiaque qu'il portait au bras : une molaire, tirée de la mâchoire droite d'un crocodile et qu'il avait fait enchâsser dans l'or.

Une de ses réflexions divertit Alexandre. « Songe, ô roi, dit Mazacès, qu'aucune de ces Egyptiennes qui baisent ce bouc sur la bouche, ne baiserait ainsi aucun Grec, sauf toi peut-être... — Merci, par Mendès, fit Alexandre en riant. — ... Parce que, poursuivit le satrape, vous autres Grecs vous tuez les vaches, qui, étant l'image d'Isis, sont les animaux les plus sacrés de l'Egypte ; vous mangez du poisson, animal qui est également sacré pour les Egyptiens (ils ont une déesse poisson, Hatméhit) ; vous immolez les chèvres, que l'on vénère à Mendès autant que les boucs. » C'était un commentaire des vers d'Anaxandride cités par Onésicrite au seuil de l'Egypte.

Comme Alexandre, en dépit de myrobolan, se plaignait encore de l'odeur, — lui qui faisait mettre tant d'encens sur les autels pendant les sacrifices ! — Mazacès ordonna de lui apporter un parfum, spécial à Mendès et dont la composition était inconnue. L'odeur exquise charma Alexandre.

Sur la fin du banquet, un serviteur montra tour à tour à chaque convive un petit cercueil où était l'image en bois d'un squelette, en disant avec componction : « Regarde celui-ci, bois et réjouis-toi, car mort tu seras tel. » Ces mots rappelaient l'épitaphe de Sardanapale à Anchiale de Cilicie.

Mazacès ne cacha pas au roi qu'on avait omis, durant le repas, l'usage qui recommandait de péter pour marquer sa bonne digestion et faire honneur à ses hôtes. Les Egyptiens avaient même parmi leurs divinités le dieu Pet, sous les espèces d'un enfant rieur accroupi. En compensation, ils avaient le dieu du silence, représenté par Horus qui se mettait un doigt sur les lèvres et un autre dans le derrière, comme Phrynon l'avait raconté à Alexandre lors de la visite de *l'Hercule* à Athènes. Le satrape ajouta qu'il savait, par Aristophane, que le pet n'était pas en honneur chez les Grecs. Alexandre fut ébahi. « Tu as lu Aristophane ? s'écria-t-il. — Tous les nobles Perses ont, dans leur jeunesse, un précepteur grec, dit le satrape. Le mien m'a fait lire *les Acharniens,* où le principal personnage déclare qu'il pète, mais lorsqu'il est seul à l'assemblée du peuple. — Il y a d'autres pets chez Aristophane, dit Alexandre, mais tu as bonne mémoire. »

On revint ensuite vers l'est pour voir Naucratis, au nord de Sébennytus. Cette ville, fondée par Amasis, avait été longtemps le seul marché de l'Egypte. Les Milésiens y avaient construit un temple d'Apollon, les Eginètes un temple de Jupiter et les Samiens un temple de Junon. Amasis, soldat qui avait usurpé le trône, sans conquérir le respect des Egyptiens, voulut leur donner une leçon : il fit fondre le bassin d'or dans lequel il se lavait les pieds et en tira une statue d'Osiris, afin de leur prouver que, tout humble qu'il avait été, il était capable désormais de créer un dieu. Il épousa Ladice, une Grecque de Cyrène, ouvrit Memphis aux colons grecs, conféra avec Solon. C'est lui qui rompit le traité d'hospitalité qui le liait à Polycrate, tyran de Samos, dès qu'il sut que celui-ci avait retrouvé son anneau dans le ventre d'un poisson : il le jugea trop heureux pour que l'ère de ses malheurs ne fût imminente, ce qui advint en effet.

Le bateau royal permettait de visiter les diverses villes en suivant des canaux entre les branches du Nil. Lorsqu'il y avait quelque distance à parcourir sur la terre ferme, le roi faisait descendre Bucéphale, qui suivait sur un bateau de transport avec les autres chevaux de l'escorte.

Saïs, au nord de Naucratis, avait été, après Tanis, la capitale de l'Egypte. La dynastie d'Amasis en était originaire. Sa déesse, Neith, que les Grecs appelaient la Minerve égyptienne, passait pour la fondatrice même de la ville, comme écrivait Platon dans le *Timée.* Selon le même philosophe, c'est un prêtre de Saïs qui avait dit à Solon les mots fameux : « Vous autres Grecs, vous êtes toujours des enfants. Vieux, aucun Grec ne l'est... Vous n'avez dans les âmes aucune connaissance ancienne ni aucun savoir blanchi par le temps. » Il est vrai que la nation égyptienne prétendait avoir cent trente cinq mille ans d'existence. Ce prêtre de Saïs avait raconté à Solon, qui s'en était « émerveillé », l'histoire de l'Atlantide. Le temple de Neith, construit par Amasis, était le plus beau et le plus vaste qu'Alexandre eût vu jusqu'à présent en Egypte. On franchissait plusieurs portes monumentales avant d'arriver au sanctuaire, dont les murs étaient décorés de bas-reliefs et de peintures. Une des pierres de l'entrée était tellement gigantesque qu'il avait fallu deux mille hommes et trois ans pour la transporter sur le Nil.

Le sarcophage du roi Amasis avoisinait celui de son prédécesseur Apriès, qu'il avait fait étouffer. Le premier était vide : le roi des Perses Cambyse, le fils de Cyrus, qui accumula les sacrilèges après s'être emparé de l'Egypte, avait fait extraire de son sarcophage le cadavre embaumé d'Amasis, puis l'avait fait battre de verges et brûler, pour avoir usurpé le trône. Il avait de même pillé, non seulement les temples, mais la superbe maison royale où Alexandre passa la nuit. Il y restait cependant assez de meubles pour que l'on pût s'y installer. Entre la chambre d'Alexandre et celle d'Ephestion, il y avait une génisse en bois, assise sur les genoux, une housse de pourpre sur le dos, le cou et la tête plaqués d'or et un soleil d'or entre les cornes. Elle contenait la fille embaumée du roi Mycérinus, qui s'était étranglée après avoir été violée par son père. On brûlait devant elle des parfums jour et nuit. Cette génisse était promenée en ville une fois l'an, parce que cette fille, en mourant, avait prié son père de lui faire voir le soleil chaque année. Dans une autre pièce, étaient les vingt statues des concubines de Mysérinus. Une des trois grandes pyramides proches de Memphis avait été construite par ce roi pour sa demeure funéraire.

Un prêtre lut à Alexandre la liste des innombrables objets d'or que Cambyse avait enlevés. Le roi ne put dissimuler son admiration d'une telle quantité d'objets précieux, attendu tous ceux que lui avait livrés Mazacès et qui étaient à bord du bateau. Le prêtre lui dit qu'à Thèbes, capitale de Haute-Egypte, un monument du roi Osymandias, — dont la statue en granit rose était haute de plus de dix-sept mètres et avait un poids estimé un million de kilos, — renfermait une peinture de ce roi en train d'offrir à la divinité son tribut annuel d'or et d'argent, tiré des mines du pays : l'inscription précisait que cette somme était de deux cent millions de drachmes et il n'était pas imaginable que, préparant son tombeau de son vivant, comme le faisaient la plupart des pharaons, il se fût permis d'exagérer, à la face des dieux qui le recevraient chez les morts. On visitait ce tombeau, parce qu'il avait été violé par Cambyse. Ce roi des Perses, ajouta le grand prêtre, avait également enlevé de Thèbes un cercle d'or de cent quarante mètres de circonférence et de cinquante centimètres d'épaisseur consacré par ce même roi, où étaient gravés les mouvements des astres pour l'année entière. Le grand prêtre dit encore qu'un autre roi avait amassé à Thèbes deux milliards deux cent millions de drachmes. Mazacès déclara que malheureusement toutes ces mines d'or de l'Egypte n'existaient plus et que du reste les pharaons recevaient principalement ce métal de l'Ethiopie et de l'Inde.

Ce nom de Thèbes, qui retentissait d'ordinaire comme un remords dans la mémoire d'Alexandre, prenait désormais un autre relief ; même s'il se sentait humilié de telles confrontations, il était fier d'être le chef d'un tel pays. Cette fabuleuse opulence qui dépassait ce qu'il avait entendu dire de celle des rois de Lydie et celle qu'avait connue le temple de Delphes, justifiait à ses yeux les vers d'Homère décrivant cette ville de Thèbes, lorsque Achille refuse les présents d'Agamemnon : « Même s'il m'offrait tout ce qui afflue vers Orchomène — Ni vers Thèbes égyptienne, où de vastes trésors gisent dans les maisons — Et qui a cent portes dont chacune laisse passer — Deux cents hommes avec chevaux et chars. » Quand on avait lu ce passage à Miéza, Aristote avait dit : « Serrez, serrez ! » Il était permis de douter des dimensions, mais non plus des trésors. On discutait toujours si Homère était venu en Egypte. Ceux qui penchaient pour la négative, disaient qu'il n'avait pas parlé du delta du Nil ; ceux qui étaient affirmatifs, disaient qu'il avait parlé de l'île de Phare et des « très beaux champs » des Egyptiens. Du reste, il ne cite pas le nom du Nil, qu'il appelle l'Egypte, « fleuve qui vient des dieux ».

Les Saïtes adoraient, eux aussi, un animal : le mouton. Dans le temple de Minerve ou Neith, on en nourrissait un dont la queue, longue de un mètre cinquante, était posée sur un petit chariot d'or afin qu'elle ne pût s'abîmer. Les fêtes de Minerve à Saïs, d'après ce que disait Mazacès, étaient célèbres : on allumait des lampes la nuit autour des maisons et l'Egypte entière faisait de même. Neith-Minerve était tellement respectée que l'atroce Cambyse n'avait pas touché à sa statue, — elle était représentée debout, tenant un arc et des flèches. Il lui avait demandé la reconnaissance de son titre et avait augmenté les revenus de son temple. On y lisait cette inscription qui la confondait avec Isis : « Je sais tout ce qui était, qui est et qui sera. Nul mortel n'a pu soulever le voile qui me couvre. » Ce voile symbolique, auquel Ibn Hadad avait fait allusion à Bambycé, on le soulevait dans les mystères, sur un lac sacré, le jour de la fête.

A quelques kilomètres à l'est de Saïs, était la ville de Butus, Buto ou Bouto, non loin du lac Butique. Elle avait un oracle fameux de Latone, dont Cambyse avait fâcheusement éprouvé la véracité à Ecbatane de Syrie. Le culte de la déesse était associé à celui d'Apollon-Horus. A Buto, Diane et Apollon étaient censés les deux enfants d'Isis-Cérès et d'Osiris-Bacchus, confiés par Isis à la garde de la déesse locale Ouadjet, qui était figurée en aspic, comme sur certaines tiares des pharaons, pour les raisons qu'avait dites le prêtre de Sébennytus. Le temple de Latone était précédé de portiques de six mètres de haut et sa construction était remarquable. Chacune de ses longues murailles était faite d'une seule pierre de vingt mètres de haut et de large et une pierre semblable lui servait de couverture.

Le temple était adossé à l'île Chemnis, située près du lac Butique et qui était le Délos égyptien. On assurait, non pas qu'elle avait été flottante, mais qu'elle l'était encore. Elle contenait, au milieu d'un bois de palmiers et d'autres arbres fruitiers, un grand temple d'Apollon-Horus avec trois autels. Ce dieu à tête de faucon reçut le premier sacrifice d'Alexandre comme roi effectif de Basse-Egypte. La musaraigne était l'animal sacré de Latone et principalement de cette ville. Les Egyptiens y portaient les musaraignes mortes et aussi les faucons morts, qu'ils faisaient également placer dans leurs tombes. La musaraigne de la Latone égyptienne rappelait à Alexandre et à Ephestion la belette en laquelle avait été métamorphosée Galinthias, l'amie d'Alcmène, mère d'Hercule.

On n'aperçut pas, à Buto, les serpents ailés dont Hérodote avait vu les os et les épines. Manassé déclara que ces serpents ailés n'étaient peut-être pas une légende, car Isaïe avait mentionné, parmi les bêtes de l'Egype, « les dragons volants ».

La dernière bouche du Nil à l'occident portait le nom de Canope ou d'Héraclée, les deux villes qu'il restait à voir à Alexandre avant de se diriger vers Héliopolis et Memphis, par Busiris, Léontopolis et Bubaste. Il dit les vers d'Eschyle dans *Prométhée enchaîné :* « Il y a la ville de Canope, la plus éloignée de la terre, — A la bouche même de la chaussée de Nil. » Canope avait un temple de Sérapis très fréquenté, où le dieu opérait à la façon d'Esculape : il indiquait ses remèdes dans les rêves que faisaient ses pèlerins sous les portiques de son sanctuaire. Les inscriptions attestaient ses cures et, ainsi qu'à Tricca, en donnaient souvent la recette. Mais, ce qui n'existait pas en Thessalie, les plaisirs les plus variés s'ajoutaient à la médecine. La ville était le centre d'orgies perpétuelles en l'honneur de Sérapis. Les nuits de Canope étaient consacrées aux voluptés, non moins qu'aux songes bénéfiques.

Elle avait un temple d'Hercule qui servait d'asile aux esclaves fugitifs, comme celui de Thésée à Athènes. Ils pouvaient également, s'ils se tatouaient certains caractères sacrés, se dévouer au dieu. Alexandre trouva une explication au fait que son ancêtre eût été choisi comme protecteur des esclaves, explication à laquelle il n'avait pas pensé avant son expédition en Lydie : c'est qu'il avait été lui-même esclave d'Omphale. D'ailleurs, disait Mazacès, la condition des esclaves en Egypte était assez douce : il était défendu de les tuer, sous peine d'être puni de mort, tandis qu'à Athènes, on n'encourait que le châtiment prévu pour l'homicide involontaire, c'est-à-dire un exil d'une durée limitée.

Alexandre visita le temple, qui était situé sur le rivage, et il y offrit un sacrifice. Les prêtres lui confirmèrent une histoire que leurs prédécesseurs avaient contée à Hérodote. Alexandre-Pâris ayant été poussé en ce lieu par des vents contraires, lors de son retour de Sparte, ses esclaves s'étaient réfugiés dans ce temple et avaient dénoncé leur maître comme ravisseur d'Hélène, qui était avec lui, et des richesses de Ménélas qu'il avait également enlevées. Thonis, gouverneur de Canope, avait envoyé des messages à Protée, roi de Memphis, pour lui faire part de ce qu'avaient dit ces esclaves et lui demander s'il ne devait pas tuer ce Troyen, infidèle à son hôte. Le roi ne voulut pas immoler un étranger que la fortune de mer avait conduit sur son territoire ; mais il expulsa Alexandre-Pâris et garda Hélène, pour la remettre à Ménélas avec les richesses volées. Si Homère avait suivi cette version de l'enlèvement, il n'aurait pu écrire *l'Iliade.* Certains historiens prétendaient que Thonis avait tenté de violer Hélène et que le roi, outré, le fit périr.

Du reste, le raccord d'Homère avec les sujets homériques traités par les tragiques, n'était pas toujours aisé. Anaxarque évoqua la discussion ouverte entre ses commentateurs sur ce qu'il ne dit rien du sacrifice d'Iphigénie et qu'il ne la nomme même pas. Agamemnon, au chant IX de *l'Iliade,* déclare avoir « Trois filles dans son palais bien construit : — Chrysothémis et Laodice et Iphianassa. » Certains pensent que Laodice est l'Electre des Tragiques, laquelle n'est pas non plus nommée, et qu'Iphianassa est Iphigénie, ce qui détruirait la légende d'Iphigénie à Aulis.

Alexandre était l'adversaire de ces arguties pédantesques. Il laissait à chaque artiste le droit d'interpréter les légendes à son gré. Il lui plaisait qu'Homère eût transporté Hélène en Troade et qu'Euripide l'eût transportée en Egypte : sa tragédie d'*Hélène* la montrait ravie par Mercure dans un pré de fleurs et confiée à Protée l'Egyptien, tandis que c'est seulement son fantôme qui suivit Pâris à Troie. Alexandre ajoutait que Pâris n'avait pas moins joui d'Hélène, comme Ixion avait joui de Junon transformée en nuée, et c'est pour cela que ce roi des Lapithes avait été précipité dans le Tartare.

A l'ouest, était la petite île de Phare, qu'Alexandre salua par les vers de *l'Odyssée :* « Il y a une île dans la mer aux vagues fortement agitées, — Devant l'Egypte, appelée Phare... » Le poète la plaçait à une journée de voile de la côte, au lieu qu'elle en était à quinze cents mètres aujourd'hui : cette différence venait des atterrissements du Nil. Alexandre cita de nombreux vers de ce passage, où Ménélas raconte à Télémaque comment, retenu à Phare par les vents contraires, il obtient de Protée, « le vieillard de la mer », dieu de cette île et maître des phoques, de connaître le moyen d'apaiser les immortels, le sort qui l'attend et celui de ses compagnons, revenus de Troie. Les Grecs avaient souvent confondu ce Protée avec le roi du même nom que les Egyptiens appelaient Proti ou Pronti et qui était le personnage d'Euripide.

Ephestion, pour fournir, comme toujours, la réplique à Alexandre, dit les vers des *Bacchantes* de ce poète, dont le début fit plaisir aux jeunes princes chypriotes : « Puissé-je aller vers Chypre, — L'île de Vénus, — Où habitent les Amours — Qui charment le cœur des mortels, — Ou vers Phare que féconde le flot aux cent bouches — D'un fleuve barbare, non alimenté par les pluies. » Thessalus fut chargé de chanter le début d'*Hélène :* « Les flots aux belles jeunes filles, sont ceux du Nil, — Qui, par la céleste rosée de la neige liquide, — Arrose les champs de l'Egypte. — Protée, quand il vivait, était tyran de cette terre, — Habitait l'île de Phare et, chef de l'Egypte, — Epousa une vierge de la mer, — Psamathée, lorsqu'elle eut quitté la couche d'Eaque. » Alexandre s'amusait qu'Euripide conservât la qualité de vierge à une Néréïde déjà épousée. Mais peut-être était-ce de son fantôme qu'avait joui Eaque.

A l'embouchure du Nil proche de Canope, on voyait la digue élevée chaque année par les hirondelles avec des pierres spéciales qu'elles ramassaient après que les eaux du Nil s'étaient retirées. On l'appelait le Mur des hirondelles. Ces oiseaux construisaient une digue semblable autour d'un îlot du Nil consacré à Isis, près de la ville de Copte en Thébaïde : elles y travaillaient trois jours et trois nuits au commencement du printemps avec de la paille et du foin. « Comment ne pas aimer les hirondelles ? » s'écria Alexandre qui était jadis si heureux, au printemps, de leur retour à Miéza. Ephestion le vainquit en rapidité pour réciter les vers d'Anacréon : « Toi, hirondelle amie — Que chaque année ramène — Faire ton nid en été ; — Mais invisible en hiver, — Tu vas vers le Nil ou vers Memphis. »

Près de Canope, étaient deux petites localités : Taposiris et Eleusis. La première avait été la capitale du roi Thonis, qui avait reçu Ménélas et Hélène à leur retour de Troie. Sa femme Polydagme avait donné à Hélène des herbes qui versaient « l'oubli de tous les maux », telles qu'en produit « l'Egypte, terre fertile qui porte quantité — De remèdes, beaucoup d'excellents par leurs mélanges et beaucoup de pernicieux, » comme déclare *l'Odyssée.* Eleusis, bien loin d'évoquer pour les Egyptiens les idées célestes des mystères éleusiniens de la Grèce, était un lieu de délices et de débauche, pour ceux qui voulaient être plus libres que dans une grande ville.

Bien qu'il eût partout aperçu l'image du plaisir, Alexandre dit sa surprise de n'avoir pas vu encore un temple de Vénus. Mazacès lui rappela qu'Isis était aussi la déesse de l'amour et ajouta que la Vénus égyptienne était Hathor, honorée surtout à Tentyris ou Dendérah, en Haute-Egypte. Elle y avait un temple magnifique avec de nombreuses chapelles, douze cryptes, une grande terrasse, un tombeau d'Osiris, un lac sacré et, en outre, un temple de l'Accouchement, où la déesse mit au monde Horus en qualité de dieu solaire : et ce temple avait été bâti par le premier des Nectanébo. Alexandre fut touché que le roi d'Egypte dont il était supposé descendre, eût élevé un temple à la déesse de l'amour et à la naissance de l'Amour, puisque enfin les deux Horus se confondaient.

Soit par les canaux, soit par les branches du Nil, son vaisseau, chargé de merveilles, l'amena ensuite à Busiris, sur le chemin de Memphis. Cette ville se signalait par quatre pyramides. Comme le roi admirait ces monuments de pierre, symboles de l'Egypte, Mazacès lui dit qu'elles n'étaient rien au prix de celles de Gizeh, près de Memphis, où était notamment celle qu'on appelait la grande pyramide.

Le nom de Busiris parlait à Alexandre de son ancêtre Hercule : au temps de ce héros, le roi, qui portait le nom de la ville et qui était fils de Neptune et d'une Egyptienne, sacrifiait sur l'autel de Jupiter tous les citoyens abordant en Egypte, puis les dévorait, telles des victimes. Hercule, à qui il avait voulu faire subir ce sort, l'avait tué. Il y avait, au palais de Pella, un vase attique représentant cet exploit : le héros, devant l'autel, attrapait Busiris par une jambe, étranglait son fils Iphidamas, foulait aux pieds un écuyer et dispersait les gardes éthiopiens. Euripide avait composé sur ce sujet une tragédie dont Aristote aimait à citer ces vers : « Il n'est pas possible à un esclave de dire la vérité, — Si elle ne plaît pas à son maître », car, ajoutait le philosophe, la vérité n'appartient qu'aux maîtres. C'est dans une pièce du même titre que le poète comique Epicharme avait dépeint d'une manière amusante l'appétit d'Hercule :

lorsque le grave Léonidas en avait parlé, durant le banquet de Cléotime, Alexandre avait eu soin de relever que cette description était inspirée de Pindare. Isocrate, par goût du paradoxe, s'était plu à écrire, au contraire, un *Eloge de Busiris,* dans lequel il lavait ce roi de tous ses crimes et faisait de lui un des premiers législateurs de l'Egypte.

Pourtant, ce Busiris n'était pas considéré dans l'histoire égyptienne comme un roi, mais comme un tyran passager : il ne figurait pas dans la liste officielle des rois et certains en faisaient même un roi d'Espagne, en situant près des colonnes d'Hercule les événements qui le concernaient. Du reste, le nom de la ville signifiait « demeure d'Osiris » et pouvait donc n'avoir rien de commun avec celui d'un roi. Le temple d'Osiris était orné d'innombrables phallus et la prostitution sacrée s'exerçait dans les parages. Alexandre s'étonna du nombre des petites filles. On le pria d'abord d'observer que ces actes n'avaient lieu qu'à l'extérieur du temple et non pas à l'intérieur, comme dans ceux de la déesse syrienne ou de Ma dans le Pont : les Egyptiens se piquaient d'avoir appris aux Grecs que, contrairement à l'usage d'autres peuples, il ne devait pas y avoir de commerce charnel à l'intérieur des temples. D'autre part, il était prescrit aux filles, même de la naissance la plus illustre, de se consacrer à Osiris, ce qui leur imposait de s'abandonner avant l'âge de la puberté. Dès leurs premières règles, les familles prenaient le deuil pour marquer qu'elles avaient perdu cet honneur de filles d'Osiris et on les mariait.

Un peu au sud de Busiris, au bord du Nil, était Léontopolis, — la ville des lions, — dont le temple remplit Alexandre d'admiration : les murs étaient revêtus de terre cuite émaillée, faite avec mille petites pièces rapportées, d'une couleur et d'une perfection étonnantes. Le roi apprit que cet édifice, œuvre de Ramsès III, datait de plus de neuf cents ans.

Près d'une autre branche du fleuve, à l'ouest, était Bubaste. Cette ville, bâtie sur une colline, passait pour la plus haute de l'Egypte. Elle était consacrée à Bastet, la Diane égyptienne, dont l'animal sacré était le chat. On voyait partout, dans son temple, des sculptures de chats en granit, en bronze, en or, en bois doré. Le temple de Diane Bubastite était dans une presqu'île formée par des canaux. Des arbres magnifiques l'entouraient. On l'apercevait de tous côtés, car il était en contrebas. Le vestibule avait vingt mètres de haut et était orné de sculptures. Les fêtes de Bubaste étaient les plus grandes de toutes les fêtes égyptiennes, même si celles de Saïs étaient les plus répandues : la licence et le tintamarre y étaient portés à l'extrême. Anaxarque rappela qu'Hérodote avait décrit les bateaux qui remontaient le Nil avec les hommes jouant de la flûte et les femmes faisant claquer les castagnettes ; elles se troussaient quand on passait devant un village, dont les femmes faisaient le même geste.

Bubaste possédait aussi un temple de Parthénie, déesse guérisseuse importée par les Cariens de la Chersonèse Cnidienne, car c'était la sœur de

Molpadia ou Hémithée dont Alexandre avait vu le temple à Castabus. Les miracles de Parthénie n'étaient pas moins nombreux que ceux de sa soeur ; mais Mazacès affirmait que ceux de Sérapis à Canope les dépassaient de beaucoup. Alexandre visita également le petit temple de Mercure signalé par Hérodote et qui était dédié en réalité à Mahès, fils de Bastet. Mais le culte de Thot, qui était le Mercure égyptien, s'y trouvait associé.

De ville en ville, comme le long du fleuve, Alexandre découvrait les cultures diverses de l'Egypte : non seulement la vigne et le lin, mais les arbres et les plantes caractéristiques. Ce n'étaient plus les chênes, les cèdres et les ormes, mais le sycomore, surtout aux alentours des temples, le manguier dont il goûta les fruits d'arrière-saison, le sébestier dont le fruit servait à faire des tisanes, le banian, venu de l'Inde, qui ployait ses branches vers la terre où elles poussaient des racines. L'olivier était devenu rare et l'huile d'olive aussi : les soldats d'Alexandre devaient employer, pour les onctions de leurs exercices gymniques, l'huile de sésame. On connut le perséa, arbre qui devait son nom ensemble à la Perse et à Persée. Ce héros l'avait acclimaté en Egypte. La fleur du perséa était sur la tête de nombreuses statues des dieux. Son fruit avait la forme d'un cœur et ses feuilles celle de la langue. « C'est pourquoi, dit Mazacès, on considère cet arbre comme sacré, puisque la langue permet de chanter les louanges des immortels. » Alexandre décida qu'à l'avenir, dans les jeux qu'il donnerait là où il y aurait des perséas, les vainqueurs seraient couronnés de ce feuillage. Ainsi honorerait-il son ancêtre dont il faisait son allié contre le roi des Perses, bien que celui-ci en descendît pareillement.

Il y avait de même les fleurs rouges de l'hibiscus, les bleues du lotus, les jaunâtres du papyrus. Cette dernière plante servait à maints usages. Elle composait la couronne des banquets et celle des initiés d'Isis. Les Egyptiens en tiraient un aliment, une boisson, un combustible, des nattes, des bateaux, des voiles, des cordages, des souliers pour les prêtres et des bandelettes pour les momies. Un arbre fruitier, le pêcher, venait de la Perse, comme le perséa, et il en tenait son nom. Il n'avait pas de fruits en hiver. Alexandre et ses amis purent cependant savourer des pêches, grâce à des confitures, dignes de la reine Ada. On racontait que ce fruit délicieux avait été d'abord un poison dans son pays d'origine et que, le roi Cambyse l'ayant transplanté en Egypte par esprit de vengeance, la bonté du sol en avait corrigé la nature.

Alexandre s'intéressait aux travaux agricoles en cours. Le limon que les crues du Nil venaient de répandre, expliquait que l'Egypte fût le pays des céréales et que, selon un mot de Manassé, « on fût venu de toutes parts en Egypte pour acheter du blé », lors d'une famine notée dans un livre sacré des Juifs. Les paysans semaient le blé sans avoir eu besoin de labourer : le grain s'enfonçait de son propre poids. Dans les parties qui n'avaient pas été inondées, on arrosait au moyen de machines que des bœufs faisaient mouvoir. Là où les eaux couvraient encore le sol, on circulait sur des planches soutenues par des melons verts. Il y avait, dit Mazacès, deux ou trois récoltes par an de blé, d'orge, de lentilles, de fèves, de pois, de lin. Cette richesse expliquait aussi le récit fictif d'Ulysse se vantant d'avoir « rassemblé beaucoup d'argent chez les hommes égyptiens ».

Dans ses visites des villes, le roi examinait les arts. Le tissage de l'ortie l'intéressa. Il trouva curieux que l'on fît, avec cette plante piquante, une étoffe plus douce que la soie, sans parler des soixante et un remèdes que l'on en extrayait. Il n'avait connu que le soixante et unième, utilisé même en Macédoine pour les quadrupèdes qui refusaient de s'accoupler : on les y excitait en leur frottant les parties naturelles avec des orties. Cela avait été l'une des plaisanteries de Miéza, lors des bacchanales d'hiver, la dernière année qu'on avait passée dans cette résidence enchanteresse. En ce qui concerne la manière de tisser l'ortie, Alexandre remarqua que les Egyptiens commençaient par le bas, de même qu'ils écrivaient en commençant par la droite.

Ce qui l'intéressait encore davantage, c'était l'industrie du papyrus, grâce à laquelle se perpétuaient les chefs-d'œuvre de la littérature grecque, enrichie sous ses yeux par Aristote. Il assista, avec son escorte de philosophes et avec Chérilus, à la fabrication d'une feuille de papier : il vit la moelle de papyrus découpée en forme de bandes, humectée avec l'eau du Nil, les bandes horizontales collées ainsi sur les bandes verticales, ce tissu végétal mis sous une presse et séché au soleil, poli avec un outil d'ivoire, battu au maillet et enfin enduit de colle. Il ne restait qu'à prendre un roseau bien aiguisé et à le tremper dans l'encre : les Egyptiens la faisaient, comme les Grecs, d'un mélange de noir de fumée et de gomme. Le papyrus était réservé aux textes précieux ; pour l'usage courant, les Egyptiens écrivaient sur des fragments de poterie.

La plupart des ouvriers étaient noirs, tandis que les Egyptiens avaient seulement le teint cuivré, mais un grand nombre d'Ethiopiens travaillaient chez eux et s'étaient mêlés à la population. Anaxarque cita le vers de Théodecte expliquant leurs cheveux crépus : « Le char du Soleil leur voisin — Répand sur leur peau le sombre éclat de la suie — Et par l'ardeur torride de ses feux, — il arrête leur chevelure dans sa croissance — Et la fait se replier, enroulée sur elle-même. » Onésicrite divertit Alexandre en disant que, n'en déplût au défunt ami d'Aristote, le soleil est à égale distance de tous les points de la terre et que, de prétendre qu'il était plus près des Ethiopiens, c'était imiter Ctésias de Cnide, d'après lequel, dans l'Inde, le disque solaire était deux fois plus grand que dans les autres pays. Alexandre avait été frappé de constater, dans les peintures des temples, qu'Osiris était noir, au lieu qu'Isis et Horus étaient blancs. C'était encore une preuve qui empêchait de traiter les nègres de barbares, puisque ce dieu avait été le bienfaiteur des hommes.

Le roi trouvait curieux certains usages égyptiens qu'il remarquait au passage : on pétrissait la farine avec les pieds, on prenait la boue et même le fumier avec les mains. Les hommes portaient les fardeaux sur la tête, les femmes portaient les leurs sur les épaules. Les femmes urinaient debout, les hommes accroupis.

D'extraordinaires précautions étaient prises à l'égard des ouvriers qui travaillaient l'encens, apporté si précieusement de l'Arabie et, disait-on, même des Indes. On vérifiait leur caleçon quand ils arrivaient, on leur couvrait le visage d'un masque ou d'une résille très serrée et on les faisait sortir nus. Cela rappelait les procédés employés envers les mineurs du Pangée et les boulangers de Darius. Mais ici on craignait moins le vol ou la souillure que la falsification : il était possible, en effet, de mêler à l'encens mâle, dont les larmes avaient la forme d'un testicule, des larmes de simple résine blanche qui lui ressemblait parfaitement.

Le voisinage de l'Arabie valait aussi à Alexandre la joie de respirer la myrrhe et de s'en frotter après le bain, autant que jadis chez Cléotime. Il en envoya à « ses reines », — sa mère, sa sœur et Ada ; il y joignit un aromate d'Arabie, le cinnamome, dont l'huile coûtait un prix exorbitant. Il prit goût au vin de myrrhe, qui allait de pair avec tous ces parfums.

Quand une caravane du pays des Sabéens eut déchargé, à Bubaste, des ballots d'encens pour les fêtes de Diane, il en fit charger une partie sur un des vaisseaux d'Hégéloque afin de renouveler au grave Léonidas le cadeau qu'il lui avait envoyé à son retour de Judée, avec accompagnement de cannelle et de baume. Son vieux précepteur verrait que, s'il n'était pas encore le maître du pays d'où venait l'encens, il l'était de celui auquel on le livrait et qu'il était inutile d'en être parcimonieux pour les dieux. Alexandre aurait de quoi les encenser : les Arabes, à ce que lui dit Mazacès confirmant le propos de Jaddus, livraient chaque année au grand roi trente-sept mille kilogrammes d'encens. C'était leur seul tribut ; mais, gens de traditions et pour qui le temps ne comptait pas, il leur faudrait vérifier d'abord, par leurs propres moyens, les changements intervenus dans l'empire des Perses, dont ils étaient les voisins et non les sujets. Il est probable que jusque-là ils n'enverraient pas ce tribut.

Cette navigation le long du Nil était fertile en curiosités de toutes sortes. On faisait observer à Alexandre l'intelligence des chiens et des grenouilles qui avaient découvert le biais de n'être pas attrapés par les crocodiles en se penchant sur le fleuve pour boire. Les chiens couraient le long du bord et lapaient à plusieurs reprises. Les grenouilles en approchaient un long roseau qu'elles serraient dans leur bouche et que les redoutables amphibies saisissaient au lieu d'elles. Anubis était le dieu à tête de chien, Héket la déesse grenouille.

L'hippopotame étonna aussi les Grecs. Son cuir servait à faire des boucliers et des casques qui étaient impénétrables, à moins qu'ils ne fussent mouillés. On disait que cet animal choisissait d'avance la moisson à dévaster et qu'il y entrait à reculons, pour tromper les chasseurs en laissant des traces inverses. C'était un des rares animaux que l'on pût tirer, parce qu'il n'était pas sacré, bien qu'il y eût une déesse à tête d'hippopotame, Thouéris ou Opet.

Alexandre ayant vu des dauphins remonter le Nil, s'étonna qu'ils fussent épargnés par les crocodiles. On lui dit que ces sauriens les respectaient, ainsi qu'un autre poisson de mer auquel ils laissaient également remonter le fleuve : le mulet, ou mug, parce qu'il était souvent poussé à terre par les porcs, comme s'il y avait entre eux une communauté de nature, et que les crocodiles ne dévoraient jamais de porcs, à cause de leurs poils qui les étouffaient. L'histoire du mulet divertit Phrynon de Byzance : il raconta que, chez les Romains, ce poisson était introduit dans l'anus des hommes surpris en adultère, comme, chez les Athéniens, on y introduisait un radis noir ou une rave. Autolyque en avait su quelque chose à Miéza.

On s'arrêta devant le nilomètre. C'était, tout près du fleuve, un puits bâti en pierres de taille, dans lequel l'eau s'élevait et s'abaissait comme dans le Nil et qui permettait d'annoncer sûrement si la prochaine inondation atteindrait le maximum, le minimum ou le niveau moyen des crues. Des traits indiquaient sur les parois les hauteurs respectives des années précédentes. Ce système ingénieux empêchait les cultivateurs d'avoir des surprises désagréables. Un nilomètre était aussi installé à Syène en Haute-Egypte, où le puits était construit de telle façon qu'il annonçait le moment précis du solstice d'été. Un nilomètre d'une autre espèce était fourni par la femelle du crocodile : elle pondait ses œufs à la limite exacte de ce que serait l'inondation. Alexandre vit également des siphons qui existaient depuis mille ans pour décanter l'eau du Nil : on la transvasait dans une série de gargoulettes par des tuyaux où on l'aspirait. Anaxarque dit qu'Eschyle devait avoir entendu vanter cette eau, puisqu'il l'avait déclarée « si bonne à boire ». Effectivement, dit Mazacès, on en envoyait au grand roi dans des jarres, dûment cachetées.

Les services que le Nil rendait à l'Egypte, méritaient qu'il en fût appelé le « père » : il l'était bien de toutes les manières, car on prétendait que son eau contribuait à la fécondation des Egyptiennes, comme celle du Thespius à la fécondation des Thespiennes. On la puisait la nuit pour la boisson, avant que le soleil l'altérât en l'évaporant.

Mais une question relative au Nil paraissait plus intéressante à Alexandre que toutes les particularités de ce fleuve : c'est que des canaux, tracés par les pharaons dès la plus haute antiquité, faisaient communiquer la mer Rouge à la mer Méditerranée, en utilisant d'abord un lac, dit lac

Amer, puis le Nil lui-même. Ainsi des vaisseaux pouvaient se rendre, de la Ville des Héros, située à l'extrémité septentrionale de la première de ces mers en terre égyptienne, jusqu'à Péluse. Mazacès expliqua que les marchandises, venues de l'Arabie ou des Indes, avaient la possibilité d'être embarquées sur le Nil beaucoup plus au sud, à partir du port de Myos Hormos (le Port du Rat) en mer Rouge, et qu'une route commerciale et postale reliait ce port au Nil, à peu près à la hauteur de Copte, dans la région de Thèbes. Alexandre, passionné par les questions économiques, puisque c'étaient les mines de Pangée qui avaient fait la grandeur de la Macédoine, se promettait d'agrandir et cette route et ces canaux, afin de développer le commerce entre les deux parties du monde que séparait cet isthme étroit, allant de la Ville des Héros à Péluse. Mazacès, qui savait l'histoire de l'Egypte, lui dit qu'il serait le successeur de Sésostris, premier pharaon à avoir conçu le canal de la mer Rouge, ou de Suez. Anaxarque précisa qu'Hérodote parlait d'un autre canal, creusé sous Nécus ou Néchao, fils de Psammétique, pour unir les deux mers, travail qui fut abandonné après que cent vingt mille hommes eurent péri par les fièvres : du reste, un oracle interdit de poursuivre, comme celui qui avait interdit aux Cnidiens de creuser un canal à leur isthme. L'oracle allégua que ce canal profiterait aux barbares. « Il profitera aux Grecs », s'écria Alexandre. Selon Hérodote, ajouta Anaxarque, ce projet ne fut pas moins mené à bonne fin par Darius, fils d'Hystaspe. Manassé, présent à cette conversation tenue à la faveur d'un arrêt sur les berges du Nil, dit que les Juifs avaient été condamnés à creuser le premier canal et que c'était une des raisons qui leur avait fait désirer de quitter l'Egypte.

Durant le parcours jusqu'à Héliopolis, Alexandre put voir la muraille élevée par Sésostris depuis Péluse pour former une barrière à l'Egypte contre les incursions des Arabes et pour protéger son canal. Il admirait le génie de ce roi, dont les lointaines conquêtes étaient encore attestées par la colonne de l'Hèbre. Mazacès avait ignoré ce détail que lui conta Alexandre et qui prouvait que l'histoire de Sésostris n'était pas légendaire. Le satrape dit qu'on avait les cartouches de trois pharaons de ce nom ayant vécu il y avait plus de dix siècles. Même s'ils avaient fait à eux trois ce qui était attribué à un seul, cela démontrait la gloire et l'exactitude du nom.

Héliopolis n'était pas seulement la ville du Soleil, incarné par le taureau Mnévis que les Grecs appelaient Nétos ou Néton, mais celle des prêtres. On ne voyait qu'eux dans les différentes tenues de toile blanche qui indiquaient leur rang. Les jeunes avaient un simple caleçon allant jusqu'aux genoux et, s'ils étaient déjà d'un certain grade, jusqu'aux pieds. Leurs ceintures étaient décorées de caractères sacrés. Les prêtres plus distingués avaient un habit attaché au-dessus des reins ; plus distingués encore, leur habit leur serrait le corps étroitement, mais ils avaient les bras nus. Le grand prêtre, nommé Ouserat, était vêtu très simplement, mais avait les bras couverts jusqu'aux mains.

Le culte du taureau d'Héliopolis était plus ancien que celui d'Apis, le taureau de Memphis, et que celui de Boucis ou Pacis, le dieu taureau d'Hermontis en Haute-Egypte, ou encore que celui d'Onuphis, ville au sud de Buto et dont le taureau, appelé également Onuphis ou quelquefois Onephis, devait avoir le poil noir retroussé. C'était en chacun de ces quatre taureaux que se réincarnait l'âme d'Osiris. Toutefois, Mnévis cédait le pas au taureau ou bœuf Apis dans l'ordre des animaux sacrés. Comme lui, il était de poil noir, — couleur d'Osiris, — avec une tache en forme de croissant sur le côté droit. La seconde marque était que les poils de sa queue et de tout son pelage devaient être retroussés dans un sens opposé à celui des autres bœufs, comme le soleil a un mouvement opposé à celui du pôle. La troisième marque, qu'il eût les organes de la génération très gros, parce que la violence de la chaleur provoque le désir et que le soleil répand sur la terre les semences de la fécondité. Mais, tout dieu qu'il était, Mnévis n'avait le droit de vivre qu'un nombre d'années déterminé : on le faisait mourir en le noyant dans la fontaine des prêtres et on prenait le deuil. Il était nourri dans une cour entourée d'une balustrade. Jadis, un roi d'Egypte, Bocchoris, avait fait combattre un Mnévis avec un taureau ordinaire. Celui-ci, en s'élançant vers lui, s'était fiché les cornes dans un arbre de perséa et Mnévis l'avait éventré. Artaxerxès Ochus avait fait pis : il avait tué Mnévis, comme le bouc de Mendès. Ce n'est qu'en frémissant que le grand prêtre, dans un grec excellent, relatait ces sacrilèges.

On avait mis à Mnévis sa parure de fête en l'honneur d'Alexandre. Un disque d'or, emblème du soleil, était fixé entre ses cornes et accolé de deux plumes bleues, une housse rouge à pois bleus était sur son dos. Suivant la manière dont l'animal rentrait dans son écurie, on tirait des présages favorables ou défavorables pour les visiteurs. Il y entra à reculons en présence d'Alexandre et les prêtres furent unanimes à interpréter favorablement la manière sans exemple dont il avait agi, comme devant un être surnaturel. Le roi lui octroya un don pour sa nourriture.

L'écurie de Mnévis faisait partie d'un palais qui était la demeure de ses prêtres. Ramsès avait élevé devant la porte un obélisque de plus de trente mètres de haut. Ce monument, dit le grand prêtre, n'attestait pas seulement la piété et la splendeur de ce roi, mais son courage. Pour exciter le zèle et le soin des ouvriers qui dressaient cet obélisque, Ramsès ordonna d'attacher son fils à l'énorme câble qui soulevait cette pierre : l'idée que le salut du prince, personnage sacré, était entre leur mains, décupla leurs forces. Alexandre déclara que Ramsès aurait été encore plus courageux de se faire attacher lui-même. Ce bloc s'imposa au respect de Cambyse, lorsque ce roi des Perses fit incendier la ville : comme Alexandre à Thèbes pour la maison de Pindare, Cambyse épargna l'obélisque de Ramsès.

Le temple du Soleil, — Rê ou Râ, — était d'une magnificence qui éblouit les Rhodiens, nouveaux soldats d'Alexandre et adorateurs attitrés de ce dieu. Deux obélisques de Sésostris, hauts de vingt mètres, flanquaient l'avenue, bordée de sphinx. Un tel monument, comme les colonnes qu'Alexandre avait vues près de l'Hèbre, aurait suffi à donner l'idée de ce qu'avait été ce roi d'Egypte qui attelait chaque année à son char, le jour de la fête d'Isis, les rois vaincus. C'est lui qui avait divisé l'Egypte en trente-six nomes ou préfectures, partagées entre les deux grandes divisions du pays. La fureur de Cambyse n'avait pu détruire son temple ; mais on voyait les traces de l'incendie qu'il y avait allumé et certaines colonnes avaient été renversées. Artaxerxès Ochus, l'avant-dernier prédécesseur de Darius Codoman, avait fait, lui aussi, des ravages ; mais le temple lui avait résisté. On voyait partout, — sur les linteaux des portes, au-dessus des statues... — le disque de Râ.

Ouserat dit à Alexandre que ce dieu avait eu une autre forme et un autre nom dans des temps primitifs : il s'était appelé Atoum et avait créé le monde, soit par un crachat, soit par sa semence au moyen de la masturbation. Comme il s'était masturbé de la main droite, cette main était parfois son symbole, souvent métamorphosé en femme qui était devenue son épouse, en même temps qu'elle était sa fille.

L'inscription d'un des obélisques témoignait la gratitude de Sésostris à l'égard de Râ. Il avait perdu la vue après avoir jeté une lance dans le Nil pour punir ce fleuve d'avoir débordé, geste qui évoquait celui de Xerxès contre l'Hellespont. Au bout de dix ans, l'oracle de Latone à Buto lui commanda, s'il voulait guérir, de se laver les yeux avec l'urine d'une femme qui n'aurait jamais approché que son mari. Il commença par sa propre femme et en essaya plusieurs autres jusqu'à ce qu'il en eût trouvé une pure, qui était la femme d'un jardinier, et il guérit. Il brûla vives toutes les infidèles et épousa cette femme. Il fit des offrandes dans les temples les plus notables et en premier lieu dans celui du Soleil.

Alexandre entendit avec intérêt que Sésostris avait été élevé avec mille sept cents garçons, nés le même jour que lui : formés par les mêmes exercices et à dure école, — n'ayant le droit de se nourrir qu'après avoir couru trente kilomètres —, ils avaient été ensuite les commandants de ses armées. Avec la différence qui séparait toujours par le nombre les choses grecques et les choses égyptiennes, il reconnaissait dans cette éducation, imaginée par le père de Sésostris, celle qu'avait instituée pour lui son père Philippe. Quand il eut raconté cela à Mazacès, le satrape eut un regard d'admiration : « Tu vois bien, dit-il, qu'à toi seul, avec moins d'hommes, autant de courage et plus de génie, il appartenait de dépasser Sésostris, puisque tu as conquis son pays sans même avoir à combattre et que tu iras vers l'Orient plus loin que lui. Lorsque Darius le Grand voulut faire mettre à Memphis sa statue au-dessus de celle de Sésostris, les prêtres s'y opposèrent en lui disant qu'il n'avait pas encore surpassé ce roi. Bientôt tu l'auras éclipsé. »

Le temple de Râ contenait deux gros œufs, semblables à ceux d'une autruche, mais dont chacun était la tombe d'un phénix. Cet oiseau d'Arabie, ou des Indes, naissait sans parent et sans coït, parce qu'il renaissait de ses cendres. On ne pouvait l'atteindre ni par des flèches ni par des pierres ni par des roseaux, ni le capturer par des rets. Il méritait son nom d'oiseau du Soleil, non seulement à cause de sa beauté, mais du fait qu'il se nourrissait de la chaleur de cet astre, ne buvait d'aucune eau et se rafraîchissait des exhalaisons de la mer. Il était peint ou gravé souvent sur les monuments comme un grand aigle à haute aigrette. Hérodote l'avait décrit rouge et or, mais on disait que ses ailes étaient couleur d'azur. Cet historien, en racontant de quelle manière le fils du phénix construit cet œuf avec le corps de son père avant de le déposer à Héliopolis dans le temple du Soleil, contredisait la légende suivant laquelle cet oiseau se brûle lui-même sur un bûcher, formé d'encens, d'herbes et de feuilles parfumées que la chaleur avait desséchées et que le soleil enflamme : c'est de cet holocauste que l'oiseau ressort pour une nouvelle vie. Le grand prêtre releva l'erreur d'Hérodote qui attribue un fils au phénix, tandis qu'en réalité le père et le fils ne font qu'un. Mais il ne vénérait pas moins ces œufs qui étaient censés contenir deux de ces oiseaux, image peut-être de l'œuf du monde, pondu par Geb, dieu de la terre, qui s'était changé pour cela en une oie gigantesque et qui fut le père d'Osiris, d'Isis et de Râ.

Apprenant que le premier phénix était apparu sous Sésostris, Alexandre aurait été évidemment flatté s'il eût réapparu en son honneur ; mais on ne le voyait à Héliopolis que tous les cinq cents ans, d'autres disaient tous les six cent cinquante, d'autres tous les mille quatre cent soixante et un ans. Sa dernière apparition, enregistrée dans les annales, avait eu lieu sous le règne d'Amos, il y avait un millénaire et demi, ce qui semblait allonger ce dernier délai. Le roi fut content de savoir, malgré tout, que le retour du phénix planait sur son règne.

Héliopolis avait un autre animal fantastique, le sphinx, lion à tête d'homme, et non pas de jeune fille, comme le sphinx de Béotie : c'était le dieu Harmakhis, dont les images étaient fréquentes.

Le roi regardait deux autres monuments élevés au Soleil par Ramsès, le fils de Sésostris. On lui en traduisit les inscriptions : « Le Soleil du roi Ramsès : Je t'ai donné de régner avec joie sur toute la terre, à toi que le Soleil aime. — Puissant Horus fondé sur la victoire, maître du diadème qui as glorifié l'Egypte, sa possession... — Puissant Horus, fils tout lumineux du Soleil... — De qui les lois demeureront en tout temps, — Qu'Ammon aime... » « Tu es fils de Râ, dit le grand prêtre à Alexandre : les rois d'Egypte ont le titre de fils du Soleil. »

Thessalus déclama, en présence de principaux Egyptiens et de toute l'armée, l'hymne homérique à ce dieu : « Commence par chanter un hymne au Soleil, Muse Calliope, fille de Jupiter... — Le Soleil infatigable, semblable aux immortels, — Qui éclaire les mortels et les dieux immortels, — Traîné par des chevaux. Il regarde d'un air terrible, — De dessous son casque d'or... — Et les oreillons lumineux — De sa tête enserrent un visage charmant — Qui resplendit de loin... »

Si Hérodote appelait les Héliopolitains « les plus doctes des Egyptiens », c'est peut-être pour cela que Platon et son disciple Eudoxe de Cnide avaient séjourné parmi eux. On montra la maison où avaient habité les deux philosophes, à Alexandre, ainsi que l'observatoire installé par Eudoxe aux portes de la ville et qui ressemblait à celui de Cnide. En ce lieu, avait été calculée la distance exacte de la terre à la lune et au soleil.

Les logements des prêtres du Soleil formaient d'immenses constructions aux abords du temple. L'un des plus importants contenait leur bibliothèque. Sur un jambage de la porte, était le signe sacré du dieu Thot ou Mercure, signe qui voulait dire « Science des lumières », et sur l'autre, celui de l'étude ou Dame des lettres, ayant à la main tous les instruments qui permettent d'écrire, et le signe de l'ouïe. Au-dessus on lisait : « Maison de la médecine des âmes ».

Le nombre immense des manuscrits rangés sur les étagères, dans les armoires et dans les placards de plusieurs salles, stupéfia Alexandre, autant que les philosophes de sa suite. Il regretta que son cher maître Aristote n'eût pas joui de ce spectacle pour admirer ces archives de la science humaine et ne les eût pas à sa disposition : il n'aurait jamais imaginé qu'il pût exister tant de livres. Il y en avait des dizaines de mille. Les seuls livres dits de Mercure Trois fois Grand, étaient au nombre de trente-six mille cinq cent vingt-cinq.

Le dieu Thot ne les avait pas tous composés : on avait réuni sous son nom la science philosophique, astronomique, médicale, de l'humanité. Pythagore le premier était venu puiser là ses connaissances : Polycrate, le tyran de Samos, l'avait recommandé au roi Amasis, qui lui ouvrit ces trésors. Il resta assez longtemps pour apprendre l'égyptien et le chaldéen, ce qui lui permit d'aller ensuite en Chaldée. Ce sont les astronomes égyptiens qui lui apprirent que l'étoile du soir et l'étoile du matin étaient la même.

Le grand prêtre Ouserat dit à Alexandre que la bibliothèque d'Héliopolis, si considérable, n'était, en quelque sorte, que la succursale de celle qu'avait constituée, il y avait plus de quinze cents ans, le roi Osymandias dans la capitale de Haute-Egypte. « Si je ne craignais de t'irriter, ô roi, ajouta-t-il, je te dirais que, selon une de nos traditions, c'est dans cette bibliothèque de Thèbes qu'Homère aurait trouvé *l'Iliade* et *l'Odyssée* et les aurait publiées ensuite comme siennes. D'après certains, il était même Egyptien de naissance et fils de Thoth. Il aurait été engendré à

Thèbes dans son temple, où la femme d'un prêtre avait passé la nuit pour célébrer le rite et avait été visitée par le dieu. » Alexandre aurait-il pu s'offusquer d'une telle histoire, puisque, de toute façon, elle attribuait à Homère une origine divine ? Il songeait à sa propre légende, qui le supposait fils de Jupiter et qu'il voulait faire vérifier par l'oracle d'Ammon. « Comme marque, poursuivit le grand prêtre, Mercure avait mis un long duvet sur une cuisse d'Homère. »

En voyant les cartes du ciel dressées par les astronomes égyptiens, Alexandre récita les vers d'Homère sur le bouclier d'Achille que cisèle Vulcain : « Il y figure la Terre, le Ciel et la Mer, — Le Soleil et la Lune infatigable et pleine — Et tous les astres dont le ciel se couronne — Les Pléiades et les Hyades et la Force d'Orion, — L'Ourse que l'on appelle aussi du nom de Chariot — Et qui tourne sur elle-même et qui observe Orion — Et qui est exempte des bains de l'Océan. »

Ouserat dit à Alexandre que la carte du ciel d'Homère témoignait déjà des connaissances étonnantes, mais que les astronomes d'Héliopolis l'avaient beaucoup enrichie. Leurs cartes avaient fait la science d'Eudoxe, comme les prêtres d'Héliopolis avaient fait la science de Platon. Anaxarque rappela que Démocrite avait longtemps séjourné en Egypte avant d'aller à Babylone et en Perse. Toutes ces évocations excitaient Alexandre : même si, devenu roi d'Egypte, il ne comptait pas se mettre à apprendre l'égyptien, il se voyait sur la trace lumineuse où les plus grands esprits de la Grèce étaient venus rechercher une autre espèce de gloire.

« Lis-moi quelque chose d'un de ces livres », dit-il au grand prêtre. Il pensait à l'oracle d'Homère consulté par lui à Pella dans la bibliothèque d'Aristote, le premier jour de sa régence, et à celui de Daniel au temple de Jérusalem. Ces choses lui exaltaient toujours l'imagination. Faute de l'arrivée du phénix, il attendait un signe de cette lecture dans cette bibliothèque prodigieuse. Ouserat saisit un papyrus pourpre, en dénoua les liens et le déroula avec soin. Puis il lut : « Je vais chanter le maître de la création. Je vais célébrer celui qui a fixé la terre, suspendu le ciel... » « Cela suffit », s'écria Alexandre, qui aimait les demi-oracles et qui interprétait ces mots comme il avait interprété ceux de la sibylle de Delphes. Il sourit lui-même de s'identifier à Jupiter, mais, après tout, chacun l'y poussait. Il n'avait pas créé le monde, mais il allait être le maître du monde. Il fixait les limites des royaumes sur lesquels le ciel était suspendu.

« O roi, dit Ouserat, tu as le regard d'un initié ; aussi bien vas-tu l'être par ton sacre. C'est pourquoi je te montrerai notre formule la plus sacrée. » Il prit dans un coffret de jaspe une tablette d'émeraude et fit voir les caractères qui s'y trouvaient tracés : la même, dit-il, était chez le grand prêtre de Thèbes : « Le ciel en haut, le ciel en bas. — Tout ce qui est en haut, est en bas. — Si tu comprends, gloire à toi ! » « Ce n'est évidemment pas à quelqu'un comme toi que l'on a besoin de demander s'il a compris, ajouta le grand prêtre. Je dis par conséquent : Gloire à toi ! Gloire à toi, qui vas consulter bientôt l'oracle d'Ammon. » Cette gloire-là aussi était, d'avance, très chère à Alexandre.

Le roi fit allusion à certaines des choses que sa mère lui avait relatées d'après Nectanébo ou qu'il avait sues d'Aristote et qui avaient trait à la science ou à la religion égyptiennes. Il n'avait pas oublié non plus les Egyptiens, Inachus d'abord, ensuite Danaüs, qui avaient apporté la civilisation en Argolide, comme l'Egyptien Cécrops, premier roi d'Athènes, l'avait apportée en Attique. Il dit qu'en sacrifiant dans le temple d'Isis, à Sébennytus, il avait voulu honorer la déesse dont les mystères passaient pour avoir inspiré ceux d'Eleusis. « C'est de nous, en effet, dit le grand prêtre, que vous autres Grecs avez reçu tous vos dieux, la forme de vos temples et vos cérémonies religieuses. La chose est démontrée par les monuments que tu as vus, par leurs sculptures, comme elle le serait par n'importe lequel des livres qui sont ici. Platon lui-même, dans *les Lois,* déclare que nous avons découvert la peinture et la sculpture il y a dix mille ans (« Et ce n'est pas un simple mot de dire dix mille, ajoute-t-il, mais réellement »). Puisque notre civilisation remonte si longtemps avant la vôtre, il est naturel que nous vous ayons inspirés. »

« Le prêtre d'Héliopolis Sechnouphis fut le maître de Platon, continua-t-il ; Conuphis, prêtre de Memphis, fut celui d'Eudoxe ; Sonchis, prêtre de Saïs, avait été l'instructeur de Pythagore et Psénophis, Héliopolitain, celui de Solon à Saïs. Peut-être ne sais-tu pas que Pythagore se fit circoncire pour avoir accès à nos sanctuaires secrets et à notre philosophie initiatrice. C'est nous qui vous avons appris la science des nombres, les douze signes du zodiaque, la vraie durée de l'année solaire. »

« Tu ne t'es certainement pas étonné que nous adorions les animaux, poursuivit Ouserat : le culte que nous leur rendons, est le fruit de notre attention à travers des siècles innombrables. Il est arrivé, durant des famines, que les Egyptiens se soient mangés entre eux plutôt que de manger les animaux sacrés. Tu as déjà remarqué bien des choses étranges sur les mœurs de nos animaux. L'ibis est consacré à la lune, parce qu'il couvre son œuf autant de jours que celle-ci en met à décroître. Il ne quitte jamais l'Egypte. Lorsqu'il naît, il pèse exactement autant que le cœur d'un enfant qui vient de naître, et l'écartement de ses pieds forme avec son bec un triangle équilatéral. Nous vénérons cet oiseau. Ce n'est pas seulement parce qu'il nous a appris l'usage des lavements et qu'il tue les serpents qui viennent d'Arabie en Egypte, mais parce qu'il ne boit jamais d'eau malsaine et ne s'en approche même jamais. Aussi nous autres prêtres nous purifions-nous seulement dans l'eau où l'ibis a bu. Si nous donnons une tête d'ibis à Thoth, qui est l'inventeur du langage parlé et écrit, du calcul, de la géométrie, de l'astronomie, de la magie, du tric-trac, du jeu de dés, etc., c'est parce que c'est lui qui, sous la forme de l'ibis, quand les dieux se métamorphosèrent en animaux, couva l'œuf du monde, pondu par Geb. Autre chose étrange : pendant les sept jours que durent les fêtes de l'anniversaire d'Apis, les crocodiles ne font jamais de victimes. »

« Pourquoi le scarabée est-il notre cachet sacré et celui des guerriers ? dit encore le grand prêtre. Parce que c'est un insecte qui n'a pas de femelle et qui, lorsqu'il veut se reproduire, dépose sa semence dans de la fiente de bœuf qu'il a roulée en boule, figure de l'univers, et qui sert à son fœtus de matrice et de nourriture. Cette boule, il la pétrit avec ses pattes de derrière, il la roule d'orient en occident, tandis que lui-même marche d'occident en orient pour imiter le mouvement des astres. Il la cache dans la terre et l'y laisse vingt-huit jours, temps que met la lune à parcourir les douze signes du zodiaque, et c'est aussi l'intervalle où la semence du scarabée reçoit de cette planète l'âme et la vie. Le vingt-neuvième jour, il ouvre la boule et la jette dans l'eau, elle achève de s'y ouvrir et il en sort des scarabées tout formés. Cet insecte est le signe de l'éternité, parce qu'on ne trouve jamais de scarabées morts : il entre dans le sable pour mourir. Nous le mettons à la place du cœur dans le maillot des momies. Khépri, qui est une des formes du dieu Soleil d'Héliopolis, est figuré avec une tête de scarabée. J'ajoute que le scarabée vert est ce qu'il y a de plus reposant pour les yeux. Aussi les graveurs en pierres fines, dont l'œuvre exige une telle contention des nerfs optiques, le regardent-ils de temps en temps au cours de leur travail. » Alexandre écoutait tous ces détails avec curiosité. Il n'était pas sûr qu'il y eût entre eux un lien de cause à effet; mais il admirait ce qu'ils représentaient d'observations minutieuses et, en fin de compte, d'amour et de respect de la nature.

« La multitude de nos dieux, plus grande que celle des vôtres, reprit Ouserat, ne nous empêche pas d'imaginer l'unité de Dieu. Pour nous, tout procède de l'Un. Mercure Trois fois Grand nous a laissé cent traités sur les dieux de l'empyrée, autant sur ceux de l'éther, et mille sur ceux du ciel, mais c'est toujours en procédant de l'Un. Cette connaissance fait partie de nos mystères. Ceux d'Isis les résument tous, comme elle-même résume tout. En revanche, nous n'avons pas comme vous de devins : nos devins, ce sont les dieux. »

Alexandre demanda au grand prêtre pourquoi l'on déchirait du lin dans les sacrifices d'Osiris, ce que Mazacès n'avait pu lui expliquer. « C'est un de nos secrets, répondit Ouserat. Il est des choses dont je ne peux te parler, même à toi notre roi, car elles ne sont connues que des prêtres ou des rois issus de nos rangs, ainsi que ce fut le cas pour plusieurs de nos dynasties. Ne sois donc pas choqué de mon silence. Tel est le secret d'Abydos, le secret des secrets. Le révéler, serait quelque chose d'effroyable, comme pour les Grecs de révéler les mystères d'Eleusis. Il y a même des secrets que je ne connais pas et qui sont le privilège des prêtres de certaines villes. Aucun de nous n'ignore, par exemple, que, si nous ne mangeons pas des trois poissons du Nil qui ont dévoré les parties génitales d'Osiris, — le lépidote, le pagre et l'oxyrhinque ou brochet, — il y a trois villes qui portent ces noms et où chacun de ces poissons est vénéré et mangé pour des raisons qui m'échappent. On t'a parlé de Crocodilopolis, où l'on vénère le crocodile, et nous avons Apollinopolis, — je donne naturellement à ces villes leur nom grec, — où les habitants tuent le plus grand nombre possible de crocodiles et doivent en manger. A Acanthopolis, trois cent soixante prêtres versent journellement de l'eau du Nil dans un tonneau percé. Encore un mystère pour moi-même, encore un secret dont je ne peux te dire le motif. Mais toi-même, qui jouis du respect dû à une naissance divine, tu sais respecter tout ce qui doit être respecté. »

Pendant qu'Alexandre écoutait le grand prêtre, les philosophes de sa suite interrogeaient avidement les prêtres qui parlaient grec. Pyrrhon et Callisthène semblaient les plus passionnés. On avait amené à Anaxarque le plus grand philosophe de l'Egypte, Psammon, qu'il présenta à Alexandre. Ce vieillard allait au-delà des prêtres dans ses conclusions sur les dieux : il ne prétendait pas qu'Isis résumait tout, mais qu'elle était une simple manifestation de l'unité de Dieu. C'était, au fond, une idée assez voisine de celle des Juifs.

Manassé avait accompagné Alexandre dans sa visite de la bibliothèque. « C'est peut-être ici que Moïse avait appris ses secrets, dit le roi. Osthane m'a raconté l'histoire des dix plaies lancées par votre législateur sur l'Egypte. — Ses secrets ne venaient pas de cette bibliothèque, dit Manassé, puisque les prêtres égyptiens n'ont pu les conjurer. C'étaient les secrets du dieu d'Israël. D'après la tradition égyptienne, Moïse serait un prêtre égyptien renégat ; il détestait, au contraire, tout ce qui est de l'Egypte au point que, dans sa première enfance, il refusait le lait des nourrices égyptiennes. Nous savons exactement sa généalogie : Jacob, l'un de nos patriarches, eut d'abord douze fils, qui furent les tiges de nos douze tribus, et l'un d'eux, Lévi, eut pour petit-fils Amram et pour petite-fille Jocabed, qui furent le père et la mère de Moïse. Mais l'enfant avait été exposé sur le Nil, dans une caisse de jonc, parce que le pharaon avait ordonné de noyer tous les nouveau-nés mâles des Hébreux : il fut sauvé des eaux par la fille du roi et élevé au milieu des Egyptiens. »

« Indépendamment de cela, continua Manassé, la région où nous sommes, est pour nous pleine de souvenirs. Nos livres sacrés l'appellent le pays de Gessen, autrement dit la Basse-Egypte, à l'est de Bubaste et d'Héliopolis. La famille de Jacob y résida ; son fils Joseph, qui fut ministre du pharaon, fit revenir Jacob à Gessen, lorsque celui-ci eut été dans la terre de Chanaan et c'est à Gessen qu'il mourut. Une des prophéties d'Ezéchiel nomme plusieurs villes égyptiennes : « Ainsi parle le Seigneur Dieu : « ... Je ferai disparaître les faux dieux de Memphis — Et le prince du pays d'Egypte. . — Je mettrai le feu à Tanis — Et j'infligerai des châtiments à

Thèbes. — Je répandrai ma colère sur Péluse... — Les jeunes gens d'Héliopolis et de Bubaste — Tomberont par l'épée... » Ces noms grecs ne sont pas ceux qu'a employés le prophète, mais les noms hébreux correspondent à ceux-là. »

Ouserat avait écouté en silence les paroles de Manassé. « Toutes les religions se rejoignent dans l'Un, » dit-il. Prenant un nouveau papyrus dans une armoire, il lut ces lignes à Alexandre : « O Egypte, un jour viendra où il ne restera de ta religion que des fables, incroyables pour la postérité ; il ne restera que quelques mots écrits sur la pierre et rappelant tes actes pieux. La divinité remontera au ciel. » « Tu vois, Alexandre, dit le grand prêtre, que notre religion est éclairée. De même que, si tu penses à ta postérité, tu es sûr qu'elle ne te vaudra pas, et si tu penses à ton empire, tu es sûr qu'il sera un jour morcelé, notre sagesse a conscience qu'elle sera un jour taxée de folie, car c'est le propre des dieux d'aller et venir. Mais un jour également ils reviendront en Egypte. C'est parce qu'ils y sont encore que tu es venu. Nos annales contribueront à ton immortalité : nous les daterons désormais de la première année de ton règne. » Ces paroles touchèrent Alexandre. Il était, certes, dans le pays qui avait, tout autant que les Juifs, le sens de la tradition. A côté des Grecs, toujours épris de nouveautés, il voyait un peuple constant dans ses mœurs, fidèle à lui-même comme à ses dieux.

Ce goût de la tradition se manifestait par le soin avec lequel on embaumait les cadavres pour les conserver dans les maisons. Les momies des pauvres étaient simples, celles des riches couvertes d'or. Ouserat était fier de montrer chez lui les momies de vingt de ses aïeux, ce qui lui permettait de rendre quotidiennement le culte des morts à cinq siècles de son histoire personnelle. Son collègue thébain Piromis pouvait s'enorgueillir d'être le seul homme au monde capable de faire voir trois cent cinquante statues de bois représentant ses propres ancêtres, tous grands prêtres d'Ammon de père en fils, qui étaient dans une salle du temple de ce dieu à Thèbes. La trois cent cinquante et unième était la sienne, car chaque grand prêtre se faisait statufier ainsi de son vivant.

Ayant vu dans la rue un homme que l'on poursuivait à coups de pierres, comme le prêtre de Ténédos dont avait parlé Hégéloque, Alexandre demanda ce que cela signifiait : c'était un inciseur de cadavres, qui venait de pratiquer sur le flanc gauche d'un mort l'ouverture par laquelle l'embaumeur retirait les entrailles. Il subissait l'exécration que vouaient les Egyptiens à quiconque violait le corps d'un défunt et cette poursuite faisait partie de son métier. C'est avec une pierre d'Ethiopie, tranchante comme un rasoir, qu'il ouvrait le cadavre, après avoir fait une autre opération qui consistait à presser le crâne de manière à faire sortir le cerveau par les narines. Contrairement au métier d'inciseur, celui d'embaumeur était respecté, bien que cet homme eût à jeter dans le Nil les entrailles du défunt. D'autres hommes étaient condamnés aux insultes publiques : les roux, sur qui l'on se vengeait de Typhon, le meurtrier d'Osiris.

Les Egyptiens et les Juifs avaient aussi, comme les Arabes et comme les crocodiles, l'horreur du porc. Si un Egyptien en touchait un par hasard, il allait se plonger dans la rivière tout habillé. Ceux qui gardaient les porcs, même Egyptiens de naissance, ne pouvaient entrer dans aucun temple et ne se mariaient qu'entre eux. L'amour des animaux en général se témoignait par des signes extérieurs qu'Alexandre remarquait à l'occasion : quelqu'un dont le chat était mort, se rasait les sourcils ; pour la mort d'un chien, on se rasait la tête. Seul l'âne était l'objet de la même aversion que le porc. Les Egyptiens le détestaient, parce que cet animal avait servi à Typhon pour prendre la fuite, après le meurtre de son frère. Les Egyptiens, dans leur vieille haine contre les Juifs, haine diminuée depuis que ceux-ci n'habitaient plus l'Egypte, affirmaient que la fête du sabbat, célébrée par les fils d'Israël le septième jour de la semaine, avait été instituée en mémoire de ce que Typhon, après sept jours de fuite sur son âne, avait échappé à ses ennemis. Pour eux, en effet, les Juifs descendaient de deux fils de cet Egyptien roux : Hiérosolyme, qui avait donné son nom à leur ville sainte, et Judéus, qui avait donné le sien à leur peuple.

Alexandre appréciait chez les prêtres égyptiens, non seulement la science et l'élévation de pensée, mais la propreté. Aux environs des temples, comme de leurs logements, il y avait des fontaines, des bassins, des lacs : ils se lavaient dans l'eau froide deux fois chaque jour et deux fois chaque nuit. De même se rasaient-ils le corps tous les trois jours. Eux seuls avaient l'obligation d'être circoncis, mais la plupart des Egyptiens l'étaient, de manière à pouvoir être initiés aux mystères d'Isis, qui excluaient les porteurs de prépuces. Les filles mêmes étaient excisées. Les prêtres s'abstenaient de vin et également de sel, ce qui les empêchait de prendre des bains de mer, parce que le sel gemme était un aphrodisiaque et le sel marin l'écume de Typhon. Ils n'étaient pas tenus à la chasteté et, du reste, mettaient au-dessus de la pureté des mœurs celle de l'esprit. Toutefois, ils étaient soumis à la continence, parfois durant quarante-deux jours, parfois durant sept jours, lorsqu'ils devaient accomplir certains actes de religion.

Le roi trouvait quelques ressemblances entre les sacrifices égyptiens et ceux qu'il avait vu pratiquer par les Perses à Sardes ou, depuis, par les deux satrapes qui suivaient son armée. Les prêtres d'Héliopolis faisaient trois sacrifices quotidiens à Râ. Au lever, ils brûlaient en son honneur de la résine, à midi de la myrrhe et à son coucher un mélange de seize plantes, fait dans les proportions prescrites par leurs livres. Alexandre et Ephestion brûlaient en s'endormant ce mélange, dont l'odeur exquise, moins entêtante que celle des parfums juifs, était propice au sommeil.

Alexandre remonta sur le bateau royal pour gagner Memphis. Les pyramides qui s'élevaient à l'horizon, lui donnaient une nouvelle idée de la grandeur de son empire. On lui montra près du Nil une des principales nitrières de l'Egypte, dont le produit servait à la fabrication de la pâte de verre : c'était l'image de l'art le plus fragile, près des constructions immortelles, mais cet art était une des richesses du pays, comme il avait été l'une de celles de Tyr et comme il était encore l'une de celles de Sidon. Les treillages de verre, dans la chambre d'Alexandre à Miéza, venaient d'Egypte.

Il put voir aussi les travaux prodigieux accomplis par Ménès, le premier roi d'Egypte qui avait bâti Memphis, près de trois mille ans auparavant. Ce roi avait fait construire une digue pendant la décrue du Nil pour protéger le terrain et, la digue ayant été renforcée chaque année, la crue avait été dirigée par un canal vers un lac artificiel. Cette digue était maintenue par les racines des sycomores.

Alexandre fut accueilli par le grand prêtre de Ptah, — ce dieu était à la fois le Jupiter et le Vulcain de Memphis, — et par les deux plus importants notables, Doloaspis et Pétinis, qui étaient en même temps les deux plus riches citoyens de l'Egypte. On conduisit le roi au palais, bâti à l'intérieur de ce que l'on appelait le Mur Blanc, — la citadelle bâtie en pierres blanches, — et où d'autres trésors de Darius l'attendaient. Ainsi que dans toutes les villes où il avait passé, il témoigna ses égards à la famille de Darius, en indiquant un palais pour la loger. Maintenant, la reine et ses deux filles étaient complètement rassurées sur ses intentions. Il ne laissait pas de faire un peu la cour à l'aînée, Statira. Ephestion préférait la cadette, Drypatis. « Dans quelques années, nous préférerons peut-être Ochus », disait celui-ci. En vérité, le petit prince était charmant.

Puis, Alexandre fut mené pompeusement au bœuf Apis, comme il avait été mené à Mnévis. L'animal sacré habitait une tour, située devant le portique du temple de Vulcain. Elle était ornée de portiques, dont les colonnes étaient des statues de six mètres de haut. Apis, comme Mnévis et comme la génisse de Mycérinus à la maison royale de Saïs, avait une housse de pourpre sur le dos et un disque d'or entre les cornes, mais il portait aussi un collier d'étoffe pourpre à points bleus. De pelage noir, il avait une tache blanche carrée sur le front, une autre en forme de croissant sur le côté droit, symbole de la lune, des poils doubles à la queue et le dessin d'un aigle sur la croupe, symbole du Soleil. Ce n'étaient que quelques-uns des vingt-neuf signes auxquels on le reconnaissait, parmi lesquels était le dessin d'un scarabée sur la langue. On assurait que sa mère était vierge et qu'elle l'avait conçu sous l'influence de la lune. Du reste, elle ne devait plus enfanter et était nourrie dans une tour voisine.

On décrivit à Alexandre comment, une fois Apis découvert, on l'allaitait quatre mois au lieu de sa naissance; puis, on le guidait à Nilopolis, dans la moyenne Egypte. Il y passait quarante jours. Les femmes avaient seules le droit de le voir et relevaient leurs robes devant lui pour obtenir la fécondité. A Memphis, où il arrivait ensuite, elles ne pouvaient plus entrer dans son temple. Chaque année, on fêtait avec éclat le jour de sa naissance et on lui amenait une vache pour qu'il pût la saillir : elle était tuée aussitôt après.

La beauté de cet animal rappelait à Alexandre la comparaison que fait Homère entre Agamemnon et les autres chefs grecs : « Tel le bœuf-taureau a coutume d'être grandement au-dessus du troupeau de tous, — Car il se distingue des vaches assemblées. » Apis était voué à la Lune, comme Mnévis au Soleil.

Le grand prêtre raconta d'abord à Alexandre avec horreur comment Cambyse avait tué d'un coup de poignard le bœuf Apis, parce que les Memphites s'étaient mis en vêtements de fête pour l'anniversaire du dieu bœuf, alors qu'une de ses armées, forte de cinquante mille hommes, envoyée à l'oasis d'Ammon avec ordre de piller le temple et de le détruire, avait péri dans une tempête de sable. Mais, ajouta le grand prêtre, Artaxerxès Ochus, après avoir chassé Nectanébo, avait peut-être dépassé ce qu'avait fait son ancêtre Cambyse. Ayant su que les Egyptiens l'avaient surnommé l'« âne », symbole de Typhon, il dit aux prêtres de Memphis que l'âne mangerait le bœuf ; il le fit égorger et le mangea, en compagnie de ses officiers et de ses concubines. A la place d'Apis, il avait fait mettre un âne. Si Cambyse était mort prématurément en expiation de tous ses sacrilèges, ceux d'Artaxerxès Ochus avaient eu pour vengeur l'eunuque Bagoas. Alexandre venait racheter tous ces crimes des rois perses.

Il aurait voulu descendre dans la cour du bœuf pour le caresser et se le rendre favorable, mais on lui dit de s'en garder, car, si Apis lui léchait les vêtements, comme il l'avait fait pour Eudoxe, qui était mort quelques jours plus tard, c'eût été signe qu'il rejoindrait bientôt la région souterraine dont les bœufs sacrés étaient les gardiens.

On dit à Alexandre que les enfants avaient le privilège de rendre spontanément des oracles dans l'enceinte d'Apis, en vertu d'un pouvoir qu'Isis leur avait donné : lorsqu'elle était à la recherche du coffre renfermant Osiris et qu'elle interrogeait en vain tout le monde, ce furent des enfants qui lui dirent par quelle embouchure du Nil, — celle de Tanis, — les amis de Typhon l'avaient poussé dans la mer. Un charmant petit garçon, dont il caressait la longue boucle, dit à Alexandre : « O roi, le dieu te prédit que tu iras à l'oasis d'Ammon et que tu en reviendras. — O roi, dit un autre, le dieu te prédit que tu vaincras Darius. » Alexandre pensait aux garçons de Telmesse qui avaient le don de prophétie. Il remercia par deux pièces d'or ses deux petits prophètes et immola des victimes à Apis. Toutes les religions étaient d'accord pour lui annoncer la victoire.

Il sacrifia aussi à Apis dans un temple élevé à ce dieu par Nectanébo Ier. Mais d'autres monuments religieux ne l'intéressèrent pas moins : c'étaient, dans le voisinage, les nécropoles où l'on conservait les dépouilles des bœufs Apis, celles de leurs mères et celles des ibis. On les y adorait en qualité de divinités infernales.

Memphis était une forêt de temples et d'obélisques, comme Olympie et Delphes étaient des forêts de temples et de statues, mais il y avait toujours la même différence entre l'humain et le gigantesque, qui était celle de l'art égyptien et de l'art grec. Si les Grecs avaient rendu illustres les noms de Libon, d'Ictinus et de Chéréphron, architectes des temples d'Olympie, d'Athènes ou d'Ephèse, les Egyptiens avaient fait un dieu d'Imhotep, le premier architecte de la première des pyramides, monuments funéraires les plus incroyables jamais bâtis par les hommes. Comme il était aussi médecin, il devint un dieu de la médecine, ce qui le fit appeler par les Grecs Esculape.

Après sa visite au bœuf Apis, le grand dieu de la capitale, et aux défunts Apis, il ne restait à Alexandre qu'à se faire couronner dans le temple de Ptah. Ce dieu n'était pas seulement Vulcain, en tant que créateur des métiers, mais aussi Jupiter, puisqu'il passait, à Memphis, pour avoir créé le monde. Son temple avait des proportions aussi colossales que tant d'autres, vus ailleurs par Alexandre. Une statue de Sésostris, haute de vingt mètres, était renversée devant l'entrée, — souvenir du passage de Cambyse ; les sculptures de l'avenue étaient l'œuvre de Dédale et les Egyptiens ses maîtres furent si enchantés de son travail qu'ils lui élevèrent une statue à l'intérieur. Celle de Ptah montrait ce dieu en pygmée et sa vue avait fait rire Cambyse. Alexandre aurait préféré être couronné sous les auspices d'un dieu plus majestueux, mais il se plia à l'usage : c'est dans ce temple qu'il allait être, non seulement couronné, mais sacré roi des deux Egyptes. La couronne de Basse-Egypte lui serait mise sur la tête par le grand prêtre de Ptah et celle de Haute-Egypte par le grand prêtre de Thèbes, Piromis, qui venait d'arriver avec Ammynape, satrape de Haute-Egypte. Piromis inspira un respect particulier à Alexandre, attendu le nombre de ses ancêtres et le fait qu'il était grand prêtre d'Ammon.

Le roi, accompagné d'Ephestion et de tous ses généraux, arriva dans un manteau de pourpre, faite d'un lin spécial de Haute-Egypte et qui était d'un moelleux extraordinaire. Le grand prêtre de Ptah lui retira ce manteau pour qu'il fût, devant le dieu, dans le costume rituel dont on l'avait déjà revêtu : un pagne de lin blanc, très évasé, qui avait, à l'emplacement du pubis, une broderie verte et rouge figurant la colonne, — le phallus, — d'Osiris, symbole de l'immortalité. La ceinture était brodée aux mêmes couleurs et l'on y avait attaché par-derrière une queue de taureau, insigne du maître de chasse, fonction essentiellement royale. Les jambes, les bras, les pieds et la moitié droite de la poitrine d'Alexandre étaient nus : un corselet, qu'une bretelle retenait sur l'épaule gauche, couvrait le reste de son buste, que décorait un collier à perles de lapis, de cornaline et de turquoise. Puis, le grand prêtre de Memphis lui épingla, à droite de son corselet, un pectoral d'émail bleu et rouge qui représentait un faucon les ailes déployées, puis une corne d'or enrichie de pierres précieuses, — image de la corne d'abondance du Nil, — où était une petite pyramide d'or au centre des pierres figurant des fruits. Ensuite, le grand prêtre de Thèbes lui accrocha du côté du cœur, un aspic d'or et une croix ansée. Il lui fixa au menton, par un enduit spécial, une barbe de bois à l'extrémité recourbée, d'un vague aspect phallique. Le grand prêtre de Memphis lui mit à la main droite le sceptre en forme de fouet à trois lanières soudées, et le grand prêtre de Thèbes, à la main gauche, une massue en forme de poire, qui rappelait à Alexandre la massue d'Hercule. Enfin, il lui posa sur le front la haute couronne blanche à bout rond : Alexandre était roi de Haute-Egypte. Le grand prêtre de Memphis le coiffa, par-dessus, de la couronne rouge ornée de la spirale d'or : Alexandre était roi de Basse-Egypte. Les deux grands prêtres énumérèrent, à tour de rôle, les cinq noms qui marquaient le double couronnement du pharaon : son nom d'Alexandre, ceux de Setep-en-Râ (« choisi de Râ ») et ceux de Mery-Ammon (« ami d'Ammon »). Aucun ne lui plaisait plus, en dehors du premier, que le dernier. Ses cinq noms furent incisés sur un fruit de perséa et seraient gravés sur un cartouche de granit. On lui présenta, pour qu'il l'offrît au dieu, une corbeille contenant des pains ronds, au-dessus desquels étaient, sur deux serviettes rouges, deux oies plumées et évidées et, entre ces deux oies, une petite corbeille de dattes, de figues et de grenades, le tout recouvert de feuillage. On allait terminer en accomplissant le sacrifice d'un bœuf.

Cette cérémonie compliquée avait fait impression sur Alexandre, qui aimait le ritualisme de la tradition. Quand on le débarrassa de sa barbe, il fut content qu'Ephestion lui affirmât qu'il n'avait pas été du tout ridicule avec cet appendice. « Comment un dieu serait-il ridicule ? » lui avait dit son ami. Toutefois, à ces deux couronnes encombrantes, Alexandre préférait la simple coiffe qu'il avait désormais le droit de porter et qui épousait la forme de la tête, avec deux pans tombant jusqu'au-dessous des oreilles et la tête d'aspic en or et en pierreries, fixée au milieu du front. Une autre coiffe aussi simple était une légère perruque bouclée, ceinte d'un bandeau qui avait encore au centre la tête d'aspic, insigne permanent de la sauvegarde du pharaon.

Il y avait, dans le temple de Ptah-Vulcain, la statue du roi Séthon, ancien prêtre, qui tenait un rat à la main, au-dessus de cette inscription : « En me regardant, apprends à honorer les dieux. » Cette dédicace et ce rat faisaient allusion au salut procuré à ce roi par les dieux : les Assyriens ayant envahi l'Egypte et dressé leur camp à Péluse, une multitude de rats des champs rongea pendant la nuit leurs arcs, leurs boucliers et leurs carquois, ce qui permit aux Egyptiens de disperser aisément l'ennemi.

Le sanctuaire de Protée, le dieu de Phare assimilé au roi d'Egypte Proti, comme on l'avait vu à Canope, était presque aussi magnifiquement décoré et presque aussi colossal que le temple de Ptah. Son enclos renfermait un autre temple, dédié à Vénus Etrangère : le roi Proti l'avait édifié en souvenir du séjour de Ménélas et d'Hélène que, d'après la légende exploitée par Euripide, il avait réunis, lorsque le roi de Sparte était revenu de Troie.

Memphis avait également un temple d'Hathor, la déesse égyptienne de l'amour, dont on avait dit à Alexandre que le principal sanctuaire était à Dendérah ou Tentyris en Haute-Egypte. Mais ici, elle était adorée comme déesse du Sycomore. Sa statue avait sur la tête deux cornes de vache qui enserraient un disque. On représentait parfois la déesse sous la forme même d'une vache. Un bas-relief montrait un pharaon tâtant le pis de la vache déesse, symbole à la fois mystique et érotique.

Dans l'arsenal de Memphis, Alexandre vit les armes des Egyptiens, offensives et défensives, que la garnison perse avait abandonnées. Elles n'avaient pas changé depuis Hérodote : c'étaient des piques, de grandes haches, de grandes épées, des casques de jonc tissus, des boucliers convexes, « dont les bords étaient garnis de bandes de fer ». L'historien n'avait pas parlé d'une arme de jet, très simple d'apparence, mais que Mazacès disait redoutable et qui, lorsqu'elle était seulement lancée en l'air, avait la singularité de revenir à son point de départ : le boomerang, morceau de bois très dur et légèrement courbé. Un homme, un animal, qu'elle atteignait au front, était mort. Alexandre en fit faire des essais sur une dizaine de moutons qu'on avait mis en ligne : ils tombèrent foudroyés, les uns après les autres, par autant de boomerangs. Le boomerang destiné à revenir, avait une forme un peu différente de ceux qui étaient destinés à frapper. Le roi, qui s'y exerça, jugeait magique le retour de ce morceau de bois dans sa main. Il emporta quelques boomerangs pour les ajouter à ses jeux.

Les pyramides le captivèrent. Celle du roi Djéser, près de Memphis se distinguait par des degrés, une vaste enceinte percée de fausses portes et une autre bordée par une double colonnade à toiture de pierre. On lut à Alexandre l'inscription de cette pyramide, indiquant qu'elle avait été construite lorsque la Lyre était dans le signe du Cancer. A Ghizeh, au nord de Memphis, étaient les plus élevées. La principale, dite la grande pyramide, avait exigé le travail de trois cent soixante mille ouvriers pendant vingt ans. Et il y avait deux mille trois cents ans qu'elle perpétuait le nom du roi Chéops, hellénisation de Khoum-Khoufou. Elle portait une inscription indiquant les dépenses en lentilles et en raves, en oignons et en persil consommés par ces ouvriers, dépenses qui s'étaient élevées à près de neuf millions de drachmes. Des pétrifications ressemblant à des lentilles ou à des épluchures de légumes, passaient pour les restes de ces repas. De plus, on avait employé cent mille hommes pendant des années à fouiller les carrières des montagnes d'Arabie et à traîner ces pierres, que l'on avait amenées grâce à une chaussée qui avait demandé dix ans de travail. Ainsi tout le règne de Chéops avait-il été employé à construire sa sépulture. Alexandre s'enquit si, comme le faisait au temple d'Ephèse l'architecte Chirocrate, on s'était servi, pour porter si haut des masses si pesantes, de sacs de sable formant un plan incliné. On lui dit que la pyramide avait été bâtie en forme de degrés et que, par des machines faites de courtes pièces de bois, on élevait les pierres d'une assise sur l'autre ; il y avait eu autant de machines que d'assises. Toutes ces pyramides étaient revêtues d'un calcaire qui s'était en partie effrité. C'est à l'intérieur que se trouvaient les chambres funéraires auxquelles menaient des couloirs jusqu'à présent impénétrables. On pensait que des trésors fabuleux y étaient ensevelis. Mais il y avait à Babylone l'histoire de la reine Nitocris qui avait déçu les espoirs de Darius. Ce roi ayant fait détruire la tombe de cette reine pour s'emparer des richesses que l'on y supposait, il n'y trouva que sa momie avec cette inscription : « Si tu n'avais pas été insatiable d'argent et avide d'un gain honteux, tu n'aurais pas ouvert les tombeaux des morts. »

La pyramide de Chéfren, fils de Chéops, était gardée par un sphinx colossal tourné vers le levant, qu'il fallait désensabler tous les vingt ans. Le grand prêtre de Memphis lut à Alexandre l'inscription d'une pierre commémorative, placée à côté du Sphinx. Elle célébrait le jeune Aménophis II, qui avait régné onze cents ans avant lui : « Sa Majesté le roi est montée sur le trône, — Plein de force. Il a accompli ses dix-huit ans et atteint l'âge d'homme. — Il n'a pas d'égal sur le champ de bataille... Il n'a pas son pareil dans sa grande armée... — Personne ne pourrait le rattraper à la course. — Homme au bras fort, il n'est jamais fatigué... — Lorsqu'il était petit, il aimait déjà les chevaux... — Il deviendra le maître de toute la terre. » Alexandre était aussi ému que charmé par cette inscription mystérieuse qui semblait parler de lui, encore mieux que dans une prophétie juive. Il y apercevait même une allusion à Bucéphale.

La troisième pyramide, la plus petite et la plus jolie, en granit rose, était attribuée à Rhodope, qui avait offert à l'autel de Delphes les grandes broches destinées aux sacrifices. Cette courtisane était devenue la favorite du roi Mycérinus, second fils de Chéops, qui avait construit cette pyramide et c'était par déduction qu'on en faisait l'œuvre de celle-ci. Rhodope avait séduit le roi à la suite d'une curieuse aventure : un aigle avait enlevé une de ses sandales et l'avait laissée tomber sur les genoux de Mycérinus, en train de rendre la justice dans une cour de son palais. Il fut si émerveillé des proportions de la sandale qu'il ordonna de rechercher à qui elle appartenait et l'on réussit à trouver Rhodope, qui habitait Naucratis. Les immenses fortunes accumulées jadis par les courtisanes égyptiennes, attestaient la richesse du pays, autant que l'avaient fait les paroles d'Ulysse. La plus célèbre après Rhodope avait été Archidice, également citée par Hérodote. Ce que cet historien n'avait pas conté et que le grand prêtre de Memphis apprit à Alexandre, c'est qu'un jeune homme amoureux d'elle, mais qui n'avait pu acheter ses bonnes grâces, invoqua Vénus et reçut de la déesse un songe voluptueux où il jouit d'Archidice. La courtisane le sut et réclama le prix du songe. Le magistrat à qui elle avait eu recours, rendit un jugement exemplaire : il la pria d'invoquer Vénus pour obtenir un songe où elle serait payée. Alexandre pensait à la courtisane dont le tombeau pyramidal dominait la plaine de Sardes. Mais la grande pyramide elle-même dut son achèvement à quelque chose de semblable. Hérodote déduisait, et le grand prêtre confirmait, que le roi Chéops, n'ayant plus d'argent pour achever sa pyramide, obligea sa fille à se prostituer : chaque homme l'avait payée en apportant une pierre. On pouvait juger du nombre de ses copulations par celui des pierres qui avaient servi à bâtir cette pyramide, haute de cent cinquante mètres et large de plus de deux cent trente à la base.

Tous les environs de Memphis, surtout à Sakkarah, étaient couverts de pyramides dont les dimensions étaient plus modestes, de chambres funéraires ou de tombeaux. La pyramide du roi Pépi 1er avait une inscription que le grand prêtre traduisit aussi à Alexandre pour lui montrer que les dieux égyptiens égalaient en liberté sensuelle les dieux grecs. Il y était dit : « Horus fait pénétrer sa semence dans le derrière de Seth et Seth fait pénétrer sa semence dans le derrière d'Horus. » Bien que, d'après la légende d'Osiris, Horus fût représenté comme l'adversaire de Seth, — nom égyptien de Typhon, — cela prouvait que leurs relations avaient été assez intimes. Alexandre convint que les caractères sacrés égyptiens ne mâchaient pas les mots. Ephestion fit remarqueur que, chez les dieux grecs, pareille inscription était imaginable pour les rapports de Bacchus et d'Hercule avec Adonis, de Bacchus encore avec Hermaphrodite et Hyménée, de Priape avec Bacchus, selon la légende de Lampsaque, et de Mercure avec Pollux et Persée.

Piromis, le grand prêtre de Thèbes, rectifia une erreur d'Hérodote sur un point qui intéressait Alexandre comme descendant de Persée, en même temps que d'Hercule. L'historien grec avait écrit qu'il y avait à Chemnis, ville de Haute-Egypte, un grand temple de Persée. Il ajoutait que ce héros apparaissait souvent aux habitants et qu'un jour on avait ramassé l'une de ses sandales, longue d'un mètre. Il était très vénéré, son apparition étant un signe de prospérité pour l'Egypte. Le grand prêtre dit que les Egyptiens avaient dû se moquer un peu d'Hérodote, car le dieu de Chemnis n'était pas Persée, mais Min. Son sexe en érection en faisait bien le dieu de la fertilité et ce n'est pas sa sandale qui avait un mètre de long.

Cependant, Alexandre put constater, à Memphis même, la vénération dont Persée était l'objet dans le quartier des Cariens, qui avaient bâti une tour à laquelle ils avaient donné son nom. Cela lui remémorait le culte reçu par ce héros à Milet. Memphis avait plusieurs quartiers d'étrangers, où chacun adorait ses divinités propres et que l'on désignait d'un nom particulier : le quartier carien était le Mur Carien. Alexandre affecta d'aller offrir un sacrifice au temple d'Astarté dans le quartier phénicien, qu'on appelait le Camp Tyrien. Il y fut accueilli en triomphe, mais c'est évidemment chez les Memphites grecs que l'accueil triomphal fut le plus sincère : ils vénéraient Epaphos comme fondateur de Memphis et Jupiter Roi, qui correspondait à Ammon. Epaphos, homonyme de l'affranchi d'Alexandre, — qui, ainsi que Polybe, continuait à suivre son ancien maître, — était fils d'Io et de Jupiter, Io elle-même étant fille d'Inachus : il était devenu roi d'Egypte et épousa Memphis, fille du Nil, dont la ville prit le nom. Le quartier grec avait également un temple des Cabires, dont Cambyse avait violé l'entrée et les trésors.

Il y avait même un quartier carthaginois avec un temple de Tanit, l'Astarté de Carthage, et une rue des Syriens avec un temple de la déesse syrienne. Enfin, il était naturel que les Perses eussent construit un temple du Feu qui était une tour, un temple d'Anaïtis et une grotte de Mithra. Alexandre y sacrifia et but le liquide divin. Dans tous ces quartiers, régnait la prostitution la plus effrénée : elle justifiait bien la présence d'un temple de Vénus Etrangère.

Les mœurs des Egyptiens eux-mêmes étaient aussi débridées que celles des Phrygiens, des Lydiens, des Syriens et des Phéniciens. Elles correspondaient à une vieille tradition religieuse, comme on avait pu le constater près de plusieurs temples. Il n'y avait pourtant pas en Egypte un corps de prostituées sacrées ; mais les courtisanes égyptiennes étaient aussi renommées que les garçons égyptiens dans l'art de procurer le plaisir. Le grand prêtre d'Héliopolis n'avait pas caché, du reste, à Alexandre que la plupart des symboles religieux avaient un sens érotique : l'œil, avec ou sans un entourage de cils, figurait le sexe d'Isis ; la clé ansée désignait le membre d'Osiris.

Le roi ne voulut pas se faire initier aux mystères d'Isis, pas plus qu'il ne s'était fait initier à ceux de Cérès. Il estimait, d'ailleurs, que des mystères féminins étaient indignes d'un roi, bien que ceux d'Isis et d'Osiris fussent confondus. Ephestion le remplaça, avec Ptolémée et quelques autres, pour les lui raconter. Ils observèrent peu la règle qui prescrivait, avant l'initiation, un long repos, l'abstinence, pendant deux jours, de viande et de vin, une chasteté absolue dans le même délai, et furent dispensés de se raser la tête, aussi bien que de se faire circoncire : on se contenta du symbole de ces deux opérations en leur coupant une mèche de cheveux et quelques poils du pubis. Ils comprirent que l'abstinence était destinée à exciter davantage les corps et les esprits, le moment venu. En revanche, ils procédèrent à toutes les ablutions rituelles. Ils apprirent l'hymne d'Osiris, qui se chantait d'une voix sourde, comme un léger hurlement. Puis, vêtus d'une tunique de lin, brodée de dragons et de griffons de diverses couleurs, ils entrèrent dans le souterrain en tenant un rameau. On les fit marcher dans des couloirs obscurs, symbole de la marche vers la lumière qui devait révéler les puissances de l'au-delà. Il fallait se libérer des corps et des passions afin d'accéder à la connaissance de la beauté suprême, idée que Platon avait sans doute empruntée à ces mystères. Certains disaient que la pureté s'en était affaiblie sous l'influence des Perses et qu'en Haute-Egypte, ils étaient célébrés dans leur première rigueur. Les prêtres, qui faisaient un si grand étalage de leur pureté, se rattrapaient en initiant la jeunesse des deux sexes à toutes les variétés de l'amour physique, dont la cérémonie finale comporterait l'exercice. L'aveu même de cette préparation érotique avait été obtenu par les Grecs des filles et des garçons auxquels ils se mêlèrent ce soir-là. Peu à peu, les nouveaux initiés étaient amenés vers un couloir éclairé par des flambeaux et dans une salle où étaient rassemblés les adeptes. Alors commençait la procession du phallus et du vase. Les lumières étaient progressivement éteintes et le souterrain devenait un lupanar sacré. On échangeait d'abord ces paroles d'allure mystique : « Porte-toi bien... Je verse de l'eau fraîche à ton âme altérée... » L'âme était dans toutes les parties du corps et l'eau était le sperme. Parmi les ténèbres, on se murmurait à l'oreille des obscénités, on se faisait des attouchements, on était poussé au bout d'une galerie avec une épée vers des gouffres d'où jaillissaient des flammes, images des dieux d'en bas. Dans une autre, apparaissaient des fantômes lumineux, imitant le soleil, symbole des dieux d'en haut. Dans des chambres obscures, creusées le long de ces galeries, on entendait des soupirs, des râles de volupté. On vous révélait enfin qu'Isis était la terre et Osiris le Nil. Après avoir fait tout ce qu'on avait envie de faire comme actes d'amour, on retournait lentement vers la lumière et l'on accomplissait de minutieuses ablutions, comme pour les visites ordinaires à la divinité. Pur on était descendu, pur on remontait.

En contraste avec la licence des mœurs, Alexandre notait la part importante réservée à la femme égyptienne, non seulement dans la vie domestique, mais dans la vie publique. A la différence de ce qui existait du temps d'Hérodote, il y avait des prêtresses. Alexandre avait entendu parler d'elles jadis, au temple d'Isis du Pirée, et il eût été curieux que cette déesse n'eût voulu être servie que par des hommes. L'épouse était associée aux honneurs de son mari, sortait librement et pouvait exercer un commerce. On voyait même les femmes pratiquer les métiers les plus pénibles, tandis que souvent les hommes restaient à la maison pour filer le lin.

Dans les banquets que l'on offrait à Alexandre, il n'y avait plus de femmes coïtant avec des boucs, mais des acrobates, des équilibristes, des escamoteurs, d'une agilité extraordinaire, des nains et des personnages difformes, comme Philippe avait aimé en avoir autour de lui. Le nombre des nains surprit Alexandre, qui en avait déjà vu beaucoup à Héliopolis. Il demanda pour quelle raison les Egyptiennes engendraient tant de nains et d'avortons. On lui dit qu'elles fabriquaient elles-mêmes les nains, en enfermant leurs enfants tout petits dans des boîtes, et les avortons en les estropiant à peine nés, dans des étaux. Des singes et des gazelles circulaient autour des tables, au milieu de ces personnages, lestes ou difformes. A la fin, on présentait toujours les squelettes de bois, destinés à inciter au plaisir.

Pour fêter son couronnement, Alexandre célébra des jeux gymniques, dramatiques et musicaux. Les Egyptiens n'avaient que des fêtes religieuses. C'est seulement à Panopolis qu'ils célébraient des jeux gymniques en l'honneur de Min. Les soldats se disputèrent les palmes de la course et de la lutte, dans le gymnase du quartier grec. Des courses de chevaux furent organisées dans l'avenue du temple de Vulcain. Une estrade fut improvisée le long des portiques de la place principale. Thessalus, Néoptolème et les acteurs engagés dans l'armée interprétèrent *les Phéniciennes.* Alexandre se croyait assez loin de Thèbes béotienne et de Tyr pour faire jouer cette pièce, une de celles d'Euripide qu'il préférait.

Elle se passait devant le palais royal de Cadmus, à Thèbes, maintenant détruite, comme était détruite la ville de Tyr où était né ce roi : les suivantes phéniciennes de Jocaste, qui formaient le chœur, avaient inspiré le titre de cette tragédie. L'arrivée des quinze vierges en costume national émut les Phéniciens de Memphis, même si elles étaient de jeunes soldats très peu vierges.

« Je suis venu, ayant quitté la mer Tyrienne,... — De l'île phénicienne... — Hélas ! Hélas ! — Un sang commun a engendré des enfants communs — D'Io, porteuse de cornes... — Epaphos, ô germe de Jupiter, — Engendré jadis par Io, — Je t'appelle, je t'appelle d'une voix barbare. — Viens, viens dans cette terre... — Tout est facile aux dieux. » Les quinze vierges répétèrent ce vers en étendant les bras vers Alexandre. Ce n'était pas la première fois que des paroles d'une grande tragédie lui étaient appliquées : il goûta cet hommage rendu, non seulement à ses conquêtes, mais à cette représentation que son amour des arts avait encouragée dans une ville où il n'y avait pas encore de théâtre. Mais c'était aussi un acquiescement public de son armée à cette qualité surhumaine que tout lui faisait croire, dont il était lui-même persuadé et que proclamerait sans nul doute Jupiter Ammon.

Certes, il aurait aimé aller jusqu'à Thèbes, siège du principal sanctuaire de ce dieu et résidence jadis de la sibylle Thébaine ou Egyptienne. Malgré les instances de Piromis et d'Ammynape, il maintint sa décision de partir de Memphis pour la Libye. Plutôt que de voir de nouveaux temples, il avait hâte de se rendre à celui que recélait, dans l'oasis de Siouah, l'oracle dont il rêvait depuis son enfance et surtout depuis sa rencontre à Olympie avec les Memphites de Cyrène. Il se contenta de la description que Piromis lui fit du grand temple d'Ammon, situé exactement à Karnak, près de Thèbes, avec une allée de quarante béliers de grès, des pylones de cent mètres de long, des statues hautes de quinze mètres, des obélisques, des cours, des vestibules et d'autres temples qui l'entouraient. Quand il sut que ceux de Luxor, où passait chaque année la procession d'Ammon venant de Karnak, avaient été agrandis par les deux Nectanébo, il voulut avoir la gloire de s'y ajouter à ses présumés ancêtres, qui lui faisaient rejoindre dans ce temple Aménophis III, le Memnon de la guerre de Troie, et Ramsès, l'autre grand roi de Thèbes. Il ordonna aux architectes sacrés de construire à Karnak un temple où il serait représenté plusieurs fois, porteur de ses diverses couronnes et faisant ses offrandes devant le dieu Ammon. Ayant appris que ce dieu se confondait souvent avec Min, le dieu de la fécondité, et avec Râ, le dieu Soleil, il demanda qu'Ammon, coiffé des deux hautes plumes d'autruche, eût la verge horizontalement tendue comme Min, et, ailleurs, le disque sur la tête comme Râ. Enfin, la nouvelle étant venue que le taureau Boucis était mort à Hermontis, il prescrivit que l'on gravât son nom sur le monument funéraire, de même qu'il l'avait fait graver, à Sakkarah, sur celui de la vache, mère d'Apis, morte également depuis peu. Ainsi témoignait-il aux Egyptiens un respect attentif pour les usages de leur religion, afin de mieux se distinguer des sacrilèges rois des Perses.

Il avait intéressé les grands prêtres d'Héliopolis, de Memphis et de Thèbes en leur disant qu'il avait vénéré, près des bouches de l'Esépus, sur la Propontide, le tombeau de Memnon. Ils lui confirmèrent que son tombeau manquait à Thèbes, dans la vallée des Rois, mais qu'il y avait, en compensation, sa fameuse statue oracle, qui rendait un son harmonieux au lever de l'Aurore, dont ce roi était censé le fils.

Alexandre regrettait aussi de ne pas visiter le labyrinthe du roi Mœris, qui était voisin de Crocodilopolis et l'une des curiosités de l'Egypte. C'était, en réalité, un ensemble de douze palais, entourés de colonnes et communiquant les uns avec les autres. Leur entrée était précédée par des galeries que reliaient entre elles des couloirs tortueux, dédale tellement inextricable, qu'au bout de quelques pas, on n'aurait pu ressortir sans un guide. Les dimensions des pierres de tous ces édifices étaient aussi énormes que celles des colonnes. Il y avait quinze cents chambres à la surface du sol et le même nombre, souterraines, toutes couvertes de sculptures. Au centre d'une salle, était un sphinx de jaspe vert, long de quatre mètres. Cette succession de pièces, de galeries, de cours, d'escaliers de quatre-vingt-dix marches, au milieu de statues de dieux et d'animaux, de portes qui, en s'ouvrant, faisaient un bruit de tonnerre, avait quelque chose de prodigieux. On en montra le plan à Alexandre.

Il aurait voulu également, plus loin, voir Hermopolis, ou Khmounou, la ville du Mercure égyptien, Thot, que Platon, dans *Phèdre,* appelle Teuth. Le philosophe rapportait les remarques qu'avait faites à Thot le sage roi de Thèbes Thamous, sur les inventions dont ce dieu avait gratifié les hommes : il lui contestait l'utilité même de l'écriture, qui tend à diminuer le rôle de la mémoire, et Alexandre à la mémoire infaillible avait ainsi soutenu auprès d'Aristote le paradoxe de ce raisonnement.

Enfin, il aurait souhaité descendre plus loin encore, le long du Nil, jusque chez les Ethiopiens, aller au moins jusqu'à Philæ pour voir les fameuses mines d'émeraudes, et à Chemnis, la ville du dieu Min, c'est-à-dire de Pan ou, plus exactement, de Priape. Les Egyptiens avaient beau lui dire que lorsque Homère parlait des « Ethiopiens irréprochables », chez qui Jupiter allait banqueter pendant douze jours, avec tous les dieux, c'étaient des Egyptiens qu'il s'agissait, il aurait été curieux de voir si ce peuple, que nul conquérant n'avait subjugué, lui aurait prêté obéissance. Hérodote lui avait appris que les Ethiopiens mettaient leurs morts dans des cercueils de verre naturel, — l'obsidienne, — et Ctésias, qu'un moulage d'or entourait ces morts dans ces cercueils translucides, exposés en public. Au demeurant, ils se barbouillaient de plâtre et de vermillon, et plantaient leurs flèches dans leur énorme chevelure crêpue. Alexandre éprouvait quelque considération pour eux, depuis qu'Ammynape, le satrape de Haute-Egypte, lui avait appris de quelle manière ils chassaient le lion. Ils se revêtaient d'épaisses toisons de brebis, serrées par des courroies, se coiffaient d'un casque qui ne laissait voir que leurs yeux, se protégeaient aussi par des boucliers d'osier extrêmement serré et, armés de poignards, entraient dans les forêts en faisant siffler des fouets pour attirer les lions hors de leurs antres. La bataille ne tardait pas de s'engager et presque toujours c'était le lion qui était tué, à force de s'épuiser contre ses ennemis dans la chair desquels il ne pouvait mordre, à moins de rompre les courroies, mais qu'il renversait et enlevait de terre, tandis que d'autres le frappaient. Le roi avait vibré à ce récit en imaginant cette façon, qui semblait la seule possible, de lutter corps à corps avec un lion, à moins d'être son ancêtre Hercule... ou Lysimaque. Ce dernier souvenir vexait toujours un peu Alexandre, mais enfin lui aussi avait tué un lion du Liban.

Faute de s'avancer sur le Nil, le roi, qui tenait à garder Callisthène, résolut d'en charger son disciple Ephippe d'Olynthe, avec Charès de Mytilène, pour faire des observations d'histoire naturelle, à l'usage d'Aristote et Théophraste. Pendant son séjour à Memphis, il avait mis au point les préparatifs de son expédition jusqu'à l'oasis de Siouah. C'est durant son absence qu'Ephippe et Charès feraient leur voyage fluvial.

Dans une chevauchée aux environs de Memphis, on lui montra un village de lépreux. Il était interdit à ces misérables d'approcher des villes. Les Egyptiens prétendaient que c'étaient jadis les Juifs qui leur avaient communiqué la lèpre, mais le roi supposa que les Juifs devaient prétendre l'avoir reçue des Egyptiens. Les Perses qui l'accompagnaient, lui avouèrent d'ailleurs qu'on la trouvait partout en Orient, aussi bien en Mésopotamie qu'en Perse et aux Indes. Il ordonna à Philippe d'Acarnanie de s'aboucher avec les médecins égyptiens pour étudier les remèdes concernant cette maladie. Au lieu qu'on ne la traitait en Egypte qu'avec le lupin, la cendre de murex et la racine de patience, Philippe leur recommanda l'écorce de tilleul, remède d'Hippocrate.

Alexandre revit Manassé, quelques jours avant le départ de l'armée pour la Libye. « O roi, déclara le Juif, que de mal tu as dû entendre dire de nous ! — Pas un mot depuis que nous sommes à Memphis, dit Alexandre : vous n'absorbez pas l'attention universelle. — Les Egyptiens ne t'auront sûrement pas dit, reprit Manassé, que notre législateur Moïse les a sauvés, lorsque les Ethiopiens ravageaient l'Egypte et s'étaient même emparés de cette ville de Memphis. Leurs oracles les avisèrent de mettre un Hébreu à la tête de leurs armées et Moïse battit les Ethiopiens. Ce fut le premier des actes qui nous permirent de quitter ce pays, où nos ancêtres étaient arrivés quatre cent trente ans auparavant. Mais il faut croire que les Egyptiens voulaient nous conserver plus que nous ne voulions rester, car, pour les décider, notre législateur dut envoyer successivement dix plaies sur l'Egypte, comme on te l'a relaté. — Etes-vous jamais allés à l'oasis d'Ammon ? lui demanda Alexandre. — Nos livres saints n'en parlent pas, dit Manassé ; mais le nom d'Ammon y figure pour d'autres motifs : d'abord, ce fut le fils incestueux de notre patriarche Loth avec la plus jeune de ses filles, puis ce fut un fils de notre roi David. Le premier a été le père des Ammonites, peuple de la Palestine, allié des Philistins contre les Hébreux. Aussi notre prophète Ezéchiel a-t-il rendu un oracle de notre dieu contre Ammon, c'est-à-dire contre les Ammonites. — Qu'est-ce que c'est que ce patriarche qui couche avec ses filles ? demanda Alexandre. — O roi, dit Manassé, Jaddus t'a conté l'histoire de Sodome. Loth était le seul juste parmi tous les habitants de cette ville, voués à des plaisirs que notre dieu nous a défendus et auxquels le nom de Sodome est resté attaché. Il quitta la ville avant qu'elle fût détruite, accompagné de sa femme et de ses deux filles. Mais sa femme « regarda en arrière » pour voir la destruction, contre l'ordre que les anges avaient signifié, et fut changée en statue de sel. Nous supposons que cette parole : « regarder en arrière », veut dire qu'elle eut envie de faire ce que faisaient les Sodomites. Quoi qu'il en soit, la colonne de sel qui la représente, au bord de la mer Morte, se rougit de ses règles chaque mois. Les filles de Loth, croyant être avec lui les seules survivantes du genre humain, l'enivrèrent pour qu'il leur fît un enfant et perpétuât l'espèce. Trois autres villes, entachées du même vice, Gomorrhe, Adama et Séboïm, venaient d'être anéanties par le feu du ciel. — Il est inouï de condamner et d'appeler vice un plaisir que la nature même nous enseigne, dit Alexandre. — Nous admettons tous ceux qu'un homme peut prendre avec sa femme, malgré nos commentaires sur celle de Loth, répliqua Manassé ; mais l'Egypte, comme je te l'ai dit, nous avait fait connaître les horreurs de la prostitution dans tous les genres et c'est ce qui nous a inspiré, avec l'aide de notre loi, cet idéal de pureté. J'étais présent lorsqu'on te traduisait l'inscription de la pyramide de Pépi Ier : il fallait que notre Dieu se distinguât aussi des dieux égyptiens en réprouvant les mœurs qu'ils pratiquaient. C'est pourquoi se faire sodomiser, au moins quand on est un homme, est considéré par nous comme une souillure et même une abomination. Notre loi la punissait de mort, comme je te l'ai dit aussi. — Par conséquent, moi, Ephestion, tous mes amis et presque tous mes soldats, te paraissons abominables ? demanda Alexandre en riant. — O roi, dit Manassé, je te respecte et t'admire trop pour avoir de tels sentiments. Ne me suis-je pas fait ton sujet, en t'amenant deux mille Samaritains ? Nous n'aurions pas suivi quelqu'un que nous aurions jugé abominable. Tu n'as aucun reproche à te faire, puisque tu n'es pas Juif. Que dis-je ? Tu suis l'exemple de tes propres dieux, comme les Egyptiens suivent l'exemple des leurs. Mais la différence qu'il y a entre vous et nous, c'est que la sodomie fait prospérer vos villes et que notre Dieu a détruit Sodome. » Alexandre estima inutile de lui narrer l'histoire de Bacchus acceptant d'être sodomisé par Prosymne près du marais de Lerne et si fâché de ne pas le retrouver qu'il s'était fait un phallus de figuier pour se sodomiser lui-même. Le roi se félicitait d'être né Grec.

La veille de son départ pour l'oasis d'Ammon, il eut un songe. Il vit un personnage aux cheveux blancs et à l'aspect vénérable lui dire de fonder une ville et lui réciter les vers de *l'Odyssée* qu'il avait récités lui-même en apercevant l'île de Phare. Imbu comme il l'était de la divinité d'Homère, il ne douta pas que ce ne fût le poète qui lui conseillait cette fondation. Il avait eu justement le projet de créer une ville entre Héliopolis et Memphis et avait chargé Dinocrate d'en faire le plan, pendant son expédition au désert. Ce songe lui désignait un autre emplacement, dont il accepta l'idée avec joie : ce serait une nouvelle preuve de l'influence que son poète avait sur lui.

Il consulta Aristandre, qui le confirma dans l'idée que ce songe était envoyé par les dieux et que sa qualité de roi d'Egypte ne pouvait mieux se marquer que par une ville qui porterait son nom. Mazacès déclara que l'endroit le plus favorable pour la création d'une grande cité réunissant l'île et la terre ferme, était le village de Rhacotis. Avec le développement du commerce maritime, disait le satrape, cette ville deviendrait certainement la principale de l'Egypte. On s'étonnait, ajouta-t-il, qu'aucun autre roi n'y eût pensé avant Alexandre. Il voyait, dans la visite qu'il avait fait faire à Alexandre à travers cette région, lors de son arrivée en Egypte, un autre signe du ciel. Ouserat, Piromis et le grand prêtre de Memphis, qu'Alexandre consulta également, furent de la même opinion.

Le roi convoqua ensuite un ancien administrateur de cette région, —

le delta était divisé en dix nomes, — et lui demanda si les conditions physiques et géographiques se prêtaient à la réalisation de ce projet qui avait l'agrément de tous. L'administrateur lui dit que le voisinage du lac Maréotis offrirait deux ports à la ville, l'un sur la mer, l'autre sur le lac : la plupart des villes situées près des lacs, avaient un air peu salubre, à cause des exhalaisons de l'été ; mais le Maréotis, attendu la proximité de la mer, perdait toute influence maligne. De plus, comme il était alimenté par de nombreux canaux dérivés du Nil, la crue du fleuve recouvrait ses bas-fonds et continuait de l'assainir. Les prédécesseurs d'Alexandre, en faisant creuser ces canaux, semblaient avoir préparé l'œuvre qui marquerait de son sceau le vestibule même de l'Egypte. Enfin, à Rhacotis, si l'eau était bourbeuse, les légumes étaient fort bons. C'était un des points de l'Egypte où poussait la vigne : son vin, dit maréotique, était apprécié. Dinocrate abandonna le plan d'une ville voisine d'Héliopolis, pour en dessiner un autre : cette ville aurait, selon le vœu d'Alexandre, la forme d'un manteau macédonien, allongé devant la mer. On imiterait jusqu'aux saillies anguleuses que faisait ce manteau, à droite et à gauche.

A Memphis, Alexandre n'avait pas seulement visité des temples et reçu des hommages : il avait pris possession du trésor du palais royal, qui était de quatre millions quatre cent mille drachmes. Il décida d'en réserver une partie pour édifier cette ville près de Phare, et qui s'appellerait Alexandrie d'Egypte.

On se rembarqua jusqu'aux bouches du Nil, afin de débarquer à Canope. C'était le chemin pour aller chez Ammon ; mais Alexandre était fort impatient de revoir d'abord ce site, dont il avait gardé un souvenir assez vague. Il fut enchanté : Homère avait été bon prophète. Lorsqu'il avait créé Alexandropolis à l'embouchure de l'Hèbre et Alexandrie de l'Issus, sans compter Alexandrie de Troade, le roi n'avait pas eu la même certitude qu'il avait ici de fonder la plus grande ville du pays. Par cette union d'une île et d'une ville continentale, Alexandrie serait une nouvelle Tyr, avec deux ports, asile sûr aux vaisseaux. Le roi vit avec plaisir à Rhacotis un banian qui semblait le symbole de l'éternité : cet arbre passait pour avoir deux mille ans ; ses branches, d'où avaient poussé d'autres arbres, en faisaient une masse, ligneuse et feuillue, de trente mètres de tour.

Il avait approuvé les plans et les avait fait approuver par Aristandre. Une digue de quinze cents mètres joindrait l'île et le continent, comme on avait fait à Tyr et comme il avait conseillé aux Clazoméniens de le faire. Elle aurait deux ouvertures, qui permettraient aux vaisseaux de passer d'un port à l'autre, et une double passerelle pour les piétons. Un aqueduc conduirait l'eau dans l'île. Les rues seraient disposées de façon à être aérées par les vents étésiens et assez larges pour que des chars pussent s'y croiser. Les deux principales auraient une largeur de trente mètres et un kilomètre de long. Un cinquième du terrain serait occupé par les jardins publics, les palais et les temples.

Alexandre arrêta qu'il y aurait un temple de Neptune à la pointe occidentale de l'île et un temple d'Isis sur une corne du rivage, à l'est. C'est de ce côté qu'il plaça le quartier juif, car il était fidèle aux promesses faites à Manassé et à Jaddus d'établir les Juifs en Egypte. Il leur accorda même la faveur exceptionnelle de porter des manteaux de pourpre et des couronnes d'or. Non seulement les Juifs auraient le droit d'habiter perpétuellement Alexandrie, mais ceux d'entre eux qui avaient suivi l'armée sans être soldats, en seraient les premiers habitants. Le temple d'Apollon aurait le plus beau portrait d'Hyacinthe qu'on eût jamais peint : c'était une œuvre de Nicias. Ce tableau, de l'artiste qui avait enduit de rose l'Amour de Praxitèle à Thespies et la Vénus de Cnide, avait été acheté récemment par Doloaspis, le riche Memphite qui avait tenu, comme Pétinis, à accompagner Alexandre jusqu'au seuil du désert et qui désirait être un des premiers habitants d'Alexandrie. Il promit de consacrer dans ce temple, en l'honneur d'Alexandre, cette peinture admirable, que le roi avait vue chez lui à Memphis. Il n'était pas possible d'imaginer un plus voluptueux visage de jeune garçon et le talent d'Apelle semblait dépassé. C'était à la fois un portrait et une sculpture, tant les formes avaient de relief : Hyacinthe était peint de trois quarts, pour qu'on pût voir le galbe de ses fesses. On comprenait que Praxitèle eût fait faire par Nicias, qui était aussi sculpteur, le derrière de certaines de ses statues et eût dit que, de toutes celles qu'il préférait, c'étaient celles dont ce peintre avait ciselé les rondeurs.

Pour les palais, situés devant le port, Alexandre voulait qu'ils se multipliassent côte à côte par des agrandissements successifs. Il cita les mots d'Homère sur les maisons qui formaient le palais d'Ulysse à Ithaque et qui « sortaient les unes des autres ». Le gymnase aurait des portiques, longs de deux cents mètres. Un théâtre serait creusé dans des terres rapportées. Il y aurait un hippodrome. Plus tard, lorsque la ville serait construite, on élèverait une tour sur l'île, avec un feu perpétuel au sommet, pour servir d'étoile aux navigateurs, et, ajouta Alexandre, on donnerait ensuite le nom de phare aux tours de ce genre, sur les côtes de son empire.

De même que, tout enfant, il se renseignait auprès de Memnon le Rhodien et d'Artabaze sur la manière de combattre des Perses, il avait écouté avec intérêt, à Larisse, Denys le Jeune raconter comment son père avait, en vingt jours, fait construire une forteresse imprenable de cinq kilomètres et demi de long, près de Syracuse. Le tyran avait assemblé soixante mille ouvriers et nommé un architecte pour chaque espace de trente mètres avec deux cents ouvriers, six mille couples de bœufs portant les pierres, que taillait une multitude de bras. Alexandre distribua le travail d'une manière semblable pour la construction d'Alexandrie.

Ses soldats et des ouvriers, venus de Memphis et de Canope,

commencèrent à tracer les lignes de l'enceinte. Ils avaient pris de la craie ou de la terre blanche qu'ils répandaient en poudre sur le sol noir, mais il n'y en eut pas assez. Ils se servirent alors de la farine du camp. Alexandre, monté sur Bucéphale, suivait toutes ces lignes blanches qui lui semblaient semer des maisons et de magnifiques édifices, comme Cadmus sema les dents d'un dragon pour faire surgir les hommes qui l'aidèrent à bâtir la ville de Thèbes. Il vérifiait que l'on observât bien la coupe du manteau macédonien. Tout à coup, une nuée d'oiseaux s'abattit, du lac et des canaux, pour picorer cette farine dont, en quelques instants, ne demeura plus rien. Aristandre interpréta ce présage comme favorable : la ville serait si riche qu'elle nourrirait une multitude de gens.

Le roi laissa la plus grande partie de l'armée travailler à cette fondation d'Alexandrie et s'avança le long de la côte vers Parétonium, dernier port de l'Egypte avant la Cyrénaïque. Il y trouva une ambassade de Cyrène, chargée de présents, entre autres du sylphium, richesse de Cyrène. On lui amenait, en outre, cinq chars superbement décorés et trois cents chevaux de guerre. Les Cyrénéens lui demandèrent son amitié et l'honneur de recevoir sa visite. Il promit d'aller les voir, quand il aurait achevé sa conquête, et il conclut avec eux un traité d'alliance. Il ne leur cacha pas qu'un jour il espérait les entraîner contre Carthage et peut-être jusqu'aux colonnes d'Hercule. Cette députation ne pouvait que l'émouvoir : elle comprenait, à titre personnel, ces Egyptiens de Memphis, résidant à Cyrène, qui lui avaient prédit autrefois, à Olympie, qu'il serait roi d'Egypte et qu'il se rendrait à l'oasis d'Ammon. Alexandre les embrassa avec élan, ainsi qu'Ephestion, et dicta un décret pour leur assigner la première place dans tous les jeux.

Il se réjouissait de nouer tous ces liens avec la plus grande ville grecque d'Afrique, dont le fondateur, Battus, était originaire de Théra ou Santorin et il fut ravi de constater, une fois de plus, d'après ce que lui dirent les ambassadeurs, l'exactitude de Pindare qui, chantant si souvent les victoires des Cyrénéens dans les grands jeux de la Grèce, avait parlé de leur ville, située « sur un mamelon blanc ». Il leur déclara que les Cyrénéennes du quartier Cyrénéen de Memphis conservaient aussi à leur ville l'épithète que lui décernait le poète, de : « aux belles femmes ». Les nombreuses odes où Pindare a chanté les Cyrénéens étaient familières à leur postérité ; mais les députés furent émerveillés, comme d'autres l'avaient été en cas semblable, lorsque Alexandre leur récita des passages d'une *Pythique* consacrée à Arcésilas, « roi de Cyrène aux bons chevaux », plusieurs fois vainqueur à la course des chars et qui était un descendant de Battus. C'est ce dernier que concernait ce passage : « Un jour, dans sa demeure riche en or, — Apollon l'avertit par ses oracles — De conduire sur des vaisseaux de nombreux hommes, — Vers le grand sanctuaire du Nil qui appartient au fils de Saturne. » L'allusion visait le temple d'Ammon, but de la course même d'Alexandre, qui récita ensuite aux Cyrénéens les vers où l'oracle s'accomplit : Battus est venu dans la plaine de Libye, « que lui procure le fils de Latone — Pour le rendre prospère avec les sacrifices des dieux — Et gouverner la ville divine — De Cyrène au beau trône. » Le poète ajoute que la nymphe Cyrène, portée en Libye par Apollon « dans le jardin extraordinaire de Jupiter », — encore l'oasis d'Ammon, — et qui était devenue mère du dieu Aristée, avait été enlevée sur le Pélion. C'est là que, jeune chasseresse émule de Diane, elle avait séduit le dieu de la lumière qui l'avait vue aux prises avec « un lion terrible ».

Pindare n'avait pas raconté jusque dans son détail érotique l'histoire de la fondation même de Théra, la patrie de Battus. Quand les Argonautes revinrent de Colchide, Triton, un des dieux de la mer, donna à Euphème, le pilote d'Argo qui avait succédé à Tiphys, une motte de terre couverte de gazon. Euphème, qui, la nuit, l'avait mise sur son ventre, pendant son sommeil, rêva qu'il embrassait une vierge de quinze ans et répandit sa semence sur la motte gazonnée, comme cela était arrivé à des dieux. Au réveil, il interrogea Jason, qui devina un prodige, à cause de l'origine de cette motte, et il lui dit de la jeter, tout imprégnée de semence, dans la mer : il en sortit l'île de Santorin. Alexandre était heureux de rappeler cette légende aux Cyrénéens, qui devaient leur propre origine et avaient dû plusieurs de leurs rois à un habitant de cette île, d'abord nommée la Très Belle, ce qui était un hommage pour la semence d'Euphème.

Il acheva de conquérir les députés en discourant, — de nouveau d'après Pindare, maître en histoires fabuleuses, comme en poésie, — de la fille du roi Antée, belle Libyenne dont une foule de prétendants « voulaient cueillir le fruit en fleur de sa jeunesse ». Antée la plaça au terme de la carrière que leurs chars devaient parcourir et elle fut au premier qui toucha ses vêtements, — Alexidame, ancêtre de Télésicrate, vainqueur célébré par la neuvième *Pythique.* Puisque Alexandre leur avait si abondamment parlé de Pindare, les députés lui parlèrent de Platon, qui avait visité leur ville durant son séjour en Egypte et qui l'avait jugée trop opulente pour obéir à ses lois. Alexandre n'avait pas oublié le nom d'Annicéris, le disciple cyrénéen du fondateur de l'Académie.

Sous la conduite de guides égyptiens, il quitta Parétonium pour s'enfoncer dans le désert vers l'oasis d'Ammon. Pour faire près de trois cents kilomètres à travers le sable, il n'emmenait pas Bucéphale : il montait un cheval arabe, comme son escorte, dans laquelle figuraient ses philosophes et ses historiens, outre Chérilus, toujours fertile en vers plaisants, et dont le mignon, Hyacinthe, était agréable à voir. De nombreux chameaux transportaient des outres pleines d'eau et des corbeilles de vivres. Les Libyens se flattaient d'apaiser, par des procédés mystérieux, la haine que les chameaux avaient pour les chevaux et qui rendait ordinairement leur coexistence impossible. Ils faisaient même téter les chamelles par les poulains.

On descendit d'abord dans une vallée où il y avait quelques cultures : c'était le pays des Marmarides, nom qui évoquait les farouches Marmariens de la Pérée Rhodienne. Une piste de caravanes servait de chemin. Mais, après une certaine distance, les vents l'avaient effacée et les guides s'égarèrent. L'armée comprit qu'elle tournait en rond, lorsqu'elle revit deux chameaux accouplés derrière une dune, — cet animal recherchait pour cela les lieux écartés : on les avait aperçus la veille au même endroit, dans la même position, l'un regardant le nord et l'autre le sud. Cette longue copulation s'expliquait par la dureté du sexe du chameau, dont les Africains faisaient les meilleures cordes pour leurs arcs. Les guides retrouvèrent la bonne direction grâce à des dunes qui leur étaient connues et où l'on rencontra un puits, dans un creux du terrain. Plus loin, on se reperdit au milieu des sables uniformes. L'eau et les vivres commençaient à manquer et la chaleur était accablante. Pour se réparer au moins de la chaleur, on décida de stationner sous des palmiers, malheureusement sans dattes, et de marcher la nuit. Au bout de quatre jours, l'oasis n'était pas encore en vue, alors que les provisions d'eau étaient terminées et que l'on n'était plus dans la ligne des puits.

Alexandre, en se rappelant que Persée était venu en Libye pour tuer Méduse et qu'Hercule y était venu pour tuer le géant Antée, homonyme du roi, se disait, dans son esprit desséché, que ce pays ne devait avoir eu d'autre gorgone que la soif. Lui qui était un adorateur du Soleil, comme les Perses et les Egyptiens, il excusait aujourd'hui ces tribus sauvages de l'Ethiopie dont on lui avait parlé et qui, voisines de la zone torride, professaient pour le Soleil une véritable haine et le maudissaient tous les jours quand il se levait, sans qu'il se lassât de leur conserver la vie. Pour rafraîchir son imagination, il évoquait la manière raffinée dont les Egyptiens se ménageaient toujours de l'eau fraîche : après l'avoir filtrée par les siphons, ils la mettaient dans des vases, sur la terrasse de leurs maisons, et deux esclaves ne cessaient d'arroser ces vases pendant toute la nuit. Dès le point du jour, ces esclaves refiltraient l'eau ; puis ils enfouissaient les vases dans de la paille. C'était un des procédés de Cléotime à Olympie pour conserver la neige. Le roi souffrait plus pour son cheval que pour lui-même et se félicitait de ne pas avoir emmené Bucéphale. Il admirait l'endurance des coursiers arabes et apprécia une recette magique indiquée par Osthane, qui suivait l'expédition avec Philippe d'Acarnanie : il fallait cracher de temps en temps dans la main gauche pour rendre des forces à un cheval éreinté. Mais bientôt il fut incapable de cracher. Psammétique, roi d'Egypte il y avait trois siècles, accoutuma des enfants à se passer très longtemps de boire pour les envoyer plus tard explorer le désert de Libye ; mais la plupart de ces jeunes explorateurs étaient morts en route. Cambyse avait donné l'ordre de la retraite après avoir appris que ses soldats, exténués de faim et de soif dans ce désert, où le vent avait d'abord enlevé leur repas de midi, tiraient au sort, par groupe de dix, celui d'entre eux qu'ils allaient dévorer pour apaiser leur faim avec sa chair et leur soif avec son sang. Ce roi dément s'était seul sauvé avec quelques hommes. Ces sinistres histoires oppressaient Alexandre. Son armée n'allait-elle pas subir le sort de l'armée de Cambyse ?

Il admirait, non seulement la résistance des chevaux, mais celle des chameaux qui pouvaient se passer de boire. Sur les indications des guides, on tua, à coups de flèches, quelques chèvres sauvages, dont une poche intérieure contenait de l'eau, précieuse aux gens du désert ; mais cela ne fit que quelques gouttes pour quelques-uns. Un mercenaire athénien criait la formule athénienne d'invocation à Jupiter pour la pluie : « Fais pleuvoir ! Fais pleuvoir, ô Jupiter ami, sur les sillons des Athéniens et sur les plaines ! » Alexandre pensait à la statue de la Terre, sur la citadelle d'Athènes, où la déesse, la tête renversée, implorait Jupiter pour le même objet, — Jupiter auquel il voulait demander s'il était son fils. Il songeait à Vénus, sa protectrice, en se répétant des vers d'Euripide : « Ne vois-tu pas quelle déesse est Vénus ? — Tu ne pourrais dire ni mesurer — Ce qu'elle est, ni jusqu'où elle s'étend... — La terre aime la pluie, quand la plaine brûlante, — Sans fruit par la sécheresse, a besoin d'humidité. — Alors le ciel vénérable, chargé de pluies, — Aime à tomber sur le sol par l'effet de Vénus. » « Crois-tu que, si je faisais un serment par l'eau de l'Achéloüs, auquel j'ai sacrifié en Etolie, demanda Alexandre à Aristandre, il pleuvrait ? — O roi, dit le devin, toi seul es notre recours. » Alexandre prononça le serment.

Soudain des nuages s'amoncellent, un orage éclate, une pluie torrentielle rafraîchit les pèlerins d'Ammon, remplit les casques, les outres et ravive les courages. Alexandre, fou de joie et presque d'orgueil, comme si c'était pour lui que Jupiter ou Vénus eût fait pleuvoir, chanta ces vers : « Les hommes ont tous grand besoin du vent, — Mais aussi des eaux du ciel, — Filles pluvieuses des nuages. » Il était content de se ressouvenir de Pindare, parce qu'il en aimait la formule, qui prenait toute sa beauté et toute sa force dans ces vastes déserts : « Le plus grand des biens est l'eau. » Et il pouvait y ajouter maintenant ces autres mots du même poète : « Ammon, maître de l'Olympe... » Bacchus et Hercule avaient bénéficié, eux aussi, d'un miracle semblable, quand ils se rendirent aux Indes, chacun de son côté : torturés par la soif, ils avaient invoqué leur père Jupiter, et un bélier, qui suivait leur troupe, découvrit une source en creusant le sol de son pied. C'était l'origine, généralement admise, des cornes de bélier portées quelquefois par Bacchus et adoptées par Jupiter Ammon. Et c'était en récompense de ce service que le fils de Sémélé avait fait mettre le Bélier parmi les signes du zodiaque, si ce n'était le bélier de la toison d'or. D'après une autre tradition, Jupiter, dans ces parages, s'était masqué avec une tête de bélier pour apparaître à Hercule qui l'en conjurait. Selon certains, le bélier de ce héros n'avait pas fait jaillir une source avec son pied, mais l'avait conduit à l'oasis. En tout cas, ce qui venait de se produire, semblait confirmer ce que l'on avait dit si souvent à Alexandre de sa nature divine et annoncer la réponse de l'oracle.

Cependant, une nouvelle journée s'écoulait sans que l'on découvrît cette bienheureuse oasis où Persée, Bacchus et Hercule étaient venus avant lui, — et c'est l'oracle d'Ammon qui avait ordonné à Céphée, roi de Joppé en Phénicie, d'exposer sa fille Andromède. Est-ce que Bacchus, dont Alexandre arborait, depuis son enfance, l'emblème phallique à l'un de ses doigts, ne conduirait pas le fils d'Olympias à ce sanctuaire qu'il avait fondé ? La traversée de Parétonium à l'oasis exigeait en moyenne une semaine et il y en avait déjà deux que l'on était en marche. Mais voilà que des corbeaux apparaissent au-devant de l'armée, voletant dans une certaine direction, comme pour servir de guides. On ne pouvait douter de leur mission surnaturelle : ils s'arrêtaient quand on s'arrêtait ; ils revolaient en tête quand on repartait. La nuit, on continua de marcher et l'on s'égara de nouveau, des nuages empêchant de voir les étoiles : ces oiseaux d'Apollon remirent la troupe sur la bonne voie par leurs croassements. Ils allèrent même chercher des philosophes qui s'étaient perdus.

Le jour suivant, au lever du soleil, des palmiers se dressaient à l'horizon, sur une colline. Les soldats firent un cri d'allégresse, pareil à celui de l'armée de Xénophon lorsqu'elle aperçut la mer. On en était loin : le grand prêtre de Memphis avait dit à Alexandre que l'oasis de Siouah était à plusieurs mètres au-dessous du niveau de la Méditerranée. Elle occupait une vaste déclivité, semée de hauteurs. Aux abords, deux gros serpents sortirent d'un trou pour précéder Alexandre et ajouter ce prodige aux précédents. « Je me réjouis de ce que tout cela te promet, dit Ephestion à Alexandre, mais moi je suis éliminé : je ne puis être le frère du fils d'un dieu. — Par Jupiter, dit Alexandre, tu oublies qu'Achille donne constamment à Patrocle la qualification amoureuse de « fils de Jupiter ». — Oui, dit Ephestion en riant ; mais Jupiter n'y était pour rien. »

Les premières palmeraies n'étaient pas encore celles de l'oracle et s'appelaient les « vignes d'Ammon ». C'était le pays des Ammoniens. Ils accueillirent Alexandre avec transport et coururent avertir les prêtres. Les soldats se jetèrent sur les dattes, les pommes et les oranges qui brillaient au-dessus des sources. Les pastèques offraient un autre rafraîchissement et une autre nourriture. Il y avait aussi des prairies, des champs de blé et d'orge, et d'innombrables fleurs. Bref, c'était en plein désert un paradis de roi des Perses ou le jardin des Hespérides. Les Ammoniens tiraient une espèce de vin du dattier en pratiquant des incisions dans l'écorce. Mais ce vin, dont la troupe s'abreuva, ne fut pas mis par Anaxarque dans les fastes de Bacchus.

Plus loin, commençait le chemin de l'oracle. Des colonnes, dont le haut était sculpté en forme de dauphin et où était gravé le nom de Cyrène, le bordaient. Ces figures incitèrent Anaxarque à soutenir une thèse, assez courante chez les géographes, selon laquelle cet oracle était jadis beaucoup plus proche de la mer, ce qui avait expliqué sa célébrité. Alexandre était d'un avis contraire : il estimait que cette célébrité venait justement de la difficulté que l'on avait à s'y rendre. La surprise de trouver un lieu si délicieux, après avoir fait une si longue route, était déjà une récompense.

L'oasis même d'Ammon, qui renfermait deux temples, le second étant le siège de l'oracle, avait sept kilomètres de tour et une triple muraille destinée à en garantir les richesses. Escorté des Ammoniens qui s'étaient vêtus de blanc et agitaient des palmes, Alexandre vit sortir du premier sanctuaire une centaine de prêtres, également vêtus de blanc : ils portaient sur leurs épaules une barque dorée d'où pendaient des coupes d'argent et au milieu de laquelle était la statue du dieu à tête de bélier, incrustée d'émeraudes. Le roi, imité par ses compagnons, descendit de cheval, ainsi qu'il l'avait fait à Jérusalem. Mais il fit pour Ammon ce qu'il n'avait fait pour aucun autre dieu : il s'agenouilla et baisa la terre. Lorsqu'il se fut relevé, le grand prêtre lui dit en grec : « Salut, fils de Jupiter Ammon ! Salut, maître, invincible jusqu'à ce que tu sois uni aux dieux ! Ce nom de fils du dieu, reçois-le de la part du dieu. — Je l'accepte, ô mon père, s'écria Alexandre. Désormais, je me ferai appeler fils de Jupiter. » Il saisit la main d'Ephestion et murmura : « Mon frère mortel partagera mon immortalité. Castor et Pollux continuent. » Comme la sibylle d'Erythrées, l'oracle avait répondu avant d'être interrogé.

Le grand prêtre présenta les notables. Bien que la famille d'Etéarque, roi des Ammoniens à l'époque d'Hérodote, fût éteinte, ils prétendaient tous s'y rattacher et, au nom de leur ancêtre, offrirent à Alexandre une couronne d'or.

On se remit en marche vers le second temple, derrière les porteurs de la statue. Les notables et une file de vierges et de matrones chantaient un hymne ammonien, langue qui, disait-on, participait de l'égyptien et de l'éthiopien.

Quand on fut dans la cour du temple, situé sur un plateau dans la citadelle, et qui avait trois étages, le grand prêtre arrêta la troupe, fit approcher d'Alexandre la statue, le pria de la baiser et déclara solennellement : « Je vais te lire en grec, ô roi, l'oracle qu'Ammon a proclamé à notre roi Thoutmosis III, il y a plus de mille ans, et qui semble avoir été conçu pour toi, Alexandre : « Dit par Ammon, seigneur du trône des deux pays : « Tu viens à moi et te réjouis en voyant ma beauté, mon fils... — Je me lève pour toi et mon cœur est heureux de ta belle arrivée dans mon temple. —

Mes bras s'unissent à tes membres pour protéger ta vie. — Combien douce est ta grâce sur mon sein ! — Je te fais durer dans ma demeure et j'accomplis des miracles pour toi. — Je te donne la force de vaincre tous les pays. — Je donne ta gloire et la peur de toi à tous les pays — Et la terreur de toi jusqu'aux piliers du ciel. — Je fais grandir ta réputation aux yeux de tous... — Je fais tomber tes adversaires sous tes sandales... — Tu parcours tous les pays étrangers et ton cœur s'épanouit. — Nul ne peut égaler ta majesté, car je suis ton guide. — Je viens à toi — Et te fais piétiner les habitants de l'Asie... — Je viens à toi — Et te fais piétiner les pays de l'est... — Je viens à toi — Et te fais piétiner les pays de l'ouest... — Je leur montre ta majesté en l'état d'un jeune et vigoureux taureau aux cornes acérées qu'on ne peut aborder. — Je viens à toi — Et te fais piétiner les insulaires... — Je leur montre ta majesté. — Tu es le crocodile, seigneur de la crainte, dans les eaux qu'on ne peut attaquer... — Je viens à toi — Et te fais piétiner le pays des Libyens. — Les oasis sont en ton pouvoir. — Je leur montre ta majesté, elle est un lion... — Je viens à toi — Et te fais piétiner les extrémités de la terre. — Ta main s'étend sur les mers... — J'assure ta protection... — Je te laisse sur le trône d'Horus pendant des années sans fin — Et tu gouverneras les vivants pour l'éternité. »

Ces paroles, qui avaient le ton des prophètes d'Israël et qui leur avaient peut-être servi de modèle, bouleversaient Alexandre. « Le jeune et vigoureux taureau aux cornes acérées » lui rappelait le jeune bouc de Daniel et symbolisait sa future victoire. Il y avait aussi le Lion de sa naissance. Il y avait même « le grand crocodile » cité par Manassé. Et, ce qui n'était pas le moins extraordinaire, c'était la coïncidence qui réunissait autour d'Alexandre, dans des textes aussi différents, Thoumotsis III qui l'accueillait dans l'oasis d'Ammon et son fils Aménophis II qui l'avait accueilli près du sphinx des pyramides.

Le grand prêtre ne laissa entrer dans le temple que le roi et Ephestion en tenue de guerriers. Les autres devaient préalablement quitter leurs armes, procéder à des ablutions et revêtir une robe de lin. « Jupiter approuve-t-il que je devienne le maître du monde ? demanda Alexandre au grand prêtre. — Ce vœu est digne de toi », répondit celui-ci, qui invoqua la statue. Les porteurs se mirent en mouvement, à peu près comme ceux de la statue d'Apollon à Bambycé. Pas plus que lors de cette consultation, Alexandre ne put déceler aucune fraude dans le phénomène qui la fit s'incliner pour répondre que oui. Cet oracle également ne se rendait que par signes. Il était d'ailleurs exceptionnel que la statue répondît elle-même. Le pompeux oracle dont avait bénéficié Thoumotsis, était unique. Pour les consultants ordinaires, on interprétait le mouvement des arbres, de même qu'à Dodone, ou le vol des oiseaux. « Je t'ai salué du nom de maître, parce que tu seras le maître de l'univers, dit le grand prêtre. Ton père te l'affirme par ma voix — J'ai une autre question à poser, dit Alexandre : est-ce que l'un des assassins de mon père a échappé à ma vengeance ? — Ne blasphème pas, dit le grand prêtre : tu n'as pas un père mortel. — Eh bien, répondit Alexandre, je pose autrement la question : les meurtriers de Philippe sont-ils tous punis ? — La cendre de ce roi est vengée, dit le grand prêtre. — Il suffit », dit Alexandre.

Cette question au sujet de son père, il avait tenu à la faire pour une autre raison. Lorsque Philippe avait appliqué un œil à l'interstice de la porte, au palais royal de Pella, et aperçu Olympias couchée avec le serpent, — c'est cet œil qu'il avait perdu ensuite au siège de Potidée, — il avait envoyé consulter l'oracle de Delphes sur cet événement. Apollon lui avait dit, pour toute réponse, de sacrifier à Jupiter Ammon et de vénérer principalement ce dieu. Il avait accompli le sacrifice qui lui était ordonné, mais n'avait pas obéi avec beaucoup d'exactitude à la seconde injonction. La preuve, c'est qu'il n'avait construit aucun temple à Jupiter Ammon en Macédoine : celui d'Aphytis, où Olympias avait conduit Alexandre enfant, en souvenir de Nectanébo, lui était antérieur. La reine disait que, s'il n'avait pas longtemps honoré ce dieu, c'est peut-être justement à cause de cet Egyptien que d'aucuns avaient supposé le vrai père d'Alexandre. Olympias n'avait révélé ces détails à son fils que peu avant le départ de Pella. En y repensant, Alexandre n'était pas loin de conclure que l'assassinat de Philippe était un châtiment de Jupiter Ammon. Il satisfaisait donc à la fois, par cette visite au grand sanctuaire de ce dieu, la mémoire de son père et sa propre ambition.

Ces réponses données, il permit à sa suite de le rejoindre. Il avait prié Ephestion de les garder secrètes. Il ne voulait les répéter qu'à sa mère, lorsqu'il la reverrait. Il éprouvait une certaine pudeur, en effet, d'avoir parlé de l'assassinat de son père. Il dit seulement à ses amis que l'oracle avait répondu selon ses vœux. Ptolémée, à son tour, consulta Jupiter Ammon, à qui il demanda si l'on pouvait accorder au roi les honneurs divins : la réponse fut affirmative. D'autres Macédoniens posèrent d'autres questions les concernant.

Alexandre fut charmé d'apprendre que le temple de l'oracle avait été bâti par Amasis, ce roi d'Egypte qui avait été le premier à accueillir les Grecs. Il fut enthousiasmé, quand on lui montra l'hymne que Pindare avait composé pour Jupiter Ammon, à la requête des habitants de l'oasis, et qui était gravé sur une plaque triangulaire de bronze à trois faces. Ce sont les premiers mots de cet hymne qu'il avait récités au moment de la pluie : « Ammon, maître de l'Olympe... » Dans son extrême vieillesse, le poète de Thèbes envoya des messagers à l'oracle pour solliciter du dieu « le plus grand bonheur humain », et il mourut la même année, au théâtre d'Argos, la tête sur l'épaule de son jeune ami Théoxène.

Un oracle d'un autre genre avait fait la célébrité d'Ammon. Lorsque le général athénien Cimon, fils de Miltiade, assiégeait Chypre avec sa flotte, il dépêcha des hommes de confiance à l'oasis, dont il vénérait le dieu, pour savoir quel serait le sort de cette guerre. L'oracle refusa de leur donner aucune réponse à ce sujet et se borna à leur dire de quitter l'oasis au plus tôt, parce que Cimon était auprès d'Ammon. Ils s'embarquèrent à Parétonium et, quand ils arrivèrent à Chypre, ils apprirent que Cimon était mort.

A la même époque, un autre oracle d'Ammon n'avait pas été moins fameux : il avait prédit la victoire à l'athlète Eubotas de Cyrène, pour les jeux de la quatre-vingt-treizième olympiade. Assuré de la vérité de cette prédiction, il arriva à Olympie avec la statue qu'il avait fait faire d'avance, afin de l'y consacrer en reconnaissance. Ainsi, ce qui ne s'était jamais vu, avait-on inauguré la statue d'un champion, le jour même où il avait triomphé. Cet oracle gymnique était un de ceux qui avaient le plus frappé le monde grec. Lorsque le grand prêtre raconta cette histoire, Alexandre regretta que ses guides à Olympie, Cléotime, Aristechme et Euxithée, ne lui eussent pas montré la statue d'Eubotas. « N'oublie pas qu'il y a trois mille statues à Olympie, lui dit Ephestion, et chacune a son histoire. »

Le grand prêtre fit luire au soleil un nombril d'émeraude, entouré de pierreries, qui était une image du dieu et qui évoquait en miniature le nombril du monde à Delphes. Puis, il étala les riches offrandes faites par Crésus au sanctuaire, dont ce roi avait envoyé consulter l'oracle. Elles n'avaient jamais été pillées, non plus que celles de Lysandre, venu en personne, à la suite du songe qu'il avait eu à Aphytis. Le grand prêtre remémora avec indignation sa tentative de corrompre les prêtres d'Ammon pour obtenir un oracle contre la royauté héréditaire des Héraclides de Sparte.

En sortant du temple, Alexandre examina les deux statues que contenaient deux niches dans la cour et qui étaient des représentations d'Ammon. Elles correspondaient exactement à celles qu'il avait demandées pour son temple de Karnak. L'une parait le dieu des attributs de Râ, mais ici, c'était un globe qu'il avait sur la tête et non plus seulement un disque, comme dans le bas-relief ; l'autre lui donnait le phallus dressé de Min, mais il était coiffé des deux grandes plumes d'autruche qui distinguaient Ammon, avec des nervures très marquées. Alexandre trouvait intéressant que le dieu suprême se confondît avec le dieu du plaisir. Il put détailler les caractéristiques de Min, plus précises que dans le bas-relief de Mendès. Ce dieu n'avait toujours qu'un bras, — tantôt le droit, tantôt le gauche ; ici, c'était le droit. Certains prétendaient que le bras manquant était invisible sous son collant, d'autres que ce bras était figuré par son sexe, auquel, en effet, on n'apercevait jamais de testicules.

Anaxarque cita ce que disait Platon, dans le second *Alcibiade,* sur la réponse d'Ammon aux Athéniens durant la guerre du Péloponèse. Ils avaient envoyé consulter l'oracle pour lui dire leur étonnement que les

Lacédémoniens, qui n'offraient au dieu que des victimes maigres et en petit nombre, fussent vainqueurs, alors qu'aucun peuple grec ne dépassait les Athéniens pour la pompe et la générosité de leurs sacrifices. Le grand prêtre leur avait répondu qu'Ammon préférait à toutes les victimes la prière des Lacédémoniens, laquelle ne demandait rien d'autre que « de belles et de bonnes choses ». Cela fit penser Alexandre à la réponse de la sibylle de Delphes, mettant la pincée de farine d'un pauvre homme au-dessus de l'offrande de cent bœufs à cornes dorées. Néanmoins, comme il n'était pas un pauvre homme, il commanda une hécatombe. Il n'en fallait pas moins pour remercier Jupiter de sa réponse, pour honorer à Siouah l'oracle de Delphes rendu jadis à son père et pour nourrir son armée.

Les grasses prairies des Ammoniens pouvaient fournir tout ce que l'on voulait comme bétail. Elles étaient entretenues par plus de mille sources, dont la principale, voisine de l'oracle, était dite du Soleil et présentait une particularité : son eau était tiède le matin, froide à midi et brûlante pendant la nuit, — c'était un peu le même phénomène que le tempérament de Démophon, le maître d'hôtel d'Alexandre, qui avait chaud à l'ombre et froid au soleil. De petits lacs contribuaient à l'irrigation. On voyait bien que Sophocle n'avait jamais fait le pèlerinage, puisqu'il avait défini l'oracle « le siège d'Ammon sans eau ».

Alexandre, constamment soucieux de questions scientifiques, demanda si le dieu avait révélé où étaient les sources du Nil, qu'Hérodote plaçait en Thébaïde, sur deux cimes nommées Crophi et Mophi. Le grand prêtre répondit que l'oracle avait, en effet, localisé ces sources, mais en Ethiopie, au pied des monts de la Lune. Il en sortait deux fleuves, l'Astape et l'Astoboras, qui se réunissaient sous le nom de Nil, après avoir formé l'île Méroé.

Durant le banquet, on entendit les joueurs de flûte ammoniens, dont les instruments avaient un son très aigu : ces flûtes étaient taillées dans une branche de laurier sec et les gardiens de troupeaux s'en servaient pour rappeler leurs bêtes.

Le grand prêtre avait logé Alexandre, qui occupait une belle chambre en compagnie d'Ephestion. La statuette d'or de Vénus avait fait le voyage, avec les poèmes d'Homère, dans la cassette de Darius. « Je me sentais déjà un dieu grâce à toi, dit Alexandre en embrassant son ami, que sera-ce à présent ? — Si l'on n'a jamais de moments où l'on se sent un dieu, répondit Ephestion, on ne se sent jamais un homme. »

Le lendemain, à l'aurore, un spectacle inattendu divertit les visiteurs de l'oasis. Un de ses ruisseaux se perdait dans le désert, à quelque distance, et aboutissait, près d'un rocher, à une petite mare où les panthères venaient boire au lever du soleil. On y avait versé du vin, vieux de douze années, et l'on s'était embusqué, à l'abri des arbres. Cinq ou six panthères s'avancent, flairent cette eau suave, la boivent avidement et bondissent ensuite en courant les unes après les autres, d'abord comme des danseuses qui forment un chœur, bientôt en désordre comme des bacchantes. Insensiblement, elles penchent la tête et tombent enfin, vaincues par Bacchus, de la même façon que le roi Midas avait fait Silène prisonnier en versant du vin dans une source. Bien que l'on eût dit à Alexandre que c'était de cette façon que l'on chassait les panthères, il ne voulut pas qu'on les tuât en sa présence : il se souvenait de ce qu'Aristote disait des chasses déloyales.

D'autre part, il put constater, le même jour, du haut de la citadelle, comment les panthères s'y prenaient pour attraper les autres animaux : elles ont un aspect qui les effraie, mais une odeur qui les attire. Aussi se cachent-elles la tête dans le sable, jusqu'à ce que, cédant à ce charme irrésistible, ils soient à leur portée. Alexandre ordonna que ce trait fût signalé à Aristote pour son *Histoire des animaux,* qui ne cessait de se corriger et de s'enrichir au cours de l'expédition.

Il visita le premier temple, où il n'était pas encore entré. Il eut la grande joie d'apprendre que c'était un édifice de Nectanébo II : il se retrouvait chez lui. Les bas-reliefs sculptés sur les murs figuraient les quarante-deux principales divinités de l'Egypte. Une inscription rare se référait à la cérémonie de l'ouverture de la bouche, pratiquée sur les momies par le prêtre-lecteur avant de les ensevelir : c'est ce qui permettait au défunt de parler après sa mort et d'accéder à la vie future.

Au bout d'une semaine de repos et de fêtes, Alexandre songea à repartir. Il offrit au temple quelques vases d'or de Memphis, qu'il avait apportés à cet effet, et une somme considérable pour des travaux d'entretien et d'embellissement. Le grand prêtre lui donna ce que l'oasis produisait de plus précieux : de l'ambre, qui, selon une légende situant à l'oasis d'Ammon le lieu de la mort de Phaéton, était le produit de sa chute ; des parfums, distillés de palmiers propres à l'oasis ; de la gomme-résine ; du nitre ou salpêtre, excellent contre les morsures de serpents, et enfin de l'ammoniaque, qui avait reçu ce nom de l'oracle et qui servait aussi bien à assaisonner les viandes et les légumes qu'à fabriquer des remèdes externes et internes et à faire macérer les cadavres avant de les embaumer. Le salpêtre était un des présents d'usage, à Athènes, pour les nouveaux mariés. On donna également à Alexandre, ainsi qu'à sa suite, des moitiés d'œufs d'autruche qui servaient aux Libyens de chapeaux et qui avaient amusé les Grecs. Cela ressemblait à la calotte que portaient Castor et Pollux. Ces œufs n'étaient pas ramassés sans danger, car des serpents très venimeux se nichaient tout auprès pour mordre la petite autruche quand elle sortait de sa coquille et ils n'épargnaient pas les chasseurs. Les Libyens se guérissaient des insolations en se frottant avec un mélange de blanc d'œuf d'autruche et d'urine.

Alexandre, avant de quitter l'oasis, regarda l'horizon auquel il allait tourner le dos. Il imaginait, au-delà des splendeurs de Cyrène, Carthage, fondée par Didon, la Maurousie ou pays des Maures, plein d'arbres et d'animaux fantastiques, les Psylles, dont le corps sécrète un virus mortel pour les serpents, les Androgynes, dont parlait Aristote et qui vivent du côté des Grandes Syrtes : réunissant les deux sexes, ils s'approchent tantôt en qualité d'homme, tantôt en qualité de femme. Le Stagirite disait que leur sein droit était masculin et l'autre féminin. Alexandre se représentait aussi, derrière cet horizon, la Gaule, l'Espagne, les colonnes d'Hercule.

On revint à Memphis par le plus court sans remonter jusqu'à Parétonium. A mi-chemin, on trouva l'oasis dite « Petite Oasis », où etaient plusieurs temples, construits de même par Amasis. Alexandre sacrifia dans le plus important : il y avait un bas-relief de ce roi, son prédécesseur de plus de deux siècles, vénérant les divinités de l'Egypte et les génies des oasis. Comme celle d'Ammon, celle-ci avait des sources chaudes ; mais la végétation était moins luxuriante et moins aimable.

Les pèlerins de Siouah furent enchantés de revoir, après les palmiers des oasis, ceux du Nil. Le hasard favorisait régulièrement Alexandre. Comme il était arrivé à Busiris le jour de la fête d'Osiris, il revenait à Memphis le jour de la fête d'Isis. Une procession de gens déguisés, d'initiés, de musiciens et de prêtres conduisaient la déesse à travers la ville. On menait en tête une vache aux cornes dorées, couverte d'une housse pourpre à franges. Des hommes ayant un baudrier en bandoulière pour figurer des soldats, d'autres avec un épieu à la main pour figurer des chasseurs, d'autres vêtus en femmes avec une perruque à étages, des magistrats en robe de pourpre, des bouffons, de prétendus philosophes à barbes de boucs, des pêcheurs une ligne sur l'épaule, des montreurs d'ours et de singes, un âne auquel on avait attaché des ailes, suivaient la vache. Ils précédaient les servantes de la déesse, qui étaient en blanc, couronnées de fleurs et censées l'accompagner, comme une personne vivant au milieu d'elles. Les unes tenaient des corbeilles remplies de pétales qu'elles semaient sur ses pas, les autres y répandaient goutte à goutte du baume et des huiles précieuses, d'autres avaient attaché à leurs épaules des miroirs polis pour mieux la montrer au peuple, d'autres avec des peignes d'ivoire faisaient semblant de peigner ses cheveux. Ce geste était symbolique, puisque la statue était d'or : ses membres étaient étroitement gainés, la tête surmontée d'une espèce de siège. Une urne d'or, gravée de caractères sacrés, munie d'un tuyau et ayant un aspic entortillé à l'anse, était une autre de ses représentations, sous une forme mystérieuse. Cette urne renfermait un phallus d'or. On tenait aussi le van de joncs tressés, pareil à celui des mystères de Bacchus : symbole du sexe féminin, il renfermait des gâteaux, ronds ou ovales, percés d'un trou au milieu.

Ensuite, des prêtres en robes vertes portaient de petites chapelles de bois doré, où étaient les images d'autres divinités. Des hommes et des femmes brandissaient des torches, des flambeaux de cire. Des musiciens et des danseurs dansaient et chantaient ; de jeunes garçons récitaient des poèmes. Des femmes, parfumées et voilées, des hommes, le crâne ras et luisant, faisaient tinter des hochets de bronze, d'or ou d'argent, emblème des fêtes isiaques. Des prêtres, en longues robes blanches, étaient chargés de divers objets rituels : une lampe d'or en forme de nacelle, un petit autel d'or, le caducée de Thoth Mercure, une main de justice, un vase d'or en forme de mamelle d'où s'égouttait du lait, un vase d'or rempli de petites branches d'or, une aiguière d'or. Après eux, trois autres prêtres serraient dans leurs bras des statues de bois : Anubis avec sa tête de chien, Thoth avec sa tête d'ibis, la vache d'Isis debout sur ses pieds de derrière. Ce joyeux défilé, devant Alexandre et son armée, semblait fêter son retour de chez Ammon.

Ephippe et Charès étaient revenus de leur mission le long du Nil. Ils avaient eu partout le témoignage de la nature roborative et fécondante de ses eaux. Les animaux étaient de plus grande taille que ceux de l'intérieur. Les explorateurs d'Alexandre avaient vu fréquemment des femmes qui avaient quatre jumeaux, et même une qui en avait sept. Callisthène avait étudié les eaux du Nil depuis le retour de l'oasis : il attribuait leur vertu générative à l'espèce de coction modérée que les feux du soleil exerçaient sur elles et qui, en leur laissant les principes nourriciers, les dépouillait, par l'évaporation, de tout principe inutile. On lui avait dit que l'eau du Nil avait besoin, pour bouillir, d'un feu moitié moins fort que celle des autres fleuves. Ses deux disciples avaient observé la culture du byssus, qui avait fait, en Elide, la fortune de Cléotime, et ils avaient collectionné plantes et coquillages fluvatiles. On leur avait remis en grand mystère une pierre ne se trouvant que dans le Nil et qui était en forme de fève ; elle surprendrait Aristote, autant qu'elle surprit Callisthène et Alexandre : dès qu'on la montrait à un chien, il cessait d'aboyer. Mais le phénomène des crues n'avait pu être expliqué par personne, pas plus que l'on n'avait jamais expliqué pourquoi la source Inope, à Délos, croît et décroît, en même temps et de la même façon que le Nil. Enfin, l'exploration avait permis de détruire le préjugé accrédité chez les Grecs, que les ibis s'accouplaient par le bec. Cela enchanterait Aristote, qui avait déjà réfuté cette opinion au sujet des corbeaux.

Alexandre, pour sa part, avait ordonné de lui envoyer des objets d'études assez monumentaux : un crocodile, un hippopotame, un zèbre, un ibis, embaumés avec soin. Il prescrivit que l'on continuât d'expédier au philosophe des quadrupèdes, des oiseaux et des reptiles pareillement conservés, si aucune description ne pouvait suppléer la vue directe. Ces envois, ajoutés à ceux des plantes et des pierres, s'effectuaient toujours à chaque départ de bateau pour Athènes, grâce au système postal qui maintenait le contact entre l'armée et la flotte. Ils excitaient, à l'arrivée, une grande curiosité.

Le roi savait que Parménion et quelques autres généraux avaient critiqué son expédition, et aussi qu'ils désapprouvaient ce long séjour en Egypte. Selon eux, il aurait fallu poursuivre Darius tout de suite après la bataille d'Issus ou du moins après la prise de Tyr, sans lui laisser le temps de rassembler de nouvelles troupes. Alexandre, qui aimait tant les marches rapides, — en vérité, comme le jeune bouc du prophète Daniel, il « venait de l'occident sur la face de toute la terre, sans toucher terre », — avait le sentiment, qu'il n'exprimait qu'avec Ephestion et ses intimes, d'être un meilleur guerrier que les généraux de son père, soit qu'il fallût être plus prompt, soit qu'il fallût être plus prudent. Il avait, en effet, retenu ce conseil de prudence que Philippe lui avait énoncé dès sa première campagne, appuyé de l'exemple de Cyrus le Jeune, qui avait été victime de son imprudence au soir de sa victoire. Se lancer, avec une armée fatiguée, aux trousses d'un roi qui pouvait lever des armées fraîches et innombrables à mesure qu'il avançait, lui avait paru une folie. De plus, malgré la vaillance des troupes de complément, le parallèle qu'il faisait entre elles et celles qu'il avait amenées ou qu'on lui amenait de Grèce, l'avait persuadé que la certitude de la victoire définitive résidait dans la possibilité de recevoir des renforts et des recrues de ce côté-là. Il avait donc tenu pour essentiel de s'assurer la possession des côtes et ne regrettait pas d'être resté fidèle à cette idée. Enfin, cette consécration extraordinaire qu'il rapportait de l'oasis d'Ammon, lui procurait tout l'éclat qu'il en attendait. Même s'il affectait d'en sourire dans le privé, il en recueillait publiquement une autorité accrue et attribuait à une jalousie secrète la remarque de Parménion et de ses collègues sur l'intérêt relatif de ce voyage au siège de l'oracle : ce n'est pas pour ses généraux qu'il l'avait fait, mais pour ses peuples et ses troupes.

Aurait-il pu d'ailleurs douter d'être le fils de Jupiter ? L'oracle des Branchides à Didyme avait déjà attesté, lui aussi, sa naissance divine : la source fatidique avait jailli de nouveau après tant d'années, quand il était entré dans la chambre souterraine. La prophétesse avait prédit également, à ce qu'affirmaient des députés milésiens venus à Memphis, la victoire d'Alexandre sur les bords du Tigre, la mort de Darius et l'écrasement des Spartiates qui tentaient de soulever la Grèce contre les Macédoniens. D'Erythrées, en Ionie, étaient arrivés d'autres députés, assurant au roi que la sibylle Athénaïs, à laquelle il avait pensé chez Ammon, en confirmait l'oracle.

Une députation athénienne, conduite par Diophante et Achille, — on semblait avoir désigné ce dernier pour plaire à Alexandre, — débarqua d'une des galères sacrées, la Paralienne, et vint le saluer à Memphis. La mission dont ils étaient chargés, justifiait le caractère solennel de ce mode de transport. Ils félicitèrent Alexandre d'être devenu roi d'Egypte et renouvelèrent la demande concernant la liberté des prisonniers faits au

Granique. Alexandre la leur accorda, bien que la condition fixée et qui était d'avoir terminé la guerre, ne fût pas encore remplie : sa clémence devait être celle d'un dieu. Il leur déclara qu'il voulait bien ne pas obliger encore les Athéniens de lui en reconnaître le titre, malgré l'oracle d'Ammon. Cependant, il fit déjà écrire par Eumène aux autres Etats grecs pour réclamer cette reconnaissance. Le monument de sa famille à Olympie était achevé : sa statue aurait en face d'elle un autel. Il avait établi un plan progressif avec Ephestion, à la fois pour émouvoir les foules et pour se moquer de Démosthène et de ses ennemis. La réponse de l'oracle était le couronnement de sa conquête de l'Asie Mineure et de l'Egypte, avant le couronnement suprême que serait sa victoire complète sur Darius. Alors il obligerait les Athéniens et tous les Grecs, non seulement de le reconnaître dieu, mais de lui rendre les honneurs divins. Du reste, les pharaons, ses prédécesseurs, n'étaient-ils pas adorés ? Il avait même vu des bas-reliefs où ils adoraient leur propre image.

Sur les monnaies, Pyrgotèle mit au profil de la tête d'Hercule, qui ressemblait à Alexandre comme celle de Minerve, une couronne de bélier et grava devant la figure une petite tête de bélier à coiffure égyptienne ou bien une tête de femme représentant Isis ou bien un triangle rayé d'une ligne, qui représentait une pyramide, ou bien un sphinx. Alexandre se fit faire un sceptre d'or, non pas à fleur de lis, comme celui des rois de Macédoine, mais très long et sommé d'une aigle, comme celui de Jupiter qui était gravé sur certaines de ses monnaies. Il se fit faire également un diadème d'argent avec deux cornes, qu'il portait dans les banquets amicaux, et qu'il plaçait quelquefois sur la tête d'Ephestion, « l'autre Alexandre ».

Il eut encore de bonnes nouvelles de Grèce. Antipater avait mis fin à la révolte de Ménon, mais par un accommodement : il avait été forcé d'interrompre les opérations en Thrace pour se retourner contre Agis, qui était allé le défier jusque sur le territoire national et les Spartiates avaient battu les Macédoniens. Mais Antipater l'avait repoussé et, avec quarante mille hommes, marchait sur le Péloponèse.

Alexandre reçut de légers renforts qui lui agréaient. Un contingent de quatre cents Grecs, soudoyés par Antipater et dirigés par Ménétas, arriva à Memphis. Ces quatre cents hommes, jeunes et vigoureux, seraient le coin invincible de la phalange. Cinq cents cavaliers thraces furent amenés par Asclépiodore. Les petits rois thraces qui suivaient Alexandre, y avaient pourvu.

Hégéloque, Ménétas et Asclépiodore avaient admiré, en faisant escale à Ephèse, le tableau d'Apelle représentant Alexandre armé du foudre. « Ta main et l'éclair semblent sortir du tableau », dit Hégéloque au roi. Ce tableau était très grand et les Ephésiens avaient décidé, pour l'acheter, d'en couvrir toute la surface des plus grandes pièces d'or à l'effigie d'Alexandre.

Cela avait fait cent dix mille drachmes, le prix le plus élevé jamais payé pour un tableau.

Les Méthymniens de Lesbos réclamèrent comme leur proie Aristonique et Chrysalle, les anciens tyrans installés par les Perses et qui étaient enchaînés sur la flotte d'Hégéloque. Alexandre, malgré sa divinité, n'avait pas fait un pacte avec la clémence : il envoya les deux tyrans au supplice. Pharnabaze avait réussi à s'échapper pendant une escale à Cos. Le roi restitua aux Méthymniens tout l'argent qu'ils avaient dépensé dans la guerre et augmenta leur territoire. Une ambassade de Chio et de Rhodes étant venue se plaindre des garnisons qui leur étaient imposées, il les délivra de cette charge. Il fit envoyer les factieux de Chio à l'île Eléphantine, en Haute-Egypte, où l'on vénérait Khnoum, le dieu bélier. Apprenant de Manassé qu'il y avait eu naguère, à cet endroit, une colonie juive avec un temple du dieu des Juifs, il le pria de désigner un certain nombre de Samaritains qui garderaient ces déportés, tout en ressuscitant l'ancienne colonie des Hébreux. L'île Eléphantine, voisine de celle de Philæ et de la ville de Syène, était aux confins de l'Ethiopie, près des cataractes du Nil. Il n'y avait pas de risque que l'on voulût s'échapper chez les Ethiopiens : ils étaient très inhospitaliers et leurs flèches ne manquaient jamais leur but. Un animal éthiopien, inconnu à tout autre pays, le crocotte, avait la voix humaine, appelait la nuit et dévorait ceux qui répondaient à cet appel. Il avait la force du bouc, la rapidité du cheval, la puissance du taureau et un cuir à l'épreuve du fer.

Alexandre nomma Pétisis gouverneur de Haute-Egypte et Doloaspis gouverneur de Basse-Egypte. Toutefois, Pétisis déclina cet honneur. Alexandre conféra alors à Doloaspis le titre de gouverneur de l'Egypte entière. Pantaléon de Pydna et Polémon de Pella, qui faisaient partie de l'escadron des amis depuis qu'il l'avait renouvelé, commanderaient l'un la garnison de Memphis, l'autre celle de Péluse. L'Etolien Lycidas leur était adjoint comme chef des mercenaires de ces deux garnisons. Eugnoste, de l'escadron des amis, eut la direction des finances égyptiennes ; le Rhodien Eschyle et Ephippe de Chalcédoine assumeraient la surveillance du territoire. Apollonius serait gouverneur de Libye, Cléomène celui de l'Arabie Pétrée qui, depuis Héroumpolis sur la mer Rouge jusqu'au mont Sinaï, était incorporée à l'Egypte. C'est également lui qui assumerait l'administration générale des impôts, levés par les notables du pays et qui seraient versés ensuite entre ses mains. Le commandement général des quatre mille homme laissés en Egypte, fut remis à Peuceste et à Balacre, celui des trente galères stationnées aux bouches du Nil à Polémon. Balacre fut remplacé dans ses fonctions de garde du roi par Léonnat et dans celle de général de l'infanterie des alliés par Calanus. Ombrion de Crète était nommé commandant des archers. Alexandre, par toutes ces nominations, montrait l'importance qu'il attachait à l'Egypte et son habileté à répartir les fonctions entre des Grecs d'origines diverses en absorbant les notables du pays.

Désormais qu'il avait organisé sa nouvelle conquête, dont le symbole auprès de lui serait la présence d'un contingent égyptien, il n'avait plus que l'impatience d'aller se mesurer une dernière fois avec Darius. A propos de ce contingent, Parménion lui avait demandé s'il ne s'encombrait pas de soldats inutiles et il avait répondu que tous ces peuples étaient braves, comme l'avaient prouvé les Juifs au siège de Tyr. Il ajouta en riant qu'il ne se rappellerait pas moins ce que fit Nestor avec ses soldats : « ... Il plaça les mauvais au milieu, — Afin que même celui qui ne le veut pas, soit obligé de combattre. »

Cependant, il était assez piqué de ne recevoir aucune ambassade officielle des peuples de l'Arabie. Ces Nabatéens, ces Sabéens, ces Gerréens, ces Scénites, ces Minéens, ces Cattabanéens, ces Chatramotites, ces Maranites, ces Garindéens, ces Rhammanites, ces Chaulotéens, ces Agréens, il espérait bien les contraindre un jour à l'adorer comme leur quatrième dieu. Seuls les Pétrées avaient fait acte de soumission, lorsqu'il avait traversé l'Idumée, à la veille d'entrer en Egypte. Mais peut-être les autres parties de l'Arabie imiteraient-elles cet exemple, lorsqu'il serait à Babylone, quoique Mazacès lui eût fait prévoir qu'ils seraient très lents à s'avouer ses tributaires, en qualité d'alliés et de fournisseurs d'encens. De toute façon, il ne jugea ni prudent ni opportun de passer par ces déserts immenses où erraient seulement des caravanes : l'expérience du désert de Libye lui suffisait. Jadis, avant de marcher contre le roi d'Egypte Psamménite, Cambyse avait obtenu du roi d'Arabie, — les Arabes n'avaient alors qu'un monarque, — le secours en eau qui permit à son armée de traverser ce pays. Des outres, remplies aux puits du désert ou à l'Euphrate, furent déposées le long de l'itinéraire par tous les chameaux des Arabes. Alexandre n'en était pas à prétendre d'eux un tel service. Il fallait donc remonter vers la Phénicie et gagner l'Assyrie, afin de descendre vers Babylone. Ce grand nom, la perspective d'entrer bientôt en Chaldée, le pays de ces mages fameux dont quelques-uns déjà étaient à sa suite, l'engagea à emmener aussi des astronomes égyptiens, dont il avait pu apprécier la science à l'observatoire d'Eudoxe ou chez les grands prêtres d'Héliopolis et de Memphis.

En guise d'adieu, il offrit des jeux dramatiques et gymniques, après avoir sacrifié solennellement à Jupiter Roi dans le temple du quartier grec, devant les délégations d'Athènes, de Méthymne, de Chio et de Rhodes. Afin de rappeler l'ancienneté de sa dynastie et de rendre hommage à ses ancêtres terrestres, il choisit comme tragédie l'*Archélaüs* d'Euripide, dont Thessalus avait déclamé des passages à Aréthuse, au début de la campagne contre les Mædes, et qu'il avait fait représenter ensuite à Egées, pour les obsèques de son père. Plus que l'*Alexandre,* qui concernait Alexandre-Pâris, c'était sa tragédie euripidienne.

Lorsque se disputa, aux jeux gymniques, l'épreuve de la lutte, Dioxippe et Choragus étonnèrent les Egyptiens par leurs musculatures prodigieuses, mais sans gêner l'amour-propre national, — l'un étant Athénien et l'autre Macédonien, — car aucun d'eux ne put vaincre. Au moment de la course, Alexandre, qui se piquait d'être toujours aussi rapide que son ancêtre Achille, prétendit participer à cette épreuve, bien qu'il n'eût pas de rois pour concurrents. Mais, dès qu'il vit que le Sicilien Crisson d'Himère, qui était le meilleur coureur de l'armée, faisait exprès de se laisser devancer, il s'arrêta et lui en sut mauvais gré. Les Egyptiens, peu entraînés à ces exercices, n'étaient pas descendus dans l'arène. Conformément à l'ordre d'Alexandre, les couronnes des vainqueurs étaient faites avec le feuillage du perséa, en l'honneur de son ancêtre Persée.

Pour le remercier, les Egyptiens lui offrirent une course originale, celle d'autruches que montaient des garçons, et une course de taureaux. Ils l'étonnèrent beaucoup et étonnèrent encore davantage les Thessaliens parce qu'ils étaient plus hardis avec ces partenaires cornus que les jeunes gens de Larisse. Celui qui affrontait l'animal, n'avait qu'une main de libre ; l'autre était liée, pour mieux montrer combien il était agile et intrépide.

Un accident endeuilla le départ de Memphis : Hector, le plus jeune fils de Parménion et l'un des plus chers amis de Miéza, en fut la victime. Une barque où il était en compagnie de trop de soldats et qui le ramenait à un vaisseau, chavira et il se noya dans le Nil. Alexandre fut vivement affligé de sa perte et lui fit de belles funérailles.

Neuvième partie

Il avait hâte d'arriver à Samarie pour venger un autre mort : Andromaque, brûlé vif par les Samaritains. Ce crime avait indigné Manassé et tous les Juifs de l'armée. Ils étaient inquiets parce qu'Alexandre ne leur avait pas dit ce qu'il comptait faire. Il fut surpris, cependant, aux approches de l'Idumée, de les entendre chanter un hymne et demanda ce que c'était. « C'est un de nos psaumes, et qui nous est des plus chers, dit Manassé, — le psaume de la sortie d'Egypte : « Quand Israël sortit d'Egypte, — Quand la maison de Jacob s'éloigna d'un peuple barbare... » — Par Jupiter, s'écria Alexandre, vous osez traiter les Egyptiens de barbares ? J'ai l'impression de quitter le peuple le plus humain de la terre, puisqu'il vénère même les animaux, et d'aller vers un peuple barbare en allant vers Samarie. Apprends que j'ai décidé de raser cette ville. » Manassé déchira ses vêtements et se couvrit la tête de poussière. « O roi, dit-il, le grand prêtre est dispensé par les Juifs de porter les signes du deuil ; mais je les porterai cependant pour expier à tes yeux la faute de mon peuple. » Par son éloquence, il réussit à attendrir Alexandre et, aussi heureux que l'avait été Anaximène pour Lampsaque, il lui fit promettre de ne pas raser Samarie. Il lui cita un proverbe du livre sacré des *Proverbes :* « La colère du roi est comme le rugissement d'un lion — Et sa faveur est comme la rosée sur l'herbe. » Alexandre pensa à la motte de gazon ensemencée par Euphème l'Argonaute.

Cependant, il voulut savoir quelle était la peine prévue chez les Juifs pour les crimes. « Notre législateur a décidé ceci, dit Manassé : « Tu donneras vie pour vie, œil pour œil, dent pour dent, main pour main, pied pour pied, brûlure pour brûlure, blessure pour blessure, meurtrissure pour meurtrissure. »

Arrivé à Samarie, Alexandre se fit livrer les coupables et décida de ne pas se montrer moins dur envers ces lâches assassins qu'il l'avait été envers les courageux défenseurs de Gaza. Il ordonna de leur crever les yeux, de leur casser les dents, de leur couper les mains et les pieds et de les brûler, morts ou vifs. Il nomma Memnon à la place du malheureux Andromaque et assista à au sacrifice expiatoire d'un taureau dans le temple du dieu des Juifs, à demi construit sur le mont Garizym. Manassé imposa les mains sur la victime en confessant l'iniquité de ses frères. Il trempa le doigt dans le sang du taureau, en fit sept fois l'aspersion vers l'image symbolique de Dieu, en mit sur les cornes de l'autel intérieur, retira la graisse du taureau et la fit griller. La chair fut emportée et brûlée hors des murailles.

Pour montrer qu'il n'était pas l'ennemi des bons Samaritains, mais seulement des mauvais, Alexandre fit obliquer l'armée vers l'est, afin de s'emparer de la petite ville de Baora ou Bosra, au sud de Damas et au seuil du désert syrien : elle était peuplée d'Arabes qui désolaient par leurs incursions la province de Samarie.

Quand il vit que l'on remontait tout droit pour entrer à Damas, la joie du chef samaritain se traduisit encore : « O roi, dit-il à Alexandre, tu ne peux imaginer ce que c'est, pour nous autres Juifs, d'entrer sur tes pas à Damas. « La tête de la Syrie, c'est Damas », a déclaré Isaïe, et les Syriens sont nos ennemis héréditaires. Un de nos rois, Jéroboam, avait conquis cette ville. — Il y a une de vos prophéties que je n'accomplirai pas, répliqua le roi. On me l'a citée sur le chemin de Jérusalem et elle me revient à l'esprit : « Je mettrai le feu aux remparts de Damas — Et il dévorera les palais de Ben Hadad. » — Quelle merveille, ô roi ! s'écria Manassé, de ta bouche sacrée sont sorties des paroles d'Amos et de Jérémie. Mais c'est à toi seul qu'il appartenait d'avoir fait entrer les Juifs à Damas et les Syriens à Jérusalem et à Samarie. — Pour autant que je peux comprendre vos différends, dit Alexandre, c'est que la mémoire de vos haines réciproques est inscrite dans vos livres saints et vos ennemis se sont fatigués de s'entendre maudire par vous depuis des siècles. Au moins serai-je heureux de vous avoir obligés à vous visiter les uns les autres. » Manassé comprit qu'il ne fallait pas insister. Il murmura seulement encore ces versets, en guise de consolation : « Voici Damas retirée du nombre des villes. — Elle ne sera plus qu'un monceau de ruines. » La prophétie ne s'était pas plus accomplie dans le passé qu'elle ne le serait par Alexandre. Deux cents ans, lui avait-on dit, séparaient la prophétie d'Amos de celle de Jérémie, avec la même inefficacité dans le résultat. Damas, « la cité des délices, de joie », maudite par ces deux prophètes il y avait cinq cents ou trois cents ans, restait prospère. Sa forteresse, qui s'était rendue à Parménion, passait pour imprenable. Les caravanes qui arrivaient d'Arménie et de Mésopotamie, renouvelaient perpétuellement ses richesses. C'était une sorte de reine du désert.

Les princes Ben Hadad, qu'avaient rejoints leur cousin Abd Hadad, roi de Bambycé, et son épouse, reçurent Alexandre comme un dieu. Ils avaient fait bonne garde sur les trésors de Darius que Parménion avait laissés dans la citadelle, avec une faible garnison.

Pendant que l'armée se reposait au bord du Jourdain, avant de le franchir pour gagner Bosra, Manassé vint raconter à Alexandre les faits de sa religion qui avaient trait à ce fleuve : le prophète Elie en avait séparé les eaux avec son manteau roulé, afin de le passer à pied sec ; Elisée, prophète de Samarie, avait guéri dans ses eaux, en l'y faisant tremper sept fois, Naaman, chef de l'armée de Ben Hadad, roi de Syrie, qui était lépreux. Pour le même prophète, le fer d'une hache était remonté du fond de l'eau. « Il y a un mot de Jérémie qui te convient à merveille, ô roi, ajouta Manassé : « Pareil à un lion, voici qu'il monte, — Des halliers du Jourdain... » Alexandre monta, en effet, comme un lion du Jourdain à l'assaut de Bosra, qui fut enlevée de vive force. Les Arabes pillards furent massacrés ou dispersés. Ce fut une occasion pour Manassé de citer encore une fois Jérémie en comparant le roi à un aigle qui « déploie ses ailes contre Bosra ».

Les dynastes syriens n'étaient pas seuls à accueillir Alexandre : les rois de Chypre, avertis par un des vaisseaux d'Hégéloque, étaient revenus pour le saluer à Damas. Eux aussi lui rendirent hommage comme au fils de Jupiter : l'oracle rendu par Ammon dans l'oasis de Siouah était déjà connu partout. Alexandre voyait pour la première fois Rœcus, roi d'Amathonte. Il feignit de ne pas savoir les plaisanteries athéniennes sur son peu de courage et le remercia du concours apporté au siège de Tyr par son parent Androclès, qui l'accompagnait. Le conseil de Citium, qui remplaçait Pumiathon, était également venu. Alexandre se réservait de trancher la question de ce petit royaume à la fin de sa campagne, pour récompenser celui de ces rois qui l'aurait le mieux aidé. Ils insistèrent encore pour qu'Alexandre allât visiter leur île ; mais il ne se laissa pas détourner de son chemin. Ils lui apportaient de nouveaux présents : du vin de Chypre, des parfums, des étoffes bariolées, des bijoux et surtout des diamants et des émeraudes, car l'île n'avait pas seulement des mines de cuivre. Les parfums, qui étaient délicieux, enchantèrent Alexandre autant que le reste. Il dit que Chypre se devait d'en avoir de divins, puisque, selon *l'Odyssée*, Vénus, libérée des liens dans lesquels Vulcain l'a attrapée en compagnie de Mars, va à Paphos, « où les Grâces la lavèrent et l'oignirent d'une huile — D'ambroisie, telle que celle qui brille sur les dieux immortels ». Alexandre ajouta que, d'après certains commentateurs, Alexandre-Pâris était le seul héros de *l'Iliade* dont Homère nous fasse entendre qu'il se parfumait. Ils interprétaient, en effet, le vers où Vénus le transporte « dans sa chambre odorante, parfumée » comme une preuve, par cette répétition d'épithètes, qu'il y avait et le parfum d'Hélène et celui de Pâris.

Les diamants étaient plus gros que ceux de Philippes en Macédoine et avaient un reflet bleu. Les émeraudes étaient un don de Pasicrate, les mines de cette pierre précieuse étant sur le territoire de Soles. Ce roi dit que le tombeau d'un de ses ancêtres, — le roi Hermias, — situé près de la mer, était surmonté d'un lion de marbre dont les yeux étaient primitivement deux émeraudes : on avait dû les remplacer par des agates, car le feu qu'elles jetaient, pénétrait dans l'eau et éloignait les poissons. Manassé, qui assistait à la remise de ces présents, dit à Alexandre : « O roi, tu me fais penser de nouveau à notre grand roi Salomon dont nos livres nous disent qu'il surpassa tous les rois de la terre en opulence et en sagesse » et que « tous les rois de la terre venaient le voir » et que « chacun lui apportait son présent : des objets d'argent et des objets d'or, des vêtements, des armes, des aromates, des chevaux et des mulets ». — Oui, dit Alexandre en riant, mais je ne descends pas d'une femme publique. » Le Juif parut confus et s'inclina en caressant sa longue barbe rousse. Les rois, qui ne souffraient sa présence que pour ne pas déplaire à Alexandre, furent, au contraire, ravis de la réplique. Mais enfin le temps n'était plus où les princes Ben Hadad avaient à craindre les malédictions des prophètes juifs.

Les rois de Chypre avaient offert d'autres présents non moins considérables, même s'ils ne semblaient pas aussi précieux : c'étaient les produits de leur sol ou de leurs ateliers, utiles en médecine et qui intéressaient au plus haut point Philippe d'Acarnanie, Glaucias et Hippocrate IV. Toutes ces provisions complétèrent ce qu'avait donné, à Siouah, le grand prêtre d'Ammon. Il y avait d'abord les remèdes extraits du cuivre : la cadmie, recueillie sur les parois des fourneaux et que l'on employait contre les ulcères ; une de ses variétés, l'ostracite, servait à cicatriser les blessures ; le stomome ou écaille de l'airain, dont on fabriquait quarante-sept remèdes, certains en le macérant dans de l'urine d'enfant ; le misy, substance aux affections vénériennes ; le chalcanthum ou noir des cordonniers, qui purgeait le cerveau et les intestins, guérissait la surdité, les hémorragies nasales, les hémorroïdes. Il avait, de plus, par sa force astringente, le pouvoir d'empêcher les ours et les lions de mordre, si on leur en badigeonnait le mufle. C'est ce que l'on faisait à Chypre, dans les jeux que l'on donnait au peuple et où des lutteurs s'exerçaient contre ces animaux. Alexandre fut enchanté d'apprendre ce détail, comme de savoir que des plaques de plomb, offertes aussi par ces rois, entretenaient, éclaircissaient et augmentaient la voix des chanteurs qui s'en couvraient la poitrine. Thessalus expérimenta tout de suite cette propriété. Le mercure était encore un produit de Chypre, que l'on appliquait en liniment sur la tête ou le ventre et qui était un puissant antiseptique.

Tous ces cadeaux si divers n'avaient pas épuisé la générosité des rois chypriotes. Ils s'étaient mis d'accord avec les princes syriens pour réserver à Alexandre une surprise : ils avaient convoqué les principaux acteurs athéniens afin qu'il eût, sur son passage, de belles représentations. Un concours dramatique fut organisé, auquel Thessalus participa. Son rival le plus important était Athénodore. Les rois et les généraux formaient le jury et Alexandre, enthousiaste pour l'art de Bacchus, s'était laissé aller à dire, avant la représentation : « J'aimerais mieux perdre la moitié de mon royaume que de voir Thessalus vaincu. » On admira un tel éloge de l'art du comédien, de même qu'on admira ensuite l'impartialité qui l'empêcha d'influer sur la décision. Il avait refusé d'être un des juges et ceux-ci proclamèrent vainqueur Athénodore. Il déclara que, s'il tâchait à tout soumettre, il se soumettait à la justice. Il rendit même à Athénodore un service : les Athéniens avaient condamné cet acteur à une forte amende pour ne pas s'être trouvé aux fêtes printanières de Bacchus à Athènes et il pria Alexandre d'en demander l'amnistie. Alexandre préféra payer l'amende. Un autre bon acteur, Lycon de Scarphée, avait, dans une récitation, entremêlé des vers pour lui demander cinquante-cinq mille drachmes dont il avait besoin. Amusé, Alexandre les lui octroya.

Il reçut, à Damas, des nouvelles de la Grèce. Toutes les villes avaient entériné sans protestation le décret où il se qualifiait fils de Jupiter. « Puisque Alexandre veut être dieu, qu'il soit dieu », disait celui des Athéniens. Il lui fallait subir cette ironie sans sourciller, car il lisait des réflexions semblables sur les tablettes d'êtres qui lui étaient chers. Philotas, qui se trouvait à Héliopolis quand le roi avait pris sa décision de Memphis, lui avait écrit pour le féliciter, mais avait ajouté en amicale raillerie : « Je plains ceux qui auront à vivre sous un maître si élevé au-dessus des hommes. » Alexandre n'avait pu s'en irriter, puisque Olympias elle-même, à qui il avait écrit : « Le roi Alexandre, fils de Jupiter et d'Olympias, salut », lui avait répondu en ces termes : « Change de style, mon fils, sinon tu vas livrer ta mère au ressentiment de Junon et m'attirer toute sa colère. A quelles extrémités ne se portera-t-elle pas, lorsqu'elle saura par tes lettres que le souverain des dieux m'a honorée de ses embrassements ? » C'était pourtant Olympias la première qui avait mis dans la tête d'Alexandre l'idée de son origine divine et cette idée venait de s'y ancrer pour jamais. Il en développerait les conséquences.

Sa mère lui racontait une chose qui le divertissait : guérie d'une tumeur par un vœu fait à Hygie, la compagne d'Esculape, elle s'était donné le malin plaisir d'envoyer une coupe d'or, cadeau de son fils, à l'Hygie du temple d'Esculape à Athènes, comme si l'Attique, dont aucun sanctuaire n'avait de caractère international, était un domaine macédonien. Ce geste de piété provocante avait soulevé les cris de Démosthène et d'Hypéride ; mais la coupe au bas de la citadelle faisait pendant aux boucliers d'Alexandre, fixés depuis peu sur les architraves du Parthénon : quatorze à l'est, huit à l'ouest. Les autres avaient été mis dans le trésor du temple.

Pour compenser le voyage de Chypre, qui lui aurait fait envie dans d'autres circonstances, Alexandre offrit un grand banquet à tous ses petits rois et décida que l'on n'y parlerait que de Chypre et de Vénus. Il tenait à remercier la déesse de ses victoires, et notamment de celle d'Issus, autant que de sa conquête de l'Egypte sans coup férir.

Il avait installé près de lui, sur son lit de festin, le roi Pnytagore, et son fils aîné Nicocréon près d'Ephestion. C'était pour honorer les descendants de Cinyre et de Teucer; mais Ephestion, visiblement épris du beau Nicocréon, l'inclinait parfois de côté, sous prétexte de s'adresser à une table lointaine, et s'emboîtait en lui, comme s'emboîtaient les deux couronnes de Haute et de Basse-Egypte. Il devait penser à une couronne plus étroite et d'un autre genre. Alexandre souriait, à l'idée que son ami glanait toujours quelque chose dans son entourage : après Adève, le frère de Barsine, c'était maintenant le fils de Pnytagore. Il n'en était pas jaloux : les jouissances d'Ephestion étaient les siennes, comme les siennes étaient les jouissances d'Ephestion. Cependant, s'il s'était accordé une maîtresse, en plus de Thaïs, et s'il avait permis à Philotas de garder la courtisane Antigone et à d'autres de ses familiers les concubines de Darius, il ne voulait pas donner l'exemple d'autoriser des mignons, depuis qu'il avait chassé ceux de l'armée. Il en accordait le droit à Ephestion, comme une dévolution royale. Il avait eu même, récemment, un accès de fureur lorsque Philoxène, gouverneur de Pamphylie, lui avait écrit que Théodore de Tarente, fameux marchand d'esclaves, avait mené à Phasélis deux jeunes garçons d'une beauté inouïe et non châtrés, dans l'espoir qu'ils intéresseraient le roi. Philoxène demandait s'il pouvait les lui envoyer par exprès à Damas. « Quelle vilenie Philoxène m'a-t-il vu faire en ce genre pour me proposer un pareil achat ? » s'écria Alexandre. Ephestion calma le roi, comme il avait essayé de le calmer à Téos. « C'est à cause de moi que ta réputation s'est déformée, dit-il. C'est donc à moi de défendre ceux qui te jugent d'après des informations inexactes. » Alexandre éclata de rire, mais ne fit pas moins adresser à Philoxène une lettre de reproche assez vive, en le priant d'expulser le marchand Théodore et ses deux mignons.

Il parla à Pnytagore de l'exhortation littéraire, politique et morale qu'Isocrate avait composée pour son frère aîné Nicoclès, — homonyme du fils aîné du roi de Soles, — et de l'éloge funèbre que cet orateur avait fait de leur père, Evagoras. Ce roi, dans sa jeunesse, avait été détrôné par un eunuque qui, de plus, l'avait violé et dont il s'était vengé plus tard en l'assommant. C'était encore un exemple des crimes commis pour des motifs pédérastiques dans le monde grec. Puis, il avait résisté à Artaxerxès Mnémon et repoussé la formule de capitulation que lui avait soumise le satrape Tiribaze, d' « obéir au grand roi comme un esclave obéit à son maître ». Il avait fait agréer celle d'être « assujetti comme un roi peut l'être à un roi » et les Athéniens lui avaient élevé une statue. Alexandre avait goûté ces mots dans son éloge : « Enfant, il posséda la beauté, la force et la sagesse. » A Miéza, on avait discuté avec Aristote l'ordre où devaient être rangés ces trois avantages naturels, comme l'avait fait Aristote, dans son discours sur le bonheur, au retour de la campagne contre les Mædes. Alexandre, en regardant Nytaphon et Nicocréon, puis Nicoclès et Stasanor, dit à leurs pères que, tel Isocrate, il tenait la beauté le plus grand des biens. Ce regard fit rougir de plaisir les quatre jeunes gens, notamment le couple princier que formaient le premier et le dernier, allongés sur le même lit.

Alexandre parla ensuite des *Chants de Chypre,* du poète Stasinos, natif de cette île et qui avait passé pour le gendre d'Homère. Aristote y faisait allusion dans sa *Poétique ;* on les avait étudiés à Miéza ; mais, bien qu'ils fussent une sorte d'introduction à *l'Iliade,* ils n'étaient pas plus *l'Iliade* que l'était *la Petite Iliade* de Leschès de Mytilène, lequel avait prétendu la compléter. Pour louer Vénus, « la déesse née à Chypre », comme l'appelaient Pindare et Orphée, Alexandre fit chanter par Thessalus un passage d'Hésiode que Philippe, épris de ce poète, aimait de citer et qui donnait à la déesse une origine moins précise. C'était la description extraordinaire de la naissance de Vénus, surgissant du sperme du Ciel , émasculé par son fils Saturne, que la Terre, sa mère, avait sauvé de lui : « Dès qu'il eut tranché les parties avec l'acier, — Il les jeta du sol dans la mer aux flots agités — Et elles furent portées longtemps sur les vagues et tout autour — Une blanche écume sortait de la chair immortelle et une jeune fille — Se forma. Elle apparut d'abord à Cythère divine. — Puis, elle se rendit à Chypre, baignée des flots. — C'est là que monta la belle et vénérable déesse... — Le gazon poussait sous ses pieds légers... — L'Amour accompagnait et le beau Désir suivait — Celle qui était née et qui allait d'emblée vers la race des dieux. »

« Il était donc naturel qu'elle allât vers nous, dit Pnytagore à Alexandre. Il l'était aussi qu'elle aimât les parties génitales, puisqu'elle en est issue. » Discrètement, Ephestion tâtait celles de Nicocréon.

Pnytagore décrivit la Vénus de Salamine, qui se penchait en avant, d'où son surnom de Vénus Qui se penche. Il fit voir des monnaies où était représentée la tête de la statue : Vénus était coiffée d'une haute tiare, les cheveux nattés, ornée de pendants d'oreilles et le cou drapé, car elle n'était pas nue. Son attitude était en mémoire d'une princesse, lointaine ancêtre du roi de Salamine, qui avait repoussé un amant de moins haut parage et qui, après qu'il se fut laissé mourir de faim sous ses fenêtres, s'était penchée, par dérision, sur son cadavre. Vénus l'avait à l'instant changée en pierre. « Nous disons parfois, confia Nicocréon à Ephestion en souriant, que la déesse se penche en vue de faire admirer ou d'offrir ses fesses, puisque, d'après la légende, Pâris lui donna la pomme pour les lui avoir montrées. » En vérité, le fils aîné du roi de Salamine n'oubliait rien qui pût exciter Ephestion. Mais on fut distrait par des propos de Timarque.

Le nouveau roi de Paphos rappela l'exemple de la puissance de Vénus qui s'était produit jadis à Paphos : c'était l'histoire du sculpteur Pygmalion et de sa statue d'ivoire. Dégoûté des femmes de cette île à cause de leurs excès, il demanda à la déesse, dont il était le fervent adorateur, de lui procurer une épouse aussi belle que cette statue. Il en était, du reste, tellement amoureux qu'il couchait avec elle. Un jour, à sa grande stupeur, l'ivoire s'amollit sous ses baisers, les veines battent, les yeux, la bouche s'ouvrent, les cuisses s'écartent et la vierge devient épouse et mère. Vénus avait accompli le miracle.

Alexandre dit qu'elle avait fait pour Pygmalion ce que Dédale avait fait pour elle : il anima, en y versant de l'argent fondu, la statue de bois qu'il avait sculptée de la déesse. Si Vénus avait eu des mœurs saphiques, elle aurait pu coucher avec elle-même.

Ephestion, enflammé par le contact, tantôt des cuisses, tantôt des fesses, de Nicocréon, récita les vers de *l'Odyssée* qui glorifiaient la déesse de Paphos : « Vénus amie des sourires parvint à Chypre, — A Paphos, où elle a un enclos sacré et un autel qui exhale d'odeur de l'encens. — Là, les Grâces la lavèrent et la frottèrent d'une huile d'ambroisie, — Comme celle qui fait briller les dieux toujours vivants, — Et lui mirent des vêtements délicieux, merveilles à voir. » L'ami d'Alexandre avait souri, du sourire de Vénus, aux mots de « l'autel qu'exhale l'odeur de l'encens », car il avait une main sur le derrière de Nicocréon. Ce n'étaient certainement pas le prince de Paphos, ni son jeune frère, ni le roi leur père, témoins l'un et l'autre de ces libertés, qui pouvaient s'en offenser : Nicocréon avait dit à Ephestion que, dès l'âge de douze ans, il avait été initié, sous la conduite de son propre père, à tous les plaisirs de Vénus. Il avait ajouté que, depuis lors, il se parfumait l'anus à l'encens, ce qui avait fait venir à l'esprit d'Ephestion les vers de *l'Odyssée,* en même temps que se redressait plus que jamais son priape, sous sa robe de pourpre. D'ailleurs, Nytaphon était dans une situation semblable, quoique avec des gestes plus discrets, près de son amant Stasanor.

Pour achever de mettre tout le monde à l'aise, Pnytagore raconta que, dans les environs de Salamine, sur le cap Olympe, était le temple de Vénus, dite Protectrice des hauteurs. « Elle y est surtout, dit-il, la protectrice de la pédérastie. C'est le seul temple de Vénus au monde où les femmes n'ont pas le droit d'entrer : il leur est même défendu de le regarder. C'est là que les amateurs de garçons célèbrent leurs orgies. »

Timarque dit que la Vénus Paphienne n'acceptait pas de sacrifices sanglants. On déposait, sur la grande table d'offrandes qui était devant le temple, des colombes vivantes, des fruits, des fleurs, des rayons de miel, des gâteaux en forme de sexe féminin. A Paphos, la prostitution sacrée était de rigueur. C'était la même chose à Amathonte, dit Rœcus, roi de la ville.

Le temple de Vénus Paphienne, que les autres rois de Chypre

reconnaissaient le plus beau, n'avait ni portes ni toit, pour que l'influence de Vénus ne souffrît aucun obstacle. Dans une de ses cours, il ne pleuvait jamais. A côté du sanctuaire, coulait le fleuve Satraque, où Vénus et Adonis s'étaient baignés. Des cygnes y cinglaient. Au-dessus du sanctuaire volaient des colombes, comme sur le temple de Vénus à Corinthe. Des bosquets de myrtes et de roses l'entouraient. Ces fleurs rappelaient que le corps de la déesse exhalait une odeur de rose, de safran, de lys, de jacinthe et de violette. Alexandre avait en commun avec elle ce dernier parfum naturel. Si la printanière anémone naquit des larmes versées sur Adonis par la déesse, la rose rouge provenait d'une goutte de sang qui avait coulé du pied de Vénus sur une rose blanche, lorsqu'elle allait à son aide et qu'une épine l'avait blessée. Les platanes du voisinage ne perdaient jamais leurs feuilles. Les grenadiers y étaient d'une beauté étonnante : Vénus elle-même les avait plantés. Il y avait aussi les arbustes à l'odeur suave d'où l'on extrayait le chypre, célèbre parfum qui portait le nom de l'île de Vénus, — c'était celui qu'on avait offert à Alexandre.

Le roi de Paphos ne cacha pas qu'il y avait, sous ce temple, des chambres secrètes, aux murs couverts de peintures représentant tous les actes de la volupté. On y trouvait des lits, des phallus artificiels, des martinets et des verges ; il n'était pas permis de sortir du temple sans être descendu dans ces retraites pour y accomplir un acte d'amour quelconque avec qui l'on voulait. Vénus exigeait, de plus, que chaque fille, avant son mariage, et chaque femme après, lui sacrifiassent une fois au moins leur pudeur. C'est ce qui était prescrit aux petites Egyptiennes par Osiris. Mais les filles de Chypre pouvaient faire l'amour tout autant qu'elles le souhaitaient pour avoir une dot, comme les sectatrices d'Anaïtis, et les femmes mariées, seulement pour enrichir le sanctuaire. Vénus réunissait ainsi ses deux titres de déesse de la volupté et de protectrice de la famille. En outre, c'étaient les rois de Paphos et d'Amathonte qui faisaient eux-mêmes office de grands prêtres de Vénus. Ils n'avaient besoin ni de mignons ni de courtisanes : les garçons et les filles étaient affectés pour un an, comme prêtres ou comme prêtresses, au service de la déesse. C'est dire qu'ils étaient à la disposition du grand prêtre, dont tous les désirs étaient comblés. Dans tous ces pays où régnait Vénus, les filles à douze ans et les garçons à quinze lui étaient consacrés —, les fils des rois grands prêtres dès douze ans, comme les filles, ainsi que l'avait dit Nicocréon. Les enfants parvenus à cet âge qui n'avaient pas sacrifié à Vénus dans leur chair, — et c'était le plus souvent entre les murs des chambres secrètes de son temple, — devaient se purifier.

La déesse avait également un oracle et, pour que l'on promenât sa statue, un char plaqué d'or, avec les ciselures d'un bouc, d'un bélier, d'un lièvre, d'un lapin, d'un passereau et d'une colombe, — les animaux de Vénus. Timarque confirma l'exactitude des détails donnés par Antiphane dans sa comédie *le Soldat,* qui raconte sa visite à Paphos durant une guerre : aux banquets royaux, l'été, des colombes étaient dressées pour éventer les convives en voletant et sans les importuner. Ce que n'avait pas dit le poète comique, c'est que l'on parfumait les ailes de ces colombes, pour ajouter les délices d'un parfum à celles de la fraîcheur. Alexandre déclara que cet usage était ancien et ne se limitait pas à Chypre, puisque Anacréon, dans une ode adressée à son mignon Bathylle, lui envoie une colombe qui « embaume les airs en les traversant. »

Timarque dit en outre qu'il y avait aussi à Paphos un temple de Junon dont les marches étaient sacrées : elles étaient la métamorphose d'une sœur de Myrrha, qui s'était préférée à Junon. On voyait, dans ce temple, un tableau représentant Cinyre, prosterné devant ces marches et les baisant avec amour.

Une autre grande curiosité de Paphos était de posséder Vénus mâle, — autrement dit Aphroditus —, et qui plus est, barbue. C'était le dédoublement d'Hermaphrodite et, en somme, l'associé masculin de Vénus à Chypre, comme Adonis l'était à Byblos et comme Atys était celui de Cybèle en Phrygie. C'est pourquoi Vénus avait les épithètes de « mâle et femelle » dans les invocations qu'on lui faisait à Paphos et à Amathonte, de même que Bacchus les avait dans ses mystères. Pour les cérémonies d'Aphroditus, les femmes s'habillaient en hommes et les hommes en femmes.

Rœcus déduisit un rite particulier à la fête de Vénus Amathusienne : la population tout entière, uniquement vêtue de toisons, — les vieillards, de toisons blanches d'agneaux, — escortée de joueurs de flûte, allait présenter une brebis à la déesse. Un autre rite concernait le tombeau d'Ariane, qui était dans un bois sacré, non loin du temple de Vénus : chaque année, au jour fixé, un jeune garçon, choisi pour sa beauté, se couchait demi-nu sur un lit, à côté de ce tombeau, et imitait les mouvements d'une femme en travail d'enfant. On commémorait ainsi la légende selon laquelle Thésée avait abandonné Ariane, enceinte, non pas à Naxos, mais à Amathonte, où elle mourut. Rœcus ajouta qu'à Idalie, ville dite aussi Dali, dont avait été dépossédé Pumiathon, la statue de Vénus Idalienne avait près d'elle, dans son temple, un sphinx à tête de lion qui était l'objet d'un culte, comme en Egypte.

Le roi Pasicrate n'avait pas tant de choses curieuses à dire sur sa ville de Soles Elle lui permettait au moins d'évoquer Solon, qui avait été l'hôte et l'ami de son ancêtre, le roi Philocypre, et qui l'avait même incité à transporter sa capitale, du lieu escarpé où elle se trouvait, dans la plaine arrosée par le Clarus. C'est pour remercier Solon que Philocypre avait donné son nom à cette ville, qui s'appelait auparavant Epéia et qui n'avait donc aucune origine commune avec la ville de Soles en Cilicie, célèbre par ses solécismes. Solon avait écrit pour Philocypre un poème à propos de la fondation de cette ville : « Puisses-tu régner longtemps à Soles — Et habiter cette ville, toi et ta race, — Et moi, que me renvoie sain et sauf de Soles — Cypris, couronnée de violettes ! — Qu'elle m'accorde cette grâce pour ce séjour et une gloire — Bonne et le retour dans la patrie ! » « Ces derniers mots sont notre vœu à tous, dit Alexandre, et je les prends à titre de bon augure. » Solon avait regagné Soles, après un premier séjour, et il y mourut ; mais ses cendres avaient été apportées dans son île natale de Salamine, pour y être dispersées à travers champs, selon son vœu. Alexandre, Ephestion et le grave Léonidas avaient évoqué ce souvenir, jadis, en passant devant cette île, à leur retour d'Olympie.

Alexandre ne fut pas surpris d'entendre que, dans tous les temples de Vénus à Chypre, se débitaient philtres et talismans pour exciter, ramener ou oublier l'amour. Timarque décrivit l'un d'eux, que l'on disait le plus efficace en vue de rendre follement amoureux de quelqu'un, et Alexandre fut ravi, parce que ce talisman figurait dans une ode de Pindare : c'était une petite roue à laquelle on avait attaché une bergeronnette par les quatre membres, les ailes déployées. Le poète de Thèbes la faisait offrir par Vénus elle-même à Jason pour provoquer l'amour de Médée. Anaxarque déclara que Socrate, si l'on en croyait Xénophon, disait ironiquement se servir de ce charme en vue de s'attirer des disciples : il « faisait tourner la roue magique ».

Marium, royaume de Stasièque, honorait, non seulement Vénus, mais Jupiter et Proserpine. Dans la même région, — c'est-à-dire au nord de l'île, comme Soles et Marium, — Lapathus, royaume de Praxippe, n'avait rien de remarquable dans son temple de Vénus, mais se flattait d'avoir été fondé par les Lacédémoniens.

Anaxarque, qui avait bu quantité de vin de Chypre, peut-être pour oublier la présence de ces rois qu'il détestait, n'avait cessé de grommeler pendant tous ces discours.

Alexandre ayant loué la dignité, merveilleuse pour un homme, de grand prêtre de Vénus, le philosophe raconta qu'il avait trouvé jadis Alonyme en train de répéter son rôle de grand prêtre de Vénus. Ce roi était couché sur le drap de pourpre d'un lit d'argent, la tête appuyée à des oreillers, les jambes écartées, les pieds sur des coussins, vêtu d'une robe blanche. Ses jeunes servants, retroussés jusqu'au pubis, l'entouraient : l'un était assis au pied du lit, la tête allant et venant sous la robe blanche ; un autre, debout, se faisait faire par lui-même la chose de Lesbos ; un troisième était à portée de sa main fort active ; un quatrième lui caressait les cheveux ; un cinquième agitait un éventail au-dessus de lui. « Voilà bien les occupations d'un homme, » conclut le philosophe. Même si les détails étaient vrais, les derniers mots d'Anaxarque vexèrent les rois chypriotes qui, au surplus, n'ignoraient pas son animosité. Cependant, ils n'osèrent riposter à un ami d'Alexandre. Nicocréon, encouragé par les droits que lui conféraient les privautés d'Ephestion, lui dit, assez haut pour être entendu de tous : « Cet Anaxarque est le hibou de Minerve. » Loin de calmer le philosophe, cela le relança.

« Voulez-vous que je vous dévoile un autre secret de Chypre ? cria-t-il. Les rois, tout en étant plus ou moins des femmes, y ont soumis les femmes à une telle servilité qu'elles courbent le dos pour leur permettre de monter sur leurs chars. Cela est très drôle, car les femmes de Chypre portent, non pas des boucles d'oreilles, mais des couvre-oreilles en or ciselé et incrusté de pierreries. Alors, quand elles se baissent en guise de marchepied, leurs couvre-oreilles tombent par terre... et souvent dans la bouse de vache. » Tous les rois de Chypre protestèrent, en disant que c'était insulter Cinyre, dont ils descendaient, — et Pnytagore protesta le plus fort, puisque les autres lui reconnaissaient une certaine primauté entre les Cinyrades. Ses deux fils ne furent pas les moins véhéments, non plus que ceux de Pasicrate. Mais Anaxarque avait décidément, pour la première fois, le vin mauvais.

« Ce que j'ai appris à Chypre de plus intéressant, continua le philosophe, c'est que l'on donne à manger aux bœufs les excréments humains. Vénus, en effet, qui aimait les porcs de l'île et n'en aimait pas les bœufs, avait défendu aux premiers cette nourriture et l'avait ordonnée aux seconds. Tes hôtes royaux ne pourront le nier, Alexandre, parce que Antiphane fait allusion à cet usage dans sa comédie *la Corinthienne*. Ce doit être son séjour à Chypre qui a inspiré à Solon l'idée d'interdire de voler même une bouse de vache, ce qui a créé l'expression proverbiale de « procès de bouse de vache » pour dire des procès sur des riens, des procès chypriotes. » Le roi et les princes de Chypre gardèrent un silence glacial. Alexandre, malgré sa sympathie pour des descendants d'Apollon et de Cinyre, dont l'un était son allié par Teucer, n'était pas fâché, au fond, que quelqu'un de son entourage les traitât par-dessous la jambe : il jalousait un peu leur vie voluptueuse. C'était la revanche d'Homère sur Anacréon. Elle était nécessaire en ce moment. Anaxarque sentait cette complicité d'Alexandre et, dans son ivresse, voulut continuer de le divertir aux dépens de ces petits rois, ce qui, du reste, faisait rire sous cape les princes syriens. « Chypre, dit-il, ou plus exactement Cinyre, a obtenu du dieu de Delphes l'oracle le plus curieux qui fût jamais sorti des lèvres de la sibylle : il y est question des poils du cul. Cet oracle, qui lui annonçait la naissance clandestine de son fils, a été repris dans l'*Adonis* de Platon le Comique : « O Cinyre, roi des Chypriotes, hommes à l'anus poilu, — Un fils t'est né, le plus beau et le plus admirable — De tous les hommes ; mais deux démons le posséderont, — L'un, femelle, poussé par des rames secrètes, l'autre poussant. » Anaxarque ajouta le commentaire : « Ce que nous savons des amours d'Adonis avec Bacchus et Hercule, nous donne le nom des rameurs qui l'ont poussé, mais il n'en est pas mort, tandis qu'il mourut d'avoir joué le rôle de mâle avec Vénus. »

Alexandre, qui ne s'offensait pas de ce que l'on pouvait dire d'Hercule son ancêtre, devinait bien que la susceptibilité des Chypriotes souffrait de plus en plus, parce qu'on avait l'air de vouloir les diminuer en sa présence, jusqu'en se moquant d'Adonis et de Cinyre. Il se hâta de les consoler, sans changer toutefois de sujet, mais en substituant à Platon le Comique la noble muse de Pindare. « J'aime, dit-il, la façon dont la IIe *Pythique* parle de cet ancêtre que j'ai en commun avec les Cinyrades : « Souvent les louanges des Chypriotes résonnent au sujet de Cinyre, — Le prêtre choisi de Vénus, — Qu'aima de tout son cœur Apollon à la blonde chevelure. » Et la VIIIe *Néméenne* vante son opulence : « ... Jadis Cinyre ploya sous sa richesse — Dans Chypre marine. »

S'apercevant qu'Anaxarque s'était endormi, — effet fréquent de son ivresse, — Alexandre, furieux de n'avoir pas eu ce témoin de sa parfaite mémoire et de sa courtoisie, lui lança une orange pour le réveiller. Les Chypriotes éclatèrent de rire. Le philosophe tourna encore son humeur contre eux. « Grand roi, dit-il, Ephestion t'a remercié de lui avoir envoyé une langouste, Parménion de lui avoir envoyé un turbot, Callisthène de lui avoir envoyé une caille. Mais je ne te remercie pas de m'avoir envoyé une orange. Tu devrais nous envoyer plutôt des têtes de rois et de satrapes pour être un amphitryon à la hauteur de ta gloire. » Alexandre répondit en plaisantant qu'il lui ferait servir un jour la tête de Darius et celle des satrapes qui favorisent sa résistance. Anaxarque, plus poussé par son démon qu'Adonis ne l'avait été par ses rameurs, ne se contenta pas de cette échappatoire : « La tête de Nicocréon nous permettrait d'attendre », dit-il. Manifestement, il avait toujours sur le cœur d'avoir été traité de hibou de Minerve et pensait aussi qu'il pouvait se permettre de houspiller un jeune prince plutôt qu'un roi. Le fils de Pnytagore prit très mal cette raillerie un peu forte. « Je te souhaite, répliqua-t-il à Anaxarque, de ne pas venir me demander un jour du vin à Chypre. Sinon, je t'avertis d'avance, pour te montrer qui je suis, que je ferai piler ta tête dans un mortier, comme on pile, à Chypre, du minium et du vinaigre avec des pilons de cuivre pour fabriquer le mercure. Cela t'apprendra à avoir réclamé la mienne à Alexandre. » « Tu me promets ô Nicocréon, dit Anaxarque, la fin glorieuse de Zénon d'Elée. Mais il eut le temps de se couper la langue avec les dents et de la cracher au visage du tyran de sa patrie. » Nicocréon ne dit rien ; mais Alexandre crut devoir rassurer le philosophe. « Anaxarque, dit-il, à toi de savoir maîtriser ta langue quand tu parles à l'un de mes invités, surtout si c'est quelqu'un de sang royal. Toutefois, Nicocréon n'oubliera pas que tu es sous ma protection. — Il n'a, certes, rien à craindre tant qu'il y sera, dit Nicocréon ; mais j'espère vraiment qu'il y sera toujours. » Anaxarque avait foi dans l'amitié et dans la destinée d'Alexandre. Aussi ne fut-il pas troublé à l'excès par cette menace d'être pilé vif. Comme si elle lui rappelait étrangement la prophétie d'Apollon Clarien, il supposait qu'Ephestion avait raconté cette prophétie à Nicocréon. « Quant à moi, dit-il, j'espère que tu me laisseras le choix que Théramène, l'un des trente tyrans d'Athènes, laissait aux condamnés : aller en prison, boire la ciguë ou sauter dans un bateau pour prendre la fuite. Je sauterai dans le bateau. » Nicocréon ne dit rien (1).

Alexandre, afin de faire oublier l'incident, ordonna à Thessalus de chanter, accompagné par la flûte de Timothée, l'hymne d'Orphée à Vénus : « Céleste, aux nobles hymnes, amie des sourires, Vénus, — Née de la mer, fille déesse, amie de la nuit, vénérable... — Qui te réjouis des festins, qui prépares les mariages, mère des Amours, — Qui persuades, qui aimes le lit, secrète, qui donnes la joie, — Visible et invisible, aux tresses aimables, fille d'un père illustre... — Viens, déesse... que tu sois dans l'Olympe — ... Ou dans les temples autour des villes de la Syrie, du Liban — ... Ou dans Chypre, ta nourrice... »

Avant de se remettre en route avec un contingent chypriote, Alexandre procéda à plusieurs nominations. Harpale, qui était revenu de Mégare, recouvra sa charge de trésorier. Céranus, Macédonien de Bérœa, fut chargé de percevoir les tributs de la Phénicie ; Philoxène, ceux des provinces en deçà du Taurus. Ménandre alla remplacer Antigone comme gouverneur de la Lydie et Cléarque lui succéda dans le commandement des troupes étrangères. Ne voulant pas laisser derrière lui un personnage aussi dangereux qu'Alexandre Lynceste, qui pouvait trouver le moyen de s'échapper, comme Pharnabaze, Alexandre pria Ménandre de le lui envoyer de la forteresse de Sardes, enchaîné : le traître suivrait l'armée. Le roi prenait pour principe de changer les gouverneurs assez régulièrement, afin de leur enlever la tentation de s'arroger des pouvoirs excessifs. Il venait de destituer Arimnus, en Syrie, qui avait usurpé les prérogatives royales et créé des conflits avec le roi Abd Hadad de Bambycé. Asclépiodore fut nommé à sa place.

Alexandre eut une malice à l'égard de sa mère. Elle lui avait dit, dans la lettre où elle brocardait son décret, qu'elle avait réuni autour d'elle, à Pella, « les plus beaux jeunes gens de la Macédoine », peut-être pour lui faire envie ; mais il les soupçonna de se mettre sous la protection de la reine pour échapper au service. Conséquemment, il chargea Amyntas, qui repartait afin d'amener de nouvelles recrues, de ne pas épargner celles-là et de faire place nette au palais royal.

Quelques mesures s'imposaient aussi à l'égard de la Grèce. Si Antipater avait mis Sparte à la raison, un foyer de révolte subsistait en

(1) Après la mort d'Alexandre, Anaxarque fut jeté par les vents près de Salamine, et Nicocréon, devenu roi, fit écraser sa tête dans un mortier, comme il le lui avait annoncé à ce banquet. Le philosophe, imitant Zénon d'Elée, lui avait craché sa langue au visage.

Crète, où les Perses et les Spartiates conservaient la plupart des villes qu'ils avaient occupées. Tout le littoral asiatique étant subjugué, Amphotère eut pour mission de reconquérir ces villes, de paraître sur les rives du Péloponèse en vue de réconforter les alliés et de purger la mer Intérieure des pirates qui avaient reparu à la faveur de la guerre. Les Phéniciens et les Chypriotes devaient accroître de cent voiles la flotte macédonienne. Si elle lui avait paru inutile après sa conquête de l'Asie Mineure, au point qu'il l'avait en partie désarmée durant le siège de Milet, Alexandre jugeait nécessaire, non seulement de la reconstituer, mais de l'augmenter, pour garder l'empire de la mer, à mesure qu'il s'éloignait. Hégéloque, qui voulait avoir une part plus active à l'expédition, abandonnait le commandement de la marine pour un de ceux de la cavalerie.

Le roi se réjouit d'apprendre que Darius l'attendait sur les bords du Tigre. Il remerciait la prophétesse de Didyme de lui prédire une victoire près de ce nouveau fleuve. Il regrettait de ne pas aller jusqu'à Alexandrie de Syrie pour voir les constructions de cette ville, fondée il y avait un peu plus de deux ans ; mais il savait qu'elle prospérait déjà. De même lui avait-on dit qu'Alexandrie d'Egypte commençait à sortir de terre. Pnytagore lui avait demandé la permission de fonder, aux environs de Salamine, une Alexandrie de Chypre, comme la reine Ada avait fondé une Alexandrie du Latmus.

On franchit le fleuve Oronte à Hamath, où l'on s'arrêta. C'était la seule ville importante de cette plaine, avant Thapsaque, sur l'Euphrate. Manassé dit à Alexandre ce que cette ville d'Hamath évoquait pour les Juifs de l'armée. Le roi Salomon y avait étendu sa domination. Plus tard, Hamath avait été conquise, ainsi que Damas, par Jéroboam. Elle figurait dans un oracle rendu par le prophète Amos pour punir les Juifs de leurs fautes : « Je vous déporterai par-delà Damas... — Allez de là à Hamath la grande. » C'était aujourd'hui Hamath la petite. Rébla, que l'on venait de passer, sur l'autre rive de l'Oronte, n'était plus que ruines. Elle avait été une résidence de Nabuchodonosor, roi de Ninive et de Babylone, qui avait emmené les Juifs en captivité et qui avait prononcé à Rébla des sentences de mort contre plusieurs de leurs chefs. Alexandre était trop sensible aux souvenirs historiques pour ne pas être touché de voir ce peuple conserver si religieusement les siens ; mais les princes de Damas, qui participaient à la campagne, avaient une autre vue de la question : ils déclaraient qu'ils se demandaient ce que les Juifs étaient allés faire dans ces régions qui ne leur appartenaient pas.

Alexandre fut étonné d'apercevoir un poulain éviré qui galopait en laissant couler un filet de sang entre ses cuisses. Etait-ce en l'honneur de la déesse syrienne qu'on l'avait châtré ? On dit au roi qu'en Syrie, les chevaux sauvages ne permettaient pas aux plus jeunes de saillir les cavales, qu'ils les poursuivaient si ces derniers l'avaient tenté et qu'après les avoir immobilisés par-derrière au moyen d'une morsure, ils leur tranchaient le sexe. Alexandre pria Callisthène de noter ce trait pour les *Histoires merveilleuses* d'Aristote.

Au nord d'Hamath, l'étape de Chalybon n'enthousiasma pas le seul Anaxarque. Toute l'armée fut ravie de boire, à sa source, le vin célèbre qui était réservé au grand roi et dont elle fit provision.

Plus loin, on rencontra une caravane arabe qui venait de Babylone par Thapsaque et qui fournit des renseignements sur les préparatifs de Darius. Il avait rassemblé l'armée la plus grande jamais réunie depuis Xerxès, — un million deux cent mille hommes des diverses provinces de son empire, notamment de la Bactriane et de la Sogdiane, provinces du nord-est, — et il leur avait adjoint des archers scythes. Cependant, ce n'était environ que la moitié de cette multitude, qu'il avait emmenée vers Babylone, ce qui faisait à peu près le même compte que pour l'armée emmenée à Issus. Si beaucoup n'étaient armés que de massues, les autres avaient des épées et des piques dont il avait augmenté la longueur, persuadé que c'était ce qui avait donné l'avantage aux soldats d'Alexandre Il se croyait invincible grâce à deux cents chars munis de faux, qui décimeraient l'ennemi. Alexandre dit à ses troupes que l'armée d'Artaxerxès à Cunaxa avait eu aussi des chars à faux, vieille invention des rois d'Assyrie ou, selon d'autres, de Cyrus le Grand, et qu'ils n'avaient joué aucun rôle efficace dans le sort de la bataille. Darius avait, de plus, quinze éléphants d'Arachosie, province limitrophe de l'Inde. La cavalerie était forte de deux cent mille hommes. Les chevaux avaient des caparaçons de fer et les cavaliers des cottes de mailles. Le reste composait l'infanterie. Pour la première fois, l'armée grecque aurait à affronter les Bactres et les Sogdiens, qui avaient la réputation d'être les meilleurs soldats du monde. Toute cette armée, commandée par Darius et par Mazée, satrape de Mésopotamie, auquel il avait promis la main de sa fille Statira, s'était mise en marche depuis Babylone le long du Tigre, à la nouvelle que les Macédoniens avançaient. Cette promesse de mariage avec une prisonnière d'Alexandre paraissait à ce dernier assez présomptueuse.

On était en vue de Thapsaque. La caravane avait utilisé le pont de bateaux qui s'y trouvait ; mais elle avait averti que les Perses l'avaient détruit dès qu'elle était passée. Il y restait des radeaux, voitures peu pratiques et qui exigeraient un temps infini pour transporter trente mille hommes. C'est plus haut, à Zeugma, qu'il y avait le pont de bateaux établi par Xerxès, chemin ordinaire des caravanes. Alexandre n'avait pas envie de se détourner et résolut de tenter la fortune à Thapsaque. Tandis que le roi des Perses avait envoyé en avant Mazée avec six mille hommes, dont deux mille mercenaires grecs et mille cavaliers, sous les ordres de Satropate, pour défendre le passage, son rival dépêchait des éclaireurs et des pontonniers en vue de se l'assurer. Ceux-ci étaient chargés de construire deux ponts avec des bateaux, attachés entre eux par des cordages et calés par de grands cônes d'osier remplis de pierres.

La caravane que l'on avait rencontrée, avait, parmi ses marchandises, d'énormes dents d'éléphants qui, de relais en relais, venaient des Indes. Alexandre en avait fait acheter quelques-unes, comme un présage de conquête. C'était également une manière amusante de se familiariser avec les éléphants de Darius, dont il comptait s'emparer. On goûta, grâce à cette caravane, d'un aliment indien : le riz. Anaxarque supposa que c'était ce « grain à cosse, gros comme du millet », dont parle Hérodote. Alexandre décrivit à ses troupes les éléphants d'après *l'Histoire des animaux* d'Aristote : ces pachydermes n'étaient pas des lions.

L'armée arrivait à Thapsaque. Les pontonniers avaient craint d'être gênés dans leur ouvrage par les mercenaires et les cavaliers de Satropate ; mais ceux-ci prirent la fuite dès qu'ils virent les éclaireurs, et l'on construisit tranquillement les deux ponts.

Darius avait donné l'ordre, comme Arsame l'avait fait en Cilicie, de brûler toutes les récoltes de cette région. Cela avait paru plus facile à Satropate et à Mazée que de défendre le passage de l'Euphrate. Les vivres de l'armée perse étaient en abondance au-delà du Tigre, outre le ravitaillement qui la suivait en bateau sur le fleuve.

Alexandre pensait à l'armée de Cyrus le Jeune, conduite par Cléarque et Ménon le Thessalien, le grand-père de Médius, — Xénophon n'était pas encore l'un des généraux, — et qui traversa l'Euphrate à Thapsaque en ayant seulement de l'eau au-dessus de la poitrine, ce qui était sans exemple, disait-on, et qui fut tenu pour un présage favorable : « Le fleuve s'était soumis à Cyrus comme si c'était son roi », présage que ne confirma pas la suite des événements. C'est parce qu'Alexandre ne s'était pas attendu à un miracle semblable, image de celui dont il avait bénéficié sur la côte de Cilicie, qu'il avait fait faire un pont de bateaux. « Xénophon, dit-il à Médius, déclare que les soldats de ton grand-père entrèrent dans le fleuve les premiers pour avoir la meilleure récompense. Il faut donc que tu sois le premier de mes officiers à être de l'autre côté de l'Euphrate, même s'il y a une embuscade. — Volontiers, par Jupiter, s'écria Médius, et ma récompense n'est que de te plaire. » Après le sacrifice rituel, il passa en tête avec Hippostrate, son ancien mignon. Il n'y eut pas d'embuscade.

Pour commémorer son entrée en Mésopotamie, où il s'apprêtait à rencontrer Darius, Alexandre décida de fonder une ville, en face de Thapsaque, et de l'appeler Nicéphorium, — la Ville Porte-Victoire. Cette épithète étant un surnom de Jupiter, il honorait ainsi le souverain des dieux, son protecteur, en créant une ville dont le nom était de bon augure, sans déplaire à Némésis.

On ne procéda que symboliquement aux travaux de cette fondation pour se diriger vers le Tigre, dans un pays où les Perses n'avaient pas eu le temps de tout ravager. Les Macédoniens avaient du reste, eux aussi, des approvisionnements suffisants et ne craignaient pas d'être vaincus par la famine. Mais le roi pressa la marche afin de sauver les petites villes de cette grasse province mésopotamienne, dite la Mygdonie, — homonyme de la Mygdonide de Macédoine. Elle était arrosée par la rivière Chaboras ou Aborhas, que Xénophon appelait Araxe et qui était un affluent de l'Euphrate. Le blé et les vignes abondaient sur ses bords, comme à cette époque-là. Les habitants de Carrhæ, puis ceux de Resæna ou Rhésina, principales agglomérations de cette plaine, accueillirent avec reconnaissance l'armée qui avait mis en fuite Satropate avant qu'il eût fait brûler leurs maisons. La route remontait un peu vers le nord et passait ensuite par la ville de Nisibis, que dominait le mont Masius. Ce fut une grande joie et une grande surprise pour les Juifs d'Alexandre d'y rencontrer des frères de race, qui s'y étaient fixés après la captivité de Babylone. Manassé citait les prophètes et bénit l'auteur d'une telle rencontre. « Tu vois, ô roi, lui disait-il, c'est le Dieu des Juifs qui te mène. Et il est le dieu des armées. »

Des éclaireurs perses que l'on fit prisonniers, annoncèrent que Darius, venant par la route royale, était campé devant Gaugamèles, à une dizaine de kilomètres d'Arbèles, sur la rive orientale du Tigre. Mais, pour rejoindre cette route, il avait dû passer le fleuve, ce qui avait demandé cinq jours entiers. Peut-être Darius avait-il choisi cette bourgade de Gaugamèles dont le nom signifiait Maison du chameau, parce que c'était une fondation de son aïeul Darius, fils d'Hystape, en faveur du chameau qui avait porté ses provisions durant sa guerre difficile contre les Scythes. Ce roi lui avait fait bâtir une maison à cet endroit et lui avait assigné le revenu de cette contrée pour sa subsistance. Mais il y avait, pour l'actuel roi des Perses comme pour le roi des Macédoniens, un arrière-plan plus grandiose que celui de la Maison du chameau à ce qui allait être leur champ de bataille : les ruines de Ninive étaient au nord-est de cette plaine, dont Arbèles était la ville la plus importante. De ces hauteurs, les ombres de Ninus, de Sémiramis et de Sardanapale contempleraient le duel. Darius avait franchi l'un des tributaires du Tigre, le Lycus, — le Grand Zapatas de Xénophon, — et un affluent du Lycus, le Boumade, en vue de déployer son armée dans l'une des vastes plaines de cette autre partie de la Mésopotamie, dite l'Atourie, province de Ninive. Il faisait niveler beaucoup d'inégalités du terrain pour faciliter l'action des chars.

Un mage chaldéen parla à Alexandre du fleuve arménien Lycus, homonyme de celui qu'avait traversé Darius et qui coulait au pied du mont Diorphe, dont l'histoire était intéressante. Le dieu Mithra voulait un fils, mais détestait les femmes : il échauffa une pierre en la frottant contre son sexe et la féconda, comme Jupiter et Vulcain avaient fécondé la Terre. Il en eut, dans le délai habituel, un fils, Diorphe, qui, parvenu à la fleur de l'âge, défia Mars au combat, fut tué et métamorphosé en cette montagne. Alexandre aimait toujours que les histoires des dieux fussent l'ornement de ses campagnes. Les Chaldéens lui dirent qu'Arbèles avait un temple fameux d'Istar, la Vénus assyrienne. Il fut enchanté que Vénus régnât sur la ville non loin de laquelle il se mesurerait derechef avec Darius.

On était au début de septembre. Comme l'anniversaire de la bataille de Marathon était le 12, il fit sacrifier par anticipation en cet honneur. Il harangua ses soldats pour leur assurer que leur courage, avec l'aide des dieux, rendrait immortelle leur prochaine victoire sur les Perses, déjà battus en Grèce par leurs ancêtres, cent vingt ans auparavant. Il ajouta que, quelques jours plus tard, ce serait l'anniversaire de la bataille de Salamine et de celle de Platée : les Grecs allaient donc combattre à la lumière de leurs trois plus grandes victoires remportées sur leurs ennemis, auxquelles ils avaient ajouté, comme envahisseurs de l'empire des Perses, celles du Granique et d'Issus.

Le Tigre était très profond et son courant très rapide. On attribuait généralement son nom à l'impétuosité de ses eaux. D'autres disaient que Bacchus, ne pouvant le franchir, avait invoqué Jupiter, qui envoya un tigre sur lequel il passa le fleuve sans danger et qu'en gratitude il lui donna le vocable de cet animal. On y trouvait, du reste, une pierre qui garantissait des attaques des bêtes féroces. Comme Anaxarque avait rappelé ce passage du Tigre par Bacchus, Anaximène dit que Vénus et Cupidon avaient traversé l'Euphrate sur deux gros poissons, quand le géant Typhon les poursuivait. C'étaient les Poissons qui furent mis au nombre des douze signes du Zodiaque.

Avant de risquer le passage du Tigre, Alexandre tint ses troupes au repos pendant quatre jours. La chaleur de cette fin d'août était accablante et il avait résolu de laisser de ce côté du Tigre les bagages avec les malades ; mais aucun invalide ne voulut demeurer en arrière. L'eau du fleuve étant malsaine, Philippe d'Acarnanie la corrigeait avec de la graine pilée de pouliot. Les valets de l'armée s'étaient divisés en deux bandes, dont l'une avait élu pour chef un Alexandre et l'autre un Darius afin de se battre à coups de mottes de terre, puis à coups de poing, ce qui remémorait à Alexandre ses combats de Miéza avec ses amis. Il fit combattre les deux chefs des valets tête à tête devant toutes les troupes, après avoir armé celui que l'on appelait Alexandre ; Philotas arma celui qui représentait Darius. Ce combat fut acharné entre les deux champions ; mais le vainqueur fut Alexandre et le roi lui donna douze villages pour se congratuler lui-même de ce nouveau signe de victoire.

Par d'autres prisonniers, on avait des détails sur les commandants dans l'armée de Darius. Les Bactriens étaient sous les ordres de Bessus, satrape de leur province et de la Sogdiane, partie septentrionale de l'empire ; les Scythes, qui étaient là en qualité d'alliés et qui appartenaient aux tribus des Saques et des Massagètes, tous archers à cheval, étaient conduits par Mabacès ; les Ariens, avec leur satrape Satibarzarne ; les Arachosiens, avec Barsaéte, satrape d'Arachosie ; les Mèdes et les peuples limitrophes, avec Atropate ; les riverains du golfe Persique, Orobate, avec Orotonpate, Ariobarzane et Orxine ; les Susiens et les Euxiens, avec Oxathre ; les Babyloniens et les Cariens, avec Bupatre ; les Arméniens, avec Oronte et Mithrauste ; les Cappadociens, avec Ariace ; les Syriens et les Mésopotamiens, avec Mazée. Celui-ci, qui semblait avoir la confiance suprême de Darius, était un des plus grands personnages de l'empire : satrape de Cilicie avant Arsame, il y avait battu monnaie, de même qu'Arsame. Alexandre n'était pas étonné d'apprendre que des troupes appartenant à des pays qu'il avait conquis, étaient sous les enseignes de Darius : c'étaient les fugitifs du Granique et d'Issus, avec leurs anciens satrapes. Il retrouvait même Orontopate, le défenseur d'Halicarnasse.

Près du Tigre, des fumées qui s'élevaient lui firent croire à une embuscade. Mais les éclaireurs, envoyés sur un radeau, rapportèrent que c'étaient les incendies allumés par Mazée et Satropate. Alexandre s'émerveilla de n'apercevoir aucun ennemi sur l'autre rive : il remercia les dieux de la chance qui l'accompagnait. Immédiatement il fit traverser le Tigre par l'endroit guéable qu'on lui indiqua et que sondèrent quelques cavaliers. Il fut ensuite le premier à passer. Bucéphale avait de l'eau jusqu'au poitrail, puis jusqu'au cou. Alexandre avait dit à ses hommes de se tenir en rangs serrés pour résister au courant. Les fantassins soulevaient leurs armes au-dessus de leur tête, les valets faisaient de même avec les bagages ; mais les plus pesamment chargés, perdaient pied et de nombreuses parts de butin furent perdues. Alexandre cria que l'on devait se contenter de sauver les armes et qu'il réparerait les autres pertes.

On était maintenant, comme Darius, en Atourie. La triple enceinte des murailles de Ninive en briques crues s'élevait à proximité de l'armée macédonienne et de celle de l'ennemi. On retrouvait la route royale, qui allait de Suse à Sardes, et dont on avait suivi plusieurs tronçons, depuis la plaine de l'Hermus en Lydie.

L'armée avait à peine achevé de traverser que la cavalerie perse apparut à l'horizon : Satropate, avec mille chevaux, arrivait trop tard. Ariston, chef des cavaliers péoniens, fut mis à sa poursuite, lui tua plusieurs dizaines des siens, réussit à le rejoindre lui-même, lui perça la gorge d'un coup de lance et lui coupa la tête, qu'il vint déposer aux pieds d'Alexandre. Ainsi voulait-il venger la mort de quelques soldats macédoniens. C'était déjà un symbole de victoire que d'avoir défait et décapité le chef de la cavalerie perse, qui, ayant à sa disposition des forces plus grandes, aurait aisément empêché l'armée de franchir le Tigre.

Manassé était venu contempler la tête de Satropate, qu'Alexandre voulait faire servir à Anaxarque. « O roi, lui dit-il, le jeune Ariston a été comme notre jeune roi David qui, dans un combat singulier, frappa à mort son rival Goliath, puis lui trancha la tête pour l'apporter à Saül, premier roi d'Israël. » La Juif sourit et ajouta : « Toutefois, à la différence de David, Ariston n'aurait pu couper le prépuce de Satropate, puisque les Perses sont circoncis comme nous. Le roi Saül réclama à David cent prépuces d'ennemis pour lui donner sa fille en mariage. David lui en apporta deux cents. »

Cependant, à la tombée de la nuit, on entendit tout à coup des rumeurs et l'on vit chez beaucoup de soldats une certaine inquiétude. On en aperçut même à l'arrière-garde qui s'enfuyaient, malgré les demi-armures qui privaient leur dos de protection. C'était une de ces terreurs inexplicables qui gagnent les armées et que l'on appelait paniques. Sans doute la facile traversée avait-elle persuadé certains que le grand roi l'avait permise pour fondre à l'improviste sur l'armée avec ses multitudes, alors que les Perses n'attaquaient jamais de nuit. Alexandre fit sonner les trompettes et ordonna aux premiers rangs de poser les armes à terre et de dire à ceux qui étaient derrière eux, et aux autres de proche en proche, d'en faire autant. La vaine terreur fut dissipée par ce simple geste qui rassurait tous les soldats, en les persuadant que leur chef ne les savait pas en danger. Parménion félicita Alexandre de son sang-froid. Le camp s'établit.

Le lendemain, au lever du soleil, le fils d'Olympias contemplait le paysage : la plaine d'Arbèles avait pour barrière au nord les monts de la Gordyène, à l'ouest le mont Zagrus, dont la pointe méridionale était voisine de Suse, la capitale de Darius. La partie décisive allait donc se jouer ici. Babylone était au sud-est sur l'Euphrate. Tous les grands noms de lieux étaient présents, comme ceux des grands personnages. Ils y étaient même pour toutes les races ; si Alexandre imaginait à Ninive le tombeau de Ninus, Manassé lui avait dit qu'il aurait souhaité y retrouver celui de Jonas. Ce prophète, après être sorti de la baleine de Joppé, était venu annoncer aux Ninivites, un siècle avant le règne de Sardanapale, que leur ville serait détruite s'ils « ne se détournaient pas de leur mauvaise voie », — sans doute la même que les Sodomites. Les habitants et leur roi le crurent, se couvrirent de sacs et s'assirent sur la cendre et la ville fut sauvée. La prophétie de sa ruine s'était appliquée plus tard à Sardanapale.

Alexandre, sachant que Darius était à dix kilomètres, brûlait de l'attaquer tout de suite, ce que désiraient beaucoup d'officiers ; mais Parménion était d'avis de temporiser. « Tu veux encore que l'on attende un mois, comme tu le demandais au Granique ? lui dit Alexandre. — Non, pas un mois, dit Parménion, mais quelques jours, ainsi que tu l'as fait faire toi-même avant que l'on traversât le Tigre. Il s'agit maintenant de la bataille capitale : tes hommes seront plus forts, s'ils sont mieux reposés. — Ceux de l'ennemi aussi, dit Alexandre. — Ce sont les tiens qui m'importent, » dit Parménion. Alexandre eut la déférence de mettre l'avis en délibération parmi les chefs de l'armée. Ce fut Parménion qui l'emporta. Ephestion lui-même avait désapprouvé l'ardeur d'Alexandre, ainsi que Médius, pourtant impatient de venger son grand-père Ménon, que Tissapherne avait fait prisonnier traîtreusement dans ces parages, — Cunaxa était au sud, un peu avant Babylone, entre le Tigre et l'Euphrate.

Aristandre corrobora cette décision par ses tables sur les astres. Il déclara que le moment le plus favorable pour livrer bataille, serait avant l'entrée du Soleil dans la Balance, c'est-à-dire avant le 27 septembre : c'était, en effet, le même jour que se levaient les Chevreaux le matin et que commençait le coucher du Bélier. Le 29 serait aussi favorable, parce que les Chevreaux se levaient le soir ; le 1er octobre conservait des signes identiques et marquait la limite extrême. Alexandre avait été ébloui par ces observations de son devin : elles semblaient confirmer la prophétie de Daniel, lue à Jérusalem : Alexandre, le « jeune bouc », c'est-à-dire le chevreau, frapperait le bélier, briserait ses cornes. Les Chevreaux étaient trois ; mais, s'il comptait Ephastion pour un, il se comptait pour deux.

On retrancha le camp, tandis qu'Alexandre, Parménion, les gardes et des troupes légères allaient reconnaître le terrain. « J'oserai te donner un autre conseil, dit Parménion au roi. Nos troupes, à Issus, n'aperçurent pas toute l'immensité de l'armée de Darius, car une grande partie était restée dans les défilés. A Gaugamèles, cette masse sera visible et risque de paraître insurmontable à nos soldats les plus valeureux. Je t'engage donc à attaquer les Perses pendant la nuit, ce qui augmentera le désordre, tout en cachant leur nombre. — Par Jupiter, s'écria Alexandre, j'aurais l'air de dérober la victoire. Du reste, de même que Darius a mis le compte de sa défaite sur les défilés, il aurait une nouvelle excuse et ne cesserait de trouver des armées dans les pays qu'il occupe encore. Pour en finir avec lui, il faut le battre en plein jour et sur le terrain qu'il a choisi ».

Le jour entier se passa en reconnaissances. Le paysage qu'Alexandre avait admiré le matin en artiste, il l'avait maintenant gravé dans sa mémoire en tacticien. Sa vue, singulièrement renforcée par les traitements de Philippe et les fleurs de grenadier de Thaïs, — il ne se déprenait pas de son faible pour la magie, — ne lui semblait avoir jamais été aussi bonne. Un transfuge grec, (il y en avait constamment de son côté, quand il avoisinait les mercenaires de l'armée perse), avait confirmé que Darius ne se préparait pas à l'offensive . sûr de sa position, il attendait Alexandre, au milieu de l'immense confusion de ses troupes si diverses, qui n'avaient pas de langue commune. Puisque c'est à lui qu'on laissait l'initiative, le fils d'Olympias et de Jupiter fixa, d'accord avec Aristandre, la date de l'attaque au 1er octobre.

Trois jours auparavant, il voulut se récréer et prouver autant sa confiance que sa liberté d'esprit : il galopa jusqu'à Ninive, avec ses amis, ses philosophes, Aristandre, les mages chaldéens et Manassé. Des estafettes, de distance en distance, pouvaient lui transmettre, presque aussi rapidement que par la voix, tout avis de Parménion, auquel il laissait la garde de l'armée. Il évoquait sa visite au sanctuaire de Minerve Cranéenne près d'Elatée et ensuite à celui de Delphes, la veille de la bataille de Chéronée. Il était certain que cette visite de l'ancienne capitale de l'Assyrie, qui ne serait plus possible lorsqu'il serait lancé aux trousses de Darius, s'il ne l'avait fait prisonnier ou tué, lui donnait un nouveau souffle pour la grande rencontre qui se préparait. Son imagination lui prêtait des ailes ; mais, comme Bucéphale n'en avait pas, à l'instar de Pégase, il accorda ce repos à son fidèle cheval de bataille, qui lui-même combattait par ses sabots, et il prit, pour aller à Ninive, un autre coursier.

Il s'arrêta à proximité des ruines, afin d'en mesurer l'importance, avant de les visiter.

« Nahum et Sophonie, deux de nos prophètes, lui dit Manassé, avaient prévu la chute de cette ville, comme Jonas. C'est bien le cas pour moi de répéter ici ce que le second annonçait de la part de notre Dieu : « Il fera de Ninive une solitude, — Une lande aride comme le désert. — Là les troupeaux auront leur gîte, — Les bêtes de toutes provenances, — Aussi bien le pélican que le hibou, — Logeront dans ses chapiteaux. — Les seuils ne seront que décombres... — La voilà, cette ville joyeuse — Qui trônait en pleine sécurité. — Quiconque passe sur elle, — Siffle et agite la main. » « Ta blessure est sans remède, » lui a prédit Nahum.

Alexandre s'enrichissait en prophéties hébraïques. Manassé lui avait appris qu'il y avait dix-huit livres prophétiques dans l'ensemble des livres sacrés juifs, qui étaient au nombre de quarante-six et formaient ce que l'on appelait la Bible. Sophonie et Nahum étaient des douze, dits les petits prophètes. Ayant précisé que le premier des livres sacrés racontait la création du monde par le dieu de son peuple, le Samaritain en donna un seul détail qui parut à Alexandre d'une beauté grandiose, le : « Que la lumière soit ! » En dépit du petit prophète Sophonie, le roi n'avait aucune envie de siffler sur les ruines de Ninive et il leva la main pour les saluer. Des troupeaux de bœufs et de moutons les habitaient, en effet ; mais il fut ému de voir, parmi les bergers, quelques prêtres en robe blanche qui entretenaient le feu sacré dans les temples détruits, comme la prophètesse de Didyme entretenait l'oracle.

Il parla avec l'un d'eux, par l'intermédiaire d'un Chaldéen. C'était le grand prêtre d'Assur, le Jupiter des Assyriens qui devaient leur nom à ce dieu (Assurnazirpal, Assurbanipal, avaient été des rois d'Assyrie) et plus bas, près du Tigre, Assur avait été l'une des capitales du royaume. Au milieu d'un monceau de ruines, on voyait les portes d'un palais dont les pieds-droits étaient formés par des taureaux ailés à tête humaine de taille colossale. Une double procession de personnages, non moins colossaux, étaient figurés de chaque côté de la porte, venant apporter des présents au roi. Ces grandes plaques vernissées étaient d'un effet extraordinaire. Sur un autre bas-relief du palais, un roi, coiffé d'une tiare terminée par un cône, était vêtu d'une longue tunique brodée à carreaux et tenait dans la main gauche une fleur à trois branches. Une longue barbe annelée lui couvrait le menton et descendait jusqu'au milieu de la poitrine, comme sur les taureaux à face humaine. Il avait derrière lui un serviteur imberbe qui tenait un chasse-mouches au-dessus de la tiare. Ses larges bracelets, ses boucles d'oreilles, lui donnaient un aspect féminin.

Anaxarque raconta, d'après Ctésias de Cnide, la mort de Sardanapale, qui avait été le trentième, depuis Ninus, et le dernier roi d'Assyrie. Vivant au milieu de ses eunuques, de ses mignons et de ses femmes, sans jamais se montrer à son peuple ni même à ses généraux, il reçut enfin l'un d'eux, Arbace, Mède de nation, qui fut stupéfait de l'entendre s'exprimer comme une femme, de lui voir des lignes dessinées autour des yeux, la peau frottée à la ponce, aussi blanche que du lait, et occupé à teindre de la pourpre avec ses concubins et ses concubines. Avant de recevoir Arbace, Sardanapale s'était enduit de céruse pour dissimuler son fard. Le Mède, indigné d'avoir un tel roi, rassembla une armée et, aidé du grand prêtre de Babylone, Bélésis, lui fit la guerre, ce qui entraîna la révolte de l'empire, l'invasion des Mèdes, un siège de deux ans et la chute annoncée par les prophètes juifs. Le bûcher où se brûla Sardanapale, plutôt que de se rendre au roi des Mèdes Cyaxare, avait douze mètres de haut et des poutres avaient été mises autour de la salle pour achever la combustion. On y avait entassé cinq cent cinquante millions de drachmes d'or, autant de drachmes d'argent, cent cinquante lits d'or et autant de tables d'or, sur lesquels il s'allongea avec sa femme légitime, ses concubines et ses concubins, faisant ainsi le plus fantastique bûcher de l'histoire. Alexandre était presque jaloux d'une telle mort, comme il l'avait été de la vie des rois chypriotes. Au préalable, Sardanapale avait envoyé ses trois fils et ses deux filles chez un autre souverain en leur donnant cent soixante-six millions huit cent mille drachmes. La chambre où il s'était enfermé, fut clouée au-dehors par ses eunuques fidèles. Le bûcher brûla quinze jours. Ceux qui apercevaient la fumée pensaient que c'était celle des sacrifices.

Près du monticule du bûcher étaient gravés, en caractères cunéiformes, deux chants funèbres dictés par Sardanapale et plus explicites que l'épigraphe de sa statue d'Anchiale. Un prêtre les traduisit en chaldéen et un mage les traduisit en grec à Alexandre. Il y avait d'abord : « Moi, j'ai régné et, tant que j'ai vu la lumière du soleil, j'ai joui des femmes, sachant que la vie des mortels est courte — Et qu'elle a beaucoup de vicissitudes et de peines. — D'autres jouiront des biens que j'ai laissés. — C'est pourquoi je n'ai pas non plus passé un seul jour sans jouir de même. » Alexandre trouva ce chant funèbre digne de la bestialité affichée par l'inscription d'Anchiale.

On lisait ensuite : « Sachant bien que tu es mortel, exalte ton âme — En te rassasiant dans les banquets : pour toi mortel, il n'y a aucun autre bien. — Car moi je suis poussière, après avoir régné sur la grande Ninive. — Je possède ce que j'ai mangé et ce à quoi j'ai fait violence et ce dont j'ai joui — Par le charmant amour et j'ai laissé toutes ces choses heureuses et beaucoup d'autres. » Chérilus s'essaya à transporter en vers grecs toutes ces belles choses, pour que l'on sût dans une langue européenne, disait-il, quel poète avait été Sardanapale. Le grand prêtre lui promit de faire graver cette traduction sur une plaque, afin de rendre hommage à la langue que parlait Alexandre.

Un mage chaldéen, qui avait écouté sans rien dire le récit d'Anaxarque parut plus sensible aux commentaires d'Alexandre. Il déclara que Ctésias et les Grecs en général avaient calomnié Sardanapale et que ce souverain n'avait pas été du tout un efféminé. « Arbace, le Mède, dit-il, qui l'avait vu habillé en femme, fardé au milieu des femmes, et occupé à des ouvrages de femme, n'était pas un initié. Sardanapale accomplissait un acte religieux, réservé au culte secret de Sémiramis, qui ressemblait à celui de la déesse syrienne. La chute de Ninive est donc le résultat d'une équivoque. » Ces histoires enchantèrent Pyrrhon, qui voyait là une preuve de plus en faveur du scepticisme. Il disait qu'il ne fallait même pas croire aux choses que l'on voyait, puisqu'on pouvait mal les interpréter. Mais Alexandre était frappé par la version élogieuse des mœurs de Sardanapale, qui rachetaient sa triste morale et n'enlevaient rien au sublime voluptueux de son bûcher.

Manassé, de son côté, s'excitait à la recherche du tombeau de Jonas. Le grand prêtre d'Assur lui dit qu'il ignorait l'existence de ce tombeau ; mais c'était peut-être pour venger les Ninivites qui n'avaient pas voulu suivre la voie du dieu des Juifs. Sardanapale ne s'était pas assis sur la cendre, comme son prédécesseur du temps de Jonas : il était monté sur son bûcher, avec tous ses trésors et les objets de ses amours.

On pensait que le grand palais avait été le sien. Celui du nord était identifié, où étaient d'admirables plaques représentant les combats et les chasses de son constructeur, avec son portrait et cette inscription : « Je suis Assurbanipal, le roi du monde, le roi d'Assyrie. — Dans mon plaisir royal, je saisis un lion par la queue — Et, sur l'ordre de Ninourta et de Nergal, les dieux mes seigneurs, — J'ai fendu son crâne de mes mains et de ma hache. » Ninourta était le dieu Soleil et le dieu du tonnerre et Nergal le dieu des enfers. Alexandre fut émerveillé : il n'aurait pas imaginé de pouvoir attraper par la queue son lion du Liban, à moins qu'on n'en eût barbouillé le mufle avec le chalcanthum de Chypre. Une plaque d'albâtre montrait Assurbanipal à table dans un jardin en compagnie de sa femme. Il était allongé sur son lit et, comme les femmes le faisaient encore en Macédoine, elle était assise à ses pieds, mais c'était sur un trône, à l'ombre d'une treille chargée de raisins, entre des conifères et des palmiers. Des esclaves tenaient derrière eux des éventails. Des joueurs de harpe, de flûte et de tambourin étaient près d'un arbre où pendait, attachée par un anneau, la tête d'un roi vaincu. « La tête de Darius, après celle de Satropate ! » s'écria Ephestion. « La tête de Nicocréon, » dit méchamment Anaxarque à mi-voix. Sur une plaque voisine, il vit une file de soldats ennemis, empalés sur des pieux et liés les uns aux autres par les mains. D'autres plaques représentaient le parc royal avec des lys, des grenadiers, des lions apprivoisés, des musiciens, des serviteurs de grands chiens de chasse. Alexandre, ses amis et ses philosophes admiraient tous ces motifs, sculptés ou peints, qui avaient évidemment inspiré l'art grec primitif et qui étaient plus variés que ceux de l'art égyptien. On foulait aux pieds des mosaïques, faites de lapis-lazuli, d'écaille et de nacre.

Une pyramide de pierre, haute de soixante mètres sur une base de trente, était le tombeau de Ninus. Son inscription semblait avoir servi de modèle à Sardanapale : « Vois ce tombeau, écoute, que tu sois — Assyrien, ou Mède, ou Scythe ou Indien... — ... Moi, Ninus, j'étais autrefois un corps animé. — A présent, je ne suis plus rien d'autre que terre. — J'ai ce que j'ai mangé, ce que j'ai chanté — Et ce que j'ai aimé. — Tous les autres biens, on me les a emportés. »

Chérilus, exalté par son rôle de traducteur en vers grecs des épitaphes illustres de Ninive, fit de même pour celle de Ninus. Son zèle l'emporta jusqu'à y ajouter ceci : « ... Comme les bacchantes emportent un chevreau cru. — Et moi je vais chez Pluton sans emporter — Ni cheval ni char d'argent — Et je gis cendre, moi que coiffait la mitre. » On plaisanta beaucoup le poète de Jasos, qui avait hellénisé le roi d'Assyrie par son allusion à Pluton et aux bacchantes. Il répliqua qu'il avait voulu étendre la conquête d'Alexandre à treize cents ans en arrière et le roi, obligé de rire, commanda qu'il reçût dix pièces d'or au retour. Pyrrhon dit qu'on n'avait jamais payé si cher un anachronisme.

Le grand prêtre d'Assur traduisait une autre inscription à la gloire d'Assurbanipal, commémorant la répression d'une révolte des Ninivites : « J'ai passé au fil de l'épée deux cent soixante de leurs guerriers et j'ai coupé leurs têtes, que j'ai empilées en tas... — J'ai construit ce pilier à la porte de leur ville. — J'ai écorché tous les chefs en révolte et j'ai recouvert ce pilier de leur peau. — J'en ai emmuré à l'intérieur du pilier et j'en ai empalé sur des perches au sommet et j'en ai attaché d'autres tout autour. J'ai brûlé trois mille captifs... J'ai jeté dans le feu tous leurs adolescents et toutes leurs vierges. » Alexandre pouvait se dire qu'il avait été à la fois aussi impitoyable et moins cruel à Tyr. Il se disait également que les rois d'Assyrie n'avaient pas passé leur vie à boire et à manger. Sardanapale lui-même, le sybarite des sybarites, avait « ce à quoi il avait fait violence, » c'est-à-dire, sans doute, des usurpations de territoires.

Dans le temple à demi détruit d'Assur, dont les proportions gigantesques rappelaient les temples égyptiens, il n'y avait plus de statue du dieu, mais seulement son autel. Manassé murmura un verset d'Isaïe : « Les statues du Soleil ne se relèveront plus. » « Par Jupiter, dit Alexandre, moi, je relèverai la statue et le temple d'Assur, car je suis l'ami de tous les dieux. » Il sacrifia un bœuf et déclara qu'il restaurerait plus tard cette religion disparue. Le grand prêtre, en remerciement, lui donna un objet trouvé dans le tombeau de Ninus et qui était le dernier trésor d'Assur : un bouc en lapis-lazuli et en or, dressé sur ses pattes de derrière, les pattes de devant pliées sur un arbre en or. Ses deux cornes étaient plantées comme deux armes de lapis sur son front. Le don de ce bouc précieux frappa Alexandre. Il semblait confirmer la prophétie de l'Hébreu Daniel et celle d'Aristandre au sujet des astres les plus favorables à la bataille.

Le grand prêtre fit entrer ensuite Alexandre dans une salle souterraine, où étaient des milliers de tablettes de pierre blanche, soigneusement polies et inscrites. C'était la bibliothèque des rois de Ninive. Alexandre chargea le grand prêtre de continuer de veiller sur ces précieux documents, dont l'écriture n'avait pas de secret pour lui. Il ajouta que ses historiens reviendraient le voir quand il se serait installé à Babylone après la conquête de la Perse. Il avait, en effet, l'intention de constituer cette ville comme la capitale de son empire. Il parlait de l'avenir avec la certitude d'un vainqueur. Le grand prêtre lui offrit encore deux objets, conservés dans cette salle. C'était d'abord un cylindre d'ivoire où l'on voyait l'insigne du dieu Assur : le disque ailé, qui était en Egypte l'insigne du dieu Soleil. Puis, un petit cône de pierre sur lequel était gravé un personnage barbu, vêtu d'une longue robe à franges, debout, un bras levé en geste d'admiration, devant le symbole féminin (trois ovales l'un dans l'autre), et devant le symbole masculin (une tige coiffée d'un triangle, — le gland des prépucés, — qui surmontait un bâtonnet transversal, image des testicules). Les disques de la Lune et du Soleil étaient au-dessus : c'est ainsi que les deux astres figuraient au-dessus de la Vénus de Paphos, dit Anaxarque.

A proximité du temple d'Assur, s'élevaient les ruines, non moins imposantes, de celui d'Astarté ou Vénus, qu'on nommait en babylonien Inanna. Fait extraordinaire et qui toucha Alexandre, puisqu'il regardait Vénus comme sa protectrice, la statue de la déesse avait seule subsisté au milieu de Ninive. Elle était drapée, une colombe à la main gauche posée contre la poitrine. On voyait également les ruines d'un temple du Soleil et celles d'un autel du Feu. Toutes les religions semblaient être sorties de ces lieux.

Quand, un peu plus loin, le grand prêtre montra un temple de Ninip-Sandan et dit que c'était l'Hercule assyrien, Alexandre ne douta plus de sa victoire. Ce n'était pas seulement toutes les religions qui s'étaient donné rendez-vous à Ninive, mais aussi tous ses protecteurs célestes. Il avait fait brûler de l'encens devant la statue de Vénus : il sacrifia un bélier sur l'autel d'Hercule, dont un bas-relief reproduisait une image singulière : le héros y tenait le foudre et une faucille. Un autre dieu, propre à Assur, Râman, avait une tiare à cornes de taureau, le glaive au côté, un arc et un carquois sur l'épaule, une hache à la main.

Les ruines de villes voisines occupaient des hauteurs, à de grandes distances, et l'on aurait cru que ce n'étaient que des prolongements de Ninive. Le grand prêtre dit qu'il y avait, là aussi, des palais avec des statues de rois et des portes de bronze, un obélisque du roi Salmanazar où était sculpté Jéhu, roi des Hébreux, prosterné et faisant hommage de gobelets.

Revenu au camp, après cette visite exaltante, le roi prit ses dispositions de bataille. En examinant de loin l'amphithéâtre où se jouerait sa conquête, il revivait l'émotion qu'il avait eue à la veille de la bataille de Chéronée. Le mont Zagrus lui rappelait le Thurium et le Pétrachus, qui dominaient le champ de bataille béotien avec le Parnasse à l'arrière-plan. Il était enchanté que d'autres monts, également en vue, eussent le nom de Gordiens : cela lui évoquait la ville de Gordium où il avait tranché le fameux nœud, en Phrygie ; son épée allait le lui faire trancher ici d'une autre façon. Le fourmillement des troupes ennemies que l'on apercevait à l'horizon, le nombre de feux où se préparaient les repas, firent de nouveau impression à Parménion, qui était sensible au nombre. Mais, pas plus qu'à Issus, Alexandre ne se laissait effrayer par de telles considérations. Il réunit les chefs et les pria d'annoncer que l'on se mettrait en marche à la fin de la nuit suivante pour être devant les Perses au lever du soleil. Comme d'habitude, il leur fit le discours qu'ils devaient répéter aux soldats : il ne s'agissait plus de conquérir la Phrygie, la Syrie, la Phénicie ou l'Egypte, mais l'empire de l'Asie ; le sort du monde dépendrait de cette journée. La plupart des hommes ayant laissé pousser leur barbe, il ordonna qu'ils fussent rasés : ce n'était pas pour des raisons esthétiques. Il se souvenait de la remarque du grave Léonidas sur les belliqueux Abantes de l'Eubée qui étaient « chevelus par-derrière », comme disait *l'Iliade,* pour bien prouver qu'ils ne craignaient jamais d'être saisis de ce côté, mais qui se rasaient la barbe, pour qu'on ne pût les saisir par-devant. Il avait vu à Issus un de ses soldats empoigner un satrape par sa barbe pour le percer d'un coup d'épée. Mais c'est le contraire qui était arrivé dans l'engagement qui avait eu lieu après la traversée du Tigre : deux soldats grecs avaient été désarçonnés en même temps que des Perses, qui les avaient empoignés par leurs longues barbes, et tués.

Manassé demanda à Alexandre d'exempter les Juifs de se raser : il lui assura que le dieu d'Israël les rendait encore plus courageux avec leurs barbes. Il lui dit le texte d'un de leurs livres sacrés : « Ne coupez pas en rond les extrémités de votre chevelure et ne rase pas les coins de ta barbe. » Alexandre fit droit à sa demande, puisqu'il avait promis aux Juifs de leur laisser observer leurs rites religieux.

Le 27 septembre, premier jour indiqué par Aristandre, le mauvais temps qui accompagnait souvent le lever des Chevreaux, se manifesta. Des pluies abondantes, qui durèrent jusqu'au lendemain, rendaient le terrain bourbeux et glissant. Cela permit aux Grecs de se raser tranquillement sous les tentes.

Après avoir marché toute la nuit, on était, à l'aurore, en vue du camp des Perses. Soudain, on avertit Alexandre que Statira, la femme de Darius, avait expiré. Accablée par la fatigue, elle était déjà tombée en défaillance et Alexandre l'avait réconfortée plusieurs fois. Il fut affligé de sa mort, comme si c'eût été celle de Cléopâtre ou d'Olympias. Les larmes aux yeux, il se précipita pour consoler sa belle-mère et ses enfants. Il s'abstint ce jour-là de nourriture en signe de deuil et fit rendre au corps de Statira les honneurs royaux.

Un eunuque, Tyréus, s'échappa pour porter à Darius la triste nouvelle, qui jeta la consternation dans le camp des Perses. Lorsque le grand roi lui eut fait jurer qu'Alexandre avait toujours respecté sa femme et ses filles, il s'écria de nouveau que nul autre que le roi de Macédoine n'était digne d'être ou son gendre ou son vainqueur. Encouragé par les égards d'Alexandre envers la dépouille de Statira, il fit une dernière tentative pour la paix ; peut-être les deux armées en présence n'étaient-elles pas destinées à en venir aux mains.

Pendant que les archers défilaient en jetant chacun une flèche dans une corbeille devant lui, selon l'usage qui précédait les batailles, il envoya dix ambassadeurs, choisis entre ses parents, pour remercier Alexandre de ses égards et lui proposer la paix une troisième fois. Il améliorait les conditions transmises par Thersippe : sa fille Statira, dont il consolerait Mazée, aurait pour dot territoriale l'Asie Mineure jusqu'à l'Euphrate ; il triplait le montant de la dot en or, passée à cent soixante-cinq millions.

Alexandre ne réunit son état-major que pour la forme. Il répondit aux envoyés perses qu'il était déjà au-delà de l'Euphrate, qu'on n'achetait pas un empire comme une marchandise et que ce n'était pas le comble de la gloire que d'être préféré pour gendre à Mazée. « Dites à votre roi, ajouta-t-il fièrement, qu'il ne saurait plus être question de partage. Deux soleils ne peuvent à la fois éclairer le monde : la terre n'obéirait pas à deux souverains. Je promets à Darius mes bienfaits et mon alliance, s'il se livre à moi. Qu'il choisisse donc, ou de se soumettre ou de lutter, et qu'il ne se flatte pas de trouver dans ce nouveau combat des dieux plus favorables. »

Dès que les ambassadeurs furent partis, Alexandre donna l'ordre de se préparer pour la nuit suivante, afin d'être devant les Perses au lever du soleil. Il voulait profiter du désarroi où la réponse des envoyés jetterait Darius. L'impatience des soldats avait accueilli avec joie cette nouvelle et le jour se passa à fourbir les armes et à faire des exercices. Alexandre avait parcouru le camp à cheval pour s'assurer que ses ordres étaient exécutés, y compris au sujet de la barbe, et encourager ses soldats par sa présence. Quelques-uns, en passant la main sur le menton lisse des plus jeunes, leur faisaient des plaisanteries gaillardes. On dit au roi qu'on avait entendu certains comploter de ne rien porter à son trésor des dépouilles qu'ils auraient conquises afin de tout garder pour eux. Il se mit à rire. « La bonne nouvelle ! dit-il. C'est encore une preuve qu'ils sont résolus à vaincre. »

La nuit tombée, il dîna sous sa tente, qu'il partageait avec Ephestion selon sa coutume. Ses amis étaient dispersés à travers l'armée, pour en partager le repas, et multiplier, en quelque sorte, l'image du roi au milieu de ses troupes : la nourriture de ce soir était celle qui devait raffermir les bras et les cœurs pour la bataille du lendemain. L'importance de l'événement et l'habitude d'une longue campagne laisseraient probablement à bien peu l'envie de sacrifier à Vénus, comme l'avaient fait presque tous les soldats et les compagnons d'Alexandre, l'avant-veille de sa première bataille, quand il avait seize ans. Mais lui et Ephestion avaient toujours seize ans. Le repas fini et les esclaves retirés, tous deux se mirent nus et s'étreignirent devant la statuette d'or de la déesse et le bélier d'or du roi Ninus. Ils s'apprêtaient à sacrifier à la mère de l'Amour autrement que par une libation de parfum. Tout à coup, des hurlements, un tintamarre les obligèrent à sortir pour voir ce qui arrivait : la lune s'était levée, mais son disque était noir. Les Arcadiens criaient qu'elle avait été avalée par un âne ou par un loup, qu'une fois, dans leur pays, elle avait été avalée par un âne qui buvait dans un puits où elle se reflétait et que, l'âne tué, on avait vu, le jour d'après reparaître la lune. D'autres heurtaient leurs boucliers, soufflaient dans des flûtes ou brandissaient leurs épées et leurs lances pour faire fuir l'animal qui était en train de manger l'astre de la nuit. L'épouvante était générale. Des officiers accoururent pour répéter à Alexandre les propos qui se colportaient. Des Macédoniens se reprochaient d'avoir quitté leur patrie pour se voir traîner aux extrémités du monde, alors que les dieux leur refusaient la lumière, à quelques heures de leur marche vers l'ennemi. D'aucuns y voyaient même un désaveu de l'origine divine d'Alexandre et un châtiment pour avoir fait sa propre apothéose, châtiment semblable à celui qui avait frappé Philippe lorsqu'il entrait au théâtre d'Egées où l'on avait placé sa statue comme treizième grand dieu.

Alexandre excusait ses soldats en se rappelant que Pindare avait été très effrayé par ce phénomène céleste. Aristote raillait pour cette naïveté le poète de Thèbes et disait qu'elle était partagée par Stésichore. Le roi n'avait pas oublié non plus le trait d'esprit de Dion de Syracuse lorsque, ayant rassemblé ses soldats dans l'île de Zante, pour voguer vers la Sicile et abattre la tyrannie, ils furent effrayés par une éclipse semblable : il les réconforta par l'assurance que l'éclipse annonçait la fin du règne de Denys, son beau-frère le tyran. Alexandre convoqua les astronomes égyptiens qui suivaient l'armée, et leur demanda de parler aux soldats, non pas le langage de la physique, mais celui de la divination. Ils allèrent aussitôt raconter, avec l'autorité que tout le monde leur accordait, que la destinée des deux armées était écrite dans le ciel, qu'il s'était partagé entre elles et que, si la lune était pour Darius, le soleil était pour Alexandre. Anaxarque rappela que les mages avaient donné la même réponse à Xerxès, d'après Hérodote, quand, à l'inverse, s'était produite une éclipse de soleil qui avait terrorisé son armée au départ de Sardes pour l'Hellespont : ils y avaient vu le signe de la destruction des Grecs, puisque le soleil était l'emblème des Grecs et la lune celui de la Perse, où l'on adorait cet astre. Ils durent se souvenir ensuite que leur pays était aussi lié au soleil par Mithra.

Aristandre ne se contenta pas du subterfuge que le roi avait imaginé : il déclara qu'une éclipse de lune devait suspendre toute affaire importante pendant trois jours. « Ah non, par Jupiter ! s'écria Alexandre, tu ne vas pas me faire subir le sort de Nicias à Syracuse. Il ne voulut pas se rembarquer à cause d'une éclipse de lune, ses devins lui ayant ordonné d'attendre encore vingt-sept jours, et les Syracusains en profitèrent pour détruire sa flotte. — Eh bien, dit Aristandre, puisque les signes de demain, premier octobre, sont pour le maximum de ta puissance, nous tournerons la difficulté de l'éclipse de lune sans irriter les dieux, en faisant un sacrifice à la Peur. »

Le devin ajouta que Thésée avait accompli un pareil sacrifice avant de combattre les Amazones et Alexandre savait que la Peur, compagne de Mars, avait un sanctuaire à Sparte. Anaxarque raconta que Thalès avait réussi à dissiper le trouble causé à ses concitoyens par une éclipse de soleil, en leur démontrant que ce n'était pas un présage funeste, mais un phénomène naturel et régulier et en leur en prédisant une autre, qui se produisit. Les Egyptiens lui avaient enseigné, en effet, que la période chaldéenne de deux cent vingt-trois lunaisons ramenait les mêmes éclipses dans le même ordre et aux mêmes intervalles.

Pendant qu'Aristandre égorgeait un chien, Ephestion récitait les vers d'Homère sur le dieu des combats : « Il dit et il ordonna à la Déroute et à la Peur d'attacher leurs chevaux — Et lui-même se revêtit d'armes étincelantes. » « La peur est conjurée, dit le devin, et la déroute sera pour l'ennemi. » Alexandre était fier d'avoir, par sa décision énergique, redressé le sort et aidé les augures. Il comparait cette éclipse à la comète cornue qui avait annoncé aux Athéniens la victoire de Salamine.

Un soldat de Mazée, arrêté aux avant-postes, apprit aux Grecs que l'éclipse n'avait pas causé moins d'effroi chez les Perses. Darius avait parcouru le camp avec des torches en invoquant Mithra. On sut également qu'il avait fait répandre une seule phrase parmi ses innombrables troupes : « Vous êtes quinze contre un. » Cela avait été traduit tour à tour en une vingtaine de langues.

Le calme rétabli dans le camp macédonien, Alexandre rendit enfin à Vénus l'hommage qui avait été interrompu. Il s'était endormi ensuite d'un profond sommeil pour les quelques heures de repos qu'il avait accordées. L'amour était sa façon de libérer son esprit en contentant son cœur et son corps.

Le signal du lever était donné depuis longtemps et l'on distribuait aux soldats « la bouchée », — les morceaux de pain trempés dans du vin pur. Parménion, étonné de ne pas voir Alexandre, pénétra dans sa tente : ni Ephestion ni Epaphos n'avaient osé le réveiller. « Alexandre, lui dit le général en lui touchant doucement l'épaule, tu dors en homme qui a déjà vaincu et non pas qui est près de donner sa plus grande bataille. » Le roi ouvrit les yeux en riant et regarda tous ceux qui l'entouraient. « Comment, Parménion ? dit-il, crois-tu donc que nous ne soyons pas déjà vainqueurs, puisque nous avons empêché Darius de brûler tout son territoire ? » Epaphos lui apporta la chaise percée, fit couler sur lui l'eau du bain, pendant qu'il dévorait un morceau de viande froide avec du pain, puis quelques raisins confits de la bonne reine Ada. Il but, pour terminer, une rasade de vin. Il se frotta les dents avec de la poudre de coquilles d'œufs. La veille, il avait ri en entendant ses soldats qui s'oignaient d'huile rance et qui ne s'étaient pas baignés, dire que l'odeur de leurs aisselles mettrait en fuite les Perses. Cette plaisanterie faite par l'un d'eux au Granique, semblait avoir eu du succès. Pour son compte, depuis son départ de Pella, Alexandre ne s'était privé de ses trois bains quotidiens et de ses dentifrices que dans le désert de Libye. S'il s'était peigné avec soin avant la bataille d'Issus, tels les soldats de Léonidas qui se peignèrent avant la bataille des Thermopyles, il se parfuma les cheveux avant la bataille d'Arbèles. On lui donna sa lance. Il conservait sous sa tente l'armure de Troie comme un illustre souvenir, mais aimait emporter, comme un talisman, le bouclier que lui avait donné la prêtresse. Le sacrifice du point du jour fut célébré et, à l'accoutumée, le foie, complet et resplendissant, présage des victoires, fut montré aux soldats : « Tout allait bien, du côté des dieux. »

Alexandre prononça quelques mots qui furent répétés de rang en rang : « Une armée de cerfs est plus à redouter lorsqu'elle est commandée par un lion qu'une armée de lions sous le commandement d'un cerf. C'est ce que disait le général athénien Chabrias. Or, nous avons devant nous une armée de cerfs commandée par un cerf, prêt de nouveau à prendre la fuite, comme il l'a fait à Issus. Chacun de vous est un lion et vous savez qui je suis. Je vais vous le prouver une fois de plus. Le poète qui me guide, a dit de mon ancêtre Achille : « Il vaut beaucoup de troupes, — L'homme que Jupiter aime dans son cœur. » Vous êtes les dignes soldats du descendant d'Achille, les soldats du fils de Jupiter. Vous justifiez les vers d'*Archélaüs* que j'ai fait jouer devant vous à Memphis, vers qui avaient été déjà de bon augure pour ma première campagne, à laquelle participèrent plusieurs d'entre vous : « Une troupe petite et forte — Est plus utile qu'une armée innombrable. » Cette troupe, c'est vous, mes amis. »

Il avait laissé les bagages et les prisonniers sous une faible garde de Thraces, dans l'enceinte du camp. Son infanterie, en deux colonnes, était couverte par la cavalerie. Darius avait envoyé Mazée surveiller, avec trois mille chevaux, les chemins par où devait passer Alexandre. Ménidas, qui était allé en reconnaissance avant le lever du jour, avait entendu dans l'ombre les hennissements des chevaux du satrape et ne s'était pas avancé plus loin. Mazée, de son côté, avait rejoint l'armée de Darius, dès qu'il avait aperçu les cavaliers de Ménidas. Un transfuge grec révéla que l'on avait creusé des chausse-trapes sur le principal chemin ; Alexandre fit incliner l'armée vers Ninive pour éviter ce piège. Il n'y avait plus maintenant, entre Darius et lui, que deux kilomètres, au-delà de la route royale qui traversait la plaine.

Les cavaliers bactriens et sogdiens avec Bessus, les Scythes avec Mabacès, occupaient l'aile gauche des forces perses. Ils étaient revêtus de cottes d'armes couleur de pourpre. Derrière eux, étaient cent chars armés de faux ; cinquante autres et la cavalerie de l'Arménie et de la Cappadoce, devant l'aile droite avec Mazée. Un égal nombre de chars et les éléphants entouraient une éminence que Darius avait conservée pour s'y tenir lui-même. Il n'était pas à cheval, mais, comme à Issus, debout sur un char très élevé et rehaussé de plaques d'or et d'argent, qui en faisaient une espèce de trône. Deux cochers tenaient les rênes de pourpre de ses quatre chevaux blancs. Au bas de l'éminence étaient aussi rassemblés les mercenaires grecs, seule infanterie qu'il pût opposer à la phalange macédonienne. Sur un autre char, près de lui, était son mignon, le ravissant eunuque de dix-sept ans, Bagoas, protégé par une armure d'argent. Artabaze, malgré son grand âge, était à cheval de l'autre côté. Revêtu d'une cuirasse étincelante, il avait, à quatre-vingt-quinze ans, la même prestance que Darius à cinquante. Alexandre était ému de voir cet ancêtre venir défendre le trône perse. Ses trois fils, dont l'un était Arsame, l'ancien satrape de Cilicie, étaient parmi les gardes du grand roi. Il n'avait eu de femme que la mère de Barsine et avait eu son dernier-né, Arsis, à plus de quatre-vingts ans. On nomma également à Alexandre le frère de Darius, Oxathre, et Ariobarzane, son fils aîné. Cet Oxathre l'intéressait parce que, d'après ce que lui avait dit Barsine, il était son grand admirateur, comme l'avait été Memnon, et avait eu des querelles avec Darius à ce sujet. Les satrapes Orobate et Orxine descendaient à la fois de Cyrus et des sept Perses qui avaient donné l'empire à Darius le Grand. Les Euxiens, les Babyloniens, les riverains du golfe Persique et les Parthes formaient l'arrière-garde. Le faste de l'armée était moins grand qu'à Issus ; mais les mille porteurs de lances à pommes d'or ou d'argent, dont on avait réparé les pertes, étaient là. Alexandre n'éprouvait plus le sentiment d'infériorité qu'il avait eu près du Granique en découvrant l'armée de Memnon, puis au bord du Pinare en apercevant celle de Darius et cette pompe royale, déjà en décadence : il avait été toujours vainqueur et les trésors de Darius en Asie Mineure et en Egypte, étaient devenus les siens. Il avait même comme prisonniers sa mère, ses deux filles et son fils Ochus, héritier de l'empire, comme Barsine, veuve de Memnon, était à lui.

Le transfuge grec évaluait à quatre cent mille hommes les forces du grand roi, ce qui ne faisait pas un contre quinze, mais un contre dix. Quelle que restât la différence, elle n'intimidait pas Alexandre. Il n'aurait pas été plus ému s'il avait eu à combattre les douze cent mille hommes primitivement recrutés. Ces Asiatiques, déguisés en soldats et inconnus les uns aux autres, agglomérés par force et non par choix, — sauf les mercenaires grecs, — lui firent prononcer le vers d'Homère : « Ils ressemblent tout à fait aux feuilles et aux grains de sable. » Il ajouta : « Nous allons les disperser comme le vent. » Aristandre cria de regarder le ciel : un aigle volait au-dessus des Macédoniens dans la direction de l'ennemi. Le roi se retourna vers ses soldats pour leur montrer ce signe, auquel ils répondirent par des acclamations : « Tu es bien le fils de Jupiter, lui dit Ephestion. Son oiseau nous guide. » Apercevant un soldat qui emmanchait son javelot, Alexandre le fit sortir du rang pour l'envoyer garder les bagages, comme un homme inutile qui préparait ses armes au moment de s'en servir.

Casque en tête, le manteau de pourpre flottant sur son armure, il menait l'aile droite de son armée avec Ephestion. Le bataillon royal était sous les ordres de Clitus. Ensuite venaient ceux que commandaient Démètre, Méléagre, Glaucias, Ariston, Ménidas et Hégéloque. Philotas avait le commandement général de la cavalerie. L'infanterie était au centre ; les porte-boucliers, avec Nicanor. Cénus, Perdicas, Polisperchon, Amyntas, étaient à la tête d'autres bataillons. Cratère avait la gauche de la phalange. Parménion dirigeait la cavalerie des alliés, dont une partie était sous les ordres d'Erigius ; une autre, la plus importante, — les Thessaliens, — sous ceux de Philippe (Ménon avait regagné la Thessalie après la bataille d'Issus) ; une troisième, à la pointe de l'aile gauche, avec Céranus ; celle des Thraces avec Sitalcès ; la cavalerie des mercenaires grecs avec Andromaque, homonyme du malheureux gouverneur de Samarie. Les frondeurs, sous Balacre, furent opposés aux chars armés de faux. Alexandre avait prescrit la même manœuvre pour éviter les chars que lors de sa campagne contre les Thraces du mont Hémus : ouvrir les rangs afin de les laisser passer. Mais les soldats devaient d'abord tâcher d'effrayer les chevaux des chars en frappant avec leurs piques sur les boucliers, serrés l'un contre l'autre, et les archers agrianes et les frondeurs crétois accableraient les conducteurs sous les flèches et les pierres. La même tactique aurait lieu à l'égard des éléphants.

Ce n'était pas tout : devinant que la cavalerie scythe, à la pointe de l'aile gauche ennemie, était destinée à tourner son aile droite, Alexandre ordonna à Ménidas que, dès que les Scythes chargeraient, ses cavaliers eussent à se diviser, les uns leur barrant la route, les autres faisant un quart de conversion pour les attaquer de flanc. Andromaque reçut le même ordre ; mais Alexandre, prévoyant que l'aile gauche serait plus facile à déborder, plaça les Thraces en ligne oblique pour le soutenir. Ainsi toute l'armée fut disposée en croissant de lune. D'autre part, le roi plaça derrière la phalange les porte-bouclier sur huit rangs pour résister aux Perses, dans le cas où ces derniers parviendraient à attaquer de dos. Enfin, la deuxième ligne quitterait le centre, si les ailes fléchissaient, et ferait ainsi un quart de conversion vers celle qui paraîtrait la plus menacée. Toutes ces mesures, qui semblaient n'avoir pour but que la défensive, ne favorisaient pas moins les mouvements de la phalange et des escadrons d'élite. Celle-là, en effet, avec l'élan de sa puissance, aurait à percer la masse énorme de l'armée ennemie, à l'endroit où se tenait Darius. Alexandre savait que, si elle y réussissait, le reste plierait et que la confusion, inévitable dans une armée si nombreuse et si disparate, achèverait bientôt la défaite. Le plan établi par Alexandre durant l'heure qui précéda la bataille, fut estimé génial par ses officiers. Il le dessina sur une feuille de papyrus que ramassa Callisthène. « Ce sera un modèle, dit-il au roi, pour les écoles militaires de la Grèce et pour la postérité. »

Cependant, Alexandre n'avait pas oublié que jadis une armée grecque avait été anéantie par Artaxerxès qui avait réussi à l'envelopper. Aussi avait-il recommandé à la phalange de se défendre sur toutes ses faces, grâce à son art d'évoluer dans tous les sens. Ces deux mille quarante-huit hommes, divisés en quatre compagnies, rompus aux volte-face rapides et savantes, il ne les aurait pas échangés contre les deux cent mille cavaliers de Darius bardés de fer. Comme la phalange était le cœur de l'armée, il s'assurait d'en avoir fait un bastion imprenable.

Lorsqu'il fut près des ennemis, il remarqua qu'il se trouvait, avec l'aile droite, vis-à-vis de leur centre, et, malgré cela, avec sa gauche, encore sous la droite de l'ennemi. Cela suffisait à lui montrer la disproportion des lignes en présence. Il résolut de ne pas commencer l'attaque contre le centre, où les mercenaires et la garde de Darius étaient postés, et il effectua une évolution qui le rapprochait de la gauche de l'ennemi, contre laquelle il s'était proposé de diriger le premier choc. Il commanda un « à droite » à toute son armée, de manière qu'elle marchât obliquement vers la gauche de l'ennemi. Ce mouvement en échelon avait aussi l'avantage de lui faire quitter la partie de la plaine soigneusement nivelée et gagner les bords où subsistaient des éminences qui rendraient moins facile l'attaque des chars. Les Perses crurent qu'Alexandre tâchait de soustraire la phalange à leur centre. C'est pourquoi ils firent la même évolution, mais avec tant de lenteur qu'il se vit à une petite distance des Scythes, sur la gauche de l'armée perse

Pendant que le grand roi proclamait et faisait répéter à ses soldats qu'il y allait du salut de la Perse, de la défense de leurs dieux et de leurs familles, leur montrait l'ennemi prêt à être balayé de la plaine pour se noyer dans le Tigre, Alexandre, une dernière fois, rappelait ses victoires et prédisait par tous les signes des dieux la chute de Darius.

Cependant, un bruit sourd parvenait du camp ennemi et allait s'amplifiant : d'abord comme un grondement de bête féroce, puis comme le tonnerre. Il avait fait impression sur Alexandre. On lui dit que c'était les tambours parthes, en bronze recouvert de peau, que l'on frappait avec des marteaux de fer. Ce bruit fut interrompu par l'éclat des trompettes : la bataille allait commencer. Les Macédoniens chantent le péan, les Perses lancent leur cri de guerre. Alexandre désigna Darius à Ephestion en lui disant les deux vers du XIIe chant de *l'Iliade* qui avaient été son oracle le jour de sa régence : « Voyons si nous donnerons la gloire — A un autre, ou s'il nous la donnera. » Ce n'était plus une bataille pour une régence, mais pour un empire.

Au signal de Darius, les Scythes et les Bactriens galopèrent pour engager le combat. Ménidas les arrêta d'abord ; mais, après une rude mêlée, ils eurent le dessus. Alexandre envoya à son secours Arétès et la cavalerie de seconde ligne, qui rétablit le combat. D'autres cavaliers perses suivirent ; mais l'infanterie légère des Agrianes et les archers de Macédoine contre-attaquèrent. Cela permit à la cavalerie de gagner, pied à pied, du terrain et de repousser enfin toute cette aile ennemie. La profondeur sur laquelle la cavalerie perse s'était rangée, rendit inutile la supériorité du nombre.

A ce moment, Parménion dépêcha Polydamas auprès du roi pour l'avertir qu'un escadron de cavaliers ennemis était passé sur les derrières et pillait les bagages. Alexandre eut un geste d'impatience. « Dis à Parménion, répliqua-t-il à Polydamas, que, si nous sommes vaincus, nous n'aurons pas besoin de notre bagage et, si nous sommes vainqueurs, nous aurons par surcroît celui de l'ennemi. » Quelques prisonniers furent délivrés par les Perses ; mais la famille de Darius et celle d'Artabaze restèrent dans le camp : même si la princesse Statira n'avait pas avec Alexandre les liens qu'avait Barsine, elle ne voulut, pas plus que sa grand-mère, son frère et sa sœur, devoir sa liberté à la fuite, après les nobles procédés qu'il avait eus.

Tandis que le combat était engagé à sa gauche, Darius fit avancer la cavalerie de l'aile droite pour tourner la gauche macédonienne. Il ordonna en même temps aux conducteurs des chars à faux et des éléphants de s'élancer contre la phalange. Mais, en vertu des précautions d'Alexandre, cette charge ne fit que très peu de victimes : les conducteurs perses furent tués et les palefreniers macédoniens s'emparèrent, à l'arrière, des chevaux et des éléphants privés de leurs guides. La cavalerie ennemie qui, dans la ligne de Darius, était mêlée à son infanterie, voyant les Scythes et les Perses des ailes pressés par les Grecs, quitta brusquement cette ligne et laissa des vides, que les généraux du grand roi n'eurent ni la présence d'esprit ni le temps de remplir. Alexandre, qui s'était assez approché de l'ennemi avec sa droite pour commencer le choc, profita de cette faute avec célérité. Fort de sa disposition en oblique, il poussa avec la tête de ses escadrons, se jeta dans un de ces trous au milieu de l'infanterie et la prit de flanc, tandis que sa cavalerie la chargeait de front. Il avait enjoint aux cavaliers de frapper les Perses au visage, parce que leur gloire était de ne pas y avoir de cicatrices. La phalange suivit, là où Darius se trouvait avec ses gardes. Tout fut renversé. De nouveau, Alexandre, comme à Issus, se vit à proximité de son rival, qui lui lançait des cris de défi. Il répliqua par un javelot qui le manqua, mais qui tua son cocher. Alexandre l'aperçut qui agitait son cimeterre dans un geste de désespoir, comme s'il allait s'en transpercer ; mais, imitant ce qu'il avait fait à Issus, le grand roi quitta son char, obstrué de cadavres, sauta sur un cheval et prit la fuite, suivi par Artabaze et par Bagoas. Les clameurs de ses gardes autour du char royal vide, firent croire aux Perses qu'il était mort. Ils éclatèrent en gémissements, jetèrent leurs armes et s'échappèrent dans toutes les directions. La cavalerie de l'aile gauche qui avait repris l'initiative tourna bride, elle aussi. Ménidas et Arétès précipitèrent la déroute de cette aile.

Alexandre s'était jeté à la poursuite de Darius. Pour la seconde fois, malgré les conseils de son père, il sentait l'ivresse de se lancer sur les talons de l'ennemi dont il comprenait les sentiments, exprimés par le vers d'Homère : « La fuite prodigieuse, compagne de la crainte glacée. » Mais le pendant en étaient la poursuite prodigieuse et l'espoir échauffant. Au lieu d'aller vers Gaugamèles d'où il venait, le grand roi tâchait de gagner Arbèles où était son trésor. Ephestion haletait près d'Alexandre. Ils furent rattrapés par Agathocle de Samos : celui-ci informa le roi que l'aile gauche perse, ne sachant pas encore la fuite de Darius, accablait Parménion, qui était en danger. En effet, le général n'avait plus l'appui de la phalange, qui avait été rompue par la masse des fuyards, et Mazée, à la tête de la cavalerie arménienne, menaçait de s'emparer de lui. Alexandre, vainqueur d'un côté, risquait d'être vaincu de l'autre et de voir se renverser le sort de la bataille. Il revint en hâte pour dégager Parménion.

C'est alors qu'il fut lui-même en péril. Ses compagnons, moins préoccupés que lui, le suivaient sans aucun ordre et dans l'ivresse de la victoire, que rien ne leur semblait pouvoir dissiper. Un escadron de cavalerie qui fuyait, composé d'Indiens, de Parthes et des Perses les plus braves, se présente à l'improviste devant Alexandre, constate qu'il est mal gardé, se jette sur lui. Avec Ephestion, le roi soutint l'assaut du chef, qu'il perça de sa lance. Ils furent heureusement rejoints par leur escorte. Cette rencontre inopinée fut une des plus acharnées de la bataille : vingt

Macédoniens y restèrent et Alexandre en voulut autant pour cela à Parménion que de l'avoir empêché de capturer Darius.

La nuit tombait. On campa sur le champ de bataille. Philippe et les autres médecins pansaient les blessés. Ephestion avait reçu au bras un coup de lance ; Perdiccas et Cénus étaient plus gravement atteints. Alexandre, fourbu, était indemne. « Te voici roi des Perses, lui dit Ephestion. — Je ne le serai que lorsque Darius sera entre mes mains », répondit Alexandre rageusement. Mais enfin, malgré ce regret, il pouvait être content de lui et chanter le péan de la victoire.

Les pertes de l'ennemi étaient immenses : plusieurs dizaines de mille hommes gisaient à travers la plaine. On ne comptait que cent morts chez les Macédoniens. Alexandre s'affligea de voir parmi eux ses deux braves officiers Ménidas et Hégéloque.

Le lendemain, après les cérémonies funèbres, il s'arrêta au Lycus pour faire boire Bucéphale et passa le fleuve sur le même pont que Darius : le grand roi avait refusé de faire détruire ce moyen de fuir laissé aux siens. Maintenant, Alexandre s'avançait sur la route royale, qui lui semblait mériter vraiment ce nom. Il ne s'était pas douté, lorsqu'il en avait vu le début à Sardes, pour la retrouver plus loin à Gordium et à Ankara, qu'elle serait le chemin de sa victoire en Mésopotamie. Et il était fier de le parcourir avec ses quinze éléphants. On lui dit à Arbèles que Darius en était parti quelques heures plus tôt en y abandonnant son trésor de campagne. Il y avait, en dariques, vingt-deux millions de drachmes, d'innombrables bijoux, des lampes d'or, un parasol à lames d'or, des meubles d'argent, un char d'apparat à roues d'argent, ses armes et ses longues robes blanches à bande rouge.

Ceux qui gardaient ces dépouilles et qui les remirent à Alexandre, racontèrent que le grand roi avait tenu un conseil avec ses satrapes, ses parents et les deux chefs des dix mille mercenaires grecs qui l'avaient suivi, Patron de Phocide et Glaucus d'Etolie. Les trois cent mille hommes enfuis d'Arbèles, seraient répartis pour assurer la défense de Babylone et de Suse, qui avaient de fortes murailles. Mazée veillerait sur Babylone et le satrape Abulite, demeuré à Suse, mettait déjà cette capitale en état de résister. Quant à Darius, il réunirait en Médie et au fond de son empire des troupes qui lui permettraient de réattaquer et d'écraser l'envahisseur. Bessus, le satrape de Bactriane, irait avec lui. Ariobarzane occuperait, entre Suse et Persépolis, le défilé que l'on appelait les Portes de Perse ou Persiques et protégerait la vieille capitale du royaume.

Près de la maison où avait logé Darius, il y avait quelques cadavres de soldats, décapités et amputés de leurs mains droites, livrés aux bêtes, — châtiment habituel des traîtres et des mutins. Sur un lit de verveine, était le cadavre d'un personnage vêtu de pourpre qui avait été étranglé. Cette exécution avait été commandée par Ariobarzane, fils aîné du grand roi : il s'agissait d'un satrape accusé d'avoir voulu livrer Darius à Alexandre et dont le supplice était conforme à son rang. D'autres avaient été aveuglés : on leur avait percé les pupilles avec une aiguille rougie au feu, ou l'on avait versé dans leurs orbites de l'huile bouillante.

Ces peines attestaient la gravité des conjonctures. En temps ordinaire, le grand roi était plein d'indulgence pour les fautes ou les exactions de ses satrapes et de ses officiers. Il se contentait de faire arracher quelques fils à leurs tiares ou à leurs habits, — quelques poils, si la tiare et les habits étaient de fourrure, — arrachement qui était le symbole d'une dégradation. Puis, il faisait fouetter les habits ou les tiares, tandis que les coupables, à genoux et les larmes aux yeux, demandaient grâce. Après quoi, il leur pardonnait.

L'armée purifiée, Alexandre sacrifia devant le temple d'Istar, dont l'image rappelait celle d'Astarté. Il remercia la Vénus assyrienne de lui avoir continué la protection de la Vénus grecque.

Il sacrifia également au second temple de la ville : celui d'Hadad, qui lui évoquait la Syrie, et à l'autel du Feu, qui était sur une tour, comme à Memphis. Alexandre s'était initié, près d'Osthane, aux détails, minutieusement réglés, du rituel perse, dont Mithrène, à Sardes, lui avait indiqué l'essentiel. Il tenait à l'observer avec toute l'exactitude possible, à mesure que l'on se rapprochait de la Perse. Ainsi savait-il maintenant combien de branches de tamaris, de grenadier ou de bruyère il fallait avoir à la main pour telle ou telle partie de la liturgie. Du reste, quand on ne trouvait pas de ces arbustes ou de cette plante, on prenait des feuilles de laitue. Naturellement, les Juifs se tenaient à l'écart de toutes ces cérémonies, de même qu'ils ne consommaient jamais de viandes provenant d'autres sacrifices que les leurs.

Le séjour d'Arbèles fut agréable à l'armée, car la prostitution sacrée y régnait. Les femmes de la ville avaient estimé que l'heure était venue pour elles, selon leur loi religieuse, d'avoir commerce avec un étranger. Chacune, suivie de ses enfants, le front ceint d'une cordelette, attendait, près du temple d'Istar, qu'un soldat lui eût déposé sur les genoux une pièce d'argent. Puis elle l'entraînait dans un des pavillons construits autour du temple, dès que l'un de ces pavillons était libre.

Le roi offrit à l'armée un immense festin. Sa victoire était éclatante, même si elle n'était pas complète. On avait dénombré les Perses qui avaient été tués : il y en avait près de cent mille. On ne comptait plus les prisonniers. On avait capturé mille chevaux. Alexandre avait revêtu l'une des robes de Darius : quoi qu'il eût dit à Ephestion, il se considérait bien désormais comme le roi de l'Asie. Il ordonna à Pyrgotèle de lui ajouter, sur ses monnaies, la dignité de roi : ce mot serait gravé sous le tabouret de Jupiter. Jusqu'à présent, il avait estimé que son nom lui suffisait pour son prestige monétaire : il y joignait à présent une qualification qui dépassait largement le royaume de Macédoine. Pour en arriver là, il avait parcouru dix mille kilomètres : c'est ce que venaient de lui apprendre Béton et Diognète, arpenteurs infatigables de la route tortueuse de ses victoires.

En distribuant à ses soldats les félicitations et les récompenses, il se réjouissait de cette fusion de tous qu'il avait parachevée et que leur attachement à sa personne avait facilitée. Perdiccas, né dans l'Orestide, avait dirigé le corps des Lyncestes ; Erigius, né à Mytilène, la cavalerie des Péloponnésiens, des Phliasiens, des Locriens et des Phocidiens. Les Thraces, les Agrianes, les Juifs, les Egyptiens avaient fait leur devoir comme les Macédoniens. Les deux princes chypriotes, Nytaphon et Nicoclès, s'étaient couverts de gloire. En cela aussi, Alexandre était vraiment le roi : on luttait d'émulation pour mériter son estime. Darius avait rameuté des peuplades, mais elles n'avaient eu l'air de se battre que pour attendre le signal de fuir, bien qu'il y eût parmi elles de bons guerriers. Mais Alexandre, s'il était prodigue en louanges pour les autres et surtout pour ses compagnons, ne pouvait refuser non plus les louanges qu'on lui adressait. Darius n'avait pris la fuite, comme à Issus, que lorsqu'il l'avait vu près à près. Alexandre était le lion auquel rien ne résiste, le jeune bouc qui avait à moitié brisé la seconde corne du bélier.

Même Barsine ne lui résista pas dans la nuit d'Arbèles. Il avait mis en déroute, une fois de plus, son parent Darius, ainsi que son père Artabaze et ses trois frères aînés. Du moins n'étaient-ils pas au nombre des morts au combat ni des traîtres exécutés. Alexandre eut jusqu'au plaisir de donner à sa victoire le nom qu'il voulait : comme on lui dit que les Perses appelaient Gaugamèles le lieu de leur défaite, il déclara que ce mot sonnait mal à des oreilles grecques et qu'il préférait celui d'Arbèles, quoique la bataille se fût livrée plus près de la première ville que de la seconde. Il pria aussi les historiens d'appeler mont de la Victoire la montagne qui dominait cette plaine. Enfin, il fonda, près d'Arbèles, une autre Alexandrie pour que son nom restât uni, de même qu'à Issus, à l'endroit où il avait été victorieux. L'édification en incomberait à Arcésilas, créé gouverneur de Mésopotamie.

D'Arbèles, on suivit la route royale. Darius l'avait quittée pour prendre un chemin dans le Zagrus et gagner Ecbatane, capitale de la Médie. Les mages chaldéens montrèrent à Alexandre le mont Gauranus qui séparait l'Assyrie et la Médie, et qui devait son nom au fils du satrape Roxanès. Ce fut le seul Perse qui, pour récompense de sa piété envers les dieux, obtint la faveur de vivre trois cents ans et sans maladie. On l'enterra sur cette montagne, anciennement dite le Magnorus. Les Chaldéens vantaient une huile extraite d'une plante qui croissait sur ses pentes : il suffisait de s'en oindre tous les jours pour vivre très vieux en parfaite santé.

A Mennis, étaient de ces sources d'asphalte dont on avait parlé à Sidon : ce liquide inflammable intéressa les Grecs. Non loin, la ville de Cæné, au confluent du Caprus et du Tigre, était toujours « grande et riche » et, tels les soldats de Xénophon, ceux d'Alexandre y reçurent « des pains, des fromages, du vin ». Elle avait un temple de Mardouk ou Mérodach, le principal dieu babylonien, qu'Alexandre vit là pour la première fois. Son arc et ses flèches l'apparentaient à Apollon, mais il portait aussi le foudre de Jupiter. Le roi lui sacrifia solennellement.

Ce que Xénophon avait ignoré à Cæné, où il n'avait plus eu le concours des Perses, Alexandre ne pouvait que le savoir, grâce à eux et aux Chaldéens : près de cette ville, étaient les ruines d'Assur. Manassé cita une parole du prophète Sophonie, déjà invoqué à Ninive : « Dieu détruira Assur », et cette autre, d'Isaïe, qui fait dire au même dieu : « Malheur à Assur, verge de ma colère ! » « Cette ville, symbole de l'Assyrie, dont elle fut la capitale religieuse, ajouta le Juif à Alexandre, fournit à Ezéchiel l'allégorie du cèdre pour avertir le pharaon, après l'allégorie du crocodile que je t'ai citée à Péluse : « ... Des étrangers l'ont coupé — Sur les montagnes et dans toutes les vallées — Ses branches sont tombées... — Au bruit de sa chute, j'ai fait trembler les nations. » « O roi, conclut Manassé, tu vas faire trembler les nations au bruit de la chute, non plus de l'empire d'Assur, mais de l'empire des Perses. »

On distinguait encore les treize portes de l'enceinte et, comme à Ninive, quelques prêtres subsistaient parmi les ruines de trente-quatre temples. Les seuls sanctuaires restés debout étaient celui de Mardouk, auquel Alexandre sacrifia, celui d'Assur, lié au nom de la ville, celui de Râman et celui d'Istar, appelée déesse de l'Aurore. Les femmes de Cæné exerçaient la prostitution sacrée dans ce dernier temple. Pour la première fois qu'il trouvait un sanctuaire d'Assur depuis sa visite à Ninive, Alexandre fit à ce dernier un sacrifice aussi solennel que son premier sacrifice à Mardouk dans la ville précédente. Il lui était reconnaissant de la victoire d'Arbèles, comme il l'avait été à Mithra de celle d'Issus : conquérir les divinités de l'ennemi, était une autre forme de ses conquêtes et le complément, en quelque sorte, de son culte pour les divinités de la Grèce.

A Célones, l'armée quitta la route royale pour se diriger vers l'est, afin de gagner le Tigre et l'Euphrate, dans la direction de Babylone. Etrangement, en effet, cette route qu'empruntait le grand roi quand il se rendait dans cette ville, en était éloignée de plus de deux cents kilomètres. On s'arrêta à Opis, au confluent du Tigre et du Physcus, autre affluent du Tigre. Alexandre s'étonna de voir des barrages, des cataractes et des cascades artificielles qui gênaient le cours de ce fleuve. On lui dit que les Perses les avaient fait construire par crainte d'attaques extérieures venues de la mer. A Opis, commençait le mur gigantesque bâti par Sémiramis, entre les deux grands fleuves de la Mésopotamie. Des portes y étaient ménagées. Sittacé, capitale de la Sittacène, n'était plus « la grande ville très peuplée » qu'avaient vue Xénophon et, plus anciennement, Cyrus le Grand qui allait conquérir Babylone. Du moins Alexandre eut-il le plaisir de faire camper son armée « près d'un paradis grand et beau et d'un bois de toutes espèces d'arbres », comme l'avait fait pour la sienne le général écrivain qu'il aimait.

On passa le Tigre sur un pont de trente-sept bateaux qui existait à cet endroit et par lequel étaient passés, en sens inverse, les soldats de Xénophon.

Plus bas, Calné, au confluent du Gyndre et du Tigre, provoqua quelque intérêt chez les Juifs. Cette ville figurait plusieurs fois dans les prophéties de la Bible, tantôt sous ce nom, tantôt sous celui de Chalanné, tantôt sous celui de Canné, comme l'exemple d'une ville riche et prospère ou de l'asservissement d'une cité puissante à un peuple conquérant, lorsqu'elle avait été annexée par les Assyriens. « Passez à Calné et voyez », avait dit l'un des prophètes. Il y avait en fait, aujourd'hui, bien peu de choses à voir. Anaxarque rappela, à propos du Gyndre, un trait de Cyrus le Grand raconté par Hérodote : l'un des chevaux blancs du Soleil s'étant noyé en traversant cette rivière, Cyrus, courroucé contre elle, ne la fit pas fouetter, ainsi que Xerxès devait faire fouetter l'Hellespont ; mais il déclara qu'il la rendrait si faible qu'une femme pourrait la franchir sans se mouiller les genoux. Il la fit diviser en cent quatre-vingts canaux, travail qui employa durant toute une saison la multitude de ses soldats.

Dans ces villes, Alexandre constatait une coutume de la Babylonie, non moins curieuse que la prostitution sacrée, dont cette région n'avait pas le privilège : on déposait les malades dans les carrefours pour qu'ils apprissent des voyageurs les remèdes applicables à leurs cas. Alexandre leur faisait donner des soins par les médecins de l'armée.

Il constatait aussi la quantité de produits que les Mésopotamiens tiraient du palmier, comme les Egyptiens en tiraient du papyrus : farine, pain, vin, miel, etc. Une chanson perse énumérait trois cent soixante manières d'utiliser le palmier, — une manière différente pour chaque jour de l'année perse, égale en durée à l'année babylonienne. On récoltait le vin après avoir abattu la couronne du palmier et inséré une de ses feuilles dans une fente de sa tige pour en former un goulet. Le vin de dattes était conservé, comme au temps de Xénophon, dans des citernes cimentées, de même qu'une boisson acide tirée des dattes bouillies. Les peupliers, les saules, rappelaient la Grèce. On disait que, sur le Zagrus, il y avait des forêts de chênes.

Dans cette étroite plaine, située entre le Tigre et l'Euphrate, Alexandre retrouvait un animal qu'il avait chassé parfois en Macédoine et qui errait en troupeaux près de ces fleuves : le bison. Ce ne fut pas sans peine ni sans danger qu'il en tua un d'une taille prodigieuse. Il lui fut plus aisé de tuer sa première gazelle ; mais les ânes sauvages étaient aussi imprenables, sauf par des relais de cavaliers, qu'aux jours de Xénophon. Et pourtant, des garçons d'une dizaine d'années les attrapaient au lasso en les chassant sur de petits chevaux qu'ils montaient à cru et qu'ils menaient sans bride et sans mors.

On notait une particularité à l'égard des serpents de la Mésopotamie et qui, disait-on, existait également en Syrie : ils n'étaient venimeux que pour les étrangers. Même si des naturels les foulaient aux pieds, les morsures qu'ils leur faisaient, étaient sans danger. Cela rappelait les scorpions du Latmus qui avaient la même innocuité à titre national. Philippe d'Acarnanie et les autres médecins soignèrent quelques soldats macédoniens des atteintes des serpents avec le nitre de l'oasis d'Ammon, mélangé à du vinaigre et à de la chaux.

Manassé, ayant vu qu'Alexandre aimait à s'instruire des choses juives, revint lui parler, à la faveur d'une étape. « O roi, lui dit-il, tu avances en conquérant dans une région qui est la plus sacrée pour notre peuple, en dehors de la Palestine. C'est celle de l'Eden ou paradis terrestre, fixée par notre dieu comme résidence du premier homme et de la première femme, après qu'il les eut créés. Le Tigre et l'Euphrate étaient deux des quatre fleuves qui arrosaient ce paradis. L'homme et la femme le perdirent, pour avoir désobéi au Créateur : il y avait un arbre sacré aux fruits duquel il leur avait interdit de toucher, parce qu'ils seraient « pareils à des dieux ». Cet Eden, qui nous est décrit comme « plein de délices », a dégénéré. Cependant, il nous est doux de le parcourir sur tes pas. » Alexandre demanda si les Juifs avaient un paradis céleste, comme les Grecs avaient les champs élysées et l'île des bienheureux. « Oui, certes, ô roi, répondit le Samaritain. Mais c'est la tradition de nos docteurs qui nous l'apprend, car nos livres sacrés n'en disent rien. Quand le juste y arrive, sept cent mille anges l'accueillent, le couronnent et le conduisent entre quatre fleuves de lait, de miel, de vin et d'encens, ombragés par huit cent mille arbres. — Par Jupiter, s'écria Alexandre en riant, quelle flotte cela ferait pour moi ! »

A Cunaxa, l'étape suivante, Alexandre pouvait se dire qu'il était le vengeur de Xénophon et déjà, en quelque façon, le successeur à la fois de ce Cyrus le Jeune et de cet Artaxerxès Mnémon qui s'y étaient affrontés. Médius vanta son grand-père Ménon qui avait voulu, en contribuant à renverser Artaxerxès, mettre à la place un souverain perse complètement hellénisé. « Heureusement qu'il n'y a pas réussi, dit Alexandre ; sans quoi, il nous aurait frustrés d'une belle gloire. » A propos de ces Grecs qui avaient combattu pour un Perse, Anaxarque cita des vers d'Alcée prouvant qu'il y en avait eu d'autres, avant le temps de Xénophon, à s'enrôler dans ces contrées lointaines. Ce poète de Lesbos s'adresse à l'un de ses propres frères, Antiménide, et lui dit : « Tu es revenu des extrémités de la terre, — Portant la poignée d'ivoire d'une épée incrustée d'or, — Après avoir accompli un grand exploit — Comme allié des Babyloniens... »

Alexandre célébra un sacrifice funèbre aux mânes de ceux qui avaient péri à Cunaxa. Puis, pour honorer le grand-père de Médius, il ordonna un autre sacrifice, mais d'action de grâces, en considérant que cette bataille avait été une victoire pour les Grecs et aurait été celle de Cyrus, si ce prétendant au trône n'avait pas été tué. Le sacrifice avait eu lieu sur un tertre et Alexandre se figurait que c'était là qu'Artaxerxès, vers qui Cyrus s'était jeté pour le tuer lui-même d'une main fratricide, avait planté sur un pal la tête et la main droite du vaincu. Cyrus le Jeune avait vingt-deux ans, comme aujourd'hui Alexandre. On avait montré à ce dernier, parmi les pièces d'or trouvées à Arbèles, quelques-unes de celles qu'il avait fait frapper et qui étaient serties dans un miroir de Darius. Elles étaient reconnaissables, car c'étaient les seules montrant un roi de Perse imberbe : il avait les cheveux relevés en bourrelets sur la nuque et était à demi agenouillé en train de tirer de l'arc, selon l'image traditionnelle des dariques.

Sans doute Artaxerxès avait-il été d'autant plus impitoyable qu'il avait failli être battu. Dangereusement blessé, il s'était enfui et se sentait près de mourir de soif, comme Alexandre dans le désert de Libye, lorsque son eunuque Satibarzane lui apporta l'outre d'un valet caunien de l'armée, contenant de l'eau corrompue. Le grand roi déclara n'avoir jamais bu d'eau plus pure ni de meilleur vin. La bataille s'étant terminée dans la nuit, il avait rallié ses troupes à la lueur des flambeaux sur cette éminence où il tenait la tête de son frère Cyrus par les cheveux, avant de la ficher sur le pal. A cette vue, les fuyards s'étaient arrêtés pour se prosterner et adorer leur roi mort. Il avait été vengé par sa mère Parysatis, qui avait obtenu d'Artaxerxès qu'on lui livrât Bagopate, lequel, pour obéir à celui-ci, avait tranché la tête de Cyrus : elle le fit écorcher vif et mettre en croix. Elle tua de même les deux Perses qu'Artaxerxès avait comblés d'honneur pour leur rôle dans la bataille : Mitradate qui avait blessé Cyrus, et Carès qui lui avait enlevé sa tiare afin de la donner au grand roi. Enfin, elle empoisonna Statira, femme d'Artaxerxès, qui, se méfiant de sa belle-mère, prenait toutes sortes de précautions contre ce danger. Parysatis avait mis le poison mortel sur un seul côté de la lame d'un couteau, et elle partagea un ortolan qu'elle devait manger avec elle. Puis elle avait savouré, en même temps que sa ruse, la moitié que n'avait pas touchée le poison. Rassurée, Statira avait pris la moitié fatale.

Si Alexandre avait vaincu Darius devant les ruines de Ninive, Cyrus le Jeune avait été vaincu par Artaxerxès non loin de Babylone. Cunaxa, bâtie à l'endroit où le Tigre et l'Euphrate se rapprochaient le plus, n'était qu'à quelques kilomètres de la fameuse cité. Sur les bords de l'Euphrate, Alexandre et son armée découvraient la canne à sucre. Le roi pensait à Cléotime et à la reine Ada. Tout le monde se mit à couper des roseaux pour les sucer. Près du fleuve, où pullulaient moustiques et moucherons, d'innombrables lions erraient au milieu des roseaux et des arbustes. Ils s'enfuirent à l'approche de l'armée, et Alexandre, qui avait hâte d'arriver à

Babylone, résista au plaisir d'organiser tout de suite une chasse. Néanmoins, il transperça l'un d'eux en lançant son javelot et l'animal s'abattit. Il fut moins fier de son exploit, quand il constata que ce fauve était aveugle. Les guides de l'armée lui dirent que beaucoup de lions s'aveuglaient en se déchirant les yeux avec leurs griffes pour se débarrasser des moucherons et des moustiques qui s'y attachaient ; d'autres, sous l'effet de la douleur, se plongeaient dans le Tigre et s'y noyaient. Mais, ajoutaient ces hommes pour rendre sa fierté à Alexandre, les lions aveugles étaient les plus sauvages et les plus dangereux. Un troupeau de vaches sacrées était gardé par des hommes, armés d'arcs contre les lions. Ces vaches se distinguaient par l'empreinte d'une torche sur le front. Consacrées à Anaïtis, elles n'étaient immolées que pour les sacrifices.

On vit des bateaux de marchands arméniens qui, ayant su la victoire d'Arbèles, reprenaient leur trafic : ils allaient vendre leurs produits à Babylone en descendant l'Euphrate. Ce fleuve avait sa source dans leur pays. Leurs barques étaient, comme à l'époque d'Hérodote, rondes, tout en cuir, tendu sur une armature de saule et doublé de roseaux. Dans chaque barque, manœuvrée à la perche, il y avait un âne, et plusieurs même, si elles étaient grandes. Ces marchands, après avoir fait leurs affaires, partaient de Babylone sur ces ânes, car il eût été trop difficile de remonter le fleuve.

A proximité de la capitale, s'arrêtait le mur de Sémiramis, long de plus de deux cents kilomètres et qui en était la défense avancée. Alexandre continuait de progresser comme il avait progressé en Egypte, sans rencontrer d'opposition. Partout il était reçu en triomphateur. L'exemple de Mithrène à Sardes, de Samballétis à Samarie, de Mazacès et d'Ammynape en Egypte, lui faisait espérer la défaillance de Mazée. Mais ce satrape était candidat à la main de Statira et voudrait peut-être la mériter. Peut-être faudrait-il faire un siège en règle, comme à Tyr et à Gaza. On avait passé la nuit à Naarda, près d'une dérivation de l'Euphrate.

Cette ville, admirablement fortifiée, était sans défenseurs mais qui sait si Mazée n'avait pas concentré ses forces à Babylone. Comme il n'y avait plus de transfuges, on était sans nouvelles. Alexandre songeait à la ruse qu'avait employée Cyrus le Grand pour prendre Babylone qui se moquait d'être assiégée, ayant du blé et toutes sortes de provisions pour plusieurs années : il fit détourner l'Euphrate qui passait dans la ville et, par ce moyen, la priva d'eau.

Le roi, avec Ephestion, chevauchait en tête de l'armée le long du fleuve. Il écoutait les mages chaldéens qui connaissaient le pays. Il admirait les digues élevées contre les inondations, les canaux qui drainaient les marécages, œuvre de deux femmes, les reines Sémiramis et Nitocris. Il vit encore des sources d'asphalte ou bitume ou naphte ou pétrole et on lui donna de nouveaux détails sur ce produit, qui abondait dans cette région.

En Mésopotamie, le pétrole servait à fabriquer vingt-sept remèdes, sans compter plusieurs enchantements : l'un d'eux consistait à brûler du laurier avec ce produit pour s'attacher l'amour de quelqu'un, en en prononçant le nom au milieu de la fumée. Un de ces remèdes divertit Alexandre et Ephestion, parce qu'il leur rappelait les fustigations d'orties sur l'anus, destinées à en empêcher la chute : le pétrole empêchait la chute de la matrice.

Bientôt, apparut, au sommet d'une colline ronde, une sorte de pyramide. C'étaient les ruines du temple de Jupiter Bélus ou Bel, fondé par le roi de ce nom et qui avait été l'édifice le plus élevé jamais construit. Il y avait un amas immense de pierres noires, de briques et de marbres. Manassé se prosterna : les Chaldéens venaient de lui apprendre que ce temple, d'après la tradition, avait remplacé la tour de Babel, dont parlait le premier livre sacré des Juifs. C'était, dit-il à Alexandre, une tour de briques et de bitume, que les premiers hommes, après le déluge, construisirent, à la fois pour rester groupés et pour monter vers le ciel, entreprise analogue à celle des Titans qui, pour conquérir l'Olympe, avaient mis le Pélion sur l'Ossa. Le dieu des Juifs les empêcha d'exécuter leur projet en créant la confusion des langues, qui les obligea de se disperser.

Sur l'horizon de la plaine, apparurent soudain les murailles de Babylone. Elles avaient une quinzaine de mètres de haut et firent quelque impression à Alexandre. Du moins ne mesuraient-elles pas quatre-vingt douze mètres, comme l'avait écrit Hérodote. Aristote qui avait douté des dimensions de Thèbes d'Egypte, avait donné crédit à l'historien d'Halicarnasse pour celles de Babylone en long et en large et elles lui avaient suggéré, pour comparaison, l'image du Péloponèse entouré de murailles. Alexandre demanda aux mages chaldéens si l'enceinte était de quatre-vingt-huit kilomètres, ainsi que l'avait dit Hérodote, ou seulement de cinquante, selon Ctésias de Cnide. Les Chaldéens répondirent qu'il fallait réduire de moitié le périmètre indiqué par ce dernier, mais que la hauteur des tours avait bien été de près de cent mètres dans la Babylone détruite par Xerxès et leur épaisseur de trente mètres. Les deux cent cinquante tours et les cent portes de bronze signalées par Hérodote, correspondaient également à cette ancienne Babylone ; mais celle d'aujourd'hui était pourtant une véritable place forte, difficile à prendre. En tout cas, les dimensions qu'avait eues la ville dont Cyrus s'était emparé, rendaient plausible le commentaire d'Hérodote, que la population du centre fut longtemps à savoir, d'abord que la ville était assiégée, et ensuite qu'elle était prise.

Alexandre, voyant les portes fermées et une multitude de peuple sur les murailles, pensa que Babylone songeait réellement à se défendre. Il fit ranger son armée en bataille pour être prêt à soutenir une sortie de cavalerie ou de chars à faux.

Tout à coup, la porte voisine de l'Euphrate s'ouvrit et l'on aperçut, de chaque côté, des autels d'argent où fumait l'encens. Mazée, à cheval, vêtu d'une riche robe brodée d'or, s'avança vers Alexandre, comme l'avait fait Mithrène à Sardes. Il était avec ses enfants mâles, qui montaient de jolis poulains. Tous, arrivés devant Alexandre, descendirent pour se prosterner sur le sol, jusqu'à ce qu'Alexandre les eût invités à se relever. Ne voulant pas entrer en vainqueur dans une ville qui se livrait, il descendit à son tour de cheval et tendit la main à Mazée, qui lui nomma ses cinq garçons. Le plus jeune, qui avait douze ou treize ans, le baisa sur la bouche, selon la coutume.

Bagophane, gouverneur de la citadelle et gardien des trésors de Darius, remit ensuite à Alexandre les clés symboliques. Une compagnie de soldats couronnés de myrte, marchait derrière lui. Des valets somptueusement vêtus portaient des corbeilles remplies de fleurs et jonchaient de pétales la route du nouveau roi. Des palefreniers conduisaient les présents de bienvenue : dix chevaux, d'une taille et d'une élégance remarquables, dont la race était réservée au roi des Perses et que l'on appelait niséens, — du nom de la plaine de Niséum, en Médie, où étaient leurs haras, — dix bœufs noirs qui auraient pu être autant d'Apis et de Mnévis, dix moutons à la blancheur de neige, dix chèvres et dix boucs, — le bouc, en dehors des souvenirs de Mendès, avait des raisons d'attirer l'attention d'Alexandre, — enfin dix chariots qui transportaient des lions et des léopards en cage. Fermant la marche, cinquante valets de chiens tenaient en laisse par couples cent chiens de l'Inde. Mazée précisa que les meutes royales comprenaient des centaines de chiens de toute origine. Ce détail enchanta Anaxarque : il trouvait une nouvelle occasion de justifier la véracité d'Hérodote, cet historien ayant déclaré que les chiens du gouvernement de Babylone étaient si nombreux que quatre gros bourgs des environs étaient exemptés d'impôts, à charge de les nourrir. Les gardes qui faisaient la haie et qui étaient ceux du palais, avaient le costume, la coiffure et les barbes annelées que l'on avait vus sur les monuments de Ninive. Cela augmentait l'illusion d'Alexandre de pénétrer dans l'histoire des siècles et d'ajouter à sa jeune gloire toute celle du passé.

Les cortèges se rangèrent des deux côtés de l'avenue qui précédait la porte, pour faire passer les mages en robes blanches et qui chantaient des hymnes, les musiciens et les poètes dont le seul office était de célébrer le grand roi dans ses capitales diverses. Puis, défilèrent les cavaliers babyloniens, avec leurs épées, sur des chevaux parthes et vêtus aussi magnifiquement que le satrape, les Syriens et les Cappadociens avec leurs lances. Tels étaient les restes de l'armée d'Arbèles.

Pour son entrée à Babylone, Alexandre emprunta le char abandonné par le grand roi à Issus et qui était plus beau que celui d'Arbèles : on l'avait transporté avec sa part de butin. Ephestion était sur le char d'Arbèles. Précédé de Peuceste, qui présentait le bouclier de Troie, suivi d'Ephestion, de Mazée, de Bagophane, des mages, des musiciens et de ses généraux et de ses éléphants, Alexandre entra dans sa nouvelle capitale.

La porte, gigantesque, était d'une rare magnificence, comme la rue où elle donnait accès : elle était décorée de briques émaillées aux couleurs brillantes, figurant des dragons, des taureaux et des lions en relief. Une frise à dessins de fleurs les surmontait. On voyait, à l'extrémité de la rue, un lion de basalte noir terrassant un guerrier. Alexandre fit dire au peuple qui était sur les murailles, de descendre pour escorter l'armée. On vit accourir, avec les Babyloniens, des Grecs qui retrouvaient les Grecs, des Chaldéens qui retrouvaient les Chaldéens, des Perses qui retrouvaient les Perses, des Egyptiens qui retrouvaient les Egyptiens, des Syriens qui retrouvaient les Syriens, des Juifs qui retrouvaient les Juifs. Même réduite à ses vraies proportions, Babylone n'était pas moins une ville immense. Les maisons y étaient fort distancées les unes des autres : il y avait, non seulement de vastes jardins, et, sur une hauteur, les fameux jardins suspendus de Sémiramis, mais des espaces ensemencés et cultivés, des vignes, des vergers, qui permettaient à la cité de vivre sur elle-même et d'affronter les longs sièges. De plus, des murs de briques aussi larges que ceux de l'enceinte, longeaient le cours du fleuve qui traversait la ville. Ils protégeaient Babylone contre les débarquements de l'ennemi qui aurait abattu l'enceinte, du côté où elle enjambait le fleuve, et contre les inondations. Mazée était fier de montrer à Alexandre quelle peine il lui avait épargnée.

Le grand palais où il conduisait le roi, — un autre, au nord était dit le palais d'été, — s'élevait le long de la muraille, près de la porte d'Istar. La magnificence des appartements éclipsait celle des palais d'Héliopolis et de Memphis. Ils étaient décorés de plaques d'argent ou d'or ciselé et de ces tapisseries, filées d'or, propres à Babylone, comme ses tapis, dits babyloniques, aux riches couleurs. Ces tapisseries, tissues ordinairement par des artistes grecs, illustraient surtout des sujets tirés de la religion ou de l'histoire grecque : Neptune faisant jaillir la source de Lerne pour Amymone ; Orphée avec sa lyre ; Andromède sur son rocher ; Xerxès aux Thermopyles ; l'armée perse qui asséchait, en y buvant, le fleuve thessalien l'Onochone ; Datis, général de Darius, qui détruisait la ville de Naxos. D'autres figuraient de grandes chasses.

La salle du trône, avec un trône d'or et des lampes d'or, avait soixante mètres de long et presque autant de large. Les murs étaient revêtus de briques émaillées, pareilles à celles des portes et des rues, mais représentant des arbres stylisés, — l'arbre de vie, — des fleurs et des lions. Certaines de ces briques ornaient les colonnes qui portaient le toit de cèdre et dont les chapiteaux étaient des volutes.

Une salle avait un plafond en forme de coupole, à la ressemblance du ciel et entièrement recouvert de saphirs. Des images des dieux en or sortaient à demi de cette coupole, et quatre oiseaux, également en or, y étaient suspendus. C'est dans cette salle que, sur un trône d'or, le grand roi rendait la justice. Partout étaient de grandes plaques de taureaux ailés, comme à Ninive, des statues de rois en albâtre, en marbre noir ou en bronze, figurant des rois aux barbes soigneusement frisées. Autour de l'appartement du souverain, des centaines de chambres étaient réservées à la famille et aux serviteurs.

Le bain, le souper, l'amour, au milieu de cette ville en liesse, telle fut la progression des plaisirs d'Alexandre pour son premier soir à Babylone. Entrer victorieux dans cette ville, avait été l'un des rêves de son enfance avec Ephestion. Ce rêve était accompli. Cela semblait lui répondre de l'accomplissement de tous les autres. Il entrerait de même à Suse, à Ecbatane, à Persépolis. Il était déjà le grand roi, puisqu'il était roi de Babylone et que demain il se ferait couronner roi d'Assyrie, comme il avait été couronné roi d'Egypte à Memphis.

Il avait fait installer la famille de Darius au palais d'été, situé près de l'Euphrate. Barsine était logée au grand palais. Il se demandait quels devaient être les sentiments de la vieille reine qui revenait ainsi comme captive dans une de ses demeures. Elle s'était indignée du projet de marier Statira avec Mazée et avait refusé la visite de « ce traître ».

Le lendemain, Alexandre reçut de Bagophane le compte des trésors du grand roi. Ils étaient enfermés dans des chambres qui entouraient la salle du trône. Alexandre, dans le trésor de Sardes et de Memphis, avait trouvé principalement des dariques. A Babylone, il voyait une autre forme de trésor, la plus fréquente, lui dit Bagophane, dans les dépôts royaux de la Perse : l'or et l'argent, fournis en poudre ou en morceaux par les provinces, puis enfermés dans des vases de terre cuite, que l'on brisait pour fondre des lingots en forme de pommes de pin et fabriquer les monnaies, lorsque besoin était. Des coffres contenaient aussi des monceaux de perles, provenant pour la plupart de la mer Rouge. Alexandre donna tout de suite l'ordre d'en envoyer à sa mère, à sa sœur et à la reine Ada. Il en offrit généreusement à Barsine, à Thaïs et à ses amis.

C'est dans la salle du trône, en présence de tous les officiers, des magistrats et des notables, Ephestion étant au premier rang, qu'il revêtit les insignes de roi d'Assyrie ou de Babylone. Le grand prêtre de Mardouk, assisté de Mazée, lui endossa la longue robe blanche, à deux bandes violettes derrière, puis posa sur sa tête la haute tiare pointue, à trois étroites bandes violettes sur le haut. Il lui donna le sceptre d'ivoire à béquilles et le cercle d'or, symboles de la domination universelle, gardés par un eunuque sacré, qui était au second rang. En effet, Alexandre n'était pas proclamé uniquement roi de Babylone, mais, selon l'antique formule, roi de tous les pays et père de tous les dieux. Son origine divine n'avait jamais été exprimée plus brillamment. Il ne se sentait pas un usurpateur, même s'il était un conquérant, — ici un conquérant pacifique, — puisqu'il descendait de Persée, dont la postérité avait régné longtemps sur cette ville.

Un cortège se forma ensuite pour mener le nouveau roi, monté sur le char de Darius, au temple de Mardouk. Le dragon à pattes de lion et d'aigle, que l'on voyait sur les briques émaillées le long de la rue, était l'emblème de ce dieu. Arrivé dans le temple, Alexandre marcha vers la statue de Mardouk et lui saisit la main pour recevoir de lui la royauté. La statue n'était pas comme celle qu'il avait vue à Cæné : elle avait un double visage, Mardouk étant associé à Bel et s'appelant en réalité à Babylone Bel-Mardouk. Il avait une tiare cornue, ainsi que le dieu Râman à Ninive et à Assur.

Alexandre offrit ensuite un sacrifice non moins solennel au temple d'Istar ou Inanna, nommée à Babylone Milytta ou Milydath. Sa statue, sculptée par ordre d'Artaxerxès Mnémon, sous le nom d'Anaïtis ou Anahita, était la plus ancienne représentation d'une divinité perse. Elle avait le lion pour emblème, comme l'Astarté phénicienne. La statue de la déesse, debout, était nue ; mais on la voyait, dans une autre partie du temple, assise sur un trône, vêtue d'une longue robe, coiffée d'une haute tiare et tenant un sceptre.

Enfin, Alexandre sortit de la ville en grande pompe pour revenir jusqu'à la colline où s'élevaient les ruines de ce que les Juifs appelaient la tour de Babel. Au milieu des décombres qui formaient une masse si imposante, subsistait le rez-de-chaussée de cet édifice : c'est là qu'étaient le tombeau et le temple de Bélus. Xerxès, qui avait détruit la statue de Mardouk dans le temple de ce dieu et dépouillé de ses nombreuses statues d'or le temple de ce roi, — l'une d'elles avait, d'après la tradition, six mètres de haut et toutes ensemble pesaient vingt mille kilogrammes — avait laissé en place le trône, le marchepied et la table, qui étaient également d'or. En écoutant la description des anciennes splendeurs du temple, Anaxarque dit qu'elles avaient peut-être inspiré la description même que fait Platon, dans le *Critias,* du temple de Neptune de l'île fantastique d'Atlantide, plein de statues d'or et où celle du dieu atteignait le plafond. Au temple de Bélus, il restait une statue bizarre, ayant une tête d'homme et une tête de femme, et, côte à côte, les parties des deux sexes. Près du temple, était le tombeau élevé par Sémiramis à son époux, auquel leur fils, Ninias, fit rendre les honneurs divins. Ce monument funéraire, qui avait été digne de celui de Mausole à Halicarnasse, mesurait jadis cent mètres de haut et avait servi d'observatoire aux mages. On ignore à quelle hauteur étaient parvenus les conducteurs de la tour.

Alexandre fut à la fois stupéfié et flatté de voir que les prêtres lui avaient ménagé le même honneur qu'à Bélus le jour de sa fête : on avait accumulé dans le temple une véritable montagne d'encens, — vingt-deux mille kilos, — destinée à brûler pour lui toute la journée ; c'était en mémoire des vingt mille et quelques kilos d'or qui avaient été volés par Xerxès. Le roi sourit en pensant, une fois de plus, au grave Léonidas qui était si parcimonieux en fumée d'encens et à qui il en avait expédié des cargaisons d'Egypte et de Phénicie. Il prit place sur le trône d'or et, pendant qu'on mettait le feu à cette masse odorante, Aristandre sacrifia sur l'autel d'or un agneau encore à la mamelle : c'était le rite. On sortit avant d'être suffoqué par l'encens, qui se consumerait désormais pour le seul Bélus. Après avoir consulté les mages, Alexandre décida de reconstruire le temple de Bélus, qui ne serait pas une seconde tour de Babel. Cette reconstruction ferait pendant à celle du temple d'Assur à Ninive.

Deux autres dieux lui parurent mériter également un sacrifice exemplaire : le Soleil, qui avait un temple à Babylone, sous l'influence de la Perse où, du reste, lui disait-on, des temples de ce genre étaient rares, et Thammuz, dont Manassé lui avait parlé, pour avoir été l'objet d'un culte chez les femmes de Jérusalem, en un temps de perversion. Bien que d'origine humaine et présidant à la végétation, ce dieu ne semblait pas se confondre totalement avec Adonis. Le temple du Soleil avait sept statues d'or suspendues à la voûte, qui rappelaient certaines des douze grandes divinités de la Grèce. A celui de Thammuz, le prêtre raconta la légende de ce personnage divinisé : ayant voulu forcer son roi à adorer les sept planètes et les douze signes du zodiaque, il fut mis à mort, et cela plusieurs fois, après plusieurs résurrections. Lorsqu'il mourut enfin, sa statue avait rejoint d'elle-même les six statues du temple du Soleil, qui s'étaient rangées autour d'elle.

Les jours suivants, Alexandre honora de sacrifices les temples de la ville situés sur la rive occidentale de l'Euphrate, où menait un pont magnifique, construit par Sémiramis. C'étaient le temple de Shamash, le dieu Soleil, qui avait des rayons sortant de son corps et à la main une scie ; le temple de Sin ou Nanna, le dieu Lune ; le temple d'Hadad, dieu qui n'était pas un inconnu pour Alexandre ; le temple de Ninourta, — autre dieu Soleil, mais du soleil levant, et aussi dieu du tonnerre, dieu-oiseau de la guerre et de la chasse, posé sur une tête de lion ; le temple de Nabou ou Nébo, dieu de l'écriture ; celui de Nergal, dieu des enfers et de la mort, représenté par un coq, et celui d'Oannès, dieu-poisson à deux têtes et à queue de poisson, pourvue de pieds humains et qui évoquait Dagon, le dieu d'Ascalon. Certains de ces dieux avaient un rapport particulier avec un astre : Nabou avec la planète Mercure, Nergal avec la planète Mars. Les mages chaldéens tenaient en grande vénération le dieu Oannès, car c'est lui qui, sortant des eaux du golfe Persique trois heures par jour, était venu sur le rivage apprendre aux hommes les sciences et les arts. Ils surent gré à Alexandre de déclarer qu'il restaurerait le temple d'Oannès en même temps que celui de Bélus. Tous ces temples avaient été ruinés et saccagés par Xerxès, mais le culte s'y poursuivait.

Le grand palais et les jardins suspendus communiquaient avec l'autre rive de l'Euphrate, tout ensemble par un pont spécial et par un passage souterrain qui, d'après la légende, avait été creusé par Médée : elle avait dérivé le fleuve, puis fait bâtir ce passage voûté avec des pierres et de l'asphalte revêtu de bronze, comme les toits du palais, ensuite le fleuve avait été reconduit dans son lit et l'eau avait durci l'asphalte. Cette œuvre extraordinaire qui permettait à Alexandre de passer sous un fleuve, aussi aisément que Thétis, la mère de son ancêtre Achille, le frappa d'admiration.

Les jardins suspendus, près de la porte d'Istar, étaient, avec le Jupiter d'Olympie, le tombeau de Mausole, le temple d'Ephèse et les pyramides d'Egypte, l'une des plus grandes merveilles du monde. Ils portaient indûment le nom de Sémiramis, peut-être parce qu'il y avait eu là cet immense bassin d'argent de quarante-cinq mille kilos qu'elle avait fait faire et que Cyrus avait enlevé. Les jardins étaient, en réalité, comme les deux palais, l'œuvre première de Nabuchodonosor. Il les avait construits pour rappeler à sa femme Amytis, fille du roi des Mèdes, les arbres et les fleurs de son pays natal. Ils formaient un amphithéâtre par une gradation de terrasses que soutenaient des colonnes de hauteur progressive : les plus élevées avaient cent mètres. Des lames de plomb empêchaient les infiltrations. L'eau de l'Euphrate était amenée par des pompes dans des colonnes creuses pour maintenir une fraîcheur perpétuelle et retombait en cascades dans des bassins de marbre, où elle formait des jets d'eau vertigineux, avant de retourner au fleuve par d'autres voies. Les arbres étaient aussi vigoureux et les fleurs aussi parfumées qu'en pleine terre. Certains de ces arbres avaient trois ou quatre mètres de circonférence et s'élevaient à quinze mètres de haut. Les orangers et les dattiers portaient leurs fruits.

Alexandre s'amusa d'une grande toile peinte qu'on déroula devant lui et qui représentait un horrible dragon : cette peinture était tendue comme un écran devant les fenêtres du grand roi proches des jardins suspendus et servait à effrayer les oiseaux, dont le gazouillis aurait troublé son sommeil matinal ou sa sieste. Quant au palais d'été, il était moins grand que le premier, mais pourvu des mêmes raffinements, avec une grande terrasse de marbre. On voyait de là les toits des maisons babyloniennes, faites de troncs de palmiers, comme ceux des maisons égyptiennes. Seuls les satrapes et les riches avaient des maisons de briques. Ce n'était pas le pays des « pierres blanches ».

En dehors des jardins suspendus, il y avait un autre jardin royal, dit de Bagoas, — non pas le mignon de Darius, mais l'eunuque qui avait tué Artaxerxès Ochus, — où ne croissait qu'une qualité de palmiers d'une grandeur et d'une beauté merveilleuses, qu'on appelait royaux. Leurs dattes étaient en conséquence.

Anaxarque, toujours attentif à comparer les mœurs des pays conquis avec celles du temps d'Hérodote, observait que les Babyloniens ne portaient plus à la main de bâton sculpté, mais conservaient l'usage du cachet : c'était un cylindre, percé de part en part et décoré d'animaux ou de figures, gravés en creux, analogues à ceux que le grand prêtre de Ninive avait donnés à Alexandre. Ils les suspendaient à un collier.

Comme Alexandre avait été intéressé par le napthe, Mazée en fit verser, une nuit, des deux côtés de la rue qui longeait son palais et on en alluma les extrémités. Le roi fut amusé par cet éclairage. Le lendemain, Athénophane, en le baignant et le frottant, pendant que chantait le page Stéphanus, dont la voix charmante faisait oublier le visage disgracieux, suggéra d'asperger de naphte ce garçon, pour voir si le feu prenait aussi aisément sur une personne. Stéphanus, par bravade, y consentit. Mais quand, après l'avoir enduit, on eut approché une torche, il devint en un instant une torche vivante et hurla de douleur. Alexandre, aussi effrayé que honteux d'avoir mis ses jours en danger, ordonna de jeter l'eau du bain sur ce feu, qui, loin de s'éteindre, s'alimentait de ce nouveau liquide. On n'en eut raison qu'en jetant sur lui de la terre. Philippe le guérit avec de la cendre d'écrevisses et de la cire. Le roi le couvrit d'or : son malheur était pire que celui du bel Excipinus à Pella pour un charbon d'encens. « Vois ce que c'est, dit-il à Ephestion : si Stéphanus avait été beau, je n'aurais pas permis une telle expérience. — Et s'il avait été beau, dit Ephestion, il ne s'y serait pas prêté. »

Un héraut venait de faire, selon l'usage prescrit par Xerxès à des intervalles réguliers, une proclamation à son de trompe pour promettre une forte récompense à toute personne qui apprendrait au roi un nouveau plaisir. Mazée, interrogé préalablement par le héraut, avait décidé qu'il n'y avait aucune raison d'interrompre cette coutume, qui était un hommage à la grandeur royale. Du reste, personne ne se présenta ; mais, s'il n'y avait pas de plaisirs nouveaux à Babylone, il y avait en surabondance tous ceux auxquels on était habitué. La liberté que les mœurs locales avaient offerte aux soldats d'Alexandre à Thiatyre, à Byblos ou ailleurs et même depuis qu'ils étaient en Mésopotamie, n'était rien auprès de celle dont ils jouissaient dans cette ville. Femmes, filles, fillettes, siégeaient à longueur de journée et de nuit dans l'enclos du temple de Milytta. Leur beauté et leur impudeur dépassaient ce qu'ils avaient vu à Arbèles, autant que leur multitude. Elles avaient toujours, pour insigne de leur appel aux faveurs de la déesse, une couronne de ficelle. Elles suçaient des noyaux d'olives, symbole des testicules qu'elles espéraient manier et annonce de leur habileté aux plaisirs buccaux. Des toiles, suspendues à des cordages parmi les arbres, formaient des espèces de séparations où elles se livraient à qui avait déposé l'argent sur leurs genoux en disant : « J'invoque la déesse Milytta. » Leur nombre était, en effet, trop grand pour que les pavillons voisins du temple, comme à Arbèles, pussent suffire. Celles qui avaient couché avec un homme, adressaient ensuite des reproches et même des invectives à celles qui n'avaient pas eu cette chance. On distinguait les satisfaites en ce qu'elles n'avaient plus leur ficelle autour du front. Même les femmes distinguées devaient obéir à cette loi religieuse qui obligeait les femmes à se prostituer pour de l'argent une fois en leur vie à un étranger. Du moins se faisaient-elles transporter jusqu'aux abords du temple dans des chars couverts. L'obligation n'était que pour une fois; mais on demeurait libre de recommencer aussi souvent que l'on voulait, pourvu que ce fût avec des étrangers.

Outre les femmes et les filles de la ville, il y avait les courtisanes sacrées, attachées au service de la déesse, et qui avaient, elles, le privilège de se livrer tout le temps à n'importe qui. Elles habitaient les dépendances du sanctuaire, comme on l'avait vu en Paphlagonie, et se montraient à moitié nues aux fenêtres pour attirer les visiteurs, à la façon des courtisanes athéniennes. Leurs coiffures spéciales étaient faites de tresses à rouleaux qui leur encadraient les joues.

Roi de Babylone et n'ayant plus qu'à rattraper un Darius fugitif, Alexandre pouvait bien se considérer comme roi de l'Asie et se laisser vivre voluptueusement avant de continuer sa campagne. Il s'accordait deux mois de repos, sans craindre d'être victime d'une ruse pareille à celle de Cyrus qui avait abandonné un camp rempli de victuailles afin de vaincre les Saces : Darius était trop loin pour venir le surprendre et ne l'aurait jamais trouvé ivre mort. Pyrgotèle grava son titre de roi tout court sur ses monnaies, sans ajouter son nom. Alexandre annonça à toutes les villes grecques son entrée et son couronnement à Babylone. Fidèle à ses procédés libéraux, il leur déclarait qu'il voulait que toutes les tyrannies fussent abolies et que chaque ville se gouvernât d'après ses propres lois. Il rappelait qu'il avait aidé les Platéens à reconstruire leur ville pour honorer leur dévouement à la cause de la Grèce contre les Perses. Il envoya, en Italie, une partie du butin aux habitants de Crotone en mémoire de leur concitoyen Phaylle qui, à ses frais, avait armé et équipé un navire pour la bataille de Salamine. Il faisait siens tous les grands souvenirs de la Grèce.

Comme gratification, il avait donné cinq cent cinquante drachmes à chaque cavalier macédonien et quatre cent soixante à chaque cavalier allié, cent quatre-vingt-dix à chaque homme de la phalange macédonienne, et cent douze aux étrangers. Il fut aussi généreux pour ceux qui étaient gravement blessés et auxquels il accorda un congé. En les chargeant de bienfaits, il entendait, non seulement récompenser leurs souffrances et leur courage, mais montrer à tout le monde qu'il n'était pas ingrat envers ses hommes. Il chargea Caranus, un des généraux macédoniens, de les raccompagner et, comme celui-ci devait profiter de l'occasion pour se marier, il le combla de présents. Ce serait aussi un moyen de prouver à la

Grèce sa munificence à l'égard des chefs de l'armée qu'elle lui avait donnée et qu'il ne cessait de recruter. Tout l'or et tout l'argent qui lui demeura des trésors de Darius après la dîme offerte au dieu, fut distribué à Ephestion et aux anciens compagnons de Miéza. Il savait que la plus grande partie en reviendrait aux officiers et aux soldats dont ils avaient apprécié le dévouement et la valeur.

Lorsqu'on le louait de sa générosité, il disait qu'il voulait dépasser celle des rois de Perse. Mazée, en voyant le parasol d'or pris à Arbèles, lui avait dit que, d'après l'histoire du royaume, Artaxerxès Longue-Main en avait donné un semblable au Crétois Entymus de Gortyne qu'il avait accueilli à sa cour, plus un lit d'argent, un pavillon avec un ciel parsemé de fleurs, un fauteuil d'argent, des coupes d'or garnies de pierres précieuses, cent grandes d'argent, des vases d'argent, cent tables d'écaille à pieds d'ivoire, six mille pièces d'or, cent jeunes filles et autant de jeunes garçons.

Alexandre et ses amis prenaient encore plus leurs aises qu'en Egypte. Leur tenue à tous avait changé : ils ne se vêtaient que de ces étoffes perses dans lesquelles les grains d'or, gros comme des grains de millet, étaient enfilés et qu'ils avaient mises pour la première fois à Ephèse. Plus légèrement, ils avaient de longues chemises plissées par derrière. Le faste de leurs repas tâchait d'imiter celui d'Annarus, gouverneur de Babylone, pour le roi des Perses, dont avait parlé Ctésias, et qui, lorsqu'il était à table, avait cent cinquante musiciens pour lui seul. Alexandre regrettait presque de ne pas avoir gardé les trois cent vingt-neuf musiciennes de Darius.

Indifférent à la prostitution publique, il s'étonnait de l'usage qui permettait aux grands seigneurs de Babylone de prostituer leurs femmes et leurs filles à leurs hôtes au milieu d'un festin. Et c'étaient, certes, des festins nouveaux que ceux où l'on servait à Alexandre, comme au grand roi, un chameau entier rôti. Les Macédoniens y admiraient également l'habileté des serviteurs chargés de renouveler le parfum des couronnes : ils avaient de petites outres remplies de parfum et, sans s'approcher de trop près, les pressaient de manière à projeter une rosée sur la couronne de chaque convive, sans qu'une seule goutte tombât au-dehors. Dans ces banquets, les manières des femmes et des filles pour inspirer graduellement les licences, ne laissaient pas d'être charmantes. Elles commençaient, de la manière la plus modeste et la plus correcte, à ôter le haut de leurs vêtements, et l'on voyait apparaître des poitrines virginales ou abondantes ; mais aucun geste ni aucun regard ne semblaient appeler des caresses. Les esclaves poursuivaient leur office, comme si de rien n'était. Un moment après, filles et femmes dénouaient leurs ceintures et la robe sous laquelle elles étaient nues, tombait sur la chaise si elles étaient assises, sur le lit si elles étaient couchées, ce qui leur était autorisé. Elles n'avaient plus qu'un mouvement à faire pour être tout à fait nues et l'on était libre d'en tirer les conséquences. D'ailleurs, elles-mêmes, dès qu'elles avaient vu ou deviné l'effet produit sur leurs voisins, les palpaient, les dénudaient et ne se tenaient pour contentes qu'après avoir provoqué ou partagé leur plaisir. Jamais Alexandre n'avait vu de telles licences au sommet de la société. Il se disait que son père les aurait mieux appréciées que lui. Mais enfin, même s'il se bornait au rôle de spectateur, allongé près de Barsine ou d'Ephestion, il se divertissait du spectacle. Les mœurs du camp de Byzance étaient transportées dans les premières maisons de Babylone.

Si rien ne pouvait désormais choquer le roi, il s'étonnait pourtant encore que de telles libertés fussent prises communément par les sœurs avec leurs frères, par les fils avec leurs mères, par les pères avec leurs filles. Bref, toutes les formes de l'inceste, union qui chez les Grecs était considérée comme du domaine de la tragédie, — sauf l'exception pour les demi-frères et demi-sœurs non utérins, — étaient licites, au point de se matérialiser même en public, comme toutes les autres formes d'amour. Si telle était la loi babylonienne, de même que l'égyptienne, elle procédait de la loi perse, pour laquelle n'existait aucun empêchement de mariage. C'est également cette loi qui avait inspiré celle de la Carie, où la reine Ada avait épousé son frère Idréus, après la reine Artémise, épouse de son frère Mausole. Mais, ce qui était nouveau, pour Alexandre et ses compagnons, c'était l'étalage de ces anomalies. Les Babyloniens le devaient à Sémiramis : cette reine, devenue amoureuse de son fils, s'unissait à lui en secret ; mais, cela ayant été connu, elle cessa de s'en cacher et incita ses sujets à en faire autant. Anaxarque rappelait ce que déclare l'*Œdipe Roi* de Sophocle : « Beaucoup de mortels... dans les songes, — se sont mêlés à leur mère. » Mais Sémiramis n'avait-elle pas couché aussi avec un cheval dont elle s'était éprise ?

Un jour, à un banquet chez Mazée, où l'on était échauffé par les rasades de vin au safran et aux aromates, les quatre filles du satrape, qui avaient de seize à vingt ans, — Mazée, comme tous les nobles Perses, avait plusieurs femmes, d'où le grand nombre de ses enfants, — disputèrent avec les trois filles de Bagophane, à peu près de leur âge, à qui avait les plus belles fesses. Cette dispute était née d'une allusion d'Alexandre au temple de Syracuse dédié à Vénus aux Belles fesses et dont Denys le Jeune lui avait parlé. A l'instant, elles se mirent nues toutes les sept, sans être gênées le moins du monde par la présence de leurs frères et de leurs parents, et montrèrent leurs derrières aux convives. Les unes demeuraient immobiles, se fiant à la perfection de leurs contours ; les autres se tortillaient, afin d'y ajouter l'attrait du libertinage. Certaines unissaient les deux attitudes : elles ne bougeaient pas, mais s'étaient pliées sur les genoux, de manière à entrouvrir leurs hémisphères. Deux des plus jeunes n'étaient pas les moins actives et les moins affriolantes : leur minceur découvrait leur sphincter, qu'elles épanouissaient comme une fleur de lotus. Elles murmuraient des encouragements à les pénétrer. Alexandre avait été choisi comme juge.

Après un moment de contemplation, il déclara que son homonyme, Alexandre-Pâris, avait souffert trop de maux pour avoir décidé entre les trois déesses sur le mont Ida. Il ajouta que, d'après ce qu'Aristote lui avait raconté, Aristippe de Cyrène avait répondu de même à Denys l'Ancien qui, ayant fait venir trois belles courtisanes, l'invitait à en choisir une. Le philosophe avait tranché la question en les prenant toutes trois, mais les avait ensuite renvoyées. De même, Alexandre se disait-il absolument incapable de donner la pomme à l'une des sept déesses de Babylone ; il ne voulait pas non plus la partager en sept.

« Je serais d'abord enclin, dit-il, à la donner à Sémiramis, (la fille aînée de Mazée), non seulement à cause de son nom, mais de la parfaite rondeur de ses fesses. Je m'aperçois cependant que la rondeur ne fait pas tout : un galbe plus discret est celui de Nitocris (la fille aînée de Bagophane), autre nom glorieux et dont les fesses me rappellent celles de la Vénus de Cnide et celles de Thaïs. Par conséquent, il y a, dans cette divine partie du corps humain, une puissance et un attrait qui vient moins des formes que des lignes. Mais que dirai-je des lignes presque plates de Satyra (la fille cadette de Bagophane) ou des formes à peine prononcées de Bittis (la fille cadette de Mazée) ? Peut-être ménagent-elles plus de plaisir à ceux qui ont ainsi le bonheur d'entrer en elles plus avant. Comme j'ai l'habitude de favoriser la jeunesse, c'est en leur faveur que je partage la pomme. Aux cinq autres, dont les pommes bien arquées nous délectent la vue, je distribue les pépins ; mais c'est une façon de donner une pomme à chacune. »

Les deux victorieuses accoururent vers Alexandre pour lui baiser la main en remerciement, pendant que l'on riait et que l'on applaudissait ce petit discours, digne d'un banquet socratique. Celles qui avaient reçu les pépins, ne pouvaient également que le remercier de leur avoir donné plus, en ayant l'air de leur donner moins. Cependant, Alexandre, si amoureux des derrières, demanda que toutes ensemble s'exhibassent de nouveau pour qu'un prix des convives fût décerné à une seule : ils désignèrent Sémiramis, parce que c'était la première qu'il avait nommée. Se souvenant que les Athéniens faisaient mouler le derrière d'Alcibiade d'après sa statue de la place du marché à Athènes, il ordonna de modeler avec de l'argile les trois derrières couronnés pour en fondre trois vases d'or. Ayant remarqué que le troisième fils de Mazée, animé par ce spectacle, avait une forte protubérance au centre de sa robe, il ajouta qu'on en prendrait la charmante empreinte pour les quatre pieds du vase. Le garçon rougit, avec un peu de confusion, de l'honneur qu'on lui accordait. « Après tout, dit le roi à Ephestion, puisque nous sommes dans l'inceste, il est naturel que le derrière de la sœur et le devant du frère aillent ensemble. »

Au cours de ces banquets, Alexandre, même s'il tenait sa parole de ne pas être ivre mort, commençait à boire immodérément. Osthane lui fournissait, il est vrai, un ingrédient efficace pour prévenir l'ivresse, et qui avait été inventé par Horus, roi des Assyriens : on versait dans le vin, à mesure que l'on buvait, une pincée de cendres de becs d'hirondelles, broyés avec de la myrrhe. Lors de ses premiers excès, dont il avait rougi, le roi avait interrogé ses philosophes. Callisthène n'avait pas manqué de lui rappeler la sobriété d'Aristote et Onésicrite, que Diogène buvait uniquement de l'eau. Pyrrhon fit la réponse qui plut le mieux à Alexandre : « Il est égal de boire modérément ou de boire avec excès. Tout ce que l'on peut dire, c'est que le vin, bu modérément, fortifie et que, bu avec excès, il énerve, mais lequel est le plus sage ? Je défie n'importe qui de prouver que la raison soit un état préférable à l'ivresse et que l'ivresse soit un état honteux, alors qu'il est surhumain, comme la danse des Corybantes. Qui pourrait assurer d'ailleurs de quel côté est la raison, de quel côté la folie ? Par conséquent, nous sommes libres de faire comme il nous plaît. » Aussi Alexandre faisait-il de plus en plus ce qui lui plaisait, au moins dans ce domaine.

Ceux de ses amis qui avaient des rapports dans le privé avec les naturels, l'amusèrent en lui décrivant la coutume babylonienne de s'accroupir sur un réchaud d'encens allumé, pour se purifier après l'acte. Ce n'est qu'ensuite que l'on procédait à ses ablutions. Les licences prises en public, dispensaient du réchaud ; mais il fallait s'y accroupir dès qu'on était rentré chez soi. Ces encensements spéciaux rappelaient Nicocréon.

Apparemment, les purifications par des fumées odoriférantes n'étaient pas d'une efficacité générale. Tour à tour Médius, Démètre et Callas vinrent exhiber à Alexandre des pénis chargés d'ulcères, des testicules enflammés, des ganglions à l'aine et des anus entourés d'excroissances, qui les faisaient souffrir terriblement. Ils avaient attendu, pour se plaindre, d'y être forcés, car c'étaient des hommes courageux. Philippe, Critobule et Hippocrate IV, mandés d'urgence, avouèrent au roi que, depuis quelques jours, les deux tiers de son armée était en proie à des affections semblables. Heureusement qu'elles ne s'étaient déclarées ou n'avaient revêtu un aspect grave qu'après la victoire d'Arbèles. Alexandre fut ému de pitié et, en même temps, pris d'une certaine inquiétude : avait-on déplu à Vénus, sa protectrice ? Ses soldats avaient-ils commis un sacrilège dans un temple de cette déesse, comme les Scythes qu'elle avait frappés d'une maladie héréditaire pour avoir pillé son temple d'Ascalon ? Ou bien les mages de Darius avaient-ils lancé ce fléau sur l'armée, comme jadis le mage juif Moïse en avait lancé d'autres sur les Egyptiens ? Peut-être que le grand roi escomptait de pareilles surprises pour énerver les Macédoniens.

Les Esculapes rassurèrent Alexandre : ces maladies étaient tout simplement le fait des contrées que l'on avait traversées et dont beaucoup d'habitants en étaient infectés. C'était la blennoragie, telle que l'avait eue Hécatée, après l'escale à Corinthe, lorsqu'on était revenu d'Olympie ; mais le chef des gardes n'était pas assez familier avec Alexandre pour lui avoir montré de quoi il s'agissait. Cette maladie, également appelée gonorrhée et maladie phénicienne, existait aussi chez les Juifs, d'après ce que dit Manassé à Philippe, et un de leurs livres sacrés indiquait les mesures de propreté que devaient prendre ces malades, dits impurs, et les précautions nécessaires à leur égard : il fallait éviter tout contact avec eux et laver ou détruire tout ce qui leur avait servi. Alexandre s'inspira de ces mesures pour ordonner que, pendant huit jours, — délai prescrit par le livre juif — ceux de ses amis qui étaient malades, n'eussent aucun contact avec les autres et fussent servis avec des assiettes, des vases, des fourchettes et des couteaux à part. L'extrait de concombre qui avait guéri Hécatée naguère, fut aussi utile que la sauge, dans la plupart des cas. Le misy des rois de Chypre fit aussi ses preuves. Mais les médecins durent enlever certains chancres du pénis au couteau, en arrêtant le sang au moyen d'un fer rouge. Ils mettaient des emplâtres résolutifs sur les ganglions avant de les cautériser. Le scordium apaisait l'inflammation des testicules. Quant aux excroissances de l'anus, Philippe et les autres médecins avaient toujours d'amples provisions de graines de tournesol, — ce remède que Philippe avait indiqué jadis, en Thrace, quand on voyait un champ de tournesols, au pays des Cènes. Les mages chaldéens obtinrent souvent de l'effet avec un de leurs topiques : du sang de taureau, desséché et broyé. Alexandre célébra un grand sacrifice à la Santé et commanda à ses médecins d'inspecter les femmes, les filles et les mignons que les soldats auraient le droit d'approcher. On conseilla de pratiquer surtout les eunuques, qui étaient indemnes des maladies envoyées par Vénus.

En récompense, Babylone compléta l'arsenal aphrodisiaque des vainqueurs. Là encore, on prisa des recettes de la Chaldée : l'écume distillée par le sexe de l'âne après qu'il a sailli, — on la recueillait sur un morceau d'étoffe rose que l'on enchâssait dans de l'argent et que l'on portait sur soi, comme la dent de crocodile qu'avait Mazacès, — la cendre de ce même sexe carbonisé, mêlée à de l'urine de taureau et bue. On se faisait également frotter les parties avec celles de l'animal de Priape, trempées sept fois dans l'huile bouillante et appliquées tièdes.

Pour faire contraste avec les orgies et les maladies de Babylone, Alexandre n'avait pas seulement l'amour d'Ephestion et les voluptés de Barsine ou de Thaïs, mais ses visites à la famille de Darius. La dignité de la vieille reine Sizygambis, la beauté de Statira et de Drypatis, la grâce du petit Ochus et de son baiser sur la bouche, étaient comme un ornement précieux de sa conquête, mais Alexandre s'employait à la leur faire oublier. Du reste, leurs serviteurs et les Perses de sa suite leur rendaient tous les honneurs dus au sang royal : pourtant, sauf les habits de pourpre brodés d'or, la famille de Darius affectait de ne plus en porter les marques et laissait au fond de ses coffres les bijoux de son décorum. Alexandre les obligea à les arborer de nouveau. Sizygambis lui demanda une fois pourquoi il n'avait pas accepté les propositions de paix de son fils. Il répondit que la paix entre deux rois qui, pour de bonnes ou de mauvaises raisons, étaient entrés en guerre, ne pouvait se conclure que si l'un d'eux s'avouait vaincu. C'est à peu près ce qu'il avait répondu à Darius lui-même. A présent, il tâchait de distraire ses prisonnières, dans la mesure où les convenances le permettaient, et parfois il en dépassait les limites pour faire Bucéphale à quatre pattes avec Ochus sur son dos. Cet enfant n'avait qu'une idée vague de tout ce qui se passait, puisque son train de vie n'avait pas changé et que, selon l'usage des princes perses, il n'avait été admis en présence de son père qu'à l'âge de sept ans, c'est-à-dire peu de temps avant la bataille d'Issus. La seule exception était quand le grand roi emmenait ses enfants à la guerre avec ses femmes : les deux cas s'étaient produits simultanément l'an dernier. Le motif que l'on donnait pour tenir les enfants éloignés du père jusqu'à un certain âge (il avait été d'abord de quatre ans, puis de cinq), paraissait inouï à Alexandre : c'est que, le nombre de ces enfants étant considérable, à cause de celui des concubines, et la mortalité infantile ne l'étant pas moins, on voulait épargner au père de s'affectionner à des êtres qu'il risquait de perdre prématurément. Ayant appris que c'était aussi à sept ans que le fils du grand roi apprenait à monter à cheval et à chasser, Alexandre fit donner à Ochus ses premières leçons d'équitation, sous la surveillance de l'eunuque attaché à sa personne, et il l'emmena à la chasse.

Les détails que lui donnait la reine mère sur les drames familiaux de la cour de Perse lui montraient que, là comme dans tous les rapports de richesses, de peuples et d'étendue de territoires, les choses de la cour de Macédoine semblaient bien infimes en comparaison. Sizygambis avait eu quatre-vingts frères égorgés en un jour par Artaxerxès Ochus et son père immolé sur leurs corps. Elle ne tenait que davantage à ses enfants : des sept qu'elle avait eus, il ne lui restait que Darius et Oxathre. Alexandre était touché de l'affection qu'il avait réussi à lui inspirer pour leur ennemi.

Barsine et sa fille qui la suivait depuis Damas, participaient avec Adève à ces réunions familiales, où l'on faisait souvent de la musique en échangeant des chansons grecques et des chansons perses. Il n'était plus question de chevaucher à quatre pattes depuis que le jeune prince chevauchait réellement. Mais Alexandre et Ephestion jouaient avec lui comme lorsqu'ils étaient enfants, par exemple, à la mouche de bronze. L'un d'eux, les yeux bandés, criait : « Je vais chasser la mouche de bronze. — Tu la poursuivras, mais tu ne la prendras pas », répondaient les autres, qu'il poursuivait en effet et qui lui donnaient des coups avec les mains ou avec des ceintures, jusqu'à ce qu'il eût attrapé quelqu'un qui prenait sa place. Dans ces jeux, le roi conservait sa préférence pour Statira et Ephestion pour Drypatis, tous deux restant conquis par le jeune Ochus. La reine mère, spectatrice émue de ces plaisirs innocents, se mit à pleurer, un jour qu'Alexandre, en embrassant Ochus, lui récitait ce passage du *Lysis* de Platon : « Par Jupiter, que dirons-nous du grand roi ? Est-ce qu'il confierait à son fils aîné qui aura le gouvernement de l'Asie, le soin d'assaisonner la bouillie où cuisent ses viandes, plutôt qu'à nous, si, allant le trouver, nous lui prouvions que nous nous entendons mieux que son fils à la préparation des mets ? » « O Sizygambis, s'écria Alexandre, je n'ai pas cru t'offenser en citant ces paroles d'un homme illustre ; mais tu sais que, si je me considère comme ton fils, je suis un peu le second père d'Ochus, et c'est moi qui lui préparerai sa bouillie. »

Effectivement, Alexandre prépara pour l'enfant une bouillie d'orge et de riz, qu'il lui servit dans une écuelle d'argent et dont voulut goûter le reste de la famille. Mais Sizygambis avait versé de nouvelles larmes, cette fois d'attendrissement, à l'idée que le vainqueur du Granique, d'Issus et d'Arbèles les eût nourris de sa propre main.

Alexandre ne perdait pas non plus l'occasion de s'entretenir avec ses philosophes sur leurs recherches. Cela lui fit apprécier la profondeur de Pyrrhon et juger ridicule de l'avoir obligé à composer des vers. D'ailleurs, pour ne pas avoir l'air de profiter de sa générosité, le sceptique n'en avait écrit que cent depuis le départ de Pella. Il tâchait à ne pas mécontenter l'amour-propre du roi et, en même temps, à lui montrer que la promesse d'une pièce d'or par vers ne rendait pas sa muse plus féconde. Elle n'en était pas meilleure pour cela. « Je veux avoir la gloire, lui dit Alexandre, qu'un grand philosophe ait suivi mon expédition et en rapporte de nouvelles lumières afin d'éclairer la Grèce ; mais je ne veux pas que tu perdes ton temps désormais et que tu absorbes ton esprit à composer pour moi des louanges qui ne sont pas de ton ressort. Je te tiens donc quitte de l'engagement que tu avais pris à Corinthe. Ne t'occupe plus que de ce qui est de ton génie ; mais tu recevras les cent pièces d'or... à valoir sur le trésor de Suse. »

Pyrrhon affecta de témoigner quelque déception. « Si je te comprends bien, ô roi, dit-il, je dois imiter Platon qui commença, lui aussi, par écrire un poème épique, et qui, l'ayant comparé à celui d'Homère, le jeta au feu, en parodiant un vers d'Homère lui-même : « Vulcain, avance-toi ; maintenant Platon a besoin de toi. » Alexandre se mit à rire : « En tout cas, dit-il, Alexandre n'a pas besoin de toi comme poète. »

Les poèmes de Chérilus étaient toujours aussi bouffons, mais avaient l'art de dilater la rate de son héros.

Eschrion de Mytilène était plus sérieux. Cet autre philosophe qui suivait Alexandre seulement en qualité de poète, avait composé plusieurs centaines de vers, qui n'étaient pas un pastiche et qui prouvaient une connaissance profonde de l'homme dont il chantait les exploits. Il est vrai que l'ancien mignon d'Aristote savait par lui beaucoup de choses sur le caractère d'Alexandre. Celui-ci était ravi que le poème commençât par une invocation à Vénus.

Comme pour se donner plus de poids et d'autorité dans ses jugements littéraires et dans ses discours, il reçut alors un hommage auquel il fut sensible : Aristote lui envoyait sa *Rhétorique à Alexandre.* Le roi, lui avait rappelé deux ou trois fois la demande qu'il lui avait adressée, d'un traité de ce genre, différent de sa *Rhétorique* déjà publiée : il souhaitait des conseils utiles sur l'art de subjuguer les soldats et les peuples par la parole, comme il subjuguait les premiers par son courage, les seconds par les armes et comme il les subjuguait tous par sa beauté. En réalité, le Stagirite n'avait guère fait que développer les préceptes de son traité précédent. Aussi bien lui était-il difficile de savoir le moyen de s'adresser à des peuples et à des hommes qu'il ne connaissait pas ; mais enfin le résultat essentiel était obtenu pour Alexandre. Quand il recevait des ambassadeurs athéniens, il leur posait toujours cette question : « Que dit-on de moi à Athènes ? » Ce serait désormais, afin de montrer ses liens permanents avec le plus grand philosophe de la cité de Minerve, qui était en proie à ses orateurs et à ses rhéteurs : « Que dit-on à Athènes de la *Rhétorique à Alexandre ?* »

La préface du traité était la lettre de dédicace. Seul l'ancien maître d'Alexandre pouvait prendre la liberté de ne pas même lui donner son titre de roi : « Aristote à Alexandre, sois heureux... » « Tu m'as envoyé de nombreuses lettres, disait-il, pour me demander d'écrire à ton usage les préceptes des discours politiques. Ce n'est pas par négligence que j'ai tardé à te satisfaire, mais parce que je désirais traiter pour toi ce sujet avec soin... De même, en effet, que tu t'études à dépasser les autres hommes par la splendeur et la magnificence royale de tes vêtements, de même il doit te convenir de dépasser la louange de tous par la force du discours... Il ne faut pas qu'il t'échappe que, pour la plupart des hommes, aux uns c'est la loi, aux autres, ta vie et ta parole qui serviront d'exemple. Tu excelles au-dessus de tous les Grecs et de tous les barbares... » Indépendamment de cette épître, qui n'avait pu se dispenser du terme de « barbares », le traité ne contenait rien de très particulier par rapport à Alexandre. La « persuasion » et la « dissuasion », les « choses à dire dans une assemblée à la tribune », les « sentences », les « répétitions », l' « ironie », c'étaient autant de chapitres d'usage général.

Les plaisirs du roi de Babylone dans son paradis mésopotamien n'absorbaient pas toute l'attention d'Alexandre. Il avait décidé de doter d'un théâtre sa nouvelle capitale et il en avait fixé l'emplacement : ce serait à l'est, du côté de la porte de Suse, entre la rue de Mardouk et celle de Sin, le dieu Lune. On improvisa, dans la salle du trône d'Artaxerxès, une représentation des *Babyloniens* d'Aristophane. Le titre de cette comédie, qui avait été la seconde de cet auteur aimé d'Alexandre, l'avait recommandé à ce choix, plus que son intérêt. Les Babyloniens du poète n'avaient rien à faire avec Babylone : c'était le surnom dont il affublait les démagogues corrompus, tel Cléon, que l'on voyait recracher, sous les coups des chevaliers, l'or qu'il avait reçu de maints alliés d'Athènes. Cléon, d'ailleurs, fit à Aristophane un procès pour « outrage au peuple », chaque démagogue se considérant comme le peuple tout entier, peut-être parce qu'il vit, plus que les riches, aux dépens du peuple. Alexandre aimait dans cette pièce la satire de la démagogie et même de la démocratie, comme il en aimait ce vers : « O Jupiter, quelle belle chose la jeunesse ! »

Puisqu'on avait joué la seconde comédie d'Aristophane, il voulut que l'on en jouât aussi la première, *les Convives,* pour rendre cet hommage, en un tel lieu, au roi du théâtre comique athénien. Il y avait une autre raison à cela : la scène se passait dans le temple d'Hercule à Athènes, où se réunissait cette association des Compagnons d'Hercule, dont son père avait été le bienfaiteur. Lorsqu'il avait visité Athènes à son retour d'Olympie, il ne connaissait pas encore cette comédie d'Aristophane. Il trouvait symbolique qu'elle renfermât le mot d' « anus », donné en guise de surnom à « l'impur Aristodème ». L'épithète d'impur étant accolée par Démosthène au nom de Phrynon, le père d'Autolyque, Alexandre disait que ce surnom et cette épithète avaient été réhabilités par lui-même, comme par Autolyque et par tous les membres de l'escadron des amis.

Un canal qui s'était envasé, traversait la partie de la ville où l'on construisait le théâtre. Alexandre ordonna de curer ce canal. D'autre part, il avait déjà fait commencer la restauration du temple de Bélus. Voulant, une fois de plus, donner l'exemple, il s'inspira d'une pierre sculptée du temple de Mardouk qui représentait le roi Assurbanipal, déjà grand constructeur à Ninive, en train de reconstruire ce temple à Babylone. Il revêtit, à son image, la robe chemise collante, tombant jusqu'aux pieds, chaussa les sandales effilées, coiffa la tiare pointue et porta des deux mains, derrière la tête, un couffin de papyrus rempli de terre. Il avait mis une perruque bouclée et, pour imiter tout à fait ce roi, une barbe postiche, bouclée de même, à la différence de celle qu'il avait eue lors de son couronnement à Memphis. Tous les soldats avaient été rassemblés afin de reprendre le métier de maçons que certains avaient exercé depuis Alexandropolis, et, dans cette expédition, en Syrie et en Egypte.

Parménion vint demander à Alexandre quel châtiment il fallait infliger aux soldats juifs qui refusaient de travailler à la reconstruction. « Aucun, répondit Alexandre. J'ai promis de ne rien leur imposer qui fût contraire à leurs lois, et j'admets leur refus, puisque leur dieu est un dieu jaloux. »

Manassé lui exprima ensuite sa gratitude en lui baisant les mains. « Nous serons les premiers à construire le théâtre, ajouta-t-il, bien que nous n'en ayons jamais eu ; mais cela ne nous est pas interdit. Qui sait même si nous ne te devrons pas de devenir acteurs et auteurs dramatiques ? Mais tu as compris, puisque tu sais tout comprendre, que nous ne pouvions construire un temple païen, à plus forte raison reconstruire la tour de Babel que notre dieu a détruite. »

« Songe, ô roi, dont les Juifs chanteront les louanges à travers les siècles, poursuivit le frère du grand prêtre de Jérusalem, que Nabuchodonosor enleva de Jérusalem, après en avoir fait la conquête, tous les vases d'or et d'argent du temple de notre dieu, pour les consacrer à Bélus et emmena presque tout notre peuple dans une captivité qui dura soixante-dix ans. Un de nos psaumes les plus émouvants dit ceci : « Sur les rives des fleuves de Babylone, — Nous étions assis et nous pleurions, — En nous souvenant de Sion (autre nom de Jérusalem). — Aux saules qui les bordent, — Nous avions suspendu nos harpes, — Car nos maîtres nous demandaient — Des paroles de cantiques, — Nos oppresseurs des chants joyeux : — « Chantez-nous un cantique de Sion ! » — Comment chanterions-nous l'hymne de l'Eternel — En terre étrangère ? — Fille de Babel vouée à la ruine, — Heureux qui te rendra — Le mal que tu nous as fait ! — Heureux qui saisira tes petits enfants — Et les brisera contre le rocher ! »

Alexandre dit à Manassé que c'était peut-être trop de tuer les enfants. « O roi, s'écria le frère de Jaddus, Nabuchodonosor avait fait choisir dans notre peuple, par le chef de ses eunuques, les garçons de quatorze ou quinze ans, « de race royale ou noble, sans défaut corporel, beaux de visage, doués de tous les talents », disent nos textes sacrés, pour en faire ses serviteurs et peut-être pis. C'était l'accomplissement de la prophétie d'Isaïe à notre roi Ezéchias : « Voici que des jours viendront où l'on emportera à Babylone tout ce qui est dans ta maison... — Et l'on prendra de tes fils... pour en faire des eunuques dans le palais du roi de Babylone. »

« Or, il y avait parmi eux ce Daniel, auteur, plus tard, de la prophétie qui te concerne, ô roi. Balthazar, qui fut le dernier souverain de Babylone, une vingtaine d'années après la mort de Nabuchodonosor, et que votre historien Hérodote appelle Labynète, invita à un festin mille de ses grands, avec ses femmes et ses concubines, dans le palais où tu habites. Excité par la boisson, il ordonna que l'on apportât les vases d'or et d'argent, pillés au temple de Jérusalem. Pendant que l'on buvait, une main apparut qui écrivait sur la chaux de la muraille trois mots mystérieux : « Mané. Thécel. Pharès. » Aucun des mages ne put les expliquer ; mais la reine mère dit Balthazar que Nabuchodonosor avait eu plusieurs songes, expliqués par Daniel le Juif. On fit venir celui-ci et il déclara que ces mots voulaient dire : « Compté. Posé. Divisé. » L'Eternel avait compté les années du règne de Balthazar pour y mettre fin ; il l'avait pesé dans ses balances et trouvé léger ; il allait diviser le royaume d'Assyrie entre les Mèdes et les Perses. C'est ce qui arriva « la nuit même », dit le livre, mais ce fut peut-être seulement dans l'année. En tout cas, lorsque Cyrus prit Babylone, il tua Balthazar, de sa propre main, au milieu d'un banquet. J'ai voulu te conter cette autre histoire, parce qu'elle est relative au prophète qui avait prédit la chute de Babylone et qui, ensuite, étant à Suse où il est enterré, eut cette vision de ta venue. — Si Daniel fut le contemporain de la chute de Babylone, dit Alexandre, cela diminue la valeur de sa prophétie en ce qui regarde cette ville, car il pouvait y avoir des symptômes de ce qui allait se passer. Il n'aurait donc fait figure que d'interprète, plutôt que de prophète. — Près de deux siècles auparavant, reprit Manassé, Isaïe avait prédit la fin de Babylone. Son oracle était célèbre parmi nous et nous a servi de consolation et de vengeance, quand nous pleurions sur les rives de l'Euphrate. « Babylone, l'ornement des royaumes, — La parure des fiers Chaldéens, — Sera comme Sodome et Gomorrhe que Dieu a détruites. » Cyrus le Grand qui la détruisit, qui mit fin à notre captivité et qui nous autorisa à rebâtir le temple, nous est aussi cher qu'Alexandre le Grand le restera pour nous. » Le roi, même s'il ne faisait pas plus de cas qu'il n'appartenait des sentiments d'un Juif à son égard, fut touché par le qualificatif de Manassé, parce qu'il l'avait déjà reçu d'Ephestion.

« J'oubliais de te dire, ô roi, continua le Juif, que, lors de la prise de Jérusalem, notre prophète Jérémie chargea le chambellan de notre roi Sédécias, à qui Nabuchodonosor creva les yeux, de jeter dans l'Euphrate, à Babylone, son livre de prophéties contre cette ville, en l'attachant à une pierre et en disant : « Ainsi s'abîmera Babylone. » — Je t'interdis de jeter vos livres dans l'Euphrate contre Babylone, dit Alexandre en riant, et garde les pierres pour construire un théâtre digne d'elle, car je veux faire d'elle la capitale de mon empire. — Tu auras toujours pour dévoués collaborateurs, dit Manassé, non seulement les Juifs qui en sont déjà les habitants, mais nous-mêmes et tous ceux d'entre nous qu'il te plaira d' y appeler. »

Cette région intéressait les Juifs pour d'autres causes que ces souvenirs de captivité : c'était la continuation du jardin de délices où leur dieu avait créé l'homme et la femme. Ils discutaient si l'arbre dont il n'avait pas fallu manger les fruits, était un figuier, un pommier ou un oranger. Anaxarque et Callisthène avaient remarqué un arbre sacré dans plusieurs plaques d'albâtre des rois assyriens : tantôt ces rois étaient debout, faisant un geste d'adoration vers l'arbre, que surmontait le disque ailé du dieu Assur, tantôt ils lui apportaient de l'eau pour l'arroser ou une pomme de pin pour le féconder.

L'Euphrate et ses canaux retenaient toute l'attention d'Alexandre. Il avait vu ce que le Nil représentait pour l'Egypte et pensait que cet autre fleuve, qui avait fait avec le Tigre la prospérité de l'antique Assyrie, méritait des soins et de l'entretien. Les mages lui expliquaient que l'Euphrate s'enflait, comme le Nil, à des époques marquées : il inondait la Mésopotamie, lorsque le soleil était au vingtième degré du Cancer ; il diminuait, quand le soleil quittait le signe du Lion pour entrer dans celui de la Vierge, et reprenait son niveau premier au vingt-neuvième degré de la Vierge.

Pour se rendre compte lui-même des travaux nécessaires, Alexandre descendit le long de l'Euphrate par le canal Pallacopis qui, après une série de marais, aboutissait d'abord à un lac, dont l'eau était rouge certains jours, comme le fleuve Adonis à Byblos. Il y avait ensuite Borsippa, la ville sacrée de Nabou ou Nébo, fils de Mardouk et dieu de l'écriture, et enfin Ur, la ville sacrée de Nergal. Manassé avait demandé la permission d'être de ce voyage avec quelques-uns des siens, parce qu'ils souhaitaient voir Ur qui était la ville natale de leur ancêtre Abraham. Les mages chaldéens suivaient aussi, à part : bien que l'on donnât le nom de Chaldée à la Babylonie, la Chaldée primitive n'en était que le sud, jusqu'aux embouchures du Tigre et de l'Euphrate, et ils étaient désireux d'y accomplir ce pèlerinage.

Alexandre et Ephestion, abrités par un dais de pourpre, avaient pris place sur la barque dorée du grand roi. Elle était moins grande que celle du Nil, mais d'un luxe identique. Le plancher était marqueté de marbre, les parois et les portes, en bois de cyprès incrusté d'ivoire. Deux tours étaient à la poupe, flanquée de colonnes de cèdre aux chapiteaux d'or massif. Dans d'autres barques, suivaient les gardes et les pages royaux ; dans d'autres, les Chaldéens et les Juifs. Alexandre ayant aperçu, non loin du fleuve, des pommiers si chargés de fruits qu'ils donnaient l'idée d'un paradis des rois des Perses ou du paradis des Juifs, envoya faire une cueillette. Puis, en croquant son fruit préféré, il ordonna à ses pages de se battre à coups de pommes. Cela lui rappelait certaines batailles de Miéza.

A ses intendants ou à Dinocrate, qui étaient sur son bateau, il indiquait les travaux à effectuer, notés avec sa rapidité habituelle : réparer une digue ou une vanne, colmater une brèche, fermer l'embouchure d'un canal d'irrigation, pour en ouvrir un autre plus loin sur un meilleur terrain. La terre des rives était molle presque partout, ce qui facilitait l'envasement. Alexandre voulait faire de l'Euphrate et du Tigre les deux grandes voies navigables de son nouveau royaume vers les mers du sud. Il avait déjà commandé de détruire tous les ouvrages de défense qui gênaient le cours du Tigre jusqu'à Opis. On apercevait des éminences où étaient d'anciens tombeaux royaux, pillés depuis longtemps, mais entourés encore de cyprès magnifiques. Alexandre décida que l'on abattrait ces cyprès pour avoir du bois, en vue de construire une flotte qui serait ancrée aux bouches du Tigre et de l'Euphrate.

Près du lac de Borsippa, le terrain lui parut propice à la construction d'une nouvelle Alexandrie. Il chargea Dinocrate d'en tracer le plan : ce serait l'Alexandrie d'Assyrie. Pour mieux symboliser encore tout ce qu'il attendait de ces fleuves et de la mer, il édifierait à Babylone même un temple de Neptune. Mazée, qui était avec lui, lui en indiqua d'avance l'emplacement.

Borsippa avait eu jadis des écoles célèbres de scribes et de lettrés à l'ombre de Nabou, que les inscriptions appelaient « dieu du style ».

Détruite par Xerxès, cette ville présentait le même aspect qu'Assur et que Ninive. En voyant ces murs qui portaient encore les traces de l'incendie, Alexandre pensait à toutes les villes de Phocide et d'ailleurs brûlées par ce roi. Il oubliait celles que son père avait brûlées et il oubliait d'avoir brûlé Thèbes, pour se considérer mieux comme le vengeur des destructions de Xerxès. Cependant, les temples avaient été restaurés et quelques habitations conservées. Sur une tour de briques, à demi calcinée et du type de celle de Bélus, avec laquelle on l'avait parfois confondue, figurait une grande inscription de Nabuchodonosor en langue assyrienne, que les prêtres traduisirent : « Mardouk, le grand seigneur, m'a lui-même engendré ; il m'a enjoint de reconstruire son sanctuaire. Nabou, qui surveille les légions du ciel et de la terre, a chargé ma main du sceptre de la justice. La pyramide est le temple du ciel et de la terre, la demeure de Mardouk, le maître des dieux. J'ai fait recouvrir d'or pur le sanctuaire où repose sa souveraineté. La tour, la demeure éternelle, je l'ai refondue et rebâtie en argent, en or, en autres métaux, en pierres, en briques vernissées, en cyprès et en cèdres... Je n'en ai pas changé l'endroit, je n'en ai pas attaqué les fondations... J'ai inscrit mon nom dans les frises des arcades... J'en ai élevé le faîte,... comme elle dut être dans les temps éloignés... Nabou, qui t'engendras toi-même, intelligence suprême, dominateur qui exaltes Mardouk, sois entièrement favorable à mes œuvres pour ma gloire. Accorde-moi à jamais la perpétuation de ma race, la fécondité, la solidité du trône, la victoire de l'épée, la pacification des rebelles, la conquête des pays ennemis... Mardouk, roi du ciel et de la terre... que Nabuchodonosor, le roi qui relève les ruines, demeure devant ta face. »

Alexandre trouvait dans ce roi, dont Manassé avait été le premier à lui parler, son exemple comme restaurateur de temples. La tour de Babylone, la vraie tour de Babel, serait l'œuvre du nouveau roi ; mais il ne pensait pourtant pas la faire recouvrir d'or et d'argent. Néanmoins, afin d'égaler Nabuchodonosor, il relèverait aussi la tour de Borsippa.

Le temple de Nabou était en fête : c'était la saison où l'on venait chercher sa statue pour la porter vers son père à Babylone, puis on la rapporterait à Borsippa. Les philosophes qui accompagnaient Alexandre, assimilaient ce dieu à Apollon, parce que sa statue rappelait celles du dieu grec ; mais, ce qui provoquait leur dégoût, c'était de voir le temple, les ruines et la tour peuplés d'énormes chauves-souris, que les habitants et les pèlerins attrapaient pour les manger, chose défendue aux Juifs par leurs livres.

Manassé n'avait pas entendu la résolution d'Alexandre.

« O roi, lui dit-il, constate de nouveau l'esprit divin de nos prophètes. Isaïe a déclaré : « Bel s'écroule, Nébo s'est affaissé. » — Oui, dit Alexandre, mais là encore, ils en auront menti pour le présent, puisque je relèverai Nébo, comme je relève Bélus et relèverai Assur. Je vais même lutter pour Nébo contre toutes ces chauves-souris. On les détruira par le feu ou, si c'est nécessaire, à coups de flèches, comme mon ancêtre Hercule a détruit les oiseaux du lac Stymphale. Je t'ai déjà dit que je suis l'ami de tous les dieux. »

Il y avait, à Borsippa, un autel du Feu, qui avait l'air d'annoncer la déclaration de guerre d'Alexandre aux chauves-souris. Maintenant qu'on était en Chaldée, les mages avaient le droit de réciter des oracles chaldaïques, durant la cérémonie de ce dieu, et Alexandre, à qui on en traduisait le texte, admira la beauté de ces formules : « Le mortel qui s'est approché du Feu, aura la lumière. — Tu contempleras ou bien un feu qui, semblable à un enfant, s'élance par bonds vers les vagues... — Ou bien un feu tout à fait sans forme, d'où sort une voix, — Ou une riche clarté — Ou encore, monté sur le dos rapide d'un cheval, un enfant — De feu ou couvert d'or ou, au contraire, nu, — Portant l'arc et debout sur ce dos. » Cet enfant de feu, cet enfant du Feu, n'était-ce pas l'Amour ?

Quand on dit à Alexandre que la ville d'Ur était encore à trois cents kilomètres, il renonça à aller aussi loin, car la navigation avait été lente, et il retourna à Babylone. Les Juifs furent au regret de ne pas voir la cité d'Abraham. Ils récitèrent un cantique de leur écrivain sacré Néhémie : « C'est toi, Eternel Dieu, qui as choisi Abram, qui l'as fait sortir d'Ur de Chaldée et lui as donné le nom d'Abraham... » Après avoir salué ainsi de loin le lieu de naissance de leur premier patriarche, ils parlèrent du lieu où il était enseveli, à Hébron, au sud de Jérusalem, dans une grotte. Abraham lui-même, à son retour d'Egypte, avait acheté cette grotte, sur un territoire qui appartenait aux Hittites, peuple primitif de ces contrées. Il y avait d'abord enterré sa femme Sara et l'y rejoignit à l'âge de cent soixante-quinze ans. La ville d'Ur n'était, au reste, d'après les Chaldéens, guère plus florissante que Borsippa, car là aussi les fureurs de Xerxès s'étaient déchaînées ; mais elle bénéficiait de sa position entre l'Euphrate et le désert de l'Arabie. Son dieu Nergal avait été adoré passagèrement dans une ville de Samarie, où il y avait été apporté par le roi d'Assyrie Sargon, qui avait assiégé cette ville juive et cherché à amalgamer les races de son empire par des colonies de peuplement. Alexandre, à qui les mages relatèrent ce trait, en fut frappé : il était, à sa façon, l'imitateur de ce roi en amalgamant dans son armée plusieurs races, non moins dissemblables que celles de l'armée de Darius. Il imaginait de faire un jour quelque chose d'analogue, — par exemple, des mariages, — pour rapprocher les uns des autres les peuples qu'il avait conquis.

Manassé lui apprit un épisode de l'histoire des Hébreux, comparable à l'initiative du roi Sargon et à celle que lui-même envisageait. Le patriarche juif Esaü, petit-fils d'Abraham, prit des femmes parmi les Hittites, de même que plus tard le roi Salomon, et le roi David avait eu des guerriers hittites. « Par Jupiter, lui dit Alexandre, je suis donc tout entier dans la Bible ! »

Mazée offrit au roi un divertissement au bord de l'Euphrate, pendant que l'on revenait vers Babylone : en pleine nuit, on chassa les lions aux flambeaux et au filet. La fuite éperdue des mâles devant les lumières, les femelles restant immobiles afin de défendre leurs petits et se laissant attraper par les rabatteurs qui leur jetaient un sayon sur la tête, c'était un spectacle inattendu pour Lysimaque qui avait tué corps à corps un lion du Liban, mais c'était pour Alexandre une revanche de la mort de Triaque. Il abattit plusieurs lions à coups de javelots. Manassé, qui avait su la mort de son chien, tira la morale de l'événement, lorsqu'il vit le lendemain le tableau de la chasse. Citant un de ses livres sacrés, il dit : « Un chien vivant vaut mieux qu'un lion mort. » Ces paroles rappelaient celles d'Achille dans les enfers. Quant à ce moyen de chasser, Alexandre fit observer qu'il n'était pas inconnu d'Homère : le poète parle des « torches enflammées » qui mettent en fuite les lions, « bien qu'impétueux ».

A Babylone, il fut content de revoir Anaxarque qui avait disparu, avec sa permission, depuis un mois. Le philosophe, passionné de magie, s'était mis entre les mains du grand mage babylonien Arabantiphoque, qui passait pour évoquer les ombres. Il voulait obtenir de lui ce qui était son rêve : une conversation avec Socrate. Il décrivit à Alexandre ce qui s'était passé, comme il lui avait décrit sa consultation de l'oracle de Claros.

Il avait dû tout d'abord s'installer chez le mage. Les sortilèges commençant à la nouvelle lune, on était arrivé à Babylone juste un peu avant ce moment-là. Pendant vingt-neuf jours, le mage fit descendre Anaxarque au bord de l'Euphrate tous les matins au lever du soleil, à qui il adressait une longue prière et, de ses mains, il lavait le philosophe avec soin dans l'eau du fleuve, mais sans l'essuyer. Puis, il lui crachait trois fois au visage et le ramenait à son logis en lui prescrivant de ne regarder personne. Ils se nourrissaient de dattes, buvaient du lait, de l'hydromel et de l'eau du Choaspe, — un fleuve proche de Suse dont l'eau était expédiée aux mages dans des vases de terre, — et dormaient sur le gazon à la belle étoile. Bien que l'on approchât de novembre, la température était douce et le mage et Anaxarque s'enroulaient dans des peaux de mouton. Ensuite, ils firent à dos de chameau les soixante kilomètres qui séparaient Babylone du Tigre, allèrent à minuit près de ce fleuve, où le mage lava de nouveau le philosophe, l'essuya, le purifia en promenant autour de lui une torche, de la scille et d'autres plantes. Il l'enferma dans des cercles magiques qu'il traçait sur le sol, en murmurant les mêmes prières que d'habitude. Pour repartir, ils marchèrent à reculons aussi longtemps qu'ils aperçurent la ligne du Tigre et menaient ainsi leurs chameaux en tirant sur les longes. Arrivés à Babylone, ils se revêtirent d'une longue robe et s'embarquèrent sur un bateau avec une brebis et tout l'appareil nécessaire pour un sacrifice.

Le bateau, abandonné au cours du fleuve, parvint à un marais où le mage le dirigea vers un de ces tombeaux royaux qui perdraient bientôt leurs cyprès sur l'ordre d'Alexandre. Ils gagnent un lieu désert, attendent la nuit, allument une torche, creusent une fosse, y font couler le sang de la brebis, et le mage de balancer la torche en évoquant à grands cris toutes les divinités infernales, ainsi que d'autres aux noms étranges, et en finissant par celui de Socrate, qui retentissait sans doute en un tel lieu pour la première fois. « Eh bien, demanda Alexandre, Socrate est-il venu ? Y a-t-il une mécanique dans cette île pour faire descendre les fantômes d'un arbre, comme Eaque descend du plafond dans l'antre d'Ephyre ? — Je te le jure, ô Alexandre, s'écria Anaxarque, j'ai vu Socrate. Il est arrivé lentement de derrière les arbres, tel que le montrent ses statues à Athènes. Ce n'était pas un mage déguisé. Il avait sa barbe, son crâne chauve, son air de vieux faune. Il m'a parlé du souverain bien, de la vertu, des maladies de l'âme, de la volupté, de la danse, de son amitié pour Alcibiade et aussi de Platon. Il m'a même reproché mon amour excessif pour le vin. Je ne sais encore comment j'ai pu passer un mois avec le mage sans en boire. — Tu étais encore à jeun cette nuit-là ? demanda Alexandre. — A jeun de vin, dit Anaxarque ; mais le mage m'avait fait absorber une boisson qui m'avait rempli d'une espèce de feu. » Alexandre ne fit aucun commentaire à ce récit : il aimait trop le merveilleux pour ne pas y croire et il conseilla seulement à Anaxarque de l'écrire tout du long à Aristote pour son recueil d'*Histoires merveilleuses*. « Non, ô roi, dit l'Abdéritain : pour son livre *De la magie*. »

Naturellement, le grand mage avait été présenté à Alexandre, dès qu'on était entré à Babylone ; mais celui-ci, qui était déjà entouré de mages chaldéens, avait jugé superflu de l'interroger. Aussi bien Arabantiphoque n'avait-il pas tardé à s'éclipser avec Anaxarque. Le roi voulut le revoir. Ce personnage n'était pas seulement un évocateur d'ombres : il incarnait toute la science des mages chaldéens et babyloniens, comme Ouserat, le grand prêtre d'Héliopolis, et Piromis, le grand prêtre de Thèbes, celle des prêtres égyptiens. On tenait pour certain que les Chaldéens avaient précédé les Egyptiens en astronomie et inventé l'astrologie. C'est de Chaldée qu'étaient venus les douze signes du zodiaque et les figures qui les représentaient. Les Grecs les avaient adaptées plus tard à leur propre mythologie. Avant d'être le centaure Chiron, le Sagittaire était un archer babylonien. Les Chaldéens avaient aussi partagé le temps en cycles de douze années, dont chacune était sous l'influence d'un des douze signes, lesquels régissaient également les deux fois douze heures de chaque jour, — les heures babyloniques, — comme les cycles de douze mois. Ils avaient divisé la terre en douze régions, gouvernées par les douze signes. « A ce compte, dit Alexandre, je sens que les douze travaux de mon ancêtre Hercule ne vont plus être qu'une interprétation de signes. — O roi, dit Arabantiphoque, une interprétation n'est pas une négation. Elle fait entrer l'humanité, représentée par ses héros et dirigée par ses dieux, dans l'histoire générale du monde, telle que nos observations millénaires ont pu la déterminer. »

Poursuivant ses commentaires, le grand mage dit qu'Eudoxe de Cnide avait pris aux Chaldéens l'idée d'attribuer à chaque signe une double influence qui permettait de mieux déterminer son aspect, suivant que le soleil se lève ou se couche. Enfin, le signe de la conception était pour les Chaldéens non moins important que celui de la naissance. Alexandre, conçu sous le Verseau et la présidence de Junon, né sous le Lion et la présidence de Jupiter, entre le Cancer, auquel présidait Mercure, et la Vierge, qui dépendait de Cérès, réunissait les signes parfaits et complémentaires de la puissance et de la richesse. Arabantiphoque ajouta que la région correspondant à son signe, était l'Asie. « Voilà pourquoi, dit-il, tu t'es senti appelé à être le roi de l'Asie. »

Il précisa qu'à chaque signe correspondait également un animal, une plante, une partie du corps, un pays, un vent et un point cardinal. Alexandre fut convaincu que le grand mage ne tentait pas de le flatter, quand il lui dit que son signe était l'âne. « Avec moi, tous les animaux y passent », dit le roi. Les correspondances en étaient le cyclamen, l'estomac, le feu, le vent d'est et l'est. Ephestion, qui était logé à la même enseigne, fit observer que l'âne était consacré à Priape pour sa lubricité, et aussi à Vulcain qui se servait d'un âne pour ses pérégrinations sur la terre et jusque dans le ciel. Cet animal était renommé pour sa résistance à la fatigue et pour sa sobriété. Alexandre demanda à Arabantiphoque à quoi correspondait le bouc, que la prophétie juive faisait son symbole. « Cet animal, dit le grand mage, est le signe de la Balance, avec le tournesol comme plante et les fesses comme partie du corps humain. — Me voilà comblé, dit Alexandre : les fesses sont mon paradis et le tournesol est la fleur du soleil. — Le phallus, continua Arabantiphoque, est dans le Scorpion. Enfin, le signe du feu est l'Asie, de même que le Feu est le dieu des Perses. — Le Scorpion est le signe de ma mère, dit le roi, et c'est celle qui m'a donné cette émeraude où est gravé un phallus. — Le signe du feu est aussi le tien, dit le grand mage, par l'Asie et par le Lion, symbole de la chaleur et de l'Orient. »

Les Babyloniens affirmaient qu'ils avaient des observations astronomiques remontant à sept cent vingt mille ans, inscrites sur des briques —, les tables babyloniennes. C'était encore plus que les cent trente-cinq mille années auxquelles se référaient les Egyptiens avec les *Livres de Mercure*. Arabantiphoque fit donner à Callisthène, pour qu'il les envoyât à Aristote, des tables remontant à mille neuf cent trois ans avant la naissance d'Alexandre. « C'est, dit Anaxarque, une chronologie qui remonte presque deux fois plus loin qu'Hercule, puisque Hérodote a écrit : « D'Hercule à moi, il y a neuf cents ans. » Et plus loin même que Bacchus, puisque cet historien le fait naître seize cents ans avant lui. »

Si les Chaldéens de l'entourage du roi et Manassé lui avaient appris l'existence de l'ancien peuple des Hittites, Arabantiphoque lui en cita deux autres, dont il n'avait jamais entendu parler : l'un au nord de la basse Mésopotamie, les Akkadiens ; l'autre au sud, les Sumériens, indiqués par la tradition des mages comme ayant atteint un assez haut degré de civilisation il y avait plusieurs millénaires. Tout cela prouvait que cette région avait été le berceau de l'humanité, comme le laissait entendre l'histoire des Juifs sur le paradis terrestre. La sibylle Babylonienne avait été l'une des plus anciennes.

Les Babyloniens célébraient en ce moment la fête des Sacées, instituée par Cyrus, et qui était différente de ce que l'on avait vu à Thyatire. C'était ici celle des esclaves, un peu à la façon des Pélories thessaliennes. Pendant cinq jours, les maîtres leur obéissaient, sous le commandement d'un esclave vêtu d'une robe royale. La fête terminée, il était crucifié et tout rentrait dans l'ordre. Bien que l'on ne choisît pour ce rôle que des condamnés à mort, Alexandre trouva cruel qu'un roi de cinq jours, fût-ce un esclave, subît un pareil sort : il maintint l'usage, mais interdit la crucifixion.

Cependant, une autre fête, religieuse celle-là, se préparait, qui le touchait directement. Un porteur de la statue de Nabou lui avait demandé la permission de suivre sa flottille, pour remonter l'Euphrate et, afin d'honorer le dieu, Alexandre avait mis ce vaisseau en tête. Après l'arrêt de la chasse aux lions, ils étaient arrivés ensemble à Babylone. La statue avait rejoint celle de son père Mardouk, dans le temple de ce dieu. Maintenant, c'était au roi de lui rendre officiellement visite. Cette cérémonie assez particulière, que Mazée avait décrite et qui n'avait lieu que ce jour-là, constituait la réinvestiture de la possession de Babylone. Le grand roi s'y soumettait, lors de son premier séjour dans cette ville. Mais des détails seraient supprimés, que l'on n'aurait pu imposer au vainqueur d'Arbèles.

Mazée vint chercher Alexandre et le conduisit pompeusement au temple de Mardouk. Le grand prêtre s'avança vers le roi, qui était revêtu de ses insignes et les lui ôta, mais sans lui donner le soufflet rituel sur la joue droite ni le prier de s'agenouiller aux pieds de la statue. Alexandre jura au dieu qu'il n'avait rien fait de mal et qu'il gouvernait avec équité. C'est à ce moment qu'il aurait dû se relever, s'il avait été à genoux. Le grand prêtre lui remit ses insignes et, au lieu de lui appliquer un second soufflet « assez fort pour lui tirer des larmes », selon l'expression consacrée, il lui pressa discrètement devant les yeux un oignon qu'il tenait dans sa main. Le rite, en effet, exigeait que le roi pleurât, pour prouver que le dieu était content. S'il ne pleurait pas, cela signifiait qu'il ferait pleurer son peuple. Alexandre s'amusa de tout cela, bien qu'il gardât son sérieux, pour montrer son respect envers les divinités de ses nouveaux sujets. Mazée lui avait dit que Darius avait reçu deux soufflets retentissants, dont le second lui avait arraché de vrais pleurs. Quant à lui, il n'avait pas eu cette crainte. Il avait dit à Mazée : « Avertis le grand prêtre que, s'il me frappe, je le perce de mon épée, tout religieux que je suis. » Il consentait à vénérer les dieux de Babylone, mais il n'oubliait pas qu'il était fils de Jupiter. C'est ce qui avait inspiré au grand prêtre la ruse de l'oignon, pour concilier le respect du rite et celui de sa propre existence.

Comme le roi passait son temps à ordonner des travaux, Harpale, son trésorier, se crut obligé de l'avertir que l'on n'aurait pas les moyens de les payer. On ne savait pas ce que l'on trouverait à Suse et il fallait déjà rémunérer les ouvriers innombrables que l'on mettait à l'œuvre. Mazée ayant dit à Alexandre que quelques tombes royales étaient restées intactes, celui-ci n'hésita pas à commander de les piller. Après tout, il faisait ce que Darius le Grand avait fait avec la tombe de la reine Nitocris, mais il espérait avoir plus de chance. « Je vais priver ces tombes de leurs cyprès, déclara-t-il. Pourquoi leur laisser des trésors inutiles ? » On n'y découvrit que quelques menus objets d'art, pareils au bouc offert par le grand prêtre de Ninive, et quelques sachets de poudre d'or. Un peu honteux d'avoir violé tant de sépultures illustres pour si peu de chose, Alexandre murmura les vers que dit Ulysse à l'espion troyen Dolon, surpris nuitamment dans la plaine de Troie : « Comment vas-tu ainsi vers les navires, loin de l'armée... ? — Est-ce pour dépouiller l'un des cadavres qui gisent ? »

On lui apprit ensuite que ses soldats, malgré la générosité qu'il leur avait témoignée, étaient excités par l'idée de ces tombes où l'on prétendait qu'il avait puisé des monceaux d'or, et se répandaient à travers le pays, en vue de piller pour leur propre compte. Ils allaient la nuit, à la lueur des flambeaux, ouvrir les tombes des cimetières. Alexandre le leur fit défendre sévèrement. C'était toujours son principe que ce qui est permis à un roi, n'est pas permis à tout le monde.

Il voulut fonder une Alexandrie du golfe Persique, près de l'embouchure du Tigre et de l'Euphrate, comme il venait d'en fonder une sur le lac de Borsippa. N'ayant pas le loisir d'y aller, il comptait en laisser le soin à Mazée. Mais Aristandre, consulté, ne trouva que des signes défavorables et Alexandre renonça à ce projet. Au fond, il était flatté de voir que le sort avait toujours approuvé de telles initiatives, quand il les accompagnait de sa présence, — Alexandrie de Troade était une glorieuse exception.

Cependant, persuadé que ce n'était plus tenter la déesse de la Vengeance que de se considérer comme le vainqueur futur de Darius, il prenait déjà des mesures administratives pour fixer à Babylone la capitale de l'empire dont il atteindrait bientôt les frontières extrêmes. Cette ville était plus centrale que Suse et, avec Sémiramis, Bélus, les jardins suspendus, les palais, la Mésopotamie, ancien paradis terrestre d'une des religions qu'il avait annexées, elle enchantait son imagination. D'ailleurs, c'est à Babylone que le grand roi faisait, chaque année, le plus long séjour.

Les relations d'Alexandre et de l'Occident ne s'étaient ni relâchées ni ralenties à mesure qu'il s'éloignait vers l'Orient. Le soin qu'il avait d'établir des relais, échelonnés d'après l'arpentage que faisaient Béton et Diognète, avait sa récompense : la régularité des courriers était admirée par les Perses dont le système offrait déjà un certain perfectionnement, grâce à la route royale de Sardes à Suse. Ces échanges d'informations avec la Macédoine et la Grèce avaient paru essentiels à Alexandre, non seulement pour être renseigné et pour renseigner, mais pour recevoir les recrues : elles lui paraissaient toujours préférables aux soldats des nations soumises qu'il joignait, par politique, à son armée. Il se réjouit de voir revenir Amyntas à la tête de troupes fraîches qui remplaçaient une partie de celles auxquelles il avait fait passer l'Hellespont : six mille hommes d'infanterie et cinq cents cavaliers macédoniens, que lui envoyait Antipater, trois mille fantassins d'Illyrie et six cents cavaliers thraces, quatre mille mercenaires et quatre cents cavaliers levés dans le Péloponèse. Ce précieux concours lui paraissait aussi marquer son prestige et la certitude que l'on avait en Grèce de sa victoire finale.

Amyntas avait aussi amené cinquante jeunes gens des premières familles de Macédoine, pour renouveler le corps des pages. C'étaient des garçons qu'Alexandre avait désignés avant de quitter Pella et qui, âgés maintenant de seize à vingt ans, pouvaient remplir ces fonctions. Les plus grands étaient ceux dont Olympias s'était constitué une cour. Elle ne les avait pas laissés partir sans protester, mais les ordres d'Alexandre étaient absolus. Elle s'en vengea en lui écrivant de se méfier d'Amyntas. La reine, qui n'avait pas perdu le goût de tisser des vêtements, en avait envoyé à son fils, par les soins du même Amyntas, afin que le roi et ses amis fussent habillés à la macédonienne. Elle lui avait envoyé jusqu'à des tisserandes. Alexandre souriait de ces soins un peu ridicules ; mais il ne recevait jamais de témoignages de la tendresse maternelle qu'il n'en fût ému. Il voyait dans ceux-là un effort destiné à ralentir son détachement des choses nationales. Certes, il avait donné au plan d'Alexandrie la forme du manteau macédonien, mais il portait de plus en plus la tenue du grand roi.

Les nouveaux pages lui prêtèrent le serment de fidélité, identique à celui des membres de l'ancien bataillon des amis. Comme les précédents, ils avaient été recrutés, non seulement pour leur origine, mais pour leur beauté. Stéphanus, qui avait failli être brûlé vif parce qu'il était moins beau que les autres, avait été une exception dans l'ancien recrutement. Les nouveaux étaient aussi beaux de visage que de corps, musclés et vigoureux. Chacun était le mignon de l'autre, selon l'usage de Miéza. Préposés au service intérieur, ils accompagnaient également le roi à la chasse. Au palais de Babylone, où il y avait deux entrées dans sa chambre, deux d'entre eux veillaient devant la porte dérobée, les gardes devant la principale. Alexandre accorda aux pages la prérogative de pouvoir manger assis à sa table. Il se réservait le droit de les châtier à coups de fouet, sans toutefois se montrer cruel ; mais il aimait donner à Ephestion ce spectacle, qui ne les laissait pas indifférents, de voir danser ces jolis derrières sous les lanières en peau d'anguille. Elles produisaient souvent sur les pages le même effet que sur le garçon d'Olympie et les petits Spartiates de l'île Cranaé. Certainement que chacun d'eux avaient le secret espoir de devenir le mignon du roi ; mais Alexandre avait assez d'empire sur lui-même pour savoir ce qui lui était permis dans cet ordre de choses. « L'art consiste, quand on peut tout faire, disait-il à Ephestion, à savoir ce qu'il ne faut pas faire. Je ne veux pas imiter Philippe, qui fut victime de ses coucheries et je veux que l'on me craigne, même si j'espère d'être aimé. »

Un voyageur était arrivé en même temps qu'Amyntas : Démarète de Corinthe, dont le fils, Lycus, était un des compagnons d'Alexandre. Le roi fit un grand accueil à l'ancien hôte de son père, qui l'avait si bien reçu à son retour d'Olympie. Tous ceux qui lui rappelaient sa prime jeunesse, étaient chers à son cœur. Mais il avait aussi avec Démarète les souvenirs de ses deux autres visites à l'Isthme, lors des assemblées générales des Etats grecs qui avaient conféré tour à tour à son père et à lui le commandement de cette armée déjà titulaire d'éclatantes victoires.

S'il ne songeait plus désormais qu'à se remettre sur les pas de Darius, il aurait aimé avoir le temps de subjuguer les Arabes. Ces peuples, en effet, ne lui avaient pas plus envoyé d'ambassades à Babylone qu'à Memphis. Leurs caravanes se prosternaient à son passage ; mais leurs rois continuaient de l'ignorer. Alexandre se tenait pour outragé, surtout en se souvenant que Manassé avait dit que les rois d'Arabie envoyaient de l'or à Salomon, roi des Juifs. Maître de l'Asie Mineure, de l'Egypte et de la Babylonie, prêt à marcher vers Suse, ils ne le considéraient pas encore comme leur souverain nominal ? Le plaisir de leur prouver sa force, lui eût été doux, de même qu'il l'avait prouvée aux Thraces, aux Gètes, aux Triballes et aux Illyriens. Mais il attendrait, pour cela, d'avoir une flotte en mer Rouge et dans le golfe Persique, afin de s'emparer des villes qu'ils avaient sur les côtes ou à de faibles distances à l'intérieur. Il ferait cette expédition après la conquête de la Perse et celle de l'Inde, qui devait en être le corollaire. Il chargea son géographe Archélaüs de dresser la carte, avec les mages chaldéens, de toutes ces localités, — de Sabat ou Sabathah (Chibam) à Macoraba (La Mecque) et au Village Blanc (Médine), sans compter l'Aranéne, au centre, où était Er Riad. Alexandre apprit que les Arabes et les Juifs avaient le même ancêtre, Abraham, et plus lointainement Sem, fils de Noé, ancêtre aussi des Phéniciens. La Mecque était le lieu le plus saint des Arabes, car, d'après leurs légendes, c'est près de là que ce patriarche avait sacrifié à Dieu son fils Isaac, substitué par un bélier, comme Diane avait substitué une biche à Iphigénie. La tradition juive disait, au contraire, que ce sacrifice avait eu lieu là où s'élevait aujourd'hui le temple de Jérusalem.

D'autre part, les Egyptiens qui accompagnaient Alexandre, lui décrivaient un tout autre exploit de navigation, accompli, il y avait près de trois siècles, par les ordres de leur roi Néchao et dont on lui avait parlé devant Tyr : des Phéniciens avaient fait, pour ce roi, le seul tour de l'Afrique connu dans l'histoire. Partis de la mer Rouge, ils avaient regagné l'Egypte par le détroit de Gadès ou Gibraltar. Leur voyage avait duré trois ans. Ils s'étaient ravitaillés en semant du blé sur les côtes et attendaient la moisson pour se rembarquer. Alexandre, déjà intéressé à Cnide par le *Périple* d'Hannon et par celui de Pythéas, imaginait de confier un jour à sa flotte une mission semblable, qui lui préparerait de nouveaux empires. Il était sûr d'avoir des marins plus intrépides que Sataspe, neveu de Xerxès, chargé par le grand roi d'accomplir la circumnavigation de l'Afrique et qui, n'ayant osé s'aventurer assez loin après les colonnes d'Hercule, fut, à son retour, crucifié.

Pour cette flotte qui lui servirait à explorer l'Afrique et à dompter l'Arabie, les cyprès coupés autour des tombes royales, dans les îles et les marais de l'Euphrate, n'auraient pas suffi, bien qu'il eût fait couper également certains des arbres qui ombrageaient les temples ou les jardins, sauf ceux des jardins suspendus. Le bois était, en effet, très rare en Babylonie et n'était guère plus abondant, lui disait-on, sur les hautes montagnes des Cosséens, au-delà de Suse. Les Juifs d'aujourd'hui n'auraient pas trouvé beaucoup de saules à Babylone pour y suspendre leurs harpes. Alexandre écrivit à ses amis les rois de Chypre, de Sidon et d'Arad, de lui expédier à Babylone, par l'Euphrate, des embarcations démontées, mais munies de leurs chevilles. S'il était vrai que l'art de gouverner fût celui de prévoir, il l'appliquait avec d'autant plus de soin que sa hâte coutumière de remplir sa destinée l'y incitait. Il ne comptait plus les millions dont il avait disposé depuis la bataille d'Issus et qui avaient fondu entre ses mains. Toutefois, il avait gardé assez d'argent pour la campagne de Perse, afin de payer son armée. Des monnaies furent frappées à Babylone : c'étaient des dariques, accompagnées d'une lettre grecque ou d'une couronne. On avait dit au roi que le peuple perse, déjà peu habitué à la monnaie, puisque le commerce restait à base de troc, ne comprendrait pas le changement de celle-là, qui était la même depuis des siècles. Pour les monnaies de Babylone même, Alexandre laissa à Mazée, en qualité de gouverneur, le soin d'y graver son propre nom, comme il l'avait fait en tant que satrape. Cela marquerait la continuité qu'Alexandre voulait affirmer, à présent qu'il voyait d'un œil nouveau sa conquête : plutôt que d'asservir, il cherchait d'assimiler. Il lui plaisait que l'image du Jupiter de Tarse ou Baaltar figurât toujours sur les monnaies de cette ville au lieu de la sienne.

Il compléta la distinction accordée à Mazée en nommant son fils aîné gouverneur de l'Assyrie. « O roi, lui dit ce jeune homme, jusqu'à présent il n'y avait qu'un Darius, et tu crées maintenant plusieurs Alexandres. » Le roi en créa un autre en faisant Ménétès gouverneur de la Babylonie, Mazée étant celui de la capitale : il plaçait un de ses compatriotes à côté de deux Perses. Agathon eut le commandement de la citadelle de Babylone, avec sept cents Macédoniens, trois cents mercenaires et mille fantassins. Alexandre lui donna, de plus, sur le trésor de l'armée, cinq millions cinq cent cinquante mille drachmes pour faire des recrues dans son gouvernement, ainsi qu'à Ménétès : il s'occupait de reconstituer ses contingents étrangers, en même temps que ses troupes nationales. Enfin, Asclépiodore d'Amphipolis fut chargé du recouvrement des tributs. Harpale ayant sollicité la faveur de rester à Babylone pour des raisons de santé, Alexandre l'établit lieutenant de la province, avec la mission particulière d'embellir les jardins du palais royal et d'y acclimater les plantes de la Grèce. Il souhaitait que sa future capitale rassemblât toutes les productions de son empire. Le descendant des princes d'Elymée fut chargé également, avec Asclépiodore, de pourvoir au remboursement ou au renouvellement des emprunts contractés avant le départ de Macédoine et dont le terme, fixé à trois ans, était échu. Mazée assurait que l'or, à Suse, à Ectabane et dans les autres dépôts du grand roi, suffirait amplement à toutes ces opérations.

Alexandre passa en revue ses troupes et fut satisfait. Les plaisirs et même les maladies de Babylone n'avaient altéré ni le physique ni le moral. Les vieux soldats, les jeunes recrues ne demandaient qu'à se battre. Ils voulurent chanter en chœur le péan, comme si l'on était au moment de la prochaine bataille.

Peu avant le départ, un fugitif inattendu s'était présenté : le Carthaginois Amilcar Rhodanus, homme de distinction et qui avait l'air sagace. Il avait fait partie de la députation de Carthage envoyée à Tyr pendant le siège et libérée par Alexandre. Le roi se souvenait à peine de lui, mais Amilcar avait reçu alors quelques gracieusetés de Parménion auquel il avait conté qu'il avait, dans son adolescence, lutté en Sicile contre Denys l'Ancien et Denys le Jeune. Il disait qu'à la mort du premier, l'eau du port de Syracuse était brusquement devenue douce. Après avoir apporté à Carthage la déclaration de guerre différée qu'Alexandre avait remise aux députés, il se sentit suspect et, voyant ses jours en danger, prit la fuite pour le rejoindre. Alexandre estima que cet homme pouvait lui être utile pour ses futurs projets contre Carthage, et l'agrégea aux dignitaires étrangers de sa suite. Sa présence lui rappelait le malheureux Denys, maître d'école à Corinthe, qui avait été le premier, au lendemain de Chéronée, à parler à Philippe et à lui des richesses de Carthage et à leur dire qu'ils devraient conquérir cette ville, après avoir conquis la Perse.

Amilcar Rhodanus raconta de quelle manière son compatriote Hannon, — homonyme du navigateur, — qui avait dirigé avec succès contre l'un et l'autre Denys les expéditions où il avait pris part, avait été victime de son ambition, comme Denys l'avait été de ses excès. Ce général, le plus illustre citoyen de Carthage par la naissance et par les richesses (elles dépassaient même celles de la république), avait rêvé d'en être le tyran, à force de combattre les tyrans en Sicile. Il résolut de supprimer le sénat pour se frayer la route du trône, et choisit, dans ce dessein, le jour des noces de sa fille. Il fit dresser, sous les portiques publics, des tables où il traitait les citoyens et il avait comploté d'empoisonner les sénateurs, qui seraient tous ses hôtes. Mais il fut trahi par un esclave. Le sénat, qui n'osait affronter directement un homme si puissant, prit un décret qui limita les dépenses des noces et qui rendit ce banquet impossible. Hannon se devina découvert : il se retira dans une forteresse avec vingt mille esclaves armés, implora le secours des Africains et du roi des Maures, mais tomba aux mains des Carthaginois. Il fut battu de verges, on lui creva les yeux, on lui rompit les bras et les jambes et on le mit en croix. Ses filles et tous ses parents furent livrés aux supplices. Amilcar Rhodanus avait, pour d'autres raisons, redouté le même sort.

Alexandre écouta ce récit avec la curiosité qu'il apportait à tout ce qui concernait son époque. Il songeait au discours sur la démocratie qu'avait fait Aristote, la dernière année que l'on avait passée à Miéza, et il concluait que c'était une chance d'être né prince sans avoir besoin d'être tyran, une plus grande encore de posséder l'amour de son peuple.

Dixième partie

En sortant de la Babylonie, on traversa la Sittacène, que l'on avait déjà parcourue du nord au sud sur le chemin de Babylone. Alexandre, ayant eu connaissance qu'à l'embouchure du Tigre, une vaste citadelle, surnommée la Ville des Satrapes, renfermait les trésors de la Babylonie du Sud, envoya mille hommes, sous le commandement de Démètre, pour s'emparer de ces fonds.

Malgré sa prospérité, la Sittacène n'avait que des villages dans sa partie orientale : la seule ville, Ampé, qu'Hérodote appelait Ampis et qui avait été fondée par les Milésiens, se trouvait sur la côte. Darius Ier avait brûlé cette ville, mais épargné son temple des Branchides : il avait vendu comme esclaves les femmes et les enfants. Cette région était riche en puits de feu, comme la Cappadoce ; mais ici, le grand roi avait utilisé ces ressources naturelles en les faisant entourer de murs, à l'intérieur desquels était un pavillon. C'est là qu'il s'arrêtait dans ses voyages et sur ce feu qu'on lui préparait sa cuisine. On ne trouva pas le fleuve Argade où, d'après Ctésias, pullulaient de longs serpents à tête blanche et au corps noir, dont la morsure était à redouter.

Dans le Tigre, que l'on franchit sur un pont de bateaux, on pêcha des saumons qui remontaient du golfe Persique. Le marécage formé par l'embouchure de ce fleuve avec les eaux du Pasitigre et celles de l'Euléus, qui s'y jetaient au-delà de Suse, indiquait que l'on n'était plus qu'à une centaine de kilomètres de cette capitale. Alexandre fit reprendre à son armée des habitudes militaires, oubliées pendant le long repos et les plaisirs de Babylone. Il pressa la marche et, pour la nuit, se retrancha, comme si l'ennemi était à l'horizon. Il ignorait quelle serait l'attitude d'Abulite, satrape de la Susiane. Mazée était le plus noble des Perses, assez indépendant à l'égard de son souverain ; mais Abulite avait été « l'œil du grand roi », — un de ces agents de confiance à qui l'on donnait ce titre, parce qu'ils exerçaient une extrême vigilance au nom de leur souverain. D'autres, surnommés ses « oreilles », étaient chargés de lui rapporter tout ce qu'ils entendaient.

L'endroit où l'on campa était si plaisant qu'Alexandre eut l'idée d'y bâtir encore une ville. Cette autre province de la Perse avait nom la Characène, à cause de la citadelle de Charax qui était plus loin. Le retranchement du camp devint l'enceinte d'Alexandrie de Characène, après qu'Aristandre eut approuvé cette fondation. L'enthousiasme des soldats était égal à celui de leur chef pour cette œuvre de bâtisseurs qui propageait sa gloire et son nom : on savait qu'Alexandrie d'Egypte, à l'embouchure du Nil, recevait déjà des navires.

Le roi était heureux de constater le zèle des Juifs et le respect qu'ils inspiraient au reste de l'armée, malgré leur esprit de ségrégation. C'était bien la preuve qu'il rapprochait les hommes et elle l'encourageait à les conquérir. Etonné que quelques-uns de ses Macédoniens eussent une chevelure crépue, il leur demanda le secret de cette métamorphose. Ils lui répondirent qu'ils avaient suivi une recette égyptienne, consistant à se frotter les cheveux avec de la cendre d'excréments de chameau. Encore une marque, amusante celle-là, de son œuvre de rapprochement, puisque ces soldats se donnaient une caractéristique d'une race qui n'était pas la leur.

Pendant cette étape où l'on fondait une ville, Alexandre fit quelques changements dans la division de ses troupes et dans la discipline. A présent, il avait toute l'armée bien en main, dans les bordages d'un camp destinés à être ceux d'une cité, et il concevait mieux ce qu'il voulait. On était sur les frontières de la Perse : ce serait l'armée d'Alexandre pour la conquête de la Perse. Il organisa dix formations de mille soldats qui seraient commandées par dix chefs, réunit en un seul corps la cavalerie, qui ne serait plus séparée par nations et dont les chefs ne seraient plus ceux du pays, comme c'était le cas d'ordinaire, mais nommés par lui. L'ensemble de l'armement serait sous la direction de Métron, jeune noble macédonien. Mais, heureux de démontrer qu'il était capable de sentiments démocratiques, Alexandre laissa le choix des dix chefs aux soldats eux-mêmes, érigés en tribunal pour décerner le prix de la valeur : le premier fut le vieil Atharias, qui s'était distingué sous les murs d'Halicarnasse en ramenant au combat les jeunes recrues qui fuyaient. Parmi les autres, il y eut Philotas, Amyntas, Antigone, Théodote et Hellanis. D'autre part, au lieu que le signal de lever le camp était donné auparavant par une trompette, dont le bruit se perdait souvent dans le tumulte, Alexandre décida que ce signal serait une perche élevée au-dessus de sa tente et l'emplacement de celle-ci fut marqué la nuit par un fanal, le jour par une fumée d'encens. C'est là qu'il accueillit Démètre et les trésors de la Ville des Satrapes.

On entra dans la grande plaine de Suse. Elle commençait à l'extrémité méridionale du mont Zagrus. Sa fertilité était aussi extraordinaire que celle de la Mésopotamie, puisque l'orge et le blé y rapportaient deux cents pour un. Suse s'étendait entre les deux fleuves du Choaspe et de l'Euléus, — le second était le seul, avec le Nil, dont l'eau fût bue par le grand roi. Ses hautes murailles de briques cuites, que dépassaient un obélisque et les hauteurs où étaient les palais, s'apercevaient à l'horizon. Le principal de ces palais était à l'intérieur d'une citadelle, assez fortifiée pour tenir longtemps, si la ville était prise. Alexandre foulait avec orgueil ce sol qui était la patrie même de ce roi dont il avait soumis une à une les possessions lointaines. La Susiane, ou Elam, était la première province de la Perse.

On retrouvait, aux abords de Suse, la route royale : elle était comme le symbole de cette vaste conquête, puisque l'armée d'Alexandre aurait pu la suivre tout droit depuis Sardes. Arbèles avait été l'un des cent onze relais établis par ces rois, qui se méfiaient des voies fluviales, au point de les couper de barrages et de cataractes. On ne laissait pas d'admirer qu'ils eussent ouvert cette route, chemin idéal d'invasion. Cela témoignait qu'ils ne s'étaient jamais attendus à y voir une armée grecque : n'occupaient-ils pas comme autant de forteresses les cités grecques d'Asie ? Un canal joignant l'Euléus et le Choaspe au Tigre, semblait aussi une œuvre utile.

Sur les bords du Choaspe, Alexandre offrit un sacrifice au fleuve. Toutefois, il ne fit pas jeter un cheval dans le fleuve. Aristandre immola une brebis, puis le roi lança dans les eaux une boucle de ses cheveux, comme Pélée avait lancé dans le Sperchius une bouche des cheveux d'Achille. C'était une manière de saluer sa nouvelle patrie. Le devin récita ensuite l'invocation spéciale du rite grec : « Je sacrifie à toute l'eau qui coule dans le monde, à toutes les eaux qui reposent sur la terre et qui coulent, à celle des sources, à celle qui tombe des montagnes, à celle des canaux, à celles qui viennent des nuées. » Enfin, un mage récita la prière perse : « J'invoque et je célèbre l'eau pure, toutes les eaux données par Ormuzd. Que ma prière plaise à Ormuzd ! Que les eaux pures données par Ormuzd me soient favorables ! Les sources qui procurent la grande semence, les sources qui parlent jour et nuit. » On avait expliqué à Alexandre que cette prière était un hommage à tous les liquides de la nature : l'eau, le lait, la sève des arbres, le suc des fruits et le sperme de l'homme.

Cependant, comme il ne savait toujours pas les intentions d'Abulite, dont il n'avait reçu aucun messager, le roi fit passer d'abord Philoxène avec un escadron par le radeau qui menait à Suse. Personne ne se montra sur l'autre rive. Le reste de l'armée traversa le Choaspe en quelques heures.

Les portes de Suse étaient fermées, comme l'avaient été celles de Babylone, mais les murailles étaient garnies de soldats. L'ordre donné par Darius de défendre cette ville, semblait mieux exécuté que ne l'avait été celui de défendre l'autre. Bien que les premières lignes grecques fussent vulnérables, les fameux archers perses ne tiraient pourtant pas. Etait-ce une ruse de guerre ? Alexandre n'eut pas le temps de ranger son armée en bataille, comme devant Babylone : la porte principale s'ouvrit et apparut le fils aîné d'Abulite, Oxathre, — homonyme du fils aîné de Darius, — qui annonçait la reddition de son père. Il n'avait pas de tunique, mais seulement une espèce de blouse de soie et le long pantalon des Mèdes. Arrivé près d'Alexandre, il fit ce qu'avaient fait Mithrène à Sardes, Mazacès à Péluse, Mazée à Babylone : il descendit de cheval, ôta sa tiare et se prosterna dans la poussière, les deux mains derrière le dos. Alexandre l'invita à se relever, ainsi qu'il y avait invité les autres : il ne pouvait que se montrer aimable envers ce messager, le plus beau et le plus jeune qui lui eût annoncé une aussi bonne nouvelle.

Quand on fut devant la porte, Abulite lui-même s'avança avec des présents dignes de ceux de Babylone. Ils étaient chargés sur douze dromadaires et douze éléphants, qui allaient s'ajouter aux quinze d'Arbèles. A un signal de leurs conducteurs, tous ces animaux s'agenouillèrent et les éléphants tendirent au roi une couronne d'or avec leurs trompes. Quand Abulite lui eut dit qu'il y en avait quinze autres dans la ménagerie royale, il rit comme un enfant de se voir le maître de quarante-deux éléphants. « Quatre-vingt-quatre dents d'ivoire », dit Ephestion. Celles de la caravane de Thapsaque avaient proliféré. Mais les éléphants n'étaient pas seuls à intéresser le roi. Le fils cadet du satrape, qui avait le même âge que le fils cadet de Mazée et qui était d'une extrême beauté, accompagnait son père. Jamais Alexandre n'avait été plus charmé par le baiser d'un jeune Oriental sur la bouche. Il retint son nom de Liléus, qui était dans *les Perses* d'Eschyle.

Pour ne pas entrer à Suse comme il était entré ailleurs, il avait mis pied à terre et cheminait à côté d'Abulite. Le satrape, de même que ses fils, avait les mains dans ses manches. Cet usage était impératif en présence du grand roi : Cyrus le Jeune, quoique simple prétendant, avait fait tuer deux de ses proches qui ne s'y étaient pas conformés. Lorsqu'on se prosternait, on plaçait les mains derrière le dos. Jusqu'ici, les satrapes ralliés n'avaient pas observé cette loi envers Alexandre. Aujourd'hui il entrait à Suse : il était le grand roi.

S'il jugeait de ce que renfermait le palais royal par les échantillons disposés sur les éléphants et sur les dromadaires, — meubles d'argent, candélabres d'or, vases en pierres précieuses... —, l'hospitalité que lui offrait Darius, serait égale aux précédentes. Il n'était pas moins stupéfait de toutes les richesses amoncelées par les rois de Perse et au prix desquelles l'ancien trésor de Philippe paraissait bien dérisoire. Il se disait cependant que les Grecs avaient, d'une autre façon, conquis la Perse, puisque leur langue était si bien parlée, au moins dans les hautes classes de la société.

Non seulement toutes les grandes familles avaient des précepteurs grecs, venus des villes d'Asie Mineure, mais il y avait des médecins grecs, à cause du prestige de l'école de Cos : tel avait été Ctésias de Cnide, médecin d'Artaxerxès Mnémon, roi qui se faisait lire les comédies d'Aristophane.

Alexandre raconta au satrape ce qu'on lui avait dit à Arbèles des instructions qu'il avait reçues de Darius. « Je ne trahis pas un homme qu'a d'abord trahi la fortune, répliqua Abulite. Il n'est plus le grand roi, après deux honteuses défaites. Je ne suis comptable de ses trésors qu'à son vainqueur. Quand tu les verras, tu comprendras qu'il m'eût enjoint de soutenir un long siège ; mais on ne résiste pas à l'irrésistible. » Ces paroles ne déplurent pas à Alexandre.

L'art des Perses semblait plus raffiné encore que celui des Babyloniens : les plaques de terre émaillée qui décoraient la porte de la ville et les rues, représentaient des taureaux gigantesques, ayant un rabat brodé sur le front : l'effet était saisissant.

Le nouveau palais d'Alexandre s'appelait « la porte d'or » et méritait ce nom. Le décor de briques émaillées était surtout floral : Suse était la ville des lis et, dans quelques mois, dit Abulite, les jardins ne seraient qu'un parterre de ces fleurs. Ce palais où s'installait le roi, à l'intérieur de la citadelle, avait été bâti par Artaxerxès Mnémon, qu'Ephestion comparait à Alexandre pour sa mémoire étonnante, attestée par son surnom. Mais son successeur grec éprouvait un certain plaisir à se dire qu'il vengeait Cyrus le Jeune, Xénophon et Ménon le Thessalien, vaincus par lui à Cunaxa. Les gardes avaient la même tenue qu'à Babylone et des barbes dont les anneaux réguliers brillaient d'huile de sésame.

La salle du trône était d'aussi vastes proportions, avec des portes de cèdres plaquées d'or et des colonnes dont les chapiteaux étaient deux bustes de taureaux. Le trône d'or avait un large dossier, que terminaient deux génies ailés, et reposait sur quatre pilastres ornés de chapiteaux à volutes. Il était très élevé.

Quand Alexandre s'y fut assis, ses pieds demeuraient en l'air, ce qui faisait ressortir la petitesse de sa taille. Un des sept eunuques, gardes des insignes royaux et qui avaient le nom de porte-sceptre, lui dit que le tabouret d'or avait été pris par Darius, lorsqu'il était parti pour Babylone. Cet eunuque glissa sous les pieds d'Alexandre la table d'or où l'on servait les repas du grand roi. Un autre lui serra autour des reins la ceinture qui le faisait roi de Perse : elle était composée de soixante-douze fils bleus et blancs, assez longue pour entourer deux fois la taille, et s'attachait par deux nœuds. Un autre eunuque lui remit le sceptre d'or, longue canne haute de près de deux mètres, ciselée de cercles et couronnée par un fleuron. Un autre lui posa sur la tête la couronne crénelée, enrichie de pierreries. Jamais encore Alexandre n'avait été couronné roi aussi vite. Il retira cependant la couronne, pour ne garder que le sceptre, et la rendit à l'eunuque : il avait accepté les couronnes d'Egypte et celle de Babylone, parce qu'il était le maître de l'Egypte et de la Mésopotamie ; mais il n'avait encore sous sa domination qu'une petite partie de la Perse. Malgré les respects des satrapes, les flatteries de ses amis et sa propre conviction, malgré même son entrée à Suse, et bien qu'il se dît parfois le roi de l'Asie, il ne voulait pas avoir l'air de croire qu'il était déjà roi des Perses. Il aurait craint d'irriter la déesse de la Vengeance s'il se laissait couronner avant d'avoir vaincu définitivement Darius. S'apercevant qu'un des eunuques versait des larmes, il le questionna. « Je suis désormais ton esclave, répondit l'eunuque ; je l'étais naguère de Darius. Comme j'aime mes maîtres, je gémis de voir le meuble sur lequel il mangeait, placé maintenant sous tes pieds. » Alexandre ordonna de retirer cette table ; mais Philotas déclara qu'il n'y avait là aucune injure et seulement le choix du sort, autant qu'un heureux augure. Alexandre révoqua son ordre.

Il demanda ce que c'était qu'une brique d'or posée à quelque distance du trône. On lui dit que, selon la loi de la Perse, tout homme ayant un conseil utile à suggérer au grand roi pour des choses délicates, posait ses pieds sur cette brique. Elle était sa récompense si le conseil était jugé bon ; il était fouetté ou empalé dans le cas contraire. Peu de gens se risquaient à monter sur la brique d'or. Anaxarque compara cet usage à celui qu'avait institué, à Locres, le législateur Zalécus et dont on avait parlé naguère : celui qui proposait à l'assemblée des citoyens une réforme, se présentait une corde au cou pour être récompensé ou étranglé.

Aux quatre coins de la salle, des statues d'or représentaient des garçons tenant des torches, comme Ulysse en avait vu dans le palais d'Alcinoüs à Corfou. Aux murs étaient accrochées des tapisseries, aussi riches, mais de sujets moins variés que celles de Babylone. On y avait figuré des animaux fantastiques, qui rappelaient à Alexandre ces vers des *Grenouilles* d'Aristophane : « ... Des boucs-cerfs, — Tels qu'on les dessine aux tentures mèdes. »

Assis sur ce trône, les pieds sur cette table, il pensait à son père Philippe, à sa mère Olympias et à sa sœur Cléopâtre, mais également au vieil Isocrate qui avait tant souhaité la revanche des Grecs contre les Perses, et à son maître Aristote, auquel il faisait honneur. Il pensait aussi à tous les Grecs illustres qui étaient entrés dans cette salle pour solliciter des secours du grand roi en faveur de leur patrie ou contre leur patrie, négocier la paix, demander sa protection. Ici avaient attendu pour parler qu'il inclinât son sceptre, Hippias, le tyran exilé d'Athènes ; Démarate, roi de Sparte, chassé de même et qui fut accueilli comme un roi ; Thémistocle, banni par les Athéniens, poursuivi par les Spartiates ; Pausanias, l'un des vainqueurs de Platée ; Alcibiade ; Antalcidas, le Lacédémonien qui conclut ce que l'on avait appelé la paix d'Antalcidas ou la « paix du roi » ; Pélopidas, l'un des vainqueurs de Leuctres.

Alexandre sourit lorsqu'il rencontra le regard d'Ephestion. Ce sourire était l'équivalent de ce qu'il lui avait dit dans sa chambre à Miéza, le jour de la mort de Philippe : « Je te donne mon royaume. » C'était, aujourd'hui, plus que le royaume de Macédoine. Thaïs, Barsine, non moins admiratives, restaient plus réservées. « Je suis content de ne pas t'avoir fait pleurer comme l'eunuque, dit Alexandre à celle-ci. Je constate que je t'ai fait oublier le roi ton père. » Barsine le pria d'incliner son sceptre vers elle pour marquer qu'il lui donnait la permission de s'approcher. Elle s'agenouilla à ses pieds et lui dit tout bas : « Je ne contemple pas le nouveau grand roi, je contemple mon amant. » Ces mots faisaient pendant au regard d'Ephestion.

Manassé était venu avec les autres officiers voir Alexandre dans sa gloire. Il aspirait, cela va sans dire, à l'autorisation de parler. « O roi, s'écria-t-il, pardonne-moi si j'évoque de nouveau notre grand roi Salomon pour te trouver la seule comparaison possible dans nos livres saints. Il parle, en effet, de son « trône d'ivoire revêtu d'or pur » et le tien est tout entier d'or pur. Le sien avait « six degrés et un marchepied d'or » : le tien a huit degrés et une table d'or. Le sien avait « des bras que tenaient deux Lions, et douze lions sur les six degrés, six de chaque côté » ; mais toi tu es un Lion assis entre deux génies qui ont les ailes de l'éternelle Victoire. Salomon, dit le livre, « dominait sur tous les rois depuis le Fleuve (c'est-à-dire le Jourdain) jusqu'au pays des Philistins (c'est-à-dire Ascalon) et jusqu'à la frontière de l'Egypte ». Et toi, ô Alexandre, tu règnes de la mer Adriatique au Pont-Euxin, de Pella et d'Athènes à Memphis, à Babylone et à Suse. » Pendant ce discours, le ravissant Liléus, les deux mains dans ses manches de soie rose, avait, comme tout le monde, les yeux fixés sur Alexandre et ce regard faisait autant de plaisir au roi que les paroles du grand prêtre de Samarie.

Démarète, qui avait suivi Alexandre, éclata soudain en sanglots, de même que l'eunuque, mais c'était d'attendrissement. Il leva les mains pour remercier les dieux. « Les Grecs qui sont dans les champs élysées, dit-il, sont privés du plaisir que nous avons : celui de voir Alexandre sur le trône de Xerxès. »

Toute cette pompe avait pour contrepartie divertissante la présence de nombreux singes apprivoisés, qui erraient librement dans le palais. Ces animaux étaient très nouveaux aux Grecs. Alexandre ne les avait connus que par la littérature et par l'*Histoire des animaux* d'Aristote. Du moins n'était-il pas cet homme dont parlait Platon dans sa *République* et qui « soumis à la domination de la bête,... dès sa jeunesse, devient un singe, de lion qu'il était ».

Abulite mena ensuite le roi dans la salle du trésor : il y avait cent vingt millions de drachmes en lingots d'or et d'argent ou en poudre d'or et sept cent soixante-deux millions sept cent mille drachmes en dariques d'or. Cela faisait infiniment plus que tous les trésors jamais rassemblés à Delphes. Les prévisions de Mazée n'étaient pas démenties. Le total de cette somme fabuleuse, inscrit sur des parchemins, représentait l'ensemble des tributs accumulés depuis Darius Ier et était conservé comme une ressource pour les revers inattendus. Ephestion déclara que Darius semblait vouloir arrêter Alexandre en jetant devant ses pas tout l'or de la Perse, comme Hippomène laissant tomber des pommes d'or afin de ravir le prix de la course. « S'il a eu cette espérance avec les voluptés de Babylone, dit Alexandre, il a pu constater qu'elles ne nous ont pas arrêtés outre mesure. Cet or ne m'arrêtera pas plus longtemps. J'ai l'art de si vite le dépenser ! » Abulite rappela que Darius avait bien compté sauver ces trésors : s'il ne les avait pas enlevés, c'est qu'il n'en avait pas eu le temps. D'ailleurs, comme il y avait des dépôts d'or et d'argent dans toutes les forteresses et dans toutes les maisons royales de la Perse, il ne serait nulle part sans ressources.

Alexandre regarda Ephestion. « Je pense, dit-il, à ce passage du *Lysis* de Platon : « Il se trouve que, depuis mon enfance, je désire une chose, comme d'autres en désirent d'autres. En effet, l'un désire posséder des chevaux, l'autre des chiens, l'autre de l'or, l'autre des honneurs. Moi, je regarde ces choses-là avec calme, mais tout à fait passionnément la possession des amis... et je préférerais de beaucoup posséder un ami plutôt que l'or de Darius. » J'ai toutes les chances, ajouta Alexandre : j'ai l'or de Darius et j'ai un ami, comme Achille en a eu un. »

Il fut aussi émerveillé de trouver, dans ce trésor des rois de Perse, cent cinquante mille kilos de pourpre d'Hermione, et il se rappela le texte du prophète juif Ezéchiel que Manassé lui avait récité à Tyr sur la vogue de cette pourpre chez les Tyriens de jadis. L'un des eunuques porte-sceptre expliqua qu'elle avait la propriété de se conserver absolument intacte, mieux que celle de Tyr, parce que la teinture en était faite avec du miel pour les laines déjà teintes en rouge, et avec de l'huile d'orseille pour les laines blanches. Elles avaient, après deux siècles et demi, la même vivacité que si elles étaient sorties la veille de chez le teinturier. La pourpre d'Hermione ne devait pas sa couleur au murex, comme la tyrienne, mais à la cochenille. Alexandre, vêtu de pourpre de Tyr, comprit alors le proverbe : « La pourpre se juge à côté de la pourpre. »

On prit de ces étoffes pour les cadeaux qu'il voulait faire. Mieux que l'or, elles lui semblaient la récompense de la Grèce victorieuse, entrée à Suse. S'il avait déjà envoyé de la pourpre de Phénicie et de Lydie à sa mère, à Cléopâtre et à la reine Ada, il leur en renverrait, en ajoutant à sa liste la fille du roi des Odryses, Méda, l'épouse répudiée par Philippe avec laquelle il avait goûté jadis des plaisirs furtifs dans la capitale du royaume des Agrianes. Désormais, il aurait ses quatre reines. Cette pourpre du grand roi, venue du Péloponèse, il en enverrait aussi à tous ceux qu'il estimait et qui avaient soutenu la Macédoine : Dinarque à Corinthe, Cléotime à Elis,

Pyrrhon, Démade et Phocion à Athènes, Théopompe à Chio. Il en enverrait aux grands esprits ou aux grands artistes qui avaient embelli sa jeunesse et qui honoraient son règne : Aristote, le grave Léonidas, Apelle, Lysippe, Léocharès. Il n'oublierait pas non plus les rois de Chypre et Abdalonyme, qu'il avait fait roi de Sidon. Rien ne le touchait comme le respect de ce roi qui, lui avait-on dit, se refusait à battre monnaie et n'utilisait que les pièces d'Alexandre, marquées du monogramme de Sidon. La reine Ada avait la même délicatesse.

Dans une salle du palais, Alexandre eut la joie de trouver la statue d'Harmodius et d'Aristogiton que Xerxès avait soustraite aux Athéniens : c'était le bronze fameux d'Anténor. Bien que ces deux personnages fussent le symbole de la liberté, il se souvenait qu'ils étaient également celui de l'amour masculin, autant que du courage. Il éprouva une véritable émotion devant ce chef-d'œuvre et se sentit aussi Athénien que Démosthène à l'idée qu'il le restituerait à la ville de Minerve.

Son premier repas dans le palais du roi des Perses n'eut pas de quoi l'étonner, puisqu'il en avait eu la primeur à Babylone. On lui servit un chameau entier rôti à la broche. C'était le plat qui attestait sa nouvelle qualité. Il y eut également un cygne, un paon et une grue, cuits dans une sauce sucrée et recouverts de leurs plumes. Anaxarque cita un passage d'une comédie d'Anaxandride, décrivant un repas fantastique où sont énumérés quatre-vingt-onze mets, le quatre-vingt-douzième étant, pour l'amphitryon, « une grue qui s'insinuait par son large anus — ... Et lui partageait le front ». On ne s'étonne pas, ajouta Anaxarque, qu'après tant de plats, il eût été impossible de faire entrer le dernier par la bouche. » La manière dont les échansons servaient à boire, était charmante : ils présentaient la coupe avec trois doigts et d'une façon qui permettait au buveur de la saisir le plus commodément. Pour Alexandre, ils puisaient avec une louche d'or un peu du vin qu'ils allaient lui donner et le buvaient.

Dans la chambre du grand roi, le lit d'or était ombragé par le platane d'or et la vigne d'or, rehaussés d'émail, d'escarboucles et de diamants des Indes, ciselés par Théodore de Samos, ainsi qu'une coupe d'or posée sous la vigne. Alexandre, en se couchant avec Ephestion, évoqua ce qu'avaient dit autrefois Artabaze et Memnon à Philippe : combien ils avaient admiré son fils de ne pas lui avoir posé de questions sur la vigne d'or ou le platane d'or, mais sur la distance qui séparait la Grèce de la Perse, sur les moyens de communication du pays et sur la manière dont combattaient leurs rois. A présent, il n'avait qu'à tendre la main, s'il voulait, pour cueillir les grains de rubis de cette vigne, les boules d'or de ce platane. Il jugeait, par ces deux œuvres d'art, l'esprit dénigrant et jaloux des Grecs : le lutteur arcadien Antiochus, venu à Suse en ambassadeur avec d'autres représentants des villes grecques, avait dit, à son retour, que le platane d'or n'aurait « pas même donné de l'ombre à une cigale ». On aurait cru qu'il parlait d'un de ces minuscules chefs-d'œuvre de Myrmécide qu'Alexandre et Ephestion avaient vus à Athènes, chez Phrynon, le père d'Autolyque, ou encore de ce grain de millet, œuvre de Callicrate, où était gravé un chant d'Homère et qu'Alexandre avait dans sa cassette, en cadeau du riche Athénien. Le platane d'or n'avait évidemment pas les dimensions d'un platane de l'Arcadie, mais les jactances du lutteur arcadien avaient pour but d'exciter à la guerre. La seule vigne d'or étant estimée vingt-sept millions cinq cent mille drachmes, le platane valait bien davantage.

A eux seuls, les deux objets représentaient donc même plus que les sommes gardées dans deux logettes ménagées, l'une au-dessus du lit, l'autre au pied du lit et que l'on appelait le chevet et le tabouret du grand roi. Abulite les avait montrées aussi à Alexandre : l'une contenait trente millions, l'autre vingt, ce qui avait donné lieu à l'expression proverbiale que Parménion avait citée au départ de Pella en décuplant le premier chiffre. « Avoue pourtant, dit Alexandre à Ephestion, que tout cela nous fait un décor assez convenable. » Un coffret plein de cachets et de cylindres gravés de scènes érotiques, à prédominance masculine, s'ajoutait au chevet et au tabouret. Alexandre et Ephestion n'avaient pas besoin de modèles.

Le lendemain, le satrape demanda s'il pouvait présenter au roi les trois cent soixante pages ou mignons de Darius, et ses trois cent soixante concubines. Alexandre, stupéfait, parla des trois cent vingt-neuf musiciennes que Parménion avait trouvées à Damas : malgré sa mémoire, il avait oublié cet autre troupeau féminin, dont Mithrène, à Issus, lui avait confirmé l'existence en lui apprenant qu'il y avait le même troupeau masculin. « O roi, lui dit Abulite, jusqu'à ce que tu aies changé l'ordre des choses établi, tu recevras, tous les ans, cinq cents jeunes eunuques de l'Assyrie et, tous les cinq ans, cent jeunes garçons et cent vierges des peuples situés au sud du Caucase. — Comment Mazée ne m'a-t-il soufflé mot du premier tribut ? dit Alexandre. — Ce n'en était pas l'époque, dit Abulite. Mazée a d'ailleurs pensé que c'était trop peu de chose pour t'intéresser, à moins qu'il n'eût craint, si tu supprimais ce tribut, de tarir le commerce qui s'en alimente : celui des filles et des garçons. Il est avantageux pour les familles qui les vendent, il est agréable pour ceux qui les achètent. — Je ne veux pas que l'on trafique de mes sujets, dit Alexandre. — Me permets-tu, ô roi, un conseil ? dit le satrape. Attends, pour modifier cet usage, que ton autorité se soit étendue sur l'ensemble de ton empire. Tes peuples risqueraient de croire que tu t'y résous en vue de les amadouer et parce que tu ne te sens pas encore totalement le maître. » Alexandre apprécia la sagesse de ce conseil. « Mais qu'est-ce que le roi des Perses faisait de tout ce monde ? dit-il. — O roi, répondit Abulite, ses pages et ses concubines, quand ils lui sont fournis, ont de douze à quatorze ans. A leur vingtième année, les pages sont versés dans l'armée et les concubines vont comme servantes dans les divers palais, à moins que le grand roi ne se soit attaché à un page ou à une concubine et ne les garde auprès de sa personne. » Alexandre sourit en songeant à Cléotime qui gardait pareillement ses beaux esclaves jusqu'à un certain âge, avant de les expédier dans ses ateliers ou dans ses maisons de campagne. « En outre, reprit Abulite, les Ethiopiens qui ne te sont pas soumis, t'enverront en présent, tous les trois ans, cinq jeunes gens qui t'apporteront vingt grandes dents d'éléphants. — De même que les Arabes, qui ne me sont pas soumis eux non plus, me livreront trente-sept mille kilos d'encens chaque année, ajouta Alexandre. Ce n'est pas ce qui m'empêchera de leur faire un jour la guerre, et peut-être même aux Ethiopiens. — Comme il te plaira, ô roi, dit Abulite, à qui Alexandre avait montré les défenses d'éléphants achetées à la caravane. En tout cas, tu n'as plus besoin d'acheter de l'ivoire ni de l'encens. Il y en a des monceaux dans les dépendances du palais. Et j'oubliais de te dire que la Perside, où sont Pasargades et Persépolis, nos deux anciennes capitales, produit de l'encens. » Rien ne pouvait enchanter le roi plus que cette nouvelle : il ne s'était pas douté que les dieux lui auraient fait trouver l'arbre à encens jusqu'au fond de son empire.

A un jour de distance, eurent lieu le défilé des trois cent soixante mignons et celui des trois cent soixante concubines, dans la grande salle du palais, devant Alexandre et Ephestion. Les garçons défilèrent nus. Les deux amis souffraient de les voir tous réduits à l'état de castrats. Mais ils durent convenir que cette mutilation rendait leur beauté plus durable. Certains n'avaient subi, d'ailleurs, que l'écrasement des testicules, ainsi que cet Hermias si cher à la mémoire d'Aristote, et ils offraient l'apparence de garçons normaux : ce n'est qu'en tâtant leurs bourses que l'on se rendait compte de leur état. Ceux même qui ne les avaient plus, n'étaient pas moins capables d'érection et l'on comprenait pourquoi ils étaient si recherchés : ils demeuraient capables jusque de services actifs. Bagoas, le compagnon de fuite de Darius, était de la première catégorie.

Les concubines étaient vêtues d'étoffes transparentes. Leur rôle était soit de partager le lit du roi, comme l'indiquait leur nom, soit de danser, de jouer des instruments et de chanter pendant qu'il était à table. Du reste, les Perses ne chantaient qu'en l'honneur des dieux et du roi. Les concubines chantaient, dansaient et jouaient aussi pendant ses repas avec sa femme et ses enfants. Elles ne faisaient pas figure de concurrentes pour la reine qui souffrait leur présence : elles l'adoraient et se proclamaient ses servantes.

Alexandre admirait cette extraordinaire organisation du plaisir des deux sexes créée par les rois de ce pays et acceptée leurs sujets. Il distribua les concubines, comme il avait distribué les musiciennes de Damas. Mais il garda les plus beaux pages pour la décoration de ses banquets, outre ceux qui étaient préposés aux soins corporels. Le reste, après qu'Ephestion eut fait son choix, fut tiré au sort entre les principaux officiers d'Alexandre, auxquels il autorisait désormais les mignons.

Abulite le conduisit à la maison de Bagoas, voisine du palais. Le jeune favori de Darius avait, non seulement une chambre dans le palais royal, mais cette maison, qui était un autre palais. Les meubles d'argent qui la décoraient, les plaques d'or, d'argent et d'ivoire des murs, étaient estimés à cinq millions cinq cent mille drachmes. Un peintre grec qui vivait à Suse, avait fait de ce garçon un portrait que l'on disait ressemblant et qui témoignait son charme et sa beauté. Comme Alexandre s'étonnait auprès d'Abulite du luxe extraordinaire de cette demeure, le satrape lui dit qu'outre la foule des mignons, dont chacun avait un emploi spécial, c'était une tradition chez les rois de Perse d'en avoir un qu'ils comblaient de faveurs, et ils avaient de même une concubine favorite, pour laquelle, toutefois, ils étalaient moins de faste. Si Bagoas l'Egyptien avait été plus tard funeste à Artaxerxès Ochus, Artaxerxès Mnémon, son prédécesseur, avait eu l'affliction de perdre son jeune eunuque lorsque celui-ci, qui était son mignon depuis l'enfance, commençait à devenir adolescent. L'Asie entière fut informée de sa douleur et la partagea ; mais personne n'avait osé approcher le grand roi pour tenter de le consoler. Au bout de quelques jours, sa favorite Aspasie — cette jolie Grecque de Phocée qui avait été la maîtresse de son frère Cyrus le Jeune et qu'Artaxerxès considéra comme le plus beau trophée de sa victoire à Cunaxa, — saisit l'instant qu'il allait au bain pour se prosterner devant lui en habits de deuil et versant des larmes. Artaxerxès, touché de sa sympathie, la fit revêtir de la robe de l'eunuque. Il trouva que cet ajustement lui prêtait de nouveaux charmes et lui ordonna de rester ainsi vêtue jusqu'à ce que son chagrin se fût atténué. Il maudissait sa trop bonne mémoire qui le rendait inconsolable.

Alexandre aurait donné la maison de Bagoas à Ephestion, si celui-ci n'eût habité avec lui le palais royal : il la donna à Parménion ; mais il fit respecter celle d'Artabaze, le père de Barsine, et celles des autres satrapes qui étaient auprès de Darius : il voulait ainsi se concilier ces personnages et prouver qu'il n'était pas l'ennemi de l'élite perse, restée fidèle à son roi. Dans ce dessein, il avait fait libérer, dès son arrivée à Suse, le satrape Oxydate que Darius avait mis en prison, parce qu'il l'engageait à cesser la guerre.

Sur une autre colline que celle du palais d'Artaxerxès Mnémon, était le palais de Darius Ier. C'est là qu'Alexandre avait installé la famille de Darius III. Il avait le sentiment de lui avoir fait presque oublier qu'elle était sa prisonnière, bien qu'elle eût été sensible à la trahison d'Abulite. Ayant reporté sur Sizygambis son affection pour Olympias, il exigeait désormais qu'elle lui donnât le nom de fils, comme la reine Ada. N'était-ce pas le reconnaître implicitement roi des Perses ?

La citadelle, où se trouvait le palais principal, était dite de Memnon. Elle renfermait son tombeau, qu'Alexandre avait vu pourtant déjà en Propontide et en Phénicie. Les Perses prétendaient qu'il était un des leurs et non un Ethiopien et qu'il avait conduit à Troie, certes, dix mille Ethiopiens, mais autant de Susiens avec deux cents chars. Ils n'en faisaient pas moins un fils de Tithon et attribuaient à ce roi la fondation de Suse. Ils appelaient Memnonienne la voie royale en disant que c'était lui qui l'avait commencée. Ces histoires montraient l'influence de la Grèce sur la Perse.

Alexandre célébra un sacrifice dans chacun des temples de la ville, selon le rite perse. Le plus important sanctuaire était celui d'Anahita, ou Anahitis ou Inanna, qui avait à Suse le diminutif de Nana. Ce temple était situé près du palais d'Artaxerxès, au milieu d'une cour où l'on descendait par un escalier et entouré de petites chambres pour la prostitution sacrée. C'était le seul endroit de la ville dont on pût dire qu'il devait quelque chose aux mœurs et à la religion de Babylone. La déesse avait des esclaves, mâles et femelles, qui étaient les prostitués attitrés ; mais, comme ailleurs, toutes les femmes et toutes les filles de la ville avaient le droit d'aller offrir leurs charmes dans ces réduits, à condition de se faire payer et de laisser au temple le produit du stupre. Anahita était aussi la déesse des eaux et de la fertilité. Elle avait d'autres temples à Suse, où elle faisait figure de Diane chasseresse ou guerrière, tenant en laisse un lévrier ou menant à un roi des prisonniers, enchaînés et nus.

Le Feu, dont les autels étaient innombrables, en avait un majeur, où brûlait une flamme perpétuelle, entretenue avec du bitume. Cet autel était au sommet d'une tour, percée de fausses fenêtres. Mithra, un des autres grands dieux de la Perse, était honoré à l'intérieur d'une vaste grotte, remplie d'offrandes. Alexandre pouvait y entrer, non seulement comme roi, mais comme initié, puisqu'il avait été reçu dans la religion de Mithra à Tyane, avant la bataille d'Issus. Le culte de ce dieu s'était surtout répandu en Perse grâce aux derniers rois achéménides qui l'invoquaient dans leurs inscriptions de Suse ; il était leur protecteur spécial, avec Ormuzd et Anahita. Il a mille oreilles, dix mille yeux et parcourt l'espace, armé d'une massue, comme Hercule, pour assommer les méchants. Il donne à la terre la lumière, comme Apollon et le Soleil. Il trace le chemin à l'eau. Les hommes et les animaux lui doivent leur progéniture, les grains, les fruits, les pâturages. Il crée les bons rois et les bons guerriers. Il entretient l'harmonie dans le monde et veille sur les lois. Alexandre, « bon roi », se tenait déjà son protégé. Il voulait le remercier de la victoire d'Arbèles. De même qu'il avait fait chanter, à Héliopolis, l'hymne homérique au Soleil, il fit chanter par Thessalus, au seuil de l'antre, l'hymne semblable d'Orphée. « Ecoute, bienheureux, qui as un œil immortel voyant tout, — Titan brillant comme l'or, Hypérion, lumière du ciel, — Né de toi-même, infatigable, miroir charmant de tout ce qui vit, — A droite, père du matin et, à gauche, de la nuit... » Pendant ce temps, on brûlait des poignées d'encens, aromate qu'Orphée assignait au Soleil. Alexandre voulait montrer aux Perses que les Grecs, eux aussi, vénéraient cet astre. Il leur dit qu'il avait fait sacrifier à ce dieu, au lendemain de sa victoire d'Issus, pour le remercier de la lui avoir donnée, qu'il l'avait ensuite vénéré en Egypte sous le nom de Râ et enfin à Babylone, sous celui de Shamash. Il acheva de flatter les Perses en jurant par Mithra et en leur disant : « Dans la *Cyropédie,* de notre Xénophon, qui vint combattre pour Cyrus le Jeune en Asie Mineure, le satrape Artabaze, lequel avait été amoureux de Cyrus le Grand dans son enfance, jure « par Mithra », au cours d'une conversation avec lui à Babylone, dont ils venaient de s'emparer. Et dans *l'Economique* du même auteur, Cyrus le Jeune jure « par Mithra » à Lysandre, le général lacédémonien, qu'il a planté lui-même les arbres de son paradis de Sardes. Voilà où j'ai appris le nom de Mithra. »

Adorateur du Soleil, l'astre maître du Lion de sa naissance, Alexandre se sentait accrédité d'avance dans ce pays dont le symbole était le lion, représenté parfois, comme Mithra, avec une couronne rayonnante sur la tête : le Lion couronné, le Lion irradié, c'était lui. Il sacrifia également à l'Hercule perse, Verethrame. Il vénéra le souvenir de la Sibylle Persique.

Ormuzd ou Ormazd, que l'on appelait en perse Ahura Mazda, était aussi l'objet d'un culte particulier. Son culte remontait à Darius Ier qui avait adopté la religion du mage Zarathoustra, nommé aussi Zapatos ou Zoroastre. Anaxarque rappela que Platon, dans *Alcibiade,* parlait de ce dernier comme de l'inventeur de la « science des mages », c'est-à-dire du culte des dieux, et également de la « science royale ». Ormuzd était représenté s'élevant à mi-corps d'un disque ailé, semblable à celui du Mardouk babylonien et de l'Horus égyptien.

Alexandre interrogea le grand mage ou archimage Pathisite, — descendant de celui qui avait fait régner par fraude son frère Smerdis, sur la personne et sur la religion de Zoroastre, dont Osthane lui avait déjà dit quelque chose. Anaxarque, présent à l'entretien, déclara qu'Eudoxe de Cnide et Aristote le faisaient vivre à Syracuse, six mille ans avant la mort de Platon. Quant à lui, ajouta-t-il, il vénérait Zoroastre comme le fondateur de la magie. « Zoroastre n'est jamais allé à Syracuse, dit l'archimage. C'était un Mède qui vivait il y a deux cents ans. Il avait servi sous Hystaspe, père de Darius Ier. Il était né en riant et il conversait avec Ahura Mazda. Il a aussi reconnu Mithra, auquel il a adressé un poème comme à celui que « le grand Ormuzd a créé médiateur des âmes de la terre ». Zoroastre a écrit deux millions de vers et un abrégé de huit cent mille ans de l'histoire de la Perse. — Huit cent mille ans ! dit Alexandre. C'est comme les huit cent mille arbres du paradis des Juifs. Vous surpassez en ancienneté les Egyptiens et les Babyloniens. — Notre période proprement historique, dit Pathisite, ne commence guère qu'avec les Achéménides, dont tu es le successeur, ô roi, c'est-à-dire avec Cyrus. Mais Zoroastre, tout mage qu'il était, — et il se donna même le premier le titre d'archimage, — n'est pas le fondateur de la magie. Elle remonte à des milliers d'années, — au moins cinq mille ans avant la guerre de Troie. » Anaxarque ayant dit ses regrets qu'Homère n'eût pas fait la moindre allusion à la magie dans son poème sur cette guerre, Alexandre rétorqua que *l'Odyssée,* sinon *l'Iliade,* en était pleine. « Comme tu as raison, ô roi ! dit l'archimage qui était nourri aux lettres grecques : les transformations de Protée, le chant des sirènes, les sortilèges de Circé, l'évocation des ombres, sont la magie d'Homère. » Osthane dit que son ancêtre et homonyme avait rapporté de Grèce un exemplaire d'Homère de l'édition de Pisistrate et que c'était un des livres les plus précieux de la bibliothèque royale à Pasagardes. « Toutefois, précisait-il, si nous avons eu la science des évocations magiques, nous ne la pratiquons plus, sauf à titre curatif. » Anaxarque ne manqua pas de dire que le grand mage de Babylone, Arabantiphoque, lui avait fait apparaître distinctement Socrate, dans une île du Tigre. « Cela ne m'étonne pas, déclara l'archimage, car je connais ses pouvoirs. Tu as dû constater, Anaxarque, qu'il a le visage sans la moindre tache de rousseur : il faut n'avoir aucune tache de ce genre sur le corps tout entier pour pouvoir accomplir des opérations magiques, telles que d'évoquer les ombres. Mais, indépendamment de cela, ce qui subsistera toujours, autant que la philosophie des mages, ce sont les divinations dont nous avons fait profiter l'humanité. C'est nous qui avons appris aux Grecs, par l'entremise des devins de Telmesse, le moyen d'observer l'eau, l'air, les astres, les lampes, les bassins, les herbes et mille autres objets. Vous ne possédiez que le secret d'interpréter les entrailles des victimes et le vol des oiseaux. » Après ce que le grand mage d'Héliopolis, Ouserat, avait dit à Alexandre de l'influence de la religion et de la science égyptiennes sur la religion et la science grecques, l'archimage de Suse l'instruisait de l'apport dû à son pays.

« Zoroastre, poursuivit-il, a imaginé que, dans le monde, luttent perpétuellement deux principes : d'une part la vérité, la lumière et la vie, représentées par Ormuzd, et le mensonge, les ténèbres et la mort, représentés par Ahriman, en d'autres termes, le bien et le mal. Leur lutte se poursuivra jusqu'au triomphe du premier. » Alexandre dit que ces deux principes le faisaient penser aux deux tonneaux de Jupiter qui, selon Homère, renferment, l'un les biens, l'autre les maux, qu'il verse aux hommes. Anaxarque fit observer que ce système dualiste correspondait un peu à celui d'Empédocle pour qui l'homme, dès sa naissance, est soumis à l'empire de deux génies et de deux destins contraires. Il le comparait même aux idées religieuses de Pythagore d'après lequel tout allait par paire et par opposition : l'un et l'infini, le droit et le gauche, le mâle et la femelle, le mouvement et le repos... Pathisite déclara que Pythagore avait certainement eu connaissance des théories de Zoroastre, son contemporain. « O roi, ajouta-t-il, as-tu remarqué que les Perses saluent volontiers en écartant l'index et le médius de la main droite levée et fermée ? C'est le signe des deux principes d'Ahura Mazda. »

Le roi lui demanda s'il y avait, dans les lois de Zoroastre, des préceptes moraux sur les choses de l'amour, comme dans les lois de Moïse, où, par exemple, ce que les Juifs appelaient la sodomie, était interdite. « Certes, ô roi, dit l'archimage, et peut-être sont-elles, comme chez les Juifs, d'autant plus rigoureuses qu'elles prétendent lutter contre des usages invétérés. L'excès même du châtiment prévu les rend inapplicables et je sais qu'il est étrange pour les Grecs de voir la sodomie défendue et l'inceste, non seulement permis, mais recommandé. — Comment ? dit le roi. Et à quoi servaient à Darius ses trois cent soixante mignons et son Bagoas ? Que signifient les cylindres et les cachets que j'ai trouvés dans sa chambre et qui montrent des femmes se prêtant à des hommes à la manière masculine ? — Je t'ai dit, ô roi, dit l'archimage, que Zoroastre imagine l'homme idéal. Les Perses sont généralement plus respectueux des rites d'adoration que des rites de pureté. Qui ne serait découragé par ce qui est exigé à titre de réparation pour un acte de sodomie avec une femme ? Il faut immoler mille têtes de petit bétail, offrir au Feu sacré mille charges de bois tendre, aux Bonnes eaux mille libations, tuer mille serpents d'une certaine espèce et deux mille d'une autre, mille grenouilles de terre et deux mille grenouilles d'eau, mille fourmis de telle sorte et deux mille de telle autre, jeter trente ponts sur huit canaux et recevoir deux mille coups de fouet. Pour la pédérastie, celui qui l'a subie par force, est moins cruellement puni en apparence que celui qui la pratique sciemment. Alors que le premier, bien qu'il y ait été forcé, s'en tire avec seize cents coups de fouet, le second est regardé comme non purifiable, car il est un démon. « L'homme qui charge le mâle ou qui reçoit le mâle, ô sage Zoroastre, lui a dit Ahura Mazda, voilà l'homme qui est un démon. Voilà l'homme qui, avant de mourir, est déjà un démon et qui, après la mort, devient un des démons invisibles. » C'est donc sans rémission. — Et moi qui suis roi des Perses ! s'écria Alexandre. Je suis donc un démon couronné, comme l'est Darius ? — O roi, dit l'archimage, tu sais bien que, pour nous, quoi qu'il fasse, notre roi est un dieu. » Pathisite esquivait la difficulté à la façon de Manassé.

Si Alexandre ne comprenait pas l'interdiction de la sodomie, la pratique perse de l'inceste continuait de le choquer, ainsi que l'avait deviné l'archimage. Osthane avait retrouvé à Suse sa femme, qui était sa propre fille. Alexandre, pour l'intérêt qu'il portait aux filles de Darius, se félicitait que celui-ci ne les eût pas épousées, comme Artaxerxès Mnémon avait épousé les siennes. Maintenant qu'il était dans le pays même qui avait inspiré cet usage aux Egyptiens et aux Babyloniens, il se promettait d'interdire de telles unions ; mais, suivant le conseil d'Abulite à l'endroit de la castration, il attendrait, pour changer ces mœurs, d'être le maître absolu.

L'archimage lui traduisit cette inscription gravée sur son palais : « Le roi Darius dit : « C'est Ahura Mazda, le plus grand des dieux, qui m'a créé, c'est lui qui m'a fait roi, c'est lui qui m'a donné un royaume qui est grand, riche en chevaux excellents, riche en hommes vertueux... — C'est moi qui ai construit ce palais, ces ornements arrivèrent de loin... — Les Babyloniens ont creusé les fondations et ils les ont remblayées avec du gravier, ils ont aussi moulé les briques. — Les Assyriens ont porté le bois de cèdre de la montagne du Liban jusqu'à Babylone, et de Babylone, les Ioniens et les Cariens jusqu'au pays de Suse. — L'or employé provint de Sardes et de la Bactriane, le lapis-lazuli et la cornaline de la Chorasmie... — L'argent et le cuivre, d'Egypte. — Les décoratons qui embellissent l'enceinte, d'Ionie. — L'ivoire, d'Ethiopie, de l'Inde et de l'Arachosie. — Les tailleurs de pierre qui travaillèrent ici, étaient ioniens ou sardiens. Les orfèvres, mèdes ou égyptiens... » (La Chorasmie était au nord de la Bactriane, près de l'Oxus.) L'orgueil avec lequel Darius énumérait tous les pays sur lesquels il régnait et qui avaient fourni leur contribution pour édifier ou décorer ce palais, était attesté autrement par deux récipients d'or où l'on avait renouvelé, jusqu'à Darius Codoman, de l'eau du Nil et de l'eau du Danube, afin de prouver que le roi des Perses était le maître du monde. Dans une inscription voisine, il se proclamait « Perse, fils de Perse, Aryen de race aryenne. » L'Ariane, d'où était originaire cette partie du peuple perse qui se prétendait la plus pure, était vers l'Inde, entre l'Arachosie et la Bactriane. Elle tirait son nom du mot hindou « arya », qui voulait dire noble.

Abulite remit à Alexandre le sceau de Darius le Grand : un cylindre de cristal de roche où il était gravé sur un char à un cheval entre deux palmes, tirant de l'arc contre un lion, sous la protection d'Ahura Mazda.

Alexandre se familiarisait avec les physionomies de Darius Ier et de son fils Xerxès, représentées sur les bas-reliefs et qui étaient absentes des palais de Babylone. Ces visages au nez légèrement aquilin que, d'après les historiens, les Perses aimaient tant dans Cyrus, ces yeux proéminents, ces barbes et ces perruques frisées, ce long spectre, pareil au babylonien, cette couronne crénelée, avaient fait trembler la Grèce. Anaxarque jugeait admirable la manière dont l'écuyer de Darius lui avait procuré l'empire, après que lui-même et six autres nobles Perses, tous des Achéménides, eurent tué Smerdis et Pathisite, usurpateurs du trône. Pour savoir lequel d'entre eux serait roi, il fut convenu qu'ils se rendraient à cheval, avant le lever du soleil, dans un lieu désigné, et que la couronne appartiendrait à celui dont le cheval hennirait le premier au lever du dieu de la Perse. Ebarès, l'écuyer de Darius, mit sa main dans la vulve d'une cavale, saillie la veille par le cheval de son maître et, alors que chaque écuyer tenait à l'arrêt chaque coursier, il promena ses doigts sous les naseaux du sien au moment que le soleil se levait. Excité par l'odeur, ce cheval hennit le premier : les autres prétendants descendirent du leur aussitôt pour se prosterner et saluer Darius comme leur souverain.

Onésicrite, moins enthousiaste qu'Anaxarque de ces rois que les Grecs avaient qualifiés de barbares, raconta ensuite à Alexandre des traits de ce que l'on pouvait bien appeler leur barbarie. Darius s'était engagé, par le serment le plus solennel, de ne jamais faire mourir ni par le poison ni par le fer ni par aucune violence ni par la faim aucun de ces six nobles qui avaient concouru avec lui à la destruction des mages. Il se débarrassa d'eux au moyen d'une grande fosse, remplie de cendres, où ils tombèrent les uns sur les autres et s'étouffèrent au sortir d'un repas plantureux, dans lequel il les avait enivrés. Cela rappela à Alexandre ce qu'avait voulu faire Cissée, l'antique roi de Macédoine, à son ancêtre Caranus-Archélaüs, qui lui succéda. Artaxerxès Mnémon, qui s'était montré si cruel pour son frère Cyrus le Jeune, condamna l'un de ses propres familiers, Udiaste, à avoir la langue arrachée à travers le dos. Quant à Artaxerxès Ochus, le prédécesseur de Darius Codoman, Sizygambis n'avait pas fourni tous ces détails sur ses cruautés à l'égard de ses proches : il avait enterré vivante sa sœur Ocha et sa belle-mère, et c'est à coups de flèches que lui-même tua, non pas quatre-vingts, mais plus de cent de ses parents, enfermés dans une cour du palais.

Un grand jardin entourait l'édifice. Il y avait des serres, comme celles de Miéza, et l'on y cultivait en plein hiver une fleur blanche au parfum délicieux qu'Alexandre n'avait jamais vue : la tubéreuse, que les Grecs de Suse appelaient « la fleur du désir ». Il y découvrit également le lilas, aux grappes fleuries, de couleur violette. Sans avoir la magnificence des jardins suspendus de Babylone, celui-ci était plein de charme. Des pavillons permettaient d'y prendre des repas en toutes saisons dans des bosquets de grenadiers, de lauriers et de roses. On disait que l'odeur des parterres de lis, lorsqu'ils étaient fleuris, entêtait, comme celle des aromates au pays des Sabéens. Une des curiosités de ces lieux étaient les bœufs qui tournaient autour d'un puits à roue, destiné à l'arrosage : ils faisaient chaque jour cent tours chacun et il était impossible de leur en faire faire un de plus, ni de gré ni de force. Les platanes dits du grand roi, n'étaient pas arrosés avec de l'eau, mais avec du vin.

La ménagerie, qui avait un enclos pour les quarante-deux éléphants et des cages de lions, intéressa Alexandre. D'autres animaux que les singes peuplaient le jardin : des paons, des gazelles, des mouflons, des écureuils. Le chenil était digne d'un pays si giboyeux. Alexandre admira aussi les chats de Perse, aux longs poils, doux comme de la soie.

Il y avait enfin un paradis, aux portes de la ville, avec toutes sortes d'arbres fruitiers et un bois rempli de gibier et de bêtes fauves pour les plaisirs de la chasse, quand on ne voulait pas aller jusqu'aux pentes du Zagrus. Le verger avait des serres, comme le jardin : les orangers produisaient toute l'année, et les pêchers, malgré la légende égyptienne, avaient des fruits non moins inoffensifs que savoureux. Les Perses n'auraient pas donné leur nom à un poison.

Alexandre, ami des bibliothèques, fut frappé par l'étendue de celle du palais ; mais les livres étaient d'une espèce particulière : des lames de plomb ou d'étain sur lesquelles étaient gravées une partie des archives du royaume. Elle avait été consultée par Ctésias pour son *Histoire des Perses.* D'autres archives se trouvaient en Perside à Pasargades, où le grand roi était officiellement sacré, et aussi à Persépolis, où était un palais magnifique —, la Perside était à l'est de la Susiane.

Alexandre et Ephestion s'accordèrent, un matin, de recourir aux pages chargés des soins corporels. Le massage effectué par ces garçons, ressemblait à celui du masseur de Cléotime, mais se faisait à l'huile de sésame. Ce qui était nouveau et ce qui expliquait leur nombre, c'est qu'il y avait des masseurs pour chaque partie du corps : les uns ne massaient que les bras, les autres que les jambes, un autre le dos et les fesses, un autre le ventre et la poitrine. Ils étaient nus, de manière à prouver que leurs charmes, — ceux du devant étant déjà plus ou moins en émoi, — étaient aux ordres de leur maître.

La distribution était aussi variée pour les pages qui s'occupaient des poils : un tel peignait ceux des aisselles, un tel ceux du pubis, un tel ceux de l'anus. Les pages qui peignaient, n'avaient pas le droit d'épiler, réservé à d'autres, qui utilisaient un onguent spécial, fait de poix, d'huile, de cire et de résine. Une dizaine de pages était chargée de parfumer, chacun ayant aussi une partie du corps en apanage. Comme les masseurs, ils étaient nus et tâchaient de se faire valoir par la rondeur de leurs fesses ou la longueur de leur membre. Le garçon qui parfumait les testicules, y mettait un soin délicat. Celui qui parfumait les pieds, évoquait pour Alexandre les plaisanteries de Diogène qui, lorsqu'on lui offrait des parfums, se les mettait à la plante des pieds. Le mélange de ces divers parfums était suave, car ils étaient choisis de manière à ne pas se contrarier.

Alexandre n'avait conservé des usages du grand roi que ceux qui lui paraissaient un raffinement ou une curiosité. Il avait aboli l'interdiction, prononcée sous peine de mort, de venir devant lui sans avoir été appelé, comme d'avoir les mains dans les manches en sa présence, ainsi que les coutumes qui lui semblaient vexatoires : de n'autoriser personne, si ce n'est ses intimes, à prendre ses repas dans la même salle que lui et de faire servir ses invités dans une autre, contiguë, ou bien, s'il invitait des Perses dans la même salle, de les faire servir par terre. Désormais, on les servait sur une table ou allongés sur des lits, autour du sien. Il maintint le protocole d'après lequel, à la fin du repas, on lui présentait, dans de grands plats, la soupe des esclaves et la pâtée des chiens. Le grand roi contrôlait et approuvait ainsi tout ce qui se donnait à manger sous ses auspices.

On chevaucha vers un repli du Zagrus, à deux jours au nord de Suse, pour voir un palais des rois achéménides, berceau de la dynastie. Des escaliers monumentaux y conduisaient. Des portiques grandioses, de vastes salles superbement décorées, un mobilier, moins riche que celui de Suse, mais d'une noblesse toute royale, en faisaient une résidence de choix dans un lieu solitaire et, par sa situation, une étape sur le chemin d'Ecbatane. Là aussi, il y avait un dépôt d'or et d'argent de quelques millions. Alexandre profita de cette visite pour chasser : il tua une panthère et un ours brun. Laissant reposer encore Bucéphale, il avait monté un des chevaux niséens du grand roi et beaucoup apprécié cette race.

Bien qu'il y eût de la neige sur le Zagrus, le soleil rendait l'hiver très clément et, certains jours, la température était, non seulement printanière, mais presque estivale. Abulite dit à Alexandre que l'été à Suse était d'une ardeur sans pareille : les lézards et les serpents n'avaient pas le temps de franchir les rues de la ville et mouraient grillés, à moitié chemin. L'orge, dans les sillons, sautait et frétillait comme dans une poêle. Ces détails illustraient étrangement les mots des *Bacchantes* sur « les plaines des Perses frappées par le soleil ». C'est pour cela que l'on couvrait les toits d'un mètre de boue mêlée de paille en vue de protéger les maisons contre l'excès de chaleur. Le poids de cette terre obligeait à construire ces maisons longues et étroites, ce qui réduisait le nombre des piliers. Le palais était couvert de la même façon et ses vastes pièces nécessitaient toutes ses colonnes. On avait dit à Alexandre que l'été à Babylone était aussi excessif : les gens y dormaient dans des caves ou sur des outres remplies d'eau. Mais il n'avait, quant à lui, que l'embarras du choix pour changer de résidence suivant les saisons comme faisait le grand roi, qui passait le printemps à Suse, l'été à Ecbatane et l'hiver à Babylone.

Aux banquets où il avait été l'invité des satrapes et de leurs familles, il avait pu constater que les femmes et les filles perses, à la différence des Babyloniennes, étaient d'une extrême modestie. Ni la pratique de la prostitution sacrée ni celle de l'inceste n'ôtaient rien de leur pudeur. Elles étaient habillées avec la plus grande décence et tenaient les yeux baissés : cette coutume de baisser les yeux était sans doute un reste de l'antique interdiction de regarder les femmes, les filles et les mignons du grand roi. Jadis, quand celui-ci invitait à la cour, lors des fêtes où l'étiquette des repas ordinaires n'était plus suivie, un eunuque surveillait les convives qui auraient risqué un regard imprudent : à un signe de lui, un archer qui avait l'arc tendu, perçait la gorge de l'audacieux au moment où il renversait la tête pour boire. C'était l'origine du proverbe grec qu'Alexandre avait cité en buvant dans le demi-œuf d'or de Darius après la victoire d'Issus : « Bien des choses se passent entre la coupe et le bord des lèvres. » La réserve des Susiennes était aussi grande hors des maisons que dans les banquets : lorsqu'elles se baignaient dans le Choaspe ou dans l'Euléus, vêtues d'une chemise, elles faisaient brûler de l'ivraie sur des charbons ardents pour former un rideau de fumée et écarter les curieux. Les danses même de la Perse étaient une sorte de gymnastique plutôt qu'une suite de mouvements voluptueux, comme celles de la Lydie et de la Phénicie. Mais ces génuflexions, ces accroupissements, ces bondissements, avaient quelque chose de plus suggestif que la frénésie des corybantes, quand ils étaient effectués par une jeune fille ou un jeune garçon aux yeux baissés.

Ces banquets étaient abondants en femmes, car les Perses, à l'imitation du grand roi, avaient des concubines, pour avoir le plus grand nombre possible d'enfants. Les naissances étaient encouragées par des primes que l'on distribuait chaque année.

Alexandre, dont les nouvelles habitudes de boisson ne s'étaient pas modérées, voyait avec quelle facilité les Perses s'enivraient. Bien que Xénophon eût vanté leur tempérance, Hérodote et Platon avaient déjà relevé leur amour du vin. Les dimensions de leurs vases à boire en étaient une marque. Ils buvaient avec excès, même pour traiter des affaires sérieuses ; mais ils avaient la sagesse de ne pas les tenir pour conclues : ils les examinaient de nouveau le lendemain, quand ils étaient dégrisés, et pouvaient alors se dédire.

Tous ne faisaient pas venir leur vin de Chalybon, comme le grand roi, et ils affectaient de trouver un bouquet spécial au vin de leur pays. Alexandre avait demandé où étaient leurs vignes, n'en ayant encore aperçu nulle part. On lui répondit qu'elles étaient situées dans les provinces du Nord, en Ariane et en Margiane. Il commanda que l'on écrivît à Antipater d'expédier des plants grecs pour les acclimater en Perse.

A la faveur du climat, il décida d'offrir un banquet dans le jardin du palais, où il invita ses officiers et les familles des satrapes. Sièges, lits, chaises longues, coussins de pourpre, étaient disposés devant les tables, plus ou moins hautes. Le roi était sur un lit d'or et la famille d'Abulite autour de lui, sur des lits d'argent, comme Ephestion et les intimes. Le ravissant Liléus, selon la coutume perse, qui ressemblait à la grecque pour les jeunes garçons, était assis à une table. C'est dans ce jardin que Darius Ier avait lancé une flèche contre le ciel en demandant à son dieu de le venger des Athéniens, qui avaient incendié Sardes. Et maintenant, des Athéniens y banquetaient, sous les auspices d'Alexandre. La femme et les filles d'Abulite baissaient les yeux ; mais Liléus ne baissait pas les siens. Il avait accroché le regard d'Alexandre, comme s'il voulait exercer son charme sur le vainqueur de la Perse. Alexandre n'avait aucune envie d'y résister. Tournant le dos à son père, qu'il laissa converser avec Ephestion, il ordonna d'approcher une table pour que le garçon pût s'y asseoir à côté de lui et le distraire par sa grâce. Il avait le sentiment de rejouer la scène de Delphes où il avait pris pour compagnon de banquet le beau Dorilas d'Amphissa, en le faisant même allonger sur son lit ; mais Liléus ne serait pas, comme ce garçon, mis un jour en esclavage. Pour remercier le roi de l'honneur qu'il en recevait, il s'était prosterné, jusqu'à ce qu'il eût été prié de se relever. Ils avaient tous deux une couronne de marjolaine, mêlée de tubéreuses, comme tous les autres invités. Dans les banquets, en effet, le roi ne se distinguait pas de ses convives.

« Liléus au noble père », avait dit Alexandre à Abulite : c'était un des lieutenants de Xerxès cités à la fin des *Perses* et dont le chœur lamente la mort, survenue à Salamine. Eschyle étant moins cher à Alexandre qu'Euripide et Sophocle, il avait oublié d'en emporter les ouvrages, mais il se les était fait envoyer à Babylone, en pensant notamment à cette pièce. Il imaginait, en effet, de la faire représenter lorsqu'il aurait vaincu Darius, plus totalement que les Grecs n'avaient vaincu Xerxès. En attendant, il avait appris, pour étonner les Perses d'aujourd'hui, les noms de ceux d'autrefois, et Liléus était l'un d'eux. En tout cas, son noble père ou sa noble mère avait fait en sorte de le rendre affolant pour ce banquet. Sa chevelure noire, dont on ne voyait qu'un toupet sur le front et des boucles sur les oreilles, était cachée par une mitre de soie bleu céleste en forme de turban, brodée d'or et de perles. Toute sa personne exhalait le parfum de Suse, composé de lis, de safran, de myrrhe, de cinnamone et de verveine. Son buste était pris dans un justaucorps de soie bleue aux larges manches, serré très haut par une ceinture d'or ; ses jambes et ses cuisses dans un pantalon de byssus violet, presque transparent, sous lequel il était nu. Ses chaussures étaient en cuir souple rouge à lacets d'or. Quand il s'était prosterné, il avait semblé prendre plaisir à tendre ses formes, sous ce pantalon qui les moulait. L'usage perse du prosternement flattait toujours Alexandre et lui paraissait naturel depuis l'oracle d'Ammon ; mais il en jouissait plus particulièrement avec ce jeune garçon, autant que de son baiser sur la bouche. Son nez était légèrement aquilin, comme celui de Cyrus, de Darius Ier et, avait-on dit à Alexandre, de Darius Codoman, ainsi que de tous les autres rois achéménides. Chez les Perses, c'était un signe d'aristocratie.

« Est-ce qu'on t'a jamais dit que tu étais beau ? » lui dit Alexandre après l'avoir contemplé quelques instants. Liléus rougit. « Personne, ô roi, dit-il, sauf l'une de mes sœurs et mon maître de grec. — A la bonne heure ! reprit le roi. C'était à un Grec de te le dire le premier ou au moins le second. Pour nous, la beauté est quelque chose de prodigieux. Un personnage de Xénophon déclare dans son *Banquet :* « Je jure, par tous les dieux, que je n'échangerais pas ma beauté contre l'empire du grand roi. » — Mais toi, ô roi, dit Liléus, tu es beau et tu as l'empire du grand roi. » Cette réponse charma le roi : elle lui rappelait ce que lui-même avait dit à Ephestion, dans la salle du trésor, à propos de l'amitié, si ce n'est de la beauté, devant les lingots, la poudre d'or et les dariques. « Les Perses aussi ont le goût de la beauté, poursuivit Liléus. Même le fils aîné du grand roi ne pouvait lui succéder s'il était estropié ou louchon. Dans notre enseignement, on fait encore l'éloge d'Artaxerxès Longue-Main, pour avoir été le plus beau des hommes. » Le garçon ajouta, après un instant d'hésitation : « C'est ce que dira de toi l'histoire, ô roi. » Alexandre fut enivré de ce nouveau compliment juvénile.

Il loua Liléus des bracelets en or qu'il avait aux poignets et aux chevilles : ces derniers ressemblaient, dit-il, à ceux qu'il portait jadis, ainsi qu'Ephestion. « Passe-moi un de tes bracelets pour voir si j'y entrerai », ajouta Alexandre. Le jeune garçon retira celui de son poignet droit et le fils d'Olympias, après quelque effort, réussit à y glisser son poignet. « Par Mithra, dit-il en le lui rendant, tu n'oublieras pas que je suis entré dans ton bracelet. » Le roi éclata de rire, pour souligner son allusion. Elle dut être comprise, parce que Liléus baissa les yeux. « Si j'avais des bracelets à ton âge et même des bagues, reprit Alexandre, toi, tu portes de l'or à tes lacets, à ta ceinture, à ta mitre : tu m'éblouis. — Les Perses, ô roi, dit Liléus, parent d'or leurs enfants pour les mettre sous la protection du Feu, dont ce métal a l'éclat. Mais toi, tu n'as plus besoin de t'en orner, puisque tu as l'éclat du Feu. » Alexandre, ce jour-là, n'avait, en effet, pour bijoux, que ses bagues habituelles. « Tout ce que tu me dis, est exquis, répliqua-t-il, et tout ce qui est beau et exquis, allume le désir. Mais tu me fais songer à une remarque de l'écrivain grec que je te citais : « Les amoureux des beaux ont honte de ce qu'ils désirent le plus. » Sais-tu bien ce que signifient ces derniers mots ? — Je le crois, dit Liléus ; mais rien de ce que le roi désire, ne peut faire honte à personne. Tout ce que le roi désire, est mon désir. » Alexandre répondit en esquissant un baiser par un mouvement discret de ses lèvres. « Jamais, dit-il, les tubéreuses qui ornent ton front et qui ressortent au-dessous de ta mitre, n'auront mieux mérité le nom de « fleur du désir ». Et, comme Suse est la cité des lis, ils n'auront jamais mieux mérité le nom que nous leur donnons en Grèce « joie de Vénus ». Je te rencontre en une ville où tout insuffle l'amour et le désir. » En parlant, le roi continuait de savourer la gélinotte qu'il venait de découper ; mais Liléus, fasciné, ne touchait pas à celle qu'il avait dans son assiette. Alexandre lui tendit sa fourchette d'or en échange de la sienne, qui était d'argent. « Tu garderas ma fourchette en souvenir de ce repas », dit-il. Lorsque le jeune garçon s'était levé pour s'incliner vers le roi, il lui avait montré, sans le vouloir, son jeune membre, plus modeste, mais aussi raide que celui de Priape, dans son pantalon de byssus. Cette vue excita le même désir chez Alexandre, avec des proportions que Liléus aurait jugées royales.

Ce badinage remémorait à Alexandre sa première nuit, à treize ans, avec Ephestion. Il considérait comme un privilège d'avoir gardé son enfance assez présente pour pouvoir la revivre un instant de cette façon. « Si tu étais un jeune Grec, dit-il à Liléus, tu aurais déjà des amants. Je ne crois pas que ce soit en usage chez les Perses de bonne famille. — Nos eunuques montent la garde, dit Liléus, et assistent aux leçons que nous donnent nos précepteurs, grecs ou perses ; mais je n'aurais pas eu besoin d'eux pour me défendre. J'ai placé mes sentiments presque à la hauteur où tu es, car j'enviais Bagoas, le mignon du grand roi. Cependant, je le plaignais d'être eunuque. » Alexandre sourit. « Tu me ravis par ton aveu, dit-il ; mais je n'en abuserai pas. Je me contenterai de te murmurer un passage de *Phèdre*, œuvre immortelle de notre grand philosophe Platon. Reçois ces paroles comme des caresses : « Il y avait une fois un enfant ou plutôt un jeune garçon, extrêmement beau et qui, à cause de cela, avait un très grand nombre d'amants... Quand l'amant est commandé par le désir et esclave de la volupté, il faut que l'aimé lui apprête ce qu'il a de plus voluptueux ; sinon, il se prive du plaisir de l'heure... La source du flot que Jupiter a nommé désir, dans son amour pour Ganymède, se porte en abondance vers l'amant... Gonflé de ce désir, l'aimé enlace son amant et le baise... Et dès qu'ils sont couchés ensemble, il ne refusera pas de lui accorder ses faveurs, si l'amant les lui réclame. » Liléus, les yeux agrandis, écoutait. « Comme j'admire, dit-il, celui qui a écrit et celui qui a inspiré de telles choses ! Les Grecs sont nos maîtres pour exprimer l'amour. Toute notre prose, toute notre poésie n'expriment que des règles morales et les louanges des dieux. — J'ai à te poser une dernière question, lui dit doucement Alexandre : « Si je te demandais ces faveurs, tu me les accorderais ? — J'ai répondu d'avance à cette question, dit Liléus. Le roi est le maître de mon corps, aussi bien que de mon âme. — Je te laisse ton corps, dit Alexandre, il me suffit que tu aies voulu me le donner ; mais j'emporterai ton âme. » Ayant dit, il se tourna vers Abulite et reprit son entretien sur les affaires de la Perse.

Le banquet dura une grande partie de l'après-midi. Le soir, eut lieu le sacrifice à la Lune, car l'astre était dans son plein. A la lueur des flambeaux, on fit l'ascension d'une tour qui était au centre du jardin et au haut de laquelle était un autel du Feu. On avait une vue magnifique sur les allées, éclairées aussi, comme on le faisait pour les banquets nocturnes, par des flambeaux enfermés dans des cylindres en cristal de roche. Abulite et ses deux fils accompagnaient Alexandre. « Je te surveillais comme l'archer des anciens festins du grand roi, dit Ephestion venu rejoindre Alexandre, et je te félicite de t'être assez bien comporté. — Tu te trompes, dit Alexandre, c'est moi qui avais l'arc tendu... et je n'étais pas le seul... » Il pensait aux séances nocturnes sur la tour de Miéza, où ses compagnons prenaient tant de licences dans le dos d'Aristote qui observait les étoiles à travers ses appareils. Il pensait aussi à la nuit de la course des flambeaux à Athènes, quand, sur la terrasse de la maison de Phrynon, Autolyque, derrière son père, Ephestion et lui, patinait si vigoureusement Epaphos et Polybe. Alexandre ne comptait pas imiter ces licences à côté du père de Liléus. Cependant il fut obligé de sourire quand Abulite s'enquit s'il avait déjà sacrifié à la Lune : ce n'est pas l'envie qui lui en avait manqué avec son fils. « Non, dit le roi, j'ai sacrifié au Feu, à l'Eau, à la Terre et au Soleil, mais pas encore à la Lune. Son éclipse, qui avait terrifié mon camp et celui des Perses, la veille de la bataille d'Arbèles, m'annonça la victoire. C'est une déesse que j'adore autant que le Soleil. »

Il n'y eut pas de sacrifice sanglant, puisque c'était la nuit. Le mage, à la lueur des torches, fit seulement une libation d'huile, de lait et de miel, mais en arrosant le sol de la tour et non le feu de l'autel. Avant d'invoquer la Lune, il invoqua le Feu qui était toujours, dans les prières, en tête des autres dieux. Puis, imité par les assistants, il regarda la Lune et, les bras vers elle, récita en grec l'invocation. Il s'arrêtait, au bout de quelques mots, pour permettre aux assistants de les répéter, soit en grec, soit en perse : « Je prie et j'invoque la nouvelle Lune... Qui est sainte, pure et grande... Je prie et j'invoque la pleine Lune... Qui fait tout naître,... Qui contient le germe du Taureau,... Dieu généreux, magnifique et glorieux... Qui commande aux nuées et à la chaleur,... Maître de la sagesse,... Des trésors et de la réflexion,... Celui qui fait mûrir les arbres... Et croître les plantes vertes,... Le possesseur des bonnes richesses. » Alexandre demanda ensuite pourquoi il était question du Taureau à propos de la Lune. « Parce que, dit Abulite, lorsque mourut le premier taureau, principe de tous les animaux et de tous les végétaux (les plantes étaient nées de sa queue), sa semence fut portée dans la Lune. — O père, dit Liléus, récite l'invocation à la semence. » Le satrape récita, avec ses fils et avec le mage : « J'invoque et je célèbre Dhaman, semence bouillante, membre du peuple céleste. » « La prière est courte, mais énergique, dit-il. Dhaman est le nom divin de la semence prodigieuse du premier taureau. Notre propre semence vient de lui et nous le supplions de nous la renouveler sans cesse, pour notre postérité et pour nos joies. »

Thessalus, appelé par Alexandre, chanta l'hymne d'Orphée à la Lune. Il avait apporté les aromates requis, afin de les brûler sur l'autel et commença au milieu de la fumée : « Ecoute, déesse, reine porteuse de lumière divine, Lune, — Lune aux cornes de taureau qui chemines la nuit, lumière de l'air, — Qui passes les nuits, torche, fille, compagne des étoiles, Lune — Et nouvelle et vieille, et femelle et mâle... » Anaxarque voyait dans ces derniers mots un démenti à ceux de Platon selon qui « les mâles sont les rejetons du Soleil et les femelles de la Lune ». Les « cornes de taureau » semblaient une allusion à la prière perse.

Le roi voulut rendre aussi hommage à cette déesse par l'hymne d'Homère et le chanta lui-même : « Célébrez la Lune éternelle aux larges ailes, Muses... — ... L'air obscur s'illumine — De sa couronne d'or... — Et ses rayons les plus brillants, d'elle qui s'accroît, — Arrivent du ciel : elle est indice et signe pour les mortels... — Salut, maîtresse, déesse aux bras blancs, divine Lune, — Bienveillante, aux belles tresses... » Pendant qu'il chantait, il n'avait cessé de regarder Liléus : le garçon souriait, devinant que ces paroles s'adressaient à sa lune.

On servit ensuite de l'hydromel, des friandises et des oranges. Alexandre mordit dans un de ces fruits et le donna à Liléus, comme on faisait en Grèce avec les pommes, entre amants. Il songea au jeune homme qu'il avait vu jadis à Athènes, près du temple de Jupiter Olympien, et qui après avoir mordu une pomme, l'avait jetée dans le sein d'un jeune garçon nommé Lysis, comme le héros de Platon.

Il se disait, en descendant de la tour, qu'il laisserait, cette nuit, Barsine et Thaïs tranquilles et qu'il prierait Ephestion, soit d'aller avec elles, soit de coucher avec Adève, qui avait assisté, d'un œil jaloux, à ses privautés avec Liléus. S'il refrénait son envie de posséder un fils de satrape, bien que les parents eussent eu l'air de le lui offrir, c'est qu'il ne tenait pas à se créer des obligations envers un ancien serviteur de Darius. Il s'amusait aussi de donner des preuves publiques de continence, comme il l'avait fait à l'égard de Théodore, ce marchand de Tarente qui proposait de lui envoyer les deux plus jolis garçons de l'Italie du Sud. Mais, de même qu'il avait cultivé en secret avec Liléus « la fleur du désir », il cueillerait enfin une de ses voluptés de roi des Perses en faisant venir dans sa chambre le plus beau des pages parfumeurs : celui qui parfumait si bien les testicules.

Il n'avait pas interrogé Liléus outre mesure à propos des mœurs de la jeunesse perse ; mais il chargea Anaxarque de questionner son précepteur grec, Hégésinisias, sur ce sujet qui l'intéressait. Il n'avait pas oublié le mot de Xénophon, que « la pédérastie fait partie de l'éducation » et, malgré ce qu'il avait dit à Liléus, il se doutait qu'il en était chez les Perses comme chez les Grecs. Anaxarque le lui confirma : la pédérastie y était entretenue moralement par les précepteurs grecs et physiquement par les eunuques. Les seconds surveillaient les premiers, mais personne ne surveillait les seconds, qui étaient les plus vicieux des hommes. C'est eux qui apprenaient tout aux garçons, dont ils faisaient plus ou moins leurs mignons. Ainsi s'expliquait le rôle joué par les eunuques sous certains règnes : tous les grands rois avaient été, dans leur enfance, défloré par l'un d'eux. Les agissements de ces eunuques et ceux des précepteurs grecs qui étaient assez habiles pour déjouer leur surveillance, étaient couverts d'un voile que les garçons n'auraient jamais osé lever : selon une maxime perse, « il était interdit de parler de ce qu'il était interdit de faire ». Ce qu'avouait Hégésinisias et ce qu'avaient observé les amis d'Alexandre, depuis qu'ils étaient à Suse, prouvait bien que, si les lois de Zoroastre contre la sodomie et la pédérastie eussent été appliquées, il n'y aurait plus eu en Perse ni petit bétail, ni bois tendre, ni serpents, ni grenouilles de terre et d'eau, ni fourmis, que les canaux seraient couverts de milliers de ponts et que l'on vivrait au bruit des coups de fouet, dans un peuple de démons.

Alexandre n'était pas moins frappé de l'affectation des Perses à parler toujours de la pureté. Il avait assisté à des sacrifices qu'il n'avait pas vu célébrer hors de Perse et qui consistaient à partager en quatre une racine d'arbre, à mettre les morceaux sur une table et, par-dessus, quatre petits pains ronds, tandis que l'on faisait des invocations innombrables, toutes tendant à la pureté. Il y en avait même une à l'âne pur et blanc qui figurait, comme le taureau, dans l'histoire sacrée des Perses. Ce n'était ni l'âne de Priape ni celui de Silène : il avait trois pattes, six yeux, neuf bouches et une corne ; il purifiait l'eau par son urine et donnait la mort par ses braiements aux mauvais génies.

Le roi, attentif aux moindres détails des coutumes, avait appris de quelle manière, dans les grandes familles, on prévenait la croissance des poils chez les garçons pour leur garder le plus longtemps possible l'apparence de la jeunesse. En fait, le fils aîné d'Abulite était aussi glabre que Liléus et n'était certainement pas, lui non plus, eunuque. Ces recettes, diverses de celles des marchands d'esclaves à Athènes, qui utilisaient le sang d'agneau châtré et les œufs de fourmis, — ceux-ci utilisés également autrefois par Barsine —, consistaient à frotter le visage, le pubis, les aisselles et l'anus soit avec du sang de chauve-souris, mêlé à du vert-de-gris ou à de la graine de ciguë, soit avec du bouillon de vipère à l'huile, ou avec du fiel de hérisson, mélangé à de la cervelle de chauve-souris et à du lait de chèvre, ou avec le lait d'une chienne qui a porté pour la première fois, ou avec de la racine de jacinthe, macérée dans du vin blanc. Ainsi la chair gardait-elle le velouté de l'enfance et le poil subsistant était doux comme le duvet de cygne. Le roi s'amusait à l'idée que le résultat de pareils emplâtres, souvent répugnants, produisissent une peau suave et lisse comme celle de Liléus. En tout cas, il saurait à quoi employer les chauves-souris de Borsippa.

Ce qui lui plut, ce fut de savoir que ces soins et ces habitudes s'alliaient, au demeurant, avec une éducation presque aussi rude que celle des Spartiates. Ces garçons, chez qui l'on tenait tant à entretenir la grâce et la beauté, participaient régulièrement à des exercices collectifs, dont n'étaient même pas exemptés les fils du grand roi, et cela jusqu'à vingt-cinq ans. Réveillés dès l'aube, ils se retrouvaient pour une journée de course à pied, quel que fût le temps. On cherchait à les rendre insensibles au chaud, au froid, à la pluie, à la neige. En hiver, on les conduisait à cheval sur le Zagrus ou sur les monts des Uxiens, qui avaient de trois à quatre mille mètres d'altitude. On leur enseignait à nager, à franchir des torrents, à bêcher, à paître les troupeaux, à planter et à arracher des arbres, à les émonder, à cueillir des simples, à passer la nuit dans les champs, à se contenter, pour toute nourriture, de fruits sauvages, à tirer de l'arc à cheval, à fabriquer des armes, à tisser des filets et le lin. Leur repas était alors composé de pain dur, de cresson, d'un grain de sel et d'un peu de viande : ils ne buvaient que de l'eau. C'est le cresson qui leur permettait de manger, de boire, d'uriner et de déféquer le moins possible, la maîtrise des besoins naturels étant un des buts de l'éducation. Il leur était défendu de rire immodérément et de cracher. Dans les jeux, ils pratiquaient les cinq épreuves, comme on le faisait aux grands jeux de la Grèce, et recevaient des récompenses royales. A cette rude école, ils gardaient leurs bracelets d'or, pour que la protection du métal à l'éclat flamboyant ne leur fît jamais défaut. Ce mélange de raffinement et de dureté rappelait à Alexandre sa propre éducation. Il ne s'étonnait pas que de tels usages eussent façonné ces bons guerriers dont il avait éprouvé la valeur : cette éducation n'était que celle des Perses et des Mèdes. Les autres peuples du royaume en recevaient une plus sommaire, mais, élevés aussi sévèrement, ils n'étaient pas moins bien entraînés.

Ne pouvant imaginer une ville ou du moins une capitale sans un théâtre, Alexandre se préoccupa d'en donner un à Suse, comme il l'avait fait à Babylone. Dinocrate établit de nouveau ces plans. L'édifice serait construit en briques, près du temple d'Anahitis. On en jeta tout de suite les fondations. Les soldats, Juifs compris, y travaillèrent avec leur enthousiasme habituel, aidés par les Perses.

Selon ses principes, qui consistaient à honorer toutes les religions, Alexandre avait visité avec Manassé le tombeau du prophète Daniel. Ce monument, cher aux Hébreux qui s'étaient fixés à Suse après leur séjour à Babylone, méritait aussi quelque égard particulier pour le roi, puisque ce prophète avait annoncé son triomphe sous les espèces d'un jeune bouc avec une corne entre les yeux et qu'en effet, le bélier, représenté par le roi des Perses, avait ses deux cornes mal en point.

Le Samaritain parla du banquet qui avait eu lieu dans les jardins du palais royal. « O roi, dit-il, tu m'as fait revivre, ainsi qu'aux Juifs qui étaient tes hôtes, un mémorable épisode, touchant l'un de nos livres sacrés, le *Livre d'Esther,* auquel mon frère a fait allusion à Jérusalem. Comme tu es curieux de tout ce qui concerne le passé de ce monde, sur lequel tu étends tes conquêtes, il te sera sans doute agréable de m'écouter. C'était sous le règne de celui que nous appelons Assuérus et qui était Xerxès, fils d'Hystaspe. Son empire, qui sera bientôt le tien, allait de l'Inde jusqu'à l'Ethiopie et Suse était sa capitale. La troisième année de son règne, il offrit un festin à tous ses princes et à tous ses ministres, qui dura cent quatre-vingts jours. — Cent quatre-vingts jours ! s'écria Alexandre. Que les dieux me préservent d'offrir jamais un festin pareil ! je crains de prendre ton livre en flagrant délit d'exagération. » Manassé sourit et déclara que certains de ces chiffres reflétaient peut-être, en effet, une imagination orientale, parce que, d'après un commentaire de ce livre, la coupe dans laquelle avait bu Assuérus durant ce banquet de Suse et qui était d'or enrichie de diamants, était estimée cent soixante millions de drachmes.

Il poursuivit : « Assuérus fit ensuite, à Suse même, un festin qui dura sept jours dans la cour du jardin de son palais, où tu nous as traités toi-même. La reine Vasthi ayant refusé de se montrer au peuple et aux grands pendant ce festin, le roi, irrité, décida de choisir une nouvelle femme parmi toutes les vierges les plus belles. Son choix tomba sur Esther, jeune Juive orpheline, élevée par le Juif Mardochée, l'un de ceux qui descendaient des captifs de Babylone. Son ministre, Aman, furieux, inspira un décret ordonnant de faire périr tous les Juifs du royaume. Mardochée en avertit Esther qui, en dépit de l'ordre interdisant de paraître devant le grand roi sans avoir été appelé, — ordre qui a subsisté jusqu'à toi, — vint implorer le salut de son peuple. Assuérus le lui accorda, fit pendre Aman et ses dix fils. Les Juifs se vengèrent en détruisant leurs ennemis et peut-être est-ce encore une exagération qui porte dans le livre le nombre de leurs victimes à soixante-quinze mille. — Vous êtes terribles pour vos ennemis, dit Alexandre. — Nous sommes terribles pour ceux qui veulent nous détruire, dit Manassé. La fête d'Esther est religieusement célébrée par les Juifs depuis cette époque lointaine et sera célébrée tant qu'il y en aura sur la terre. — J'aime votre culte du souvenir, dit le roi ; mais n'est-il pas extraordinaire que Xerxès, fils de ce Darius qui est si fier, dans une des inscriptions du palais, de se proclamer « Fils de Perse, Aryen de race aryenne », ait épousé une Juive ? — Le livre précise, dit Manassé, que, sur le conseil de Mardochée, Esther « ne fit connaître ni son peuple ni son origine ». Cela ne rend que plus admirable la générosité d'Assuérus lorsqu'il l'eut appris. — Je n'aimais pas beaucoup Xerxès, dit le roi, puisqu'il a voulu conquérir la Grèce ; mais tu me le fais aimer par ce trait, qui est à l'éloge de son esprit et de son cœur. »

Manassé ajouta que Suse était, parmi les villes étrangères liées à leur histoire, une des rares à n'évoquer pour les Juifs que des souvenirs heureux. Indépendamment de la reine Esther et de Mardochée, que Xerxès fit ensuite son ministre à la place d'Aman, ils y avaient vu prospérer Daniel, qui avait été l'un des trois plus grands personnages de l'empire, sous le roi que leurs livres appelaient Darius le Mède. Il fut jeté dans une fosse aux lions pour avoir refusé de l'adorer, mais les fauves n'y touchèrent pas. Devant ce miracle, Darius lui rendit sa faveur et jeta à sa place dans la fosse ses ennemis, leurs femmes et leurs enfants, qui furent immédiatement dévorés. C'est sous le règne suivant que Daniel eut à Suse la vision prophétique concernant Darius Codoman et Alexandre.

Plus tard, Néhémie, l'écrivain sacré dont Manassé avait chanté un cantique à Borsippa, avait joué un rôle aussi profitable à ses compatriotes sous Artaxerxès Longue-Main, dont il était échanson. Ayant appris, d'un Juif venu de Judée, que les Hébreux délivrés par Cyrus étaient dans la misère et que les murs de Jérusalem étaient en ruine, il versa le vin tristement au roi des Perses, dans ce même palais où était Alexandre. Lorsque Artaxerxès lui demanda le sujet de sa tristesse, il fut effrayé, mais dit enfin qu'il était triste parce que « la ville où se trouvait le sépulcre de ses pères était dévastée ». Le roi lui donna l'autorisation d'aller la rebâtir dans un certain terme, des lettres de recommandation pour les gouverneurs, des cavaliers et une escorte militaire. Ainsi fut réédifiée Jérusalem. L'absence de Néhémie avait duré douze ans, ce qui dépassait de beaucoup le congé qu'il avait reçu, mais Artaxerxès le lui avait prolongé plusieurs fois. Manassé savait bien qu'il flattait Alexandre en lui montrant qu'il était, à l'égard des Juifs, dans la tradition des grands rois des Perses.

Pour terminer son séjour à Suse, Alexandre, comme il l'avait fait dans les autres capitales, célébra des jeux dans le principal gymnase de la ville. Les Perses dansèrent d'abord leur danse militaire. Elle était telle que l'avait décrite Xénophon : ils frappaient deux petits boucliers l'un contre l'autre, tombaient à genoux et se relevaient en cadence au son de la flûte. Pour les concours des garçons, il n'y avait que les Perses. Alexandre fut ravi de voir Liléus se présenter parmi ceux de sa catégorie pour le prix de la course. C'est lui qui gagna et le roi lui remit la palme, — une branche de perséa. Pour tous ces jeux, les Perses vêtaient un pagne, la pudeur les empêchant de se montrer nus en public. Ici, les stades ne méritaient pas l'épithète de « nus » que leur donne Pindare. De même, les Perses s'accroupissaient-ils pour uriner, à la façon des Egyptiens, et ils se purifiaient ensuite les mains et la verge avec de la terre sèche. Il va sans dire que cette façon de s'essuyer n'existait que dans le peuple. A la différence des Egyptiennes, les femmes perses s'accroupissaient, elles aussi, pour faire de l'eau. Pas plus que les Grecques, les femmes perses n'avaient le droit d'assister aux jeux, mais pas davantage leurs filles. Lorsque ce fut le tour des soldats à entrer dans l'arène, leur robuste nudité frappa les spectateurs. C'était le contraire de l'effet qu'avait produit, sur les soldats d'Agésilas, la molle nudité de ses prisonniers perses.

La nuit qui suivit, un grand cortège aux flambeaux se déroula tout autour de la ville. Alexandre était en tête sur Bucéphale, à côté d'Ephestion et d'Abulite. Ce n'était pas l'orgie de Bacchus à Maronée, mais un cortège annonçant le triomphe de la campagne qui allait reprendre.

Spectacle tout nouveau pour les Grecs, il y eut une cavalcade des éléphants du roi qui brandissaient des flambeaux avec leurs trompes et qui avaient sur leurs croupes des singes tenant aussi des flambeaux. Alexandre s'était accointé avec les singes du palais et, pour son émerveillement, fit avec l'un d'eux une partie de dames et avec un autre une partie d'échecs. Les guenons aussi l'amusaient, en lui présentant leurs petits et en lui rendant des caresses, quand il les caressait. Mais un éléphant que l'on exhibait, ce soir, sur une place, l'étonna davantage : l'énorme animal marchait à reculons sur un câble, incliné en l'air, sans se laisser troubler par les singes qui sautaient entre ses jambes. Cela rappelait en plus extraordinaire, à Alexandre et à Ephestion, la chèvre qu'ils avaient vue jadis à Corinthe déambuler sur une corde. On dit au roi que, cet éléphant ayant été fustigé plusieurs fois pour sa lenteur à apprendre cet exercice, on l'avait aperçu, la nuit, en train de répéter seul sa leçon. Mais Alexandre était charmé d'une autre histoire d'éléphant qui lui rappelait celle des dauphins de Jasos, et de l'aigle de Sestos, amoureux des jeunes garçons : cet éléphant-là, qu'on lui avait montré à la ménagerie, était visiblement amoureux de son jeune conducteur et refusait de manger, aussi longtemps qu'il n'était pas servi par lui. En tout cas, les éléphants avaient permis à Callisthène de réfuter une allégation de Ctésias de Cnide. On avait fait masturber l'un d'eux et l'on avait recueilli son sperme qui, en se desséchant, ne devint pas dur et jaune comme de l'ambre, ainsi que le médecin d'Artaxerxès Mnémon l'avait écrit.

Le roi voulait aller à Persépolis, puis à Pasargades, avant de gagner la Médie pour se mesurer une dernière fois avec Darius, si celui-ci était encore à Ecbatane. Ce voyage, qui serait sans doute sans combat, assoirait sa qualité de roi des Perses par sa prise de possession de ces deux villes historiques, fleurons de la Perside. Il avait d'abord cru décider ainsi Darius à se soumettre sans avoir à le poursuivre. Mais Abulite, qui connaissait le caractère du grand roi, affirmait qu'il ne se soumettrait jamais. Il fallait donc remporter sur lui la victoire définitive. Alexandre la désirait à présent pour un autre : Antipater venait d'en remporter une éclatante, à Mégalopolis, sur les troupes de Sparte. Le roi Agis, qui avait profité de l'absence d'Alexandre en suscitant des révoltes partout où il l'avait pu, avait été tué, avec plus de cinq mille des siens, devant cette ville du Péloponèse, dans une bataille contre le régent de Macédoine. Son frère Agésilas, — homonyme de l'ancien roi, — était chassé de Crète. Vaincre les Lacédémoniens ! On savait, même en Perse, ce que cela voulait dire. Naguère, quand Pélopidas, qui avait remporté une semblable victoire, était venu chez Artaxerxès Mnémon, ce roi, dans un banquet, avait retiré de son front sa couronne, l'avait trempée dans un parfum précieux, réservé à son usage, et la lui avait fait mettre sur la tête pour honorer le courage thébain. Du moins Agis était-il mort en véritable Héraclide : rapporté tout sanglant à l'arrière de ses troupes, après un premier heurt victorieux avec l'armée macédonienne, il refusa de se laisser mettre à cheval pour s'enfuir, lorsque Antipater eut renversé la fortune. Il s'arracha le javelot qui l'avait percé et mourut sur son bouclier. Alexandre admira son courage, mais il était délivré de ce roi qui avait jadis insulté Philippe en annonçant, par trois mots, au vainqueur de Chéronée le sort de « Denys à Corinthe ». Aristandre lui fit observer qu'en privant les Spartiates d'un devin aussi remarquable que Cléomante, on avait peut-être aidé la victoire d'Antipater.

Jalousie à part, Alexandre appréciait l'utilité de cette victoire qui plaçait la Grèce entière sous son joug. La guerre de Sparte avait incité quelques petits Etats à se déclarer du côté d'Agis et à exercer des vengeances contre des amis de la Macédoine. Les Etoliens, qu'Alexandre avait pourtant favorisés, avaient détruit Œniades, ville qui était son alliée, à l'embouchure de l'Achéloüs. Le roi écrivit à Antipater qu'il vengerait les Œniadiens.

Du reste, le régent, imitant ce qu'Alexandre avait fait pour Thèbes avec la confédération des peuples voisins, avait résolu de laisser à l'assemblée générale des Grecs à Corinthe trancher le sort des Spartiates et de leurs alliés, qui imploraient leur pardon. Ils y avaient demandé à envoyer des députés à Alexandre et ces députés arrivaient à Suse. Alexandre, généreux, pardonna, mais taxa les Achéens et les Etoliens à un million deux cent mille drachmes au profit des Mégalopolitains qu'ils avaient assiégés. Les Athéniens, sur les instances de Démade, appuyé par Démosthène, malgré Hypéride, avaient refusé tout secours à Agis. Ainsi la paix était-elle rétablie en Grèce et la puissance de Sparte anéantie. Alexandre était là-bas le roi, comme il sera bientôt le grand roi en Asie.

Cependant, fait encore plus inattendu, Alexandre se voyait dans le cas de jalouser son oncle. Le Molosse, d'abord allié des Romains, avait ensuite remplacé le roi de Sparte Archidame en s'alliant contre eux avec les Lucaniens et les Tarentins. Il avait conquis plusieurs villes et ne cessait d'étendre sa domination. Mais il s'était brouillé maintenant avec Tarente, à laquelle il avait pris la colonie d'Héraclée. Enflé par ses succès, il semblait ambitionner d'égaler la gloire d'Alexandre en devenant le conquérant de l'Italie. « Alexandre, au Granique et à Issus, n'a eu à combattre que des femmes, avait-il dit à ses soldats. Moi, je lutte contre des hommes. » Ces mots faisaient pendant à ceux qu'avait eus Alexandre lui-même à l'égard d'Antipater, au début des hostilités qui se terminaient en Grèce, par comparaison à la campagne d'Asie : que c'était une guerre de rats et de grenouilles. « C'est le Molosse qui est une femme, dit Ephestion à Alexandre. Je comprends que lui ait de vraies raisons de t'envier. Mais il pourrait dire, comme Junon à Jupiter : « Même si je t'envie... — Tu es plus fort que moi. »

Il y avait une victoire d'un autre genre qu'Alexandre enviait à Antipater : le régent, à Corinthe, avait fait accepter un manteau à Diogène, qui avait au sien plus de trous que d'étoffe. Certains avaient blâmé le philosophe d'avoir eu cette faiblesse, lui qui s'était tant moqué des tapis donnés à Platon par Denys l'Ancien ; mais il avait répondu ironiquement avec Homère : « Il ne faut pas repousser les dons pleins de gloire des dieux. » En se souvenant de la fière réponse du Cynique qui lui avait demandé pour tout cadeau de se retirer de son soleil, Alexandre se sentait moins admiré de lui que ne l'était Antipater. C'était bien la preuve du prestige que Sparte avait gardé jusque-là. Enfin, voir traiter de dieu son suppléant, vexait celui qui s'était fait proclamer dieu par Jupiter Ammon.

A la veille de quitter Suse, Alexandre put constater que le trésor royal, en dehors de ce qui était nécessaire à l'armée, était vide. Comme lors de son départ de Pella, il n'avait gardé pour lui que l'espérance. Quelques semaines auparavant, il avait fait remettre à Ménès, nommé satrape des côtes de Phénicie, de Syrie et de Cilicie, seize millions cinq cent mille drachmes, avec ordre d'envoyer à Antipater ce que celui-ci demanderait pour les dépenses de la guerre contre Sparte, si heureusement finie. Le roi savait, en effet, qu'elles avaient été couvertes par des emprunts, ainsi qu'il en avait lui-même fourni l'exemple. Les dépenses d'intérêt public lui semblaient dérobées à sa prodigalité, qui ne se déployait jamais avec plus de plaisir qu'à l'égard de ses amis. Ce n'était pas son tempérament de mettre des cachets sur les coffres remplis d'or : il distribuait, non seulement l'or et l'argent et les objets précieux, mais des maisons et des terres, comme en avait bénéficié Parménion. Sur le trésor de Suse, Aristote avait eu quatre millions quatre cent mille drachmes pour ses recherches et l'on ne comptait pas l'argent qui, tout le long de l'expédition, se dépensait pour Théophraste et pour lui.

Ce que dit Xénophon de Cyrus le Jeune et qui, d'après cet auteur, était également une des caractéristiques de Cyrus le Grand, avait séduit Alexandre : « Aucun homme, je pense, n'a reçu plus de présents que lui ; mais il les donna plus que tout autre homme à ses amis. » Ces présents, Alexandre les recevait de ses victoires. Si la générosité était une de ses vertus naturelles, il s'y adonnait d'autant mieux que la petite chronique athénienne, selon ce qui lui était rapporté, l'accusait d'être jaloux de ses principaux officiers. Certes, il ne pouvait que l'être des succès d'Antipater sur les Spartiates, — le contraire eût été en méconnaître l'importance, — et même des avantages d'Alexandre Molosse en Italie, deux jalousies qu'il avait été le premier à avouer pour faire honneur à ceux qui en étaient l'objet ; mais il jugeait ridicule qu'on le supposât capable de jalouser Perdiccas pour ses talents militaires, Lysimaque et Séleucus pour leur courage, Antigone pour l'élévation de ses sentiments, Ptolémée pour son habileté. « Oui, disait-il, j'ai été jaloux de Lysimaque, parce qu'il avait combattu un lion dans le Liban ; mais je ne l'ai plus été après en avoir tué un. » Il louait tous ses amis de leurs qualités ; mais il aurait cru se rabaisser à être jaloux d'aucun d'eux. Il admirait la facilité des hommes médiocres à prêter aux autres leur propre médiocrité.

Il pensait, en souriant, à la lettre de son père qui le réprimandait jadis de vouloir obtenir l'affection par des cadeaux. Pour lui, il n'y avait pas de meilleur moyen de marquer la sienne. Ceux qui lui en semblaient le plus dignes, restaient ses anciens compagnons de Miéza. Le souvenir de leurs études en commun, de leurs jeux, de leurs promenades, de leurs chasses, de leurs longues soirées d'hiver devant le poêle perfectionné par Dinocrate et surtout de leurs amours juvéniles, de ces couples d'amis, aujourd'hui plus ou moins séparés, mais qui avaient été comme le reflet de son amour constant pour Ephestion, lui inspirait des élans de munificence, justifiés, du reste, par leur valeur et leur dévouement. Il souriait aussi quelquefois en recevant des lettres de sa mère qui avait repris à ce sujet les conseils de son père. Quand il lui écrivait, en effet, les chiffres fabuleux des trésors trouvés de tous côtés et qu'elle voyait ce qui lui en parvenait en Macédoine, elle estimait sans doute que c'était peu de chose. Elle avait imaginé un argument pour lui faire impression : « J'approuve, lui disait-elle dans sa dernière lettre reçue à Suse, que tu sois généreux envers tes familiers et que tu les traites comme ils le méritent ; mais, en leur donnant sans cesse des richesses qui les rendront égaux au grand roi, tu leur procures les moyens de se faire beaucoup d'amis en te les ôtant à toi-même. » « Reconnais que ma mère est une femme intelligente et avisée, dit-il à Ephestion ; mais la femme la plus avisée et la plus intelligente ne comprendra jamais les liens qui ont pu unir entre eux certains hommes. »

D'ailleurs, il étendait cette munificence à tous ceux qu'il aimait pour quelque raison que ce fût. Son trésorier, chez qui Anaxarque avait crédit, avertit le roi, au début du séjour à Suse, que le philosophe demandait cinq cent cinquante mille drachmes. « Tant mieux, dit Alexandre ; il sait qu'il a en moi un ami qui a le pouvoir et la volonté de lui faire obtenir une telle somme. » C'était pour le grand mage Arabantiphoque.

Non seulement le trésor était épuisé, mais aussi l'énorme provision de pourpre d'Hermione, amassée par les rois de Perse depuis deux siècles. Ce fut au point qu'Alexandre, avant de quitter Suse, écrivit aux villes ioniennes et phéniciennes de lui expédier de la pourpre, parce qu'il voulait, leur disait-il, en revêtir ses amis ; c'était plutôt pour renouveler leurs garde-robes, en y mettant de nouvelles nuances. Comment aurait-il pu n'en être pas adoré, même s'ils ne se prosternaient pas devant lui ? Il les soignait s'ils étaient malades, s'occupait de leurs remèdes, discutait avec leurs médecins. Il récompensa celui de Peuceste, qui venait de le guérir d'une grave maladie et il fit offrir un sacrifice de remerciement à Esculape. Perdiccas ayant blessé Cratère aux deux cuisses avec un javelot pendant une chasse royale, Alexandre en fut très affecté, comme s'il était lui-même l'auteur de cette blessure involontaire. Pour ceux qu'il avait laissés dans des gouvernements à travers l'Asie, il n'était pas moins vigilant. Les soldats, eux aussi, l'aimaient pour ses prévenances. Lorsqu'il rendait la justice dans une affaire qui les concernait, il mettait une main sur l'une de ses oreilles, afin de la garder pure et prompte à entendre la défense après l'accusation.

Pour l'amour de Liléus, il confirma Abulite dans la satrapie de la Susiane et nomma son fils aîné Oxathre gouverneur de Suse. D'autre part, en vue de laisser la réalité du pouvoir entre des mains macédoniennes, comme à Babylone, il donna le commandement de la citadelle à Mézare, membre du bataillon des amis, et le commandement des troupes à Archélaüs, fils de Théodore. Il chargeait Abulite et Oxathre de rassembler trente mille jeunes garçons, des meilleures familles, pour les dresser au métier de la guerre et leur apprendre le grec, si besoin était. Ce rassemblement serait à l'image de ce qu'il avait fait en Macédoine, dans une mesure plus modeste, pour renouveler le bataillon des amis et celui des enfants royaux. « Je ne demande pas, ajouta-t-il, que tous soient aussi beaux que Liléus, mais au moins qu'ils le soient autant que possible. Il me faut une armée de trente mille beaux garçons pour achever la conquête du monde. »

Il avait décidé de ne pas conduire plus loin Sizygambis et ses petits-enfants, puisqu'il les avait, en quelque sorte, ramenés dans leur patrie et même dans un de leurs palais. Barsine laisserait sa fille avec eux, ainsi que le bel Adève, dont Ephestion s'était lassé.

Pour que la reine mère et sa famille eussent une distraction, Alexandre leur avait envoyé les ouvrières en tissage, venues de Macédoine par les bons soins d'Olympias et que l'on avait emmenées de Babylone. Il avait dit à Barsine qu'il se réjouissait d'avance à l'idée de porter un manteau tissu par leurs nobles mains. La fille d'Artabaze lui dit qu'elles avaient fondu en larmes lorsqu'elles avaient reçu ces ouvrières et le conseil de tisser des étoffes : elles avaient pensé que le roi leur intimait l'ordre de vivre désormais de leur travail et que, tout en les laissant dans un palais, il les réduisait en esclavage. Sans doute croyaient-elles avoir servi jusque-là de jouets à un conquérant qui n'avait montré tant de douceur que pour leur faire mieux sentir tout à coup leur infortune. Alexandre voyait dans leur réaction une preuve de la différence de race, différence que les bons procédés ne suppriment pas et laissent méfiant à l'égard de l'étranger. Il se rendit chez ses prisonnières pour les détromper. Il expliqua à Sizygambis qu'il l'avait traitée comme sa propre mère, qui faisait des travaux semblables. Il lui rappela que, l'usage étant chez les Perses de ne jamais s'asseoir devant sa mère sans lui en avoir demandé la permission, il s'y était conformé avec elle et l'avait dispensée de se prosterner devant lui, comme faisaient les Perses. La vieille reine pleura alors d'avoir pu se méprendre à ce point sur ses intentions à propos du tissage.

Sur le point de partir pour Persépolis, Alexandre fut avisé que les Uxiens, peuple des hautes montagnes entre Suse et cette ville, prétendaient lui faire payer tribut. Le grand roi, incapable de les dompter, s'était toujours soumis à cette humiliation, chaque fois qu'il avait à se rendre de Susiane en Perside. On précisait que Darius Codoman n'en avait pas été dispensé, bien qu'il eût donné sa nièce en mariage à Madate, roi des Uxiens, dont les troupes avaient combattu à Arbèles. Mais ce roi déclarait n'avoir aucun pouvoir sur les Uxiens de la montagne. Cette exigence consacrée diminua beaucoup, aux yeux d'Alexandre, la majesté de l'inscription de Darius, fils d'Hystaspe, fait roi par Ahura Mazda. Non seulement le fils de Philippe résolut de passer sans verser de rançon, mais d'attaquer ces montagnards. C'était également une façon de rendre à ses troupes leur ardeur combative et de prouver aux rebelles que l'empire avait changé de maître. Il y tenait d'autant plus que deux autres peuples, au nord, à ce qu'on lui dit, avaient les mêmes exigences pour permettre de passer. Il quitta Suse, se dirigeant vers l'est, à la tête de son armée.

On franchit le Pasitigre, qui était la frontière du pays des Uxiens. Alexandre reçut la soumission de ceux d'entre eux qui habitaient la plaine, aussi fertile que celle de Suse. Elle renfermait un des paradis du grand roi, semblable à ceux qu'il avait déjà vus, et il trouvait curieux la situation de ce paradis, dominé par des brigands qui voulaient bien le laisser subsister en le rançonnant. C'est là que leurs envoyés vinrent lui réclamer le tribut habituel : ce n'était pas de l'or, mais du bétail. Cette fois, ils réclamaient même davantage, car ils parlaient aussi au nom d'une autre peuplade, les Elyméens, qui avaient contracté alliance avec eux, afin de profiter de l'occasion. Le tribut doublait, comme pour prouver que ces montagnards étaient insensibles à la gloire du vainqueur d'Arbèles.

Alexandre, qui avait aimé les fables d'Esope, n'avait pas oublié *le Chien et le Coq,* où le renard prie le coq de descendre de l'arbre en lui disant qu'il veut embrasser un animal doué d'une si belle voix. Il dit aux envoyés qu'il invitait leurs chefs à venir conférer avec lui au paradis du grand roi. Les envoyés n'annoncèrent pas l'approche d'un ennemi redoutable, comme le coq avait annoncé au chien celle d'un renard ; mais ils répondirent tout simplement que leurs chefs ne descendaient jamais dans la plaine. « Eh bien, dit Alexandre, je vous paierai le tribut quand je serai au défilé. »

Il prend avec lui ses gardes, les porte-bouclier et huit mille hommes, et de nuit, sous la conduite de guides susiens, grimpe, par des sentiers presque inaccessibles. La neige qui couvrait encore ces montagnes, ne l'arrête pas. Il entre dans un village des Uxiens, dont plusieurs sont tués dans leur lit et les autres se dispersent à travers les neiges. Nombre des soldats qui participaient à ce coup de main, avaient fait la campagne contre les Thraces et les Illyriens et étaient rompus à la guerre de montagne. Le butin en animaux de toutes sortes fut énorme et attestait le succès qu'avait eu cette rançon jusqu'à présent. Il ne fut même pas négligeable en argent, car c'était une des places où les Uxiens entreposaient le fruit monnayé de leurs rapines.

Alexandre redescendit vers le défilé où il leur avait donné rendez-vous. Il avait dépêché Cratère sur les hauteurs en vue de fermer la retraite à l'ennemi. Quand les montagnards se virent entre Alexandre d'un côté et Cratère de l'autre, ils s'enfuirent, comme les villageois surpris à l'improviste, mais furent presque tous massacrés.

Plus loin, sur les bords de l'Edyphon, le roi Madate tenta, à son tour, de s'opposer au passage de l'armée. L'obstacle était facilité par la nature : la ville était réputée imprenable. Alexandre fit couper du bois pour fabriquer des claies et des mantelets, à l'abri desquels on pût avancer hors des traits et commencer le siège. Il donnait toujours l'exemple du courage, était au premier rang, comme si les dieux le garantissaient du péril : ses soldats firent la tortue avec leurs boucliers pour le protéger. Pendant ce temps, les Thraces commandés par Tauron, tournèrent la ville en occupant les montagnes qui la surplombaient : ses défenseurs étaient donc sous les projectiles de Tauron et furent bientôt sous ceux des machines d'Alexandre. Les plus déterminés se donnèrent la mort. Madate dépêcha une ambassade, chargée de solliciter un pardon qu'Alexandre lui refusa. Il voulait faire le même exemple en Perse qu'en Phénicie ou à Thèbes et, inexorable, continua l'investissement. La neige couronnait les parages et le fascinait. Elle lui évoquait les hivers à Miéza, les nuits avec Ephestion dans sa chambre que réchauffait un brasier. C'était, pour lui comme pour les héros d'Homère, la plus belle manifestation de la puissance de Jupiter « Lorsqu'il lance l'éclair, — Préparant ou une nombreuse pluie abondante ou la grêle — Ou la neige qui tombe, quand celle qui est déjà tombée a couvert la terre… ». Le poète, en ajoutant que le fils de Saturne préparait aussi « le grand gouffre de la guerre funeste », rappelait à Alexandre que lui-même, sur ce point, s'identifiait à Jupiter, dont il était bien le digne fils.

Madate dépêcha un messager à Sizygambis pour requérir son intercession : il savait les honneurs qu'Alexandre avait prodigués à la mère de Darius. Elle repoussa d'abord ses prières, craignant de lasser l'indulgence du vainqueur. Elle consentit enfin à lui écrire pour lui demander le salut des Uxiens, au moins de Madate, et s'excusa de son propre rôle de suppliante. Alexandre témoigna une fois de plus sa magnanimité, afin de montrer son respect à l'égard d'une reine déplorable qu'il appelait sa propre mère : il pardonna et à Madate et à ses sujets, en leur laissant leurs possessions, à charge de payer en tribut annuel cent chevaux, cinq cents bêtes de somme et trente mille têtes de bétail. Il avait changé les rançonneurs en tributaires. Après quoi, il fit marcher vers la Perside le gros de l'armée par la grande route, sous le commandement de Parménion, et, à la tête de l'infanterie macédonienne, de ses gardes et des Agrianes, il s'avança par les montagnes.

Le pays, en effet, ne semblait qu'une succession de montagnes, toujours aussi hautes et enneigées. Elles étaient coupées de plaines pierreuses plus ou moins étroites, qu'arrosaient des cours d'eau et qui communiquaient entre elles par des défilés, pareils au précédent. Alexandre les força tous sans difficulté. Il trouvait souvent, dans les petites places qui les défendaient, un trésor des rois des Perses : comme Abulite le lui avait dit, c'était la coutume de constituer ainsi, des dépôts jugés imprenables et qui pouvaient servir, si la guerre menaçait ces régions. Alexandre ne cessait de remercier Darius d'avoir semé sur son chemin ces pommes d'or qu'il croquait avec un plaisir plus vif dans ces montagnes stériles.

Toutefois, au défilé principal, qui s'appelait les Portes Persiques, il se heurta à un gardien de marque : Ariobarzane, le fils aîné de Darius. Ce point, que l'on nommait aussi l'Echelle, était celui où s'établissait le gouverneur de la Perside, lorsqu'il s'agissait d'en interdire l'entrée. Un mur barrait la route au-delà d'un fleuve, l'Oroate, et il y avait, derrière ou sur les hauteurs, quarante mille hommes, sept cents chevaux et des catapultes. Même le bouclier de Troie, qui suivait partout Alexandre, ne pouvait servir d'égide dans de telles circonstances ; mais le roi n'en recevait pas moins une incitation de plus à se montrer hardi. C'était comme l'image de *l'Iliade* qui l'accompagnait. Ces défilés lui rappelaient ce qu'il avait entendu dire des usages des rois de Perse : ceux de leurs officiers qui avaient mission de conduire à leur cour des ambassadeurs étrangers, les promenaient par des détours extraordinaires, des labyrinthes de routes, des cols presque inaccessibles qui augmentaient la longueur du chemin, pour donner une idée exagérée de l'immensité du territoire et de la difficulté de le conquérir. Il est vrai que, selon Démocrite, dit Anaxarque, ces mêmes rois donnaient à ces ambassadeurs une plante magique, la latace, qui leur permettait de trouver partout le ravitaillement nécessaire.

On réussit à faire un pont sur l'Oroate et à renverser le mur ; mais, dès que l'armée avança dans le défilé, des rochers énormes y furent précipités, de manière à convaincre qu'il était impossible de passer. C'était comme jadis au défilé de l'Hémus, avec les Triballes libres. Plusieurs soldats avaient été écrasés par ces masses et Alexandre se vit dans l'humiliation de demander une trêve pour les ensevelir. Cela ne lui était pas arrivé depuis Halicarnasse. Avant de se résoudre à cet aveu d'impuissance momentanée, il fit rétrograder l'armée à six kilomètres du fleuve et assit son camp près d'un village. Le passage des Portes Persiques s'annonçait plus difficile que celui du défilé des Uxiens. Alexandre regrettait de ne pas avoir gardé toutes ses troupes. Les naturels n'indiquaient, pour tourner la position, que des routes demandant plusieurs jours de marche. Alexandre eut l'idée de faire interroger les prisonniers. L'un d'eux, qui parlait très bien grec, déclara connaître un sentier de chèvres, caché par l'épaisseur des bois, car il avait été pâtre dans cette contrée. Il décrivit la plaine fertile qui s'étendait au bas des montagnes : c'est là que s'élevaient Pasargades et Persépolis et que coulaient le Médus, le Cyrus et l'Araxe, homonyme du fleuve d'Arménie près duquel était ce mont Diorphe où Mithra avait eu un fils en s'échauffant sur une pierre. Alexandre lui-même questionna ce prisonnier assez longtemps pour s'assurer qu'il disait vrai et lui demanda d'où il savait si bien le grec. L'homme répondit qu'il était Lycien et qu'il avait été jadis, fait prisonnier par les Perses, puis, qu'il s'était échappé chez les Uxiens. Alexandre se souvint tout à coup de l'oracle de la prêtresse d'Apollon à Patara, qui lui avait dit qu'un Lycien le conduirait en Perse. Il en avait souri alors, en croyant que la prophétie désignait Aristandre. Aussitôt il se leva pour adorer Apollon et ordonna à Aristandre de célébrer un sacrifice.

Il laissa à Cratère et à Méléagre la garde du camp, leur prescrivit d'en allonger les lignes pour mieux dissimuler le départ des soldats qui allaient l'accompagner, et d'allumer la nuit un plus grand nombre de feux. Ils devraient également absorber l'attention d'Ariobarzane par de feintes attaques du passage. Lorsque le prince perse découvrirait la marche d'Alexandre dans ces montagnes, ce qui l'obligerait à dégarnir le passage, un signal de trompette les avertirait et leurs troupes pourraient s'y jeter. Là encore, Alexandre avait attesté son génie militaire, tout en prenant la part la plus dangereuse sur la seule foi d'un oracle ; mais il avait pour règle de ne se conduire que par l'amour et par les dieux. Naturellement, Ephestion était là, avec des officiers et des fantassins éprouvés, les plus habiles archers et un peloton de cavalerie qui avait combattu les Uxiens.

De nouveau, il grimpait en pleine nuit par des sentiers inconnus, le long de pentes vertigineuses, et il admirait la confiance que ses hommes avaient en lui, autant qu'il avait confiance dans son propre destin. Suivi d'Esphestion et de Perdiccas, il marchait derrière le Lycien et bien décidé à ne pas le laisser enfuir, si celui-ci voulait imiter le guide qui avait abandonné les soldats de Xénophon dans les neiges de l'Arménie parce qu'on l'avait frappé, ce qui les égara un mois et demi. Alexandre n'avait aucune intention de frapper cet homme : il lui avait promis une assez belle récompense pour être sûr de sa fidélité, et du reste, on emmenait d'autres prisonniers qui, sans être aussi familiers de la montagne, connaissaient le pays. Alexandre songeait au chapitre de *l'Expédition* qu'il s'était fait relire à Suse, en perspective de sa campagne à travers des montagnes neigeuses, et il en avait retenu plusieurs indications pratiques pour éviter, par exemple, que les soldats n'eussent les pieds gelés et gangrenés pendant le sommeil (il ordonnait de se déchausser) ou pour se protéger la vue par des linges noirs contre la réverbération de la neige qui pouvait les aveugler.

Il souriait aussi en se rappelant l'épisode de ce guide arménien, où l'on retrouvait un homonyme d'Episthène d'Olynthe, le pédéraste : Episthène d'Amphipolis, qui l'était aussi apparemment et à qui Xénophon avait confié le fils du guide, « à peine dans l'âge de la puberté ». Episthène d'Amphipolis emmena ce garçon en Grèce et, dit Xénophon en guise de morale, « il n'eut qu'à s'en louer ». Quand on avait lu *l'Expédition* à Mézia, Aristote inclinait à croire que les deux Episthène étaient le même personnage et que l'auteur avait commis une inadvertance en leur donnant deux villes différentes pour patries. Mais Alexandre lui avait fait observer qu'il était bien téméraire de taxer d'inattention un écrivain aussi précis et de supposer qu'il y avait eu, sur dix mille Grecs, un seul Episthène pour être pédéraste. En tout cas, le jeune Arménien d'Episthène d'Amphipolis avait été un produit de la neige, comme le jeune Thrace d'Episthène d'Olynthe, car c'était également en plein hiver que les Grecs avaient livré ensuite, au profit du roi Seuthès, cette bataille où plusieurs d'entre eux eurent le nez et les oreilles gelés. Alexandre songeait à ces détails pour se distraire l'esprit, durant cette ascension, qui dura deux jours et deux nuits, à l'assaut des Portes Persiques.

On avait mis des loups en fuite ; on tombait dans des trous ; les arbres des forêts qu'on traversait, étaient si serrés et leurs branches si entrelacées qu'il aurait fallu des bûcherons pour frayer un chemin. Mais ils faisaient écran à la troupe, durant la journée. On atteignit enfin le sommet : le camp d'Ariobarzane n'était plus loin. Alexandre chargea Philotas, Cénus, Amyntas et Polysperchon, de marcher dans cette direction avec quelques troupes légères, sous la conduite des prisonniers, Ptolémée de marcher dans une autre, qui menait au retranchement principal, et lui-même prit un sentier, très raide et plus éloigné, pour compléter l'encerclement de l'ennemi. On resterait tapi dans ces retraites afin de se reposer et l'on attaquerait au lever du jour suivant.

L'intrépidité d'Alexandre et de ses compagnons fut mise à l'épreuve dans cette dernière étape. Le sentier descendait d'abord dans un ravin et, malgré les serments du guide, la remontée paraissait impraticable. Le vent qui s'était mis à souffler, la rendait plus pénible. Mais rien ne pouvait arrêter Alexandre. Il se félicitait d'avoir laissé Bucéphale au camp, — son cheval niséen, habitué à ces montagnes d'un relief si difficile, avait néanmoins perdu pied. La nuit arriva. On était encore au fond de ce ravin et le désespoir gagna quelques soldats, qui versèrent des larmes. Alexandre les réconforta. L'ascension reprit dès la seconde veille. A l'aube, le Lycien, — qu'Alexandre embrassa, — montra au loin les fumées du camp d'Ariobarzane.

L'attaque foudroyante provoqua la stupeur, sema la panique dans les avant-postes : les sons des trompettes macédoniennes avertirent Philotas et les autres qu'ils pouvaient paraître, et Cratère et Méléagre, s'engager dans le défilé. On voyait qu'Ariobarzane avait réuni là ses meilleures troupes : les soldats qui étaient surpris sans armes, tentaient une défense désespérée en se servant de pierres, de leurs poings et de leurs ongles. Beaucoup étaient des colosses qui terrassaient les Grecs par le seul poids de leur corps. Ceux qui étaient armés, luttaient avec un courage égal à celui des assaillants. Mais les uns et les autres, attaqués sur trois fronts, durent céder bientôt, laissant des milliers de cadavres. On avait ordre d'exterminer ceux qui se rendaient. Alexandre en voulait à ces Persidiens de lui avoir donné tant de mal et tué une quarantaine d'hommes. Il n'avait plus besoin de traîner des prisonniers avec lui ; mais il enrôla ceux qui avaient été ses guides.

Ariobarzane, accompagné de cinq mille fantassins et de cinquante chevaux, réussit à se faire jour à travers la triple armée macédonienne et s'enfuit vers Persépolis. Il voulait en toute hâte occuper la ville et sauver le trésor royal ; mais le gouverneur, Tiridate, lui en ferma les portes et le prince, poursuivi par Cratère, périt avec ses dernières troupes dans un dernier combat.

Alexandre avait placé son camp à l'endroit même où il venait de triompher. La forteresse, dont les défenseurs avaient pris la fuite, renfermait une dizaine de mille drachmes en or et en argent. Malgré son désir d'arriver le plus vite possible à Persépolis, le roi pensait que les honneurs funèbres à rendre et les récréations qui suivaient ces devoirs, procureraient un repos bien gagné. Un messager de Cratère lui avait appris la mort d'Ariobarzane et un autre, de Tiridate, que la ville se rendrait à lui ; mais le gouverneur l'invitait à se hâter, de peur que le trésor ne fût enlevé par ses gardiens, pour être porté à Darius. Il ajoutait que la route était facile, comme la traversée de l'Araxe.

Toutefois, Alexandre n'aurait pas voulu quitter ces montagnes sans avoir vaincu les Elyméens, qui avaient combattu avec les Uxiens. Il n'eut pas à s'en donner la peine : des messagers vinrent lui annoncer leur soumission. Ces montagnards avaient tenu à sauver Elymaïs, leur capitale. Elle était riche de plusieurs temples, notamment de Diane, de Minerve et d'Anahitis, dite Vénus Elyméenne, surnommée Nana, comme à Suse. Ce dernier temple renfermait des trésors, protégés par des lions apprivoisés. Alexandre fut heureux de s'épargner une nouvelle guerre dans les montagnes et celles des Elyméens n'étaient pas les moins abruptes, de même qu'ils étaient les plus nombreux de ces quatre peuples qui s'étaient arrogé, par leur position, de faire payer tribut au roi des Perses. Ils se vantaient d'être la souche des Mèdes : on appelait Elymaïde toute la contrée située entre la Médie et la Susiane. Le roi, pour rendre hommage à Vénus Elyméenne, offrit aux ambassadeurs une cuirasse d'or, une cuirasse d'argent et un javelot, destinés à son temple. Il n'oubliait pas que la déesse de l'amour avait le goût des armes.

De toutes ses qualités, il mettait au premier rang la rapidité de ses décisions et de sa marche. Laissant l'infanterie en arrière, il décida de partir sur-le-champ avec sa cavalerie, marcha toute la nuit et arriva au point du jour sur les bords de l'Araxe, non loin de Persépolis. La capitale de la Perside dressait sa triple enceinte, longue d'une dizaine de kilomètres, au milieu de la plaine et enfermait la vaste éminence où étaient les palais de Darius et de Xerxès. A l'arrière-plan, le mont Royal, colline rocheuse où étaient creusés les tombeaux de deux Artaxerxès, formait une muraille supplémentaire. Le petit fleuve Cyrus bordait la ville.

Alexandre fit démolir les maisons de quelques villages pour jeter un pont sur l'Araxe. Dès que l'on eut atteint l'autre rive, on vit s'avancer, non pas l'habituel cortège des autorités, mais une foule, une armée de prisonniers grecs horriblement mutilés, les uns des oreilles, les autres du nez, les autres d'une main ou d'un pied, et marqués au fer rouge de stigmates infamants. Ils étaient quatre mille, certains réduits à cet état et en esclavage par les prédécesseurs de Darius et dans les îles grecques où Pharnabaze et Otophradate avaient fait des descentes. Certains étaient des soldats de Philippe, capturés lors du siège de Périnthe, pendant la campagne de Thrace, et à celui de Pitane, durant les opérations en Troade qu'avaient menées Parménion, Attale, Amyntas et Callas. Il y en avait même qui avaient été pris sur la flotte d'Alexandre, dont quelques navires avaient été interceptés, au début de l'expédition. Darius et ses satrapes n'avaient évidemment jamais pensé, en les traitant ainsi et en les conduisant à Persépolis, qu'ils y seraient délivrés un jour par le roi de Macédoine. Alexandre et ses soldats pleurèrent de compassion sur ces malheureux, qui remerciaient Jupiter d'avoir eu enfin pitié de leurs souffrances.

Malgré les pertes qu'il avait subies au Granique, à Issus, à Milet, à Halicarnasse, à Tyr, à Gaza et à Arbèles, les seuls grands combats ou les seuls sièges meurtriers de sa guerre contre Darius, et malgré celles que venait de lui faire éprouver Ariobarzane, le roi ne s'était senti animé d'aucune haine pour les Perses au point de songer à détruire une ville qui ne s'était pas défendue. Les prisonniers mutilés à Issus n'avaient été qu'en petit nombre et il les avait oubliés dans l'ivresse de la victoire. Les Macédoniens, du reste, avaient ensuite massacré assez de monde pour que l'on estimât vengées ces victimes de la barbarie. Ce triste spectacle en rappela le souvenir à Alexandre et le révolta, après l'avoir ému. Il promit à ces hommes de les ramener dans leur patrie et de les récompenser de leurs maux : on donnerait à chacun un cheval et mille drachmes et ils auraient droit en Grèce à tous les honneurs dans leurs cités. Ayant fait cette proclamation, il campa à un kilomètre de Persépolis pour délibérer sur le sort de cette ville, comme il avait délibéré sur celui de Thèbes. Il conclut à la livrer au feu et au pillage. Ephestion et ses officiers approuvèrent son dessein. On ne préserverait que le palais et ses dépendances : Alexandre y avait déjà mis une garde.

A la faveur de ce délai, les mutilés grecs examinèrent sa proposition de les ramener dans leur patrie. Une centaine d'entre eux fut chargée de le remercier et de lui dire qu'ils aimaient mieux rester en Perse que de se montrer à leurs familles et à leurs concitoyens comme des objets de dérision ou de dégoût. Alexandre comprit la honte qu'ils éprouvaient et leur fit distribuer, non plus mille, mais trois mille drachmes par tête, avec des habits, des troupeaux et du blé pour ensemencer les terres qu'il leur assignerait.

Le lendemain, il convoqua tous ses officiers et leur représenta qu'il n'y avait pas de ville plus ennemie de la Grèce que cette capitale des anciens rois des Perses : c'est de là que Darius, puis Xerxès, étaient partis pour tenter d'asservir la Grèce, brûler ses villes et ses temples. Il fallait, par sa ruine, satisfaire aux dieux grecs et aux mânes des ancêtres de ceux qui étaient devant ces murs. Les habitants seraient égorgés.

On marcha sur la ville. Alexandre put revoir alors ce qu'il n'avait vu qu'à demi à Thèbes, plus complètement à Tyr et à Gaza : le carnage d'une population, les hommes qui se jetaient du haut de leurs maisons avec leurs femmes et leurs enfants, ou qui en incendiaiaient les murs pour s'y brûler eux-mêmes avant que les vainqueurs y eussent porté la torche, le viol des deux sexes au milieu de cette boucherie. Il s'était trempé le caractère. Il souriait en regardant sa troupe de philosophes qui observaient ces scènes odieuses dont ils avaient dû, eux aussi, prendre l'habitude. « Qu'en pense Pyrrhon ? demanda-t-il. — Tu sais, ô roi, dit le Sceptique, que le principe de ma philosophie est qu'il faut suspendre son jugement, puisqu'il est impossible de discerner ce qui est vrai de ce qui est faux, ce qui est beau et ce qui est laid, ce qui est juste ou injuste, et qu'en fait, rien n'existe, si ce n'est ta gloire, parce qu'elle est immortelle. Mais ceux-là qui tuent, et ceux-là que l'on tue, sont aussi vains que les feuilles d'Homère, dont nous parlions à Corinthe. » Alexandre avait évoqué une autre comparaison des feuilles d'Homère, en parcourant des yeux l'armée de Darius à Arbèles. « Pyrrhon pousse un peu loin la plaisanterie de l'indifférence, dit Anaxarque. Tu n'as pas fait attention, ô roi, que je suis tombé de mon cheval, avant le passage de l'Araxe, sous le poids de Bacchus, et Pyrrhon, qui était près de moi, continua son chemin sans me porter secours. — Tu n'ajoutes pas, Anaxarque, dit Pyrrhon, que tu m'en as loué, en reconnaissant que j'étais au moins un philosophe fidèle à ses principes. — Et que penserait Aristote de tout cela ? dit encore Alexandre à Callisthène. — Qu' « aux barbares, les Grecs doivent commander », répondit le philosophe d'Olynthe. — « Parce que les Grecs sont, par définition, plus civilisés que les barbares », ajouta Anaxarque avec un rire sarcastique.

Des soldats se querellaient. Un Thrace hurlait et agitait son bras ensanglanté, comme les mutilés de Persépolis : un autre venait de lui trancher la main d'un coup d'épée pour lui arracher un vase d'or. Alexandre fit appeler un médecin auprès du blessé et s'avança rapidement vers le palais afin de ne pas être obligé de sévir en faisant une seconde victime.

A l'entrée, il vit une grande statue de Xerxès, renversée par ses soldats. Il pensa à celle du satrape Ariobarzane, pareillement renversée devant le temple de Troie. Son cœur royal souffrit de l'humiliation infligée à ce roi ; mais le vainqueur était moins affecté. « Je ne sais, dit-il à Xerxès, si je dois passer outre sans te faire redresser, à cause de la guerre que tu fis jadis aux Grecs, ou si je dois te faire relever pour ta magnanimité et tes autres vertus. » Il réfléchit quelques instants, regarda Ephestion qui restait impassible, et passa outre.

Cet ensemble d'édifices, qui s'élevait sur un plateau d'environ quatre cents mètres carrés et qui était composé de trois palais juxtaposés, avait pour unique voie d'accès un double escalier de plus de cent marches, coupé d'un palier au milieu de la hauteur. On entrait d'abord dans une salle d'attente aux portes plaquées d'or, comme celles du palais de Suse. Un taureau à tête humaine et un génie ailé à corps d'animal, l'un et l'autre de granit, trois lions et des lampadaires de bronze, des banquettes de pierre, la décoraient. Sur des piliers, une triple inscription, en caractères perses, élamites et babyloniens, attestait qu'Ahura Mazda était un grand dieu et que Xerxès, son protégé, « le grand roi, roi des rois, roi des pays ayant toutes sortes de peuples, roi de cette grande terre au loin et au large, fils de Darius, le roi achéménide », avait bâti, par la volonté de ce dieu, la salle aux cent colonnes qui venait après. « C'est sans doute aussi par la volonté d'Ahura Mazda que je suis ici, dit Alexandre. — Certainement, ô roi, dit Tiridate, qui venait de l'accueillir, car, sur l'un des murs extérieurs du palais, il y a cette autre prière de Darius : « Que le dieu protège le pays de l'ennemi, de la faim et du mensonge ! » Le dieu t'accueille donc en ami. » Cette malédiction contre le mensonge touchait Alexandre, ami de la vérité. On lui avait dit que le plus grand vice que les jeunes Perses devaient éviter, était le mensonge.

Les cent colonnes de pierre grise, hautes de vingt mètres, avaient des chapiteaux à bustes de taureaux, d'aigles ou de lions. Le toit était en cèdre du Liban. Cette salle de soixante-dix mètres carrés était encore plus vaste que celle du trésor de Babylone. Les portes avaient des montants de pierre sculptée où l'on voyait le roi assis sur son trône, soutenu par des vassaux, et toujours avec Ahura Mazda au-dessus de lui. Au-delà, un nouvel escalier à deux rampes, dont les bords étaient sculptés de cyprès, de palmiers, d'offrants, de gardes et de nobles, menait au palais de Darius, qui ressemblait au palais de Suse. Les frises, les corniches, l'entablement, étaient peints en or, en bleu et en vermillon et les robes des personnages sculptés étaient, de même, coloriées. Des plaques d'or et d'ivoire à, dessins égyptiens, des statues égyptiennes d'or et d'argent, témoignaient des pillages effectués par Cambyse et Xerxès dans les palais de Memphis, d'Héliopolis et de Thèbes. Alexandre comptait les renvoyer en Egypte, comme il avait renvoyé à Athènes la statue d'Harmodius et Aristogiton. Il y avait, du reste, d'autres statues grecques, dont il fallait retrouver les provenances.

Sur le jambage d'une porte, Darius, avec sa couronne, sa perruque et sa barbe, perçait d'un poignard l'esprit du Mal, représenté par un lion ailé, à queue de scorpion et à griffes d'aigle. On comptait, dans une salle voisine, trente-deux colonnes, aussi hautes que celles du premier palais. Un bas-relief montrait derechef Darius sur son trône, son long sceptre à la main droite et une fleur de lotus à la main gauche. Deux brûle-parfum étaient devant lui. Son fils Xerxès, debout, tenait une fleur identique.

Le palais d'hiver, contigu au premier, avait été bâti par Darius, mais, comme l'autre, embelli par Xerxès. Toutes ses fenêtres ouvraient vers le sud. Des colliers, des bracelets et des couronnes d'or et de pierres précieuses étaient incrustés dans les bas-reliefs. D'ailleurs, la pierre des plaques sculptées, des murs et des colonnes était si brillante qu'on l'aurait prise pour du marbre. Le pavement d'asphalte rouge brillait de même, là où de somptueux tapis, tissus dans les ateliers royaux et semés d'un émail de fleurs, ne le recouvraient pas. Sur un bas-relief, Darius luttait toujours contre l'esprit du Mal.

Le troisième palais, œuvre de Xerxès, achevé par Artaxerxès II et Artaxerxès III, comprenait l'appartement de la reine. La pièce centrale était ornée d'une trentaine de colonnes, avec un balcon. Les chambres de repos, de bains et d'administration se succédaient. Sur une plaque sculptée, Xerxès, barbu, était suivi d'un porteur d'ombrelle, d'un porteur de serviette et d'un porteur d'éventail. Ce roi voluptueux, qui promettait une récompense à qui aurait inventé un nouveau plaisir, n'avait pourtant pas été l'auteur de la décadence de la Perse, dont Xénophon apercevait une marque dans l'usage des ombrelles, qui étaient, en Grèce, réservées aux femmes. Ce bas-relief le contredisait. Il y avait aussi la statue en pierre bleue de Xerxès comme prince héritier, jeune et charmant, sans barbe, avec la couronne crénelée, les cheveux bouclés en touffes sur la nuque. Cette statue lui prêtait un nez tout à fait droit, comme celui des Grecs : c'était la licence d'un artiste grec. En s'attardant quelque peu à ces curiosités, Alexandre voulait prouver à Tiridate et à ses compagnons qu'il conservait son sang-froid au milieu d'une ville livrée à l'incendie et au pillage et qu'il n'était pas un conquérant vulgaire, même s'il était impitoyable. « J'ai en ma possession, dit-il, tous les grands rois : il ne me manque que le dernier. » Ephestion le fit sourire en lui citant les paroles de Nestor à Achille : « Et toi, fils de Pélée, cesse de quereller un roi — En face, car jamais n'a obtenu du sort pareils honneurs — Un roi porte-sceptre, à qui Jupiter a donné la gloire. » Ces vers, adressés au descendant d'Achille par celui qu'il aimait, lui étaient doux à entendre. Il répondit qu'il ne songerait plus à quereller Darius, si celui-ci venait se livrer.

Les bâtiments du trésor étaient au pied du mont Royal, à l'arrière-plan. Des deux tombeaux rupestres creusés dans sa paroi, celui d'Artaxerxès Ochus ne renfermait, en réalité, que le cadavre substitué par l'eunuque égyptien Bagoas, son assassin, qui avait dispersé tous ses restes. La maison des mages chargés du service funèbre des rois, était bâtie sur la plate-forme de ces tombeaux. Le grand roi leur fournissait à tous un manteau par jour, avec une certaine quantité de farine et de vin, et tous les mois un cheval qu'ils sacrifiaient. Au pied même du mont Royal, on voyait les préparatifs ordonnés par Darius Codoman pour sa propre tombe, qu'il voulait digne de ses prédécesseurs. Comme les anciens rois d'Egypte, les rois des Perses s'assuraient ainsi leur dernière demeure. Alexandre fut touché de contempler ces colonnes à demi épannelées et ces tables de pierre, destinées à honorer bientôt la mémoire de son ennemi. On n'avait pas fait de tombeau pour le jeune Arsès, l'ultime descendant de Cyrus en ligne directe, tué par Bagoas : Darius Codoman était un Achéménide de la branche collatérale.

Alexandre trouva, dans des caveaux scellés au sceau du gardien, et ensuite dans des coffres scellés au sceau du roi, l'équivalent de six cent soixante millions de drachmes, presque tout en lingots. C'était encore un de ces dépôts constitués par les rois des Perses depuis Cyrus. Le roi de Macédoine, devant cette nouvelle masse d'or, ne s'étonnait pas que ces rois eussent joué un tel rôle dans le destin de la Grèce. Tiridate lui dit qu'il y avait probablement des sommes équivalentes dans le palais d'Ecbatane. Comme toujours, Alexandre fit mettre de côté une partie de cette or pour les besoins de la guerre, continua ses largesses à ses amis, à ses officiers et à ses troupes (le guide lycien des Portes Persiques reçut cent soixante-cinq mille drachmes) et fit transporter le reste à Suse, avec les statues et les objets qu'il voulait renvoyer en Grèce ou en Egypte. Il alimenterait aussi le trésor de la Macédoine.

Des bâtiments contigus constituaient la « Forteresse des écrits » : ici, c'étaient des tablettes d'argile ou des rouleaux de papyrus, archives des rois achéménides, comme les tablettes d'étain ou de plomb à Suse. On montra aussi à Alexandre les deux uniques papyrus où était consigné l'enseignement de Zoroastre. Ce texte, écrit en lettres d'or, valait plus, dit le gouverneur, que tout ce que renfermait le trésor : c'était le livre des livres de la Perse.

Près du palais, s'élevait un autel du Feu. Alexandre y célébra un sacrifice, entouré d'Aristandre, de Cléomante et des mages de l'armée. Persépolis, étant surtout une cité royale, n'avait pas d'autre temple que cet autel : les Macédoniens venaient de la changer, d'ailleurs, en vaste autel du feu ; mais Alexandre ne voyait aucune contradiction entre ce châtiment, qui lui paraissait justifié, et l'hommage rendu au dieu de la Perse. Il s'étonnait qu'il n'y eût même pas un temple d'Anaïtis et son corollaire, la prostitution sacrée. C'était une autre conséquence du respect que l'on devait à une cité royale.

Après avoir passé la nuit dans le palais, Alexandre décida de ne pas respecter, quant à lui, les tombeaux des deux Artaxerxès. Successeur de ces rois, toutes leurs richesses lui appartenaient. De même qu'il avait fait visiter, — pour peu de résultat, il est vrai, — les tombeaux des rois de Babylone, il lui restait, afin de parachever cette œuvre de conquête posthume sur les rois de Perse, à visiter ceux-là. Il retourna au mont Royal et fit ouvrir les portes des deux sépultures. Pendant que l'on procédait à cette opération, non sans provoquer les larmes des mages préposés au culte funèbre (ils rappelaient à Alexandre l'eunuque de Suse qui pleurait en le voyant assis sur le trône royal), il regardait les espaces du roc qui avaient été aplanis et sculptés, comme les flancs d'un sarcophage : en haut, le roi debout, en face d'Ahura Mazda planant avec ses deux ailes au-dessus du Soleil ou de la Lune figurés par un globe, et le Feu, symbolisé par un autel ; le roi avait une main levée en geste de prière et de vénération, l'autre tenant un arc. Au-dessous, les bras levés de vingt-huit représentants de ses sujets portaient ce trône. Tiridate traduisit à Alexandre les inscriptions en trois langues qui désignaient chacun des porteurs sur la tombe d'Artaxerxès III : « Celui-ci est Perse, celui-ci est Mède, celui-ci est Elamite, Parthe, Aryen, Bactrien. » Il y en avait deux rangées. Le satrape eut l'air d'hésiter pour l'un des derniers de la seconde rangée. « Celui-ci est le Macédonien », dit-il courageusement. Alexandre rugit de fureur. Il s'écria : « Si j'avais des regrets d'avoir violé ce tombeau, une telle insolence me les ôterait. J'admets que Darius et Xerxès aient considéré la Macédoine comme leur vassale ; mais Artaxerxès III Ochus était notre contemporain et mon père ne lui a jamais accordé l'hommage de la terre et de l'eau : il a même accueilli à sa cour le satrape Artabaze, exilé par lui. Enfin, il était sur le point de venir en Asie, non point pour lui rendre obéissance, mais pour y conduire une armée et pour venger tous les Grecs, dont aucun, si ce n'est ceux d'Asie, n'a jamais été le vassal des rois de Perse. Artaxerxès est mort l'année de notre victoire de Chéronée et nous n'avons envoyé personne porter symboliquement son tombeau. »

Les deux Achéménides n'avaient pas fait des provisions d'or pour leur vie d'outre-tombe, égales à celles qu'ils avaient accumulées dans les dépôts. On ne récolta que quelques objets et quelques armes. Alexandre convint que le sacrilège n'était pas rémunérateur. Il ordonna que l'on fît un sacrifice d'expiation.

Tiridate avoua que des Macédoniens figuraient également parmi les porteurs d'offrandes de Xerxès, au palais royal. Alexandre revit avec attention les files des personnages sculptés le long du double escalier. Il y avait d'abord les Mèdes au chapeau rond, avec des vases, un poignard, des bracelets, des justaucorps, des pantalons et la ceinture ; puis des Elamites avec des arcs, une lionne et deux lionceaux ; des Parthes avec un chameau et des pots ; des Egyptiens amenant un taureau ; des Arméniens avec un cheval ; des Babyloniens avec des lions, de l'argent et des vêtements ; des Ciliciens avec des étoffes et deux béliers ; des Scythes au chapeau pointu ; des Assyriens avec un bison, un bouclier et des lances ; des Sogdiens de Samarcande avec une dague, des bracelets, des haches et un cheval ; des Cappadociens avec un cheval et des étoffes ; des Lydiens avec des offrandes semblables ; des Arachosiens avec des vases et un chameau ; des Indiens avec des corbeilles tenues en balance sur leurs épaules et avec un âne ; des Arabes avec un dromadaire ; des Somaliens avec une chèvre et un chariot à deux chevaux ; des Ethiopiens avec une corne d'éléphant et une girafe ; des Thraces et des Macédoniens avec des boucliers, des lances et un cheval : ces derniers étaient en tête de la première file, dans un angle des marches, les Arabes derrière eux. Alexandre se consola en faisant remarquer que les Macédoniens, comme les Thraces, se présentaient en guerriers. A propos d'un autre bas-relief, Tiridate précisa que les taureaux que l'on voyait dévorés par des lions, étaient le symbole de la Grèce deux fois envahie et qu'avait espéré détruire le lion perse. Alexandre était content d'avoir brûlé Persépolis.

Quoi qu'il en fût de cette suite de tributaires qui donnait une idée de l'ancienne puissance de la Perse, Tiridate ajouta combien Darius le Grand était modéré dans la fixation des tributs. Lorsqu'il eut établi la somme à verser par chaque province de l'empire, ce roi fit venir ses satrapes et leur demanda si elle n'était pas excessive. Pas un ne manqua de lui répondre qu'elle était trop faible. Pour tout commentaire à cet acte de courtisanerie, il la diminua de moitié.

Alexandre alla voir son tombeau qui était, avec ceux de Xerxès, d'Artaxerxès Ier et de Darius II, à sept kilomètres de Persépolis. On les avait creusés dans les rochers d'une montagne plus haute que le Mont-Royal et ils étaient gardés, eux aussi, par un collège de mages, près d'une tour du Feu. Ces rois étaient sculptés dans la même attitude que leurs successeurs. Assez élevés pour être inaccessibles, sauf par des échafaudages gigantesques ou par des cordes fixées au sommet de la montagne, leurs tombeaux défiaient tout désir de les violer. Alexandre ne le tenta pas, supposant qu'ils lui eussent réservé une nouvelle déception. Il songeait à Xerxès, assassiné par le satrape Artabane. Il récita pour son père Darius le Grand les vers du chœur des *Perses* : « Pluton qui envoie les ombres sur la terre, — Envoie un si grand chef que Darius. Hélas !... — Viens, vénérable, viens ici, arrive, — Apparais sur le sommet élevé du tombeau, — Ayant au pied la chaussure teinte de safran... » Alexandre l'invoquait sans crainte de le voir apparaître. Il fut amusé d'entendre que l'inscription mortuaire rappelât un peu celle de Sardanapale : ce roi déclarait qu'il « pouvait boire beaucoup et porter bien le vin ». Alexandre, bien que progressant dans cet art, n'aurait pas songé à faire inscrire une telle chose sur son futur tombeau, non plus que sur celui de Philippe, qui l'aurait méritée.

Avant de gagner Pasargades, à une cinquantaine de kilomètres, il confirma Tiridate comme satrape de Persépolis, — la destruction de la ville ne rendait pas la région moins importante, puisqu'il y subsistait le palais royal, — et il chargea Nicarchide du commandement de la garnison avec trois mille hommes. Phrasaorte, fils du satrape Rhéomètre, — un des chefs de l'armée de Memnon au Granique, — reçut la satrapie de Perside : cette nomination était une avance faite aux derniers fidèles de Darius. Alexandre laissa l'armée sous les ordres de Cratère et de Parménion et, accompagné de mille chevaux et d'un corps d'infanterie légère, il pénétra dans le nord de la province, en suivant le cours de l'Araxe. Il ne voulait pas seulement, en effet, occuper la plus ancienne capitale des rois de Perse, mais soumettre une partie de cette région, qui se déclarait rebelle à son autorité.

Pasargades avait été fondée par Cyrus dans la plaine où il avait battu les Mèdes et possédait son tombeau. Près de la ville, était une route taillée dans le roc, le long d'un défilé aussi étroit que les Portes Persiques ; mais nul n'y avait mis de défenseurs. Cyrus avait donné à la ville le nom de la tribu à laquelle il appartenait, celle des Pasargadiens, et dont sa famille, celle des Achéménides, était la plus illustre. Alexandre saluait en lui un lointain parent, puisque Achéménus était un fils de Persée.

Le tombeau de Cyrus était très différent des autres : on l'avait construit au milieu d'un bois sacré, que précédait un portique où veillait un génie à quatre ailes, coiffé de la tiare d'Osiris à deux plumes. Ce génie passait pour l'image de Cyrus. L'insigne égyptien était d'autant plus remarquable que ce roi était mort avant d'avoir conquis l'Egypte. L'inscription, gravée sur le portique dans les trois langues principales de l'empire, disait brièvement : « Moi, Cyrus le roi, l'Achéménide. » Le tombeau était un sarcophage de pierre blanche, nu, d'une superbe simplicité, au haut de sept degrés. Nulle inscription n'y était tracée ; mais on lisait celle-ci, écrite uniquement en perse, sur une colonne voisine : « Passant, je suis Cyrus, j'ai fondé l'empire des Perses et régné sur le monde. Ne m'envie point cette tombe. » Alexandre admira la splendeur et la modestie de ces paroles. Il commanda qu'elles fussent, au-dessous, traduites en grec. Chérilus se chargerait de cette traduction.

Les mages qui assuraient à la fois la garde et le culte, comme ceux de Persépolis, recevaient pour salaire un mouton par jour et un cheval par mois. Ils furent effrayés et se lamentèrent, comme l'avaient fait ceux de Persépolis, lorsque Alexandre ordonna à Aristobule, qui était à la fois l'un de ses officiers et l'un de ses historiens, d'ouvrir celle-là. Mais loin de songer à la piller, il voulait, au contraire, témoigner sa vénération pour ce roi, dont Alexandre Ier de Macédoine avait été l'allié, certes infidèle, et qu'il avait appris à admirer à travers la *Cyropédie*.

On descella une pierre et Aristobule se glissa dans l'étroite ouverture Alexandre aurait été curieux d'y entrer lui-même ; mais il ne pouvait, comme roi, s'exposer à une souillure par un contact avec un mort. De l'entrée, il regardait ce qu'éclairait la lampe d'Aristobule et qui fut apporté à la lumière du jour : un cercueil d'or sur un lit d'or et un tapis de pourpre, à côté d'une table d'or chargée de coupes d'or ; des tissus babyloniens parfaitement conservés, des colliers, des bracelets, des pendentifs enrichis de diamants, des boucles d'oreilles, des cimeterres, un bouclier perse ordinaire d'osier, revêtu de peau, et deux arcs scythes. Le cercueil, que l'on ouvrit ensuite, contenait un cadavre décapité. Cyrus, après avoir, comme le roi d'Egypte Sésostris, atteint par ses conquêtes les limites du monde connu, envahit le royaume des Massagètes, au nord de la Bactriane et de la Sogdiane. Leur reine, Thomyris, dont le fils était mort captif de Cyrus, lui fit annoncer par un héraut, avant la bataille, que la soif de sang qui le dévorait serait rassasiée : il périt, elle lui trancha la tête et la plongea dans une outre pleine de sang. Alexandre pensait aux mots prononcés alors par cette reine : « Abreuve-toi de ce dont tu as été si avide. » Ils pouvaient être adressés à tous les conquérants ; mais lui ne jugeait pas du sang comme le vulgaire ni même comme une reine des Massagètes. Fils de Jupiter, il imitait le souverain des dieux qui, devant Troie, « fit tomber des rosées — Mouillées de sang, parce qu'il allait — Précipiter chez Pluton beaucoup de têtes fortes ». Il rappela que, selon Xénophon, Cyrus n'était pas mort tragiquement chez les Massagètes, mais tranquillement dans son lit, après avoir tenu de longs discours à son fils Cambyse et lui avoir recommandé de ne pas mettre son corps « dans l'or ou dans l'argent », mais « de le rendre à la terre ». Ce tombeau et ce cercueil ne correspondaient pas au récit de l'écrivain athénien.

Le cercueil fut refermé et tous les objets furent remis dans le tombeau, avec une couronne d'or offerte par Alexandre et l'inventaire qui avait été dressé. La pierre fut fixée et scellée du sceau royal. Alexandre chargea Polymaque de Pella de garder ce sépulcre avec les mages.

Manassé avait assisté d'un air recueilli à toutes ces opérations. Quand elles furent terminées, il sollicita, selon sa coutume, la faveur de parler à Alexandre. « O roi, lui dit-il, je ne vois jamais que, dans ce que tu fais, tu sembles guidé par les intérêts ou les sentiments des Juifs. Nous sommes la moindre partie de ton armée, bien que nous ne soyons pas les moins courageux ; mais la grandeur d'Alexandre n'appartient qu'à lui seul et lui seul décide ce qu'il doit décider. Cependant, lorsque tu as décidé, je suis souvent heureux de te montrer en quoi tu nous touches le cœur par cette décision ou en quoi elle réalise ce qu'avaient prédit nos livres saints, car tu es évidemment pour nous, quoique n'étant pas de notre religion, l' « oint du Seigneur ».

« Tu as honoré le tombeau de Cyrus. Je t'ai dit, à Babylone, que ce roi avait mis fin à la captivité de mon peuple. Imagine donc l'émotion des Juifs qui t'accompagnent et qui ont vu le respect que tu as marqué pour ce roi. Imagine l'émotion de nos compatriotes de Palestine, quand ils apprendront, par nos lettres, ce que tu as fait. Je t'ai dit que la mémoire de Cyrus le Grand nous est aussi chère que nous le sera celle d'Alexandre le Grand et voilà que leurs deux noms sont unis par cette cérémonie de Pasargades. A ma connaissance, aucun Juif n'était encore venu en ce lieu. Par conséquent, tu ne t'étonneras pas si mes frères et moi chantons tout à l'heure la prophétie d'Isaïe sur Cyrus, prophétie que l'on croirait pour toi, comme il y en a tant d'autres. — Jaddus y a fait allusion à Jérusalem », dit Alexandre.

« Le livre de notre docteur Esdras commence ainsi, reprit Manassé : « La première année de Cyrus, roi de Perse (en réalité, c'était la dixième, quand il devint roi de Babylone), à l'époque où devait s'accomplir la parole de l'Eternel annoncée par Jérémie, l'Eternel excita l'esprit de Cyrus, roi de Perse, qui fit faire de vive voix et par écrit cette proclamation dans tout son royaume : « Ainsi dit Cyrus, roi de Perse : « L'Eternel, dieu du ciel, m'a mis entre les mains tous les royaumes de la terre et c'est lui qui m'a donné mission de lui bâtir un temple à Jérusalem, qui est en Judée. S'il est parmi vous quelqu'un qui appartienne à son peuple, que son dieu soit avec lui, pour qu'il monte à Jérusalem, qui est en Judée, et bâtisse le temple de l'Eternel, dieu d'Israël, de ce dieu qui réside à Jérusalem. Tous ceux qui restent de ce peuple, en tous les séjours où ils demeurent, les gens de ces lieux devront les gratifier d'argent, d'or, d'objets de valeur et de bêtes de somme, en même temps que d'offrandes volontaires, destinées au temple de Dieu qui est à Jérusalem. »

Alexandre interrompit son Juif pour lui dire qu'il admirait Cyrus encore davantage d'avoir été si généreux envers les victimes de Nabuchodonosor. Il ajouta en souriant que sa générosité aurait été encore plus grande, si elle ne s'était pas exercée aux dépens de ses sujets, mais de son trésor. « O roi, s'écria Manassé, tu m'obliges à continuer le livre d'Esdras pour te prouver que rien n'a manqué à la générosité de Cyrus. « Le roi Cyrus, dit notre docteur, fit produire les ustensiles du temple de l'Eternel, que Nabuchodonosor avait enlevés à Jérusalem et déposés dans le temple de son dieu. Cyrus les confia à Mithridate, le trésorier, qui les remit, après les avoir comptés, à Zorobabel, le prince de Juda. En voici l'énumération : trente bassins d'or, mille bassins d'argent, vingt-neuf coutelas pour les sacrifices, trente écuelles d'or, quatre cent dix coupes d'argent de second ordre et mille autres ustensiles. Tous ces objets, tant en or qu'en argent, étaient au nombre de cinq mille quatre cents. Zorobabel les emporta, lorsque les exilés partirent de Babylone pour Jérusalem. » Manassé déclara que, d'après le même livre, la communauté qui se mit en route était de « quarante-deux mille trois cent soixante individus, sans compter leurs esclaves et leurs servantes, au nombre de sept mille trois cent soixante-sept, plus deux cents chanteurs et chanteuses. Ils avaient sept cent trente-six chevaux, deux cent quarante-cinq mulets, quatre cent trente-cinq chameaux et six mille sept cent vingt ânes ». « Quelle caravane ! dit Alexandre. Je comprends que vous autres Juifs vous vous souveniez de Cyrus. Il a fait plus pour vous que ne saurait faire Alexandre. »

Intéressé par l'histoire de ce peuple, qui tirait tant de force de ses livres sacrés et de sa religion, si faible en nombre et si grand en spiritualité, il écouta, un peu plus tard, la prophétie d'Isaïe, que Manassé récita au milieu des soldats juifs, coiffés de leurs casques, devant le tombeau de Cyrus. Le Samaritain la traduisait au fur et à mesure, pour Alexandre : « Ainsi parle l'Eternel... : — « Je dis de Cyrus : « C'est mon berger ; — Il accomplira toute ma volonté — En disant à Jérusalem : « Sois rebâtie ! » — Et au temple : « Sois fondé ! » — Ainsi l'Eternel parle à son oint, à Cyrus, — Que j'ai pris par la main droite — Pour terrasser devant lui les nations — Et pour délier la ceinture des rois, — Pour ouvrir devant lui les portes — Et empêcher qu'elles ne lui soient fermées... » « Par Mithra, dit Alexandre à Ephestion, je finirai par croire que c'est le dieu des Juifs qui m'a ouvert les Portes Persiques. » La prophétie continuait : « ... Je te donnerai les trésors cachés — Et les richesses enfouies... » Mais Alexandre avait laissé à leur place les trésors funèbres de Cyrus.

Près du monument de ce roi, était une statue équestre, en pierre, de Darius Ier, érigée après son accession au trône des Mèdes. Plusieurs palais et une tour du Feu étaient dans le voisinage, entourés de parcs que baignait l'Araxe. C'est aussi dans l'un de ces parcs que se trouvait le temple d'Anaïtis le plus fameux de la Perse : il devait cette renommée, non à la prostitution sacrée, mais aux cérémonies du couronnement qui s'y déroulaient au début de chaque règne et qu'Alexandre ne voulait accomplir qu'après sa victoire finale sur Darius. Jusque-là, il se contenterait de l'intronisation de fait qui avait eu lieu à Suse, le jour de son entrée. Il salua la statue de la déesse, identique à celles qu'il avait déjà vues. Il fut heureux de voir dans ce parc l'arbre à encens, dont lui avait parlé Abulite : c'était une sorte de térébinthe sécrétant des boules jaunâtres.

La ville même de Pasargades n'était pas plus grande que Persépolis et n'avait pas de murs de défense, mais une citadelle occupait une colline, à proximité. C'est là qu'était renfermé le vrai trésor de Cyrus, enrichi par ses successeurs. Gobare, gouverneur de la ville, remit à Alexandre les trois millions trois cent mille drachmes dont il avait la garde. Le roi se les appropria : il ne poussait pas le respect pour la mémoire de Cyrus au-delà de son tombeau. Gobare avait reçu de Darius Codoman, comme Abulite, le titre d'œil du roi, qui ne l'empêcha pas non plus de devenir l'œil d'Alexandre, mais il n'avait pas de Liléus à lui présenter. En revanche, il mit des fils d'or à la crinière et à la queue de Bucéphale.

Si Alexandre découvrit dans les palais quelques autres statues volées à des temples de la Grèce, il eut encore plus de joie de voir, dans le dépôt des archives, pareil à celui de Suse et de Persépolis, des coffres renfermant les manuscrits emportés par Xerxès lors du sac d'Athènes et de l'incendie de la citadelle. Ils provenaient de la bibliothèque publique fondée par Pisistrate. C'étaient presque tous des livres de poids, car, avant l'utilisation du papyrus, les textes étaient gravés sur des lames de plomb, comme les poésies d'Hésiode dans le temple des Muses au pied de l'Hélicon ou comme certaines des archives de Suse. Quelques-uns cependant étaient écrits sur des peaux de chèvres ou de moutons, d'autres sur des tablettes. Le catalogue signalait, outre l'édition d'Homère de Pisistrate, qu'on lui avait annoncée, les œuvres d'Orphée, d'Olen et de Musée, les chants guerriers de Tyrtée, les poèmes érotiques d'Alcman, d'Ibycus, d'Anacréon, d'Alcée et de Sapho, les satires d'Archiloque et les élégies de Simonide, les hymnes bachiques de Stésichore et de Callinus d'Ephèse, les *Elégies* de Théognis et *la Quenouille* d'Erinne de Téos, les *Vers dorés* de Pythagore... Callinus, Olen et Musée et Erinne étaient des inconnus pour Alexandre. Il se promit de rapporter personnellement à Athènes cette précieuse bibliothèque et en fit envoyer la liste à Aristote. Les philosophes n'étaient pas moins bouleversés que lui de contempler et de toucher ces monuments du lyrisme grec, rassemblés par l'ancien tyran d'Athènes et dont, pour beaucoup, on n'avait en Grèce que des fragments. Si Alexandre s'exaltait d'avoir reconquis de telles dépouilles, il était reconnaissant à Xerxès de ne pas les avoir détruites et de lui avoir laissé l'honneur de les reconquérir.

On lui avait dit que Cyrus, en fondant Pasargades, avait décidé que, chaque fois que le roi des Perses y entrait, toutes les femmes de la ville recevaient une pièce d'or. C'était pour récompenser le courage de leurs aïeules. Alors que les Perses, ayant, à la sollicitation de Cyrus, attaqué Mèdes, s'étaient fait battre et refluaient en désordre vers Pasargades, elles allèrent à leur rencontre et leur montrèrent leurs seins nus et leur sexe en leur criant : « Où fuyez-vous, ô les plus lâches des hommes ? Prétendez-vous rentrer là d'où vous êtes sortis ? Ou dans ce sein qui vous a nourris ? » Cette vue et ces paroles leur causèrent une telle impression que, honteux, ils coururent à l'ennemi et le mirent en fuite. Tous les successeurs de Cyrus s'étaient pliés au décret qui récompensait ainsi les descendantes de ces femmes. Seul Artaxerxès Ochus, par avarice, faisait chaque fois le tour de la ville, afin de les frustrer de cette pièce d'or. Alexandre rétablit la distribution et ne fut que mieux acclamé.

Sur son ordre, on écrivit à Athènes pour indiquer les statues trouvées à Pasargades et à Persépolis. Il s'adressait au sénat et au peuple athénien, comme représentants à ses yeux de toute la Grèce, puisque leur ville était la patrie des arts. Olympias lui apprenait que Lysippe avait fort avancé *l'Escadron d'Alexandre,* groupe de ses vingt-cinq compagnons tués au Granique. D'autre part, Athènes ou d'autres villes avaient commandé à l'insigne sculpteur plusieurs autres groupes ou statues, en hommage au roi : *Alexandre quittant Pella, Alexandre traversant l'Hellespont, Alexandre au tombeau d'Achille, Alexandre vainqueur au Granique, Alexandre fondant Alexandrie d'Egypte, Alexandre et l'oracle d'Ammon, Alexandre vainqueur à Arbèles, Alexandre entrant à Babylone...* On le suivait à la trace. Avec lui seul, Lysippe avait du travail pour plusieurs années. Alexandre était flatté notamment du culte que lui vouaient les Athéniens, désormais réconciliés en sa faveur. Rien ne lui semblait mieux consacrer sa gloire que cet appel général fait à l'art du bronze pour multiplier son effigie.

La contrée insoumise où l'on avançait à présent, toujours vers le nord, était la Parétacène. Les montagnes qui la bordaient, semblaient infranchissables. Alexandre se sentait attiré par le souvenir de son exploit chez les Uxiens et aux Portes Persiques. Les habitants de ces régions, jusqu'aux Portes Caspiennes, dans les environs desquelles se trouvait Darius, étaient, comme les Uxiens, adonnés au brigandage et Alexandre voulait prouver, à eux aussi, que quelque chose était changé en Perse. Mais un hiver tardif régnait encore dans ces lieux et, quand on arriva sur des chemins couverts de glace, les soldats commencèrent à murmurer : on glissait, on évoquait les difficultés de l'ascension vers les Uxiens et vers les Persidiens, tout en ne voyant pas la nécessité de cette campagne, en une telle saison, chez les Parétèques. Alexandre descendit de cheval et s'avança seul avec Ephestion sur la glace. Ils s'ouvrirent le chemin à coups de hache. Les autres officiers de les imiter et les soldats se laissèrent entraîner.

Après ce passage malaisé, on arriva à une série de bourgs, dont les habitants s'enfuyaient à la vue de l'armée et égorgeaient ceux d'entre eux qui ne pouvaient en faire autant. Une telle sauvagerie replaçait Alexandre dans sa mission d'Osiris et de Bacchus civilisateur. Plus loin, il y eut quelques sanglantes rencontres dans les bois, avec la diversion de tuer des ours. Mais cette longue marche, pour des résultats si minces, avait un peu déprimé Alexandre lui-même.

On arriva enfin à la ville d'Aspadana, asile de sécurité et de négoce, qui contrastait avec ces mœurs barbares. Les habitants travaillaient le cuir ou fabriquaient des tapis. Il n'y eut pas la moindre tentative de résistance, non plus qu'à une autre ville toute proche, Gabée, où était un palais royal, résidence de Darius. Ce palais n'avait rien de commun avec ceux de Suse, de Persépolis et de Pasargades, et le dépôt qu'Alexandre y préleva, en compensation de tant de fatigues, n'était que de mille drachmes en or, plus un certain nombre d'objets précieux. Il se reposa, reçut la soumission des deux notables du pays, Aristane et Catène, et l'on repartit pour Persépolis.

Les soins qu'il pouvait mettre à dénicher l'or des rois de Perse, n'avaient toujours de comparable que le mépris avec lequel il le traitait. Mais il avait une grâce qui ajoutait à sa générosité. Ariston, commandant des mercenaires péoniens, lui avait dit, à la fin d'un combat, en lui présentant la tête d'un Parétèque : « O roi, dans mon pays, ce cadeau se récompense d'une coupe d'or. » Alexandre se préparait justement, pour ranimer ses forces, à vider une coupe d'or qu'un page remplissait de vin de la Margian. Il la tendit au Péonien. « Dans ton pays, lui dit-il, on récompense par une coupe vide. Je t'offre celle-ci toute pleine. » Durant la marche d'Aspadana à Pasargades, il avait remarqué un soldat qui prenait sur ses épaules la charge d'un mulet fatigué, charge si accablante que ce soldat s'arrêtait souvent. Alexandre lui demanda ce qu'il portait : « O roi, dit l'homme, c'est une partie de l'or et des objets que tu as trouvés à Aspadana. — Aie la force de porter ce ballot jusqu'à Persépolis, lui dit Alexandre, car il est à toi. » En passant par Pasargades, il fit exprès de retraverser la ville pour redonner une pièce d'or à toutes les femmes.

Il se réinstalla dans le palais royal de Persépolis, devant les ruines de la ville, et annonça que l'on ne se remettrait en route qu'au printemps. Même si personne n'avait inventé de nouveaux plaisirs, c'est à Vénus, à Bacchus, à Apollon et à Pan qu'il entendait consacrer la fin de son séjour en Perside.

Frappé par le faste du grand roi, il en adoptait quelques marques nouvelles, pourvu qu'elles lui parussent compatibles avec l'esprit grec. Ainsi nomma-t-il un introducteur auprès de sa personne, — Charès de Mytilène, — et des maîtres des cérémonies. Il ne buvait que de l'eau du Choaspe, qui venait de Suse. Ses banquets d'apparat comprenaient régulièrement un chameau rôti. Néanmoins, il fut stupéfait, quand Tiridate lui traduisit l'inscription d'une colonne dans la grande salle du palais. Il y était indiqué la dépense quotidienne prévue pour la table du grand roi, d'après ce que Cyrus avait arrêté, et qui était religieusement suivi par ses successeurs. Cela montrait qu'il nourrissait des centaines de personnes, fort éloignées de sa table. Le menu comportait, en effet, cent bœufs, trente chevaux et autant de daims, quatre cents moutons et autant d'oies grasses, trois cents agneaux et autant de tourterelles, six cents petits oiseaux de toute espèce, cinquante-deux mille kilos de farine de froment et autant de farine d'orge, quatre cents de gruau, cinq cent vingt litres de sauce et autant de jus de cresson, cinq cent vingt de bouillons divers et autant de sésame, cinquante-deux kilos de mercuriale et autant de cumin, trente-sept kilos d'ail et autant de silphium, la moitié d'oignons et de moutarde, trois cents litres de vinaigre, quinze kilos de raves, de radis et de câpres, quinze litres de résiné doux et de crème de lait, d'huile de térébinthe, d'huile d'acanthe, dix litres d'huile d'amandes douces et autant d'huile d'amandes séchées, quinze cents litres de vin.

« Quand le roi se trouve à Babylone ou à Suse, précisait l'inscription, la moitié du vin qu'il boit est tirée du palais, et l'autre de la vigne. » Figuraient également sur la liste : deux cents charretées de gros bois et cent de menu, cent masses carrées de miel, chacune du poids de six kilos, et un poids égal de miel aérien, — on appelait ainsi le miel liquide qui découlait de certains arbres.

« Quand le roi est dans la Médie, poursuivait Cyrus, on lui donne en plus un kilo et demi de safran. » Pour ses bêtes de charge et ses chevaux, soixante mille litres d'orge, dix mille chariots de paille et cinq mille de foin. « Voilà la dépense que fait le roi chaque jour, soit pour sa bouche à son dîner et à son souper, soit pour ce qu'il fait distribuer aux autres », concluait-il. De pareils menus expliquaient les deux cent soixante-dix-sept cuisiniers de Darius que Parménion avait trouvés à Damas.

Tout cela était drôle, au regard d'une histoire édifiante que l'on contait du même Cyrus. A l'un de ses hôtes, qui le recevait dans une maison de campagne, près de l'Araxe, et qui lui demandait ce qu'il voulait qu'on lui servît : « Du pain, auprès du fleuve », avait-il répondu. Mais c'était peut-être pour laisser entendre que personne n'était capable de traiter convenablement le grand roi.

Malgré son désir d'imiter le plus possible celui auquel il avait rendu hommage à Pasargades, Alexandre se sentait dépassé. Il fit enlever la colonne pour montrer qu'il en abolissait les prescriptions, et dit à ses amis : « Je crois être généreux ; mais une telle prodigalité me semble tout à fait absurde. L'excès de luxe et de débauche n'engendre que des lâches. Nous avons vu combien il est facile de mettre en déroute des hommes gorgés de tant de mets. » Il fixa la dépense de sa table, pour soixante personnes, à cent cinquante drachmes par tête.

Certes, s'il n'avait pas besoin d'être aussi prodigue que le grand roi, il n'avait pas moins donné à ses amis l'exemple de la prodigalité. Philotas se flattait d'être le premier après le roi à jeter l'argent par les fenêtres. Un jour que sa concubine Antigone, la courtisane prise à Damas, lui demandait quelques pièces d'or, il ordonna aussitôt à son intendant de la satisfaire. L'intendant lui ayant dit qu'il n'avait plus rien : « Comment ! s'écria Philotas, n'as-tu ni vase d'or ou d'argent ni habit précieux que tu puisses engager ou vendre ? »

Ptolémée, devenu amoureux fou de Thaïs, supplia Alexandre de la lui céder, si elle ne lui était plus indispensable. Le fils de Lagus ne comptait pas la traiter en courtisane, mais en épouse : il n'imaginait pas, disait-il, de plus grand honneur que d'avoir pour femme une ancienne maîtresse de son roi. Alexandre, surtout épris de Barsine, lui céda volontiers Thaïs, comme il avait cédé Campaspe à Apelle. Ptolémée, bâtard de Philippe, avait désormais un lien de plus avec Alexandre.

Cet hiver dans ce magnifique palais, proche d'une ville incendiée, mais où l'on avait restauré des maisons pour loger une partie de l'armée, rappelait, dans un autre paysage et un autre climat, ceux que l'on avait faits à Phasélis, à Soles, à Memphis, à Babylone et à Suse. Il n'y manquait pour Alexandre qu'un Liléus, afin d'épicer, de cet érotisme que dégage l'extrême jeunesse par une extrême beauté, quelques-uns de ses banquets. Il n'aurait pas songé à faire venir de Suse la fleur des anciens concubins ou des anciennes concubines de Darius : les plaisirs cueillis aux dépens de l'esclavage, ne l'avaient jamais attiré, même s'il y avait cédé une fois, en pensant à Liléus, avec le parfumeur des testicules. Il admirait la beauté dans toutes les classes, mais il n'aimait l'amour que le plus près possible de la sienne. C'est pourquoi, du reste, Barsine, petite-fille de roi, fille de satrape, l'avait plus attaché que la petite Thaïs, sortie on ne savait d'où. L'affection fraternelle qu'il avait pour ses soldats, ne l'aurait jamais poussé à avoir avec eux des relations intimes, comme celles qu'avait eues Philippe avec les siens. Cela lui aurait semblé répugnant et déshonorable.

Bien que la prostitution sacrée n'existât pas à Persépolis, il y avait maintenant, après le massacre, plus de courtisanes que de Persépolitains : les chameliers en avaient transporté d'un peu partout, même de Grèce, pour les besoins de la troupe. Nombre d'officiers et de soldats en avaient également emmené de Babylone ou de Suse, ainsi que des mignons. Alexandre, au point où l'on en était, avait estimé pouvoir être moins sévère à cet égard qu'au début de la campagne. Plusieurs aussi avaient épousé des femmes des pays traversés, pour avoir le droit de ne pas s'en séparer, et certains en avaient déjà des enfants. L'armée, lorsqu'elle se mettait en mouvement, avait tout à fait l'air de celle des Gètes et des Triballes, qui était composée, non seulement des combattants, mais de toute la population. C'est d'ailleurs afin de garder à l'élite des soldats l'entraînement nécessaire, qu'Alexandre avait fait cette expédition de montagne jusqu'à Aspadana : de tels exercices réguliers lui paraissaient désormais suffisants pour le maintien de la discipline.

La neige, qui couvrait les hautes montagnes entourant la plaine de Persépolis, s'était mise de nouveau à tomber, comme pour cacher les ruines de la ville, embellir le paysage et rendre le palais plus fantastique. Alexandre organisa des concerts, avec tous les musiciens de l'armée, et des spectacles de danse, des représentations dramatiques ou comiques. Les soldats étrangers montraient leurs capacités musicales et poétiques en chantant des chansons de leur pays. On invita même les Perses des environs ou ceux dont les maisons avaient été épargnées dans l'incendie de la ville : c'était comme pour faire oublier cet acte rigoureux. Leur tenue en hiver était charmante : au lieu de porter des manteaux de pourpre violette comme en été, ils avaient des lainages brodés ou peints de fleurs, qui semblaient annoncer le printemps.

La première représentation fut celle des *Acharniens,* l'une des pièces préférées d'Alexandre et la troisième d'Aristophane, après *les Convives* et *les Babyloniens.* L'auteur y faisait son éloge habituel de la paix, en se moquant des démagogues belliqueux et des ambassades envoyées au grand roi. Cette comédie devait son titre aux habitants d'Acharnes qui, voisins d'Athènes, avaient le plus souffert de l'invasion ennemie. De même qu'il pouvait tolérer à présent les courtisanes et les mignons dans son entourage, Alexandre pouvait entendre prôner la paix : les plus grandes batailles semblaient finies. Et même si l'on raillait le métier militaire, le chef et ses soldats avaient conquis le droit d'en rire, comme ils riaient désormais de leurs blessures et de leurs fatigues. Thessalus, Néoptolème, Ptolémée,

Ephestion, eurent le plus grand succès dans les rôles respectifs de l'Athénien Dicéopolis, chef de l'ambassade athénienne, du Perse Pseudartabas, du général Lamachus et d'Euripide : c'était une manière, pour Alexandre, d'atténuer les plaisanteries blasphématoires dont Euripide était l'objet, que de le voir incarné par Ephestion. Le rôle de Théore, l'ambassadeur envoyé au roi de Thrace Sitaclès, était rempli par l'énorme Python de Byzance. Selon l'usage, les personnages masculins, quelle que fût leur dignité, avaient un énorme et long phallus de cuir, rouge par le bout, et les deux courtisanes qui apparaissaient en rôle muet, étaient pourvues de seins exubérants et de fesses rebondies, façonnés avec des étoffes. Mais, alors que les premiers personnages étaient masqués, les derniers, jeunes soldats imberbes, étaient sans masques.

Dicéopolis (voyant l'ambassade qui était dans l'assemblée du peuple) : Oh ! par Ecbatane, quel costume !

Le chef de l'ambassade : Vous nous avez envoyés auprès du grand roi, — Pourvus d'une solde de deux drachmes par jour.

Dicéopolis : Hélas pour les drachmes !

Le chef de l'ambassade : Et en vérité nous nous sommes épuisés, errant çà et là, — Voiturés à travers les plaines du Caÿstre, — Couchés mollement dans des chars de voyage, — Morts.

Dicéopolis : Eh bien, moi je devrais être terriblement bien portant, — Allongé sur le rempart dans les ordures.

Le chef de l'ambassade : Accueillis avec empressement, nous buvions par force, — Dans des coupes de cristal et d'or, — Du doux vin pur.

Dicéopolis : O ville de Cranaüs, — Ne vois-tu pas la dérision de tes ambassadeurs ?

Le chef de l'ambassade : Car les barbares n'estiment des hommes — Que seuls ceux qui peuvent beaucoup manger et boire.

Dicéopolis : Comme nous n'estimons que les prostitués et les pénétreurs de fesses.

Le chef de l'ambassade : La quatrième année, nous arrivâmes chez le roi. — Mais il était parti en conduisant son armée aux cabinets. — Et pendant huit mois, il déféqua sur des monts d'or.

Dicéopolis : Et à quel moment resserra-t-il son anus ? à la pleine lune ?

Le chef de l'ambassade : Alors il revint chez lui. — Puis il nous reçut comme des hôtes et nous fit servir — Des bœufs entiers cuits au four... — Et maintenant nous voici, amenant Pseudartabas, l'œil du roi.

Dicéopolis : Qu'un corbeau, l'ayant frappé, le lui enlève, et avec celui de l'ambassadeur.

Le chef de l'ambassade : Allons, toi que le roi a envoyé en mission — Auprès des Athéniens, parle, ô Pseudartabas.

Pseudartabas : Moi, Ataman Xerxès envoyé Satra.

Le chef de l'ambassade : Tu as compris ce qu'il dit ?

Dicéopolis : Non, par Apollon ! Pas moi.
Le chef de l'ambassade : Il nous dit que le roi nous enverra de l'or. — Mais toi, dis plus haut et clairement : de l'or !
Pseudartabase : Ne recevras pas de l'or, anus bien ouvert d'Ionie.
Dicéopolis : Hélas ! malheureux ! Combien clairement !
Le chef de l'ambassade : Que dis-tu donc ?
Dicéopolis : Quoi ? Il dit que les Ioniens sont des « anus bien ouverts », — S'ils attendent de l'or des barbares... — O derrière rasé, aux pensées ardentes ! C'est avec cette barbe, ô singe, — Que tu es venu à nous, eunuque déguisé ?...
Le héraut : Qu'avance Théore, notre ambassadeur auprès de Sitalcès.
Théore : Me voici.
Dicéopolis : Un autre imposteur qu'on introduit là !
Théore : Nous ne serions pas restés en Thrace bien du temps...
Dicéopolis : Par Jupiter, non ! Si cela ne t'avait rapporté bien de l'argent...
Théore : S'il n'était tombé de la neige sur toute la Thrace — Et si les fleuves n'avaient pas été gelés... — Tout ce temps nous bûmes avec Sitalcès. — Et il était extraordinairement ami des Athéniens — Au point d'être véritablement amoureux de vous — Et jusqu'à écrire sur les murs : « Les Athéniens sont beaux »...

Quand le mot de singe avait retenti, les Grecs d'Alexandre savaient ce qu'il signifiait. Puis, Dicéopolis célèbre les fêtes champêtres de Bacchus en l'honneur de la paix, avec son esclave Xanthias, sa femme et sa fille, représentée par le plus joli des jeunes soldats :
Dicéopolis : O Xanthias, place le phallus bien droit. — Pose la corbeille, ma fille, et offrons les prémices.
La fille : Ma mère, donne-moi ici la cuiller, — Afin que je verse de la purée sur ce gâteau.
Dicéopolis : Et maintenant, tout va bien... Allons, ma fille, et, gentille, galamment, tu porteras la corbeille... — O Xanthias, ô tous deux, que le phallus soit droit — Derrière la porteuse de corbeille. — Moi suivant, je chanterai l'hymne phallique. — Et toi, ô femme, regarde-moi du haut du toit. En avant ! — Phalès, compagnon de Bacchus, — Convive, coureur de nuit, — Adultère, pédéraste, — La cinquième année, je te salue, — Venant joyeux à mon village, — Ayant conclu une trêve pour moi seul, — Pour moi seul délivré des affaires — Et des combats et de Lamachus... — Combien il est de beaucoup plus doux, ô Phalès, Phalès, — Ayant trouvé, volant du bois, la jeune bûcheronne — Thratta, l'esclave de Strymodore, qui revient de la montagne rocheuse, — De la saisir à mi-corps, de la soulever — Et, l'ayant renversée, de la déflorer... »

Ensuite, Lamachus, qui était apparu tout harnaché et respirant la fureur guerrière, pendant que Dicéopolis continuait à célébrer les plaisirs de la paix, reparaît après s'être blessé en sautant un fossé :

Lamachus : Attataï! Attataï! — Que nos souffrances sont dures et pénibles. Hélas pour moi ! — Je meurs, frappé par une lance ennemie. — Mais ceci serait le pis à m'arriver, — Que Dicéopolis me vît ainsi transpercé — Et rît de mon infortune.
Dicéopolis (entre deux courtisanes) : Attataï, Attataï ! — Les tétons, quelle chose ferme en forme de coings ! — Baisez-moi doucement, ô mes bijoux, — De la façon la plus étroite et la plus lascive...
Lamachus : Io, Io, péan, péan !
Dicéopolis : Mais ce n'est pas aujourd'hui la fête de Pan.
Lamachus : Prenez-moi, prenez ma jambe. Papaï ! — Prenez encore, ô amies !
Dicéopolis : Toutes deux, prenez ma verge par le milieu, — O amies ! »

On rit de plus belle, parce que Dicéopolis —Thessalus, — au lieu de tâter les seins des deux courtisanes, tâtait, sous le phallus de cuir, la verge des deux soldats travestis, pendant qu'ils lui tâtaient la sienne.

A un souper que lui offrit Cratère, Alexandre loua la beauté d'un jeune garçon qui était le mignon de Charon de Chalcis, et qu'il n'avait pas encore vu. « En vérité, dit-il à Charon, tu es bien heureux de « faire la chose de Chalcis » avec un tel garçon. — Lui-même est Chalcidien, dit l'officier. Je l'ai ramené de mon île, lorsque tu m'as accordé un congé, après la blessure que j'avais reçue à la bataille d'Arbèles. — Je ne m'étonne pas, reprit Alexandre, que vous autres Eubiens prétendiez avoir fourni à Jupiter son Ganymède : s'il n'en avait pas déjà un, il aurait enlevé celui-ci. » Charon dit à l'enfant de se lever pour aller baiser les lèvres du roi qui lui faisait un tel compliment. « Je te remercie, dit Alexandre à Charon ; mais je n'en aurais pas autant de plaisir que tu en aurais de peine. » Il se tourna vers ses historiens : « Vous n'oublierez pas, leur dit-il en riant, ce nouveau trait de la chasteté d'Alexandre. »

De même s'efforçait-il, autant qu'il était en lui, de maintenir le respect des droits de chacun sur les femmes et les mignons. Dès qu'il savait l'existence d'un couple, il s'efforçait de le protéger, comme il l'avait fait jadis à Miéza. Un de ses musiciens, Evius, avait pour ami un joli garçon nommé Python, qui formait un plaisant contraste avec Python de Byzance. A la fin d'un banquet, Cassandre, qui était ivre, essayait de faire violence au beau Python, pendant qu'Evius était occupé à jouer de la flûte près du roi. Le garçon se défendait. « Cassandre, cria Alexandre, ne laisserons-nous pas à chacun ses amours ? »

En fait, le roi, qui avait déjà rembarré Philoxène pour la proposition du marchand de Tarente, devait prendre son parti d'en attirer souvent de semblables. Beaucoup de pédérastes pensaient lui être agréables en lui offrant leurs services. Il dicta une réponse assez vive à un jeune Corinthien nommé Agnon, qui lui avait écrit vouloir acheter à son intention un jeune garçon nommé Crobyle, qui était le plus beau de Corinthe. Peut-être réagissait-il ainsi parce qu'il estimait ces offres un manque d'égard envers sa qualité royale et son prestige de conquérant. Malgré l'estime qu'il avait portée à son père, il ne voulait pas l'imiter en ayant des Callias, entremetteurs de filles et de garçons. Du reste, s'il avait cédé sur la question à l'égard des officiers et des soldats, il ne tenait pas moins à interdire toujours les excès : ainsi fit-il exécuter deux soldats macédoniens, Damon et Timothée, qui avaient violé des femmes de mercenaires. « Je commande à des hommes et non à des bêtes sauvages », dit-il.

Ses quartiers d'hiver donnaient lieu à ses historiens de colliger leurs notes de campagne et certains même en profitaient pour commencer un travail de rédaction. Callisthène, qui intitulait son œuvre *les Exploits d'Alexandre,* avait lu au roi le récit de leur visite à l'oasis d'Ammon. « Tu vois, lui dit-il, moi, le neveu d'Aristote, je me déclare le témoin de la réponse de Jupiter. » Alexandre l'avait félicité, car ce récit était particulièrement brillant et pittoresque. Il fut d'autant plus louangeur qu'il lui avait décoché quelques sarcasmes, dans une lecture à Babylone, pour son récit de la bataille d'Issus et il lui avait montré le même récit écrit par Ptolémée, qui était homme de guerre. Callisthène avait déclaré qu'il saurait se rattraper dans des choses non moins importantes que des opérations militaires. « O roi, dit Callisthène qui se rengorgeait, n'ai-je pas eu raison d'affirmer que tu me devrais ton immortalité ? » Pour le coup, Alexandre trouva cette prétention un peu excessive, mais il savait l'orgueil des gens de lettres. On lui avait rapporté un mot du même Callisthène encore plus fort : qu'il ne suivait pas Alexandre pour devenir fameux, mais pour le rendre fameux.

La chasse et les exercices étaient toujours des distractions favorites du roi. Un précieux vase grec, signé du peintre athénien Xénophante, et qui représentait une chasse de Darius le Grand, — son nom et ceux de ses compagnons étaient écrits, — faisait partie des trésors de Persépolis et enchantait Alexandre. Le grand roi était à cheval et menaçait un cerf de sa lance. Abrocomas, sans doute un satrape, était, étrangement, sur un char à deux chevaux et s'apprêtait à percer un sanglier. Détail amusant, trois autres Perses, — dont un seul était nommé, Sésame, — luttaient contre un griffon. C'était la chasse de Darius, vue d'Athènes, mais sur la foi de Ctésias de Cnide. Encore le peintre avait-il rendu plus fantastique le griffon décrit par le médecin historien, en ajoutant deux grandes cornes de bouquetin à la tête de ce lion ailé.

Dans les monts des Cyrtiens, au nord-est de Persépolis, il y avait des lions, — les premiers lions qu'Alexandre allait pouvoir affronter en Perse. Bien que devenu très expert au boomerang, il ne songeait pas à se risquer avec cette arme contre le roi des animaux. Il en tua deux assez facilement à coups de javelot et, enhardi, en attaqua un troisième, qui se jeta sur son cheval et le fit tomber. Le lion allait bondir sur lui, qui n'avait que son épée pour se défendre ; mais Cratère tourna bride, se précipita et lui sauva peut-être la vie. Alexandre décida de faire commémorer cet événement par une mosaïque dans le palais de Pella. Mais le rival d'Ephestion dans l'amitié du roi dit qu'il commanderait un groupe à Lysippe et à Léocharès, montrant Alexandre, les chevaux, le lion et lui-même et qu'il en ferait la dédicace au sanctuaire de Delphes. Encore du travail pour Lysippe, qui aurait du moins le secours de Léocharès. Le roi continuait d'être attentif à ce qui arrivait à ses amis dans ces mêmes occasions. Peuceste ayant été dangereusement mordu par une ourse, il prit soin de lui avec une tendresse fraternelle, s'enquit si ceux qui l'accompagnaient ne l'avaient pas abandonné, lui envoya son propre médecin.

Barsine se révélait chasseresse. Elle s'habillait en homme et précédait Alexandre comme un de ses piqueurs ou le suivait comme un de ses pages. Elle tirait de l'arc et donna au roi le goût de la chasse aux oiseaux, qu'il réprouvait, selon les principes d'Aristote. Cette région était, en cette saison, un lieu où passaient les canards sauvages. On en abattit plus qu'Hercule n'avait tué, au lac Stymphale, d'oiseaux dévoreurs de chair humaine. Bécasses, oies cendrées, flamants, étaient d'autres buts pour les flèches d'Alexandre. Les aigles étaient nombreux ; mais on ne tirait pas contre l'oiseau de Jupiter. Un archer crétois voulut avoir cette gloire sacrilège : l'aigle, en tombant sur lui, le tua de sa propre flèche. Le roi adora son père.

Pour l'art et le luxe de la chasse, ses amis se faisaient un point d'honneur de le dépasser, afin, disaient-ils, de se montrer dignes de lui. Philotas avait pour la chasse sept kilomètres de filets et de toiles, destinés à cerner les forêts. Léonnat et Ménélas en avaient quatre kilomètres. Ces filets et ces toiles, venus de Cumes, ville de l'Italie méridionale, étaient d'une telle finesse qu'un homme en portait à lui seul plusieurs kilomètres : chaque fil était composé de cent cinquante brins et pouvait rivaliser ceux des cottes d'Amasis et de Darius.

Les raffinements des compagnons d'Alexandre n'étaient pas moindres dans les soins de leur corps. Perdiccas et Cratère, pour leurs exercices gymniques, jonchaient le sol de peaux de bêtes sur une longueur de trois cents mètres et faisaient dresser un toit semblable, soutenu par des piquets. De plus, ne trouvant pas assez fin le sable de la Perse pour s'en enduire lorsqu'ils luttaient, ils en faisaient venir du delta du Nil par caravanes. Agnon de Téos, un autre valeureux officier du bataillon des amis, éclipsait en mollesse son compatriote le poète Anacréon, après avoir lutté comme Ajax et Achille : il ne portait plus que des clous d'or ou d'argent à ses souliers, se parfumait comme une courtisane et, au bain, avait deux valets pour le laver, l'étriller, le sécher, l'oindre de pâtes. Son mignon Crobyle, homonyme du garçon de Corinthe qu'un autre Agnon avait voulu donner à Alexandre, dépassait encore tous ces raffinements. Clitus lui-même, Clitus le Noir, fils d'Hellanicée, la nourrice du roi, ne recevait que sur des tapis de pourpre. Alexandre n'entendait pas faire la morale à tout le monde ; mais il disait avec une emphase théâtrale : « O Macédoniens, qui avez combattu si souvent et dans de si grandes batailles, n'avez-vous conquis tant de couronnes de laurier que pour les changer en couronnes de roses ? N'êtes-vous pas en train de prendre les mœurs des Perses, après les avoir vaincus ? Passez donc votre hiver à fourbir vos lances, plutôt qu'à vous malaxer les fesses. » On riait, on lui demandait des nouvelles des pages et des concubines qui l'attendaient à Suse. Mais Alexandre estimait avoir fait son devoir de chef en rappelant que, si la victoire semblait indubitable, la guerre n'était pas finie.

Il se plaisait à courir et était content de remporter souvent la palme. Il s'apercevait bien qu'on le laissait gagner, comme avait fait Crisson à Memphis ; mais il en avait tellement pris l'habitude qu'il avait fini par l'accepter. Aussi, une fois, vaincu par un athlète, il en fut piqué. Cependant, de même qu'il souffrait les plaisanteries de ses amis, il savait admettre des libertés de la part des plus humbles, lorsqu'elles faisaient appel à son esprit. Sérapion, jeune Egyptien chargé de ramasser les balles au jeu de paume, affecta soudain de ne plus les lui relancer, tout en continuant pour les autres. « Et moi, tu ne me sers plus ? lui cria-t-il avec courroux. — Non, ô roi, répondit Sérapion d'un ton calme, parce que tu ne me le demandes pas. » Alexandre se mit à rire, comprenant la finesse de l'allusion : il lui fit donner tout de suite une pièce d'or, ce qui était une manière royale de demander. Sérapion avait assisté, la veille, à une scène faite par Alexandre à l'un de ses bouffons, nommé Protéas, qu'il voulait chasser, à la suite d'une tricherie aux dés. Les amis du roi obtinrent son pardon. « O roi, confirme ta mansuétude d'une façon qui m'en assure mieux encore », dit Protéas. Le roi, amusé, lui fit donner vingt-sept mille cinq cents drachmes. L'excès même de cette somme était pour démontrer que ce n'était pas l'avarice qui avait causé sa fureur.

Le jeu favori des concubines et des mignons avait été inventé par Phryné, la courtisane de Thespies : il consistait à faire tourner une pièce de monnaie sur sa tranche et à l'arrêter brusquement avec le doigt dans la position verticale pour deviner si c'était pile ou face. Alexandre avait le plaisir de voir tournoyer à toute vitesse des pièces d'or ou d'argent gravées à son effigie. On jouait aussi à : « Pair ou impair ? » ou à : « Combien y en a-t-il ? » en demandant le nombre que l'on en cachait dans la main. Thaïs imagina un jeu plus croustillant : une fille ou un garçon s'étalait à plat ventre au milieu de la salle, la robe ou la tunique relevée, les jambes écartées, et il fallait lui faire glisser de loin une monnaie entre les fesses bien ouvertes. Si elle était retenue au passage par leur brusque contraction, elle appartenait à celui ou à celle qui avait prouvé ainsi la vigueur et la rapidité de ses muscles, ce qui lui valait des commentaires flatteurs. Sans quoi, elle revenait à celui qui l'avait jetée et qui pouvait recommencer, aussi longtemps que tous deux en avaient envie. Les gagnants prétendaient attester, par leur promptitude à serrer les fesses, leur amour pour Alexandre, dont la pièce portait l'image, le titre ou le nom. Ce jeu était un de ceux qui avaient le plus de succès de rire au palais de Persépolis.

Antigone, la concubine de Philotas, brillait dans l'art des énigmes ou des charades érotiques, autant que jadis la Cléopâtre de Philippe, tragique victime d'Olympias. Un autre jeu amusait, sans le piment de l'indécence : les mains liées derrière le dos, on devait chercher et prendre avec les dents une pièce mise au fond d'un plat creux, rempli de lie de vin. Les efforts pour l'atteindre et la mine barbouillée quand on reparaissait, la pièce entre les dents, divertissaient beaucoup Alexandre.

Afin de varier les distractions, il avait fait venir de Grèce des troupes d'acteurs, de mimes, de bateleurs et d'acrobates. Cependant, il ne se croyait pas obligé d'être généreux pour tous les amusements, quels qu'ils fussent. On lui avait amené un Perse qui, avec une fronde, enfilait des pois chiches dans un anneau, à une très grande distance. Le roi lui fit donner, pour récompense, un boisseau rempli de pois chiches. En revanche, il raffola des petites pièces pour mimes composées par Sophron de Syracuse et par son fils Xénarque, qui avaient vécu à la cour de Denys l'Ancien : *les Ravaudeuses, les Sorcières, les Femmes aux fêtes de l'Isthme, les Pêcheurs de thon, le Pêcheur et le Paysan* ou *Tu effraieras les mignons.*

Les bateleurs venus d'Athènes avaient apporté une nouveauté : les marionnettes. Elles avaient rendu célèbre l'un de leurs confrères, Pothios, à qui l'on avait même donné, pour ses représentations, le théâtre de Bacchus. Les poupées dont il tirait les ficelles avec une corde à boyau, étaient plutôt des géants, car elles avaient près de trois mètres de hauteur. Alexandre les fit vêtir d'or et d'argent. Une fille acrobate, encore plus habile que celles dont Ephestion et lui avaient vu la dextérité à Corinthe, faisait des culbutes au-dessus de glaives plantés dans le sol. Une autre, renversée sur les mains, tirait de l'arc avec ses pieds. Une autre, ayant la même position, tenait une coupe entre ses pieds et la remplissait de vin dans un vase pour servir à boire aux convives. D'autres s'habillaient, se déshabillaient et dansaient sur une corde tendue ; d'autres, aussi grandes que les marionnettes, dansaient sur des échasses, que des robes couvraient jusqu'au sol.

Au milieu de ces joyeusetés, Alexandre avait parfois de petits sujets d'agacement, provoqués par ses amis et qu'il s'efforçait de maîtriser. Plusieurs de ceux qui l'entouraient, cherchaient, en effet, à capter sa bienveillance en lui rapportant ce que tel ou tel disaient de lui. Par exemple, on lui disait que Callisthène commençait à critiquer son amour pour les Perses ; mais le roi y voyait un souvenir des préjugés de son oncle Aristote à l'égard des « barbares ». La courtisane Antigone, qui s'était disputée avec Philotas, en profita pour dénoncer son amant au roi comme le traitant de « petit garçon », à la manière de Démosthène, et comme exaltant son rôle personnel et celui de son père Parménion dans les victoires. « C'est nous deux qui faisons de ce petit garçon le maître du monde », avait-il dit. Certes, cela ne plaisait pas à Alexandre, malgré sa tolérance ; mais il avait assez de philosophie pour ne pas s'étonner que sa gloire excitât des jalousies parmi ses meilleurs compagnons, puisque aussi bien d'aucuns prétendaient qu'il les jalousait parfois lui-même. Il ne songea même pas à reprocher à Philotas ses vanteries : il lui suffisait de savoir que l'armée restait attachée à son jeune chef, comme elle l'avait été à Philippe. Parménion inspirait un certain respect ; mais Philotas n'était pas aimé : il avait des manières brusques et hautaines. Il interdisait aux soldats de camper dans son voisinage. Sensible au bruit, il postait des sentinelles afin d'empêcher que l'on n'approchât. Il vidait les rues pour faire passer ses chevaux ou son char. Alexandre se disait que la reprise de la guerre, avec le printemps, remettrait de l'ordre dans les mœurs et dans les cœurs. Manassé lui avait cité une parole d'un de ses livres sacrés, l'Ecclésiaste : « L'indolence est cause que la charpente s'effondre. » La charpente n'aurait pas le temps de s'effondrer.

Quand les violettes, les lilas et les roses fleurirent à Persépolis, Alexandre se prépara à poursuivre Darius au fond de l'empire. Il avait su que le grand roi, après une nouvelle visite à Ecbatane, d'où il avait emmené ses concubines et d'importants bagages, amassait une quarantaine de mille hommes aux Portes Caspiennes pour essayer de l'arrêter à ce dernier défilé qui ouvrait la voie, non seulement de la Caspienne, mais de l'Hyrcanie, de la Parthiène, de la Bactriane et de la Sogdiane, c'est-à-dire de toutes les provinces du Nord-Est. Alexandre se réjouit que son rival, renonçant à fuir, voulût confier le sort de l'empire à celui d'une bataille. Sans doute Darius croyait-il les Macédoniens et leur roi affaiblis par les délices de ses nombreuses capitales. Même si Alexandre avait continué de boire avec excès dans le palais de Xerxès, sa vigueur était aussi intacte que celle de ses soldats. « Prions les dieux que Darius nous attende aux Portes Caspiennes, avait-il dit. Mais, s'il le faut, j'irai le chercher jusque chez les Scythes. »

Il se trouva soudain travaillé d'un cours de ventre qui n'avait pourtant pas les apparences de la dysenterie. Il en avait assez de s'asseoir dix fois par jour sur la chaise percée de Darius, bien qu'elle eût une cuvette en or. La maladie résistait aux remèdes habituels de Philippe, puis à celui d'Hippocrate IV, qui était de la graine de lin dans du vinaigre, et fut enfin guérie, une fois de plus, par une recette d'Osthane : des crottes de cheval pulvérisées. Lorsque Alexandre était encore en proie à ses douleurs viscérales, Anaxarque lui avait dit un mot qui l'avait forcé à rire : « O roi, que faut-il que nous fassions, quand vous autres, dieux, vous avez la colique ? »

En vue de fêter son rétablissement, son cuisinier profita des premières roses pour lui apprêter un plat nouveau, délice du grand roi : « la marmite aux roses ». On pilait dans un mortier les roses les plus odoriférantes ; puis, on les cuisait à feu doux, dans une marmite neuve, avec des cervelles d'oiseaux, du porc bouilli, des jaunes d'œufs, de l'huile, du garum, du poivre et du vin. Le parfum suave exhalé par ce plat, dont le goût était aussi suave, fit dire à Alexandre que c'était l'ambroisie « Qui, agitée dans la demeure au sol de bronze de Jupiter, — Fait aller de toute manière son odeur vers la terre et le ciel ». Python de Byzance ajouta qu'il comprenait les Sybarites couronnant les cuisiniers qui avaient préparé le meilleur mets. Il avait appris quelques détails sur ce peuple, à son retour de Rome, et les raconta à cette occasion. Ils ravirent Alexandre par leur agressivité aristocratique : seuls étaient frappés d'impôts les produits et les denrées vulgaires ; les commerces de luxe, celui des anguilles, le mets le plus recherché, et celui de la pourpre, dont on avait parlé à Tyr, en étaient exempts.

Il convenait aussi de fêter le printemps. Thaïs et les autres courtisanes grecques dansèrent la danse innocente des petites Athéniennes, appelée « danse des fleurs ». Il n'y avait pas la moindre allusion lubrique ou phallique, comme dans les bacchanales printanières qu'Alexandre ne manqua pas de faire célébrer, de même qu'il avait fait célébrer les bacchanales d'hiver non moins allégrement qu'autrefois à Miéza. Thaïs et ses compagnes, couronnées de fleurs et de plantes, et portant des corbeilles qui en étaient emplies, évoluaient gracieusement, se passaient ces corbeilles et chantaient d'un air ingénu : « Où sont les roses ? Où sont les violettes ?... » chanson qu'Alexandre et ses amis avaient chantée, avant leur première campagne, au palais de Pella.

Une lettre de sa mère vint le contrister : son beau-frère avait été tué, en Italie méridionale, par un banni lucanien qui l'avait appelé pour faire la guerre aux habitants de Thurium, alliés des Romains. Sa mort, survenue près d'une ville nommée Pandosie et d'une rivière nommée l'Achéron, confirmait l'oracle de Delphes qui avait recommandé à Alexandre Molosse de se garder de ces deux parages : il s'en était gardé sur le territoire de son royaume, sans savoir qu'il y avait les deux mêmes en Lucanie. Olympias ne manquait pas de relever ce fait étonnant. Elle rappelait l'oracle de Trophonius qui avait averti Philippe de « se méfier du char », — et il avait été tué par un poignard sur le manche duquel un char était ciselé. Elle ajoutait que les ennemis du Molosse avaient outragé son cadavre, l'avaient mis en lambeaux et n'avaient consenti que par peur d'Alexandre à en restituer les dépouilles à ses alliés, les Thuriniens, qui les rendirent à Cléopâtre. Les Héracléotes avaient été les plus acharnés contre le malheureux roi d'Epire : ils ne lui pardonnaient pas, non seulement de les avoir conquis, mais d'avoir transporté sur les bords du fleuve Acalandre, près de Thurium, le siège de l'assemblée générale des Grecs italiotes, qui s'était toujours tenue à Héraclée.

Alexandre prescrivit trois jours de deuil. Cependant, à la réflexion, il regrettait moins cette perte : elle annexait, en quelque, sorte, le royaume d'Epire et celui des Molosses à la Macédoine. Il manda ses condoléances à sa sœur et nomma sa mère régente de ces deux royaumes, joie qu'il ne lui avait pas accordée pour la Macédoine. Il se faisait fort du consentement de Cléopâtre. La couronne aurait dû revenir au cousin Eacide, réfugié à Athènes ; mais les Athéniens n'oseraient certainement pas encourager un retour qu'Alexandre n'aurait pas admis. D'autre part, Alexandre pria Antipater de surveiller l'activité de sa mère, afin qu'elle ne commît aucun abus de pouvoir. Ayant su que Cléopâtre nourrissait des ardeurs belliqueuses pour jouer l'Amazone contre les Lucaniens, il lui cita les mots que Jupiter adresse à Vénus dans *l'Iliade :* « Ce n'est pas à toi, ma fille, qu'ont été données les œuvres de guerre. »

Python de Byzance, qui s'était arrêté à Héraclée, relata une histoire curieuse de cette ville lucanienne. Un jeune Héracléote, Antiléon, amoureux d'un garçon de noble famille, nommé Hipparinus, l'assiégeait tous les jours dans les gymnases, lui disant de commander n'importe quoi, dont il s'acquitterait volontiers pour lui prouver son amour. Le garçon lui ordonna d'aller faire sonner une cloche dans la citadelle, lieu que le tyran d'Héraclée, Archélaüs, faisait étroitement surveiller. Antiléon parvint à s'y introduire, tua le gardien de la cloche, la fit sonner, et, ayant pu s'échapper sans être reconnu, obtint les faveurs d'Hipparinus. Leur amour devint réciproque ; mais le tyran, épris tout à coup d'Hipparinus qu'il voyait chez son père, se mit à le solliciter et fit entendre qu'il obtiendrait ses faveurs par la force, si on ne les accordait pas de bon gré. Se rendant compte qu'ils étaient les plus faibles, Antiléon engagea Hipparinus à l'exaucer ; mais, quand le tyran sortit de chez ce garçon, il le tua et aurait échappé une fois de plus, s'il n'était tombé au milieu d'un troupeau de moutons que l'on menait en ville, attachés ensemble. Il fut tué par les satellites du tyran, ainsi qu'Hipparinus. Les Héracléotes, ayant recouvré peu après leur liberté, élevèrent sur la place publique deux statues de bronze aux deux amis, dont la mémoire était aussi vénérée qu'à Athènes celle d'Harmodius et Aristogiton. Depuis, une loi interdisait de mener dans Héraclée des troupeaux de moutons attachés.

Selon son habitude, Alexandre célébra une grande fête, l'avant-veille de son départ. Oxathre était arrivé de Suse ; mais Alexandre l'avait prié de ne pas amener Liléus : il reprenait ses distances. Des tables furent dressées autour du palais pour les soldats, tandis qu'il invitait à un banquet ses officiers et ses amis dans la salle des cent colonnes, brillamment illuminée, et où les lits étaient couverts de pourpre ionienne. Une caravane avait apporté des outres remplies des meilleurs crus d'Asie Mineure, —

Chalybon, Byblos, Engaddi, — et les échansons versèrent à flots ces nectars dans les coupes, pour Jupiter Olympien, pour le Bon Génie, pour Mars, pour Ahura Mazda, sans oublier l'Amour et la Volupté, et pour Alexandre. Le roi avait interdit de mêler à son vin des cendres de becs d'hirondelles : il voulait sentir les joies de l'ivresse, comme tous ses invités.

Soudain, Thaïs se leva d'auprès de Ptolémée, les seins nus, couronnée de roses. « O roi, s'écria-t-elle, souffres-tu qu'une femme veuille égaler ta gloire ? que l'une de ces Grecques qui sont ici, mais la seule qui ait suivi ton armée depuis ton départ de Pella, fasse quelque chose de mémorable ? Ton génie a conduit tous ces hommes à la victoire, ils t'ont vu assis sur le trône de Xerxès ; mais, pour que tu y arrives, beaucoup d'autres sont morts au Granique, à Halicarnasse, à Issus, à Gaugamèles et ailleurs. Tu n'étais pas venu en conquérant affamé d'or, puisque tu le jettes aux pieds de tes amis. Tu n'avais pas besoin d'entrer à Persépolis pour être le plus illustre des Grecs : tu l'étais déjà en Macédoine, après les batailles de Chéronée et de Thèbes. Tu es venu comme chef de la Grèce pour venger tous les Grecs qui ont péri sous les coups des soldats de Darius l'Ancien et de Xerxès. C'est ce que tu as dit toi-même aux tiens pour les inciter à brûler, à détruire Persépolis. Mais tu as cru bon d'épargner ce palais où ont vécu ce Darius, ce Xerxès et ce roi en fuite que tu vas traquer jusqu'au bout du monde. Concède à Thaïs l'immortalité dont jouit Erostrate pour avoir brûlé le temple de Diane à Ephèse, le jour où tu es né. On dira qu'après avoir vaincu le dernier des Achéménides, Alexandre a laissé une Athénienne incendier le palais de ces rois qui ont brûlé le temple de Minerve sur la citadelle d'Athènes. »

Tout ce qui était évocation historique, avait le don d'enthousiasmer Alexandre. Sous l'influence des vapeurs du vin, il applaudit à ce discours. Ses amis en firent autant. Ptolémée pressa Thaïs contre son cœur, ravi et flatté qu'elle obtînt ce succès, même si c'était à la faveur de l'ivresse générale. La courtisane Antigone, qui était allongée près de Philotas, déclara qu'elle adressait au roi la même prière que Thaïs, mais en sa qualité de Macédonienne.

Parménion, qui avait gardé son sang-froid, exprima un avis tout différent. « O Alexandre, dit-il, es-tu bien sûr que l'incendie de ce palais superbe servira ta gloire, autant que celle de Thaïs ? Tu as conquis les peuples par l'amour, non moins que par les armes. Ils ont vu en toi leur nouveau roi et jamais un déprédateur. C'est justement en cela que tu te distingues de Darius l'Ancien et de Xerxès, comme tu les dépasseras dans une immortalité qui n'est pas celle d'Erostrate. Cette Asie que tu as presque conquise, tu la conserveras en respectant ses monuments, tels que ce palais. Tu as vengé suffisamment les incendies de nos villes et de nos temples commis autrefois par les Perses, ainsi que les mutilations de nos prisonniers, en incendiant Persépolis. Tu te nuiras à toi-même, tu t'appauvriras toi-même en détruisant ce qui désormais t'appartient. Je dirai enfin que le palais de Darius et de Xerxès est le symbole de ta propre autorité. » Il se tut et vida sa coupe en l'honneur du roi.

Ces paroles, dites avec calme, semblaient avoir dégrisé les convives. Anaxarque, qui jadis avait été le premier à féliciter Alexandre, en Thrace, de ménager les vaincus, osa faire un signe d'approbation ; mais personne n'éleva la voix. Tous les yeux étaient sur Alexandre. « Nous avons ici d'illustres Perses, dit-il en regardant Oxathre et Barsine. Les consulterons-nous sur cet attentat ? — Je crois pouvoir parler au nom de Barsine, dit le fils d'Abulite, en te déclarant, ô roi, que tu es désormais notre roi, plus encore que pour les Grecs, car, en tant que Perses, nous devons adorer et ta personne et tes actes. C'est donc à toi de décider du sort de ce palais d'après ton propre conseil. Si tu le respectes, c'est qu'Ahura Mazda l'aura voulu ; si tu l'incendies, c'est que le Feu le désirait. »

Comme d'habitude, Alexandre se tourna vers Ephestion pour quêter un avis ; mais il n'ignorait pas que cet avis n'était jamais que la confirmation implicite du sien. Il lui demanda pourtant à haute voix ce qu'il pensait des remarques de Parménion. L'ami répondit simplement ces mots de *l'Odyssée :* « ... Il voulait — Retenir le peuple et célébrer de simples hécatombes — Pour fléchir le terrible courroux de Minerve, — L'enfant, et il ne savait pas qu'il n'était pas destiné à persuader, — Car l'esprit de ceux qui sont des dieux, ne change pas vite. »

« Tu vois comme Ephestion te flatte, ô Parménion, dit Alexandre : il te compare à Agamemnon qui n'arrive pas à modifier la décision de Minerve. Mais Thaïs, née dans la ville de Minerve, vient de nous faire entendre la déesse, qui l'a manifestement inspirée. — Tu le regretteras, ô Alexandre, mais il sera trop tard, dit le vieux général. Excuse-moi d'ajouter : tu le regretteras, quand Minerve, dans ton esprit, aura cédé à Bacchus. — Bacchus aussi me protège, répliqua Alexandre. Il a le droit, lui aussi, de m'inspirer. Je n'ai pas seulement à venger les Grecs, mais d'autres peuples de mes nouveaux royaumes : les Egyptiens et les Babyloniens, que les rois des Perses ont outragés dans leurs dieux et dans leurs monuments. J'ai à venger les Thraces et les Macédoniens, sculptés insolemment au seuil du palais en qualité de tributaires. »

Parmi les philosophes, Callisthène avait l'air de se réjouir qu'Alexandre sacrifiât l'amour de la Perse à celui de la Grèce. Pyrrhon, qui restait sobre, gardait la superbe de l'indifférence. Python de Byzance, dont la mentalité de diplomate condamnait les violences, murmura qu'il déplorait que l'ivresse d'une courtisane eût mis à profit l'ivresse du roi. Il parla des femmes romaines, à qui le vin était défendu : Romulus, le fondateur de Rome, avait absous un mari qui avait tué sa femme, surprise à boire du vin.

Pour démontrer qu'il n'était pas ivre, le roi sauta à bas de son lit, demanda une couronne de roses comme celle de Thaïs, la plaça sur sa couronne de myrte et, prenant une torche, mit le feu le premier à une porte de cèdre. Ephestion l'y aidait avec une autre torche. « Nous sommes l'Amour et le Contre-Amour, qui tiennent leurs torches renversées, dit Ephestion. — Ou plutôt, dit Alexandre, nous sommes des Amours funèbres sur le tombeau de Persépolis. »

Tous ses amis, toutes les courtisanes, toutes les concubines, tous les pages, s'étaient précipités de même, saisissant les torches, ou en réclamaient aux esclaves, pour embraser tout ce qui pouvait être embrasé : tapis, tentures, meubles, linge, bois de chauffage. Ephestion et Alexandre donnèrent aussi le signal de danser, quand le feu eut gagné le plafond. Ils reculaient d'une pièce à l'autre, à mesure que l'incendie gagnait, et ils n'avaient pu s'offenser de voir sortir Barsine, Oxathre et Parménion. Timothée, les joueurs de flûte et de cithare avaient ordre de continuer leur musique pour accompagner les danses, et fermaient la marche sur ce spectacle inouï. Chérilus composait un poème. Manassé, qui était venu parce que ce n'était pas un jour sacré pour la loi juive, mais qui s'abtenait de viande, était aussi un des rares à s'abstenir du rôle d'incendiaire. Il restait sourd aux plaisanteries d'Anaxarque qui lui disait de venger l'incendie du temple de Jérusalem. Il déclara qu'Alexandre ne lui ayant pas demandé son avis, il ne s'était pas cru le droit de l'exprimer, mais qu'il ne pouvait approuver la destruction du palais d'Assuérus, souverain qui avait libéré les Juifs. Il n'avait pas voulu intervenir au milieu d'une querelle concernant les Grecs et les Perses. Anaxarque, ayant le privilège thrace de conserver la tête froide, lorsqu'il était chaud de vin, ne put s'empêcher d'admirer ce que lui dit le frère du grand prêtre Jaddus : « Dans notre livre des Proverbes, le roi Lamuel rapporte les sentences par lesquelles sa mère l'instruisit : « Ce n'est pas aux rois, ô Lamuel, — Ce n'est pas aux rois qu'il sied de boire du vin, — Ni aux princes de s'adonner aux liqueurs fortes, — De peur qu'en buvant, ils n'oublient les lois... » Le Samaritain ajoutait qu'il ne voyait pas moins, dans cet embrasement du plus beau palais de l'Asie, le symbole des malheurs auxquels son Dieu avait voué les habitacles des idoles : « Je mettrai le feu aux maisons des dieux d'Egypte... Le Liban ne suffirait pas à nourrir le feu. » Il ajouta néanmoins, en regardant Thaïs déchevelée, cet autre proverbe : « Ne remets pas tes destinées à celles qui perdent les rois. »

A la vue des flammes, les soldats étaient accourus avec des seaux d'eau et ils trouvèrent leur roi et ses amis en train de danser. D'abord stupéfaits, ils poussèrent ensuite des cris d'allégresse et cherchèrent de tous côtés les moyens d'attiser le feu. Cette destruction commandée par Alexandre, était pour eux la preuve qu'il ne comptait pas fixer dans ces contrées le siège de son empire, et que l'on reprendrait bientôt le chemin de la Grèce. En dépit des plaisirs de la plupart des étapes, cette épopée, qui avait coûté la vie à nombre de leurs camarades, comme l'avait dit Thaïs, laissait à beaucoup de douloureuses blessures : il leur tardait désormais de retourner dans leur pays pour jouir de leur renommée et de leur butin. Le vent qui soufflait tout à coup avec violence, semblait l'auxiliaire envoyé par les dieux pour consommer plus vite la ruine du palais de Persépolis.

Alexandre alla dormir sous son pavillon, que l'on avait dressé au bord du Cyrus. Il y trouva Barsine en train de pleurer, allongée sur des coussins. « Tu n'as pas pleuré comme l'eunuque en me voyant assis sur le trône de Darius, lui dit-il, et tu pleures parce que je brûle des murailles ? — Je ne pleure pas pour cela, mais pour toi que j'aime, dit la fille d'Artabaze. Je n'ai pas protesté, même si j'ai pleuré en cachette, quand tu as violé le tombeau de mon grand-père Artaxerxès Mnémon. Il ne m'appartenait pas d'approuver Parménion contre tous tes amis qui étaient d'un avis contraire ; mais il est le seul qui ait pensé à ta gloire. » Elle essuya ses yeux et se leva pour embrasser Alexandre. « Excuse ma faiblesse, ô mon roi, dit-elle. Je ne dois plus penser à ta gloire, puisque j'ai ton amour. » Alexandre lui baisa les lèvres pour la remercier de ces mots ; puis il la renvoya et contempla le spectacle qu'il s'était offert.

Il évoquait l'incendie de Thèbes et celui de Tyr, qui avaient puni une trahison ou une trop longue résistance. A quels mobiles avait-il obéi en mettant le feu à ce qui faisait la splendeur de Persépolis ? Son âme, éprise de nouveauté parce qu'il voulait se sentir très jeune, n'avait-elle pas été séduite un peu facilement par la proposition d'une courtisane en état d'ivresse ? Etait-il le roi et le vainqueur de l'Asie pour écouter une Thaïs, en oubliant ses devoirs de roi et sa dignité de vainqueur ? Il voyait maintenant toute l'infamie de son acte, avec ces bons yeux qu'elle lui conservait d'année en année, grâce à la première fleur du grenadier. Il pensait à Sizygambis, à Statira, au petit Ochus, et il avait honte. Lui qui avait réagi contre la notion de barbare, appliquée aux hommes qui n'étaient pas Grecs, il venait de commettre une barbarie.

Il s'aperçut tout à coup que l'incendie avait gagné le bâtiment des archives et celui du trésor. Le trésor, il est vrai, était déjà parti pour Suse, avec les objets les plus précieux ; mais les innombrables tablettes d'argile qu'il avait admirées, si bien rangées comme les livres d'Aristote, — des tablettes qui représentaient les deux siècles de l'histoire de l'empire des Perses et même les huit cents siècles de leur histoire fabuleuse, — étaient anéanties. Lui, l'élève d'Aristote, il faisait ce que les Scythes n'auraient peut-être pas fait, ce que Xerxès n'avait pas fait à Athènes, en emportant, plutôt qu'en brûlant, la bibliothèque de Pisistrate.

Le chef des mages accourait, la robe déchirée en signe de douleur, et s'arrachait des poignées de ses cheveux blancs, pour lui dire que les manuscrits de Zoroastre venaient de brûler et qu'un mage, qui avait tenté en vain de les sauver, avait péri dans les flammes. « Laissons quelque chose, même pour les Mèdes », dit Alexandre, citant ce proverbe béotien. Il fit sonner la trompette et donna l'ordre d'éteindre l'incendie. Une vaste citerne était à l'arrière du palais et le fleuve n'était pas loin ; mais les Grecs et les Juifs furent seuls à y puiser : les Perses, à qui leur religion interdisait d'éteindre le feu avec de l'eau, y jetaient de la terre, des tuiles. Ainsi fut préservé le squelette du palais. Il resta une trentaine de colonnes, là où il y en avait eu près de deux cents. Mais les sculptures de l'escalier où figuraient les Macédoniens comme tributaires du grand roi, étaient intactes. Le crime n'avait pas détruit le souvenir de l'ancienne domination ni de l'ancienne sujétion, pas plus qu'en détruisant les livres on efface l'histoire.

CARTES

Les conquêtes d'Alexandre de Pella à Persépolis

Cartographie établie par André Leroux

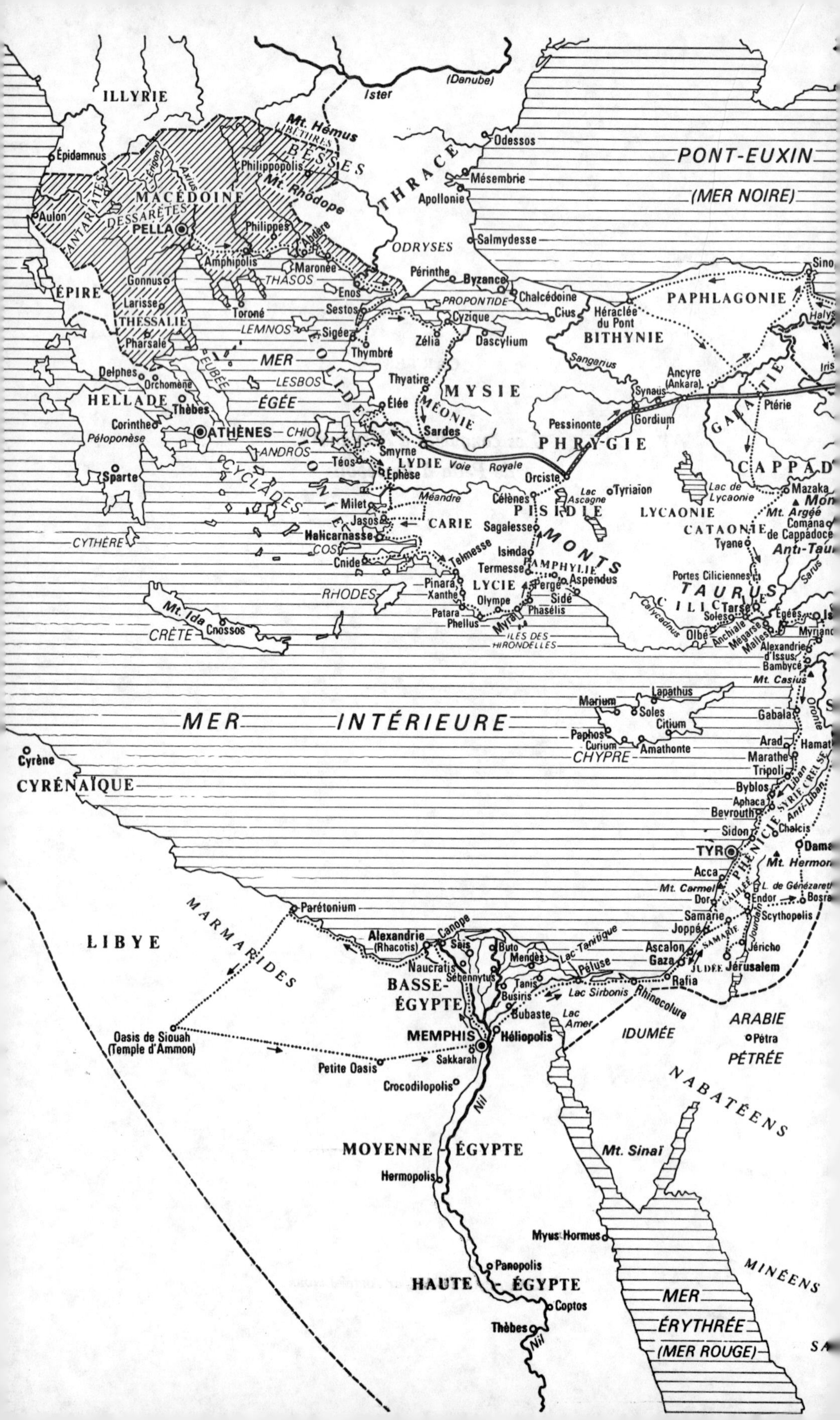
ILLYRIE
Ister
(Danube)
Mt. Hémus
LIBÉTHRES
BESSES
Épidamnus
Philippopolis
Mt. Rhodope
Erigon
Axius
TAULANTIENS
MACÉDOINE
DESSARÈTES
Aulon
PELLA
Philippes
Abdère
Amphipolis
Maronée
THASOS
Gonnus
ÉPIRE
Larisse
Enos
Toroné
Sestos
THESSALIE
LEMNOS
Sigée
Pharsale
EUBÉE
MER
Delphes
Orchomène
LESBOS
HELLADE
Thèbes
ÉGÉE
Corinthe
ATHÈNES
CHIO
Péloponèse
ANDROS
Sparte
CYCLADES
CYTHÈRE
Mt. Ida
Cnossos
CRÈTE
THRACE
Odessos
Mésembrie
Apollonie
ODRYSES
Salmydesse
Périnthe
Byzance
PROPONTIDE
Chalcédoine
Cius
Cyzique
Zélia
Dascylium
Thymbré
ÉOLIDE
IONIE
Thyatire
MYSIE
Élée
MÉONIE
Sardes
Smyrne
LYDIE
Voie Royale
Téos
Éphèse
Milet
Méandre
Jasos
CARIE
Halicarnasse
COS
Cnide
Telmesse
RHODES
Pinara
Xanthe
LYCIE
Olympe
Patara
Phellus
Myra
ÎLES DES HIRONDELLES
PONT-EUXIN
(MER NOIRE)
PAPHLAGONIE
Héraclée du Pont
BITHYNIE
Sangarius
Halys
Iris
Ancyre (Ankara)
Synaus
Gordium
Pessinonte
PHRYGIE
GALATIE
Ptérie
CAPPAD
Orciste
Lac Ascagne
Tyriaion
Célènes
PISIDIE
Sagalesse
MONTS
Isinda
Termesse
PAMPHYLIE
Pergé
Aspendus
Sidé
Phasélis
Lac de Lycaonie
LYCAONIE
Mazaka
Mt. Argée
Comana de Cappadoce
CATAONIE
Tyane
Anti-Taurus
Sarus
Portes Ciliciennes
TAURUS
CILICIE
Calycadnus
Tarse
Soles
Olbé
Anchiale
Mégarse
Malles
Egées
Myriandre
Alexandrie d'Issus
Bambycé
Mt. Casius
Oronte
MER INTÉRIEURE
Lapathus
Marium
Soles
Citium
Paphos
Curium
Amathonte
CHYPRE
Gabala
Arad
Hamath
Marathe
Tripoli
Byblos
Liban
SYRIE CREUSE
Aphaca
Bevrouth
Anti-Liban
Sidon
Chalcis
PHÉNICIE
TYR
Mt. Hermon
Acca
Mt. Carmel
L. de Génézareth
GALILÉE
Dor
Endor
Bosra
Samarie
Jourdain
Scythopolis
Joppé
SAMARIE
Ascalon
Jéricho
Gaza
JUDÉE
Jérusalem
Rafia
Cyrène
CYRÉNAÏQUE
MARMARIDES
Parétonium
LIBYE
Alexandrie (Rhacotis)
Canope
Saïs
Buto
Mendès
Lac Tanitique
Naucratis
Sébennytus
Tanis
Péluse
BASSE-ÉGYPTE
Busiris
Lac Sirbonis
Rhinocolure
Bubaste
Lac Amer
IDUMÉE
ARABIE
Pétra
PÉTRÉE
Oasis de Siouah (Temple d'Ammon)
MEMPHIS
Héliopolis
Sakkarah
Petite Oasis
Crocodilopolis
Nil
NABATÉENS
MOYENNE ÉGYPTE
Mt. Sinaï
Hermopolis
Myus Hormus
Panopolis
MINÉENS
HAUTE ÉGYPTE
Coptos
Thèbes
MER ÉRYTHRÉE (MER ROUGE)

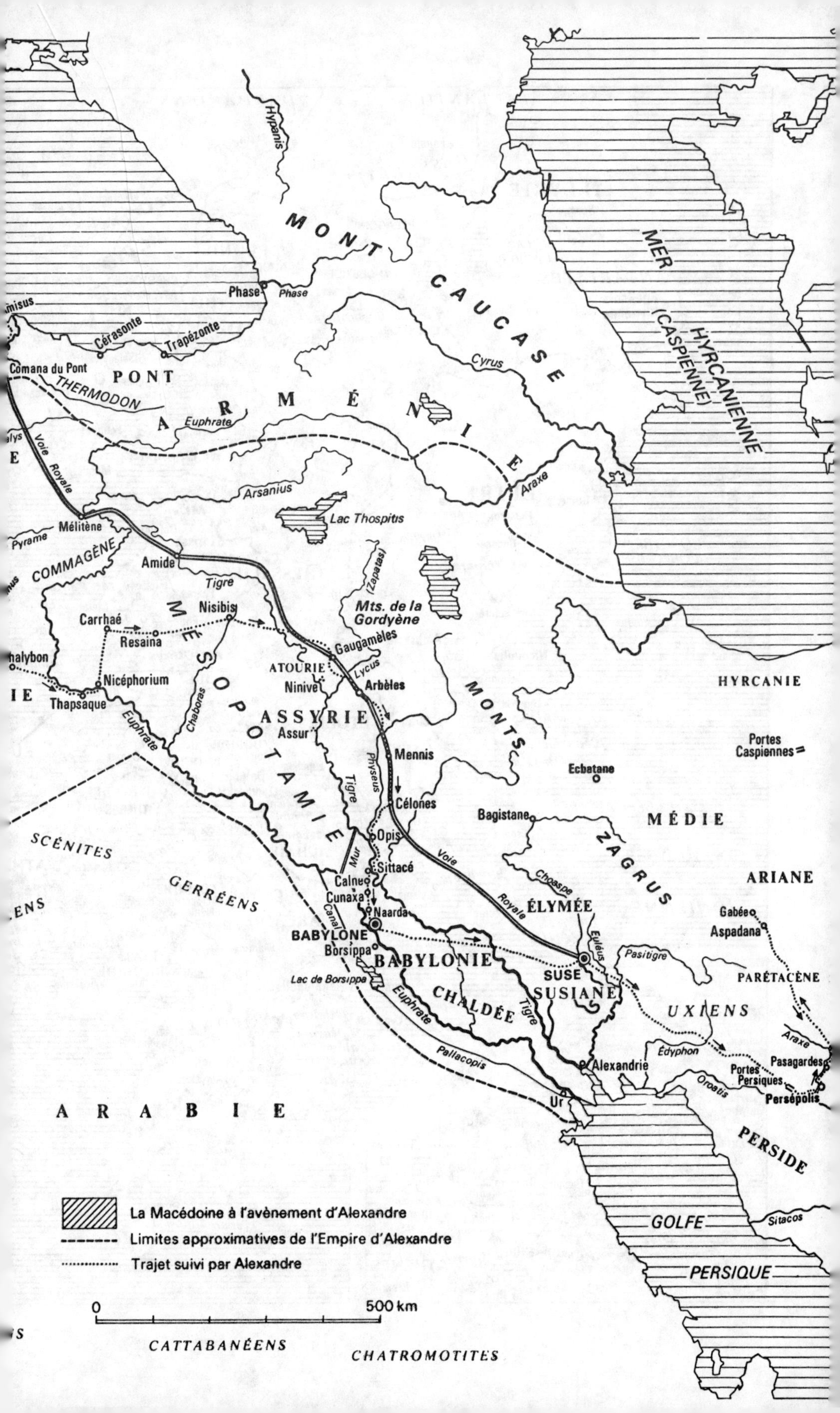

Hypanis
MONT CAUCASE
MER HYRCANIENNE (CASPIENNE)
Phase
Phase
Cérasonte
Trapézonte
Comana du Pont
PONT
THERMODON
ARMÉNIE
Euphrate
Cyrus
Araxe
Voie Royale
Arsanius
Lac Thospitis
Mélitène
Pyrame
COMMAGÈNE
Amide
Tigre
(Zapatas)
Mts. de la Gordyène
MÉSOPOTAMIE
Carrhaé
Resaina
Nisibis
Gaugamèles
ATOURIE
Lycus
Ninive
Arbèles
Nicéphorium
Thapsaque
Euphrate
Chaboras
ASSYRIE
Assur
MONTS
ZAGRUS
Mennis
Physcus
Tigre
Célones
Opis
Mur
Sittacé
Calne
Cunaxa
Canal
Naarda
BABYLONE
Borsippa
BABYLONIE
Lac de Borsippa
CHALDÉE
Euphrate
Pallacopis
Tigre
SUSE
SUSIANE
Eulæus
Pasitigre
Choaspe
Voie Royale
Bagistane
Ecbatane
ÉLYMÉE
MÉDIE
HYRCANIE
Portes Caspiennes
ARIANE
Gabée
Aspadana
PARÉTACÈNE
UXIENS
Édyphon
Araxe
Pasagardes
Portes Persiques
Persépolis
Oroatis
PERSIDE
Alexandrie
Ur
SCÉNITES
GERRÉENS
ARABIE
GOLFE PERSIQUE
Sitacos
CATTABANÉENS
CHATROMOTITES
La Macédoine à l'avènement d'Alexandre
Limites approximatives de l'Empire d'Alexandre
Trajet suivi par Alexandre
0
500 km

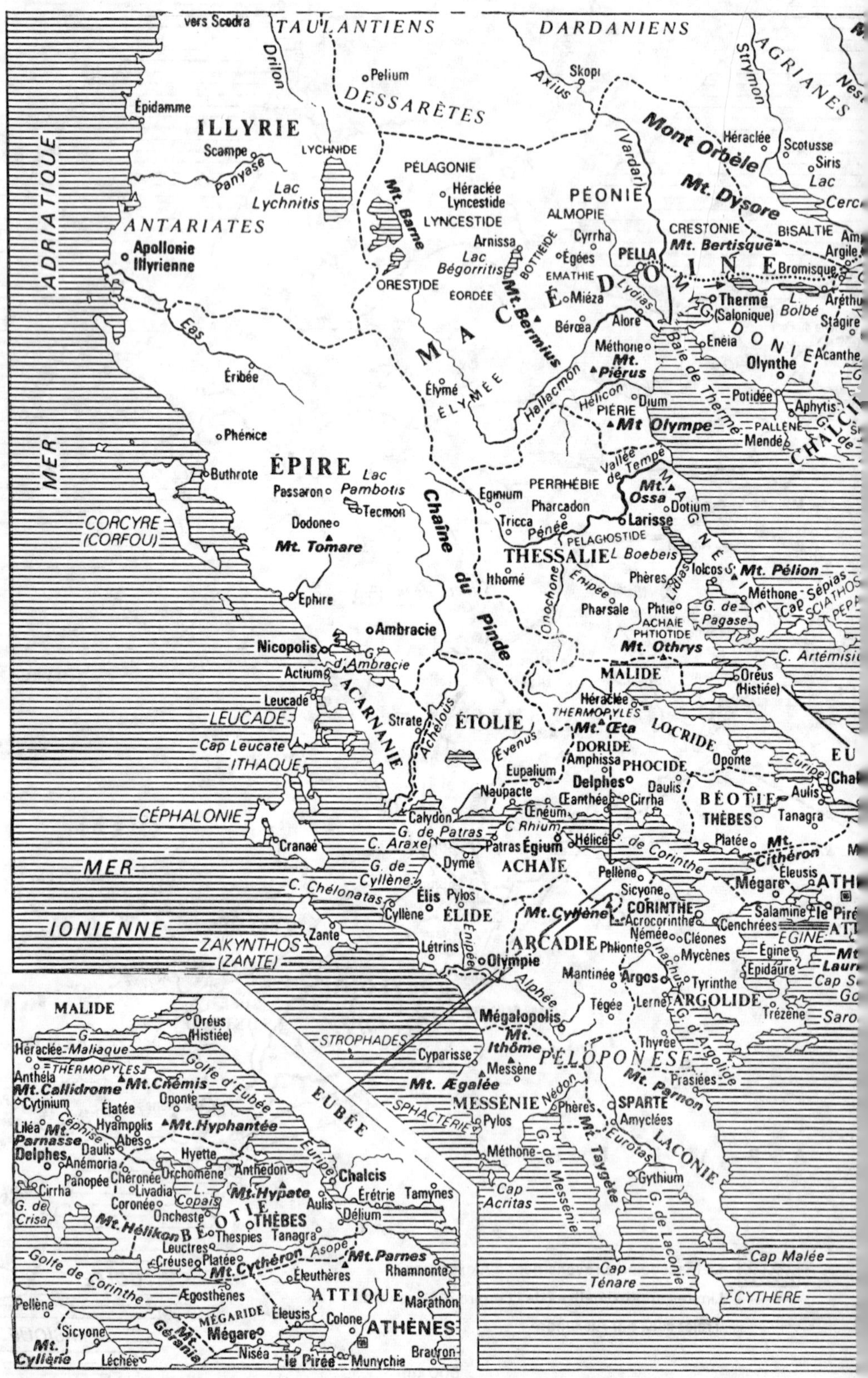

vers Scodra
TAULANTIENS
DARDANIENS
AGRIANES
Drilon
Pelium
DESSARÈTES
Axius
Skopi
Strymon
Épidamme
ILLYRIE
Mont Orbèle
Héraclée
Scotusse
Siris
Scampe
LYCHNIDE
PÉLAGONIE
(Vardar)
Mt. Dysore
Panyase
Lac Lychnitis
Mt. Barne
Héraclée Lyncestide
PÉONIE
LYNCESTIDE
ALMOPIE
ANTARIATES
CRESTONIE
BISALTIE
Apollonie Illyrienne
Arnissa
Cyrrha
Mt. Bertisque
Lac Bégorritis
BOTTIÉIDE
Égées
PELLA
MACÉDOINE
Bromisque
EMATHIE
ORESTIDE
EORDÉE
Lydias
Therme (Salonique)
Miéza
MYGDONIE
L. Bolbé
Aréthuse
Stagire
ADRIATIQUE
Mt. Bermius
Eas
Bérœa
Alore
Baie de Therme
Enéia
Méthone
Acanthe
Mt. Piérus
Olynthe
Éribée
Élymé
ÉLYMÉE
Haliacmon
Hélicon
Dium
Potidée
Aphytis
PIÉRIE
Mt Olympe
PALLÈNE
Mendé
Phénice
CHALCIDIQUE
MER
Vallée de Tempé
Buthrote
ÉPIRE
Lac Pambotis
Chaîne du Pinde
MAGNÉSIE
Passaron
Tecmon
Egimium
PERRHÉBIE
Mt. Ossa
Dotium
CORCYRE (CORFOU)
Dodone
Pharcadon
Tricca
Pénée
Larisse
Mt. Tomare
PELAGIOSTIDE
L. Boebeis
THESSALIE
Iolcos
Mt. Pélion
Ithomé
Onochone
Énipée
Phères
Ephire
Méthone
Cap Sépias
SCIATHOS
Pharsale
Phtie
G. de Pagase
ACHAÏE PHTIOTIDE
Ambracie
Mt. Othrys
Nicopolis
G. d'Ambracie
C. Artémisium
Actium
MALIDE
Oréus (Histiée)
ACARNANIE
Leucade
Héraclée
THERMOPYLES
LEUCADE
Strate
ÉTOLIE
Mt. Œta
LOCRIDE
Achelous
Cap Leucate
Évenus
DORIDE
ITHAQUE
Amphissa
PHOCIDE
Oponte
Eupalium
Euripe
Chalcis
Delphes
Daulis
Naupacte
Œanthée
Cirrha
BÉOTIE
Aulis
CÉPHALONIE
Calydon
Œnéum
THÈBES
Tanagra
G. de Patras
C. Rhium
Cranaé
C. Araxe
Patras
Égium
Hélicé
G. de Corinthe
Platée
Mt. Cithéron
MER
Dymé
ACHAÏE
G. de Cyllène
Pellène
Éleusis
Mégare
ATHÈNES
C. Chélonatas
Sicyone
Élis
Pylos
CORINTHE
Cyllène
ÉLIDE
Mt. Cyllène
Acrocorinthe
Salamine
le Pirée
IONIENNE
Zante
Cenchrées
Némée
Cléones
ÉGINE
Énipée
Létrins
ARCADIE
Phlionte
Inachus
Mycènes
Égine
ZAKYNTHOS (ZANTE)
Olympie
Épidaure
Mantinée
Argos
Tyrinthe
Cap S
Alphée
Tégée
Lerne
ARGOLIDE
MALIDE
Oréus (Histiée)
Trézène
Mégalopolis
G. Maliaque
Héraclée
STROPHADES
Mt. Ithôme
Thyrée
G. d'Argolide
THERMOPYLES
Golfe d'Eubée
Cyparisse
PÉLOPONÈSE
Anthéla
Mt. Chémis
Mt. Callidrome
Messène
Prasiées
Oponte
EUBÉE
Mt. Ægalée
Mt. Parnon
Cytinium
Élatée
Nédon
MESSÉNIE
Phères
SPARTE
SPHACTÉRIE
Pylos
Amyclées
Céphise
Hyampolis
Mt. Hyphantée
Liléa
Mt. Parnasse
Abes
Mt. Taygète
Eurotas
Delphes
Daulis
Euripe
LACONIE
Méthone
Hyette
Anémoria
Anthédon
Panopée
Chéronée
Orchomène
Chalcis
Gythium
Cirrha
Livadia
L. Copaïs
Mt. Hypate
Érétrie
Tamynes
Cap Acritas
Coronée
Aulis
G. de Messénie
G. de Laconie
G. de Crisa
Oncheste
BÉOTIE
Délium
THÈBES
Mt. Hélikon
Thespies
Tanagra
Leuctres
Asope
Mt. Parnes
Cap Malée
Créuse
Platée
Mt. Cythéron
Rhamnonte
Golfe de Corinthe
Éleuthères
Cap Ténare
Ægosthènes
ATTIQUE
Marathon
CYTHÈRE
Pellène
MÉGARIDE
Éleusis
Colone
Sicyone
Mt. Géranie
Mégare
ATHÈNES
Mt. Cyllène
Niséa
le Pirée
Munychie
Brauron
Léchée

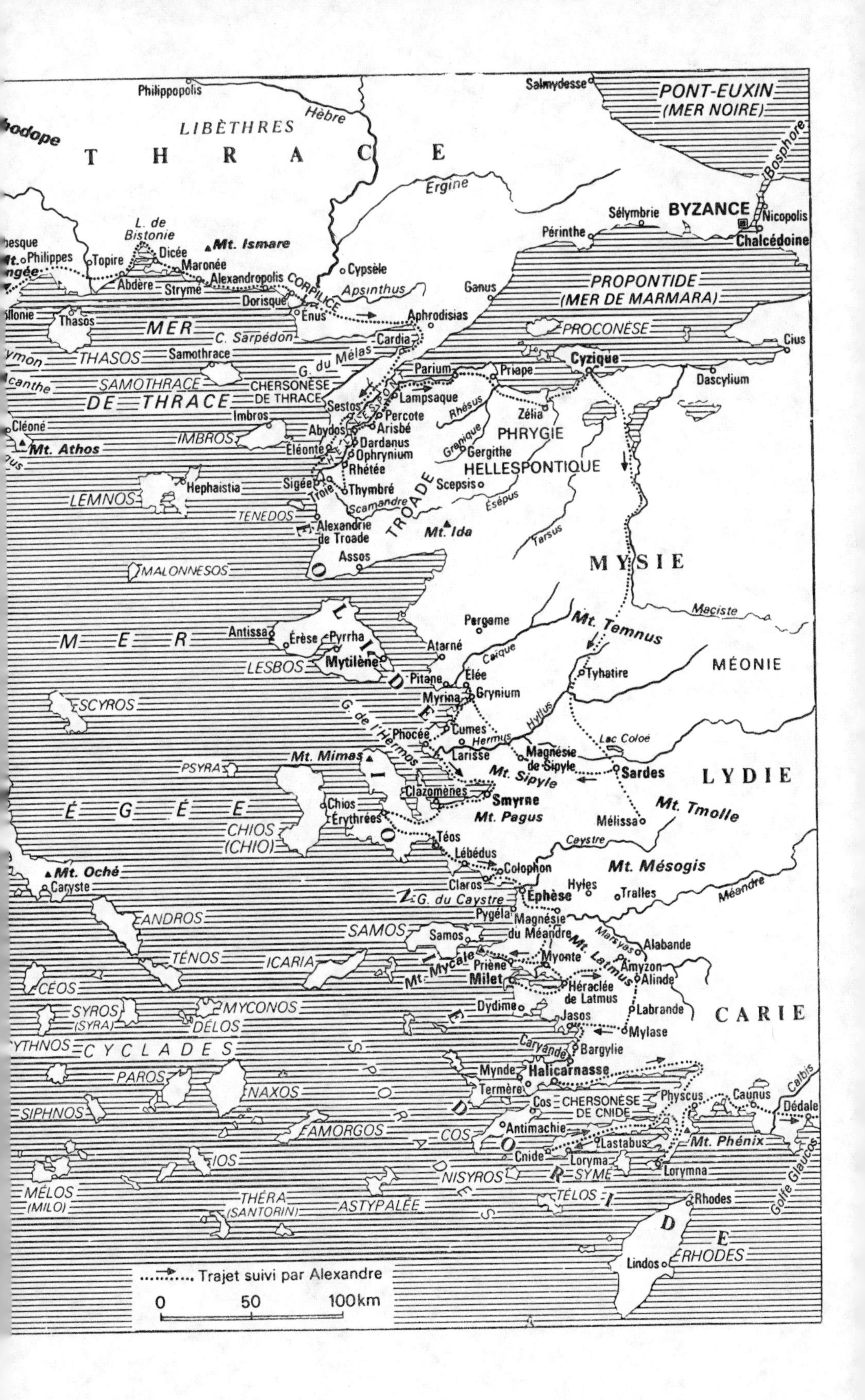

Philippopolis
Hèbre
LIBÈTHRES
THRACE
PONT-EUXIN
(MER NOIRE)
Bosphore
BYZANCE
Nicopolis
Chalcédoine
Sélymbrie
Périnthe
Ergine
L. de Bistonie
Mt. Ismare
Dicée
Philippes
Topire
Maronée
Alexandropolis
CORPILICE
Cypsèle
Abdère
Stryme
Dorisque
Apsinthus
Ganus
PROPONTIDE
(MER DE MARMARA)
Thasos
Énus
Aphrodisias
PROCONÈSE
Cius
MER
C. Sarpédon
Cardia
THASOS
Samothrace
G. du Mélas
Parium
Priape
Cyzique
Dascylium
SAMOTHRACE
CHERSONÈSE DE THRACE
Lampsaque
DE THRACE
Sestos
Percote
Rhésus
Zélia
Imbros
Abydos
Arisbé
Cléoné
IMBROS
Éléonte
Dardanus
PHRYGIE
Mt. Athos
Ophrynium
Granique
Gergithe
Rhétée
HELLESPONTIQUE
Hephaistia
Sigée
Troie
Thymbré
TROADE
Scepsis
LEMNOS
Scamandre
Ésépus
TENEDOS
Alexandrie de Troade
Mt. Ida
Tarsus
Assos
MYSIE
MALONNESOS
Mt. Temnus
Pergame
Antissa
Érèse
Pyrrha
Atarné
Macisie
MÉONIE
M E R
Mytilène
Caïque
LESBOS
Pitane
Elée
Tyhatire
Myrina
Grynium
SCYROS
G. de l'Hermos
Hyllus
Phocée
Cumes
Hermus
Lac Coloé
Larisse
Magnésie de Sipyle
Mt. Mimas
Mt. Sipyle
Sardes
LYDIE
PSYRA
Clazomènes
Chios
Smyrne
É G É E
Érythrées
Mt. Pagus
Mt. Tmolle
CHIOS (CHIO)
Mélissa
Téos
Caystre
Lébédus
Colophon
Mt. Mésogis
Mt. Oché
Caryste
Claros
Éphèse
Hyles
Tralles
G. du Caystre
Méandre
Pygéla
Magnésie du Méandre
ANDROS
SAMOS
Samos
Marsyas
Alabande
Mt. Latmus
TÉNOS
ICARIA
Myonte
Amyzon
Priène
Alinde
Mt. Mycale
Milet
Héraclée de Latmus
CÉOS
Dydime
Labrande
CARIE
SYROS (SYRA)
MYCONOS
DÉLOS
Jasos
Mylase
CYCLADES
Caryande
Bargylie
PAROS
Mynde
Halicarnasse
NAXOS
Termère
Cos
CHERSONÈSE DE CNIDE
Physcus
Caunus
Calbis
Dédale
SIPHNOS
AMORGOS
COS
Antimachie
Lastabus
Mt. Phénix
IOS
Cnide
Loryma
Lorymna
NISYROS
SYMÉ
Golfe Glaucos
MÉLOS (MILO)
THÉRA (SANTORIN)
ASTYPALÉE
TÉLOS
Rhodes
SPORADES
DORIDE
Lindos
RHODES
Trajet suivi par Alexandre
0
50
100km

L'INDEX GÉNÉRAL DES NOMS PROPRES
pour les trois volumes de l'Histoire d'Alexandre
sera présenté à la fin du tome III.

Ouvrages de

ROGER PEYREFITTE

aux éditions Albin Michel

TABLEAUX DE CHASSE
ou la vie extraordinaire de Fernand Legros

PROPOS SECRETS

LA JEUNESSE D'ALEXANDRE

L'ENFANT DE CŒUR

ROY

En préparation :

PROPOS SECRETS, 2

ALEXANDRE LE GRAND

La composition
l'impression et le brochage de ce livre ont été effectués
par l'Imprimerie Bussière,
à Saint-Amand (Cher),
pour les Éditions Albin Michel

AM

Achevé d'imprimer en janvier 1980
N° d'édition 100. N° d'impression 6717.
Dépôt légal 1er trimestre 1980